博雅文学译丛

# 奥斯维辛之后

## 阿多诺论笔选

〔德〕特奥多尔·W.阿多诺

（Theodor Wiesengrund Adorno）——著

赵勇 赵天舒——译

北京大学出版社
PEKING UNIVERSITY PRESS

## 图书在版编目（CIP）数据

奥斯维辛之后：阿多诺论笔选 /（德）特奥多尔·W. 阿多诺著；赵勇，赵天舒译. 一北京：北京大学出版社，2024.5
（博雅文学译丛）
ISBN 978-7-301-34913-7

Ⅰ.①奥… Ⅱ.①特… ②赵… ③赵… Ⅲ.①阿多诺（Adorno, Theodor Wiesengrund 1903–1969）– 哲学思想 – 文集 Ⅳ.① B516.59–53

中国国家版本馆 CIP 数据核字（2024）第 056261 号

| | | |
|---|---|---|
| 书　　　名 | 奥斯维辛之后：阿多诺论笔选 | |
| | AOSIWEIXIN ZHIHOU: ADUONUO LUNBI XUAN | |
| 著作责任者 | 〔德〕特奥多尔·W. 阿多诺（Theodor Wiesengrund Adorno）著 | |
| | 赵勇　赵天舒 译 | |
| 责 任 编 辑 | 张文礼 | |
| 标 准 书 号 | ISBN 978-7-301-34913-7 | |
| 出 版 发 行 | 北京大学出版社 | |
| 地　　　址 | 北京市海淀区成府路 205 号　100871 | |
| 网　　　址 | http://www.pup.cn　新浪微博 @ 北京大学出版社 | |
| 电 子 邮 箱 | 编辑部 wsz@pup.cn　总编室 zpup@pup.cn | |
| 电　　　话 | 邮购部 010-62752015　发行部 010-62750672 | |
| | 编辑部 010-62767315 | |
| 印 刷 者 | 三河市博文印刷有限公司 | |
| 经 销 者 | 新华书店 | |
| | 650 毫米 × 965 毫米　16 开本　32.25 印张　558 千字 | |
| | 2024 年 5 月第 1 版　2024 年 5 月第 1 次印刷 | |
| 定　　　价 | 128.00 元 | |

# 目　录

# 译者导言

今年（2023）是阿多诺诞辰 120 周年。我知道，我所供职的单位——北京师范大学文学院——也在为两位赫赫有名的人物钟敬文先生和黄药眠先生操办 120 周年诞辰的纪念活动，他们仨是同龄人。不同之处在于，黄先生享年 84 岁，钟先生成为百岁老人才驾鹤西去，而阿多诺却是英年早逝，他只活了 66 年。

但若论贡献，两位先生似乎都很难说有阿多诺辉煌。《钟敬文全集》（2018）面世后，我发现 16 卷、30 册的规模摆在那里也确实可观。但仔细瞧，其中 3 卷是《学术书信卷》《专题档案卷》《图片手迹卷》，其学术成分似已不太纯粹。黄先生没有全集，我只见过《黄药眠文艺论文选集》（1985）、《黄药眠自选集》（1986）和一本 65 万字的《黄药眠美学文艺学论集》（2002），那好像已是他这辈子的主要论文。而回头面对阿多诺的 23 卷册文集，所有的读书人恐怕都会高山仰止，深感绝望，因为那里涉及哲学、社会学、音乐哲学、音乐社会学、美学、文艺理论等，全部"高大上"，都是"硬通货"。随便打开哪一卷，您一年半载能否琢磨清楚都很难说。而且，阿多诺辞世虽已 50 多年，但他那些讲课录音整理出来的著作好像还在慢条斯理，陆续推出。这时候，"青山不改，绿水长流"之类的说法或许就会在我们耳边响起，这更增添了阿多诺的几分厉害和神秘。

于是，谈谈阿多诺，以便知人论世，以意逆志，也就有了诸多理由。

# 一　谁是阿多诺

如果借用维基百科开头说法，那么一句话就把"谁是阿多诺"说清楚了：特奥多尔·威森格伦德·阿多诺（Theodor Wiesengrund Adorno, 11 September 1903 – 6 August 1969）是德国哲学家、社会学家、心理学家、音乐社会学家和作曲家。这样介绍当然简明扼要，但我还是想把这个问题复杂化，以便形成一些更为丰富的认识视角。

第一，我想说，阿多诺是"中产阶级的富家子弟"。

阿多诺的父亲子承父业，20 多岁时便已是一位成功的葡萄酒商。他既向英国和美国出口葡萄酒，同时还在莱比锡设立了分公司，生意越做越大，利润越来越多。与此同时，居住在法兰克福的他也是该市文化生活的热心参与者。因经常光顾音乐会和歌剧演出，他结识了社交圈里两位不同寻常的姐妹：一位是颇负盛名的歌唱家，另一位是非常出色的钢琴家；前者成了阿多诺的母亲，后者自然也就成为其姨妈。作为这个家庭的独生子，阿多诺从小便锦衣玉食，同时也沉浸在浓浓的艺术氛围里，因为从早到晚，这个家里除了歌声，就是巴赫、莫扎特和贝多芬等人的奏鸣曲。阿多诺总是把他的姨妈称作"第二个母亲"，而对于阿多诺的文学教育和音乐成长，这位母亲也确实发挥着非同寻常的作用。[1] 阿多诺自幼学钢琴，段位颇高；青年时代又去学作曲，差点就成为一位音乐家。而后来，他虽然没有专事音乐，但据统计，他的 23 卷册文集总共一万多页，其中就有四千多页涉及音乐。[2] 所有这些，与"两位母亲"对他的音乐启蒙都密不可分。

除了这种音乐启蒙，还有从少年时代就开始的哲学训练。一个众所周知的故事是，阿多诺 15 岁时，大他 14 岁的克拉考尔（Siegfried Kracauer）便成为其私人教师。每到周六下午，他们便聚在一起，共同研读康德的《纯粹理性批判》，达数年之久。阿多诺后来回忆道："可以毫不

---

[1]　See Stefan Müller-Doohm, *Adorno: A Biography*, trans. Rodney Livingstone, Cambridge: Polity Press, 2005, pp. 15-16, 21.

[2]　Richard Leppert, "Introduction," in Theodor W. Adorno, *Essays on Music*, trans. Susan H. Gillespie, Berkeley: University of California Press, 2002, p. 13.

夸张地说，我要更多归功于这次阅读之旅，而不是我的那些学术老师。"[1]
明白了阿多诺的早期训练，他后来能成为一代哲学大师也就不再奇怪。
三岁看小，七岁看老，许多人后来成就斐然，其实这成就在他的童年时
代就已生根发芽。如果说一个作家最好的早期训练是海明威所说的"不愉
快的童年"[2]，那么，要想成为学者，他的早期训练却不能老是与"缺失
性体验"相伴相随，而是必须丰富丰富再丰富。[3]

现在我们不妨想想，假如阿多诺没有出生在钟鸣鼎食之家，房无一
间，地无一垅，吃了上顿没下顿，是标准的贫雇农、穷小子，他还能有
这么大出息吗？

第二，我要把阿多诺称作"流亡者"。

与本雅明（Walter Benjamin）申请教职被拒不同，阿多诺年纪轻轻便
求职成功（1931），开始在法兰克福大学执教。然而好景不长，随着希特
勒上台（1933），阿多诺也开始了他的流亡生涯。他先去牛津的默顿学院
（1934）当高级进修生（advanced student），专心研究了一阵子胡塞尔，后
来则远去美国（1938），成为社会研究所的正式成员。直到 1949 年，他才
结束流亡生涯，重回法兰克福。而那时候，德国已一分为二，分属资本
主义（联邦德国，即俗称的"西德"）和社会主义（民主德国，即俗称的"东
德"）两个阵营了。

同样是流亡，本雅明流离失所，常常处在饥寒交迫之中，而阿多
诺却生活稳定，衣食无忧，这要得益于社会研究所所长霍克海默（Max
Horkheimer）对他的接纳和关照。也正是因为远离战争，可以潜心思
考，阿多诺才在流亡期间收获颇丰。1957 年，他曾致信洛文塔尔（Leo
Löwenthal），说："我相信，我在德国出版的东西有百分之九十写于美国。"[4]

[1]　Lorenz Jäger, *Adorno: A Political Biography*, trans. Stewart Spencer, New Haven and London: Yale University Press, 2004, p. 14.

[2]　董衡巽编选：《海明威谈创作》，北京：生活·读书·新知三联书店 1985 年版，第 85 页。

[3]　心理美学中有所谓"缺失性体验"和"丰富性体验"之分。参见童庆炳主编：《现代心理美学》，北京：中国社会科学出版社 1993 年版，第 113、127 页。

[4]　Martin Jay, *Permanent Exiles: Essays on the Intellectual Migration from Germany to America*, New York: Columbia University Press, 1985, p. 41.

除了这种看得见摸得着的收获，更重要的收获是他被流亡生活所锤炼出来的思想态度、价值立场、学术眼光和专业视角。萨义德（Edward W. Said）在谈及"知识分子的流亡"时指出："流亡者存在于一种中间状态，既非完全与新环境合一，也未完全与旧环境分离，而是处于若即若离的困境，一方面怀旧和多愁善感，一方面又是熟练的模仿者或秘密的被放逐者。"[1] 能如此总结流亡者的处境，估计他已把阿多诺的经历考虑进来，因为随后，阿多诺就成了他重点讨论的例子：

> 虽然阿多诺于 1949 年返回法兰克福，继续担任教授一职，但在美国的岁月却永远为他盖上了流亡者的戳记。他厌恶爵士乐和所有的大众文化，一点也不喜欢当地风景，似乎在生活方式上刻意维持他的保守风格；由于他是在马克思主义—黑格尔的哲学传统中长大的，所以美国的电影、工业、日常生活习惯、基于事实的学问、实用主义，这些具有全球影响力中的每一项都触怒了他。自然，在阿多诺来到美国之前就非常倾向于成为一个玄学意义上的流亡者（metaphysical exile）：他对欧洲的布尔乔亚品味已极尽批判之能事，例如，他对音乐标准的设定依据的是勋伯格极其艰深的作品，并断言这些作品注定曲高和寡，知音难觅。阿多诺所体现的悖论、反讽和无情的批判表明，他是典型的知识分子，他憎恨所有的体系，无论是我们这边的还是他们那边的，他都一视同仁。对他来说，最虚假之处莫过于活在总体之中——他曾经说过，整体是虚假的——他接着说，这更强调了下列事物的重要性：主体性、个人意识，以及在全面管理的社会（totally administered society）中无法被严加管制的东西。[2]

萨义德对流亡的分析是精湛的，但在他那里，流亡之于阿多诺基本上都是负面影响，此观点恐怕很难服众。我们不应该忘记，阿多诺曾写

---

[1]　[美]爱德华·W.萨义德：《知识分子论》，单德兴译，北京：生活·读书·新知三联书店 2002 年版，第 45 页。根据原文有改动。Edward W. Said, *Representations of the Intellectual*, New York: Pantheon Books, 1994, p. 49.

[2]　同上书，第 50—51 页。根据原文有改动。Ibid., p. 55.

过《在美国的学术经历》的长文，那既是回忆往事，也是反思自身。当他最后总结出"去地方化""获得了从外部看待文化的能力"（《在美国的学术经历》）[1] 等收获时，我们便已获悉，美国经验确实塑造了他看问题的视角，参与了他思想的建构。正如阿多诺习惯于把一切事物都拽入二律背反的框架中加以思考一样，如何看待其流亡生活和美国经验也不例外。也许阿多诺一直就很矛盾，因为"新世界"有许多新观念和新事物，它们恰恰是那个"旧欧洲"所完全稀缺的，但严重的物化问题又让他意识到，美国并非流奶淌蜜的"应许之地"。当然，无论是负面影响还是正面启迪，都既成全了阿多诺的深刻，又丰富了"批判理论"的内容，却也是一个不容置疑的事实。

既然涉及"批判理论"，我们也就无法在第三个定位面前绕道而行：阿多诺是法兰克福学派最核心也最重要的成员。

我在前面已提及霍克海默，而对于霍氏，阿多诺曾有过一个有趣的评价——"天生的流亡者"[2]。何出此言？此话怎讲？我们知道，法兰克福的社会研究所成立于 1923 年，首任所长格吕堡（Carl Grünberg）。1931 年，霍克海默继任所长，随即便招兵买马，创办《社会研究杂志》，倡导"批判理论"，研究所从此也迎来了它的辉煌时期。维格斯豪斯说过，法兰克福学派后来之所以能被人称为"学派"，且阿多诺也笑纳了这个称谓，是因为它具有五个典型特征。其中的第二个特征，是需要"一个卡里斯玛型的思想名人"（a charismatic intellectual personality）。这样，既是哲学家又是"管理型学者"（managerial scholar）的霍克海默便成为理想人选。[3] 而作为"卡里斯玛型"人物，他的"超凡魅力"或许还体现在神机妙算和未雨绸缪上。希特勒刚一上台，他就意识到研究所已岌岌可危，因为他与他的部下大都是犹太人，他们又具有马克思主义倾向，于是准备流亡，选择流亡之地就成了霍克海默考虑的头等大事。在经过流亡日内瓦

---

[1]　引语凡出现在本书中者，笔者将不再详细作注，只随文标明篇目，下同。

[2]　[德] H. 贡尼、R. 林古特：《霍克海默传》，任立译，北京：商务印书馆 1999 年版，第 38 页。

[3]　See Rolf Wiggershaus, *The Frankfurt School: Its History, Theories, and Political Significance*, trans. Michael Robertson, Cambridge: The MIT Press, 1994, pp. 1-2.

和巴黎的暂时凑合后，他决定远赴重洋，果断选择了美国的哥伦比亚大学。

阿多诺与霍克海默相识于 1922 年，从此结下友谊，成为莫逆之交。霍克海默任所长后，阿多诺与研究所只是保持着交往，直到 1938 年被霍克海默动员到美国，他才算是正式加盟入伙。在美期间，他们的主要合作成果自然是《启蒙辩证法》，但更重要的是，霍克海默欣赏阿多诺，阿多诺信赖霍克海默，他们同心协力，为打造"批判理论"立下了汗马功劳。"批判理论"当然是研究所成员共同努力的产物，但如果要论贡献，恐怕有百分之八十要记到霍克海默和阿多诺的头上。若再对这百分之八十做区分，前者估计能占百分之三十，后者却要占到百分之五十。克劳森说过："正是在美国，批判理论才获得了它的最终形态。"[1] 此言得之。但假如阿多诺没去美国，"批判理论"恐怕就郊寒岛瘦，远不是我们现在见到的这种样子了。

流亡结束后，马尔库塞（Herbert Marcuse）和洛文塔尔等人都已扎根美国，只有阿多诺和波洛克（Friedrich Pollock）追随霍克海默，返回了德国。阿多诺后来承认："他是研究所成员中唯一的一个从未放弃过返回德国希望的人。"[2] 而这种返回既有母语的召唤（阿多诺曾把急于返回的原因归结为"语言"[3]），同时也应该是在报答霍克海默的知遇之恩，因为霍克海默打道回府，最大的事情是要重建社会研究所，他需要得力的左膀右臂。后来霍克海默荣休，阿多诺继任所长（1958），也说明了前者对后者的绝对信认。

"如果没有霍克海默和社会研究所，阿多诺会不会是他后来的这种样子？"2019 年，当我面对法兰克福学派研究专家马丁·杰伊教授时，曾问过他这样一个问题。他的回答是这样的：

> 我认为这是一个后来者如何看待一个人作为一个集体的代表的

---

[1]　Detlev Claussen, *Theodor W. Adorno: One Last Genius*, trans. Rodney Livingstone, Cambridge, MA: The Belknap Press of Harvard University Press, 2008, p. 237.

[2]　[德] H. 贡尼、R. 林古特：《霍克海默传》，第 79 页。

[3]　Theodor W. Adorno, "On the Question: 'What is German？'", in *Critical Models: Interventions and Catchwords*, trans. Henry W. Pickford, New York: Columbia University Press, 1998, p. 212.

问题。霍克海默非常重要，他是把一切联系在一起的黏合剂，是主要的组织人物，也有很多原创的想法。霍克海默是一个非常有天赋的人，但阿多诺在今天已经超越了他，成了一个更重要的人物。在法兰克福大学被称为阿多诺广场（Adornoplatz）的中央庭院中央，有一个玻璃盒子，里面放着阿多诺的书桌，周围是他作品中的文字。2003年，当他百岁冥诞时，法兰克福市把他打造成了一个伟大的市民偶像，成为城市挚爱之子，几乎可以和歌德相提并论。虽然霍克海默也被称为荣誉市民，但他的角色不那么突出。（《法兰克福学派的批判理论与实践：以阿多诺为中心——马丁·杰伊教授访谈录》）

虽然杰伊教授并未正面答复我的问题，但其话里话外已透露出一个意思：像阿多诺这种天才人物，即便没有霍克海默和社会研究所这个平台，他也是人中吕布，马中赤兔。这当然没什么问题，但我还是觉得，正如本雅明给阿多诺带来了极大的影响一样，霍克海默对他的影响潜移默化，也不可低估。例如，早在 1937 年，霍氏就写信提醒远在伦敦的阿多诺："我请求您到社会研究所讲学时，要只讲科学，千万不要谈论什么政治。连像唯物主义这样的术语，也绝对要避免使用。"[1] 由于客居他乡，处境不佳，霍克海默唯恐出言不慎给研究所带来麻烦，于是他处处小心谨慎。加上他说过"这个时代不需要额外的行动加以刺激。哲学决不能变成宣传，即使是为了最好的目的"，以此来表达他对"政治行动主义"（political activism）的厌恶，[2] 所以，这种理念和做派是不是也影响着阿多诺，以至于让他对政治既积极干预又敬而远之？也许，结合如下两个方面的描述，我们对这一问题的认识才能更为充分。

于是第四，我们应该记住，阿多诺不仅是学者，而且还是一位公共知识分子。

---

[1] ［德］H. 贡尼、R. 林古特：《霍克海默传》，第 44 页。

[2] Max Horkheimer, *Eclipse of Reason*, New York, 1947, p. 184. Quoted in Martin Jay, *The Dialectical Imagination: A History of the Frankfurt School and the Institute of Social Research 1923-1950*, London: University of California Press, 1996, p. 266.

　　作为阿多诺宽泛意义上的同龄人，生于 1905 年的萨特便是一位典型的公共知识分子。他不仅写过鼓吹"介入"的文章，号召作家与学者占领大众传播媒介，而且还身体力行，办《现代》杂志，写时评短文，走上街头发表演讲，参加示威游行，散发《人民事业报》，在各种请愿书上签名，甚至成了签名冠军。与萨特相比，阿多诺似乎要更低调也更谨慎。他不想抛头露面，不愿成为大街上的知识分子；他对萨特常常是批而判之，对他的"介入文学"也颇有微词。如此风格和做派，常常会让人产生错觉：阿多诺是不是两耳不闻窗外事，一心只读圣贤书？作为"知识分子"，他是不是与"公共"无缘？

　　错了。有资料表明，从结束流亡一直到突然去世（1950—1969），阿多诺参与过 160 多次广播节目，[1] 也发表过许多报刊文章。英国社会家吉拉德·德兰蒂在论及阿多诺时指出："他定义了一个活跃的公共知识分子的角色，他从事社会和文化分析，并在大学之外进行阐述，他的大量广播讲话和报纸文章、论笔和干预进入了德国的公共领域，便是证明。"[2] 似乎是为了强化自己所作所为的公共性，阿多诺干脆把自己的一本著作命名为《干预：九个批判模型》（*Eingriffe: Neun Kritische Modelle*, 1963）。这也就是说，虽然他反感萨特式的"介入"，却从未停止以他自己的方式进行"干预"。也正是因为这种"干预"，他的公共知识分子的形象才变得丰满起来。

　　那么，阿多诺的"干预"主要作用于哪个层面？还是这位德兰蒂曾如此归纳："作为战后德国的公共知识分子，阿多诺的主要贡献是在去纳粹化方向上构建了一种批判话语。在他最重要的一篇论笔（原本是 1959 年 11 月发表的演讲）——《接受过去意味着什么？》中，阿多诺攻击了阿登纳之德国（Adenauer's Germany）在有罪和赎罪中立化问题上的政治自满情绪。他提醒德国公众'国家社会主义是存在的'，只不过以另一种不同的形式存在。他认为'国家社会主义在民主制度中的持续存在可能比在

---

[1]　Henry W. Pickford, "Preface," in Theodor W. Adorno, *Critical Models: Interventions and Catchwords*, p. viii.

[2]　Gerard Delanty, "T. W. Adorno as a Critical Intellectual in the Public Sphere: Between Marxism and Modernism," in ed. David Bates, *Marxism, Intellectuals and Politics*, New York: Palgrave Macmillan, 2007, p. 119.

法西斯倾向反民主中的持续存在更具潜在的威胁性'。"[1]实际上，不仅仅是"去纳粹化"，还有通过内在批评对社会现实矛盾的揭示，通过批判文化工业对甘愿上当受骗的民众的提醒，通过促进政治民主"为政治启蒙尽绵薄之力"（《在美国的学术经历》），等等，所有这些，都构成了阿多诺"干预"的不同声部。如此看来，作为公共知识分子，阿多诺不仅是称职的，而且他还把这一角色扮演到几近完美的程度。

然而，君特·格拉斯（就是后来获得诺贝尔文学奖的那位作家）当年却写过一首名为《阿多诺的舌头》（"Adorno's Tongue"）的讽刺诗，调侃阿多诺说嘴呱呱，尿床刷刷。[2]于是也就引出了第五个问题：阿多诺是不是一个"口头革命派"？

众所周知，发生在巴黎的"五月风暴"（1968）标志着西方世界的"文化大革命"走向高潮。受革命形势的影响，德国的学生运动也搞得热火朝天，法兰克福学派的著作则成为造反学生的理论武器。这时候，阿多诺曾经的同事马尔库塞显得异常活跃，他频繁地往来于欧美之间，做演讲，发文章，坚定地站在学生一边，为这场运动撑腰打气。而相比之下，阿多诺则要显得更保守也更冷静。起初他对学生的态度还比较包容，但随着他与自己的"明星学生"克拉尔（Hans-Jürgen Krahl）发生争执，随着他叫来警察赶走了占领社会研究所的学生，致使包括克拉尔在内的76名学生被捕（1969年1月7日）。这样，他也就完全站到了学生的对立面，人设崩塌，名誉扫地。于是他的言行被学生嘲笑，他的课堂被观众捣乱。一个最著名的事件发生在1969年4月22日，那是新开课程"辩证思维导论"的第一课，千人大礼堂座无虚席，66岁的阿多诺走上讲台。这时候，两位身材高大的男子——他们是"社会主义德意志学生联盟"（SDS）成员，隶属于所谓的皮夹克党（leather-jacket party）——开始闹事

[1] Gerard Delanty, "T. W. Adorno as a Critical Intellectual in the Public Sphere: Between Marxism and Modernism," in ed. David Bates, *Marxism, Intellectuals and Politics*, p. 126. 阿多诺引文出自：T. W. Adorno, "What Does Coming to Terms with the Past Mean?", trans. T. Bahti and G. Hartman, in ed. G. Hartman, *Bitburg in Moral and Political Perspective*, Bloomington, IN: Indiana University Press, 1986, p. 115。

[2] See Lorenz Jäger, *Adorno: A Political Biography*, pp. 200-201.

了。他们也走上讲台，逼使阿多诺自我批评，因为他叫来了警察，并对克拉尔提起了法律诉讼。伴随着"打倒告密者！"的呼喊声，一名学生在黑板上写下标语："若阿多诺安然无恙，资本主义就绝不会寿终正寝。"许多听众看不下去了，他们嘘声四起，以此表达愤怒，却没有人出面制止肇事者。这时阿多诺提议，他将给大家五分钟时间考虑，看是否希望讲课继续进行。话音刚落，他就被三名身穿皮夹克的女学生围在中央。她们撒玫瑰花瓣，演情色哑剧，然后袒胸露乳，伸胳膊撂腿，试图靠近他并羞辱他。阿多诺大窘，顿时手忙脚乱，惊慌失措。他抓起帽子和外套，挥舞着公文包抵挡几下，便匆匆逃离了演讲大厅。[1]

这次事件对阿多诺的打击应该是很大的，因为随后他便在《南德意志报》上说出了他那句心痛之言："当我建立自己的理论模型时，万没想到人们会用燃烧瓶去实现它。"[2] 而对学生运动更理性的反思则体现在他那篇《所谓"顺从"》的文章中，那是他对批判思想家为什么"敏于思而讷于行"的解释和辩护，也是对学生运动堕落为"伪行动"的反思与痛斥。在阿多诺看来，思考对于批判思想家最为重要，因为思考本身就是一种实践的形式。而正是因为被这样一种理念支撑，他在说出这样的句子时才斩钉截铁："毫不妥协的批判思想家既不在自己的良心上签名画押，也不允许自己被吓得只能行动。"十年之后，洛文塔尔对这一问题则有了更为明确的反思，他在《批判思想本身就是充分的实践——阿多诺作为"拦路虎"》一文中写道：

> 如果阿多诺和他的朋友们守过街垒，他们很可能就会在汉斯·艾斯勒的一首革命歌曲中永垂不朽。但不妨想象一下，如果1849 年或 1871 年马克思死在了街垒上，那就不会有马克思主义，不会有先进的心理学模型，当然也不会有批判理论了。极端激进的信徒们向他们的老师发出了拿起武器的呼吁——尽管他们的意图可能是合

---

[1]　See Stefan Müller-Doohm, *Adorno: A Biography*, p. 475.

[2]　Quoted in *Die Süddeutsche Zeitung* (26-27 April 1969), p. 10. See Martin Jay, *Adorno*, London: Fontana Paperbacks, 1984, p. 55.

理的——但这仅产生了过激行为，其后果在新左派今天所处的困境中展现得淋漓尽致。……当激进政治变革的希望在我们这个时代或未来破灭时，批判理论很方便地成了许多年轻人的替罪羊。令它的创造者和实践者，尤其是令阿多诺感到巨大痛苦和悲哀的是，人们忘记了批判思想本身就是充分的实践。

明乎此，在给阿多诺扣上一顶"口头革命派"的帽子时可能就需要特别慎重。因为对于"行动"或"实践"，我们原来的理解是必须"身体"出场，于是萨特的走上街头是行动，马尔库塞的奔走呼号也是行动。然而，在阿多诺与洛文塔尔的辩护下，问题变得复杂起来了。那么，这是不是意味着我们以前对"思与行""理论与实践"的关系理解得过于狭隘？

## 二 阿多诺的伤口

阿多诺写过一篇名为《海涅的伤口》的论笔文章，其实阿多诺也有伤口，这个伤口就是奥斯维辛。

一般认为，纳粹对犹太人的屠杀是从"水晶之夜"（Kristallnacht / Reichspogromnacht，一译"碎玻璃之夜"）开始的。1938 年 11 月 9 日至 10 日凌晨，德国全境的犹太教堂被焚烧和破坏，三万犹太人被捕并被送入集中营，史称"水晶之夜"。此后，有关大屠杀的消息便陆续出现在美国的主要报纸上。而至 1943 年，第一份有关德国死亡集中营的报道也传至美国。[1] 起初，阿多诺对自己的犹太人身份是比较淡漠的，因为他只有一半犹太血统（他的父亲是被同化的犹太人，但其母亲不是）。然而，随着希特勒灭绝计划的推进，随着霍克海默把"反犹主义"列为研究所的研究规划之一，阿多诺的犹太意识也开始苏醒。马丁·杰伊曾把"犹太人

---

[1]　　See Rolf Wiggershaus, *The Frankfurt School: Its History, Theories, and Political Significance*, p. 310. See also Rolf Tiedemann, " 'Not the First Philosophy, but a Last One' : Notes on Adorno's Thought," in Theodor W. Adorno, *Can One Live after Auschwitz? : A Philosophical Reader*, p. xviii.

的自我认同"看作阿多诺的五个思想力场（force-field）之一，并且指出了这样一个事实："在阿多诺从纳粹德国流亡出来期间，以及在大屠杀真相大白之后的几年里，他开始认识到自己犹太血统的真正影响。尤其是他于 1953 年最终回到一个不愿正视和解决其'无法掌控的过去'（unmastered past）的德国后，奥斯维辛集中营的影响实际上就几乎成了他的一块心病。""阿多诺从大屠杀中汲取的主要教训是反犹主义与极权主义思维之间的联系。他现在开始明白，犹太人已被看作他者性、差异性和非同一性的最顽固堡垒，是 20 世纪的极权主义极力要铲除的对象。他严肃地总结道，'奥斯维辛证实了纯粹的同一性即为死亡的哲学思想'。"[1]

于是，从 1941 年开始，阿多诺与霍克海默频繁地讨论开了反犹主义的话题。阿多诺说："反犹主义确实是今天的主要不义，我们的观相术形式必须关注它以最可怕面目呈现出的那个世界。"[2] 这是阿多诺给霍克海默写信时（1941 年 10 月 2 日）的说法，而用观相术的形式去关注反犹主义问题，进而关注艺术、文化等问题，实际上也预示了阿多诺后来的整体研究路径。当然，讨论的重要成果是《启蒙辩证法》中有了这样一章内容：《反犹主义要素：启蒙的界限》。而当他们写出"法西斯分子认为犹太人不是少数民族，而是敌对民族，这个民族本身体现着消极原则。世界的幸福依靠的是对这个种族的灭绝"[3] 之类的句子时，不仅意味着他们在希特勒灭亡之前就对法西斯主义的残暴与犹太民族的命运有了清醒的认识，而且也意味着从此往后，奥斯维辛将作为纳粹灭绝犹太人的象征符号深深嵌入阿多诺的思维框架中，成为他思考哲学、美学和文学艺术问题的重要参照物。明白了这个道理，我们就能理解为什么面对阿多诺时伊格尔顿会形成如下评论了："对于阿多诺来说，身体所传达的信号首先不是快乐，而是痛苦。在奥斯维辛的阴影下，身体处在纯粹的肉体悲惨中，处在徒具人形的行尸走肉中，于是身体再一次闯入了哲学家的高雅

---

[1]　Martin Jay, *Adorno*, pp. 19, 20.

[2]　Rolf Wiggershaus, *The Frankfurt School: Its History, Theories, and Political Significance*, p. 309.

[3]　Theodor W. Adorno & Max Horkheimer, *Dialectic of Enlightenment*, trans. John Cumming, New York: Herder & Herder, Inc., 1972, p. 137.

世界。"[1] 这也就是说，当阿多诺思考哲学等问题时，他不仅动用了自己的生命体验，而且还征用了自己的身体经验。

正是在这一历史语境中，阿多诺开始把奥斯维辛挂在嘴边了。在《文化批评与社会》（1951）中，"奥斯维辛之后写诗是野蛮的"这一名句横空出世，它对许多人构成了刺激，以至于误解频繁，争议不断。为了平息这种纷争，阿多诺在《介入》（1962）中横插一笔，一方面不想缓和这一说法，另一方面又肯定恩岑斯伯格的反驳同样正确，这就为他后来把这一命题阐发成二律背反埋下了伏笔。而更有名的回应则来自《否定的辩证法》（1966），因为阿多诺曾如此写道：

> 经年累月的痛苦有权利表达出来，就像一个遭受酷刑的人有权利尖叫一样。说奥斯维辛之后你不能再写诗了，这也许是错误的。但提出一个不怎么文化的问题却不能说错：奥斯维辛之后你是否还能继续活下去，特别是那种偶然逃脱的人、那种依法本应被处死的人，他们还能否继续活下去？他的幸存需要冷漠，亦即资产阶级主观性的基本原则，没有这一原则也许就不会有奥斯维辛；这就是那种被赦免者的巨大罪过。通过赎罪，他将受到梦的折磨，梦到他根本不再活着，他在1944年就被送进焚尸炉里了，他的整个存在一直都是虚构的，是一个二十年前就被杀掉的人的荒唐心愿的流淌。[2]

这个段落曾让许多人长舒一口气，把心放回了肚子里，因为他们觉得阿多诺知错便改，幡然悔悟，"收回"了此前抛出的那个命题。然而实际上，就在阿多诺写作《否定的辩证法》期间，他也同时开设着一门"形而上学：概念与诸问题"的课程，当讲到第14讲"对自我的清算"（"The Liquidation of the Self", 15 July 1965）时，他又开始谈论奥斯维辛了。他说，与奥斯维辛集中营这种社会性灾难相比，里斯本大地震的自然灾难绝对

---

[1]　Terry Eagleton, *The Ideology of the Aesthetic*, Oxford: Blackwell Publishers, 1990, p. 343.

[2]　Theodor W. Adorno, *Negative Dialectics*, trans. E. B. Ashton, London and New York: Taylor & Francis e-Library, 2004, pp. 362-363. 中译文参见［德］阿多尔诺：《否定的辩证法》，张峰译，重庆：重庆出版社1993年版，第363页。

是小巫见大巫。于是在今天，人们自然而然地走向生命终点，与死亡和解，已变得不再可能。他又说，就在这种对自我的清算中，不但最深奥的形而上学问题得以掩盖——自我不过是在为社会罪责买单；而且自我也进入二律背反的处境之中：一方面是个人被贬低为微不足道之物，另一方面是个人除了这个活着的原子化自我之外而不再拥有任何东西。他还说，奥斯维辛之后能否写诗同样也是一个二律背反命题，因为"不能写诗"和"必须写诗"都有其道理。而实际上，哲学反思正是存在于这两种截然对立的可能性之间。与这一命题相比，奥斯维辛之后人们是否还能活下去是更值得认真对待的形而上学问题。如此看来，就在阿多诺把所谓"收回"写进书里时，他也在课堂上大谈特谈"不能写诗"和"必须写诗"的二律背反问题。所以，仅仅谈论"收回"是不全面的，因为书中说法和课堂谈论构成了一种互文关系，它们都值得认真对待。只不过因课堂讲稿许多年之后才被整理面世，致使人们认识这一问题的进程大大延误，以至于直到今天，许多人对这一命题的理解依然停留在"收回"阶段。

其实，即便没见过这个课堂实录，我们也不该单单守着"收回"浮想联翩，因为在《艺术是欢悦的吗？》（1967）一文中，阿多诺还有如下说法："奥斯维辛之后写诗不再可能的那个说法并不绝对成立，但可以肯定的是，奥斯维辛之后欢悦的艺术不再是可以想象的了，因为奥斯维辛已经发生了，并且在可以预见的未来仍然可能发生。"在这里，阿多诺只是主动后撤一步，却根本不涉及所谓"收回"。而之所以如此，一是因为奥斯维辛并未走远，二是因为奥斯维辛依然阴魂不散，它很可能会以其他的悲剧形式再度降临。于是，不断念叨千万不要忘记奥斯维辛，不断提醒千万不可高枕无忧睡大觉，就成为阿多诺的职责所在。而这种责任与担当又在《奥斯维辛之后的教育》（1966）一文中体现得淋漓尽致。因为在阿多诺看来，奥斯维辛是人类倒退到野蛮状态的一种表现，而在今天，原子弹的发明则与种族灭绝有着同样的历史背景。因此，奥斯维辛之后的教育首先涉及儿童教育，其次关乎普遍的启蒙，因为它们都能有效防止奥斯维辛再次发生，而鼓吹所谓的"约束"并无多少效果。由于威权与野蛮同频共振，杀人狂如希姆莱、霍斯和艾希曼等人都具有操纵型性格，所以，为防止奥斯维辛重演，弄清楚操纵型性格产生的条件并且改变这些条件是必要的。同时，教育也要使"恐惧"不被压抑，使"坚强"不被灌输，因为教育人们"坚忍不拔"，即意味着对痛苦本身的绝对冷漠；而冷漠则意味着爱的缺失，意味着物化意识的蔓延，意味着奥斯维辛的再次发生有了肥田沃土。总之，让奥斯维辛不再发生，这是对所有教育提出的首要要求。

当阿多诺如此不依不饶地谈论着奥斯维辛时，一方面说明他的伤口从来就没有愈合，另一方面则意味着作为公共知识分子，他一直都没有停止发声。我甚至觉得，他的那些谈论文学艺术、批判大众文化的文章，也大都具有"压在纸背的心情"——法西斯主义必须警惕，奥斯维辛不再重演。可以说，阿多诺的"批判诗学"之所以风清骨峻，气势如虹，很大程度上便是因了这种"心情"。

当然，所有这一切，离开了阿多诺所倡导的论笔和论笔体又无所附丽。于是接下来，我们便需要回答：何谓论笔？论笔好读吗？

## 三 "阿多诺的许多段落连我都读不懂"

凡是读过阿多诺著作文章的人，无论他读的是德语原文、英译文还是汉译文，都会直呼其难——语言难，文笔难，阅读难，翻译难，理解难，吃透更难。这些难加在一起，自然也就难于上青天了。最早有此感受的或许是他的社会研究所同事马尔库塞。一方面，他对阿多诺赞不绝口："我只能称他为天才，因为……我从未见到任何一个人能像他那样，同时在哲学、社会学、心理学和音乐的领域里纵横驰骋、挥洒自如。……而且此公谈锋犀利，出口成章，录下即可付印。"[1] 但另一方面，在回应"你刚才说他是天才。而我却读不懂他的书"（访谈者麦基的说法）时，他却"坦白地说，阿道尔诺的许多段落连我都读不懂"[2]。从此往后，"读

---

[1]　[英]布莱恩·麦基编：《思想家——当代哲学的创造者们》，周穗明、翁寒松译，北京：生活·读书·新知三联书店1987年版，第67页。

[2]　同上书，第77页。

不懂"或"不可译"似乎就成为阅读和翻译阿多诺的一个重要标签。例如，塞缪尔·韦伯是把阿多诺著作译成英文的第一人，他先把《棱镜》的"译者前言"取名为《译不可译之书》（"Translating the Untranslatable"，亦可意译为《天书的移译》），然后指出："如果阿多诺确实是可译的——当然这绝不能被视为理所当然——那也是由于他的不可译性。从头至尾，塑造阿多诺句子、格言、论笔、著作的东西是那种无解的张力，它源于并见证了形式与内容、语言与意义之间和谐结合的不可能……阿多诺的不可译性是他最深刻、最残酷的真理。"[1] 这很可能是阿多诺"不可译"的最早说法，而更有名的说法或许是来自《否定的辩证法》的英译者 E. B. 阿什顿，他在《英译者按语》中开宗明义道：

　　首先我得承认，这本书使我违反了我认为哲学翻译者须遵循的"头号"规则：在你自认为弄懂作者的每句话尤其是每个词的意思之后再去翻译。我是不知不觉走到这一步的。我曾读过这本书的德文版，虽然读得不太认真，但对它的论题绝非毫无把握。我清楚地记得它在精美散文（polished prose）中传达的主旨，而且似乎是很容易翻译的。事实证明也是如此，不仅是因为特奥多尔·阿多诺的大部分哲学词汇都用拉丁语或希腊语做主干，而且在英语和德语中也完全相同。他的句法几乎不需要像康德以来的大多数哲学家那样弄清理顺；他不像他们那样沉迷于造词；而且他使用的新词也很少借自于英语。

　　翻译之初，让我不时感到纳闷的是：后面的句子与前面的句子以及更前面的句子究竟关系几何。而其他读者也说体会相同，可阿多诺在其序言中承诺，起初看起来令人费解之处稍后会得以澄清。而且我觉得，我没有误译其语句。他的句子很清楚，词汇（也就是他自己的词汇；对于他对别人词汇的讨论则另当别论）也毫不含糊，其英文对应词则毋庸置疑。我步履维艰，继续前行，完全忽略了我的"头号"规则。

---

[1] Samuel M. Weber, "Translating the Untranslatable," in Theodor W. Adorno, *Prisms*, trans. Samuel and Shierry Weber, Cambridge, Ma.: The MIT Press, 1981, pp. 14-15.

但不解之谜却堆积如山。我发现自己虽然翻译了整个书稿，却没有看出它们是如何从最初的论据导向结论的。我准备把此书视为不可译之作——对我来说，至少是如此——这使我想起我最喜欢的一位译者的故事：他受托翻译一本书，当他被问及是否有机会读过这本书时，他答曰："我没读，我译了。"[1]

这里值得注意的地方有二：其一是阿什顿把《否定的辩证法》看成"精美散文"，很容易令人想起塞缪尔·韦伯对阿多诺文章的类似说法：哲学散文（philosophical prose），[2]这很可能是英语世界对其文体属性的最早定位。其二，阿什顿对阿多诺之难、之困惑、之不可译的坦诚之言，以及"我没读，我译了"之类的调侃之词，可谓道出了包括笔者在内的许多译者的心声，因为我在翻译阿多诺时也常常大感不解："后面的句子与前面的句子以及更前面的句子究竟关系几何"。而更有意思的是，由于译事之难超乎想象，甚至连国内个别德语资深译者（同时也是法兰克福学派研究专家）都萌生了远离阿多诺的退意，原因在于，该译者在翻译阿多诺时不仅切身体会到了阿多诺的不可译，而且甚至立下誓言：以后要对阿多诺敬而远之，轻易不再去译他之作品。然而，更年轻的学者却不得不与阿多诺较劲，只是较劲的结果同样也是创伤满满，因为阿多诺"太难"。例如，姚云帆就曾说过："作为一个法兰克福学派研究者，我基本不愿意阅读阿多诺的著作，因为太难了。这个难度不仅在于其思想的深刻，还有其语言的艰难。我的同事、华东师范大学黄金城教授已经苦译阿多诺《审美理论》数年，对他繁难诘屈的德语啧啧抱怨，但'爱之深，怨之切'，越抱怨越不肯撒手。我的朋友胡春春博士德语极好，他也认为阿多诺的德语极为晦涩，胡博士约略言道，阿多诺不仅在写作中应用这种艰深准确的风格，而且在公开讲演中也使用这种风格，以至于听众只有在其最

---

[1]　E. B. Ashton, "Translator's Note," in Theodor W. Adorno, *Negative Dialectics*, p. ix. 中译文参见 E. B. 阿什顿：《英译者按语》，载［德］阿多尔诺：《否定的辩证法》，第 1 页。

[2]　Samuel M. Weber, "Translating the Untranslatable," in Theodor W. Adorno, *Prisms*, p. 11.

后一个动词说出时，才能听懂他的长句。"[1]这是我看到的年轻一代国内学者关于阿多诺之难的明确说法。而且我可以预言，以后只要依然有愿意与阿多诺较劲者，这种"读不懂"和"不可译"之难就会一代代地延续下去，直到永远。

但是，阿多诺为什么就"读不懂"和"不可译"呢？阿多诺之难究竟应该从何说起？

## 四 思想之难，难在何处

首先当然是思想之难，而这种思想，除了阿多诺本人把它打造得高深莫测之外，更值得注意的是它背后还站着许多思想者，他们都不同程度地参与了阿多诺的思想建设，也构成了助推阿多诺思想的强大阵容。于是，阿什顿的说法再一次成为我们无法绕过去的不刊之论：

> 为了细而又细地追踪阿多诺的思想线索，你需要近乎完美地了解康德，完美地了解黑格尔，并且发自内心地了解马克思—恩格斯——而不仅仅是"记住"了事。只有当这本书中的语句让你抽搐（twitch）得类似于马克思主义奠基之父造成的效果时，你才能与阿多诺一起思考。

> 此外，你还应该对来自各领域的现代人物了如指掌，哲学家如柏格森、胡塞尔、席勒、瓦尔特·本雅明（其作品选最近出了英文版，他可能是阿多诺无条件钦佩的对象之一），还有杰出的社会学家和精神病学家，开创性的诗人（贝克特）和作曲家（勋伯格——阿多诺不仅是一个哲学家，而且是我们这个时代最博学的音乐学家之一）。而且，你至少还应该听说过维也纳的卡尔·克劳斯，他知识渊博，文学全能（jack-of-all-literary-trades），其影响力在"一战"后覆盖

---

[1] 姚云帆：《姚云帆读〈新音乐的哲学〉｜辩证的音乐史和新音乐的辩证法》，《澎湃新闻·上海书评》2023 年 5 月 10 日，https://www.thepaper.cn/newsDetail_forward_23016172，访问日期 2023 年 5 月 11 日。

了整个德语地区，并在"二战"后再度流行。[1]

这是阿什顿告诉读者为读懂《否定的辩证法》所需要的知识储备，而实际上，这样一种储备也同样适用于阅读《新音乐的哲学》《美学理论》等高头讲章和《棱镜》《文学笔记》中的诸多论笔。只不过与前者相比，要读懂后者，读者恐怕需要更宽阔的知识面，也需要对更多的作家、艺术家和思想家心中有数。例如，布莱希特、萨特、海德格尔等人是阿多诺始终致力于批判的人物，他们的思想显然也从反方向丰富了阿多诺的思考。如果对这些人的作品和思想知之不多或一无所知，阿多诺的话语有时就无法被有效理解，其思考的深度也会被大打折扣。我们知道，《本真性的黑话》是阿多诺向海德格尔公开叫板的批判之作，但除此之外，阿多诺对海氏明里暗里的批判和点名不点名的清算其实贯穿在他为数不少的著作文章中，一旦我们缺少这个意识，便会与阿多诺的思考失之交臂。比如，《论笔即形式》重点是在谈论论笔的文体属性（断片式写作）、思维特征（非同一性思考）、审美原则（审美自主性）和批判路径（内在批判和意识形态批判），仿佛温柔敦厚，但实际上却锋芒毕露，且常常处于"擦枪走火"的状态。当阿多诺在谈论艺术与科学相分离的观点时，突然对原始言说（urtümliche Sagen）和原始性（Urtümlichkeit）的村野狡诈批而判之，因为他认为，这种哲学中的美学元素"也仅仅由打过折扣的、二手的追忆与怀旧所组成"；而"语言超越意义的勃勃野心以无意义告终"，因为"从形象与概念相互施加给对方的暴力中催生了'本真性的黑话'，其中语词随情感而律动，同时却又对感动它们的东西默不作声"。假如我们对"本真性""原始性""语言是存在之家"这套海氏"黑话"不熟悉，不敏感，读到这里就会一头雾水。实际情况是，阿多诺在这里已经搂草打兔子——开始捎带着批判开海德格尔了。可以说，见缝插针，不放过任何一个批判机会，这正是阿多诺写作的特点之一。

由于阿什顿提到了本雅明，我们也不妨对阿－本之交略作交代。阿

---

[1]　E. B. Ashton, "Translator's Note," in Theodor W. Adorno, *Negative Dialectics*, p. xii. 中译文参见 E. B. 阿什顿：《英译者按语》，载［德］阿多尔诺：《否定的辩证法》，第 5 页。

什顿把本雅明看作"阿多诺无条件钦佩的对象之一"，此断言既能说明部分问题（其实还是有条件的，否则我们就无法理解阿多诺对本雅明那种疾言厉色的批评了），也能让我们意识到本雅明在阿多诺心目中的重要位置。实际的情况应该是，自从阿多诺与本雅明在 1923 年相遇之后，后者就开始对前者产生影响。而随着阿多诺读过《德意志悲悼剧的起源》，本雅明更是给他带来了极大的启迪，以至于他那篇在法兰克福大学的就职论文——《哲学的现实性》（1931）——多处可以看到本雅明思想的影子，以至于本雅明都对他的"暗引"或"文本盗猎"提出了抗议——在罗列了阿多诺文稿中的一个句子（"科学的任务[1]不是探索隐匿的和存在的现实意图，而是阐释无意图的现实，其方法是借助对孤立的现实元素的形象和意象建构，以消解科学的任务这个问题"）之后本雅明指出："这句话我愿意署我的名字。可是要写这句话，就不能不提'巴洛克'这本书的导论，我在那里已经表达了这一 ——显然的，从相对和谦逊的意义上来讲的——新思想。就我而言，我肯定会提'巴洛克'这本书。毋庸赘言：假如我是您，更不会不提它。"[2] 而从此往后，本雅明的幽灵便在阿多诺的著作文章中"五里一徘徊"了。这也就是说，假如我们对本雅明只是略知皮毛，自然也就无法在一些关键的思想节点上理解阿多诺的挪用、化用和创造性转化。

但所有这些还不是我们"读不懂"阿多诺的重点，重点在于，许多人著书立说是心中有读者的，亦即他所有的论证、引用、阐释等等都以读者好阅读、易理解为鹄的，此所谓"读者中心论"。而阿多诺却是一个绝对的"作者中心论"者，在他的想象中，读他书的人即便不像他那样才高八斗、学富五车，至少才学也该是有四斗三车的，于是，深入深出而非深入浅出、"提高"而非"普及"便成为其为文的基本路数，引用不给

---

[1] 阿多诺发表的演讲稿原文不是"科学的任务"，而是"哲学的任务"（Aufgabe der Philosophie），其他地方本雅明都准确地复述了原文。Theodor W. Adorno, "Die Aktualität der Philosophie," in: *Gesammelte Schriften: Philosophie Frühschriften*, Bd. 1, Frankfurt am Main: Suhrkamp Verlag, 1973, S. 335.

[2] ［德］西奥多·阿多诺、瓦尔特·本雅明：《友谊的辩证法：阿多诺、本雅明通信集 1928—1940》，刘楠楠译，桂林：广西师范大学出版社 2022 年版，第 12 页。

出处、用典不问"隔"与"不隔"、阐释不交代具体语境等等，又成为其著书的主打风格。如此这般之后，阿什顿所指出的"问题"便在阿多诺的著作文章中纷至沓来："书中充斥着这样那样的典故，以及对那些被认为是熟悉之人的著名和不那么著名的引语的释义。阿多诺有几种处理这些问题的方法。原文可能会在正文或脚注中被充分引用，而平行处则留给读者自行理解。或者是只提一下作者（尤其是现代作者）名字，从而假定读者对他们足够熟悉，以至对这里提到的其作品的特定线索或方面不难理解。但有时，连这些辅助性提示也会被悉数省略，而是假定无论谁去读《否定的辩证法》，都会立即记住材料出处。"[1] 这也就是说，凡读阿多诺著作文章者，除了有一副好身手外，还得有一个好脑子，否则他就会在阿多诺的文本面前晕菜抓瞎。

因此，要想成为阿多诺的称职译者，吃透其正文大字或许只是落实了三分之二的问题，还有三分之一的问题需要译者通过注释小字加以解决。例如，为了使《批判模型》一书能顺畅走向英语读者，英译者皮克福德（Henry W. Pickford）对书中之文加注不少，《一个欧洲学者在美国的学术经历》甚至加至 80 个注释。[2] 又如，"技术的面纱"是阿多诺自己发明并使用的重要概念，但他在许多文章中拿来就用，不作解释，于是皮克福德只好在《奥斯维辛之后的教育》一文的使用处加注道：

> "技术的面纱"正如阿多诺和霍克海默最初设想的那样，是"技术作为一个整体，连同其背后的资本，对每一个个体事物行使的过度权力"，因此，由大规模生产制造和由大规模广告操纵的商品世界，与现实本身等同起来："通过忠实复制其施展的法术，现实成为它自己的意识形态。科技的面纱和积极的神话是这么编织起来的。如果现实成为一个形象，亦即特殊性相当于整体就像一辆福特汽车相当于所有相同范围的其他汽车一样，那么从另一方面看，这个形象也就变成

---

[1]　E. B. Ashton, "Translator's Note," in Theodor W. Adorno, *Negative Dialectics*, p. xii. 中译文参见 E. B. 阿什顿：《英译者按语》，载 [德] 阿多尔诺：《否定的辩证法》，第 4—5 页。

[2]　Cf. Theodor W. Adorno, *Critical Models: Interventions and Catchwords*, pp. 368-375.

了直接的现实。"……

假如没有这个注释，读者读到这里准会云里雾里，而一旦作注于此，天堑也就变为通途。如此看来，要想成为阿多诺的好读者，首先需要成为其文本的好的译注者。但如此要求，恐怕只有阿多诺研究专家才能胜此重任，普通读者是不可能有相应的知识储备和理解水平的。既如此，"读不懂"也就在情理之中了。

## 五 随笔 / 论笔溯源

实际上，思想之难只是其中的一个面向，更值得讨论的是文笔 / 文体 / 文风之难。这很可能是让所有阿多诺的读者都大挠其头的最大难点。

如前所述，当韦伯与阿什顿把阿多诺的著作文章看作"哲学散文"或"精美散文"时，这种定位虽有其道理，但并不十分准确。其实，早在 1931 年阿多诺发表就职演讲时，他就曾树雄心、立壮志，要"把第一哲学转换成哲学论笔体（philosophischer Essayismus）"[1]。于是论笔便成为他后来精心打造的文章体制，论笔体也成为他孜孜以求的文体风格。但为什么阿多诺要如此行事？这又需要从头说起。

我们知道，西方世界的随笔文体首先是由蒙田开创的，根据让·斯塔罗宾斯基的词源学梳理，随笔（un essai）作为一个名词，"原义为实验、试验、检验、试用、考验、分析、尝试等，转义为短评、评论、论文、随笔、漫笔、小品文等"。而蒙田把其著作取名为《随笔集》（*Essais*），则有深意存焉。接着，随着《随笔集》被翻译出去，在他国开花结果者渐多，于是便有了培根开创的英国随笔传统，也有了莱布尼茨开创的德国传统。后来，由于随笔中"论"的因素开始增多，其内容尽管严肃甚至可能枯燥，"而其文体则都是灵活雅洁、引人入胜的，毫无高头讲章、正襟危坐的酸腐之气。18 世纪的思想家狄德罗说：'我喜欢随笔更甚于论文，

---

[1] Theodor W. Adorno, "Die Aktualität der Philosophie," in: *Gesammelte Schriften: Philosophische Frühschriften*, Bd. 1, S. 343.

在随笔中，作者给我某些几乎是孤立的天才的思想，而在论文中，这些珍贵的萌芽被一大堆老生常谈闷死了。'生动灵活与枯燥烦闷，这是我们在随笔与论文的对比中经常见到的现象"。于是斯塔罗宾斯基如此定义随笔："随笔，既是一种新事物，同时又是一种论文，一种推理，可能是片面的，但是推到了极致，尽管过去它有一种贬义的内涵，例如肤浅、业余等，不过这并不使蒙田感到扫兴。……这是一种既谦虚谨慎又雄心勃勃的文学体裁。"[1]

如此看来，试验应该是随笔的基本含义，而灵动则是随笔文体的基本特征。也正因此，朱光潜认为"Essay"译作"小品文"并不能曲尽其妙，"或许较恰当的译名是'试笔'，凡是一时兴到，偶书所见的文字都可以叫做'试笔'。这一类文字在西方有时是发挥思想，有时是抒写情趣，也有时是叙述故事。中文的'小品文'似乎义涵较广"[2]。而验之于蒙田之写作，其随笔确实名符其实，因为他是在"用他的手、用他的感觉来试验'世界'"。而"'用手思想'是他的格言，永远要把'沉思'生活和'塑造'生活结合起来"则是其信条。[3] 正是基于这种信条和格言，他才把《随笔集》"试验"得活色生香：

> 《随笔集》凡三卷，107 篇，长短不一，长可十万言，短则千把字。内容包罗万象，理、事、情俱备，大至社会人生，小则草木鱼虫，远至新大陆，近则小书房，但无处不有"我"在；写法上是随意挥洒，信马由缰，旁征博引，汪洋恣肆，但无处不流露出我的"真性情"。那是一种真正的谈话，娓娓然，侃侃然，俨然一博览群书又谈锋极健的人与你促膝闲话，作竟日谈，有时话是长了点，扯得远了点，但绝不枯燥，绝不谋财害命般地浪费你的时间。就是在这种如行

---

[1]　郭宏安先生著有《从阅读到批评》一书，其中第八章是《让·斯塔罗宾斯基论"随笔"》，以上所引，便出自该书该章。郭宏安：《从阅读到批评："日内瓦派"的批评方法论初探》，北京：商务印书馆 2007 年版，第 286、288、290 页。

[2]　朱光潜：《论小品文（一封公开信）——给〈天地人〉编辑徐先生》，《朱光潜全集》第 3 卷，合肥：安徽教育出版社 1987 年版，第 428 页。

[3]　郭宏安：《从阅读到批评："日内瓦派"的批评方法论初探》，第 293、292 页。

云流水般的叙述中，蒙田谈自己，谈他人，谈社会，谈历史，谈政治，谈思想，谈宗教，谈教育，谈友谊，谈爱情，谈有关人类的一切，表现出一个关心世事的隐逸之士对人类命运的深刻忧虑和思考。所以，让·斯塔罗宾斯基说："在蒙田的随笔中，内在思考的演练和外在真实的审察是不可分割的。在接触到重大的道德问题、聆听经典作家的警句、面对现时世界的分裂之后，在试图与人沟通他的思索的时候，他才发现他与他的书是共存的，他给予他自己一种间接的表现，这只需要补充和丰富：我自己是这部书的材料。"[1]

这是郭宏安先生对《随笔集》的概括。它既涉及内容，也涉及形式（写法），可谓提纲挈领，全面细致，笔者已无须再画蛇添足。而我之所以在这里大谈蒙田，是因为只有了解了随笔始祖的文章做法，才能够意识到阿多诺所谈的论笔和他亲自实践的论笔与这一法国传统有何异同。大体而言，其相同者有如下几个方面：

（一）如前所述，蒙田的随笔是在做试验，阿多诺对这一点应该没有任何异议，因为他说过："Versuch（尝试或论笔）这个词语，其中思想乌托邦的中的之处，关联着它自身的易错性意识与临时性特征。……Versuch 并非有条不紊地进行，而是具有一种意欲在暗中摸索的特征。"为了强化这一点，傲慢的阿多诺不惜引用其后学马克斯·本泽之言，甚至对其论述视同己出："论笔把自己与学术论文区分开来。用论笔体写作者其实是一个进行实验的创作者，他把写作对象颠来倒去、质询它、感受它、测试它、彻底反思它、从不同的角度攻击它，用其心灵之眼搜集他之所见，然后在写作过程创造的条件下，把写作对象让他看到的东西诉诸笔端。"（二）在斯塔罗宾斯基看来，蒙田所创造的随笔"是一种既谦虚谨慎又雄心勃勃的文学体裁"。阿多诺对此也有同感，因为他引卢卡奇的话说，当蒙田把其作品命名为"随笔"时，"这个词易解好懂的谦卑背后是一种高傲的骑士风度"。（三）在蒙田那里，"信马由缰，汪洋恣肆"是其主打风格，阿多诺也非常欣赏随笔的这种洒脱："于论笔而言，运气与

---

[1] 郭宏安：《从阅读到批评："日内瓦学派"的批评方法论初探》，第 295 页。

游戏至关重要。它并非从亚当与夏娃那里起步，而是始于它想谈论的问题；它在灵光乍现时开始言说，在无话可说时骏马收缰，而并非完全穷尽其所谈主题。因此，论笔被归类为瞎胡闹。"（四）斯塔罗宾斯基琢磨了一番蒙田后指出："随笔是最自由的文体"，"其条件和赌注是精神的自由"。阿多诺则断言："论笔在德国遇阻，是因为它唤醒了精神自由。"（以上所引阿多诺语，皆出自《论笔即形式》）而追求精神自由，应该是阿多诺赋予论笔的最重要品质。以上所及，都意味着阿多诺的论笔与蒙田随笔的法国传统是一奶同胞，是打断骨头连着筋的姊妹文体。因此，于阿多诺而言，他之经营论笔绝不是白手起家，因为在他之前已站着无数随笔高手，论笔达人，他们都是阿多诺追模的榜样。

但所有这些，并不能掩盖阿多诺所谓论笔的与众不同之处。据马克斯·本泽梳理，论笔的德国传统始于莱布尼茨，后途经莱辛、赫尔德、弗里德里希·施莱格尔、狄尔泰、尼采，以及西班牙出生的奥尔特加·伊·加塞特（Ortega y Gasset）等人发展壮大。[1] 在德国传统中，阿多诺的论笔观及其论笔实践究竟受到了哪些人的影响，这是一个值得专门研究的问题，但至少，尼采的论说与格言体对他影响不小。而在同代人中，与他私交甚笃的本雅明则无疑让他深受启发，因为在专论本雅明的文章中，阿多诺特别梳理和分析了本雅明的论笔与弗·施莱格尔和诺瓦利斯之断片形式的内在关联[2]，并如此夸赞道："论笔作为一种形式，在于能够把历史要素、客观精神的显现、'文化'仿佛看作是自然的。就此能力而言，本雅明出类拔萃，世人无出其右。"[3] 于是前有尼采，后有本雅明，他们的论笔理念和为文风格都让阿多诺获益匪浅。

那么，又该如何看待阿多诺的论笔体和论笔观呢？

---

[1]　Max Bense, "On the Essay and Its Prose," trans. Eugene Sampson, in eds. Carl H. Klaus and Ned Stuckey-French, *Essayists on the Essay: Montaigne to Our Time*, Iowa City: University of Iowa Press, 2012, pp. 72-73.

[2]　Theodor W. Adorno, "Introduction to Benjamin's *Schriften*," in *Notes to Literature*, Vol. Two, trans. Shierry Weber Nicholsen, New York: Columbia University Press, 1991, pp. 222-223.

[3]　Theodor W. Adorno, "A Portrait of Walter Benjamin," in *Prisms*, pp. 233, 232.

# 六 哲学论笔化与论笔哲学化

首先，阿多诺变原先的叙论结合为一论到底。

无论是蒙田开创的法国传统还是培根开创的英国传统，叙论结合都是随笔展开的操作手法。"我属于最不会悲伤的人了，尽管大家众口一词都对这种感情格外垂青，我既不喜欢也不推崇。"[1] 这是蒙田随笔《论悲伤》的开头句，也是其行文运笔的主打写法：拿"我"说事，先"叙"我之经验、观察、情感等等，然后带出所"论"之题，所"议"之事，由此展开叙与论的互动与碰撞，直到撞出火花，碰出哲理警句方才罢休。职是之故，只论不叙应该是早期随笔的一大忌讳。盖因如此，厨川白村才说："也算是文艺作品之一体的这 essay，并不是议论呀论说呀似的麻烦类的东西。"他甚至如此归纳随笔作法：

> 如果是冬天，便坐在暖炉旁边的安乐椅子上，倘在夏天，则披浴衣，啜苦茗，随随便便，和好友任心闲话，将这些话照样地移在纸上的东西，就是 essay。兴之所至，也说些以不至于头痛为度的道理罢。也有冷嘲，也有警句罢。既有 humor（滑稽），也有 pathos（感愤）。所谈的题目，天下国家的大事不待言，还有市井的琐事，书籍的批评，相识者的消息，以及自己的过去的追怀，想到什么就纵谈什么，而托于即兴之笔者，是这一类的文章。
>
> 在 essay，比什么都紧要的要件，就是作者将自己的个人底人格的色采，浓厚地表现出来。……有一个学者，所以，评这文体，说，是将诗歌中的抒情诗，行以散文的东西。倘没有作者这人的神情浮动者，就无聊。作为自己告白的文学，用这体裁是最为便当的。[2]

如此看来，这种随笔是"有我"的随笔，是有所叙之"琐事"的随笔，

---

[1] ［法］米歇尔·德·蒙田：《蒙田随笔全集》第 1 卷，马振骋译，上海：上海书店出版社 2009 年版，第 4 页。

[2] ［日］厨川白村：《苦闷的象征 出了象牙之塔》，鲁迅译，北京：人民文学出版社 1988 年版，第 113—114 页。

是不让人读起来"头痛"的随笔，所谓事、情、理缺一不可。然而随笔发展下来，却并没有循此规矩，一往无前，而是所"论"增多，渐成主流。斯塔罗宾斯基指出，1688 年，哲学家洛克发表《论人类的理解力》，这个"'论'字就是用的 essay（随笔）"一词。这意味着随笔文体已非蒙田那种"冲动随意的散文"，而是要谈论"一种新的思想"，对所论问题有独特阐释。此后伏尔泰发表历史著作《论风俗》（1756），柏格森命名其哲学著作《论意识的直接材料》（1889），"论"字用的都是"essai"。[1] 而到阿多诺发表《论音乐中的拜物特性与听之退化》（1938）时，此"论"虽然没用"Essay"，但这却是典型的论笔体文章，而全篇那种密集高能的论述既让人胆寒也让人头痛。我们甚至可以说，如果说在本雅明那里，"论"还有"叙"相伴而行——《发达资本主义时代的抒情诗人》便是这种写法；那么，到阿多诺这里，他已经冗繁削尽留清瘦，把"论"提升到几近完美的高度，也推进到相当恐怖的程度。于是阿氏论笔已入"无我"之境（除非是像《在美国的学术经历》这种具有自叙传色彩的论笔，才可以看到第一人称行文），它既不叙事也不抒情，而是专门用来发议论的。昆德拉说："小说家有三种基本可能性：**讲述**一个故事（菲尔丁）；**描写**一个故事（福楼拜）；**思考**一个故事（穆齐尔）。"[2] 套用此论，我们也可以说，阿多诺写论笔如同穆齐尔写小说，他绝不会"讲述"和"描写"事物，而是不但要"思考"事物，还要把它"思考"得彻头彻尾，彻里彻外。因为他说过："论笔也悬置了传统的方法概念。思想的深度取决于它穿透事物的深度，而不在于它把事物还原成别的东西的程度。……它在自由选中的对象中与种种事物狭路相逢，又在自由关联中对它们展开思考。"（《论笔即形式》）正是基于如上原因，我才把阿多诺的这一脉随笔称为"论笔"，以与蒙田等人的随笔相区分。

其次，阿多诺变原来的随笔文学化为论笔哲学化。

按照艾布拉姆斯的说法，随笔有正规与非正规之分，正规随

---

[1]　郭宏安：《从阅读到批评："日内瓦学派"的批评方法论初探》，第 288 页。

[2]　［法］米兰·昆德拉：《小说的艺术》，董强译，上海：上海译文出版社 2004 年版，第 155 页。

笔（formal essay）"不大受个人情感影响，作者以权威或至少是博学之士的身份书写，条理清楚、层层深入地阐述论点"。而在非正规随笔（informal essay）——亦称家常散文（familiar essay）和私人化随笔（personal essay）——中，"作者则用亲近于读者的语调，内容常常涉及生活琐事而非公共事务或专业论题，行文活泼自如，观点直截了当，而且有时也饶有风趣"。[1]而根据国内学者的研究，发端于蒙田的随笔虽在欧美文坛迁流曼衍，呈复杂歧异之貌，但大体演变成体式不同的两支："一支主要由法、德随笔作家所发展，题材较为广泛，内容严肃深刻的议论体的论文、论著，笔者称之论议体随笔；一支主要由英、美随笔作家所承接，记述身边琐事，笔调风趣活泼的絮语体随笔。这两支都可以在蒙田的《随笔集》中寻觅到自身的艺术质素与审美基因。"[2]这也就是说，无论是艾氏所说的"正规随笔"和"非正规随笔"，还是国内学者所区分的"论议体随笔"和"絮语体随笔"，它们都与蒙田开创的传统有关。而很显然，"非正规随笔"或"絮语体随笔"更具有文学性，它们就是周作人所说的"美文"。[3]

　　阿多诺并非不知道随笔文学化的历史沿革和文人传统，因为当他对本雅明的论笔赞赏有加时，他其实是把后者看成一个"文人"或"作家"的（参见（《论笔即形式》）。而在这样一种语境中定位本氏论笔，它虽然也是"论议体随笔"，但其中的文学性显然不可低估。只不过与英美那种风趣幽默相比，本雅明的文学性是诉诸理性也形成理趣的文学性，是借助他所说的"文学蒙太奇"制造出一种特殊审美效果的文学性，是像弗·施莱格尔那样定位所谓"断片"的那种文学性："一条断片必须宛如一部小型的艺术作品，同周围的世界完全隔绝，而在自身中尽善尽美，

---

[1]　［美］艾布拉姆斯：《文学术语词典》（第7版·中英对照），吴松江等编译，北京：北京大学出版社2009年版，第165、164页。根据原文有修订。

[2]　庄萱：《周作人借鉴西方Essai的考古探源与历史审度》，《福建师范大学学报（哲学社会科学版）》2008年第5期。

[3]　参见周作人：《美文》，《谈虎集》，石家庄：河北教育出版社2001年版，第29—30页。

就像一只刺猬一样。"[1] 然而，尽管本雅明的论笔体让阿多诺心醉神迷，但他并没有亦步亦趋，向本雅明看齐，而是独辟蹊径，走出了一条论笔哲学化之路。对于阿多诺来说，如此行事自然也不难理解。因为他首先是哲学界人士，而所有的哲学训练必然让他的关注重心首先面向哲学，更何况他在"新手上路"时还立下了"把第一哲学转换成哲学论笔体"的宏愿。另一方面，阿多诺毕生致力于打造的是"非同一性"哲学，是面向漏过概念之网的事物的哲学，是反抗着短暂性亦即"瞬息万变和转瞬即逝者不配被哲学谈论"的哲学。既然这种哲学迥然不同于传统哲学，那么，只有找到与这种哲学内容相关的成龙配套的形式，才能成就其伟业。而由于论笔既可以"无法而法地行进"，又可以"通过避免把自己简化为任何一种原理，通过针对整体而去强调部分，通过其断片特征"而呈现出一种"非同一性意识"（《论笔即形式》），所以，论笔简直就是为阿多诺的"非同一性"哲学量身定做的哲学形式。这样，在阿多诺手中，把论笔哲学化同时也把哲学论笔化也就变得在所难免。

最后，阿多诺变原来随笔的清晰明白为论笔的晦涩含混。

在阿多诺之前，无论是"正规随笔"还是"非正规随笔"，把它写得清晰明白，恐怕是所有随笔作者自觉的追求。蒙田说："真正有知识人的成长过程，就像麦穗的成长过程：麦穗空的时候，麦子长得很快，麦穗骄傲地高高昂起；但是，当麦穗成熟时，它们开始谦虚，垂下麦芒。"[2] 这话说得何其清澈见底！培根说："读书足以怡情，足以傅彩，足以长才。其怡情也，最见于独处幽居之时；其傅彩也，最见于高谈阔论之中；其长才也，最见于处世判事之际。"[3] 这话又说得何其通俗明白！而蒙田之所以如此，是因为他告诉读者："我愿意大家看到的是处于日常自

[1] ［德］施勒格尔：《雅典娜神殿断片集》，李伯杰译，北京：生活·读书·新知三联书店 2003 年版，第 86 页。此处采用的译文见菲利普·拉库—拉巴尔特、让—吕克·南希：《文学的绝对：德国浪漫派文学理论》，张小鲁、李伯杰、李双志译，南京：译林出版社 2012 年版，第 27 页。

[2] ［法］米歇尔·德·蒙田：《蒙田随笔全集》第 2 卷，马振骋译，上海：上海书店出版社 2009 年版，第 158 页。

[3] ［英］培根：《谈读书》，王佐良译，《王佐良全集》第 9 卷，北京：外语教学与研究出版社 2015 年版，第 210 页。

然状态的蒙田，朴实无华，不要心计。"[1] 于是郭宏安指出："蒙田的思想是'一种明快的自由思想'，清晰、透彻，以个人经验为源泉，以古希腊哲学为乳汁，转益多师，不宗一派，表现出摆脱束缚、独立思考、大胆怀疑的自由精神，为十八世纪启蒙思想的萌发作了准备。"[2]

由此反观阿多诺，我们或许就会觉得他的论笔体与论笔观是有意要与蒙田开创的随笔传统分庭抗礼：蒙田追求清晰，阿多诺希望晦涩；蒙田旨在通俗浅易，仿佛要"童子解吟长恨曲，胡儿能唱琵琶篇"，阿多诺则志在高深复杂，其文如同李商隐的"无题"诗，既让人觉得美轮美奂，又使人感到朦胧难解。因为后者指出，论笔所要挑战的恰恰是"'清楚明晰的感知'和不容置疑的确定性"，是笛卡尔所制定的游戏规则："按次序进行我的思考，从最简单和最易认识的对象开始，一点一点地（仿佛一步一步地）上升到较为复杂的认识。"论笔与这种规则可谓势不两立："因为论笔始于最复杂的东西，而并非从最简单和已熟悉的东西开始。""论笔所要求的在于，人们从一开始就要像事物本身那样去复杂地思考问题"，从而把"'可理解性'（Verständlichkeit）的陈词滥调"抛在脑后（《论笔即形式》）。而当阿多诺认为，对于研习哲学者而言，作为形式的论笔才是上佳的入门指南时，斯图亚特·霍尔那个"与天使进行较量的比喻"或许能为他提供一些佐证："值得拥有的理论是你不得不竭力击退的理论，而不是你可以非常流畅地言说的理论。"[3] 这也就是说，只有击退理论你才能拥有理论，只有面对烧脑的东西你才能够开脑。因此，阿多诺不让你走很容易的阳关道登堂入室，而是让你过高难度的论笔独木桥一步到位，实际上是在教你取法乎上。

在此语境下，我们便可以对阿多诺使用的"亚历山大风格"（Alexandrinismus）概念略作分析。在《论笔即形式》中，阿多诺突然撂出一句让人困惑的句子："论笔的亚历山大风格所回应的事实是，正是依

[1] ［法］米歇尔·德·蒙田：《蒙田随笔全集》第1卷，第38页。

[2] 郭宏安：《重建阅读空间》，北京：中国社会科学出版社1989年版，第2页。

[3] 黄卓越、［英］戴维·莫利主编：《斯图亚特·霍尔文集》，北京：中国社会科学出版社2022年版，第90—91页。

靠丁香花与夜莺这样的存在——无论在哪里，普遍之网还没有把它们赶尽杀绝——才让我们相信生命依然充满活力。"那么何谓亚历山大风格？为什么阿多诺在这里要扯出亚历山大风格？其实在谈论《浮士德》时，阿多诺就曾把亚历山大风格定义为"沉浸在传统文本中的阐释"[1]。如果再联想到他对本雅明的解读，问题似乎已不难理解。因为在阿多诺看来，本雅明的"'论笔体'就是要像对待神圣文本那样对待世俗文本"，而同时，由于他"坚决保持自己的亚历山大风格，从而激起了所有原教旨主义者的愤怒"[2]，所以在阿多诺这里，亚历山大风格就是一种阐释，尤其是像本雅明对待悲悼剧文本那样的阐释：先是沉潜把玩，然后开掘出某种让人震惊的意义。

然而，在更通常的解释中，"亚历山大风格"则是指古希腊亚历山大大帝时代（前 356—前 323）的作家们形成的一种诗风、文风和理论，其特点是高度藻饰，华丽晦涩。这种风格在挽歌、讽刺短诗、小型史诗、抒情诗等文体中均有体现，甚至冒险进入了戏剧文体之中。于是我们不妨大胆猜测，阿多诺启用"亚历山大风格"既赋予其新意，同时也一语双关，是在为一种华丽晦涩的文风委婉辩护，因为本雅明谈及悲悼剧时曾涉及"亚历山大诗体"的语言风格，认为它虽"晦暗费解"，却"反而会增强其权威"[3]。而实际上，本雅明的"论笔体"（例如《德意志悲悼剧的起源》）也是晦涩费解的，阿多诺的"论笔体"更是有过之而无不及。因此，阿多诺拿丁香花与夜莺作比，既是在说这种阐释活力无限，也应该是在说这种文风硕果犹存。也许，只有如此一石二鸟之后，我们对"亚历山大风格"的理解才不至于被阿多诺完全带偏。

---

[1]　Theodor W. Adorno, "On the Final Scene of *Faust*," in *Notes to Literature*, Vol. One, trans. Shierry Weber Nicholsen, New York: Columbia University Press, 1991, p. 111.

[2]　Theodor W. Adorno, "A Portrait of Walter Benjamin," in *Prisms*, pp. 233, 234.

[3]　[德]瓦尔特·本雅明：《德意志悲苦剧的起源》，李双志、苏伟译，北京：北京师范大学出版社 2013 年版，第 255 页。

# 七 像作曲一样"谱写"论笔

据说流亡美国后，阿多诺准备在美国某学会主办的刊物上发表论文，却被要求写一"内容提要"。阿多诺立刻就炸了，他愤怒地大喊大叫："我的文章和音乐一样构造精密。音乐能写提要吗？"[1]这则逸闻初看仿佛笑话，但仔细琢磨却隐含着某种深意：按照学术规范，论文是必须提供摘要而且也是可以提供摘要的，但论笔能提供摘要吗？我自己的感受或许能说明一二。译出阿多诺的文章后，我曾把它们拿出来，尝试发表，刊物编辑却让附上摘要和关键词，一个都不能少。为了这个摘要，我不得不颠来倒去，反复阅读阿多诺文章，最后使出洪荒之力，才勉强形成四五百字交差。直到那时，我才明白了阿多诺怒火冲天的道理。

所以，阿多诺说自己的文章如同音乐，绝非夸张之词，而就是一个基本事实。实际上，一些阿多诺研究专家也是如此看待阿多诺所经营的论笔的。布克－穆斯指出："阿多诺不是在写论笔，他是在**谱写**（composed）论笔，而且他也是一位运用辩证法的大师（virtuoso）。他的言辞艺术作品通过一系列辩证的反转与倒置表达了一种'观念'。那些句子如同音乐主题一般展开：它们在不断变化的螺旋中分裂开来并自行旋转。"[2]普拉斯则认为："阿多诺的文体之所以如此令人望而生畏，是因为他的抽象具有一种作曲和音乐般的品质。阿多诺在写作《美学理论》时声称，他的写作与荷尔德林晚期的理论文本有着密切联系，他将黑格尔视为否定性生产风格的典范。"[3]为什么说阿多诺在"谱写"论笔？为什么说他的抽象如同作曲？为什么他的句子如同音乐主题一般展开？所有这些都需要从十二音体系说起。

众所周知，至20世纪，传统的调性音乐已走到尽头，于是有了勋伯

---

[1] 〔日〕三岛宪一：《本雅明——破坏·收集·记忆》，贾倞译，石家庄：河北教育出版社2001年版，第192页。

[2] Susan Buck-Morss, *The Origin of Negative Dialectics: Theodor W. Adorno, Walter Benjamin, and the Frankfurt Institute*, New York: The Free Press, 1977, p. 101.

[3] Ulrich Plass, *Language and History in Theodor W. Adorno's Notes to Literature*, New York & London: Routledge, 2007, p. 2.

格对调性体系的瓦解和对无调性原则的确立。"这种情况导致音乐技法上一系列重要的后果，传统音乐中的那种固有的持续性，动机、主题的展开，完整、延绵的旋律结构，音乐中常规的逻辑发展等等都受到剧烈的冲击和破坏，形成某种强烈两极对照。……音乐语言向两个极端分化：一端是大幅度的心理震荡，另一端则是恐惧造成的呆滞。"[1] 有了这一重要过渡之后，勋伯格便确立了自己的十二音技法。而按照阿多诺的看法，"不应该将十二音技法理解为像印象主义的那样的一种'作曲手法'。所有将其当作一种作曲手法的尝试都陷入了荒唐的境地。十二音技法其实更像是对调色板上的色彩进行排布，而不是像画作的绘制。事实上，只有当十二个音符都已经排列好之后，作曲过程才开始。所以，十二音技法并没有使作曲变得更简单，而是更难了。"[2] 同时，阿多诺也认为，在具体的作曲中，勋伯格通常以四种形态来运用音列：基本音列、基本音列的倒影（亦即将音列中的每一个音程替代为相反方向的音程）、逆行（开始于音列的最后一个音，结束于单列的第一个音）、逆行的倒影。"这四种形态各自都可以进行移调，将半音阶中十二个不同的音当作起始音，这样，对于一部作品来说，音列就有四十八种不同的形态可供选用。"[3]

仔细琢磨，论文写作和论笔写作确实与调性音乐和无调音乐存在着某种对位关系。论文就像调性音乐一样，需要确立核心观点（相当于音乐主题），需要一个完整的论证过程（相当于展开的旋律结构）。这个过程需要举例，需要旁证（征引他人说法），也需要起承转合的谋篇布局（如同交响乐中的呈示部、展开部和再现部）。这种写作遵循着线性思维，依据着因果逻辑，讲究"文章不写一句空"，亦即有一分证据说一分话。而且，为清楚明白计，论文应该像艾柯所说那样，把它"当作是给全人类看的一本书来写"，"即便论文研究的是未来主义的艺术家的风格，你们也不能用未来主义风格写论文"，因为"写论文用的语言是元语言，是用来谈

[1] 于润洋：《现代西方音乐哲学导论》，长沙：湖南教育出版社 2000 年版，第 410 页。

[2] ［德］特奥多尔·W. 阿多诺：《新音乐的哲学》，罗逍然译，北京：商务印书馆 2022 年版，第 71—72 页。

[3] ［德］特奥多尔·W. 阿多诺：《新音乐的哲学》，第 73 页。

论其他语言的一种语言"。[1] 只有如此这般之后，论文才像论文，才符合所谓学术规范。

但论笔却可以像无调音乐一样，不按常理出牌。因为论笔写作是"无法而法"，"论笔内心最深处的形式法则就是离经叛道"（《论笔即形式》）。那么，阿多诺的论笔体又是如何体现出无调音乐的风格呢？这里不妨举例说明。在《文化批评与社会》的最后一段，我们看到阿多诺使用了这样一些关键词——物化、超验批判（超验方法）、一体化社会（同一性）、露天监狱、意识形态、虚假意识、真理之盐、大众文化、俄国人、奥斯维辛，实际上，这也正是他调色板上准备排布的色彩，是他计划作曲的基本音列。而由于在阿多诺的论笔辞典中，这些语词除"真理之盐"之外或是贬义词，或是只能引起人们的负面联想，所以，调色板上的色彩就基本上都是冷色调，基本音列则如同勋伯格《华沙幸存者》那样，阴森、恐怖，闻者无不胆寒肝颤。在具体论述（演奏）的过程中，阿多诺先是从批判"传统的意识形态超验批判"开始，引出"物化"，然后又把它融入正在变成"露天监狱"的"黑暗的一体化社会"中，进而提醒人们意识形态已不再是"虚假意识"，而就是人们生活中的"思想体系"。于是，文化放弃了自己的"真理之盐"，变成了垃圾般的"大众文化"，而文化批评则发现自己"面临着文化与野蛮之辩证法的最后阶段"。这里有"逆行"（物化），也有"逆行的倒影"（"一个社会越是总体化，精神的物化程度就越严重，而精神单靠自己逃离其物化的尝试也就越自相矛盾"）。而当"奥斯维辛之后写诗是野蛮的"警钟长鸣时，这一突兀之语仿佛天外来客，却也成为此段文字（其实也是整篇文章）最刺耳的"不协和音"。但也唯其如此，它的冒犯性才无与伦比，其"影响"至今都没有完全消除。而当这些基本音列各司其职、旁逸侧出时，也正应了阿多诺对论笔的期待：在论笔中，"思想并非在单一的方向上踽踽独行；相反，种种要素像在一块地毯中那样经纬交错"（《论笔即形式》）。

---

[1] ［意］安伯托·艾可：《如何撰写毕业论文——给人文学科研究生的建议》，台北：时报文化出版企业股份有限公司 2019 年版，第 216、220 页。"艾可"通常译为"艾柯"。

　　再举一例。《介入》一文写至中部时，阿多诺忽然拎出"苦难问题"说事，于是有了如下论述：

> 　　我并不想缓和"奥斯维辛之后继续写诗是野蛮的"这一说法；它以否定的方式表达了鼓励介入文学的冲动。在萨特的戏剧《死无葬身之地》（*Morts sans sépulture*）中，有一个人物曾问过这样的问题："要是有人打你，打得你都骨折了，这时活着还有什么意义吗？"同样的问题是，当今的任何艺术是否还有存在的权利；社会本身的退化是否就一定意味着介入文学概念所代表的精神退化。但是汉斯·马格努斯·恩岑斯伯格（Hans Magnus Enzensberger）的反驳同样也是正确的——文学必须反抗这种定论，换言之，必须证明它在奥斯维辛之后的继续存在不是向犬儒主义屈服投降。矛盾的是文学的处境本身，而非人们对它的态度。大量真实的苦难不允许被遗忘；帕斯卡尔的神学格言"不应该再睡觉了"（On ne doit plus dormir）必须被世俗化。不过这种苦难，也就是黑格尔所称的不幸意识（Bewußtsein von Nöten），在禁止艺术存在的同时也要求着艺术的继续存在；实际上也只有在现在的艺术中，苦难才依然能感受到它自己的声音，获得慰藉而没被慰藉直接背叛。这个时代最重要的艺术家们已经遵循了这一原则。他们作品中那种不妥协的激进主义，被诋毁为形式主义的种种特征，赋予它们一种令人生畏的力量，而这也正是有关受害者的软弱诗歌所缺少的东西。但是，即便勋伯格的《华沙幸存者》（*Überlebende von Warschau*）也陷入了这一困境，它以自律的艺术结构去强化他律，直至变成地狱。

　　这里我们是不是看到了"一系列辩证的反转与倒置"？阿多诺先是引用《死无葬身之地》中的问题为"奥斯维辛之后写诗是野蛮的"这一命题辩护，然而当他指出恩岑斯伯格的反驳同样正确时，他用了"aber / but"（但是），这是第一次反转。为了让这一反转理由充分，他甚至搬出了帕斯卡尔和黑格尔的相关说法为其站台。紧接着，又一个"aber"（我译成了"不过"）不期而至，但这一"aber"却不像是反转，而更应该是有意模糊反转（此种策略后面详述），以为前面的论述寻找根据。正当我们为这一反转以及模糊反转拍手称道时，"aber"又来了，于是阿多诺以勋伯格的《华沙幸存者》为极端例子，再度反转。而就在这一翻一滚的螺旋递进中，"苦难问题"这一"音乐主题"则伴随着"两极并置"（juxtaposing extremes）的言说方式（音乐演进方式）徐徐展开。在布克－穆斯看来："'两极并置'意味着不仅要发现对立面的相似性，还要发现现象中看似无关的元素之间的联系（'内在逻辑'）。"[1] 但笔者以为，发现对立面的合理性进而让并置的双方处于"二律背反"的矛盾结构之中，这应该更是阿多诺的主要用意。比如，"奥斯维辛之后写诗是野蛮的"这一警句最终被阿多诺解释为一个二律背反命题[2]，便是最典型的一例。

因此，在阿多诺的表述中，"aber"这一关联词便显得举足轻重，这一点也许他是在学黑格尔。阿多诺曾经指出："就像荷尔德林的抽象一样，黑格尔的风格是抽象地流动，呈现出一种音乐的品质，而这正是冷静的浪漫主义者谢林所缺少的。有时他会在对立的小品词（antithetical particles）如'aber'（但是）的使用中让人感觉到只是出于单纯连接目的。"而在引用了黑格尔《逻辑学》中的一段文字，特别是强调了其中的一个"aber"之后，阿多诺接着说："毫无疑问，黑格尔的风格与惯常的哲学理解是相悖的，但他的弱点却为另一种理解铺平了道路；阅读黑格尔时，必须随着他一起记录下精神运动的曲线，用思辨之耳参与其思想的表演，就好像那是乐谱一样。"[3] 在这里，阿多诺一方面把黑格尔的哲学思想看作抽象流动的音乐，只有用思辨之耳参与其中，才能获得某种真谛。而实际上，把这种说法用到他自己身上也是恰如其分的。另一方面，正如普拉斯所指出的那样，如果黑格尔使用"aber"这种对立的小品

---

[1]　Susan Buck-Morss, *The Origin of Negative Dialectics: Theodor W. Adorno, Walter Benjamin, and the Frankfurt Institute*, p. 100.

[2]　See Theodor W. Adorno, *Metaphysics: Concept and Problems*, ed. Rolf Tiedemann; trans. Edmund Jephcott, Stanford, California: Stanford University Press, 2001, pp. 110-111.

[3]　Theodor W. Adorno, *Hegel: Three Studies*, trans. Shierry Weber Nicholsen, Cambridge, Massachusetts, and London: The MIT Press, 1993, pp. 122-123. 中译文参见［德］阿多诺：《黑格尔三论》，谢永康译，上海：上海人民出版社 2020 年版，第 94 页。

词来连接两个思想，那么实际上简单的"und"便可胜此任。而黑格尔之所以如此操作，其实是要替代语言的标准使用和正确用法，强化无处不在的辩证推进的冲动。"同样，阿多诺自己对连接词的使用也并不总是直截了当，可以肯定的是，其中不乏并列、从属和对立的因素。"[1]这也就是说，在阿多诺那里，"aber"不仅仅是"但是"，它还可能是"与""以及"等等。于是，阿多诺对其思想的辩证推进除了反转、倒置、逆行之外，显然还有两极并置、二律背反乃至隔山打牛、见缝插针等等修辞策略，而所有这些，既增加了语言表意的模糊性，也加大了我们理解其文意的难度。

## 八　晦涩是为了拒绝消费

理解了阿多诺的论笔具有一种无调音乐的品质，也就理解了其论笔为什么在遣词造句、谋篇布局方面如此与众不同。若是拿小说作比，如果说传统意义上的论文如同巴尔扎克的现实主义小说，那么阿多诺的论笔就是《尤利西斯》或《终局》之类的作品，它就是要有意制造阅读障碍，增加理解难度。我们面对其论笔，必须像他面对贝克特的《终局》一样，排除种种障碍，克服重重困难，最终去"理解它的不可理解性"[2]。阿多诺是"通过说出不可言说之事来反驳维特根斯坦"[3]的，我们则需要通过理解其不可理解性去接近阿多诺。

不过，如此一来，最后的问题也就油然而生：为什么阿多诺要把他的论笔打造得如此之难呢？思想被他搞得如此"不可理解"，其意图究竟何在？这时候，关注一下对他知根知底的同事的说法或许对我们有所帮助。马尔库塞谈及阿多诺不好读、读不懂时曾提供过一条后者之所以这样做的理由："他认为，一般的语言，一般的文章，甚至包括行文十分老练的文章，无不受到现有体制潜移默化的巨大影响，无不反映出权力结

---

[1]　Ulrich Plass, *Language and History in Theodor W. Adorno's Notes to Literature*, p. 3.

[2]　Theodor W. Adorno, "Trying to Understand *Endgame*," in *Notes to Literature*, Vol. One, p. 243.

[3]　Theodor W. Adorno, *Negative Dialectics*, p. 9.

构对个人的巨大的控制和操纵。为了逆转这个过程，你就必须在语言上也表明你是决不人云亦云、亦步亦趋的。所以，他就把这种决裂体现在他的句法、语法、词汇甚至标点符号中去了。至于这样做能否被接受，我不知道。"[1]在"批判理论"的总体框架下，这样的理由自然是顺理成章：当资本主义进入"晚期"之后，通行的语言也成了马尔库塞所谓的"全面管理的语言"。在此语境中，"社会宣传机构塑造了单向度行为表达自身的交流领域。该领域的语言是同一性和一致性的证明，是有步骤地鼓励肯定性思考和行动的证明，是步调一致地攻击超越性批判观念的证明"。"于是，词变成老生常谈，并作为老生常谈而支配演讲和写作；因此，交流阻止了意义的真正发展。"[2]阿多诺反其道而行之，便是在与这种"全面管理的语言"公开抗争。

但在我看来，阿多诺如此行事，或许在语言层面还有更重要的原因。众所周知，经过法西斯主义的大面积利用后，德语已被严重污染。而这种污染也正如克莱普勒所言："纳粹语言改变了词语的价值和使用率，将从前属于个别人或者一个极小团体的东西变成了公众性的词汇，将从前的一般的大众语汇收缴为党话，并让所有这些词语、词组和句型浸染毒素，让这个语言服务于他们可怕的体制，令其成为他们最强大的、最公开的、也是最秘密的宣传蛊惑的手段。"[3]阿多诺非常清楚德语被污染到了何种程度，于是他在1951年写出一篇英文文章：《弗洛伊德理论与法西斯主义宣传模式》。此文的论述重点虽然不在语言，但他依然把法西斯领袖们归入"口唇性格类型"（oral character type），认为他们有一种滔滔不绝和愚弄他人的冲动："他们对拥趸们施加的著名魔咒似乎很大程度上依赖于他们的口头表达：语言本身缺乏其理性意义，只是以一种神奇的方式发挥作用，并进一步促进那些把个人贬低为群体成员的古老

---

[1] [英]布莱恩·麦基编：《思想家——当代哲学的创造者们》，第77—78页。

[2] [美]赫伯特·马尔库塞：《单向度的人——发达工业社会意识形态研究》，刘继译，上海：上海译文出版社1989年版，第78、80页。

[3] [德]维克多·克莱普勒：《第三帝国的语言——一个语文学者的笔记》，印芝虹译，北京：商务印书馆2013年版，第8页。

退化。"而在 1966 年所做的题为《奥斯维辛之后的教育》的演讲中，阿多诺则干脆列举"坚强"（Härte）、"坚忍不拔"（Hart-Sein）、"办妥"（fertigmachen）等被纳粹挪用的词语，指出其背后所隐含的"灌输纪律""忍受痛苦"和"人被物化"的语词污染现象。如果联想到早在 1944 年，阿多诺就谈论过大屠杀之后"文化重建"的艰难困顿[1]，我们甚至可以说，他在语言上的"逆转"其实便是身体力行，进行着一种"文化重建"的努力。这种努力是否成功自然还可以讨论，但至少阿多诺已付诸了行动。

与此同时，我们也需要注意阿多诺的另一位同事洛文塔尔的说法。他在把阿多诺形容成思想、语言层面的"拦路虎"（skandalon）之后，语重心长地写道：

> 的确，阿多诺的文本是非常难读难懂的。他从未打算让他专业领域和思想阵营的同事或他的所有读者和听众感到轻而易举。他从不能容忍——这也是阿多诺"拦路虎"的另一种变体——他必须说的话应该去适应一种容易消费的模式。相反，他对自己与其受众提出的要求只是他在生产和公认的、富有成效的想象中追求本真经验这一主题的另一种变体。他对语言的责任感，他对单向度、无内涵、不含糊的高效语言与简化的衍生思想全方位出现所表现出的强烈敌意，对它们没有给独特、异质、富有成效的想象和反对的声音留下空间表示出的愤怒反抗，让我想起大约一百七十年前柯勒律治写给骚塞（Robert Southey）的一封信，在信中，他为他的"晦涩"（obscurity）风格辩护，并将其与"柔弱无骨的现代盎格鲁—高卢主义风格（Anglo- Gallican style）进行对比，后者不仅能被**事先**（beforehand）理解，而且摆脱了……所有书本和知识记忆的眼睛，从来不会因为事后的回忆而使心灵受到压抑，而是像普通访客那样，停留片刻，便让房间完全开放，

---

[1]　Theodor Adorno, *Minima Moralia: Reflections from Damaged Life*, trans., E. F. N. Jephcott, London and New York: Verso, 1991, p. 55.

为下一个来访者敞开了大门"[1]。我不知道阿多诺是否知道这封信，但我敢肯定，如果我告诉他柯勒律治对"晦涩"的赞扬是对语言消费主义的机智拒绝，他准会微微一笑，点头称是（《批判思想本身就是充分的实践——阿多诺作为"拦路虎"》）。[2]

洛文塔尔说法中的部分意思虽与马尔库塞有所重叠，但更值得关注的是他借助柯勒律治的思考，把"晦涩"看作是对语言消费主义的机智拒绝。在法兰克福学派中，阿多诺是文化工业（大众文化）理论的主要阐述者，他太清楚大众文化有着怎样的生产套路和消费模式，也太了解"标准化"与"伪个性化"如何成了大众文化的基本特征。因此，假如一个人的文章用流行语词堆砌，用通行句法呈现，用人们容易接受的结构谋篇布局，那么它就很容易滑向大众文化的怀抱，成为消费主义催生的思想快餐和学术次品。于是，如何在思想和语言层面与大众文化和消费主义分庭抗礼，很可能也成了阿多诺重点考虑的问题，布克－穆斯指出："阿多诺的论笔结构是商品结构的对立面。正如马克思在《资本论》第一章中所解释的那样，商品的形式受抽象原则（来自使用价值的交换价值）、同一性（所有商品通过货币媒介相互联系）和物化（通过把物体从其生产过程中分离出来，将其视为神秘崇拜的僵化物）所支配。相比之下，阿多诺的聚阵结构（constellations）是根据差异化、非同一性和能动转换（active transformation）的原则构建起来的。"[3]"聚阵结构"的另一种译法就是国内学界更熟悉的所谓"星丛"。阿多诺非常喜欢来自本雅明的"星丛"和"组合"或"排列"（configuration），它们不仅是一种"突然的甚至偶然的认知形式，强调美学和认识论之间的亲和关系"[4]，而且

[1] Coleridge to Southey, October 20, 1809; in *Collected Letters of Samuel Taylor Coleridge*, ed. Earl Leslie Griggs (Oxford, 1959), vol. 3, p. 790. ——原注

[2] Leo Lowenthal, "Theodor W. Adorno: An Intellectual Memoir," in Martin Jay, ed., *An Unmastered Past: The Autobiographical Reflections of Leo Lowenthal*, Berkeley: University of California Press, 1987, pp. 199-200.

[3] Susan Buck-Morss, *The Origin of Negative Dialectics: Theodor W. Adorno, Walter Benjamin, and the Frankfurt Institute*, p. 98.

[4] Ulrich Plass, *Language and History in Theodor W. Adorno's Notes to Literature*, p. 3.

也可以作用于论笔，成为其谋篇布局的基本形式。这也就是说，论笔除了向无调音乐致敬之外，还在向"聚阵结构"的"排列组合"取经，而所有这些，都是为了拒绝被轻易消费。在此意义上，论笔制造出来的"晦涩"效果就像什克洛夫斯基的"奇特化手法"，是为了使形式变得模糊，进而增加感觉的困难，延长思考的时间，是为了避免理论流畅性（theoretical fluency）[1]，使其变得油光水滑。

走笔至此，我们便可以讨论一下阿多诺如此这般的利弊得失了。而为了使讨论立竿见影，引入阿多诺时常批判的萨特观点，两相对比，似很有必要。当萨特着力打造其"介入"主张并且开始扮演公共知识分子的角色时，他极力反对的是"由专家组成的读者群"，因为这样一来，文学沙龙就"变得多少有点像头衔、身份相同的人的聚会，人们在沙龙里怀着无限的敬意低声'谈论文学'"[2]。为了把普罗大众变成自己的读者群，他大谈"通俗化"的好处，反复强调占领"大众传播媒介"的重要性。于是他反复告诫其同道，一定要放下身段，"必须学会用形象来说话，学会用这些新的语言表达我们书中的思想"[3]。"书中的思想"是什么样子？《存在与虚无》大概就是范本。此书用艰深晦涩占领了思想高地，普罗大众买回它来却读不懂，只好把它当秤砣使，因为这本书的重量不多不少，正好整整一公斤。[4]"新的语言"又是怎样的语言？应该是清晰明白的语言，降低难度的语言，适合普罗大众阅听的语言，具体地说，就是用《存在主义是一种人道主义》的演讲体表达《存在与虚无》一书核心思想的语言。于是在文风、文体和表达问题上，萨特不仅大声疾呼，而且身体力行，把自己的写作理念落实成了一种实际的行动。

与萨特相比，阿多诺的做法却恰好相反。后者虽然也热衷于做公共知识分子，热衷于在广播中做主题演讲，但他却丝毫没有降低难度。这

---

[1]　黄卓越、[英]戴维·莫利主编：《斯图亚特·霍尔文集》，第 91 页。

[2]　[法]萨特：《什么是文学?》，施康强译，沈志明、艾珉主编：《萨特文集》第 7 卷，北京：人民文学出版社 2005 年版，第 186 页。

[3]　同上书，第 289 页。

[4]　参见 [法] 贝尔纳·亨利·列维：《萨特的世纪——哲学研究》，闫素伟译，北京：商务印书馆 2005 年版，第 57 页。

种情况正如普拉斯所言：

> 阿多诺对一种阐释学态度深表怀疑，这种态度相信文体简洁与
> 明晰的认知力量。难怪他被卷入"好"写作与"坏"写作的文化大战中，
> 并作为一个自豪的"坏"作家公然藐视一切压力，绝不顺从一种容易
> 被消费的风格。对于阿多诺来说，公共知识分子的角色从来没有必要
> 简化和澄清他的思想。相反，每当阿多诺向非学界的一般公众发表演
> 讲时，他都是照本宣科，不留任何自发推断或精简概括的余地。只有
> 在大学讲课期间，他才完全畅所欲言，经常即兴发挥。阿多诺怀疑清
> 晰是一种完美的骗局，是一种将自己与现实隔绝的方式。完全的清晰
> 不仅是简化的，它也等同于一个完全偏执的系统，因为它认为自己处
> 处受到必须被消除的晦涩和含混的威胁。"一个人不应该让自己被每
> 一步都可以验证的清晰要求所吓倒。"容易理解的东西在认识论上也
> 是毫无价值的；最有可能的是，想必简单或明确的陈述将仅仅是对已
> 知事物的重复，毫无价值的同义反复。"只有不需要首先理解的东西，
> 他们才认为是可以理解的；只有商业发明的、真正被异化的词语，才
> 会让他们感到熟悉。"（ *Minima Moralia* 101； *Gesammelte Schriften* 4:114 ）
> 这里的直接观点是，日常语言是异化的语言。而潜台词则是：哲学和
> 诗意的语言回应了这种异化。[1]

很显然，面对普罗大众，如果说萨特是致力于通俗易懂和清晰明
白，那么阿多诺却在追求艰深晦涩和模棱两可。对于前者来说，其损失
必然是思想的简化，甚至使思想变成了一种大众文化；而对于后者而
言，这样做尽管保持了思想的整全和尊严，但思想却往往只能成为孤芳
自赏之物，成为仅仅在少数专家学者之间秘密旅行的密码式话语，成为
阿多诺所说的"漂流瓶"，却无法延伸到广大受众那里。阿多诺曾把海德
格尔的思想与表达讥之为"本真性的黑话"，但他本人的表达与思想又何

---

[1]　Ulrich Plass, *Language and History in Theodor W. Adorno's Notes to Literature*, pp. 4-5.

尝不是"辩证法黑话"的"审美上演"[1]呢？假如阿多诺心性散淡，觉得思想与学问就是"荒江野老屋中二三素心人商量培养之事"，那么无论它如何高深、晦涩和小众，都问题不大。但问题是，阿多诺素有悬壶济世之心，启蒙大众之愿。而一旦要与大众打交道，萨特的选择很可能依然有效，因为假如不去简化思想，软化表达，大众就会被吓得逃之夭夭，致使启蒙话语全部扑空。因此，简化与软化虽然让阿多诺看不起，却是为了让思想与表达走向大众所必须付出的代价。只有理解了这一点，我们才能在阿多诺论笔呈现出"既吸引读者又排斥读者"[2]的二律背反难题时注目停留，反思其得失，才不至于完全拜倒在其艰深晦涩的石榴裙下，一方面读得半懂不懂，一方面高呼这个感觉好酸爽。

## 九 "论笔"之译的简单交代及其他说明

因我在前文已反复提及"论笔"，所以对这一语词的译法稍作交代，还是很有必要的，尽管我此前为文时已触及过这一话题。

在卢卡奇、阿多诺谈论"Essay"的语境中，该词曾被国内学者译作"散文""随笔""美文""杂文""散论""小品文""论说文"等，但笔者对这些译法都不甚满意。于是我只好借用我的大学老师梁归智先生（1949—2019，古典文学和《红楼梦》研究专家）发明的"论笔"概念，加以对译。在梁老师给我的电子邮件中，他曾用一句话解释过"论笔"含义——"具随笔之形，有论文之实"。而在 2017 年，笔者则当面向梁老师请益，讨论以"论笔"对译"Essay"的可能性，并得到了他的鼓励。后来，梁老师在书中曾如此写道：

> 我"杜撰"的"论笔"，意思是提倡一种随笔文章其形而有论文之实的文体，或者说"做论文"要和"写文章"水乳交融。其特点是

---

[1] ［英］马蒂亚斯·本泽尔：《阿多诺的社会学》，孙斌译，北京：北京师范大学出版社 2020 年版，第 213 页。原译中的"行话"改成了"黑话"。

[2] Ulrich Plass, *Language and History in Theodor W. Adorno's Notes to Literature*, p. 1.

研究和写作都要突出"灵感"和"悟性"，"逻辑"是内在而非外在的，还要讲究行文措词的"笔法"，而不呆板地标榜所谓"学术规范"。……北京师范大学文艺学研究所所长赵勇教授，与笔者切磋，撰写鸿文《作为"论笔"的文学批评——从阿多诺的"论笔体"说起》，更使"论笔"上层楼而"日日新"了。[1]

梁老师虽然是在艺术感悟型的中华传统文化中阐述其"论笔"的，但在我看来，他之思考却与阿多诺对"Essay"的论述异曲同工，不谋而合，这是我借用并对译的主要原因。而有关如此借用的细节和详细理由，除梁老师提到的上文外，我在《刘项原来不读书》中还有所披露，读者朋友若有兴趣，不妨顺藤摸瓜，移步那里瞧瞧。[2] 当然，这一借用是否合适，最终能否被学界认可，也还是需要时间检验的。

但得到梁老师的首肯之后把"论笔"用起来，以便广而告之，让更多的学界朋友知晓，却是我的本意之一，也是我在这里反复拿它说事并把它用作书名的主要原因。

解释过"论笔"之译后，我还需要对本书编选的内容稍作说明。本书分为三辑，第一辑主要围绕着"奥斯维辛之后"这一命题选文，更多体现的是阿多诺在文化与社会层面的总体哲学思考。《在美国的学术经历》虽是回顾与反思之文，具有自传色彩，但考虑到它亦具有某种总括性，所以也放在此辑当中。第二辑主要涉及阿多诺对文学艺术的论述，但《论笔即形式》一文的哲学意味却是颇为浓郁的（阿多诺最初曾想把此文命名为《作为形式的哲学论笔》[3]），把它放在第一辑似也说得过去。不过，因阿多诺是把此文置于《文学笔记》之首，让它成为全书总纲的，我也就照葫芦画瓢了。第三辑选取的是阿多诺谈论文化工业或大众文化的重要文章，它们的写作时间虽跨三十多个年头，却大体反映了阿多诺对大众

---

[1] 梁归智：《禅在红楼第几层·写作弁言》，西安：陕西师范大学出版总社 2018 年版，第 5—6 页。

[2] 参见拙书：《刘项原来不读书》，杭州：浙江古籍出版社 2022 年版，第 116—131 页；《走向批判诗学：理论与实践》，杭州：浙江工商大学出版社 2022 年版，第 1—24 页。

[3] See Ulrich Plass, *Language and History in Theodor W. Adorno's Notes to Literature*, p. 24.

文化始终如一的批判态度。三辑内容之外还有附录，包括洛文塔尔的一篇文章和我对韦伯先生、杰伊教授的两篇访谈。因这三个文本都有助于理解阿多诺，我便附在了这里。

阿多诺的文章除个别篇目之外，是很少作注的，但一些英译（编）者却注释不少。为了给读者朋友的阅读与理解开启方便之门，我们不仅翻译了全部的英译（编）注，而且自己也尽可多地作注，即便如此这般之后文本变得比较臃肿，也在所不惜。这也是需要特别说明的。

如前所述，阿多诺常常被视为普天下"不可译"领袖，盖世界"读不懂"班头。"读不懂"却偏要读，"不可译"又硬要译，可以想见其麻烦之多与困难之大，于是蜗行牛步，战战兢兢，如临深渊，如履薄冰，便成为我们翻译的常态。虽然我已用尽全力，另一译校者赵天舒也花费了不少时间，贡献了许多才智，但很可能依然存在着这样那样的问题。所以，我特别希望学界朋友能提出宝贵意见，也期待广大读者的批评指正。

赵勇

2023 年 6 月 15 日—8 月 8 日断断续续写于北京、阳城

# 奥斯维辛之后：写诗野蛮否?

# 文化批评与社会[1]

　　对于任何一个习惯于用耳朵思考的人来说，复合词"文化批评"（Kulturkritik）肯定听起来十分刺耳，不仅仅是因为像"汽车"（Automobile）那样，它是由拉丁语与希腊语拼凑而成的。这个复合词使人想起一种骇人听闻的矛盾。文化批评家对文明不满[2]，且其不满仅仅针对文明。他说起话来好像代表着纯净的自然，或是代表着一个较高的历史阶段。然而，他实际上与他自认为胜过的文明本质相同。当独立和拥有主权的主体从其最内在构成上被它所反对的概念所中介时，在其偶然性和狭隘性中对存在的力量评头论足的主体之缺陷——此为黑格尔在为现状辩护时被他批评的东西——就变得无法忍受。但是，使文化批评的内容不妥当者与其说是对其批评之物缺少尊重，不如说是批评偷偷给文化提供了炫

---

　　[1]　《文化批评与社会》（"Kulturkritik und Gesellschaft"）写于 1949 年，首发于《我们这个时代的社会学研究》（*Soziologische Forschung in unserer Zeit*, 1951）中，后在《棱镜》（*Prismen*, 1955）一书出版时被置于全书之首，最终进入《阿多诺文集》第 10.1 卷。本文译自 Theodor W. Adorno, "Cultural Criticism and Society," in *Prisms*, trans. Samuel and Shierry Weber, Cambridge, Ma.: The MIT Press, 1981, pp. 19-34. 校对时主要依据法译本（Theodor W. Adorno, "Critique de la culture et société," in *Prismes*, trans. Geneviève et Rainer Rochlitz, Paris: Éditions Payot & Rivages, 2010, pp. 7-31）和德语原文（*Gesammelte Schriften: Kulturkritik und Gesellschaft I*, Bd. 10.1, Frankfurt am Main: Suhrkamp Verlag, 1977, S. 11-30）。——汉译注

　　[2]　此处的"文明"实为"文化"（Kultur），而"文化"与"不满"（Unbehagen）连用，其实是呼应了弗洛伊德《文化中的不满》（*Das Unbehagen in der Kultur*, 1929）一书的书名。由于该著英译本与中译本都将"文化"译成了"文明"，书名也变为《文明及其不满》（*Civilization and Its Discontents*）。为照顾读者的习惯性联想，这里便依从英译（英译者把"Kultur"译作"civilization"），采用"文明"之译。——汉译注

目而傲慢的认定。文化批评家无法回避的责难是，他恰恰拥有文化所缺少的文化。他的虚荣助长了文化的虚荣：即便是以控告的姿态，批评家还是紧紧抓住了那个孤立、教条且不容置疑的文化概念，毫不松手。他转移了攻击的方向。在有着绝望的巨大痛苦之处，他只看到了精神现象、人的意识状况和种种规范的衰落。因为固守于此，批评就被诱惑得去忘记那些不可言说之事，而不是努力（无论它多么无力）让人类幸免于难。

通过与流行的混乱状态相区分，文化批评家的立场使他从理论上超越了这种混乱，尽管他常常只是落后于这种混乱。但是，他把这种差异纳入了他努力超越的那个文化企业（Kulturbetrieb）[1] 之中，而文化企业为把自己想象成文化，其自身也需要这种差异。文化自诩为与众不同——通过这种不同，文化逃过了生活物质条件对它的检验——这一特点意味着它是永不知足的。文化的这种非分要求（反过来它也存在于精神活动之中）使得它越来越远离那些条件，因为面对近在咫尺的物质满足，面对灭绝无数人类的威胁，升华的高贵地位变得越来越令人生疑。文化批评家把这种差异弄成了自己的特权，并且丧失了自己的正当性，因为他与文化合作，成了被豢养而又受人尊崇的讨厌鬼。然而，这却影响到了批评的实质。即便批评谈及虚假意识的真相时的那种一丝不苟的严谨，也仍然被禁锢在它与之斗争之物的轨道中，专注于此物表面的表现形式。炫耀自己的优越感同时也会觉得自己深陷其中。如果去研究一下资产阶级社会中批评家这个行当如何晋升到了文化批评家的行列，人们无疑会碰巧发现其源头的一种僭越因素，即巴尔扎克之类的作家依然意识到的那种因素。职业批评家首先是"新闻记者"（Berichterstatter）：他们在精神产品的市场中引导着民众。如此操作，他们偶尔也会对身边的事情形成一些真知灼见，但是却依然继续充当着运输代理商，即使与个别产品相抵牾，也会和这个领域成龙配套。在此过程中，即便他们抛弃了代

---

[1]　这里将"Kulturbetrieb"英译为"culture industry"（文化工业），似不妥，因为阿多诺发明的"文化工业"有其专门的表达，其德语说法是"Kulturindustrie"。——汉译注

理商的角色也仍然会带着这种标记。他们本该被赋予专家和法官角色，这在经济层面是不可避免的，尽管就其客观条件而言这纯属偶然。他们很机敏，这使他们在普遍的竞争中享有特权之位——所谓特权，是因为那些被裁决者的命运主要取决于他们的投票——而机敏又让他们貌似称职地行使着判断。随着他们熟练地钻空子并利用新闻媒体的扩张来扩大影响，他们也恰恰获得了这个行当所预设的那种威望。他们的妄自尊大来自如下事实：在竞争型社会的种种样式中，万物只**为**他物而存在，批评家本人也只是依据其市场上的成功——也就是说，依据其**为**他物的**存在**——来被考量。知识和理解并不是首要的，而顶多是副产品。它们越是稀缺，就越是被对事实和信息的了解（Bescheidwissen）与随波逐流的行为所取代。当批评家们在其游乐场（艺术）中不再能理解他们所判断的东西，并满腔热情地准许自己降格为宣传员或审查员时，以古老的交易欺诈来实现其抱负就成为他们的命运。信息和地位的特权使他们表达了自己的意见，仿佛意见也具有了客观性。但这仅仅是统治思想的客观性。他们只是帮着织出了一块面纱。

资产阶级社会中言论自由（freie Meinungsäußerung）的观念，甚至精神自由（geistige Freiheit）的观念——文化批评就是建立在这种观念之上的——有它自己的辩证法。因为精神在摆脱了封建神学监护的同时已在现状的匿名控制中日益陷落。这种严格管制，亦即所有人类关系日益社会化的后果，并不只是从外面出现在精神面前；它已移居到精神的内在连贯性之中。严格管制无情地把自己强加在自律的精神之上，就如同先前他律的秩序被强加在已受约束的精神之上那样。精神不仅出于市场性的考虑而对自身进行塑造，并因此对全社会流行的种种范畴进行复制；更确切地说，精神逐渐变得更类似于这种现状，甚至它虽然主观上克制着自己成为一件商品，却依然无法避免如此。以交换行为为模本，整体之网越收越紧。它给个体意识留下的逃避空间越来越小，却越来越彻底地预先塑造它，先天地切断其差异的可能性，因为所有的差异都在退化，在供应产品的千篇一律中变得区别甚微。同时，自由的假象使得反思自己的不自由比以前更加困难，因为以前这种反思与公然的不自由是矛盾的，这样一来也就加强了依赖性。这些因素，连同对"精神领袖与思想魁首"的社会选择，导致了精神与思想的退化。伴随着居于支配地位的社会趋势，精神的完整也变成了一种虚构。精神只是在其自由中发展了那种消极因素，那是无序单子论状态的遗产，是不负责任。然而，在其他方面，它却越来越像一个装饰品，紧紧依附在它声称要超越的物质基础之上。卡尔·克劳斯（Karl Kraus）对新闻自由的指责当然不能从字面意义上予以理解。严肃地恳求审查官员去反对雇佣文人简直是用魔王（Beelzebub）来驱逐魔鬼。不过，对于精神的历史进展来说，在新闻自由庇护下疯长着的兽性与谎言也并非偶然现象。毋宁说，它们代表了奴隶制的耻辱，在这种制度下，精神的解放（一种虚假的解放）已经实现。这一点在精神砸碎其枷锁的批评领域最为引人注目。当德国法西斯分子诽谤"批评"这个词语并用空洞的"艺术欣赏"（Kunstbetrachtung）概念取代它的时候，他们只是被这个专制国家的粗野利益引导着如此操作，而这个国家依然惧怕新闻记者的鲁莽会导致波萨侯爵[1]的那种激情。但是，这种自我满足的文化野蛮行为叫喊着要废除批评，要让野蛮部落入侵精神保护区，却并没有意识到它同它攻击的对象是一样的。褐衫党徒（Braunhemd）[2]对于"吹毛求疵的批评家"（Kritikaster）之所以会兽性大发，怒火中烧，不仅仅来自他对那种把他排斥在外、他也在盲目反抗着的文化的嫉妒，也不仅仅是因为他对那个大胆说出否定性因素的人心存怨恨，而他自己却必须压抑这种因素。关键的地方在于，批评家那种拥有自主权的姿态向他的读者们表现出一种他其实并不拥有的自主性，并硬是去僭取了一个与他自己那种思想自由的原则格格不入的领导地位。这是被他的敌人们刺激了神经之后的结果。他们的施虐行为以一种独特的方式被下述这类人那巧妙伪装成力量的弱点所吸引：在其独裁的举止

---

[1] 波萨侯爵（Marquis Posa）是席勒的历史悲剧《唐·卡洛斯》（*Don Carlos*, 1785）中的人物。面对专制国王菲利普二世，他把自由提到一种自然人性的高度，发出了"请您给予思想自由"的呼声。——汉译注

[2] Braunhemd 原指纳粹党的褐衫制服，后代指纳粹党党员、冲锋队员，故有"褐衫党"之说，其党卫军和冲锋队可谓臭名昭著。——汉译注

方面，这类人很乐意超过那些不太聪明的暴君，但却会被后者取代。只是法西斯分子也像批评家那样天真，即他们也屈服于文化本身的信仰，而这种文化已经被简化为一种排场，一种受到认可的精神的庞然大物。他们把自己看作文化的医生，并从文化身上拔掉批评之刺。因此，他们不仅把文化降低到官方的层面上，而且除此之外，他们还没有认识到文化与批评无论好坏，二者都是相互缠绕在一起的。文化只有暗含批评时它才是真实的，而忘掉这一点的精神则会受到它所养育出来的批评家的报复。批评是文化中不可缺少的元素，而文化本身又是自相矛盾的：就它所有的不真实而言，它依然像文化的不真实那样真实。批评之错不在于其解析能力——这依旧是它最好的能力——而在于它会以不回避的方式来回避问题。

文化批评与文化的共谋关系不只是寄生在批评家的思维方式那里，更多的时候，它是由他与他所处理的事物的关系决定的。通过让文化成为批评家的对象，他也就又一次客观化了这一对象。不过，文化的意义恰恰在于客观化的悬置。一旦文化本身被贬值为"文化商品"，并伴随着丑恶的哲学合理化——寻求"文化价值"，它的存在的理由就已被玷污。这些"价值"的净化过程——在此商业用语的回响绝非偶然——就是把文化置于市场的意志之下。甚至对外来文化的热爱也包含着对稀有之物的兴奋，因为可以投资。如果文化批评（即便是因瓦莱里［Paul Valéry］而发展得最好的批评）支持保守主义，那是因为它无意中坚持一种文化观念，而这种观念在晚期资本主义时期的目标是一种稳定且能独立于股票市场波动的财产形式。这种文化理念声称它疏远了那种体制，仿佛是为了在一个普遍动态之中提供一种普遍的安全。文化批评家的榜样既是鉴赏收藏家，也是艺术批评家。大体而言，文化批评会让人想起讨价还价的姿态，想起专家质疑一幅画的真伪或把它归到某大师次要作品之列的情景。人们贬低其价值是为了得到得更多。当文化批评家进行估价时，他因此也就不可避免地卷入一个被"文化价值"玷污的领域，即便他对文化的抵押咆哮如雷时也是如此。他在文化面前做沉思状也必然包含着仔细观察、全面调查、权衡轻重、做出选择：这件东西适合他，那件东西他拒绝。不过，当文化批评诉诸一批用于展览的概念并且似乎对"精神""生命"和"个体"之类的孤立范畴顶礼膜拜时，批评家那种至高无上的权威，希望从对象那里获得更渊博知识的要求，以及通过批评判断的独立自主将理念与其对象的分离，就有屈从于对象的类事物形式（die dinghafte Gestalt）的危险。

但是文化批评最最崇拜的还是文化这一概念本身。因为本真的艺术作品和真正的哲学，按照它们的实际含义，都不曾单独在自身内部、在其自在的存在（Ansichsein）中穷尽自己。它们总是与社会实际的生活进程联系在一起，又与之相区别。它们拒绝那种盲目而冷漠地复制着自己生活的罪过，它们坚持独立与自主，坚持与流行的目的王国相分离，这至少作为一种无意识因素隐含着对自由得以实现之境况的承诺。但只要文化依靠着五迷三道的现实存在，并最终依靠控制他人的劳动存在，那么这就依然是文化的一个含糊且可疑的承诺。整个欧洲文化——抵达消费者那里的文化，如今由管理者和心理技师为所有人对症下药的文化——退化为单纯的意识形态，这是因为它与物质**实践**有关的功能发生了变化：它放弃了干预。这种变化是由历史强加到文化身上的，而绝不是文化本身的"原罪"。因为资产阶级文化只有在向自身退缩的过程中，也就是说在间接的过程中，它才从涵盖所有存在领域的极权主义混乱的腐败迹象中构想出了一种纯洁。文化只有从那种已退化为它对立面的实践中抽身，从总是相同之物的不断更新的生产那里抽身，从为顾客服务，而顾客本身又为操纵者服务中抽身——文化只有从人类（Menschen）那里抽身，它才能忠实于人。但是，把注意力集中在这种绝对属于人自身的本质上——这方面最伟大的例子出现在保罗·瓦莱里的诗歌与理论作品里——同时也导致了这种本质的贫乏。尽管对意义有最严格的保护，但是精神一旦不再直接面对现实，它的意义也会发生改变。随着在生活事实面前言听计从，特别是随着把自己孤立为众多"场域"中的一个，精神成了现存秩序的帮凶，并在其中占有一席之地。对文化的阉割已引起了哲学家们的愤怒，从卢梭的时代和席勒《强盗》（Die Räuber）"舞文弄墨的时代"到尼采这里，最后再到那些为介入而介入的传道士们那里，莫不如此。这是文化变成自觉的文化之结果，这种结果反过来又让文化与经济霸权不断增长的野蛮处于强有力的长期对峙中。似乎可以说，文化的衰落意味着它的纯自我意识不期而至。只有当文化被中立化和物化的时候，它才允许自己成为崇拜偶像。于是拜物教向神话学倾斜。一般来说，从古代到自由主义时代可疑的、早已烟消云散的温暖中出现的种种偶像都会让文化批评家心醉神迷，这种情况让人在文化的衰落中想起了它的起源。文化批评拒绝在物质生产机器之内不断整合意识的各个方面。但是由于没能看透这架机器，它便转向了过去，被即时性的承诺所诱惑。这种情况是它自己的引力使然，而并不仅仅是因为一种秩序的影响，该秩序认为自己不得不用反对非人性化（Entmenschlichung）和进步的呼声来湮没它在非人性化方面的进展。把精神从物质生产中隔离开来提高了它的尊严，但也让它在一般意识中成了一只实践中所犯罪行的替罪羊。这样，启蒙本身——不是作为一种实际统治的工具——就被抓住不放，成为被追究的对象。于是，文化批评的非理性主义应运而生。文化批评一旦把精神从与生活的物质条件的辩证法之中拉出来，它就会毫不含糊和直截了当地抓住精神，把它当作宿命论原则（Prinzip der Fatalität），并因此削弱了精神自身的那种反抗。文化批评家缺乏这样的洞察力：生活的物化不是因为启蒙太多，而是因为启蒙太少；而当前特殊理性对人的肢解则是总体非理性（totale Irrationalität）的一大污点。废除这种非理性——这倒是与废除脑力体力劳动相分离的情况吻合一致——对盲目的文化批评来说会是一片混乱：无论是谁在美化这种秩序和形式，都必定会从这种僵硬的分离中看到一个永生者的原型。对于文化批评家来说，社会的致命分裂终有一天会结束乃是致命的天意。他宁愿一切结束，也不愿人类结束物化。这种恐惧与一些人的利益搭调合拍，他们对于物质拒绝的永世长存兴趣颇浓。每当文化批评抱怨"唯物论"（Materialismus）时，它都助长了这样一种观念——罪恶不在阻止人们消费商品的那个整体组织中，而在人们消费商品的欲望里：对于文化批评家来说，罪是饱足，而不是饥饿。如果人类能够拥有商品财富，那么或许就能摆脱文明化野蛮（zivilisierte Barbarei）的枷锁，而文化批评家们则把这种枷锁归因于人类精神过于发达，而不是社会状况的迟滞落后。文化批评如此喜爱的"永恒价值"所反映的只是持续不断的巨大灾难。文化批评家是靠文化那种神话般的顽固不化而茁壮成长的。

因为文化批评依托经济体制存在，所以无论其内容如何，它都卷入到了这种体制的命运之中。包括"闲暇"在内的生活过程越是被现代社会秩序统治得彻底——那些东方国家首当其冲——所有的精神现象就越是会打上那种秩序的烙印。要么它们可能会以娱乐或教化的面目出现，直接为那个体制的万古长存加砖添瓦；同时它们也恰恰因其社会预成性，所以会作为体制的鼓吹者受到喜爱。作为众所周知的、被盖章批准的内容，它们对一种退化的意识讨好奉承，并以"自然而然的"样子出场，允许自己认同于诸种权力，而这类权力横行霸道，除了留下虚情假意之外不给你其他任何选择。要么它们通过与众不同，成为稀罕之物，再一次成为适合市场销售的东西。在整个自由主义时代，文化跌落到了流通领域。因此，这一领域的逐渐凋敝也击中了文化的要害。随着企业中精于计算的分配机器不再考虑交易与其不合逻辑的漏洞，文化的商业化也在荒诞中达到顶点。完全被征服被管理之后，在某种意义上彻底被"养殖"之后，文化已经灭绝了。斯宾格勒（Oswald Spengler）的谴责——精神与金钱狼狈为奸——被证明是正确的。但是因为他同情直接统治，他也就在倡导一种被剥夺了所有经济中介和精神中介的存在结构。他阴险地将精神与一种实际上已被淘汰的经济类型匆匆拼凑到一起。斯宾格勒不能理解的是，无论精神在何种程度上是这种类型的产物，它都同时隐含着战胜这种类型的客观可能性。正如文化会在市场、贸易、交流和谈判中涌现出来（不同于为了个体的自我保护而进行的斗争），正如文化会在资本主义鼎盛时期与贸易紧密相连，正如其代表人物会被归入靠做中间商谋生路的"第三方"（dritte Personen），所以按照古典法则也被看作"社会必需品"（gesellschaftlich notwendig）的文化，即在经济学意义上自我再生产的文化，最终被缩减到它的初始状态：纯粹的交流沟通。文化与人类事务的疏离终止在它对人性的绝对顺从上——那是一种已被供应商迷惑并转化为顾客的人性。以消费者的名义，操纵者们压制了文化中使其超越了现存社会的总体内在性（totale Immanenz）的所有东西，并只允许它保留服务社会的明确目的。因此，"消费文化"才敢吹嘘自己不是奢侈品，而不过是生产的简单延伸。为操控大众而设计的政治标语则把那些不受人民委员们（Kommissaren）待见的所有文化齐刷刷地污名化为"奢侈""附庸风雅"（Snobismus）和"曲高和寡"（highbrow）。只有既定秩序成为万物的尺度时，它在意识领域中的单纯再生产才变得真实可信。文化批评指出了这点，并对"浅薄"和"内容空洞"（Substanzverlust）进行了抨击。但是，把自己的注意力局限在文化与商业的纠缠里，这种批评本身也变得浮浅了。它追随着反动的社会批评家的模式，而他们不过是用"生产性"资本去对抗"掠夺性"资本而已。实际上，所有的文化都共享着来自社会的罪恶感。它只能依靠已在生产领域形成的不义才勉强维持着自身的存在，这和商业领域的情况极为相似（参见《启蒙辩证法》）。结果，文化批评转移了这种负罪感：只要这种批评依然只是批评意识形态，它就还是意识形态。两种类型的极权主义政体寻求保护现状，防止其遭受哪怕是最后一点不顺从（Unbotmäßigkeit）残痕的侵袭——它们认为即便是最奴颜媚骨的文化也是不顺从的——并可以最终把文化及其自省以奴性的名义定罪。它们压制着精神（而精神就其本身而言已变得无法忍受），所以它们觉得自己是净化者（Reiniger）和革命者。文化批评的意识形态功能所控制的恰恰是其真理，而这个真理就在于它对意识形态的反对。反对谎言的斗争反而为赤裸裸的恐怖打开了方便之门。"一听到'文化'这个词，我就会伸手去掏枪。"[1] 希特勒帝国文化院（die hitlerische Reichskulturkammer）的那位发言人曾经这样说。

然而，文化批评也只能如此尖锐地去责备文化，责备它沦落风尘，责备它在其衰落的过程中强暴了精神的纯洁自律，因为文化发端于脑力

---

[1]　这一说法应该是一句台词，出现在约斯特（Hanns Johst）的戏剧作品《施莱格特》（*Schlageter*, 1933）中。施莱格特的同伙弗里德里希·台尔曼在剧中说："我一听到'文化'这个词就要掏枪。"由此暴露了国社党的心理。他实际上说的是："我松开了勃朗宁手枪的安全栓。"相比之下，此表达不够精练，故以"掏枪"之说取代。参见 [英] J. M. 里奇：《纳粹德国文学史》，孟军译，上海：文汇出版社 2006 年版，第 69 页。——汉译注

劳动与体力劳动的彻底分离。正是从这种分离（似乎也可以说是原罪）中文化才汲取了自己的力量。当文化简单地否认了这种分离而捏造出一种二者结合得很和谐的假象时，它也就退到了它自己的概念后面。精神唯有在成为绝对事物的幻觉中使自己完全脱离单纯的存在之物，它才在其否定性中真正定义了存在之物。只要精神中哪怕是最小的那部分参与了生活的再生产，它就依然效忠于生活。雅典的反市侩主义既是那些无须弄脏自己双手的人对那些为他们提供必要生活资料的劳力者的最傲慢的蔑视，也保留着一种超越全部劳动约束的生存图景。在把自己的不安意识投射到其受害者那里并把他们视为"下贱"（Niedrigkeit）的过程中，这样一种态度也在谴责他们忍耐的东西：人们屈服于生活再生产的流行形式中。所有的"纯文化"（reine Kultur）一直都是让权力发言人不舒服的一个源头。柏拉图和亚里士多德很清楚为什么他们不愿意让这个概念出现。与之相反，在涉及艺术评价的问题上，他们则倡导一种实用主义，这与两位伟大的形而上学家的激情形成了奇特的对照。现代资产阶级的文化批评当然过于谨慎了，以至于不敢在这方面公开地追随他们。但是这种批评在"高雅"文化与"通俗"文化、艺术与娱乐、知识与没有承担的世界观（unverbindliche Weltanschauung）的分离中偷偷发现了舒服的来源。在反市侩主义的问题上，文化批评已大大超过雅典的上层阶级，就像无产阶级比奴隶更加危险。那个纯粹的、自主的文化的现代观念表明，这种对抗性已变得不可和解。这既是毫不妥协地反对为他物而存在的结果，也是一种在其狂妄中把自己尊崇为自在的存在的意识形态的产物。

文化批评同它的对象一样盲视。让人认识到它自身的弱点——一种发端于脑力劳动和体力劳动分离的弱点，这是一件它所不能胜任的事情。任何一个社会只要违背了它自己的概念（即人类的概念），就不可能有完全的自我意识。虽然在历史动荡时期，主观意识形态的表现往往会导致客观的盲目性，但它并不需要对这种意识加以阻碍。相反，每一种形式的压制（取决于技术的水平）都是社会生存所必需的，而社会本身尽管存在种种荒谬，但确实在现有的条件下复制了它的生命，这一事实客观上产生了社会合法化的表象。作为一个对抗性社会中自我意识的缩影，文化和文化批评一样都无法摆脱这种表象，而后者则是将文化与文化自身的理想进行比较。在非理性与客观虚假隐藏在理性和客观必然性背后这一阶段，表象已成为全部。然而，借助于自己的真正力量，对抗性也在意识的领域中重新出现。正因为文化在一个对抗性社会中肯定了和谐原则（das Prinzip von Harmonie）的有效性，所以，即便是为了美化这个社会，它也无法避免用社会自己的和谐观念来对抗社会，从而陷入不和谐之中。肯定生活的意识形态会因理想的内在冲动而被迫站在生活的对立面。看到现实并非处处与自己相似，却转而屈从于一种无意识的致命动力，这样精神就违背自己的意志，就会被逼到辩护之外。当理论抓住人时，它才能成为真正的力量，这一事实是建立在精神自身的客观性之上的，而精神由于其意识形态功能的实现，必然对意识形态失去信心。在意识形态与存在的无法兼容性的推动下，精神在表现其盲目性的同时，也表现出它试图摆脱意识形态的努力。被祛魅之后，精神就会在存在的赤裸中感知到赤裸的存在，并将其交付给批评。精神要么根据其"纯原则"（reines Prinzip）这一永远值得怀疑的标准去诅咒物质基础，要么因为它与基础的无法相容而意识到自己的可疑位置。作为社会动力的结果，文化变成了文化批评，后者保留了文化的概念，但同时也毁坏了文化目前作为纯粹的商品和野蛮的手段的表现形式。这种批评意识仍然屈从于文化，因为它对文化的关注分散了对真正恐怖的关注。由此产生了社会理论对文化批评那种模棱两可的态度。文化批评的过程本身就是永久批评的对象，无论是在其一般前提——它内在于现有社会——中还是在其具体的判断中都是如此。因为文化批评的顺从体现在它的特定内容中，而且它只有在这里才可能被确凿把握。与此同时，一种不愿屈从于"经济主义"（Ökonomismus）——相信世界的转变已在生产的增长中被耗尽的多愁善感——的辩证理论必须吸收文化批评，这种批评的真理就在于它自己能意识到非真理。对仅仅是一种附带现象的文化不感兴趣的辩证理论助长了伪文化的猖獗，并助长了邪恶的繁殖。文化传统主义与俄罗斯新暴君的恐怖是基本一致的。两者都盲目地把文化确认为一个整体，同时又把所有不是现成的意识形式排斥在外。因此，当批评把一种没有实体的文化带到法庭之上，或是认为所谓的文化的否定性要为真正的大灾难负责时，它们就与批评一样都是一种意识形态。承认文化是一个整体，就等于夺走了其真理的酵素——否定。对文化的欣然挪用与军乐演奏和战地绘画的气氛是协调一致的。辩证批评与文化批评的区别在于前者加强了文化批评，直到文化的概念本身被否定、实现和超越。

有人可能会说，对文化的内在批评（immanente Kritik）忽略了一个最重要的东西：意识形态在社会冲突中的作用。假设一下，哪怕只是在方法论上，任何类似于文化的独立逻辑之类的东西都是在与文化的分裂（也就是意识形态的第一虚假前提[1]）勾结合作。根据这种观点，文化的实质不只存在于文化中，还在文化与外部事物、与物质生活进程的关系中。正如马克思在司法制度和政治制度中观察到的那样，文化"既不能通过它自身……也不能根据所谓的精神的普遍发展来理解"。该论点的结论是，忽视这一点，就是使意识形态成了一个基本问题，从而也就把它稳固确立了起来。而实际上，在完成了辩证转向之后，文化批评绝不能把文化标准实体化。批评通过承认文化在整体中的地位而保持其在文化方面的灵活性。没有这种自由，没有超越文化内在性的意识，内在批评本身将是不可想象的：只有那种没被对象完全吞没的人才跟得上对象的自发运动。但是，意识形态批判（Ideologienkritik）的传统要求本身也受到了历史动力学的制约。这种批判原本是为了对抗唯心主义——一种反映着文化拜物化的哲学形式。然而，今天根据存在来定义意识已成为打发掉一切不符合存在的意识的手段。真理的客观性（没有它，辩证法是无法想象的）已默默地被庸俗的实证主义和实用主义所取代，也就是说，最终被资产阶级的主观主义所取代。在资产阶级时代，主流的理论是意识形态，而与之对抗的实践（praxis）则站在其对立面。如今，理论几乎不再存在，

---

[1]　关于"第一虚假前提"，阿多诺在此处直接使用的是古希腊语 πρῶτον ψεῦδος，其字面意思是"第一个谎言""基本错误"。此为亚里士多德逻辑学中的一个术语，表示演绎中的第一个错误前提，即使结论在形式上是正确的，通常也会导致进一步的错误陈述。——汉译注

意识形态却在嗡嗡作响，仿佛是一种无法抗拒的实践的齿轮发出的声音。在所有的阵营中，再也不敢设想一个未曾愉快地包括关于谁是其受益者的明确说明的句子——这正是这些论战曾经试图揭露的东西。但是非意识形态的思想不允许自己被简化为"操作术语"[1]，而是独自协助种种事物发声，否则，流行的语言就会切断它们的表达。所有先进的经济和政治委员会都认为，重要的是改变世界，解释这个世界则意味着瞎胡闹（Allotria）——当这一刻到来之后，简单援引《提纲》[2] 来反对费尔巴哈已变得困难重重。辩证法也包括行与思（Aktion und Kontemplation）之间的关系。资产阶级的社会科学，用舍勒（Max Scheler）的话说，是"掠夺"（geplündert）了马克思的意识形态概念，并将其稀释成普遍的相对主义，在这样一个时代，比忽视意识形态功能更加危险的是，以归类的、不合时宜的和行政管理的方式去判断精神现象，并将其同化到盛行的权力聚阵结构（Machtkonstellation）中，而精神本该是对此予以揭露的。与辩证唯物主义中的许多其他元素一样，意识形态这一概念已从认识的工具变成了认识的紧箍咒（Gängelung geworden）。以基础决定上层建筑的名义，意识形态的所有用途都被控制起来，从而取代了对它的批判。只要意识形态方便有利，没有人关心意识形态的客观内容。

不过，意识形态的功能变得越来越抽象了。早期文化批评家持有的怀疑已被证实：在一个通过把真正的教育当作一种特权，并通过束缚意识而否认广大人类对精神现象具有真实体验的世界里，这些现象的具体意识形态内容已不重要，重要的是，应该有任何一种什么样的东西来填充意识被剥夺之后的真空地带，并分散人们对这个公开的秘密的关注。在其社会效果的语境之内，一部影片给其观众提供的特定的意识形态教义大概也远不如回家后的观众对明星名字及其婚姻八卦所产生的兴趣更重要。诸如"娱乐""消遣"之类的粗俗概念要比那些自命不凡的解释更合适，因为那些解释会把一个作家指定为中下阶层的代表，而把另一

---

[1]　此处阿多诺直接使用了英语表达"operational terms"。——汉译注

[2]　这里的《提纲》是指马克思写于 1845 年的《关于费尔巴哈的提纲》，其中第十一条提纲是："哲学家们只是用不同的方式解释世界，问题在于改变世界。"——汉译注

个作家称作中上阶层的代表。文化已成为意识形态，它不仅呈现为客观精神的主观显现之精华，而且更呈现为私人生活领域。私人生活虚幻的重要性和自主性掩盖了这样一个事实，它只不过是作为社会进程中的一种附属物在苟延残喘。生活把自己转变成了物化的意识形态———种死人的面具（die Maske des Toten）。因此，批评的任务绝不是去寻求文化现象所归属的特殊利益集团，而是去破译那些体现在这些现象中的一般社会趋势，以及最强大的利益集团如何借助这种趋势做成了自己。文化批评必须成为社会的观相术（Physiognomik）。整体越是脱离所有的自发性元素，越被社会中介和过滤，并且越是"意识"，它就越是成为"文化"。物质生产进程除了是生存手段外，它最终还会从其交换关系的起源中显露出自己的本来面目，即缔约双方彼此都对对方具有的那种虚假意识——意识形态。然而反过来，意识同时也日益成为整体运作中的一个单纯的过渡因素。今天，意识形态意味着以表象呈现的社会。虽然意识形态被总体（Totalität）中介着，总体背后还有局部的统治（Herrschaft des Partialen），但是意识形态并不能简单化约为一种局部利益。可以说，意识形态所有的部分都平等地靠近中心那里。

要么在意识形态的一般概念下从外部对作为一个整体的文化提出质疑，要么用文化自身已经晶化而成的规范去对它进行质询，这种非此即彼的选择都不能被批判理论（kritische Theorie）所接受。坚持在内在性和超验性之间做出选择就是退回到黑格尔与康德论战时所批判的传统逻辑中。如黑格尔所言，每一种设定出界限并把自己限制在对象界限内的方法最终都会超越界限。超越文化的立场在某种意义上已被辩证法预设为那种不预先对精神领域顶礼膜拜、俯首称臣的意识。[1]辩证法意味着对所有的物化都毫不妥协。旨在总体性的超验方法（transzendente Methode）似乎比预设了一个可疑整体的内在方法更为激进。超验批评家假定了一种阿基米德式立场（Archimedean position），它凌驾于文化和社会的盲目

---

[1] 　德语原意是"不预先对精神领域顶礼膜拜、俯首称臣"，但英译者丢掉了这层否定的意思，疑有误：The position transcending culture is in a certain sense presupposed by dialectics as the consciousness which does succumb in advance to the fetishization of the intellectual sphere。——汉译注

性之上，从这种立场出发，无论总体性多么巨大笨重，意识都能使它进入一种不断的流动之中。对整体的攻击可以从以下事实中获得力量：这个世界上统一性与整体性（Einheit und Ganzheit）的表象是伴随着物化（亦即伴随着分工）的发展而出现的。但是在某些国家那里，那种对意识形态斩立决式的清除（summarische Abfertigung）已成为制造犬儒式恐怖（zynischer Terror）的托辞，它对"客观主义"发出禁令，却把那个整体性捧得太高。这样一种态度等于是从社会那里全部买进了文化，却不管它的用途是什么。假如意识形态被定义为一个社会必需的表象，那么这个意识形态在今天就是社会本身，因为它的整体力量和必然性，它那种压倒一切的自在存在代替了这个存在已消灭的意义。选择一个现有社会统治之外的立足点，就像建立一些抽象的乌托邦那样不切实际。因此，对文化的超验式批评就像资产阶级的文化批评一样，认为自己不得不回到"自然性"（das Natürlichen）的理念那里，而这种理念本身就是资产阶级意识形态的核心元素。对文化的超验性攻击经常使用虚假逃避的语言，即"自然人"（die Naturburschen）的语言。它轻视精神及其劳动，认为那毕竟只是人为的，只是为了掩盖"自然的"生活。由于这种所谓的无价值，这些现象为了达到统治的目的，便允许它们自己被操纵和被贬低。这也解释了为什么大多数社会主义者对文化批评的贡献寥寥无几：他们缺少处理这方面事情的经验。在希望像用海绵一样抹去整体的时候，他们发展出一种与野蛮的亲密关系。他们不可避免地同情那些更原始、更没有差别的东西，而不管这与精神生产力（geistige Produktivkraft）的水平有多大矛盾。对文化的全盘否定成为宣扬最粗俗、"最健康"甚至是压制性的东西的借口；最重要的是，个人与社会之间的长期冲突，尽管二者都被打上了同样的标签，但这种冲突却总是根据占有它的管理者的标准，顽固地朝着有利于社会的一方得到解决。从那里开始，这距文化的官方恢复已只有一步之遥。与这种情况作斗争的是本质上更为辩证的内在批评。它严肃对待这样一个原则：虚假的并非是意识形态本身，而是它假装与现实相符。对精神现象和艺术现象进行内在批评，就是通过分析其形式和意义，努力抓住它们的客观理念与其伪装之间的矛盾，并对作品所表达的生存结构的一致性或不一致性进行命名。这样的批评不会止步于一般性地认出客观精神的奴役状态，而是会极力转化这种知识，以此提高对事物本身的认识。只有当文化的否定性（Negativität der Kultur）揭示了认识的真实或虚假，思想的坚定或疲软，结构的紧凑或松散，修辞的结实与空洞时，对它的理解才会具有约束力。当它发现不足之处时，它不会匆忙地将其归因于个人及其心理，那只是失败的伪装，而是试图从对象各时刻的不可调和性中去寻找原因。它追求的是其种种疑难逻辑，是任务本身的不可解决性。在这样的二律背反中，批评认识到社会的自相矛盾。依据内在批评，成功的作品并非是在虚假的和谐中解决了客观矛盾，而是通过体现在其内在结构中那些纯粹的、不可调和的矛盾，否定地表达出和谐的理念。面对这种作品，"仅仅是意识形态"的论断失去了意义。但与此同时，内在批评也明确地表明，精神一直都处在某种魔咒之下，神志不清。精神单靠自己是不能解决那些让它费心劳神的矛盾的。即使是精神对自身失败最彻底的反思，也依然有其局限，因为它仅仅停留在反思层面，却没有改变其失败所见证的存在。因此，内在批评无法在它自己的理念中获得慰藉。它既不能过分自负地认为自己沉浸于思想之中就能直接解放精神，也不能过于天真地相信，只要阻止了对虚假整体的主观认识从外部侵扰对对象的确定，那么借助事物的逻辑坚定地沉浸于对象就必然会走向真理。如今，辩证法越不以黑格尔的主客体同一性为前提，就越不得不注意要素的二元性。它必须认识到社会的总体性，也必须认识到精神参与在社会之中，而这种认识又必须与对象中具体内容的固有要求（即客体必须被如此理解）联系起来。因此，辩证法不允许任何对逻辑整洁的要求来侵犯它从一个类属到另一个类属的权利，不允许通过对社会的一瞥来阐明一个本身封闭的对象，不允许把一张对象无法兑付的账单交还给社会。最后，对于从外渗进来的知识和从内钻出去的知识之间的对立，辩证法也要保持怀疑，因为从这里恰恰可以看到辩证法必须谴责的物化的征候。前者的抽象分类和行政化思维正好相当于后者中那种对看不到其起源的事物进行物神崇拜，而这已成为专家的特权。不过，如果说顽固的内在沉思有回到唯心主义的危险，即形成既掌握自己又控制现实的自足的精神幻觉，那么，超验沉思的危险在于它会遗忘概念的工作，而满足于规定的标签、僵化的谩骂（最常见的是"小资产阶级"）和从上面下发的圣旨（Ukas）。拓扑思维（topologisches Denken）知道每一个现象的位置，却对它们的本质一无所知，它与割裂客体经验的偏执的妄想体制暗通款曲。借助于机械作用的范畴，世界被划分为黑白两色，从而为曾经被概念反对过的统治做好了准备。一旦放弃了与客体的自发关系，没有什么理论（即便它是真实的）能避免在倒错（Perversion）中走向五迷三道。辩证法必须防范这种情况，就像防范文化对象的奴役一样。它既不赞成对精神顶礼膜拜，也不支持对精神仇恨满腔。辩证的文化批评家必须既参与到文化之中，又游离于文化之外。只有这样，他才能公正地对待他的对象和他自己。

传统的意识形态超验批判已陈腐过时。大体而言，这种方法已屈服于那个物化，而物化正是它所批判的主题。通过把因果关系的概念直接从物质自然领域转换到社会之中，它也就落到了它自己的对象的后面。虽然如此，超验方法依然可以提出如下申诉：它只是在社会本身被物化的范围内使用了物化这一概念。通过因果关系概念的粗糙和严厉，它声称举起了一面镜子，反映了社会自身的粗糙和严厉，反映了社会对精神的贬低。但是，今天这个黑暗的一体化社会（Einheitsgesellschaft）甚至不再容忍上层建筑对基础的因果依赖理论曾经提到的那些哪怕只是相对独立的、具有差异性的时刻。在这个世界正在变成的一座露天监狱（Freiluftgefängnis）中，弄清楚谁依赖谁已不再那么重要，这就是万物归一所带来的后果。所有的现象都僵化了，变成了所是之物的绝对统治的勋章。再也没有"虚假意识"这一本真意义上的意识形态了，只有以复制世界的形式为世界打的广告，和不求被相信且下令肃静的煽情谎言。因此，文化的因果依赖问题，一个似乎体现了某种事物——文化被认为仅仅取决于这种事物——的声音的问题，便具有了某种蛮荒的意味。当然，甚至内在方法最终也会被这超过。它被它的对象拖进了深渊。文化的物质主义透明性没有使它更诚实，而只是使它更粗俗了。文化通过放弃自己的特殊性，也已放弃了自己的真理之盐（Salz der Wahrheit），而该盐曾存在于它与其他特殊性的对抗之中。在它所否认的责任面前追究它的责任，只会证实文化上的浮夸。中立且现成的传统文化在今天已变得一文不值。通过一个不可逆转的过程，被俄国人假惺惺地回收利用的文化遗产已变成了最高程度的消耗品——多余的垃圾。而那些大众文化（Massenkultur）的得利者之所以可以指着它咧嘴而笑，是因为他们本来就这样对待它。一个社会越是总体化，精神的物化程度就越严重，而精神单靠自己逃离其物化的尝试也就越自相矛盾。就连最极端的末日意识也有沦为茶余饭后之闲谈的危险。文化批评发现自己面临着文化与野蛮之辩证法的最后阶段。奥斯维辛之后写诗是野蛮的。这甚至侵蚀到这样一种认识：为什么写诗在今天已变得不可能了。绝对的物化曾把精神的进步预设为自己的要素之一，如今却有吸收整个精神的架势。如果批判精神将自己局限于自我满足的沉思之中，它就无法应对这种挑战。

2014 年 8 月初译

2022 年 5 月初校

2023 年 6 月再校

# 奥斯维辛之后的形而上学[1]
## ——对自我的清算

一

在上一讲的最后，我试图解释为什么时间因素会决定性地影响我们对形而上学的思考，并对形而上学经验本身产生影响。我想直接告诉你们，如果从纯粹主观的意义上来看待这些评论，即认为在目前的条件下拥有形而上学的经验更为困难，那将是错误的。那就完全误解了我想用语言传达给你们的意思，而我的这些语言不可避免地过于乏味了。当然，也存在主观上的困难，但考虑到主观经验和客观经验在这个领域的相互交织，这两者无法像在一个天真的、不加反思的意识眼中那样被截

---

[1]　此篇译自 Theodor W. Adorno, *Metaphysics: Concept and Problems*, ed. Rolf Tiedemann; trans. Edmund Jephcott, Stanford, California: Stanford University Press, 2001, pp. 103-111. "形而上学：概念与诸问题"是阿多诺在1965年夏季开设的一门课程，这一课程实际上是在为《否定的辩证法》的写作进行前期准备。此课共分18讲，在进行到第13讲（"Athens and Auschwitz", 13 July 1965）的最后部分时，阿多诺指出，今天的形而上学经验或形而上学概念是以完全不同的方式呈现出来的："作为这方面的一个标志（sign）——符号（symbol）这个词是非常不恰当的，因为我们关心的是最具象征意义的事情——我将选择奥斯维辛。通过奥斯维辛——我指的不仅仅是奥斯维辛，还有在奥斯维辛之后仍然存在的酷刑世界，我们正在从越南收到最可怕的报道——通过所有这一切，形而上学的概念连它最深的核心部位都已经被改变了。那些继续参与旧式形而上学的人不关心发生了什么，与它保持一定的距离，认为它是在形而上学之下，就像一切仅仅是世俗的和人类的东西，从而证明自己是非人类的。而在这种态度中必然存在的非人性也必然会感染以这种方式展开的形而上学的概念。因此，我想说，在奥斯维辛之后，坚持存在的积极意义或目的的在场是不可能的。"（第101页）而第14讲（"The Liquidation of the Self", 14 July 1965）则以"对自我的清算"为题，展开了对奥斯维辛与形而上学的关系的思考，因此，编者把第13讲中间部分之后的内容命名为"奥斯维辛之后的形而上学"（Metaphysics after Auschwitz）。此部分内容与《否定的辩证法》中第三部分内容"对形而上学的沉思"相映成趣，故可对此二者进行"对位阅读"。——汉译注

然分离，对这种意识而言，这一切都仅取决于人们今天碰巧对形而上学是何感觉，但对它的客观内容却丝毫没有改变。我的论点恰恰是针对这种态度的，只有当你们以深刻的、远非无伤大雅的方式对待我要说的话时，你们才能正确理解我的意思。从我对亚里士多德《形而上学》的分析和阐述中，你们会注意到整个形而上学在多大程度上被肯定的一面所填充——当然请原谅我，有些东西很难被"一面"所填充——肯定的要素对整个形而上学的构想是多么重要。因此，你们将会看到这个理论——哪怕没有神圣之力的影响，存在本身就其性质而言，也以目的论的方式指向神圣——这在多大程度意味着什么是有意义的。亚里士多德由此得出结论——我提到这一点是为了充分阐明我在此所关心的形而上学问题——物质，作为被可能性所代表的事物，必须被赋予某种目的性；尽管这与他自己关于完全抽象和不确定的可能性学说有些矛盾，但他仍然坚持这一点。面对我们所拥有的经验，不仅通过奥斯维辛集中营，而且通过引入酷刑将其作为一种永久性制度，通过原子弹——所有这些都形成了一种连贯性，一种地狱般的统一体——面对这些经验，所谓"存在是有意义的"的主张，以及几乎无一例外被归为形而上学的肯定性质，都成了一种嘲弄；在受害者面前，这完全就是不道德。因为任何一个用这种意义来搪塞自己的人，都会通过承认在某种程度上，在一个秘密的存在秩序中，这一切都将会有某种目的，从而在某种程度上缓和已发生的不可言说的和不可挽回的事情。换言之，可以这样说，鉴于我们所经历的——我想说那些并非直接受害的人也有这种经历——不可能有谁的经验器官没有完全萎缩，不可能有谁会以为奥斯维辛**之后**的世界，也就是奥斯维辛成为可能的世界，与之前的世界是同一个世界。而且我相信，如果一个人仔细观察和分析自己就会发现，意识到生活在一个这一切可能发生——不仅可能**再次**发生，而且可能**第一次**发生——的世界里，这种意识在一个人哪怕最隐秘的反应中也起着相当关键的作用。

因此我会说，这些经验具有令人信服的普遍性，如果一个人**不想**拥有这些经验，就确实必须对世界的进程视而不见。鉴于这些经验，从形式上被嵌入形而上学的一种目的或意义的主张已转变为意识形态，也就是说，转变为一种空洞的安慰，而这种安慰同时又在现实世界中实现了一种非常精确的功能，那就是让人们保持一致，遵守秩序。毫无疑问，形而上学总是有它的意识形态面向，要详细地证明伟大的形而上学体系是如何在意识形态方面发挥作用的并不困难。但除非我搞错了，否则在这一点上已发生了质的飞跃。也就是说，旧的形而上学体系虽然通过坚持这一意义要素而改变了现有秩序，但它们始终同时具有真理要素；它们试图了解所是之物，并获得关于神秘和混乱的确定性。在较旧的形而上学中，正如在其意识形态的性质中一样，人们总能证明这种真理的要素，证明这种不断增长的理性力量，它会理解与它相反的东西，而不是满足于单纯的非理性。这一点在圣托马斯·阿奎那（St Thomas Aquinas）的形而上学中表现得最为出色，它试图使基督教教义与思辨性思想相一致，并有可能将仅仅是武断地假定和教条地灌输的东西转变为一种批判——无论这种批判在托马斯主义哲学中是多么正面。现在这种情况已经结束。这样的意义解释已经不再可能了。我相信我已经讲过，在我看来，让－保罗·萨特（Jean-Paul Sartre）的成就不应被忽视——尽管我认为他的哲学非常不连贯，也不足以真正成为一个哲学结构——他是第一个不加任何修饰地阐述这一认识的人。在这方面，他远远超越了叔本华，当然叔本华是一个通常意义上的悲观主义者，他强烈反对形而上学的肯定性质（你们可能知道），尤其是黑格尔式的形而上学。然而，在他的作品中，他甚至把这种否定性变成一种形而上学的原则，即盲目意志的原则。由于该原则是一种形而上学的原则，因而是一种反思的范畴，它包含着人类否定它自己的可能性。因此，他也提出了否认"生命意志"（Will to Live）[1] 的想法。鉴于已经并将继续对生者犯下的罪行，鉴于这种罪行可以增加到一个难以想象的程度，这种否认几乎是一个令人欣慰的想法。我的意思

---

[1]　叔本华的"否认生命意志学说"构成了他那与道德哲学相关的体系的一部分，可见《作为意志和表象的世界》的第 1 卷第 4 篇中的第 68 节和第 2 卷中的第 48 章。另见《附录和补遗》第 2 卷中的第 14 章（cf. Schopenhauer, *The World as Will and Representation*, trans. E. F. J. Payne, New York 1958, vol. 1, pp. 378ff, vol. 2, pp. 603ff; *Parerga and Paralipomena*, trans. E. F. J. Payne, Oxford 1974, vol. 2, pp. 312ff）。——英译注

是，在一个所知道的事情远比死亡更糟糕的世界里——不朝人们脖子上开枪是为了慢慢将他们折磨致死——否认生命意志的教义本身也有些天真，而叔本华正是因这种天真才批评哲学家的神正论（theodicies）。

里斯本大地震之后，莱布尼茨的追随者伏尔泰放弃了莱布尼茨对世界的解释（莱氏认为这个世界是所有可能的世界中最好的），并转向了洛克（他是当时最进步的人物）的经验主义。[1] 不可否认，莱布尼茨的

---

[1] 1755 年 11 月 1 日，葡萄牙首都被一场地震彻底摧毁，四分之一的居民在地震中丧生。伏尔泰深受震撼，写下了他的《咏里斯本灾难——对格言"一切皆美好"的检视》：

呜呼！不幸的凡人！呜呼！悲惨的大地！
呜呼！所有凡人可怕的汇集！
沉湎于痛苦无济于事！
……
在母亲怀中逝去、满身是血的孩子们啊
他们犯了什么罪，作了什么恶？
比起伦敦，比起巴黎，不复存在的里斯本
难道有更多的恶，更耽于淫乐吗？
里斯本毁灭了，巴黎却依旧歌舞升平。
……
这世界，这骄傲和谬误的舞台，
充满了叨唠着好运的不幸之人。
……
我们的悲伤，我们的懊悔，我们的不幸，无以计数。
过去于我们只是悲惨的记忆；
若无未来，现在即是可怖，
坟墓般的暗夜毁灭了思考的生命。
**总有一天，一切都会美好**，这是我们的期望；
**今天一切皆美好**，这是我们的幻想。

伏尔泰的这首诗（它与另一首《论自然法则》一起作为一本书出版），于 1759 年被定罪并被焚毁。卢梭的《论天道的信》的写作日期是 1756 年 8 月 18 日；他后来在《忏悔录》中恰如其分地评论了伏尔泰的这一点："看到那个可怜的人感到震惊，可以说，是被名誉和成功压得喘不过气来。然而，我还是痛苦地抱怨着今生的不幸，发现一切都不好，于是我制定了一个疯狂的计划，让他回到自己身边，向他证明一切都很好。伏尔泰虽然表面上一直相信上帝，但实际上他只相信魔鬼，因为他所谓的上帝不过是一个恶毒的存在，按照他的信仰，他只会以伤害为乐。"（Rousseau, *The Confessions*, trans. J. M. Cohen, Harmondsworth 1953, pp. 399f）以及："与此同时，伏尔泰发表了他答应给我的回复。他的回复完全不亚于他的小说《老实人》……"（ibid., p. 400）伏尔泰的诗采用了蒋明炜等人的中译，见《伏尔泰文集》第 10 卷《老实人·天真汉·咏里斯本灾难》，蒋明炜、闫素伟、蔡思雨译，北京：商务印书馆 2021 年版，第 227—228、247—248 页。——英译注暨汉译注

格言并不像看上去那么乐观，而只是指最优，最低限度的最优世界。但是最终，这样一场有限的自然灾难与社会的自然灾难——它在向总体蔓延，而其现实性与潜在性则正是我们如今正在面对的——相比又算得了什么，尤其是当社会产生的邪恶形成了如同真正地狱一般的东西时。这种情况不仅会影响到形而上学的思想，还会影响到形而上学的内容，就像我给你们展示的那样，影响到与意义要素相关的内容。在这一点上，也许我可以补充说，在我看来，没有什么比这种情绪更可鄙、更配不上哲学的概念、更配不上哲学曾经想成为的东西，这种情绪在德国尤其普遍，它相当于一种信念，认为仅仅因为意义的缺席令人无法忍受，所以那些指出意义缺席的人就应该受到指责。这种情绪导致人们从这样一个假设中得出结论：在一个没有意义的世界里，生活是无法忍受的，结果是（因为不应该存在的东西不可能存在）意义必须被构建：因为毕竟，**存在着**一种意义。如果我可以向你们揭示"本真性的黑话"[1]的真正含义，那我其实不只是在批评这种或那种语言上的陈词滥调——我本不应该如此不幸地接受这些。我真正攻击的——如果你们拿起那本小书，我会要求你们在这一点上完全了解——恰恰是对意义的假设，而它成立的唯一的理由是必须有一个意义，否则人们就无法生存：这个意义的假设是一个**谎言**。而在德国，我觉得这种假设已经溜进了语言之中，到了令人担忧的地步，以致它不再从思想中明确地表达出来。这就是我在那本书中如此大力抨击某种语言形式的原因。

因此，简单地说，形而上学思想与世俗经验之间的传统兼容性已被打破。正如我在比较伏尔泰的处境和我们自己的情况时所指出的那样，发生了一种从量到质的转变。数以百万计的死亡已经获得了一种前所未有的令人恐惧的形式，并且呈现出截然不同的细微差别。"细微差别"（Nuance）——面对一个人想要表达的东西然而语言却实在缺乏语词来将之表达时，仅仅是使用这个词语就已经是一种耻辱了；这实际上是无

---

[1]　Cf. Theodor W. Adorno, *The Jargon of Authenticity*, trans. Knut Tarnowski and Frederic Will, Evanston 1973. ——英译注

法言说的。这就是现在这些东西只能从物质层面加以理解的最有力的证明。今天，有比死亡更可怕的事情令人恐惧。在这一语境中，也许我可以提请你们注意一下让·阿梅里（Jean Améry）——这是一个我完全不认识的作者——的一篇关于酷刑的文章，发表在最新一期的《墨丘利》（Merkur）[1] 上。这篇文章的哲学基础是存在主义，与我自己的观点不一致，但作者确实相当令人钦佩地表达了这些事情所带来的经验岩层（rock strata of experience）的变化。我心中的变化也可以用这种也许是最简单的方式表达出来，即宣称死亡，以它所呈现出的形式来看，已不再符合任何个人的生活。因为说死亡在任何时候都是一成不变的，这显然是一个谎言；死亡也是一个相当抽象的实体（entity）；在不同的时代，死亡本身可能也不尽相同。或者有人可能会说，如果你不介意我的文学参考文献有问题的话，现在已经没有史诗或《圣经》中的死亡故事了；一个人不再能够死于疲倦、衰老和对生活的满足。我想向你们说明的另一方面的情况是，老年，连同智慧这样的范畴以及与之相关的一切，已经不复存在了；而老年人，因为他们注定要衰老，身体会变得过于虚弱以致无法维持自己的生命，所以成了科学的研究对象——人们所说的"老年学"便是如此。在这种情况下，年龄被视为第二弱势群体，于是，未来以某种非人道形式（无论它源自何处）所执行的安乐死之类的事情就变得可以预见。因此，生命作为一种自身圆满和封闭的东西与死亡的和解，一种总是有问题和不稳定的和解，如果它存在的话，可能是一个幸福的例外——这种和解在今天是根本不可能的。

我想说的是，《存在与时间》所采用的方法——在这里我想对"本真性的黑话"多做一些评论——具有意识形态，尤其是当它的作者试图

---

[1]　参见让·阿梅里《严刑拷打》（"Die Tortur", in *Merkur* 208, vol. 19 [1965], pp. 623ff [Issue 7, July 1965]）；现在的修订版见 Jean Améry, *Jenseits von Schuld und Sühne. Bewältigungsversuche eines Überwältigten*, 2nd edn, Stuttgart 1980, pp. 46ff.《墨丘利》，副标题为"德意志欧洲思想期刊"，1947 年创刊，是战后德国最有影响力的知识分子评论刊物，包括阿伦特、海德格尔、阿多诺、布洛赫、伽达默尔、哈贝马斯、施密特等等大名鼎鼎的思想家，都在该期刊发表过文章。——英译注暨汉译注

以"此在之可能的整体存在"（Dasein's possibility of Being-a-Whole）[1] 为基础来理解死亡时，在这种尝试中，他压制了生活经验与死亡的绝对不可调和性，这种不可调和性随着实证神学（positive religions）的最终衰落而变得显而易见。他以这种方式寻求将死亡体验的结构作为"此在"的结构、作为人类存在本身的结构来拯救。但这些结构正如他所描述的，只存在于实证神学的世界中，因为后者有复活的积极希望；海德格尔没有看到，通过至少在其作品中默默假设的这种结构的世俗化，不仅这些神学内容被瓦解了，而且没有它们，这种体验本身也不再可能。我真正反对这种形式的形而上学的原因是，它偷偷摸摸地想在没有神学的情况下挪用神学假定的经验可能性。为了避免误解——尽管误解不大可能发生——我必须补充说，鉴于历史的意识状态，我的话当然不应该被解释为是在推荐神学，即仅仅是因为有宗教保护，所以好像死亡变得更容易。现在，如果有人说死亡的形式存在于人们的绝对控制之下，包括他们的大规模灭绝，那他便不得不说，从世俗的角度看，这种变化意味着人们所遭受的适应过程已被设定为**绝对的**，就像酷刑是一种极端的适应形式一样。像"洗脑"（brainwashing）这样的词已经表明，通过这些可怕的手段，包括对精神病患者的电击治疗，人类将被强制标准化。任何细微的差别，任何与主导倾向相关的偏差，都必须根除。

二

换句话说，我们在形而上学中所经历的变化，在最根本的层面上，是自我及其所谓物质的变化。这是对旧的形而上学试图通过将灵魂作为

---

[1] 参见《存在与时间》第二篇"此在与时间性"中第一章"此在之可能的整体存在与向死亡存在"（Heidegger, *Being and Time*, pp. 279ff）。"在世的'终结'就是死亡。这一终结属于能在或者说是属于生存，它在任何情况下都限定和决定着此在向来就可能的整体性。""当此在在死亡中达到其完整时，它就同时失去了它'那里'的存在。"（ibid., pp. 276-277, and 281）；也见阿多诺在《本真性的黑话》中的批判（in *The Jargon of Authenticity*, pp. 130ff）。上述海德格尔译文参见《存在与时间》，陈嘉映、王庆节译，北京：生活·读书·新知三联书店 1987 年版，第 281 页。——英译注暨汉译注

某种存在于自身的理性学说所包含的东西的清算。布莱希特用他的公式描述了这种经历，尽管那是一种非常不确定和模棱两可的方式："人就是人。"[1] 我只想指出（但不会在这几次讲座中详细讨论这一问题）就是在这里，在对自身（the self）或自我（the ego）的清算问题上，在人性丧失（depersonalization）的问题上，最深奥的形而上学问题被掩盖起来了；因为这个自我本身作为自我保护原则的化身，在其最深处的核心部位涉及社会罪责的语境。而在今天的社会清算中，自我只是为它曾经靠自我设定所做的事情买单，偿还其孽债。这是一个我在这里只能触及一下的形而上学的反思视野，因为一个人不可能严肃地谈论这些事情，除非他至少知道关于人本身的概念——对于许多人来说，例如最近去世的马丁·布伯（Martin Buber），形而上学的实体本身已经被撤离和集中到了人本身的概念中——并不是为了解放人类可能不同的东西而需要被移除的节点。因此，我们不应该把我们今天所看到的对自我的清算看作绝对邪恶和消极的，因为这样做，可能会将某种本身与邪恶纠缠在一起，并在其内部带有一种阻止它被实体化的历史动力的东西变成善与恶的原则。然而，对于在普遍的社会生产条件下被盲目的自我保护原则所束缚的人们来说，这种自我的清算才是最可怕的。在目前的情况下，为了认识我刚才提到的自我与自我解体之间的辩证法，或者为了洞察现状，所需要的恰恰是自我在面对被历史趋势所阻碍、现在越来越少的人所认识到的主导趋势时那种不屈不挠的、正确无误的力量。因此，在集中营中终结的不再是此自我或彼自身，而是——正如我和霍克海默几乎在一代人之前于《启蒙辩证法》[2] 中说的——仅为**样本**（*specimen*）；几乎就像在活

---

[1]　Cf. Brecht, *A Man's A Man*, in *Baal, A Man's A Man and The Elephant Calf*, trans. Eric Bentley, New York 1964, pp. 117ff; on the status of the text of the play, written in 1924-6, cf. Brecht, *Gesammelte Werke in acht Bänden*, Frankfurt/Main 1976, vol. 1 , pp. 363, n. and p. 4 * . ——英译注

[2]　参见，例如，论"文化工业"的那一章："每当文化工业依然天真地发出认同的邀请时，它马上就会被撤回。再也没有人能逃避自己了。以前，一位观众在电影中看到的婚礼仿佛就是他自己的婚礼。如今，银幕上的幸运演员与每一个公众成员都是同一类别的复制品，但这种等同只表明了人的元素不可逾越的分离。完美的相似就是绝对的不同。类别的同一性禁止个别案例的同一性。反讽的是，作为物种一员的人类却被文化工业变成了现实。现在任何人都只意味着他可以取代其他人的那些属性；他是可以互换的，一个副本而已。作为一个个体，他是完全可以（转下页）

体解剖中那样，它只是可以简化为肉身（body）的个体实体，或者如布莱希特所言[1]，是受折磨的实体（torturable entity），如果它有时间通过自杀逃避这种命运，它就会感到快乐。因此，有人可能会说，种族灭绝、人类灭绝和把人们集中在一个总体中——其中一切都被纳入自我保护的原则之下——是**一回事**；事实上，这种种族灭绝的确是绝对的整合（absolute integration）。人们可能会说，所有人与其概念的纯粹同一性无非就是他们的死亡——最令人惊讶和值得注意的是，黑格尔在《精神现象学》中将绝对自由等同于死亡的理论预见了这一想法，尽管它带有完全不同的反动腔调。[2] 我不需要对黑格尔当时所想到的对"法国大革命"的谴责进行辩论，但事实是，早期的黑格尔以他无与伦比的思辨力隐约意识到这样一个

---

（接上页）被消耗的，也是完全微不足道的，而当时间剥夺了他的这种相似性时，他才会发现确实如此。"（Theodor W. Adorno and Max Horkheimer, *Dialectic of Enlightenment*, trans. John Cumming, London/New York 1997, pp. 145-146）将个体简化为其物种的样本是《启蒙辩证法》的中心思想之一。然而在"反犹主义要素"中，虽然逻辑理论被追溯到灭绝集中营，但"样本"的表述是缺乏的："在大规模生产的世界中，固定模式取代了个体类别……即使在逻辑的框架内，如果概念只是在外在的层面上与特殊性偶然相遇，那么一切代表社会差异的东西就会受到威胁。每个人不是朋友就是敌人；没有折中办法。缺乏对主体的关注使管理变得容易。一些族群被迫迁移到不同的地区；带着犹太人标记的个体则被送进了毒气室。"（ibid., pp. 201f）以上中译文参见 [ 德 ] 马克斯·霍克海默、西奥多·阿道尔诺：《启蒙辩证法：哲学片断》，渠敬东、曹卫东译，上海：上海人民出版社 2003 年版，第 162—167、226—227 页。

关于讲座的文本，可参见《否定的辩证法》中的平行段落："在集中营中，死亡的不是个体，而是样本——这一事实必然会影响那些逃脱了行政管理措施的人的死亡。"（Adorno, *Negative Dialectics*, trans. E.B. Ashton, London 1990, p. 362）特别是该书的结论："最小的内部世界特征是与绝对相关联的，因为微观视野会砸碎那种按照归属性总括概念（subsuming cover concept）被无望地孤立起来的东西的外壳，炸开它的同一性，即它仅仅只是一个样本的错觉。"（ibid., p. 408）中译文参见 [ 德 ] 阿多尔诺：《否定的辩证法》，张峰译，重庆：重庆出版社 1993 年版，第 362、409 页。——英译注暨汉译注

[1]　参见布莱希特的诗歌《难民 W. B. 自杀论》："所以未来在黑暗中，而正义的力量 / 是微弱的。这一切对于你显而易见 / 当你摧毁这具受折磨的身体时"（Brecht, *Poems 1913-1956*, ed. John Willett and Ralph Manheim, London 1976, p. 363）。——英译注

[2]　参见"绝对自由与恐怖"一节："因此，普遍自由所能做的唯一工作和行动就是死亡，而且是一种没有任何内涵和实质内容的死亡，因为被否定的东西是绝对自由的自我的虚空点。因此，这是所有死亡中最冷酷最吝啬的死亡，比砍下一颗卷心菜或吞下一口凉水更没有意义。"（*Hegel's Phenomenology of Spirit*, trans. A.V. Miller, Oxford 1977, p. 360）中译文参见 [ 德 ] 黑格尔：《精神现象学》下卷，贺麟、王玖兴译，北京：商务印书馆 1979 年版，第 119 页。——英译注暨汉译注

事实：绝对的自我肯定和对一切生命的绝对否定，因此最终也是种族灭绝，是同一回事，在超过一百五十年前的那个时间中，在当时的历史视角里，这种事情还是完全不可预见的。在这方面，科贡在他关于"党卫军国家"一书中提到一个表述，据说该表述是党卫军的亲信用来对付临死前依旧很认真的《圣经》学者的，这给我留下了不可磨灭的印象。据说他们对这些学者说："明天你们会像烟一样，从这个烟囱飘向天堂。"[1]这无疑是我们今天被迫目睹到的对形而上学观念和形而上学本质本身邪恶歪曲的最准确表述。

当我指出这些经验影响到每个人而不仅仅是受害者或侥幸逃生者时，这并不仅仅意味着我试图描述的经验是如此可怕的暴力，以至于被它所触动之人，哪怕可以说是隔着一段距离，谁也无法再逃脱。正如阿梅里在他的文章中非常有说服力地指出，曾经受过折磨的人永远都不会再忘记它，即使是片刻。[2]我这么说也是为了指明一些客观的东西，并

---

[1]　参见欧根·科贡《党卫军国家：德国纳粹集中营体系》(*Der SS-Staat. Das System der deutschen Kanzentratianslager*, 2nd edn, Berlin 1947)。这句引语虽然没注明出处，但也可以在《否定的辩证法》(p. 362) 中找到，只是无法查找。不过，类似的段落还是被发现了："有人向一个犹太人大声叫喊：'现在是十二点。十二点零五分，你将与耶和华同在！'甚至还不到五分钟……"(译自 Eugen Kogon, *Der SS-Staat*, p. 94)。中译文中的这句引语参见 [德] 阿多尔诺：《否定的辩证法》，第 363 页。——英译注暨汉译注

[2]　阿梅里是这样描述受折磨的情况的："现在我的肩膀上有一道裂缝，我至今都没有忘记……任何被折磨过的人一直都会被折磨。酷刑在他身上刻骨铭心，即使没有临床或客观存在的痕迹……最后我失去了知觉——这一次总算结束了。但仍然没有结束……你无法摆脱折磨，就像你无法摆脱有关抵抗折磨的可能性和耐力极限的问题一样。"(Améry, in *Merkur* 208, pp. 632, 634 and 636) 他在文章的最后写道："除了纯粹的噩梦之外，从酷刑的经历中还能获得一些认识，那是一种巨大的惊奇，是认识到自己是这个世界上的一个陌生人，这是任何后来的人类交流都无法弥补的。对在折磨中肯定自身的他者存在感到惊奇，对自己可以成为什么感到惊奇：肉体和死亡。生命是脆弱的，它可以'只用一根针'来结束——这是众所周知的真理。但一个活人在活着的时候就可以对半 (half-and-half) 成为死亡猎物，这只有在酷刑下才能体验到。这种毁灭的耻辱永远无法抹去。任何人受过折磨之后，都仍然会毫无防备地暴露在恐惧中。从此它将对他挥舞权杖。它——还有所谓的怨恨 (ressentiment)，它落在后面，甚至没机会凝结成复仇的欲望——并被清除。从那里，没有人能眺望到一个被希望原则支配的世界。"(ibid., p. 638) ——这就是阿多诺所指的文本。阿梅里后来在书中进一步强调了这一点："任何遭受过酷刑的人在这个世界上都不会再有家园感。毁灭的耻辱无法抹去。对世界的信任——在第一次打击中部分崩溃，但只有在酷刑下才完全崩溃——再也无法恢复。"(Améry, *Jenseits von Schuld und Sühne*, p. 73) ——英译注

且我要再提一次，我指出这一点的意图是，你们不应该把我今天讲的东西简单等同于体验过那些折磨的人的主观感受。今天已经出现的情况是，目前的工作组织形式与现有生产关系的维持相结合，即使在形式自由（formal freedom）的条件下，每个人也都是绝对可替代或可置换的。这种情况会让我们产生一种多余感——如果你愿意这样考虑的话——我们每个人相对于整体来说都是微不足道的。这是导致我所提到的，即使在形式自由的条件下也存在的感觉之原因，它存在于社会的客观发展中。今天，我还是试图向你们表达这些变化，虽然一如既往不够充分，因为我有一种感觉，在谈论形而上学时如果不考虑这些事情，那将只是空洞的废话。在我看来，这些经验有如此深刻的客观原因，以至于它们实际上甚至没有受到政治统治形式的影响，也就是说，没有受到形式民主（formal democracy）和极权控制之间的差异的影响。至少到目前为止，事情就是这样表现的。但我们也必须清楚地认识到，正是因为我们生活在利益以及因而需要自我保护的普遍原则之下，个人除了他自己和他的生命之外，就再没有什么可失去的了。与此同时——正如萨特在他关于存在之荒诞（absurdity of existence）的学说中所表明的那样——个人的生命尽管是他所拥有的一切，但在客观上已经变得绝对不重要了。然而，他本以为毫无意义的东西却被当作其生命意义强加在他身上。的确，一种实际上只不过是为了达到自我保护目的之手段的生活，正是因为这一事实，才被蛊惑和偶像化为一个目的。在这种二律背反（antinomy）中，一方面是个人和自我被贬低为微不足道的东西，是对他的清算；另一方面，是他被抛回的这一事实，即除了这个活着的原子化自我（atomized self）之外，他不再拥有任何东西。在这种矛盾中存在着发展的恐怖，我认为今天我有责任向你们展示这种情况。

我曾经说过奥斯维辛之后人们再也不能写诗了[1]，写出这句话时我没

---

[1]　这一说法首次出现在 1949 年的论笔《文化批评与社会》中："就连最极端的末日意识也有沦为茶余饭后之闲谈的危险。文化批评发现自己面临着文化和野蛮之辩证法的最后阶段。奥斯维辛之后写诗是野蛮的，这甚至侵蚀到这样一种认识：为什么写诗在今天已变得不可能了。……如果批判精神将自己局限于自我满足的沉思之中，它就无法应对这种挑战。"（转下页）

料到会引发一场讨论。出乎我的意料是因为就哲学的本性而言——我写下的所有东西不可避免都是哲学，即便它没有涉及所谓的哲学主题——没有什么东西是完全字面意思的。哲学总是与各种趋势有关，而不是由事实陈述组成。根据外表来判断这一陈述并且说："他曾写过奥斯维辛之后不能再写诗了，所以要么是真的写不出来，谁写出来谁就是无赖或冷血；要么是他错了，他说了不该说的话。"这是对哲学的一种误解，这种误解起因于哲学越来越亲近全能的科学趋势。好吧，其实我想说的是，哲学反思实际上正是存在于这两种截然对立的可能性的缝隙之间，或者借用康德的术语，是存在于这两者的"摇摆状态"（vibration）之间。我会欣然承认，正如我说过奥斯维辛之后**不能**（*could not*）写诗了——借助此说，我是想指出那个时代文化复兴的空洞虚伪——同样还可以反过来说一个人**必须**（*must*）写诗，这样就和黑格尔在《美学》[1]中的陈述相一致了，即只要人类还有苦难意识（awareness of suffering），就必须有艺术来充当这种意识的客观形式。不过天晓得，这并不是说我能解决这种二律背反，而且更不用说我也不敢这样做，因为在这种二律背反中，我自己的冲动正好是站在艺术这一边的，但我却被错误地指责为是想压制艺术。东部地区的报纸甚至说我已宣布反对艺术，因此采取了一种野蛮

---

（接上页）（*Kulturkritik und Gesellschaft I: Prismen / Ohne Leitbild*, 2<sup>nd</sup> edn, 1996, p. 30）阿多诺后来反复回到他的这一警句，最后一次是在"形而上学的沉思"之中，但他似乎收回了这一说法（cf. *Negative Dialectics*, p. 362）；相关解释参见 Tiedemann, "Nicht die Erste Philosophie sondern eine letzte", pp. 11 ff. 所谓"收回"的那个说法如下："在一个以普遍的个人利益为法则的世界里，个人除了这个已经变得冷漠的自我之外一无所有，因此，古老而熟悉的趋势的表现同时也就是最可怕的事情。没人能从这里逃出去，就像没人能从营地周围带电的铁丝网中逃出去一样。经年累月的痛苦有权利表达出来，就像一个遭受酷刑的人有权利尖叫一样。说奥斯维辛之后你不能再写诗了，这也许是错误的。但提出一个不怎么文化的问题却不能说错：奥斯维辛之后你是否还能继续活下去，特别是那种偶然逃脱的人、那种依法本应被处死的人，他们还能否继续活下去？他的幸存需要冷漠，亦即资产阶级主观性的基本原则，没有这一原则也许就不会有奥斯维辛；这就是那种被赦免者的巨大罪过。通过赎罪，他将受到梦的折磨，梦到他根本不再活着，他在 1944 年就被送进焚尸炉里了，他的整个存在一直都是虚构的，是一个二十年前就被杀掉的人的荒唐心愿的流淌。" Theodor W. Adorno, *Negative Dialectics*, trans. E. B. Ashton, London and New York: Taylor & Francis e-Library, 2004, p. 363. 中译文参见 [德] 阿多尔诺：《否定的辩证法》，第 363 页）——英译注汉译注

[1] 关于所讨论的命题，参见 *Kants' Kritik der reinen Vernunft'*（1959），ed. Rolf Tiedemann, 1995, p. 400, n. 234。——英译注

的立场。不过人们必须提出进一步的问题，这是一个形而上学问题，尽管它所依据的基础是形而上学的整体失效。事实上，令人好奇的是，所有否定和回避形而上学的问题恰恰因此而呈现出一种奇怪的形而上学特征。这是一个奥斯维辛之后人们是否还能**活下去**（live）的问题。例如，这一问题就出现在那些反复纠缠着我的梦中，在梦中，我觉得我不再真正活着，而只是奥斯维辛集中营某个受害者心愿的流淌（emanation）。好吧，那些纵容的叫嚣很快就会把这转变成一种论据：对于任何一个像我这样思考着的人来说，这也正是他应该自我了断的时候——对此我只能回应道，我相信那些先生们会认为再没有比这更好的事情了。但是，只要我能表达我想要表达的东西，只要我相信我正在为那些不可能用语言表达的东西寻找语词，我就不应该在那种希望和心愿面前让步，除非是出于万不得已。尽管如此，萨特最重要的一部戏剧中的一句话，却值得作为一个形而上学的问题来极其认真地对待，因为这一原因，这部戏剧几乎从未在德国上演过。这是一位遭受酷刑的年轻抵抗战士说的，他问道：在一个人的骨头都被击碎的世界里，他是否或为什么还应该活着。[1]由于它涉及任何对生命加以肯定的可能性，所以这个问题是无法回避的。而且我认为，任何没有按这个标准衡量的思想，如果在理论上没有吸收它，一开始就只是把思想应该解决的问题推到一边——那么它根本不能被称为思想。

2014 年 8 月下旬选译

2022 年 7 月下旬补译

2023 年 5 月 2 日校译

---

[1]　参见萨特：《死无葬身之地》（Morts sans sépulture, Tableau IV, scene III）。亨利：要是有人打你，直打得你没有一块好骨头，这样活着难道还有意思吗？天这么黑。（从窗口往外望去）你说得对，快下雨了。(Jean-Paul Sartre, La p ... respectueuse ... suivi de Morts sans sépulture. Pièce en deux actes et quatre tableaux, Paris 1972, p. 210) 此处采用了沈志明译文。参见 [ 法 ] 萨特：《死无葬身之地》，沈志明译，见沈志明、艾珉主编：《萨特文集》第 5 卷，北京：人民文学出版社 2005 年版，第 215 页。——汉译注

# 奥斯维辛之后的教育[1]

对所有教育的首要要求是奥斯维辛不再发生。它比其他任何要求都重要，因此我认为我不需要也不应该为它辩护。我不明白为什么直到现在对它的关注还如此之少。在已经发生的暴行面前为它辩护将是骇人听闻的。然而，人们几乎没有意识到这一要求及其引发的问题，这一事实表明，这种暴行并未深入人心，这本身就说明了，就人们的意识和无意识而言，这种暴行存在着复发的可能性。与"再也不要有奥斯维辛"这个单一的理想相比，每一次关于教育理想的争论都显得微不足道和无关紧要。那是所有教育都在反对的野蛮行为。有人谈及倒退到野蛮状态的威胁。但这不是威胁——奥斯维辛**就是**倒退，只要促成这种倒退的基本条件大体不变，野蛮就会继续下去。这就是全部的令人恐怖之处。尽管今天的危险看不见摸不着，但社会的压力依然扑面而来。它驱使人们走向不可言说的境地，而这种境地在奥斯维辛那里则达到了世界历史的顶峰。在弗洛伊德真正延伸到文化和社会学的见解中，我认为最深刻的见解之一是，文明

---

[1] 《奥斯维辛之后的教育》（"Erziehung nach Auschwitz"）原题为《奥斯维辛之后的教育学》（"Pädagogik nach Auschwitz"），最初是阿多诺在黑森广播电台（Hessischer Rundfunk, 18 April 1966）发表的一篇广播讲话，后改为现题目，并被收入《论当今的教育观念》一书（*Zum Bildungsbegriff der Gegenwart*, eds. Heinz-Joachim Heydorn, Berthold Simonsohn, Friedrich Hahn, and Anselmus Hertz, Frankfurt: Verlag Moritz Diesterweg, 1967, S. 111-123），最终被收入《文化批评与社会》第 2 卷并进入《阿多诺文集》。本文译自 Theodor W. Adorno, "Education After Auschwitz," in *Critical Models: Interventions and Catchwords*, trans. Henry W. Pickford, New York: Columbia University Press, 1998, pp. 191-204. 关键用语核对了德语原文：*Gesammelte Schriften: Kulturkritik und Gesellschaf II*, Band 10.2, Frankfurt am Main: Suhrkamp Verlag, 1974, S. 674-690. 文中注释主要来自英译者，较简单的文献、版本等信息原样照录，未作翻译。注释中 "*Gesammelte Schriften*" 的缩略语由 "*GS*" 表示——汉译注

本身会产生并日益强化一种反文明的东西（das Antizivilisatorische）。他的著作《文明及其不满》和《群体心理学与自我分析》应该得到尽可能广泛的传播，特别是在与奥斯维辛相关的时候。[1]如果野蛮本身被铭写在文明的原则中，那么对它的奋起反抗就蕴含着某种绝望的东西。

一想到必须得让人们意识到这种绝望，以免他们屈从于理想主义的陈词滥调，任何防止奥斯维辛重演之方法的思考都会变得前景黯淡。[2]然而，即便得面对这样一个事实：当今社会的基本结构以及因此使其如此这般的社会成员与二十五年前是一样的，仍然必须做出这种尝试。数以百万计的无辜者——引用这些数字或为数字争论不休已经很不人道——被按部就班地杀害了。任何一个活着的人都不能把这看作是一种肤浅现象，一种历史进程中可以被漠视的反常之举，认为在与进步、启蒙和所谓的人道主义发展的巨大动力相比时，它可以被不予理会。它的发生本身就是一种极其强大的社会倾向的表现。在此，我想提及这样一个事实，典型的是它在德国似乎还鲜为人知，尽管它为一本韦费尔写的畅销书《穆萨·达赫的四十天》[3]提供了素材。第一次世界大战中，土耳其人——恩维尔·帕夏（Enver Pascha）和塔拉特·帕夏（Talaat Pascha）领导下的所谓"青年土耳其运动"（Jungtürkische Bewegung）——杀害了超过一百万亚美尼亚人。德国军政最高当局显然是知情者，却为它严格保密。种族灭绝的根源存在于自19世纪末以来蔓延于许多国家的侵略性民族主义（der angriffslustige Nationalismus）的复活之中。

[1]　Sigmund Freud, *Massenpsychologie und Ich-Analyse* (1921) and *Das Unbehagen in der Kultur* (1930); English: vols. 18 and 21, respectively, of *The Standard Edition of the Complete Psychological Works of Sigmund Freud*, trans. James Strachey (London: Hogarth Press, 1975). 需要说明的是，弗洛伊德的 *Das Unbehagen in der Kultur* 一书直译就是《文化中的不满》，但因英译是 *Civilization and its Discontents*, 中译本也成了《文明及其不满》。——英译注暨汉译注

[2]　第一版中为"无助"而非"绝望"。——英译注

[3]　弗朗茨·韦费尔（Franz Werfel）的《穆萨·达赫的四十天》(*Die Vierzig Tage des Musa Dagh*, 1933) 是一部小说，该小说以1915年的叙利亚为背景，讲述了亚美尼亚人抵抗数量更多、装备更好的青年土耳其武装的故事。亚美尼亚军队在穆萨·达赫山固守了四十天，在快要被打败时，被一个英法海军中队救了出来。English: *The Forty Days of Musa Dagh*, trans. Geoffrey Dunlop (New York: Viking, 1934). ——英译注

此外，人们不能忽视这样一种想法，即原子弹的发明与种族灭绝属于同一历史背景，因为它简直可以一举消灭数十万人。今天的人口快速增长被称为"人口爆炸"；似乎历史的宿命是准备以反爆炸（Gegenexplosionen）——杀死全部人口——作为回应。这只是为了表明，我们必须采取行动对抗的力量有多少是世界历史进程中的力量。

由于改变客观条件（即社会和政治条件）的可能性在今天极为有限，因此，反对奥斯维辛重演的努力必然会局限于主观层面。对此我主要指的也是做这些事情的人的心理维度。我并不相信诉诸永恒的价值观会有多大帮助，因为那些容易犯下这种暴行的人对此只会耸耸肩而已。我也不相信对受迫害的少数群体所具有的积极品质的启蒙会有多大用处。根源必须从迫害者身上寻找，而不是从那些以各种最苍白的借口而被谋杀的受害者那里落实。在这方面，我曾经说过的"主体转向"（die Wendung aufs Subjekt）[1] 是必要的。我们必须了解使人们有能力做这种事的机制，必须向他们揭示这些机制，并通过唤醒人们对这些机制的普遍认识来努力防止他们重蹈覆辙。有罪的不是受害者，即使在今天许多人倾向于理解为的那种诡辩和讽刺的意义上也不是。只有那些不假思索地把仇恨和攻击发泄在他们身上的人才有罪。我们必须努力克服这种缺乏反思的情况，必须劝阻人们不反思自己就向外出击。唯一有意义的教育是批判性自我反思的教育。但是，根据深度心理学[2] 的研究结果，所有的人格，甚至那些在后来生活中犯下暴行的人的人格，都是在幼儿时期形成的，因此，防止奥斯维辛重演的教育必须集中在幼儿时期。我提到过弗洛伊德关于文化中的不满这一论题。然而，这一现象的范围比他理解的还要深广，这首先是因为在此期间，他所观察到的文明的压力已成倍增加，到了难以忍受的程度。与此同时，最初他提请注意的那种爆炸性倾向已经变成了一种他几

---

[1]　See the essay, "The Meaning of Working Through the Past," in Theodor W. Adorno, *Critical Models: Interventions and Catchwords*, trans. Henry W. Pickford (New York: Columbia University Press, 1998), pp. 89-103. ——英译注

[2]　深度心理学（Tiefenpsychologie）是由瑞士精神病学家布洛伊勒（Paul Eugen Bleuler, 1857–1939）创设的，用于指代将无意识考虑在内的治疗和研究的精神分析方法。弗洛伊德在 1914 年迅速接受了这一术语。——汉译注

乎无法预见的暴力。然而，文化中的不满也有其社会维度，弗洛伊德虽然没有忽视这一点，但他也没有具体探讨。我们可以说，人类在被管理的世界（die verwaltete Welt）中有一种幽闭恐惧症（Klaustrophobie），那种感觉是被监禁在一个彻底社会化的像网一样紧密编织的环境中。网织得越密，人们就越想逃脱它，而恰恰是因为织得太密，任何逃脱已不太可能。这加剧了对文明的愤怒，反抗文明因而成为暴力的和非理性的。

在整个迫害史中一个已被证实的模式是，愤怒是针对弱者的，尤其是针对那些在社会上被认为是弱者，同时又是——无论对错——快乐的人。我甚至可以从社会学角度大胆补充说，我们的社会在不断整合着自己的同时，也在孕育着解体的倾向。在有序、文明生活的表象之下，这些倾向已经发展到了极端的程度。普遍存在的普遍性对一切特殊事物，对个别人和个别机构施加的压力，有一种摧毁特殊和个别及其抵抗力量的趋势。随着其身份和抵抗力的丧失，人们也丧失了自己的品质，而借助那些品质，他们本来是可以在某些时刻与有可能引诱他们再次施暴的事物作斗争的。当既定权威再次向他们下达命令时，只要这是以他们半信半疑或根本不相信的某种理想的名义，也许他们就几无抗拒之力。

当我谈到奥斯维辛之后的教育时，我指的是两个领域：首先是儿童教育，尤其是早期儿童教育；然后是普遍的启蒙，它提供了一种思想、文化和社会氛围，以防止奥斯维辛再次发生，因此，在这种氛围中，人们对导致恐怖的动机将会变得相对有意识一些。当然，我不敢斗胆去草拟出这样一个教育计划，哪怕只是粗略的大纲。但我至少想指出它的一些神经中枢。例如在美国，人们常常把国家社会主义[1]乃至奥斯维辛归咎于迷信威权的德意志精神。我认为这种解释过于肤浅，尽管在这里如同

---

[1]　国家社会主义（Nationaler Sozialismus / National Socialism）原本是指一种企图利用国家权力进行社会改良的资产阶级思想，后被纳粹党征用之后，原初含义已被完全改变。起因如下：第一次世界大战前，将"国家"和"社会"相结合的概念开始流行于德国。1919 年，一个名为"德国工人党"（Deutsche Arbeiterpartei）的反犹主义右翼政党在慕尼黑成立，该党采用的就是"国家与社会"相结合的意识形态。1920 年，该党在其名称中添加了"国家社会主义"，从而成为"国家社会主义德国工人党"（Nationalsozialistische Deutsche Arbeiterpartei / National Socialist German Workers' Party，即"纳粹党"）。在此基础上，尤其是希特勒上台之后，"国家社会主义"的意识形态便催生了"法西斯主义"。——汉译注

在许多其他欧洲国家一样，威权行为和盲目权威比在形式民主条件下人们愿意承认的要顽固得多。相反，人们必须承认，法西斯主义以及它所造成的恐怖与这样一个事实有关：当人们在心理上还没有做好自我决断的准备时，德意志帝国既定的老牌威权已经衰落并被推翻。事实证明，他们配不上从天而降的自由。由于这个原因，那时的威权结构采用了它之前没有的或者至少没有显示出来的破坏性的——如果我可以这么说的话——疯狂维度。假如考虑到在政治上已不再能发挥任何真正作用的当权派的来访都能让整个族群欣喜若狂，那么我就有充分理由怀疑，即便是现在，威权主义的潜力也比人们想象的要强大许多。尽管如此，我还是想特别强调，法西斯主义是否会死灰复燃，在其决定性方面不是一个心理学问题，而是一个社会问题。我之所以讲了这么多心理方面的问题，只是因为其他更重要的方面，即便没有超出个人干预的影响，也远远超出了教育的影响范围。

很多时候，心地善良的人不想让这种事情再次发生，就会提及"约束"（Bindung / bonds）这个概念。根据他们的说法，人们不再拥有任何"约束"这一事实要为发生的一切负责。事实上，权威的丧失——施虐式威权恐怖（sadistisch-autoritären Grauens）的条件之一——与这种状况有关。按照正常的常识，通过强调"你不可以这样"（Du sollst nicht）并诉诸"约束"来抑制施虐、破坏和毁灭性冲动似乎是合理的。尽管如此，我认为，觉得这种对"约束"的呼吁——更不用说要求每个人都应该再次拥抱"社会约束"，以便让世界变好人变善——会在任何严肃的方面有所帮助，都是一种幻觉。人们很快就能意识到这种"约束"是不真实的，它仅仅是为了产生一个结果——即使它是好的——人们却并未把它作为一种自身存在的实质性东西来体验。令人惊讶的是，即使是最愚蠢和天真的人在发现比他们强的人的弱点时，也会如此迅速地做出反应。所谓的"约束"或者很容易成为共同信念的现成徽章——人们进入"约束"之中是为了证明自己是一个好公民——或者产生恶意的怨恨，在心理上与鼓吹它们的目的背道而驰。[1]"约束"相当于他律，一种对规则、对不能被个体自身理性所证明的规范

---

[1] 第一版中为"抵抗与反叛"而非"恶意的怨恨"。——英译注

的依赖。心理学上所谓的超我（Über-Ich）亦即良心，被外部的、不受约束的、可以互换的威权以约束的名义所取代，正如人们在第三帝国崩溃后的德国所清楚地观察到的那样。然而，在规范的幌子下，甘愿纵容权力，又在强者面前俯首帖耳，正是酷刑施虐者（Quälgeister）的态度，它不应该再出现了。正因为如此，对"约束"的鼓吹才如此致命。那些或多或少自愿接受它的人被置于一种永久性的强制之下而必须服从命令。反对奥斯维辛原则唯一真正的力量是自主性（Autonomie），如果我可以用康德用语加以表述的话，那就是反思（Reflexion）、自决（Selbstbestimmung）和不参与（Nicht-Mitmachen）的力量。

我曾经有过一次非常令人震惊的经历：在博登湖[1]上乘船游览时，我读了一份巴登州的报纸，上面刊登了萨特戏剧《死无葬身之地》（*Morts sans sépulture*）[2] 的故事，这部剧描述的事情极为可怕。显然，该剧让那个评论者感到不安。但他并没有解释这种不满是由题材的恐怖（也就是我们这个世界的恐怖）引起的。相反，他扭曲了这种恐怖，以便在与像萨特（他使自己陷入了恐怖）这样的立场相比时，我们可以保持——我应该说几乎保持——对更高事物的欣赏：这样我们就可以不承认这种恐怖的无意义。简断截说，直奔主题：通过高尚的存在主义的伪善言辞，评论者想要避免直面恐怖。这里尤其存在着恐怖有可能再次发生的危险，但人们拒绝让它靠近，甚至指责任何只是谈论它的人，仿佛言说者如果不对这种事情举重若轻，那他就不再是肇事者，而是成了罪魁祸首。

对于威权和野蛮的问题，我不禁想到了一个在大部分情况下几乎没有被考虑到的想法。它出现在欧根·科贡《党卫军国家：德国集中营》一书的一个观察中，该书包含了对整个复杂情况的核心见解，但还没有被科学和教育理论以应有的方式吸收进来。[3] 科贡说，在他度过数年的那座

---

[1]　博登湖（Bodensee / Lake Constance），也称康斯坦茨湖，位于瑞士、奥地利和德国三国交界处，由三国共同管理，博登湖面积 536 平方公里，是德语区最大的淡水湖。——汉译注

[2]　German translation *Tote ohne Begräbnis* of Jean Paul Sartre, *Morts sans sépulture* in *Théatre*, vol. 1 (Paris: Gallimard, 1946). English: *The Victors*, in *Three Plays*, trans. Lionel Abel (New York: Knopf, 1949). ——英译注

[3]　Eugen Kogon, *Der SS-Staat: Das System der deutschen Konzentrationslager* (Frankfurt: Europäische Verlagsanstalt, 1946); numerous reprints. English: Eugen Kogon, *The Theory and Practice of Hell: The German Concentration Camps and the System Behind them*, trans. Heinz Norden (New York: Berkley, 1950). ——英译注

集中营里，施虐者大部分是农家子弟。城市和乡村之间的文化差异仍然存在，这是形成恐怖的条件之一，尽管肯定不是唯一的，也不是最重要的。对乡下人的任何傲慢都远非我的本意。我知道一个人"不得不"在城市或乡村长大。我只是注意到，去野蛮化（Entbarbarisierung）在开放的乡下可能不如在其他任何地方成功。[1] 即便是有了电视和其他大众媒体，可能对那些没有完全跟上文化的人的状态也改变不大。在我看来，说出这一点并反对它，比多愁善感地赞扬一些正面临消失威胁的乡村生活的特殊品质更正确。我甚至会说，教育最重要的目标之一是农村的去野蛮化。然而，这么做又是以对那里人们的意识和无意识的研究为前提的。最重要的是，人们还必须考虑到现代大众媒体对一种意识状态的影响，这种意识状态还没有接近 19 世纪资产阶级自由文化的状态。

为了改变这种意识状态，单靠农村地区问题重重的普通小学教育体系是不够的。我可以设想出一系列的可能性。其中之一是——我在这里即兴发挥一下——策划电视节目应该考虑到这种特殊意识状态的神经中枢。然后，我能够想象的是，可以形成像流动教育小组和志愿者车队这样的组织，他们奔赴乡村世界，在讨论、课程和补充教学中弥补最危险的漏洞。我并没有忽略这样一个问题：这些志愿者要想让人喜欢估计非常困难。但随后会有一小群追随者绕其左右，教育计划有可能会从那里进一步传播开来。

然而，不应误解的是，古老的暴力倾向也存在于城市中心，尤其是在较大的城市中心。随着当今全球社会的演变，退化倾向（Regressionstendenzen），即具有被压抑的虐待特质的人应运而生，无处不在。在这里，我想回顾一下霍克海默和我在《启蒙辩证法》中描述的对身体的扭曲和病态关系。[2] 意识在任何被肢解的地方都以一种不自由的、倾向于暴力的形式反射到身体和肉体领域。对于某一类未受过教育的人，我们只需要观察一下他的语言——尤其是当他感到犯错误或受责备时——如何变得

---

[1]　第一版中仅为"还未成功"，并不包含与其他地方的比较。——英译注

[2]　Max Horkheimer and Theodor W. Adorno, *Dialectic of Enlightenment*, trans. John Cumming (New York: Seabury Press, 1972; reprint, New York: Continuum, 1989), esp. 231-236. ——英译注

具有威胁性，仿佛语言手势预示着一种几乎无法控制的身体暴力。在这里，人们当然也必须研究体育的作用，因为批判社会心理学（kritische Sozialpsychologie）对它的研究还不够充分。竞技体育的意义是模棱两可的。一方面，通过公平竞争（fair play）、骑士精神（Ritterlichkeit）和体谅弱者，它可以产生反野蛮反虐待的效果；另一方面，在其多种项目和实践中，它可以促进侵略、残忍和虐待，尤其是对那些不让自己置身于竞技体育所要求的努力和纪律之下而只是观战的看客，亦即那些经常在场边大喊大叫、满嘴放炮的人。这种语义的含混之处应该系统地加以分析。在教育能够产生影响的范围内，其结果应该应用到体育生活之中。

所有这些，都或多或少与旧的威权结构有关，我几乎可以说，与良好的旧威权人格的行为方式有关。但是奥斯维辛所产生的，奥斯维辛世界所特有的人格类型，大概代表了一些新的东西。一方面，这些人格类型集中体现了对集体的盲目认同；另一方面，它们被形塑，是为了像希姆莱、霍斯和艾希曼[1]所做的那样去操纵大众、控制集体。我认为面对死灰复燃的危险，最重要的是反对一切集体的野蛮霸权，通过集中解决集体化问题来加强对它的抵抗。这并不像听起来那么抽象，因为尤其是年轻人和思想进步者，他们都满腔热情地渴望在某些事物中融入自己。我们可以从集体首先给它所接受的所有个人造成的痛苦开始。一个人只要想想自己在学校的初次经历就可以了。人们必须与各种类型的风俗习惯、各种形式的入会仪式作斗争，它们会给人带来身体上的痛苦——通常是难以承受的痛苦——作为将自己视为集体一员所必须付出的

---

[1] 此三人均为纳粹德国臭名昭著的人物。海因里希·希姆莱（Heinrich Himmler, 1900–1945），党卫队帝国长官、盖世太保首脑，被德国《明镜》周刊评为"有史以来最大的刽子手"。鲁道夫·霍斯（Rudolf Höss, 1900–1947），是奥斯维辛集中营最高指挥官。阿道夫·艾希曼（Adolf Eichmann, 1906–1962），纳粹德国高官，也是在犹太人大屠杀中执行"最终方案"的主要负责者。"二战"结束后他逃亡阿根廷，直到1960年才被以色列情报机关追查到下落，并被押回耶路撒冷之后受审和处死。阿伦特非常关注这场审判，并据此写成了《艾希曼在耶路撒冷：一份关于平庸的恶的报告》（Eichmann in Jerusalem: A Report of the Banality of Evil）一书，提出了"平庸之恶"这一著名的哲学命题。——汉译注

代价。[1] 诸如圣诞闹夜和赶山羊 [2] 等恶俗，以及其他无论叫作什么的此类根深蒂固的做法，都是对国家社会主义暴行的直接预期。绝非巧合的是，纳粹分子就曾以"民间习俗"（Brauchtum）的名义美化和培育过这些怪物。科学在这里将会面临一个最相关的任务。它可以强力扭转被纳粹分子狂热挪用的民俗学（Volkskunde）趋势，以阻止这些民间乐趣中既残酷又如同幽灵的残渣余孽。

整个这一领域被一种所谓的理想所激励，这种叫作"坚强"（Härte / hardness）的理想在传统教育中也扮演着相当重要的角色。它也可以很无耻地援引尼采的一个言论，尽管在尼采那里完全是别的意思。[3] 我还记得"恐怖博格"在奥斯维辛审判（Auschwitz-Verhandlung）期间是如何爆发的，他最后以一段通过"坚强"来灌输纪律从而赞扬教育的颂词做结。[4] 他觉得"坚强"在造就他所认为的正确类型的人时必不可少，这种教育理想

---

[1]　Cf. William Graham Sumner, *Folkways: A Study of the Sociological Importance of Usages, Manners, Customs, Mores, and Morals* (Boston: Ginn, 1906). Cf. also *Soziologische Exkurse: Nach Vorträgen und Diskussionen*, vol. 4 of *Frankfurter Beiträge zur Soziologie* (Frankfurt: Europäische Verlagsanstalt, 1956), 157; and T. W. Adorno, *Einführung in die Soziologie* (Frankfurt: Suhrkamp, 1993), 77. 阿多诺计划在战后回到法兰克福时让人把萨姆纳的书翻译成德文。——英译注

[2]　圣诞闹夜（die Rauhnächte）是圣诞节节期（12 月 25 日至 1 月 6 日的十二个夜晚）的捉弄仪式；赶山羊（Haberfeldtreiben）是巴伐利亚古老的习俗，用来谴责那些被共同体视为（通常是道德方面或性方面的）堕落者、却被法律忽视之人。Cf. T. W. Adorno, *Einführung in die Soziologie*, 65, 阿多诺在涂尔干的"社会事实"（faits sociaux）概念不透明的语境中谈到了巴伐利亚地区的赶山羊。另见阿多诺中译著作中的注释和相关论述：赶山羊是德国南部一些地区的民间私刑，人们给罪犯披上山羊皮，然后加以毒打和驱赶。参见 [德]T. W. 阿多诺：《道德哲学的问题》，谢地坤、王彤译，北京：人民出版社 2007 年版，第 20 页。——英译注暨汉译注

[3]　Cf. Friedrich Nietzsche, *Beyond Good and Evil*, trans. Walter Kaufmann (New York: Vintage, 1966), numbers 82, 210, 260, 269; *The Gay Science*, trans. Walter Kaufmann (New York: Random House, 1974), number 26; "On the Old and New Tablets," no. 29, in *Thus Spoke Zarathustra*, trans. Walter Kaufmann (New York: Viking, 1966), 214. ——英译注

[4]　恐怖博格（der fürchterliche Boger），原名威廉·博格（Wilhelm Boger），负责奥斯维辛集中营的"逃生部门"（escape department），并以它是所有集中营中逃生人数最少这一事实而自豪。作为被带到"法兰克福"或"奥斯维辛"审判（1963—1965）的 21 名前党卫军成员之一，博格被指控在奥斯维辛参与了大量的挑选和处决，并在审讯中通过"博格秋千"（Boger swing）——他发明的一种酷刑装置——严重虐待囚犯，致使他们随后死亡。法院裁定他至少在 144 个不同场合有谋杀罪，共谋杀至少 1000 名囚犯，共谋合伙谋杀至少 10 人。博格被判处无期徒刑和另外五年的劳役。——英译注暨汉译注

中的"坚强"——许多人可能不假思索就相信了它——是完全错误的。男子气概在于最大程度的忍耐力，这一观点很久以前就成了受虐狂的屏幕形象，而且正如心理学所证明的那样，受虐狂很容易与施虐狂联系在一起。夸夸其谈的教育所灌输的"坚忍不拔"（Hart-Sein）意味着对痛苦本身的绝对冷漠。在这种情况下，甚至连自己的痛苦和他人的痛苦也无法进行严格区分。谁敢对自己下狠手，谁也就有权对他人下狠手，并为自己不被允许表现出来而不得不压制的痛苦报仇雪恨。这种机制必须被意识到，就像必须提倡一种不再为痛苦和忍受痛苦的能力设奖表扬的教育一样。换句话说，教育必须认真对待一个在哲学看来并不陌生的观点：恐惧（Angst）不能被压抑。当恐惧不被压抑，当人们允许自己实际上拥有这个现实所承诺的所有恐惧时，那么正是通过这样做，无意识的和被推迟的恐惧所形成的许多破坏性影响很可能就会消失。

那些盲目把自己塞进集体的人已经把自己变成了一种惰性物质，也消灭了自己作为"自我决定"的存在。[1] 随之而来的是将他人视为无定形的群众（amorphe Masse）的意愿。我在《威权主义人格》（*Authoritarian Personality*）一书中把那些以这种方式行事的人称为"操纵型性格"（der manipulative Charakter），而实际上，那时霍斯的日记和艾希曼的录音还不为人所知。[2] 我对"操纵型性格"的描述可以追溯到第二次世界大战的最后几年。有时候，社会心理学和社会学能够构建一些只是到后来才被经验验证的概念。"操纵型性格"——正如任何人都可以从有关纳粹头目的可用资料中证实的那样——以对组织的狂热、对获得任何直接的人类经验的根本无能、某种程度上的缺乏情感以及被高估的现实主义为特征。他不惜任何代价想要实施所谓的"现实政治"（Realpolitik），即便这是一种妄想。他一刻都没想过或不希望这个世界与现在相比有何不同，他沉

---

[1] 第一版中为"物体"而非"物质"。——英译注

[2] See Adorno's interpretation of "The 'Manipulative' Type" in *The Authoritarian Personality*, by T. W. Adorno, Else Frenkel-Brunswik, Daniel J. Levinson, and R. Nevitt Sanford, in collaboration with Betty Aron, Maria Hertz Levinson, and William Morrow, *Studies in Prejudice*, ed. Max Horkheimer and Samuel H. Flowerman (New York: Harper & Brothers, 1950), 767-771. 中译本参见 [美] 西奥多·W. 阿道诺等：《权力主义人格》（下卷），李维译，杭州：浙江教育出版社 2002 年版，第 1016—1020 页。——英译注暨汉译注

迷于做事情（doing things）的欲望中，而对这样的行动的内容漠不关心。他对行动、活动和所谓的效率（efficiency）本身崇拜不已，这在活跃人士（aktive Menschen）的广告形象中得到了回应。如果我的观察没有骗我，如果一些社会学调查允许泛泛而论，那么这种类型在今天比人们想象的要更为普遍。当时仅在几个纳粹怪物身上体现的东西，今天却可以在许多人身上得到证实，例如，青少年罪犯、帮派头目等等，人们每天在报纸上都能读到有关他们的报道。如果我不得不把这种"操纵型性格"简化为一个公式——也许人们不应该这样做，但它也有助于理解——那么我将称它为**物化意识**（das verdinglichte Bewusstsein）类型。具有这种天性的人，可以说是被物同化了。然后，在可能的情况下，他们再把他人同化于物。这在"办妥"（fertigmachen）这一说法中得到了非常准确的表达，它在青少年流氓世界和纳粹世界中同样流行。这个表达在双重意义上把人定义成了已完成或准备好的物。在马克斯·霍克海默看来，酷刑是人们对集体的一种被操纵的、在某种程度上被加速的适应活动。[1] 这在时代精神（Geist der Zeit）中有所体现，尽管它与精神关系不大。我只是引用上次战争前保罗·瓦莱里（Paul Valéry）的话，他说，不人道将有一个美好的未来。[2] 与之作对尤其困难，因为那些操纵别人的人实际上是没有能

---

[1]　See part 3 of "Egoism and the Freedom Movement: On the Anthropology of the Bourgeois Era," (1936) in Max Horkheimer, *Between Philosophy and Social Science: Selected Early Writings*, trans. G. Frederick Hunter, Matthew S. Kramer, and John Torpey (Cambridge, Mass.: MIT Press, 1993). ——英译注

[2]　Original reflections on "L'inhumaine" in Paul Valéry, "Rhumbs" in *Œuvres II*, ed. Jean Hytier (Paris: Gallimard 1960), 620-621. ——英译注

Cf. Adorno's review of recent German translations of Valéry, "Valérys Abweichungen" in *Noten zur Literatur*, GS 11:158-202, esp. 177-178, where he cites the passage as translated by Bernhard Böschenstein (*Windstriche* [Frankfurt: Insel Verlag, 1959]; reprinted in Paul Valéry, *Werke*, vol. 5, *Zur Theorie der Dichtkunst und vermischte Gedanken*, ed. Jürgen Schmidt-Radefeldt [Frankfurt: Insel Verlag 1991]). The English version of Adorno's essay ("Valéry's Deviations," in *Notes to Literature*, trans. Shierry Weber Nicholsen [New York: Columbia University Press, 1991] 1:137-173, here p. 153) quotes Valéry from the *Collected Works of Paul Valéry*, ed. Jackson Matthews, Bollingen Series 45, here vol. 14, *Analects*, trans. Stuart Gilbert ([Prineton, N. J.: Princeton University Press, 1970], 190)："常识的反抗是人在非人道面前的本能退缩；因为常识只考察人道，考察人类的祖先和标准；考察人类的力量和相互关系。但是他的研究和他所拥有的能力却使他远离了人类。人类将尽其所能地生存下去——也许一个美好的未来在等待着不人道（perhaps there's a fine future in store for inhumanity）。"（译文有更正）——英译注

力真正体验的，正是由于这个原因，他们表现出一种反应上的木僵状态（Unansprechbarkeit），这让他们与某些精神疾病或精神病性格（即精神分裂症）联系在一起。

在我看来，为了防止奥斯维辛重演，必须首先弄清楚操纵型性格产生的条件，然后通过改变这些条件，尽可能地防止它出现。我想提出一个具体的建议：用所有可用的科学方法，特别是长期的精神分析，去研究奥斯维辛的罪犯，以便在可能的情况下发现这样一种人是如何走到这一步的。这些人也仍然能够做一些与他们自己的人格结构相矛盾的好事，通过做贡献来避免类似的事情再次发生。只有当他们愿意通过合作来研究他们自己的起源时，才能做到这一点。当然，要诱使他们开口是很困难的；绝不能使用与他们自己的方法有关的任何东西去了解他们是如何成为现在这个样子的。然而，与此同时，在他们这个集体中——确切地说，他们觉得在一起时自己都是老纳粹——他们感到很安全，以至于几乎没有人表现出丝毫的负罪感。但推测起来，即便在他们身上，至少在许多人身上，也可能存在有助于改变这种态度的心理敏感点，比如他们的自恋，直白地说，就是他们的虚荣心。假如他们能够放开谈论自己，他们可能会觉得自己很重要，就像艾希曼一样，他显然录满了整个磁带库。最后，我们可以假定，如果挖掘得足够深，即使在这些人身上我们也会发现今天经常处于解体状态的旧的良心权威（Gewissensinstanz）的痕迹。一旦我们了解了使他们成为现在这个样子的内外条件——如果我能假设这些条件实际上可以被提出的话——那么就有可能形成实际的结果，这样恐怖事件就不会再发生了。这种尝试是否有一定的帮助，在实施之前是无法知道的；对此我不想高估。我们必须记住，个体不能被这些条件自动解释。在相似的条件下，有些人以一种方式发展，而另一些人则完全不同。尽管如此，这样的努力也是值得的。仅仅提出这样的问题就已包含了启蒙的潜力。因为这种灾难性的思想状态（无论是有意识还是无意识）包含着一种错误的观念：一个人自己独特的存在方式——他就是这样而不是那样——是自然的，是不可改变的给定，而不是历史演变的产物。我提到过"物化意识"这一概念。这种意识最重要的是无视所有历史的过去，无视对自身条件的一切洞察，并把偶然存在的东西假定为绝对。假如这种强制机制（Zwangsmechanismus）一旦破裂，那么我想，肯定是会有所收获的。

此外，联系到"物化意识"，人们也应该密切观察人与技术的关系，当然不只是在小群体内。顺便说一句，这里的这种关系就像在与之相关的竞技体育中一样模棱两可。一方面，每个时代都会形成一些相应的人格——其类型根据他们的精神能量分布而变化——这是社会需要的。一个技术占据如此关键地位的世界在今天产生了与技术相适应的技术人才。这有其充分的理由：在他们自己的狭隘领域，他们不太可能被愚弄，这也会影响到整体局势。另一方面，在当今与技术的关系中，存在着某种夸大的、非理性的、致病的东西。这与"技术的面纱"有关。人们倾向于认为技术是事物本身，是它本身的目的，是它自身的本质力量，他们忘记了技术是人类延伸的臂膀。手段——技术是人类这一物种自我保护手段的缩影——被盲目崇拜，因为目的——人类富有尊严的生活——被隐藏起来，并被从人们的意识中移除出去。[1] 只要你们能像我刚才那样一般性地阐述这一点，它就能提供深刻的见解。但这样的假设仍然太过抽象。对于技术的迷恋是如何在特定人群的个人心理中建立起来的，这一点根本不清楚，而在技术的理性关系与对技术的高估之间，也就是与最终导致一个人巧妙地设计了一个火车系统、把受害者尽可能快速而顺利地带

---

[1] "技术的面纱"（der technologische Schleier / veil of technology）正如阿多诺和霍克海默最初设想的那样，是"技术作为一个整体，连同其背后的资本，对每一个个体事物行使的过度权力"，因此，由大规模生产制造和由大规模广告操纵的商品世界，与现实本身等同起来："通过忠实复制其施展的法术，现实成为它自己的意识形态。科技的面纱和积极的神话是这么编织起来的。如果现实成为一个形象，亦即特殊性相当于整体就像一辆福特汽车相当于所有相同范围的其他汽车一样，那么从另一方面看，这个形象也就变成了直接的现实。"（"The Schema of Mass Culture" [1942], trans. Nicholas Walker, now in Adorno, *The Culture Industry: Selected Essays on Mass Culture*, ed. J. M. Bernstein [London: Routledge, 1991], here p. 55. Original in *GS* 3:301.）这一概念贯穿在阿多诺著作的始终，例如，1942 年的文本《对阶级论的反思》（"Reflexionen zur Klassentheorie," *GS* 8:390）和 1968 年的文本《晚期资本主义还是工业社会》（"Spätkapitalismus oder Industriegesellschaft"）。他在后文如此界定这一概念："技术的全面扩张而造成的世界组织和世界居民之间的虚假认同等同于对生产关系的维护，而与此同时，人们在徒劳地寻找着生产关系的受益者，就像无产阶级变得看不见摸不着一样。"（*GS* 8:369）——英译注

到奥斯维辛却忘掉他们在那里发生的事情之间，它们的界限究竟在哪里也根本不清楚。相对于这种倾向于崇拜技术的人，坦率地说，我们关心的是那些无法爱的人。这并不意味着感伤滥情或道德说教，而是在描述一种与他人的力比多关系（libidinöse Beziehung）的缺失。那些人冷漠得彻底，他们在其内心深处必须否认爱的可能性，必须在爱甚至还没有展开之前就从他人那里把它收回。无论他们以何种方式保留了爱的能力，他们都必须花费在设备上。[1] 我们在伯克利的《威权主义人格》(Authoritarian Personality) 中研究过的那些带有偏见的威权性格，给我们提供了很多证据。一个测试对象——这个表达本身便已来自"物化意识"——说他自己："I like nice equipment"（我喜欢漂亮的设备）[2] 却完全不关心那是什么设备。这就意味着他的爱被物，也就是被机器之类的东西同化了。在这个问题上令人担忧的是——担忧是因为与之对抗似无任何希望——这种趋势与整个文明的趋势是并驾齐驱的。对抗它，就是在与世界精神作对；但我这样说，也只是在重复我一开始就提到的反奥斯维辛教育的最黑暗的一面。

如我所言，那些人的冷漠是以某种特殊的方式表现出来的。当然，关于一般的冷漠多说几句也不为过。如果冷漠不是人类学的基本特征，也就是说，不是我们社会中像他们那样实际存在的人的构成，如果人们不是对发生在其他人身上的任何事情都极度冷漠——除了少数与他们密切相关的人，并且如果可能，是与他们有明确利益关系的人，那么奥斯维辛就不可能存在，人们就不会对它坦然接受。目前的社会形式——毫无疑问，几个世纪以来一直如此——不是建立在亚里士多德以来意识形态所假定的感染力和吸引力上，而是建立在追求自身利益而不顾他人利

---

[1]　这里广播版的语气更强烈："如果我可以在此就这种对技术的迷恋是如何产生的提出一个怀疑，那么我想说的是，无法爱的人，即那些构成上、本质上是冷酷的人，必须自己连爱的可能性都要否定，也就是从一开始就收回对他人的爱，因为他们根本不能爱他人，同时，无论他们以何种方式保留了爱的能力，他们都必须将之应用于手段之上。"——英译注

[2]　参见阿多诺对麦克（Mack）临床访谈的定性评价，麦克是《威权主义人格》中呈现的有法西斯主义倾向的典型对象（789; cf. also pp. 55, 802）。中文译本可参见该书对麦克的个案分析。[美] 西奥多·W. 阿道诺等：《权力主义人格》（下卷），第 1041—1065 页。——英译注暨汉译注

益的基础上。[1] 这已经成为植入人们内心深处的性格。与我的观察相矛盾的是，所谓的"孤独的人群"（die einsame Menge）[2] 的群体驱动力是对这个过程的反应：一群完全冷漠的人抱团取暖，他们无法忍受自己的冷漠，却也无法对它有所改变。今天的每个人无一例外地感到"被爱得"太少太少，因为每个人都"爱得"远远不够。毫无疑问，像奥斯维辛这样的事情可能发生在或多或少文明和无辜的人中间，与他人认同的无能是这一事实最重要的心理条件。所谓"随大流"（Mitläufertum）主要是为了商业利益：先于他人利益而追求自身利益，只是为了不危及自己就谨言慎行。这是现状的一般规律。恐惧之下的沉默只是它的后果。[3] 社会单子（gesellschaftliche Monade）亦即孤立竞争者的冷漠，是作为对他人命运漠不关心的先决条件而出现的，因此也只有极少数人对此做出反应。执行酷刑的施虐者知道这一点，他们不断把它拿过来测试，而且屡试不爽。

不要误会我的意思。我不想宣扬爱。我认为宣扬它是徒劳的；没有人有权宣扬它，因为这种爱的缺失，正如我已经说过的那样，是当今存在于世的**所有**人的缺失，无一例外。宣扬爱已经在你呼吁的那些人身上预设了一个与需要改变的性格结构不同的性格结构。因为我们应该去爱的人本身就是无法爱的，因此反过来也就一点也不可爱了。基督教最伟大的冲动（与它的教义并不完全一致）之一，是要根除渗透在一切事物中的冷漠。但这种尝试失败了；这当然是因为它没有触及产生和繁殖这种冷漠的社会秩序。也许每个人都渴望的那种人与人之间的温暖从来就没有完全存在过，除了在很短的时间里，在很小的群体中，甚至在爱

---

[1] 亚里士多德说："人天生是政治动物。因此，即使在不需要彼此帮助的情况下，人们也渴望生活在一起。"在那里，"共同优势"和"作为政治正义的友谊"将城邦团结在一起（Cf. *Politics*, 1278b16-25 and *Nicomachean Ethics*, 1155a21-28 and 1160a9-14.）。——英译注

[2] David Riesman, *The Lonely Crowd: A Study of the Changing American Character* (New Haven: Yale University Press, 1950). 中译本有两个版本：1. [美] 黎士曼等：《寂寞的群众》，蔡源煌译，台北：桂冠图书股份有限公司 1984 年版；2. 大卫·理斯曼等：《孤独的人群》，王崑、朱虹译，南京：南京大学出版社 2002 年版。——英译注暨汉译注

[3] 广播版和第一版在这处继续写道："类似的行为可以在无数的汽车司机身上观察到，只要自己这边有绿灯，他们就准备开车撞人。"——英译注

好和平的野蛮人中间。饱受非议的乌托邦主义者看到了这一点。因此夏尔·傅立叶（Charles Fourier）将吸引力（Attraktion）定义为首先必须通过人道的社会秩序产生的东西；他还认识到，只有当人们的冲动不再被压抑，而是被满足和释放时，这种情况才有可能出现。[1]如果有什么东西可以帮助我们抵抗导致灾难的冷漠，那么应该是对造成冷漠的条件的洞察和对抗这些条件的尝试，最初是在个人领域。有人可能会认为，孩子被拒绝得越少，他们受到的待遇就越好，成功的机会也就越大。但这里也面临错觉的威胁。当孩子们必须离开受保护的环境时，他们对生活的残酷和艰难困顿一无所知，这样他们就真正暴露在野蛮之中。然而，最重要的是，要唤醒父母的温暖是不可能的，他们本身就是这个社会的产物，他们也就打上了它的烙印。劝说给孩子送更多温暖无异于人为地抽空温暖，从而否定了温暖。此外，在教师与学生、医生与患者、律师与客户等专业性的中介关系中，爱也无法被唤出。爱是直接的东西，本质上与中介的关系相矛盾。对爱的规劝——甚至以律令的方式，说一个人**应该**去爱——这本身就是冷漠永恒化的意识形态的一部分。它带有强迫性和压迫性，抵消了爱的能力。因此，首要的事情是让冷漠意识到它自己，以及它产生的原因。

最后，请允许我就一些使人意识到的一般主观机制的可能性说几句话，如果没有这些机制，奥斯维辛几无出现的可能。了解这些机制是必要的，就像了解阻止这种意识的刻板防御机制也是必要的一样。[2]无论是谁，今天还在说奥斯维辛没有发生或不是那么糟糕，都已经是在为已经发生的事情做辩护了，而且毫无疑问，假如它再次发生，这种人将准备观望或参与其中。正如心理学所清楚知道的那样，即使理性启蒙不能直接消除无意识机制，但至少在前意识阶段它会强化某些反冲动，并有助

---

[1] Charles Fourier, *Le nouveau monde industriel et sociétaire; ou, Invention du procédé d'industrie attrayante et naturelle distribuée en séries passionnées* (1829). English: Charles Fourier, *The Passions of the Human Soul, and their Influence on Society and Civilization*, trans. Hugh Doherty (London: Hippolythe Baillière, 1855). ——英译注

[2] 广播版的表达是这样的："首先，有必要了解导致这一现象的主客观机制，以及了解防止对抗这种意识的刻板防御机制。" ——英译注

于形成一种不利于极端行为的氛围。如果整个文化意识真的被奥斯维辛形成的那些倾向的致病特征的预感所渗透，那么也许人们会更好地控制这些倾向。[1]

此外，还有必要认识到奥斯维辛爆发出来的东西有可能转移。明天就可能出现在一个犹太人以外的群体，比如那些在第三帝国时期确实幸免于难的老年人，或者是知识分子，或者只是一些异常群体（abweichende Gruppen）。正如我所指出的，最能推动这种复兴氛围的是民族主义的死灰复燃。它之所以如此邪恶，是因为在国际交流和超民族集团（übernationale Blöcke）的时代，民族主义已经无法真正相信自己，它必须把自己夸大到极致，以便说服自己和他人它仍然是重要的。

尽管如此，也必须展示出抵抗的具体可能性。例如，人们应该调查安乐死谋杀案（Euthanasiemorde）的历史，在德国，幸亏该计划遇到阻力，它才没有像国家社会党人计划的那样全面实施。当时的抵抗仅限于相关群体：这恰恰是普遍冷漠的一个特别明显、极为常见的症状。然而，鉴于迫害原则所包含的贪得无厌，站在其他一切之上的冷漠也是狭隘的。事实上，任何不直接属于迫害团体的人都有可能突遭不测；因此，一种极端的利己主义的利益可以被唤醒。——最后，必须调查迫害的特定历史客观状况。在一个民族主义已经过时的时代，所谓的民族复兴运动（nationale Erneuerungsbewegungen）显然特别容易受到施虐行为的影响。

所有的政治课程（politischer Unterricht）最终都应该以奥斯维辛再也不会发生为中心。只有当它公开致力于解决这个最重要的问题而不担心冒犯任何威权时，这件事情才有可能落实。要做到这一点，教育必须把自己转变为社会学，也就是说，它必须教授社会力量之间博弈的游戏，这种游戏在政治形式的表面背后发挥着作用。像"国家理性"（die Staatsraison）这种体面的概念——这里仅仅提供一个批判模型——必须予以批判性讨论；把国家的权利置于其成员的权利之上，恐怖可能已在潜滋暗长。

---

[1]　第一版："那么人们也许就不会那么肆无忌惮地宣泄这些特征了。"广播版："当人们不再觉得无数人都在类似地等待暴行的发生而是知道它们已变形走样，并且整个文化意识都渗透着这些特征致病的暗示时，人们也许就不会那么肆无忌惮地宣泄这些特征了。"——英译注

　　瓦尔特·本雅明移居巴黎时有一次问我——当时我还偶尔会回一趟德国——那里是否真的有足够多的施刑者来执行纳粹的命令。有，非常多！尽管如此，这个问题还是有其深刻的合法性。本雅明意识到，与那些官僚主义的幕后凶手 (Schreibtischmörder) 和意识形态家 (Ideologe) 相反，**做**这些事的人违背了他们自己的切身利益，他们在谋杀别人的同时也在谋杀自己。我担心，即使是如此精心设计的教育措施也很难阻止幕后凶手的重新成长。但是有些人在下面这样做，他们确实像仆人一样，用这种方式来延续自己的奴役状态并让自己堕落，还有更多的博格们 (Bogers) 和卡杜克们 (Kaduks)：[1] 然而，针对这种情况，教育和启蒙还是可以解决一点问题的。

2008 年 11 月上旬选译

2022 年 8 月下旬补译

2023 年 6 月上旬校译

---

　　[1]　博格指威廉·博格 (Wilhelm Boger)，其相关信息见本书第 88 页注 [4]。卡杜克指奥斯瓦尔德·卡杜克 (Oswald Kaduk, 1906–1991)，是党卫军成员，奥斯维辛集中营中被称为 Rapportführer 的指挥官，主要负责营地点名、对党卫军初级人员的培训等。——汉译注

# 弗洛伊德理论与法西斯主义宣传模式[1]

　　在过去的十年间，美国法西斯主义煽动者的演讲和小册子的性质与内容已被社会科学家深入研究。其中的一些研究是沿着内容分析（content analysis）的路线进行的，最终在洛文塔尔（L. lowenthal）和古特曼（N. Guterman）[2]所著的《骗人的先知》（*Prophets of Deceit*）一书中有全面介绍。所获得的总体印象可通过两个主要特征描述出来。首先，除了一些稀奇古怪和完全消极的建议（把外国人关进集中营或把犹太复国主义者驱逐出境），这个国家的法西斯主义宣传材料对具体而实在的政治问题几无涉及。所有煽动者的绝大多数言论都是对人不对事（ad hominem）的。它们显然是基于心理学上的算计，而不是通过对理性目标的理性陈述来赢得追随者。"暴民煽动者"（rabble rouser）一词虽然因其本身对大众的蔑视而令人反感，但它却恰当地表达了这样一种氛围，即由我们这些"未来希特勒们"故意提倡的非理性情绪的攻击性所营造出的氛围。如果说把人称为"暴民"显得很无礼，那么煽动者的目的恰恰是要把这些人变

　　[1]　《弗洛伊德理论与法西斯主义宣传模式》（"Freudian Theory and the Pattern of Fascist Propaganda"）写于 1951 年，是阿多诺直接用英语写就的为数不多的几篇文章之一，后收入《阿多诺文集·社会学论文集》（*Gesammelte Schriften: Soziologische Schriften I*, Bd. 8, Frankfurt am Main: Suhrkamp Verlag, 1974, S. 408-433）。该文进入阿多诺的《文化工业》（*The Culture Industry: Selected Essays on Mass Culture*, ed. J. M. Bernstein, London and New York: Routledge, 1991, pp. 132-157）一书后，个别表述与原文略有不同，估计是编者所为。拙译根据《阿多诺文集》中的原文并参考《文化工业》一书中编定本译出。本文的第一个注释写道："此文是作者与马克斯·霍克海默持续合作的组成部分。"——汉译注暨原注

　　[2]　(1949) New York: Harper Brothers. Cf. also: Leo Lowenthal and Norbert Guterman, (1949) "Portrait of the American Agitator", *Public Opinion Quarterly*, (Fall), pp. 417ff. ——原注

成"暴民"，也就是说，这群人没有任何合理的政治目的，一心从事暴力行动，并制造大屠杀的气氛。这些煽动者的普遍目的是有条不紊地煽动起自古斯塔夫·勒庞（Gustave le Bon）的名著《群众心理学》（*Psychologie des Foules*, 1895）[1] 以来通常为人熟知的那种"群众心理"。

其次，煽动者的方法确实是有系统的，并遵循着严格设定的明确"手段"（devices）的模式。这不仅适合政治目的的最终统一：通过群众支持下的对民主原则的反对来废除民主，而且更适合宣传本身的呈现和内容的内在性质。不同的煽动者，从考夫林（Coughlin）和杰拉尔德·史密斯（Gerald Smith）这种被大肆宣传的大人物到地方上三流的仇恨分子，他们的言论是如此相似，以至于只要大体上分析其中一人的言论就足以了解他们所有人。[2] 此外，演讲本身很是单调，一旦你熟悉了数量非常有限的常用把戏，你就会遇到无穷无尽的重复。事实上，不断重复和思想贫乏是整个技术不可或缺的组成部分。

虽然这种模式的机械刻板是明显的，而且它本身也表达了法西斯主义思维的某些心理面向，但人们也不禁感到，这种法西斯品牌的宣传材料形成了一个具有总的共同概念的结构单元，无论是有意还是无意，它都决定了所说的每一个词。这个结构单元似乎既指隐含的政治概念，又指心理本质。到目前为止，只是每个手段的各自为政和某种程度上的孤立性质得到了科学关注，种种手段的心理内涵得到了强调与阐述。既然

---

[1]　该书的中译本名为《乌合之众：大众心理研究》，冯克利译，北京：中央编译出版社 2000 年版。——汉译注

[2]　这需要一些限定条件。那些在大规模的经济支持下进行或对或错的投机，试图保持一种体面的姿态，并在着手做迫害犹太人这笔生意之前否认自己是反犹分子的人，与那些想要为所欲为，或至少让人相信他们可以为所欲为，并沉溺于最暴力和最淫秽语言之中的公开的纳粹分子，这两者之间还是有一定区别的。此外，人们或许也该区分以下两种煽动者：一种是扮演老派的、普通的、基督教保守主义的角色，他们因敌视"失业救济金"（dole）而很容易被认出来；另一种是追新逐异很摩登，主要吸引年轻人，有时还假装是革命者。然而，这种差异不应被高估。他们演讲的基本结构以及使用的手段都是相同的，尽管他们精心地在弦外之音上培育了种种差异。人们必须面对的是劳动分工，而不是真正的分歧。值得注意的是，国家社会党精明地保持着类似的差异性，但这些差异性从来没有产生任何结果，也没有导致该党内部任何严重的政治思想冲突。认为 1934 年 6 月 30 日的受害者是革命者的说法纯属天方夜谭。血腥清洗（blood purge）是各种非法勾当之间的较量，与社会矛盾无关。——原注

这些元素已被充分清理，现在是把注意力集中在心理系统（psychological system）本身的时候了——心理系统这个术语使人联想到偏执狂可能并非完全出于偶然——它包含并产生了这些元素。这样似乎更为合适，因为如若不然的话，精神分析对个别手段的解释将会显得有些随意和武断。一种理论参照系有必要发展出来。由于个别手段几乎不可抗拒地要求精神分析方面的解释，那么，把一种更全面、更基本的精神分析理论运用于煽动者的全部方法之中，由此组成的参照系应该更合乎逻辑推测。

这样一个参照系早已由弗洛伊德本人在《群体心理学和自我的分析》一书中有所提供，该书英文版早在 1922 便出版了，远在德国法西斯主义的危险严重化之前。[1] 如果我们说弗洛伊德在纯心理学范畴的层面已经清楚地预见到法西斯主义群众运动的兴起和本质，这并非言过其实，尽管他对这个问题的政治面向几无兴趣。如果这位精神分析学家的无意识确实感知到了患者的无意识，那么人们也可以假设他的理论直觉能够预测仍然潜伏在理性层面却又显现于更深层面上的趋势。第一次世界大战后，弗洛伊德将注意力转向了特定意义上的自恋和自我问题，也许这并非偶然之举。其中涉及的机制和本能冲突显然在当今时代扮演着越来越重要的角色，然而，根据执业分析师的证词，作为该方法模型的"经典"神经官能症，如转换性癔症（conversion hysteria），现在的发病率比弗洛伊德发展其自己学说的时期要低，当时沙可 [2] 在临床上处理癔症，而易卜生则将它作为一些戏剧的主题。弗洛伊德认为，群众心理问题与这个时代特有的新型心理痛苦（psychological affliction）密切相关。由于社会经济原因，这

---

[1] 该书于 1921 年出版，其德文书名是《群众心理学与自我分析》（*Massenpsychologie und Ichanalyze*）。英译者詹姆斯·斯特雷奇（James Strachey）正确地强调，"群体"（group）一词在这里的意思相当于勒庞的"群众"（foule）和德语的"群众／大众"（masse）。可以补充的是，在这本书中，"自我"一词并不表示弗洛伊德后来作品中所描述的对应于"本我"和"超我"的那个特定的心理机构；它只是指个人。弗洛伊德《群体心理学》中最重要的含义之一是，他不承认一种独立的、实体化的"乌合之众心理"（mentality of the crowd），而是将勒庞和麦独孤等人观察和描述的现象归纳为种种退化，它发生在所形成的群体并被这个群体搞得五迷三道的每一个个体身上。——原注

[2] 让－马丁·沙可（Jean-Martin Charcot, 1825–1893），法国神经学家，现代神经病学的奠基人，被称为神经病学之父。他于 1872 年引入催眠术治疗癔症，认为越是严重的癔症患者越容易得到深度的催眠状态。——汉译注

个时代见证了个体的衰落和紧随其后的疲软状态。虽然弗洛伊德并不关心社会的变迁，但可以说他在个体单子论的范围内展现了个体形成深刻危机的痕迹，以及无条件地屈服于强大的外部集体机构的意愿。弗洛伊德从未潜心研究过当代社会的发展，但是通过自己的工作进展，通过对其题材的选择以及指导性概念的演变，他已指出了历史的发展趋势。

弗洛伊德这本书的方法是对勒庞有关群众心智描述的动态解读，也是对一些教条概念——可以说都是些神奇的语词——的批判；这些概念被勒庞和其他前分析心理学家所使用，仿佛它们就是解释某些惊人现象的关键。在这些概念中最重要的是暗示（suggestion），顺便指出，在有关希特勒之流如何蛊惑群众的流行看法中，暗示作为一种权宜之计仍然扮演着重要角色。弗洛伊德并没有挑战勒庞对群众的著名描述的准确性，比如他们大都是没有个性的（de-individualized），非理性的，容易受到影响的，有暴力倾向的，并且完全具有一种退化的性质。他与勒庞的不同之处在于，他没有因袭对群众的蔑视，而这却是大多数老一辈心理学家需要去证明的主题（thema probandum）。他也没有从通常的描述性发现中推断出群众本身是低人一等的，而且很可能一直如此，而是本着真正的启蒙精神发问：是什么使群众成为群众？他拒绝一种社会或群体本能的简单假设，对他来说这意味着问题，而不是对问题的解决。除了他为这种拒绝给出的纯心理学原因之外，有人可能会说，即便从社会学的视角看，他也可以站稳脚跟。把现代群众的形成直接比作一种生物现象很难被视为合理有效，因为当代群众的成员至少乍一看来（prima facie）是个体，是自由竞争和个人主义社会的产物，他们习惯于把自己保持为独立的、自给自足的单位；他们不断被告诫要"坚忍不拔"（rugged），要抵抗投降。即使有人假定古老的前个体本能（pre-individual instincts）依然存在，他也不能简单地指出这是遗传，而是必须解释为什么现代人的行为模式还原到了与他们自己的理性水平和现阶段开明的技术文明明显矛盾的地步。这正是弗洛伊德想要做的。他试图找出究竟是何种心理学力量让个体变成了群众。"如果一个群体中的个体被结合成一个整体，一定有什么东西使他们走到了一起，而这种纽带可能正是表现为群体特征的那种东西。"[1] 无论如何，这一探索无异于是对法西斯主义操纵这一根本问题的阐述。对于法西斯主义煽动家来说，他们必须赢得千百万民众的支持，但他的目标却与民众理性的自我利益大相径庭，所以他只有人为地制造弗洛伊德所寻找的那种**纽带**（bond），才能把这件事情办成。如果煽动家的方法真的很务实——他们的普遍成功无疑证明了这一点——那么不妨假设，这条有待讨论的纽带正是煽动家试图合成的东西；事实上，这就是其不同手段背后的统一原则。

根据一般的精神分析理论，弗洛伊德认为将个体整合成群体的纽带具有**力比多的**（libidinal）本质。早期的心理学家偶尔会发现群众心理学的这一面向。"根据麦独孤[2]的看法，人们在群体中的情绪会被挑动起来，高涨到在其他情况下很少达到或永远无法达到的高度；对那些相关的人来说，毫无保留地屈从于自己的激情，从而融入群体之中并对个体局限性丧失意识，这将是一种令人愉快的经历。"[3] 弗洛伊德超越了这些观察，他根据快乐原则（pleasure principle）解释了群众的凝聚力，也就是说，个人从屈服于群体中获得了实际或替代的满足。顺便指出，希特勒很清楚通过屈服来形成群众的力比多来源，因为他特意把女性的被动特性赋予他的集会参与者，同时他也暗示了无意识的同性恋心理在群众心理学中的作用。[4] 弗洛伊德将力比多引入群体心理学的最重要的结果是，通常归属于群体的特征失去了虚假的原初性和不可还原性，而这些性质是由特

---

[1]　S. Freud, *Group Psychology and the Analysis of the Ego*, London, 1922, p. 7. 参考张敦福译文。［奥］西格蒙德·弗洛伊德：《群体心理学与自我的分析》，见《论文明》，徐洋等译，北京：国际文化出版公司 2000 年版，第 151 页。——原注暨汉译注

[2]　威廉·麦独孤（William McDougall, 1871—1938），英裔美籍心理学家，策动心理学的创始人。著有《社会心理学导论》《心理学大纲》《团体心理》等。——汉译注

[3]　Freud, 1922, p. 27. 参考张敦福译文。《论文明》，第 165 页。——原注暨汉译注

[4]　弗洛伊德的著作没有追踪这个阶段的问题，但附录中的一段话表明，他对这一点是很清楚的。"同样地，对妇女的爱也突破了种族、民族分离（national separation）和社会阶级制度的群体联系，从而作为文明的一个因素产生了重要的影响。似乎可以肯定，同性之爱与群体的关系更为兼容，即使它采取了不受抑制的性倾向的形式"（Freud 1922, p. 123. 参见《论文明》，第 234 页）。这一点在德国法西斯主义统治时期无疑得到了证实，在那里，公开的同性恋和被压抑的同性恋之间的界线如同公开的虐待狂和被压抑的虐待狂之间的界线一样，要远比在自由的中产阶级社会中更有流动性。——原注暨汉译注

定群体或群体本能（herd instincts）的任意构建所反映出来的。群体本能是果而非因。弗洛伊德认为，群众所特有的东西与其说是一种新品质，不如说是通常被隐藏起来的旧特性的表现。"从我们的角度来看，我们不必把新特征的出现看得那么重要。于我们而言，说群体中的个人已被置于种种条件之下，从而使他摆脱了无意识本能的压抑，这就足够了。"[1] 这不仅省掉了临时的辅助假设，而且在公正地对待一个简单的事实：湮没在群众中的人不是原始人，而是表现出了与他们**正常的**理性行为相矛盾的原始态度。然而，即使那些描述再怎么无关紧要，群众的某些特性与古老的遗传特征具有某种姻亲关系也是不容置疑的。这里应该特别提到所有群众心理学的作者都强调的从暴力情绪到暴力行为的可能捷径，这一现象在弗洛伊德关于原始文化的著作中形成了这样一种假设：原始部落中对长老的谋杀并非出于杜撰想象，而是符合史前的现实。根据动力学理论（dynamic theory），这些特征的复兴必须被理解为一种**冲突**的结果。这也有助于解释法西斯主义心理的一些表现，如果不假定各种心理力量之间存在"对立情绪"（antagonism），这些表现就很难被理解。在这里，人们必须首先想到弗洛伊德在他的《文明及其不满》中对破坏性（destructiveness）这一心理范畴的相关论述。作为对文明的一种反抗，法西斯主义不仅仅是古老心理的重现，而且是它在文明中和被文明本身再生产出来的。把法西斯主义的叛乱力量简单看作是摆脱了现有社会秩序压力的强大的本我能量，这种定义是不充分的。相反，这种叛乱部分借用了其他被迫为无意识服务的心理机构的能量。

　　既然群体成员之间的力比多纽带显然不是一种不受抑制的性本质，那么随之而来的问题便成了这样：究竟是哪种心理机制将原始的性能量转化为使群体团结一致的感情。弗洛伊德通过分析暗示和暗示性（suggestibility）这两个术语所涵盖的现象来解决这个问题。他认为暗示是隐藏了"爱之关系"的"庇护所"或"掩蔽物"。重要的是，暗示背后的"爱

---

[1]　Freud, 1922, pp. 9 and 10. 参考张敦福译文。《论文明》，第 153 页。——原注暨汉译注

之关系"是无意识的。[1] 弗洛伊德详细陈述的事实是，在诸如军队或教会这样有组织的群体中，要么没有提及成员之间的任何爱，要么只是以一种已被升华和间接的方式来表达爱，亦即以某种宗教偶像为中介，通过施爱于它而使成员团结在一起，而宗教偶像无所不包的爱则应该成为他们在同声相应中模仿的对象。值得重视的是，在当今这个法西斯主义群众被人为整合起来的社会中，几乎完全没有对爱的提及。[2] 希特勒规避了慈父这一传统角色，完全用恐吓性威权的负面角色取而代之。爱的概念被降级为抽象的**德意志概念**，提起它时，不用"狂热的"（fanatical）这种修饰语的几近于无。通过这一修饰，甚至这种爱也具有了一种敌视和攻击的意味，用以针对那些不能被它容纳的人。将原始的力比多能量保持在无意识的水平，以便以一种适合政治目的的方式转移其表现形式，这是法西斯主义领导层的基本信条之一。在群众的形成中像宗教救赎之类的客观观念所起的作用越小，对群众的操纵越是成为唯一的目的，无拘无束的爱也就越要被彻底压制，并被塑造成顺从。法西斯主义意识形态的内容中**能够**让人去爱的东西少得可怜。

法西斯主义的力比多模式和法西斯主义煽动家的全部技术都是专制的。这就是煽动家和催眠者的技术与心理机制的不谋而合之处，这种心理机制使个体经历着种种退化，并把他们简化为仅仅是群体中的一员。

> 催眠师通过他所采取的措施，唤醒了被催眠者那里一部分古老的遗传特征，这种东西也曾使他对父母百依百顺，并且在他与其父的关系中经历了个体的复活：如此一来，被唤醒的就是一个至高无上又非常危险的人格观念，对它只能采取一种被动受虐的态度，人们的意

---

[1]　"……爱之关系……也是构成群体心理本质的东西。让我们回想一下，那些权威们并没有提及这种关系。"Freud, 1922, p. 40. 参考张敦福译文.《论文明》，第 174 页。——原注暨汉译注

[2]　造成这一惊人现象的原因之一也许是法西斯煽动者在夺取政权之前必须面对的群众主要不是有组织的，而是大城市中偶然出现的乌合之众。这种混杂人群的松散的组织特性使得强调纪律性和凝聚力势在必行，其代价是牺牲那种离心离德且不加疏导的爱的冲动。煽动者的部分任务是要使平民百姓相信他们是像军队或教会一样有组织的。因此，过度组织的倾向出现了。偶像崇拜就是由这样的组织构成的；它是目的而不是手段，这种倾向在煽动者的演讲中普遍存在。——原注

志必须任其摆布。而单独与这种人相处，"直视他的脸"似乎都大逆不道，非常危险。只有以这样的方式，我们才能描绘出原始部落中个体成员与原始族长（primal father）之间的关系……因此，在暗示现象中所显示出来的群体构成方面的怪诞性和强制性，可以公正地追溯到它们起源于原始部落这一事实。群体的首领仍然是令人生畏的原始族长；该群体仍然希望被无限的暴力（unrestricted force）所统治；它对威权极端热情；用勒庞的话说，它渴望服帖帖（obedience）。原始族长就是该群体的理想，这种理想是占据自我理想（ego ideal）之位之后对自我的治理。而催眠过程则完全有理由被描述为是由两个人构成的一个群体；对于暗示，还有一个定义亦可呈现于此——一种不是基于知觉和推理而是基于性爱纽带（erotic tie）的信念。[1]

以上所论实际上界定了法西斯主义宣传的性质和内容。这种宣传属于心理学范围，因为其非理性的专制主义目标不能通过理性的信念来实现，而只能通过巧妙唤醒"主体的一部分古老的遗传特征"来达成。法西斯主义煽动集中在领袖的理念上，无论他是实际的领袖还是他仅为群体利益的代理人，因为只有领袖这一心理学形象才容易复活全能而威严的原始族长观念。这就是法西斯主义宣传**人格化**（*personalization*）原本神

---

[1] Freud, 1922, pp. 99-100. 参考张敦福译文。《论文明》，第 218—219 页。弗洛伊德群体心理学理论的这一关键论述顺便可以对法西斯主义人格最具决定性的一个观察——超我的外化（externalization of the superego）——予以解释。"自我理想"（ego ideal）一词是弗洛伊德后来称作"超我"的早期表达。它被"群体自我"（group ego）所取代，这正是发生在法西斯主义人格那里的事情。这种人格没能发展出独立自主的良知，取而代之的是对集体权威的认同。正如弗洛伊德所描述的那样，集体权威是非理性的，他律的，严格压制性的，很大程度上与个人自身的思维是格格不入的，因此，尽管其结构僵硬，却很容易替换。这一现象在纳粹的公式中得到了充分表达：凡为德国人民服务者，善莫大焉。这种模式再次出现于美国法西斯主义煽动家的演讲中，他们从不诉诸潜在拥趸自己的良知，而是不断地援引外部的、平庸的和陈腐的价值观念。这些价值观念被视为理所当然、权威有效，且未曾受到过生活经验或理性审视过程的验证。正如《威权主义人格》[*The Authoritarian Personality*, by T. W. Adorno, Else Frenkel-Brunswik, Daniel L. Levinson and R. Nevitt Sanford (Harper Brothers, New York, 1950)] 一书中详细指出的那样，怀有偏见的人通常信奉老一套的价值观，而不是自己做出道德决断，并认为"正在做的事情"是正确的。通过认同，他们也常常以牺牲自己的自我理想为代价而向群体自我屈服投降，而自我理想实际上则与外部价值观念融合在一起。——原注暨汉译注

秘莫测的根本原因，它不断大肆宣传名人和所谓的伟人，而不是讨论客观原因。一个全能而无法无天的族长形象的塑造——这种形象远在作为个体的族长之上，因而容易被放大为"群体自我"——是宣扬"一种被动受虐的态度，人们的意志必须任其摆布"的唯一途径。这种态度对法西斯拥趸提出了高要求，尤其因为他的政治行为与他作为私人个体的理性利益，以及他实际所属的群体或阶级的理性利益之间互不兼容。[1] 因此，从领袖的视角看，拥趸们重新唤醒的非理性是相当理性的：它必须是"一种不是基于知觉和推理而是基于性爱纽带的信念"。

将力比多转化为领袖与拥趸之间以及拥趸相互之间的那种纽带的机制，就是**认同**（identification）机制。弗洛伊德的书中的大部分内容就是用来分析这种机制的 [2]，我们这里不可能讨论这种非常微妙的理论区分，特别是认同和内摄（introjection）之间的区分。不过，应该指出的是，我们应该感谢已故的恩斯特·西美尔（Ernst Simmel）对法西斯主义心理学的宝贵贡献，他接受了弗洛伊德"认同的矛盾性是力比多组织口唇期的派生物"这一观念 [3]，并将其扩展为反犹主义（anti-Semitism）的分析理论。

我们只想对认同学说和法西斯宣传、法西斯心理的相关性发表一些看法。有几位作者，尤其是埃里克·霍姆伯格·埃里克森 [4] 观察到，法西

---

[1]　法西斯拥趸的受虐狂行为必然伴随着种种施虐冲动，这一事实与弗洛伊德有关矛盾心理的一般理论（该理论的最初发展关联着俄狄浦斯情结）是一致的。既然法西斯主义将个人整合为群众的做法对他们来说只是一种替代性满足，他们针对文明的挫败而产生的怨恨就仍然存在，但被疏导成与领袖的目标相一致；这种怨恨在心理上融入了对专制独裁的顺从。尽管弗洛伊德没有提出后来被称为"施虐－受虐"（sado-masochism）的问题，但他还是很清楚这一点，他接受勒庞的观点且是证明："由于一个群体对何以构成真理或谬误毫无疑问，而且对自己的巨大力量深信不疑，所以它就像对威权谦卑顺从一样对它无法容忍。它只崇尚武力，极少被恻隐之心所感化，它认为恻隐之心不过是软弱无能的一种表现。它对英雄的要求是力量，甚至是暴力。它想要被统治和受压迫，它想要对它的主人诚惶诚恐。"（Freud, 1922, p. 17.）——原注

[2]　Ibid., pp. 58 ff.——原注

[3]　Ibid., p. 61.——原注

[4]　埃里克·霍姆伯格·埃里克森（Erik Homburger Erikson, 1902–1994），德裔美籍发展心理学家与心理分析学者，曾跟随弗洛伊德的女儿安娜·弗洛伊德从事儿童精神分析工作，以其心理社会发展理论著称，亦以发明"认同危机"（identity crisis）这一术语而著名。主要著作有《童年与社会》（Childhood and Society, 1950）、《认同：青春期与危机》（Identity: Youth and Crisis, 1968）等。——汉译注

斯主义的领袖类型似乎并不像以前的国王那样是一个父亲般的人物。不过，这一观察结果与弗洛伊德有关领袖就是原始族长的理论只是表面上不一致。他对认同的讨论很可能会大大帮助我们从主观动力学的角度去理解某些实际上是因客观历史条件而形成的变化。认同是"与他人情感关系的**最早**表达，在俄狄浦斯情结的早期历史中'起着'一定作用"[1]。很可能，这种前俄狄浦斯式的认同成分有助于将全能的原始族长的领袖形象与实际的父亲形象分离开来。由于孩子对父亲的认同作为对俄狄浦斯情结的回应只是一个次生现象，所以婴幼时期的回归可能会超越这个父亲形象，并通过"情感依附"（anaclitic）过程抵达一个更古老的形象。此外，认同作为一种**吞噬**（devouring）行为，亦即使被爱对象成为自己一部分的那种原始的自恋面向，有可能为我们提供一个理解下述事实的线索：现代领袖的形象有时似乎是主体自身人格的扩大，是他自己的一个集体投射，而不是当今社会中在主体婴幼期后来的各阶段作用已经大大减弱的父亲形象。[2] 所有这些方面都需要进一步澄清。

弗洛伊德的**理想化**（idealization）理论承认自恋在法西斯主义群体形成的过程中扮演着身份认同的重要角色。"我们看到，对待对象的方式与对待我们自己的自我的方式是一样的。所以当我们坠入爱河时，大量自恋的力比多会外溢到对象身上。更为明显的是，在许多爱的选择形式中，对象充当了我们自己某些未能实现的自我理想的替代品。我们爱它是因为自我之故而渴望尽善尽美；而现在，我们想用这种迂回的方式把它作为一种满足我们自恋的手段。"[3] 法西斯主义领袖在他的拥趸中试图宣扬的正是这种对他自己的理想化，元首意识形态（Führer ideology）则助长了这种理想化。他不得不认真对付的人民一般都经历了一种典型的现代冲突：一方是高度发展的、理性的、自我保护的自我执行机构（ego

---

[1]　Freud, 1922, p. 60. ——原注

[2]　Cf. Max Horkheimer (1949) "Authoritarianism and the Family Today," in R. N. Anshen (ed.) *The Family: Its Function and Destiny*, Harper Brothers, New York. ——原注

[3]　Freud, 1922, p. 74. 参考张敦福译文。《论文明》，第 200 页。——原注暨汉译注

agency），[1] 另一方是他们自己的自我需求一直无法得到满足。这种冲突导致了强烈的自恋冲动，而只有通过将自恋的力比多部分转移到对象那里的理想化过程，这种冲动才能被吸收和满足。这一点又一次吻合了领袖形象与主体的扩大的相似之处：可以说，通过使领袖成为其典范，他完成了对自己的爱，但是却甩掉了挫败和不满的污点，那些污点损害了他自己那种经验自我（empirical self）的形象。然而，这种通过理想化、通过漫画真实和有意识的团结所形成的认同模式，是一种集体的认同模式。它的有效性体现在大量具有相似性格气质和力比多倾向的人那里。法西斯主义的**人民共同体**（community of the people）与弗洛伊德对群体的定义完全一致，即"一群人，他们用同一个对象代替了他们的自我理想，因而在他们的自我中彼此认同"[2]。反过来，可以说领袖形象从集体力量中借用了原始族长般的无所不能。

弗洛伊德对领袖形象的心理学建构得到了充分证实，因为它与法西斯主义领袖类型惊人地一致，至少就其公众形象的营造而言是这样。他的描述既适合希特勒的形象，也适合美国煽动家试图将自己打造成的理想化形象。为了获得自恋者的认同，领袖必须表现出绝对的自恋，正是从这种洞察那里弗洛伊德获取了"原始部落族长"的肖像，而这很可能就是希特勒的肖像。

> 他就是人类历史开端之时尼采寄希望于未来所出现的**超人**（Superman）。[3] 即使在今天，一个群体的成员也仍然需要一种幻觉：他们的首领平等而公正地爱着他们；但首领本人却不需要爱任何人，他可能有主子天性，绝对自恋，但又充满自信，无须依赖他人。我们知道，爱能抑制自恋，而且有可能证明，爱是如何通过这种运作方式

---

[1]　弗洛伊德这本书的英译用"faculty"（部门）对译了他的术语"Instanz"（机关）。然而，这个词并不具有德语原文的等级制含义。译成"agency"（执行机构）似乎更合适。——原注

[2]　Freud, 1922, p. 80. ——原注

[3]　尼采的超人概念与这种古老的意象没有什么共同之处，就像他对未来的憧憬与法西斯主义没有什么共同之处一样，强调这一点也许并非多余。弗洛伊德的影射显然只适用于"超人"本身，因为他在廉价的标语口号中已变得流行起来。——原注

成为文明的一个因素的。[1]

煽动者演讲的最显著特征之一是缺乏积极的纲领，缺乏他们可能"给出"的任何东西，以及威胁和否认的矛盾盛行，因此便得到了解释；领袖只有自己不去爱，才能被人爱。但是弗洛伊德意识到领袖形象的另一个面向，这一面向显然与前者相矛盾。领袖在以超人形象出现的同时还必须创造让自己以普通人形象出现的奇迹，就像希特勒伪装成金刚力士和城郊剃头匠的混合体一样。弗洛伊德通过自己的自恋理论也解释了这一点。根据他的说法：

> 个体放弃了自我理想，取而代之的是体现在领袖身上的群体理想。然而，在许多个体中，自我和自我理想之间的区分并不是那么分明，二者依然很容易重叠在一起；自我常常保持着它早期的自我满足。在这种情况下，对领袖的推选将非常方便。他只需要以一种特别显著和纯粹的形式拥有属于他个人的典型品质，只需要给人一种强悍无比、更加不受力比多约束的印象；在这种情况下，人们对一个强势首领的需要往往会在中途与他会合，并赋予他一种在其他情况下很可能无权享有的主导地位。这个群体中的其他成员（假如没有某些修正，他们的自我理想除了这种方式之外就不会在他身上体现出来）连同剩下的人一道被"暗示"，也就是说被认同这种手段弄得五迷三道了。[2]

于是，即便是法西斯主义领袖种种令人吃惊的低级症候，即便是他与蹩脚演员（ham actor）、与不合群的精神病患者的相似之处，也在弗洛伊德的理论中得到了预测。由于拥趸的一部分自恋力比多（narcissistic libido）没有被投射到领袖的形象中，而是仍然依附在拥趸的自我那里，所以超人必须仍然类似拥趸，并以"放大"的形式出现。因此，法西斯主义人格化宣传的基本手段之一就是"伟大的小人物"（great little man）这

---

[1] Freud, 1922, p. 93. 参考张敦福译文。《论文明》，第 214 页。——原注暨汉译注
[2] Ibid., p. 102. 参考张敦福译文。《论文明》，第 220—221 页。——原注暨汉译注

一概念，这个人既暗示着无所不能，又暗示着这样一种观念：他只是平民百姓中的一员，一个普通的、热血的、没有被物质或精神财富所玷污的美国人。心理学上的矛盾心理有助于创造社会奇迹。领袖形象满足了拥趸服从权威和成为权威本身的双重愿望。这符合一个非理性控制的世界，尽管经过普遍的启蒙之后它已失去了内在信念。服从独裁者的人也会觉得独裁者是多余的。他们通过假定自己就是冷酷的压迫者从而调和了这种矛盾。

所有煽动者的标准手段都是按照弗洛伊德所揭示的后来变成法西斯主义煽动的基本结构、人格化技术和伟大的小人物之观念的路数设计的。[1]这里只是随机挑选几个例子。

弗洛伊德对非理性群体中的等级因素做出了详尽解释。"很明显，一个士兵把他的上级，也就是把真正的军队领导作为他的理想，同时他也使自己认同于其同侪群体，并从他们的这种自我共同体中推衍出同志情谊（comradeship）所包含的有钱同使、友爱互助的义务。但是假如他试图以将军自居，那就变得荒唐可笑了。"[2]也就是说，假如他有意且直接这样做的话。法西斯主义者中下至最末流的煽动家，他们一直都在强调仪式化的礼仪和等级差异。等级制在高度合理化和量化的工业社会的结构中得到的保证越少，法西斯主义者纯粹出于心理技术原因而建立并严加执行的没有客观存在理由的人为等级制就越多。不过，可以补充的是，这并不是唯一的力比多之源。因此，等级制结构完全符合施虐-受虐角色的意愿。希特勒的著名公式"对上负责，对下树威"（Verantwortung

---

[1] 有关人格化的更多细节可参考弗洛伊德这本书的第44页脚注，他在那里讨论了思想和领袖个性之间的关系，以及第53页，他在那里把那些本质上非理性的、能将群体团结起来的思想定义为"副统帅"（secondary leaders）。在技术文明中，一个实际上默默无闻且八竿子打不着的人不可能立即移情到领袖那里。所发生的事情毋宁说是一种对非人性化和不掺杂个人感情的社会权力的退化的重新人格化（regressive re-personalization）。弗洛伊德清楚地预见到了这种可能性。"……一种共同趋势，一种许多人都能分享的愿望，可能……作为一种替代品。再者，这种抽象可能或多或少会完全体现在我们所说的副统帅的形象中。"——原注

[2] Freud, 1922, p. 110. ——原注

nach oben, Autorität nach unten）非常合理地解释了这种角色的矛盾心理。[1]

践踏底层的倾向在对弱小无助的少数群体的迫害中表现得如此惨烈，就像对那些局外人士的仇恨一样直言不讳。实际上，这两种倾向经常同时出现。弗洛伊德的理论阐明了受人喜爱的群内（in-group）和被人排斥的群外（out-group）之间普遍存在的严格区别。在我们的整个文化中，这种思维方式和行为方式已经被认为是不言而喻，以至于人们缘何喜欢和自己相似之物而讨厌和自己不同之物，这个问题还很少被认真地问过。在这里，正如在许多其他的例子中一样，弗洛伊德的方法的生产力在于他对普遍接受的问题提出质疑。勒庞注意到，非理性的人群会"直接走向极端"[2]。弗洛伊德扩展了这一观察，并指出内外群体的二分法具有根深蒂固的本质，它甚至影响到那些其"思想"显然排除这种反应的群体。因此，到 1921 年，他能够摆脱自由主义的幻想，即文明的进步会自动带来宽容的增加和对群外的暴力的减少。

即使在基督的王国里，那些不属于信徒团体的人，那些不爱基督的人，那些不被基督所爱的人，依然处在这种联系之外。因此，一种宗教即使自称是爱的宗教，它对那些不属于它的人也一定是冷酷的，没有爱心的。其实，从根本上讲，每一种宗教都是如此，对于自己的信众而言它是爱的宗教，而对于那些不属于它的人则残酷无情和毫不宽容，这在每一种宗教那里显得自然而然。无论亲自发现这一点有多么困难，我们都不应该因此而过于严厉地责备那些信徒：在这方面，那些对宗教不信奉不关心的人，他们的心理状况要好得多。如果说今天这种不宽容不再像前几个世纪那样表现得那么凶暴残酷，我们也很难断定人类的态度就已经温良恭俭让了。究其因，毋宁说这是宗教情感和依赖于它的力比多纽带不可否认地走向了弱化。如果另一种群体纽带取代了宗教纽带——社会主义的纽带似乎成功地做到了这

---

[1]　德国民间传说对这种品性有一个极端的象征性说法。所谓"自行车人品"（Radfahrernaturen）：上面点头哈腰，下面踢腿蹬脚。——原注

[2]　Freud, 1922, p. 16. ——原注

一点——那么，它对局外人就会出现如同"宗教战争"（the Wars of Religion）时代那样的不宽容。[1]

弗洛伊德在政治预测上的错误，亦即把"社会主义者"的德国劲敌的所作所为归咎到社会主义者身上，就像他预言法西斯主义的破坏性——消灭群外人士的驱动力——一样令人震惊。[2] 事实上，宗教的中立化所产生的结果似乎与启蒙者弗洛伊德的预期正好相反：信徒和非信徒之间的区分已被维持和具体化。然而，它本身已经成为一种自在的结构，独立于任何观念化的内容，而且由于丧失了内在信念更被顽固地维护。与此同时，爱的宗教教义那种抚慰人心的作用已渐行渐远。这就是所有的法西斯主义煽动家所使用的"山羊和绵羊"（buck and sheep）手段的本质。由于他们不承认任何关于谁被选中和谁被拒绝的精神标准，而是以一种种族之类的伪自然标准取而代之，[3] 这种标准似乎是不可避免的，因此就可以比中世纪的异端（heresy）概念更无情地加以应用。弗洛伊德成功地识别了这种手段的力比多功能。它是作为一种否定的整合力量而发挥作用的。由于肯定的力比多完全被投入原始族长（亦即领袖）的形象中，由于可用的肯定性内容少之又少，所以就必须寻找否定的内容。"可以说，领袖或领导思想也可能是否定的；对一个特定的人或机构的仇恨可能会以同样的统一方式运作，并且可能会唤起与积极依恋相同的情感联系。"[4] 毫无疑问，这种否定的整合依赖于破坏性本能，弗洛伊德在他的《群体心

---

[1] Freud, 1992, pp. 50-51. 参考张敦福译文.《论文明》，第 182—183 页。——原注暨汉译注

[2] 关于"中立的"、稀释的宗教在法西斯主义心理构成中的作用，可参见《威权主义人格》。对这一问题领域的重要精神分析贡献包含在特奥多尔·莱克（Theodor Reik）的《自己的神和别人的神》（*Der eigene und der fremde Gott*）和保罗·费登（Paul Federn）的《无父社会》（*Die vaterlose Gesellschaft*）中。——原注

[3] 可以注意的是，根据弗洛伊德的说法，种族的意识形态通过涉及群体形成的特定退化，清楚地反映了原始兄弟情谊的复兴。种族的概念与兄弟情谊有两个共同点：它被认为是"自然的"，是一种"血缘"的纽带，而且它是去性化（de-sexualized）的。在法西斯主义中，这种相似性一直是无意识的。相对而言，它很少提及兄弟情谊，通常只涉及生活在德意志帝国边界之外的德国人（"我们的苏台德兄弟"）。当然，这部分是由于回忆起纳粹所忌讳的法国大革命的博爱（fraternité）理想。——原注

[4] Freud, 1922, p. 53. ——原注

理学》中并没有明确提到这种本能，但他在《文明及其不满》中却认识到
这种本能的决定性作用。在此语境中，弗洛伊德用自恋解释了针对外部
群体的敌意：

> 在人们对不得不与之打交道的陌生人毫不掩饰的反感和厌恶
> 中，我们可以看出这是自爱或自恋的表现。这种自爱对个人的一意孤
> 行起作用，并且表现得好像任何偏离他自己的特定发展路线的事情都
> 涉及对这种路线的批评，并要求对这种路线进行改变。[1]

法西斯主义宣传带来的自恋**收益**（narcissistic *gain*）是显而易见的。
它不断地并且有时是以一种相当迂回的方式暗示，那些拥趸仅仅因为属
于群内人员就比那些被排斥在外的人更优秀、更高贵、也更纯洁。与此
同时，任何形式的批判或自我意识都被视为自恋亏损并引发愤怒。这说
明了所有法西斯主义者对他们所认为的"腐败危害之物"（zersetzend）的
粗暴反应，即揭穿了他们自己顽固维护的价值观的那些东西，并且还解
释了怀有偏见的人对任何形式的内省（introspection）都充满敌意。相应
地，将敌意集中在群外也就消除了他们对自己这个群体的不宽容，倘非
如此，个人与这个群体的关系就会形成激烈矛盾。

> 但是，当一个群体形成之后，这种不宽容便在群体中暂时或永
> 久地全部消失了。只要某个群体形态依然存在并且还在扩大，该群体
> 中每个人的言谈举止就会表现得仿佛他们早就团结一致，他们会容忍
> 别人的怪癖，让别人与自己平起平坐，而且对他们没有厌恶之感。根
> 据我们的理论主张，对自恋的这种制约只能来自一个因素，那就是个
> 人与他人的力比多联系。[2]

这就是煽动者标准的"团结把戏"（unity trick）所追求的路线。他们
强调自己与外人的不同，但在自己的群体中却淡化这种差异，倾向于抹

---

[1]　Freud, 1922, pp.55-56. 参考张敦福译文。《论文明》，第 186 页。——原注暨汉译注

[2]　Ibid., p. 56. 参考张敦福译文。《论文明》，第 187 页。——原注暨汉译注

平自身的独特品质（等级制品质除外）。"我们都在同一条船上"；没有谁应该过得更好；势利之徒、知识分子和寻欢作乐者（pleasure seeker）总要受到攻击。恶意的平均主义，所有让人蒙羞丢脸的兄弟情谊，它们形成的潜流暗礁都是法西斯主义宣传和法西斯主义本身的组成部分。希特勒那个臭名昭著的"大杂烩"（Eintopfgericht）指令就是其中的一个象征。他们越不希望改变固有的社会结构，就越是大谈特谈社会公正，这意味着"人民共同体"的任何成员都不应该沉溺于个人的享乐之中。压迫性的平均主义而不是通过废除压迫来实现真正的平等，这是法西斯主义思想不可或缺的组成部分，并且反映在煽动者"只要你知道就好"（If-you-only-knew）的手段中，它所承诺者，是对别人所享受的各种被禁止的快乐存心报复，狠揭猛批。弗洛伊德是根据个体转变为心理上的"兄弟部落"（brother horde）成员这一原理来解读这一现象的。他们的凝聚力（coherence）是针对彼此原始嫉妒的反应形态，并且被塞入对群体凝聚力的服务之中。

> 后来在社会中以集体精神（Gemeingeist）、团队精神（esprit de corps）、"群体精神"（group spirit）等形式出现的东西，并不能掩盖它是从最初的嫉妒中衍生出来的。没有人想要出人头地，人人都应当一模一样，都应当拥有相同的东西。社会公正意味着，既然我们自己否认了许多东西，那么其他人也同样不需要它们，或者是，其他人也不能提出对这些东西的要求。[1]

还可以补充的是，在煽动者的技巧那里，对兄弟情谊的矛盾心理的表达是反复出现、非常惊人的。弗洛伊德和兰克[2]曾经指出，在童话故事中，像蜜蜂和蚂蚁这样的小动物"在原始部落中是兄弟，正如在梦的符号体系中昆虫或害虫意味着兄弟姐妹一样（在轻蔑的意义上，它们被称为

---

[1]　Freud, 1922, pp.87-88. 参考张敦福译文。《论文明》，第 210 页。——原注暨汉译注

[2]　这里指奥托·兰克（Otto Rank, 1884-1939），奥地利心理学家，精神分析学派最早和最有影响的信徒之一，著有《艺术与艺术家》《英雄诞生的神话》等。弗洛伊德在书中提及了他的观点。——汉译注

小幼崽）"[1]。由于群内成员被认为是"为了同一目标而借助相似的爱成功地使自己与他人彼此认同"[2]，所以相互轻视在他们那里是不能被承认的。这样，这种轻视便通过对这些低等动物完全消极的情感贯注（cathexis）表现出来，并融合了对群外者的仇恨，然后再投射到后者身上。实际上，将群外人，也就是所有的外国人，尤其是难民和犹太人，与低等动物和害虫两相比较，这是法西斯主义煽动者最喜欢使用的手段之一。列奥·洛文塔尔对此已做过详细考察。[3]

如果我们有权假设法西斯主义的宣传刺激物与弗洛伊德《群体心理学》中阐述的机制吻合一致，我们就不得不问自己一个几乎是无法回避的问题：这帮法西斯主义煽动者既举止粗野，又文化程度不高，他们是如何获得这些机制的相关知识的？参考希特勒的《我的奋斗》（*Mein Kampf*）对美国煽动家的影响不会有太大帮助，因为希特勒对群体心理学的理论知识似乎不可能超过源自广为人知的勒庞那里的最一般观察。也不能说戈培尔就是宣传的主谋，并且他完全了解现代深度心理学（depth psychology）最先进的发现。仔细阅读他的演讲和他最近出版的日记选，会给人留下这样的印象：此人精明透顶，可以把权力政治游戏玩弄于股掌之间，但是他对他自拟的标语口号和给报纸写的社论背后的所有社会或心理问题的认识却是幼稚肤浅的。戈培尔是一位老练且"激进"的知识分子，这种思想是这位魔鬼传说的一部分，该传说关联着他的名字，并被急吼吼的新闻报道推波助澜；顺便说一句，这个传说本身就需要精神分析来做解释。戈培尔是在陈腐套路中展开思考的，他自己也完全陷入了人格化的魔咒之中。因此，为了解释这种被大肆宣传的、被视为操纵群众的心理学技巧的法西斯指令，我们还必须寻找学识以外的根源。最重要的根源似乎是已经提到过的领袖与拥趸的基本的同一性，它限定了认同的一个面向。领袖能够猜到那些容易受其宣传影响的人的心理渴

---

[1]　Freud, 1922, p. 114. ——原注

[2]　Ibid., p. 87. ——原注

[3]　Cf. *Prophets of Deceit*. ——原注

求与需要，因为他在心理上与他们相似，与他们不同的是，他能够毫无顾忌地表达他们的心中所想，而不是因为他有任何固有的优越性。领袖往往都是口唇性格类型（oral character type），有一种滔滔不绝和愚弄他人的冲动。他们对拥趸们施加的著名魔咒似乎很大程度上依赖于他们的口头表达：语言本身缺乏其理性意义，只是以一种神奇的方式发挥作用，并进一步促进那些把个人贬低为群体成员的古老退化。由于这种不受约束但主要是东拉西扯式演讲（associative speech）的特点至少是以暂时的自我失控为前提的，它很可能显示的是内心的虚弱而不是强大。法西斯主义煽动者在吹嘘自己的实力时确实常常有这种软弱的暗示紧紧相随，尤其是在乞求资助的时候——可以肯定的是，这些暗示是与实力本身的想法巧妙地结合在一起的。为了成功地满足其受众的无意识倾向，可以说煽动者只是把他自己的无意识转移到了外面。他特殊的性格综合征使他有可能做到这一点，而经验已在教他有意识地利用这种能力，理性地使用他的非理性，就像演员或某一类知道如何推销他们敏感神经（innervations and sensitivity）的记者一样。在不知道这一点的情况下，他就能按照心理学理论去说和做，这恰恰说明心理学理论是真实可靠的。他所要做的就是精明地利用他自己的心理，以使受众在心理层面产生共鸣。

另一个因素也进一步强化了煽动者手段充分适合其目的的心理学基础。正如我们所知，法西斯主义煽动如今已成一种职业，可以说是一种生计。它有足够的时间来测试各种吸引力是否有效，而通过所谓的优胜劣汰的自然选择，只有最悦耳入心的那种才最终存活了下来。它们的有效性本身就是消费者心理学的一个功能。通过一个"冻结"（freezing）的过程——这种情况也出现在现代大众文化所采用的技术中——幸存的吸引力已被标准化，类似于在商业推销中被证明是最有价值的广告口号。这种标准化反过来又符合刻板化思维，也就是说，与那些易受这种宣传影响之人的"刻板情感症"（stereopathy）和他们对无休无止、一成不变的重复的幼稚愿望相一致。后一种心理倾向是否会防止煽动者的标准手段因过度使用而变得迟钝，这很难预测。在国家社会主义德国，以前人人都时常嘲笑某些宣传用语，如"Blut und Boden"（血与土）[1] 被戏称为"Blubo"（血地），或北欧种族的概念，讽刺性动词"aufnorden"（北方化）[2] 就是由这个概念衍生出来的。然而，这些吸引力似乎并未失去其迷惑力。相反，它们本身的"假冒伪劣"（phoniness）很可能已被犬儒式和虐待狂式地当作一个指标加以享用了；这一指标表明，在第三帝国，唯独权力决定着一个人的命运，也就是说，理性的客观性（rational objectivity）并不能阻挡权力的运作。

此外，有人可能会问：为什么这里讨论的群体心理学特别适用于法西斯主义而不适用于大多数其他寻求群众支持的运动？把法西斯主义宣传与自由、进步党派的宣传做一个哪怕是最随意的比较，也会表明事实确实如此。但是，弗洛伊德和勒庞都没有正视过这种区分。他们谈及群体"本身"时，类似于形式社会学（formal sociology）所使用的概念化，没有对相关群体的政治目的进行区分。事实上，他们二人思考的都是传统的社会主义运动，而不是它们的对立面，尽管应该意识到教会和军队——弗洛伊德为论证这一理论所选择的例证——在本质上也是保守的和等级分明的。另一方面，勒庞主要关注无组织的、自发的、昙花一现的人群。只有那种远远超出心理学范围的明确的社会理论才能充分回答这里提出的问题。我们赞成以下一些建议。首先，法西斯主义的客观目的大都是非理性的，因为它们违背了他们试图接纳的许多人的物质利益，尽管希特勒政权的头几年出现了一些战前繁荣。法西斯主义固有的持续战争危险意味着毁灭，群众至少下意识地感受到了这一点。因此，无论法西斯主义在意识形态层面如何为非理性的合理化编造神话，它在谈及自己的非理性力量时都并不完全是在说假话。既然法西斯主义不可能通过理性的论据来赢得群众，那么它的宣传就必然要偏离理性思维

---

[1]　"血与土"作为德国的种族意识形态，是指一个民族的生存依靠血（民族的血统）和土地（农业生产的基础），同时也强调了农业的重要意义以及农村生活的美德及传统价值。此观点起源于19世纪末的种族主义和民族主义，是纳粹意识形态的核心组成部分。——汉译注

[2]　"aufnorden"是纳粹用语，意谓（通过所谓优生及生育措施）增加北方（雅利安）人种比率。——汉译注

(discursive thinking)，就必须以心理学为导向，就不得不调动非理性、无意识和退化的进程。那些遭受无谓挫折并因此形成一种发育不良、非理性心态的各阶层群众，其心灵构架都为这项任务提供了便利。法西斯主义宣传的秘密很可能在于它只是把人当作他们现在之所是来看待：今天标准化的大众文化（mass culture）的真正孩子，基本上被剥夺了自主性和自发性，而不是去设定一些目标，一旦实现就有可能会让心理现状和社会现状得到超越。为了达到自己的目的，法西斯主义宣传只需对现存的心理状态进行**再生产**（reproduce）；它不需要引起变化——而作为其重要特征之一的强制性重复又将与这种持续再生产的必要性合二为一。它绝对依赖于威权主义性格的整体结构及其每一个特有的特征，而威权主义本身正是现代社会种种非理性面向内在化的产物。在当时的条件下，法西斯主义宣传的非理性在本能经济（instinctual economy）的意义上具有了合理性。因为假如把现状视为理所当然和僵化之物，那么看穿它所付出的努力要比适应它、比通过认同现存事物——法西斯主义宣传的焦点——而至少获得的一些满足大许多。这也许可以解释为什么与更信任群众的运动相比，极端反动的群众运动使用"群众心理学"（psychology of the masses）的程度会更厉害。然而，毋庸置疑的是，即便是最进步的政治运动，假如其自身的理性内容在倒转为盲目的力量时被击得粉碎，它也会恶化到"群体心理学"及其操纵的水平。

所谓的法西斯主义心理很大程度上是通过操纵而产生的。理性计算的种种技术带来了被天真地认为是群众"天生"如此的非理性的东西。这一见解可能有助于我们解决法西斯主义作为一种群众现象是否可以用心理学术语来解释的问题。虽然群众中肯定存在一种容易接受法西斯主义潜在影响的趋向，但同样可以肯定的是，无意识的操纵，即弗洛伊德用遗传学术语解释的那种"暗示"，对于实现这种潜能也是不可或缺的。然而，这也证实了以下假定：法西斯主义本身**不是**一个心理学问题，任何试图从心理学角度理解其根源及其历史作用的尝试，都还停留在诸如由法西斯主义本身推进的"非理性力量"之类的意识形态水平上。尽管法西斯主义煽动者在他的演讲所针对的人群中无疑会持某些倾向，但他是作为强大的经济和政治利益的代理人才这样做的。心理学倾向实际上不会导致法西斯主义；相反，法西斯主义定义了一个心理学领域，可以被完全出于非心理学的利己主义原因而推动它的力量成功利用。当群众被法西斯主义宣传捕获的时候，发生的不是种种本能和冲动自发的原始表达，而是他们心理状态的准科学复兴——弗洛伊德在讨论有组织的群体时所描述的人为的退化。群众心理学已被他们的领导们掌握，变成了他们统治的手段。群众心理学不是通过群众运动直接表现出来的。这种现象并不完全是新生事物，而是在整个历史的反革命运动中都有所预兆。心理学远非法西斯主义的源头，它已成为叠加系统（superimposed system）中其他元素中的一个，而潜在的抵抗群众——群众自身的理性——所亟需的正是这一系统的全部东西。弗洛伊德理论的内容，即通过对领袖形象的认同来取代个人自恋，所指明的方向可以叫作压迫者对群众心理学的挪用。可以肯定的是，这一过程具有心理学维度，但它也表明了一种日益增长的趋势：废除旧有的、自由主义意义上的心理动因。这种动因被自上而下的社会机制按部就班地控制和吸收了。当领导们意识到群众心理学并将其掌握在自己手中时，它在某种意义上已不复存在。这种可能性包含在精神分析的基本结构中，因为对弗洛伊德来说，心理学的概念本质上是一个否定的概念。他以无意识的至尊至上来定义心理学的领域，并假定本我应该成为自我。把人从无意识的他律统治中解放出来，就等于废除了弗氏的"心理学"。法西斯主义通过依赖性的永世长存而不是实现潜在的自由，通过社会控制对无意识的征用而不是让主体意识到他们的无意识，在相反的意义上推进了这种废除。因为，虽然心理学总是意味着对个人的某种束缚，但它也假定了个人在某种自足和自主意义上的自由。19世纪是心理学思想的伟大时代，这并非偶然。在一个完全物化的社会中，人与人之间几乎没有直接的关系，每个人都被简化为一个社会原子（social atom），简化为一种纯粹的集体功能，而心理学过程虽仍然存在于每个人那里，但已不再体现为社会进程的决定性力量。因此，个体心理学已失去了黑格尔曾经称之为其实体（substance）的那种东西。弗洛伊德这本书的最大优点也许是，尽管他把自己局限在个体心理学领域，并明智地避免从外部引入社会学因素，但他仍然到达了心理学退位的那个转折点上。"屈服于客体"的主体，"已被它取代了自己最重要的组成部分"，主体这种心理学上的"贫困"，[1]换言之也就是弗洛伊德所谓的超我，几乎用**千里眼**（*clairvoyance*）预见了形成法西斯主义集体性的那种后心理学的、去个体化的社会原子（post-psychological de-individualized social atoms）。在这些社会原子中，群体形构的心理动力学已经超越了自身而不再只是一个现实。"假冒伪劣"这一范畴既适用于领导人，也适用于群众的认同行为以及他们所谓的狂热和歇斯底里。就像人们打心眼里不怎么相信犹太人是魔鬼一样，他们也不完全相信他们的领袖。他们并没有真正认同于他，而是装作认同的样子，表演他们的热情，并因此参与到领袖的表演之中。正是通过这种表演，他们在不断被动员起来的本能冲动和他们已抵达的启蒙的历史阶段之间取得了平衡，而这一阶段是不能任意撤销的。也许正是对他们自己这种"群体心理"的虚构性产生了怀疑，才使得法西斯主义群众如此残忍且如此难以接近。假如他们停下来略加思考，整个表演就会崩溃，他们也会陷入恐慌。弗洛伊德在一个意想不到的语境中，亦即当他讨论催眠使个体回退到原始部落和原始族长之间的关系时，发现了这种"假冒伪劣"的元素。

> 正如我们从其他反应中所知道的那样，个人身上程度不同地保存了恢复这类原始状况的倾向。有一种看法认为，不管怎么说，催眠只是一种游戏，是对某些古老印象的欺骗性更新，然而，这种看法可以被保留下来并用于提请注意下述状况：对于在催眠中因意志停滞所产生的任何过于严重的后果，都会存在着某种抵制。[2]

与此同时，这个游戏已被社会化，其后果已被证明是非常严重的。弗洛伊德通过将催眠界定为仅仅发生在两个人之间，以此将它和群体心理区分开来。然而，领导们对群众心理学的挪用，对他们使用技术的精

---

[1]　Freud, 1922, p. 76. ——原注

[2]　Ibid., p. 99. 参考张敦福译文.《论文明》，第 218 页。——原注暨汉译注

简，已使他们能够将催眠符咒集体化了。纳粹的战斗口号"觉醒吧德意志"（Germany awake）背后恰好隐藏着它的对立面。另一方面，符咒的集体化和制度化使移情（transference）变得越来越间接和不稳定，以致表演的面向、狂热认同的"假冒伪劣"和所有传统的群体心理学动力的"伪劣假冒"，都有了惊人的增长。这种增长很可能会在突然意识到符咒的不真实并最终在它的崩溃中戛然而止。社会化催眠（socialized hypnosis）在其自身内部培育出一种力量，这种力量将通过远程控制消除退化的幽灵，并最终唤醒那些尽管已不再酣睡却仍然紧闭双眼的人们。

2022 年 10 月译

2023 年 6 月校

# 所谓"顺从" [1]

　　作为"法兰克福学派"（Frankfurter Schule）的老一辈代表，我们这些人最近受到了所谓"顺从"（Resignation）的指控。据说，我们已经发展出一套社会批判理论的原理，但是却没准备从中获取实践成果。我们既未设计出行动方案，也未支持那些自认为是受到批判理论激励者们的行动。是否可以向理论思想家——他们总是相对敏感并且绝非防震仪（stoßfeste Instrumente）——提出这一要求，此问题我将避而不答。在一个以劳动分工为特征的社会中，分配给这些人的任务可能确实是有问题的；他们有可能因它而变形走样。但他们也是被它塑形的；而且他们自己无法通过纯粹的意志来废除旧我，洗心革面。我不想否认内在于理论局限之中的主观缺陷因素。反对我们的意见可大致表述如下：谁若是在当下时刻怀疑社会发生根本变革的可能性，并因此对波澜壮阔的暴力行动不参与不建议，那么谁就犯了顺从罪。他并不认为他曾经拥有的变革

---

　　[1]　此文原题《鉴于目前的情况》（"Aus gegebenem Anlaß"），是阿多诺于 1969 年 2 月 9 日在自由柏林广播电台 (Sender Freies Berlin) 发表的一篇广播讲话，文字版改题为《顺从》（"Resignation"），首次面世于《政治、科学、教育：恩斯特·舒特纪念文集》（*Politik, Wissenschaft, Erziehung: Festschrift fur Ernst Schütte*, Frankfurt: Verlag Moritz Diesterweg, 1969, S. 62-65.），后收入《阿多诺文集》。此文有两个英译本：(1) "Resignation," trans. Wes Blomster, in *Telos*, 35, Spring 1978, pp. 165-168. 后被收入伯恩斯坦 (J. M. Bernstein) 编辑的《文化工业》一书：Theodor W. Adorno, *The Culture Industry: Selected Essays on Mass Culture*, London: Routledge, 1991, pp. 177-186. (2) "Resignation," in Theodor W. Adorno, *Critical Models: Interventions and Catchwords*, trans. Henry W. Pickford, New York: Columbia University Press, 1998. pp. 289-293. 本文根据第一个英译本并参考第二个英译本译出，关键用语核对了德语原文：*Gesammelte Schriften: Kulturkritik und Gesellschaft II*, Bd. 10.2, Frankfurt am Main: Suhrkamp Verlag, 1974, S. 794-799. 除最后一个注释外，其他英译注全部来自第二个译本。——汉译注

愿景能够实现；实际上，一开始他就不想看到它能实现。在保持现状的同时，他也默许了现状的存在。

远离实践在每个人眼中都是不光彩的。谁不立即采取行动，谁不愿意弄脏自己双手，谁就是怀疑对象；人们会觉得，他对这种行动心存反感是不合法的，而且他的观点甚至已被他所享有的特权所扭曲。对那些不信任实践者的不信任，从重复着“说得已足够多”的旧口号的反对派一直延伸到广告的客观精神那里：后者宣传着积极参与的实干家的形象——它被称作模范（Leitbild），无论他是企业领袖还是运动健将。每个人都应该参与。只思考不行动的人是软骨头、胆小鬼，甚至简直就是大叛徒。这种敌视知识分子的陈词滥调深深地影响了那些反对派群体，而反过来，那些反对派又被侮辱为“知识分子”，只是他们对这一点浑然不觉。

思想活动家的回答是：需要改变的事情之一正是理论与实践的分离。他们声称，正是为了废除务实之人和务实之理想的统治，实践才显得必不可少。这种观点的问题在于它禁锢了思想。将反抗压抑的力量调转矛头，以压制性的方式去针对那些不会放弃其既定立场的坚守者——尽管他们可能不愿美化自己的存在状态，这几乎不费吹灰之力。时常被提及的理论与实践的统一已有给实践的主导性让路之势。许多观点将理论本身定义为一种压抑的形式，仿佛实践与压抑之间没有更直接的关系。对于马克思来说，这种统一的教条是由行动的内在可能性（即便它在当时还不能实现）所推动的。如今，出现的情况则恰恰相反。一个人执着于行动是因为行动是不可能的。然而，马克思本人在这方面也揭开了一个隐蔽的伤口。毫无疑问，他以如此威权的方式发表了关于费尔巴哈的第十一条提纲，因为他对此并无任何把握。在他年轻的时候，他曾要求“对现存的一切进行无情的批判”（rücksichtslose Kritik alles Bestehenden）[1]，可现在他却在嘲笑批判。但是他针对青年黑格尔派

---

[1]　阿多诺在此未作注释。这个句子出现在马克思致阿尔诺德·卢格的信（1843 年 9 月）中，其上下文是："如果我们的任务不是构想未来并使它适合于任何时候，我们便会更明确地知道，我们现在应该做些什么，我指的就是要对现存的一切进行无情的批判，所谓无情，就是说，这种批判既不怕自己所作的结论，也不怕同现有各种势力发生冲突。"《马克思恩格斯文集》第 10 卷，北京：人民出版社 2009 年版，第 7 页。——汉译注

（Junghegelianer）所开的著名玩笑，他的新造之词"批判的批判"（kritische Kritik）既是一颗哑弹，并且也只能被当作同义反复而灰飞烟灭。[1] 强迫实践优先，使马克思本人所实践的批判陷入了非理性的停顿。在俄罗斯和其他国家的正统观念中，对批判的批判的恶意嘲讽成了允许现状以如此可怕的方式打造自己的工具。实践所保留的唯一意义是增加生产资料的生产。"人们工作还不够努力"，这是唯一被容忍的批判。这表明理论从属于实践是多么容易导致对新的压抑的支持。

对一种没有立即附有行动说明的思想的压抑性不宽容（repressive Intoleranz）[2] 是建立在恐惧之上的。不受控制的思想和不允许从该思想中推断出任何东西的立场必须令人恐惧，因为人们心里清楚却不能公开承认的事实是：这种思想是正确的。18 世纪启蒙运动的思想家所非常熟悉的那种老旧的资产阶级机制故伎重演，却毫无改变：由负面状态（der negative Zustand）——这一次是由受阻的现实——造成的痛苦变成了对表达这种痛苦的人的愤怒。思想，亦即自觉的启蒙，威胁着对伪现实的祛魅，而按照哈贝马斯的表述，行动主义在这种伪现实中蠢蠢欲动。[3] 这种行动主义之所以被容忍，只是因为它被视为伪行动（Pseudo-Aktivität）。在对主观立场的设计中，伪行动与伪现实结为同盟；该行动为了自我宣传，夸夸其谈，煽风点火，从而把自己拔高为目的本身，却否认自己只不过是充当着一种替代性满足。所有披枷戴锁者都想挣脱出来，获得自

---

[1]　马克思与恩格斯第一次联手出版的作品是对布鲁诺·鲍威尔和青年黑格尔派的讽刺论战：《神圣家族，或对批判的批判所做的批判》（*Die Heilige Familie, oder Kritik der kritischen Kritik*, 1845）；其英译信息如下：*The Holy Family: A Critique of Critical Criticism*, in vol. 4 of *The Collected Works of Karl Marx and Friedrich Engels*, ed. Y. Dakhina and T. Chikileva (New York: International Publishers, 1975). 可参考。——英译注

[2]　马尔库塞曾出版过《压抑性宽容》（*Repressive Tolerance*, 1965）一书，阿多诺此处的"压抑性不宽容"或许是反用此说。——汉译注

[3]　Cf. Jürgen Habermas, "Die Scheinrevolution und ihre Kinder: Sechs Thesen über Taktik, Ziele, und Situationsanalysen der oppositionellen Jugend," （《伪革命及其产物：关于反对派青年的策略、目标及形势分析的六条论纲》）*Frankfurter Rundschau*, June 5, 1968, p. 8. In English, cf. Habermas, *Toward a Rational Society: Student Protest, Science, and Politics*, trans. Jeremy Shapiro (Boston: Beacon Press, 1971)。——英译注

由，但却对这种愿望感到沮丧。在这种境况中，人们不再思考，或是只在虚构的假设中思考。在绝对化的实践中，只有反应是可能的；职是之故，反应也是虚假的。只有思考能够提供一个逃避的出口，而且必须是这种思考：其结果不是被规定的——就像经常出现在讨论中的情况那样，谁正确或是哪种东西无法促进事业发展，已被事先确定——而是必然会退化为种种战术。当门被堵住时，思想没有中断就变得加倍重要。分析这种境况背后的原因并从这些原因中得出结论，正是思想的任务。思想的责任在于不把这种境况作为最终的境况[1]接受下来。假如存在着改变这种境况的任何机会，那只有通过不曾缩水的洞察力（ungeschmälerte Einsicht）。付诸实践并不能治愈顺从的思想，只要它为这个秘密知识——这条路根本就是不正确的道路——付出过代价。

一般而言，伪行动是试图在一个彻底被中介的、冷酷无情的社会中为直接性[2]保留一块飞地。这一进程是合理的，因为接受任何细微之变都是通向总体变革之长征的第一步。伪行动的灾难性模式是"自己动手"（Do it yourself）[3]综合征——这种行动所做的事，长期以来通过工业生产手段一直做得很好，且让不自由的个人在其自发性受阻时产生一种万事仰仗他们的自信感。在物质产品的生产中，甚至在修理许多东西时，"自己动手"（Mach es selber）的荒谬同样显而易见。然而，这并非问题的全部。随着所谓服务（Dienstleistungen）——有时按照技术标准被认为是多余之举——的减少，私人采取的措施满足了一种准理性目的（quasi rationaler Zweck）。然而，在政治上，"自己动手"的方法却并不具有完全相同的

---

[1] 原文此处的表达是"Situation als endgültig"，第一个英译本译为"situation as finite"是错误的，应为第二个英译本的"situation as final"。——汉译注

[2] 直接性（Unmittelbarkeit）即"思想的直接性"，是黑格尔的用语，指思维认识的初级阶段。他认为，在这个阶段里，人们所认识到的只是感觉中直接呈现的东西，尚未透过直接的东西深入它的背后或里面的本质，还没有把握具体概念的各个环节的内在联系和矛盾转化，因此是直接性的认识。在此阶段中，具体概念的各个规定（范畴）尚未得到区分或展开，仍是"自在的概念"，这是一种直接性的形式，即抽象的自我联系，"原始的同一性"，如质就是质，量就是量。——汉译注

[3] 阿多诺在此处直接使用了英语说法，随后才换成了德语表达。——汉译注

性质。以如此令人费解的方式面对人类的这个社会正是这些人自己。对小团体的有限行动怀有信心，使人想起被包裹在总体性之下萎缩的自发性，没有它，这个总体性就无法转变成不同的东西。被管理的世界倾向于扼杀所有的自发性，或至少将其引导为伪行动。然而，完全达到这一目的并不像被管理世界的代理人希望的那样顺利。尽管如此，自发性也不应被绝对化，正如它不能与客观境况相分离，不能像被管理的世界那样以同样方式被顶礼膜拜。否则，房间的斧头（它从未放过木匠）就会砸碎隔壁的门，防暴队就会出现在现场。[1] 政治暴力行为也可能堕落到伪行动的地步，堕落为作秀（Theater）。毫不奇怪，直接行动的理想和美化这一行动的宣传已经复兴，这紧接着以前的进步组织自愿接受整合而发生，在世界各地，那些组织都表现出它们曾经反对的那种特征。然而，这一过程并未削弱对无政府主义的批判，无政府主义的回潮就是幽灵的回归。这种回归所表现出的对理论的不耐烦无助于思想超越自身。理论落后于它所遗忘的思想。对于个人来说，通过向他认同的集体签署投降协议，生活将变得更为容易。他不需要认识到自己的软弱无力；在他自己的那个同伴圈中，少数变成了多数。正是这种行为——而不是清醒的思考——才是顺从。在自我利益和它所投降的集体之间，没有任何透明的关系占据主位。自我若想分享集体的命运，它就必须废掉自己。康德绝对律令的残余明确地在这里显山露水：你的签名必不可少。这种新的

---

[1]　参见席勒的《威廉·退尔》（1804）第三幕第一场：

谁若头脑清醒感觉灵敏，

认真四下探望，信任上帝，手脚灵巧，

就能轻易地挣脱困境和险情；

生于高山的男儿，不会被高山吓倒。

（他把手头的活儿干完，把工具放在一边）

我说，现在这扇门几年都能对付。

家里有把斧子省得去找木匠师傅。

（拿起帽子）

(*Johann Christoph Friedrich von Schiller*, Wilhelm Tell, trans. and ed. William F. Mainland [Chicago: University of Chicago Press, 1972], 64-65 [ll.1508-1513]) 中译文参见 [ 德 ] 席勒：《席勒文集·V·戏剧卷》，张玉书、章鹏高译，北京：人民文学出版社 2005 年版，第 243—244 页。——英译注暨汉译注

安全感是以牺牲自主性思考（autonomes Denken）为代价的。说在集体行动的语境中展开思考是一种进步，这种安慰被证明具有欺骗性：思考若仅仅用作行动工具，它就会像所有的工具理性一样变得迟钝木讷。目前，还没有一个更高级的社会形式具体可见：正因为如此，任何看似唾手可得的东西都是退化之物。不过，根据弗洛伊德的理论，任何退化的人都没有实现他的本能目标。客观地看，退化（Rückbildung）[1] 就是放弃，即便它认为自己是相反的，并天真地宣扬着快乐原则。[2]

相比之下，毫不妥协的批判思想家既不在自己的良心上签名画押，也不允许自己被吓得只能行动，他们实际上是没有放弃的人。此外，思考并不是对现存事物的精神再生产。只要思考没被打断，它就牢牢把握着可能性。它那种永不满足的品质，它对小恩小惠式满足的抵制，都是在拒绝顺从的愚蠢智慧。思考中的乌托邦冲动越强烈，它就越不把自己物化为乌托邦——这更是一种退化形式——从而破坏它自身的实现。开放的思考会超越自身。就其本身而言，这种思考采取了一种实践之形（Gestalt von Praxis）的立场，它比那种仅仅为了实践而服从的立场更

---

[1]　此处第一个英译本译为"reformation"（改良），是误译，应为第二个英译本的"regression"。——汉译注

[2]　弗洛伊德的"本能目标"（Triebziel / Instinctual aim）指的是性冲动倾向于释放内在生理或心理紧张的活动。在 1905 年出版的《性学三论》（*Drei Abhandlungen zur Sexualtheorie*）中，弗洛伊德根据婴儿性行为的不同阶段发展了与本能目标特定的有机来源密切相关的观点，而在后来的《冲动与冲动的命运》（*Triebe und Triebschicksale*, 1915）中，他则考虑了更多升华的案例。在这些案例中，目标可以通过对象选择、分析、自我保护本能的替代等因素的影响而得到修改。在《精神分析学引论》（*Vorlesungen zur Einführung in die Psychoanalyse*）中，弗洛伊德开始认为，当力比多回归到儿童性心理发展的早期阶段，或者如阿多诺在这里暗示的那样，回归到一种更原始、更少分化的性心理组织形式时，退化（Regression）才是有效的，弗洛伊德也经常将其称为"固着"（fixation）。

在弗洛伊德精神结构的经济模型中，"快乐原则"（Lustprinzip / pleasure principle）是一个相对恒定的概念，意指将心理活动导向获得快乐的目标并避免其走向反面的策略。由此引出几个问题，例如，保持精神能量的恒定张力（"恒常性原则"[constancy principle]）相对于"死亡驱力"（death drive），即所提供的快乐与能量完全耗散的趋势；为了保证满足，以牺牲快乐原则在幻想、梦想和愿望实现中的基本（乌托邦）角色为代价，从而在快乐原则和现实原则之间形成共谋，阿多诺显然指的是这一点。Cf. Freud, *Jenseits des Lustprinzips*（《超越快乐原则》，1920）；English: *Beyond the Pleasure Principle*, in *The Standard Edition of the Complete Psychological Works of Sigmund Freud*, trans. James Strachey (London: Hogarth Press, 1973), 18: 7-64。——英译注

加贴近真正能够带来改变的实践。在所有专门的、特殊的内容之外，思考实际上且首先是反抗力量，只有经过极大的努力才能让它疏远反抗。诚然，对思考这一概念的强调绝非安全可靠，这既不是因为现有条件，也不是因为尚未实现的目标和任何类型的组织力量。然而，任何曾经存在的思想都可以被压制，可以被遗忘，甚至可以化为乌有。但不可否认的是，它的某些东西依然幸存于世。因为思考具有一种普遍的动力。曾经被深刻思考过的东西必定在另外的地方被其他人思考。这种信心哪怕伴随着最孤独和最无能为力的思想。任何思想者在任何批评中都不会发怒[1]：思考升华了愤怒。因为思想者不需要把愤怒强加于自身，更不愿将愤怒强加于他人。思想家眼中升起的幸福就是人类的幸福。普遍的压制倾向与思想本身背道而驰。思想在则幸福存，哪怕是不幸甚嚣尘上的地方；思想在表达不幸中获得了幸福。谁拒绝让这种思想从他身上被夺走，谁就没有屈服于顺从。

2022 年 6 月 26 日译

2023 年 3 月 20 日校

---

[1] 这句话最近被《明镜周刊》（1977, 43: 214）用作一篇关于法兰克福学派与恐怖主义关系的简短文章的标题，正如最近在德意志联邦共和国所表现的那样。——英译注

# 在美国的学术经历[1]


美国方面盛情邀约，让我写写我对美国学术与美国精神生活的贡献，我已请求对这一主题稍加修改。因为贡献与否不能由我来谈——即便要谈，也只有美国人能胜此任。何况眼下我也没有谈这个问题的能力，因为我离开美国已有十四年之久，缺少恰当的视角。相反，我请求自由表达一些我能够表达的东西——系统阐述一下我在美国以及与美国有关的学术经历，以及更广泛的思想经历。由此，或许可间接推演出那些年我初在纽约后在洛杉矶工作所瞄准的方向。试着这么做，也许不会给美国公众造成太大负担；因为我代表了一种极端的情况，因其极端，也许能将一种很少有

[1]  《在美国的学术经历》（"Wissenschaftliche Erfahrungen in Amerika," 1968）先有演讲稿，后被收入《关键词：批判模型二》（*Stichworte: Kritische Modelle 2*, Frankfurt am Main: Suhrkamp, 1969, S. 113-148），最终又被收入《文化批评与社会》第二卷，并进入《阿多诺文集》（*Gesammelte Schriften: Kulturkritik und Gesellschaft II* , Bd. 10. 2, Frankfurt am Main: Suhrkamp Verlag, 1974, S. 702-738）。此文有两个英译本，题目都改成了《一个欧洲学者在美国的学术经历》（"Scientific Experiences of a European Scholar in America"）。收录此文的著作分别是：（1）*The Intellectual Migration: Europe and America, 1930-1960*, eds. Donald Fleming and Bernard Bailyn, trans. Donald Fleming, Cambridge: The Belknap Press of Harvard University Press, 1969, pp. 338-370. （2）Theodor W. Adorno, *Critical Models: Interventions and Catchwords*, trans. Henry W. Pickford, New York: Columbia University Press, 1998, pp. 215-242. 本文初译时主要根据第一个英译本并参考了第二个英译本，最后一次校对时则较多依据第二个英译本（因觉得它更忠实于原文），并核对原文。本文中的"英译注"全部来自第二个英译本，但个别注释或因涉及的广播版与后来的版本区别不大，或因注释文字已融入第一个英译本的正文之中，所以没有搬运过来。除最后两段外，本译文全部由美国的曹雅学女史于 2009 年校订，特此致谢。但再校时，译者对先前的校对也多有改动；整个英译注与正文最后两段则由赵天舒校订。注释中的 GS 为 *Gesammelte Schriften* 的缩写。——汉译注

人去阐述的东西稍加解释。我把自己看作一个彻头彻尾的欧洲人，从旅居海外的第一天到最后一日，我始终是这样认为的，从来也没有否认过。[1]对我来说，保持我个人生活的思想连续性不仅是自然而然之举，而且也是我在美国很快就充分意识到的事情。我依然记得我们初到纽约不久，一位出身于所谓富贵人家的年轻女子（像我们一样也是移民）在说明情况时给我带来的震惊。这位所谓的大家闺秀解释道："我们这座城里的人以前常常去听交响乐，现在则去无线电城（Radio City）[2]看演出。"我一点也不想像她所说的那样。即便我心有所想，也力不能及。就我的天性及个人经历而言，我并不适合思想方面的所谓"调整"（adjustment）[3]。即便我充分认识到思想个性（geistige Individualität）仅能通过调整过程与社会化过程发育成长，我也仍然认为，超越于纯粹的调整既是一种义务，同时亦可证明个性成熟。借助自我理想（Ichidealen）的认同机制[4]，人们必须让其自我从那种认同中解放出来。自主（Autonomie）与调整之间的关系很早以前就被弗洛伊德所认识，后来也为美国学界所熟悉。但是对于三十年前流亡到美国的难民来说，情况却并非如此。那时候，"调整"这个词仍然充满魔力，特别是对于那些来自欧洲的受迫害者来说，"调整"即意味着期望他们会在新的国度证明自己，而不会像以往那样固执己见。

　　我生命的头三十四年走过来的方向是"纯思辨"的方向——我是在最普通的前哲学意义上使用这个词的，尽管就我的情况而言，这跟哲学

---

[1]　这个委婉的开场白来自第一个英译本，原文与第二个英译本都比较简洁："一个美国邀请促使我写下我在美国期间的一些思想经历。以这种方式，从一个极端的角度，也许可以让那些很少被曝光的东西得到些许的揭示。我自始至终都认为自己是一个欧洲人，对此我从未有过任何否认。"——汉译注

[2]　这里指的是 Radio City Music Hall，位于纽约曼哈顿第六大道洛克菲勒中心，于 1932 年 12 月 7 日正式开张，为世界上最大的剧院之一。Radio City Music Hall 一般直译为"无线电城音乐厅"，但实际上是"综艺剧院"。其绰号为"国家剧院"（Showplace of the Nation）。——汉译注

[3]　"adjustment"（调整）是阿多诺自己对德语"Anpassung"一词的翻译，它像"conformity"（随波逐流）和"adaptation"（适应）一样，带有更强烈的语气色彩。——英译注

[4]　"自我理想"（ego ideals）和"认同"（identification，以前译作"求同作用"或"自居作用"），都是弗洛伊德使用的概念。在他那里，"自我理想"是"超我"人格结构中的次级系统，它往往与儿童心目中的道德观念相吻合。参见 [美] C. S. 霍尔：《弗洛伊德心理学入门》，陈维正译，北京：商务印书馆 1985 年版，第 23 页。——汉译注

上的努力无法分开。我认为适合于我并且具有客观必要性的是对现象予
以**解释**（deuten），而不是对事实进行确认、筛选和分类，并把它们当作
可供使用的信息。这不仅与我的哲学想法合拍，而且也与我的社会学观
念搭调。时至今日，我从来都没有对这两个学科严格区分，虽然我很清
楚无论在德国还是美国，学科专业化的必要性都是不以人的意志为转移
的。举例言之，《论音乐的社会情境》是 1932 年我在法兰克福作为编外
讲师（Privatdozent）发表于《社会研究杂志》上的一篇专题文章[1]，此
文关联着我后来在音乐社会学方面的所有研究，已具有了纯理论定位。
它建立在一种固有的、与总体性相矛盾的观念之上。这种矛盾也"显现"
于艺术之中，艺术借助它可以获得解释。对于那种其思考模式顶多提供
假定却从不提供知识的社会学，我与它是势不两立的。另一方面，前往
美国至少我希望能完全摆脱民族主义与文化傲慢：在精神史的意义上
（geisteswissenschaftlicher Kulturbegriff），我尤其意识到传统（特别是德国）
文化观念的可疑。与文化问题相关，在美国思想氛围中被认为理所当然
的启蒙精神，也对我构成了强烈吸引。而且，能从 1937 年那场迫在眉睫
的大灾难中脱身而出，我也充满了感激。我决定尽我所能，有所改进，
同时也不放弃我自己的个性。某种程度上，这两种冲动所形成的张力规
定了我如何叙述我的美国经历。

1937 年秋，我在伦敦收到了我的朋友马克斯·霍克海默（Max
Horkheimer）发来的电报，他在希特勒上台前已是法兰克福大学社会研
究所（Institut für Sozialforschung）的所长，如今他依然与位于纽约的哥
伦比亚大学继续保持着联系。电报中说，如果我愿意与一个"广播项目"
（Radioprojekt）合作，我很快就能移民到美国。短暂考虑后我回电表示同
意。实不相瞒，当时我并不知道"广播项目"是什么东西；"项目"（project）[2]

---

[1]　"Zur gesellschaftlichen Lage der Musik," *Zeitschrift für Sozialforschung* 1 (1932): 104-124, 356-78,
now in *GS* 18: 729-777. English: "On the Social Situation of Music," trans. Wes Blomster *Telos*, no. 35 (1975):
128-164. ——英译注

[2]　原文为英文单词。阿多诺在本文中多次使用英文说法，后文凡跟有英文词语、习语之
处，均为原文中直接使用，故不再一一作注。——汉译注

如今可用德语的"研究项目"（Forschungsvorhaben）对译，但我当时却对这个词的美国用法一无所知。唯一能够确定的是，假如我的朋友不是确信作为职业哲学家的我能胜此任，他就不会提出这一建议。我只能勉为其难地为它准备起来。在牛津大学三年，我曾自学英语，但也只是差强人意。经霍克海默邀请，1937 年 6 月我曾在纽约待过数周，对美国算是有了一个初步印象。1936 年，我在《社会研究杂志》发表过一篇对爵士乐进行社会学阐释的文章，此文固然十分欠缺专业的美国背景，但我至少涉及一个非常美国化的主题。基于如上原因，很可能我会迅速而集中地掌握美国生活的某些知识，特别是那里的音乐状况；这应该是不成什么问题的。

有关爵士乐的那篇文章，其理论内核基本上符合我后来所从事的社会－心理调查。很久之后我才发现，我理论中的许多方面已被温索普·萨金特那样的美国学者所证实。[1] 虽然我那篇文章与相关的音乐事实紧密相连，但根据美国的社会学观念，却依然存在未经验证的缺陷。它逗留于对听众起作用的材料领域，即"刺激物"（Stimulus）方面，却没能或不愿通过使用数据采集法进展到"篱笆的另一边"[2]，因此，我听到的反对声音不绝于耳："证据在哪里？"

后来证明，我对美国状况的无知要更严重一些。我当然知道何谓垄断资本主义和大托拉斯，却不知道理性规划（rationelle Planung）与标准化在所谓的大众媒介乃至爵士乐那里已渗透到如此程度，并且在其生产过程中已扮演着如此重要角色。实际上，我仍然把爵士乐看作一种自发表达的形式，而爵士乐也确实喜欢这样标榜自己，却没意识到被计算或被操纵出来的伪自发性（Schein-Spontaneität）问题（即二手货问题）。这一问题是我在美国的经历中逐渐明白的，后来我好歹也尽力阐述了一下。

---

[1]　阿多诺为萨金特的书*Jazz Hot and Hybrid* 写过评论，刊发于 *Zeitschrift für Sozialforschung* 9 (1941): 167-178. 可参考。温索普·萨金特（Winthrop Sargeant, 1903–1986），美国音乐批评家，著有《聆听音乐》（*Listening to Music*, 1958）、《爵士乐史》（*Jazz: A History*, 1964）等。——英译注暨汉译注

[2]　此处阿多诺直接使用英语习语"other side of the fence"，意谓从对方的角度考虑问题，这里指从听众的角度做研究。——汉译注

《论爵士乐》一文的重刊差不多是在它首次面世的三十年之后，我与它已有了很大的距离。[1] 因此，除注意到爵士乐的缺陷外，我还能感受到它所具有的各种优点。正是因为此文对美国现象的感知并非美国人那样清楚明了，而是去"间离"（verfremdete）它——就像如今人们在德国能非常流利地按照布莱希特的意思比划一番那样——去接近它，《论爵士乐》一文才指出了爵士乐的特性。[2] 鉴于爵士乐行话（Jazz-Idioms）人所共知，此特性很容易被忽略不计，却很可能就是其本质所在。在某种意义上，这种局外人视角与无偏见认识的两相结合，很可能就是我研究所有美国素材的特点所在。

当我于 1938 年 2 月从伦敦迁至纽约之后，有一半时间我在为社会研究所工作，另一半时间则为"普林斯顿广播研究项目"（Princeton Radio Research Project）效劳。后者由保罗·F. 拉扎斯菲尔德（Paul F. Lazarsfeld）主持，还有哈德利·坎垂尔（Hadley Cantril）与弗兰克·斯坦顿（Frank Stanton），以及彼时哥伦比亚广播公司的研究总监，他们也是该项目的合伙人。我自己则理应负责该项目中所谓的音乐研究。由于我隶属于社会研究所，我并没有像通常情况那样受制于眼下的竞争，也没有因外部强加的要求而具有压力。我有可能去追求自己的目标了。通过一系列活动，我试图公平对待我的双重承诺。在那一时期我为研究所撰写的理论文本中，我已形成了我想在广播项目中加以应用的一些视点和经验。[3]最初的作品既涉及《论音乐中的拜物特性与听之退化》——此文面世于1938 年的《社会研究杂志》，今天可在《不协和音》（*Dissonanzen*）这本

---

[1]    《论爵士乐》（"Über Jazz"）以笔名 Hektor Rottweiler 发表于 *Zeitschrift für Sozialforschung* 5 (1936: 235-259, now in *GS* 17, *Musikalische Schriften* 4: 74-108. English: "On Jazz," trans. Jamie Owen Daniel, *Discourse* 12, no. 1 (1989-90): 45-69。——英译注

[2]    这里暗引了布莱希特的"间离效果"（Verfremdungseffekt）：一个熟悉的物体、做法等被"陌生化"了，方法是将它从日常语境中分离出来，或者通过打破常规，使它能以折射的方式被体验。——英译注

[3]    广播版在此处接着写道："无须多言，对所谓的文化工业、意识工业、被操纵的大众文化进行研究，没有任何地方能好于美国。在那里，这种大众媒介的定向文化形式在当时已经是最先进的了。"——英译注

小书中读到；[1] 也关联着我 1937 年起笔于伦敦、论述理查德·瓦格纳
（Richard Wagner）一书的末尾部分。其中的若干章节被我们放在 1939 年
的《社会研究杂志》上，全书于 1952 年由苏尔坎普出版社出版。这本书
与那种经验的音乐社会学的（empirisch-musiksoziologisch）正统出版物区
别巨大。虽然如此，它还是属于那一时期我所从事工作的整体框架。《试
论瓦格纳》[2] 致力于社会学、美学与音乐技巧分析的结合，依此方式，一
方面通过分析瓦格纳的"社会性格"（Sozialcharakter）与其作品的功能，
阐明了音乐作品的内在结构；另一方面（这一面在我看来更为重要），内
在技巧的结果又应该被解读为社会状况的密码。不过，论拜物特性那个
文本，旨在把我从美国获得的新的音乐－社会学经验概念化，也想为实
施特定的研究勾勒出一个"参照系"（frame of reference）之类的东西。同
时，此文也是对我朋友瓦尔特·本雅明的文章《技术可复制时代的艺术作
品》（此文发表在我们的杂志上）[3] 的批判性回应。我强调了文化工业生
产中的问题框架与相关的行为反应，而在我看来，由于本雅明的努力过
于直接，这一问题域恰恰无法得到"拯救"。[4]

那时候，普林斯顿广播研究项目有一个总部，不过它既不在普林
斯顿也不在纽约，而是设在新泽西州纽瓦克一个废弃的啤酒厂里，这实
在有那么一点拓荒精神。每当经过哈得逊河下面的隧道前往那里，我就

---

[1] "Über den Fetischcharakter in der Musik und die Regression des Hörens," in *Zeitschrift für Sozialforschung* 7 (1938): 321-356. Reprinted in *Dissonanzen: Musik in der verwalteten Welt, GS* 14 (1973): 7-167. English: "On the Fetish-Character in Music and the Regression of Listening," in *The Essential Frankfurt School Reader*, ed. Andrew Arato and Eike Gerhardt (New York: Urizen Books, 1978), 270-299. Reprinted in Adorno, *The Culture Industry*, ed. J. M. Bernstein (London: Routledge, 1991), 26-52. ——英译注

[2] *Versuch über Wagner* (1952), reprinted in *GS* 13 (1971): 7-148. English: *In Search of Wagner*, trans. Rodney Livingstone (London: NLB, 1981). ——英译注

[3] Walter Benjamin, "L'oeuvre d'art à l'époque de sa reproduction mécanisée" in *Zeitschrift für Sozialforschung* 5 (1936): 40-68; English translation of a later, reworked version of the essay: "The Work of Art in the Age of Mechanical Reproduction," in *Illuminations*, ed. Hannah Arendt, trans. Harry Zohn (New York: Schocken Books, 1969), 217-252. ——英译注

[4] 阿多诺与本雅明的往来信件收在《美学与政治：布洛赫、卢卡奇、布莱希特、本雅明与阿多诺之争》（*Aesthetics and Politics: Debates between Bloch, Lukács, Brecht, Benjamin, Adorno*, ed. Ronald Taylor London: NLB, 1977; Berso, 1980）一书中，可参考。——英译注

觉得有点像在卡夫卡的那个"俄克拉荷马露天剧场"（Naturtheater von Oklahoma）。[1] 研究场所选择的大大咧咧确实让我很是惊奇，这在欧洲学界简直是不可想象的。对于那项正在进行中的研究，我的第一印象是它并不具有很多可以理解的明确特点。在拉扎斯菲尔德的建议下，我从一个个房间进进出出，与同事们攀谈，听到了"喜欢还是不喜欢研究""节目安排的成或败"等等之类的言辞，刚开始时我对这些东西几无了解。但即便如此也足以让我意识到，这项研究涉及数据采集，理当使大众媒介领域中的计划部门——无论它们是直接设在行业中还是在文化咨询委员会之类的机构里——受益。我第一次看到了我面前的"行政管理研究"（administrative research）；如今我已想不起究竟是拉扎斯菲尔德发明了这一词组，还是我自己因为对这种于我完全陌生的实用型科学感到震惊而使用了这一术语。

无论是哪种情况，拉扎斯菲尔德后来都在一篇文章中界定了这种管理研究与我们研究所所追求的批判的社会研究之间的区别，该文被收在1941 年的《哲学与社会科学研究》之中 [2]，那是我们献给"传播研究"（Kommunikationsforschung）的专刊。不用说，在普林斯顿项目的研究框架中几乎没给批判的社会研究留有空间。项目的规章来自洛克菲勒基金，它明确规定，诸种研究必须限定在美国有影响的商业广播系统之内。这意味着广播系统本身，它的社会与经济方面的预设及其文化与社会学意义上的后果，都不应该予以分析。不能说我严格遵守了这一规章，但我也丝毫没被为批判而批判的欲望所驱使。倘如此，这对一个其第一要务是使自己熟悉其文化氛围，并有责任使研究就其所位的人来说将是不合适的。其实，让我感到困扰的是一个基本的方法论问题——与"方法"一

---

[1]　参见弗朗茨·卡夫卡未完成的小说《失踪者》（Der Verschollene，写于 1912—1914 年，第一章于 1913 年以《司炉》["Der Heizer"] 为题单独出版）的结尾，马克斯·布罗德（Max Brod）于 1927 年以《美国》（Amerika）为题出版了该小说. English: America, trans. E. Muir (New York: New Directions, 1962).《美国》最后一章的题目是《俄克拉荷马露天剧场》。——英译注暨汉译注

[2]　拉扎斯菲尔德的这篇文章名为《评行政管理的传播研究与批判的传播研究》（"Remarks on Administrative and Critical Communications Research"），发表于 Studies in Philosophy and Social Science 9 (1941): 2-16。——英译注

词的美国含义相比，欧洲人对它的理解更多是认识论意义上的；而这里的"方法论"（methodology）却差不多意味着数据采集的实际技巧。我非常愿意走向著名的"篱笆的另一边"，亦即研究听众的反应；而我现在还能想起，当我为了自己的定位独自进行一系列非常随意且毫无系统的访谈时我是多么高兴，而且我还学到了那么多的东西。因为从孩提时代起，我就总是对出于冲动、毫无章法的思维心神不安。另一方面，今天我依然确信，在文化领域中被感知心理学（Wahrnehmungspsychologie）仅仅看作"刺激物"的东西，在我看来其实是属于"客观精神"方面的问题，它在质上可以被确定，在其客观内容上也可以被认知。我反对的是陈述和测量了效果，却对效果与那些"刺激物"的关系不管不顾。也就是说，对让文化工业消费者（亦即广播听众）做出反应的客观内容不予理会。正统的"社会研究"（social research）规则中不言自明的东西——通过受试者的反应进行研究时，就好像这种反应是最重要的事情，是社会学知识最终的合法来源——对我来说则完全是介导的和衍生的。或者更谨慎地说："社会研究"依然不得不决定的是，对人们的主观反应进行研究，究竟在多大程度上像受试者想象的那样是自发的和直接的；又在多大程度上不仅涉及传播方法和这个系统的暗示力量，而且关联听众所接触的材料的客观含义。而最终，这项研究还取决于广泛的社会结构甚至作为整体的社会在多大程度上发挥作用。然而，研究中我仅仅是因为用艺术的客观影响取代了统计测量上的听众反应，我便与盛行于美国科学中那种几乎不受挑战的实证主义思维习惯（positivistische Denkgewohnheiten）发生了冲突。

而且，特定的音乐问题也阻碍了我从理论反思走向经验认识（Empirie）的进程，亦即困难在于描述音乐在听众那里主观上被唤醒的东西，也就是被愉快地称作"活生生的音乐经验"[1]而我们却对此一无所知的东西。我简直不知道如何去接近这种经验。就所需要发现的复杂性而言，那个

---

[1] 原稿是"音乐经历"（Musikerlebnis），这是阿多诺在反对"音乐青年运动"（Musical Youth Movement）时抨击的概念之一。——英译注

除了别的功能，还可以在音乐播放时通过摁按钮来显示听者是否喜欢的小机器（即所谓的音乐节目分析器[1]），在我看来实在是难以胜任；尽管它提供的数据表面上具有客观性。[2] 不管怎么说，我还是决定在进入实地研究之前，深入追究一下那个也许能称作音乐"内容分析"（content analyses）的东西，而不把"音乐"和"节目音乐"相混淆。我现在还记得，当社会研究所的已故同事弗朗茨·诺伊曼（Franz Neumann）——《巨兽》[3]（Behemoth）一书的作者——问我有关音乐研究的调查问卷是否已被发放出去时，我是多么无地自容！因为那些被我视为关键的问题能否被问卷妥善解决，我还不甚了了。老实说，直到现在我也依然不清不楚。当然，这里也有我的误解（像我后来才意识到的那样），他们并没指望我去深入了解音乐与社会的关系，而只是要我提供信息而已。彻底转变自己去满足这种要求，让我内心产生了一种强烈的抵触情绪。就像霍克海默安慰我的那样，即便我想做，恐怕我也不能完成此项工作。

我更多是作为音乐家而不是社会学家走向音乐社会学这一特殊领域的，这在很大程度上也决定了我所做的一切。尽管如此，一种真正的社会学冲动也在其中发挥着作用，这种情况直到多年之后我才能做出解释。[4] 在借助音乐的主观态度去研究音乐时，我遇到了那个**中介**（Vermittlung）问题。唤醒这一关注的是如下事实：把那些明显是最初的直接反应当作社会学知识的基础是不恰当的，因为那些反应本身也是被决定的。职是之故，我们便可以指出：在社会研究主要涉及主观反应及其一般规律的所谓动机分析中，某种手段对于修正中介的表象，并通

---

[1]　广播版中阿多诺把"program analyzer"译成了"die Programmanalysiermaschine"。——英译注

[2]　广播版此处插话道："说句题外话，如果人们认为音乐社会学研究的测试对象能够读懂音乐，然后简单地标记出他们喜欢或不喜欢的段落，那么这样的机器将显得多余。但在那里，我不得不很快意识到——这对我们来说大概也一样——能完全读懂音乐的人数与整个人口相比真的少得可怜。"——英译注

[3]　Franz Neumann, *Behemoth: The Structure and Practice of National Socialism, 1933-1944*, 2d rev. ed. (New York: Oxford University Press, 1944). The book was reviewed in *Zeitschrift für Sozialforschung* 9 (1941): 526-527. ——英译注

[4]　广播版这里继续写道："如果我不在美国，我永远也无法解释清楚。"——英译注

过附加详细的、定性的个案研究去洞察主观反应的先决条件，是方便有用的。但是三十年前，经验的社会科学并未像它后来那样集中关注动机研究的技巧，除了这一事实，我过去认为并且现在也依然觉得，甚至这样一套程序——无论它有多少东西诉诸"常识"——也是很不充分的。因为它依然不可避免地停留在主观领域：种种动机不过是存在于个体意识和无意识之中的东西。单单通过动机分析，并不能确定音乐反应是否与如何被所谓的文化氛围和超越文化氛围之上的社会结构因素所决定。当然，通过主观的看法和行为，客观的社会因素也会间接地变得分明起来。进而言之，受试者本人的看法和行为也总是客观的、"既成的"东西。它们对于显示整个社会的发展趋向至关重要，不过其程度并非像那种社会学模式里出现的情况那样，把议会民主制——众意（volonté de tous）——的法则与活生生的社会现实绝对地等同起来。一般而言，客观社会因素可以解释主观反应，直到最具体的细节。从主观材料中，我们也可以反过来去辨析其客观决定因素。经验方法唯我独尊的名头能够得到支持，是因为主观反应比"全社会"（gesamtgesellschaftliche）结构更容易确定和量化，而"全社会"结构却不肯轻易就范于直接的经验方法。一个人可以从受试者那里采集的数据出发，进而研究客观的社会因素，也可以反过来操作，这两种路径似乎都有道理；只不过当社会学从这些数据的测定出发时，人们脚踏实地，感觉更稳固而已。但尽管如此，人们从个人的看法与反应出发是否确实能走到社会结构与社会本质层面，这种情况依然无从证实。甚至这些看法所统计的平均反应也像涂尔干已经认识到的那样，依然是一种主观性的缩影。[1]

那些严格的经验主义的代表人物把这种限制强加于理论的建构之上，以致阻碍了整个社会与其行为法则的重构，这并非一次巧合。不过，首要的问题是，一种科学所选择使用的参照系、范畴和技巧在涉及

---

[1] 此文初版时引用了涂尔干的如下引文："而且，不把客观反应与平均反应加以混淆的另一原因是：平均出来的个体反应仍是个体反应……'我喜欢这个'与'我们当中的一些人喜欢这个'，这两种陈述并无本质区别。"Emile Durkheim, *Sociologie et philosophie*（《社会学与哲学》），Paris, 1963, 121-122。——英译注

研究对象的内容时，并不像某种对方法与对象严格区分的哲学所假定的那样中立和无关紧要。是从一种社会理论出发而把所谓的可靠观察数据阐释为纯粹的理论副产品，还是有选择地把数据看作科学的根本，把社会理论看作是对数据加以整理后而形成的纯粹抽象物——无论是哪种做法，都会对社会观念构成深远的实质性影响。与任何具体的偏见或"判断"（Werturteil）相比，选择什么样的"参照系"（Bezugssystems）更能够决定一个人是把抽象社会（Abstraktum Gesellschaft）当作最根本的、控制一切具体事物的现实，还是鉴于其抽象性，在唯名论（Nominalismus）的传统上只不过将其看作声息。[1] 这种选择延伸到了包括政治在内的所有社会判断中。动机分析走不了多远，它顶多能研究一下选择出来的几种因素对主观反应所产生的影响。而在文化工业的整体语境中，这些因素不过是多多少少偶然脱离于总体性（Totalität）的东西；而那个总体性，不但从外部操控着民众，而且长期以来已被内化到民众之中了。

对于"传播研究"来说，这背后还隐藏着更为严重的问题。尤其是在美国，大众媒介社会学必须予以关注的现象，与标准化、艺术创造向消费品的转化、精心计算出来的伪个性化以及诸如此类在德国哲学中被称为"物化"（Verdinglichung）的种种表现是不能分开的。与此状况相匹配的是一个物化了的、大体上可操纵的、已经不会产生自发经验的意识。只用一个实际经历而不必借助任何详细的哲学解释，我就能以最简单的方式例证我所意谓的东西。在普林斯顿项目频繁更换的同事中，有位年轻女士与我有过接触。几天之后她已对我比较信任，便以一种非常迷人的方式问道："阿多诺博士，问一个私人问题您介意吗？"我说："这要看是什么问题，不过您尽管往下说。"于是她继续道："请告诉我，您性格外向还是内向？"[2] 这就好像她这个活生生的人，已经根据问卷调查上那

---

[1]　声息（flatus vocis），即有名无实之物。中世纪法国经院哲学家、贡比涅的罗瑟林（Roscelin de Compiègne, 1050—1125）曾认为，个别或殊相才具有真实性，一般或共相只是"声息"，是有名无实的存在。——汉译注

[2]　此处所有的对话都直接用英语写出。——英译注

些所谓的"自助餐式问题"[1]模式展开思考，她已被这种模式控制了。她能使自己适应到这种僵硬的、预设好的分门别类中，就像人们在德国时常观察到的那样。例如，在征婚广告中，人们用出生星座来描述自己的特征——女方射手座，男方白羊座。物化意识（verdinglichtes Bewußtsein）当然绝不仅限于美国，而是社会的普遍趋向所培育和提倡的。但我只是在美国才第一次意识到它的存在。与经济–技术的发展趋势相协调的当代欧洲也正紧随其后。在此过程中，这种情结早已渗透到美国人的普遍意识中。1938 年前后，若是有人胆敢使用"物化"这一概念，必会遭遇强力抵制；而时至今日，过度使用已让它变得破烂不堪了。

来自方法论怪圈（methodologischer Zirkel）的威胁尤其让我心神不安：一个人要是根据经验社会学的流行标准去抓住文化层面的物化现象，他将不得不采用物化的方法，而这些方法就如同那台机器（节目分析器）一样充满威胁地在我眼前晃动。当我被要求去"测量文化"（Kultur zu messen）时，我意识到文化有可能恰恰处在这样一种状态：它把那种能够对文化测量的思路排除在外了。一般而言，我对不分场合地应用"科学即测量"[2]的原则十分抵触，但那时候，这种做法甚至在社会科学界也几乎不被批评。定量研究法被赋予约定俗成的优先权，而充其量，理论和个别的定性研究只应该是其补充，这种情况恰恰意味着我们不得不解决这个悖论。把我的思考转换成研究用语就相当于化圆为方。[3]若去断定这在多大程度上跟我个人的观察误差相关，我当然并非合适人选，但其中的种种困境无疑也是客观存在的。它们在社会学科学概念的异质性（Inhomogenität）中拥有了这种基础。在批判理论与自然科学的实验步

---

[1] "自助餐式问题"（Cafeteria-Fragen）是调查问卷中多选题式问题的一种特殊形式，答案一般由数个完整的句子构成。回答者通过选择某些答案，能表明对某一问题的态度或看法。——汉译注

[2] "科学即测量"（science is measurement）是意大利科学家伽利略（Galileo Galilei, 1564–1642）提出的一个著名说法。——汉译注

[3] "化圆为方"（Quadratur des Zirkels / squaring the circle）是古希腊三大几何难题之一。此题的假定是：利用尺规作图，求作一个正方形，使它的面积等于已知圆的面积。而如果不去掉"尺规作图"这一限制，此题将永无解决的方案。——汉译注

骤之间并不存在一个连续统一体。它们的历史起源完全不同，只有竭尽全力才能把它们整合到一起。多年以后返回德国，我曾探讨过这种异质性，在数篇有关方法论的文章中反驳塔尔科特·帕森斯[1]的观点，其中一篇是《社会学与经验研究》（"Soziologie und empirische Forschung"）。此文现已收入霍克海默与我合编的《社会学（第 2 辑）》（*Sociologica II*）中，该著是社会研究所编辑的《法兰克福社会学文库》（*Frankfurter Beiträge zur Soziologie*）系列中的一本。

三十年前，我在这种问题上的怀疑与日俱增，于是我让自己沉浸在美国音乐生活（尤其是广播系统）的观察之中，并形成了与它相关的种种理论和假定；但我却无法设计出能够直抵事物核心的调查问卷与访谈计划。当然，我的努力多少也有些孤立。同事们并不熟悉我所关心的那些事情，这样他们就不是跟我合作，而是对我疑虑重重。非常有趣的是，所谓的文秘人员立刻被我的想法所吸引。我依然记得露丝·柯亨（Rose Kohn）与尤妮丝·库珀（Eunice Cooper），她们不仅抄写并改正了本人很多手稿的错讹之处，而且还给我打气加油——我对她们感激不尽。但是学问级别愈高，局面也就变得愈加不快。比如，我曾有过一个助手，其祖先很早以前来自德国，是门诺派教徒的后人；他本应是来帮助我的，尤其是要在轻音乐研究中助我一臂之力。他曾是一位爵士乐音乐家，我从他那里学到了大量的爵士乐技巧，还了解了美国的"热门歌曲"（song hits）现象。但他不但没有帮我把我的问题构想转换成研究策略——不管多么有限，反而写了一份类似抗议的备忘录。在那里，他情绪激烈地将自己看待世界的科学观与我那些毫无根据的空想（这是他对我那些思想的看法）加以对照。他根本没有把握住我的思想要点，而其怨恨则是显而易见的：我恰好带来的那种文化，尽管因为我的社会批判态度而并未让我感到真的值得自负，但在他看来却是毫无道理的傲慢。他不信任欧洲人，如同 18 世纪的布尔乔亚不信任法国的流亡贵族。虽然我没有任何影响力，与社会特权也毫无关系，但在他的眼里，我却成了某种篡位者。[1]

我丝毫没有掩饰自己在这一项目中的心理困境，尤其没有掩饰一个已有其既定目标者的灵活性缺失，也许我能以一些回忆为例，以此说明这些困境并非完全出于我自身的限制。一位同事在其自身领域干得很好（这与音乐社会学毫无关系），他早已获得要职并受人敬重。他请我就一项爵士乐调查做一些预测：这种轻音乐形式在哪里更流行？城市还是乡村？是谁对它更喜欢？年轻人还是年长者？经常去教堂的人还是"不可知论者"（Agnostikern）？等等。我用简单的"常识"回答了这些问题，就像一个毫无成见、没被科学吓住的人那样，因为这些问题完全在我研究的爵士乐社会学的范围之内。我的预言谈不上深刻，却得到了证实。其效果令人惊奇。我的那位年轻的同事并没有把此结果归因于我的简单推理，而是归因于一种神奇的直觉。于是我在他那里有了威信，但我不过是知道爵士乐粉丝多半在大城市而不在乡村而已，实在是不配获得这种威信的。他所完成的学术训练很显然对他起了这样的作用，即任何思考若还没有被严格观察和记录的事实所固定，就应该加以排除。的确，我后来碰到的一种观点认为，如果在进行经验研究之前形成太多假定性的想法，那么一个人就有可能屈从于"偏见"（bias），而这些偏见又可能会危及研究结果的客观性。我的这位非常友善的同事宁愿把我当成一名巫医，也不愿意容纳跟"推想"（Spekulation）这一禁忌搭界的东西。这类禁忌有扩散到其初始领域之外的趋向。对未经证实的东西持怀疑态度很容易转换成对思考的否定。另一个同样能干且已功成名就的学者把我对轻音乐的分析看作"专家意见"（expert opinion）。他是从听众反应而不是从实际事物本身（即音乐）的分析进入这些问题的，他想把作为纯粹的刺激物的音乐排除在分析的范围之外，在他看来，音乐只不过是投射而已。这种论点我遇到过许多次。在美国，游离于人文学科这一特殊领域之外去理解精神方面的客观性观念，显然是件很困难的事情。人们把

---

[1] 关于阿多诺困境的其他观点，参见 David E. Morrison, "Kultur und Culture: The Case of Theodor W. Adorno and Paul F. Lazarsfeld," *Social Research* 45 (1978): 331-355。——英译注

精神无条件地等同于承载它的主体，对其独立性与自主性则毫无认知。最为重要的一点是，系统的学术研究（die organisierte Wissenschaft）几乎认识不到根据创作者的心理状态去理解艺术作品是多么无足轻重。我曾见过这种情况中的一个例子，极端可笑。为了一组广播听众，我被分配了一项任务——天知道为什么——分析他们在音乐中将要听到的结构成分。考虑到要从熟悉的东西着手同时也要符合大众的兴趣，我选择了构成舒伯特 B 小调交响曲（h-moll-Symphonie）第一乐章第二主题的著名旋律，以此例证链式交叠的主题特性为什么有其特殊效果。参与这次聚会的人中有一位年轻男子，因其穿着过于花哨，此前我已注意到他。他举手之后粗鲁地说道：我所谈论的东西都很好，也令人信服。但我要是戴个舒伯特的面具，穿上舒伯特的装束，就好像作曲家本人在发布有关其创作意图的信息，展开了那些构思，这样一定会更有效果。这种经验中呈现出的东西，马克斯·韦伯（Max Weber）差不多五十年前就在其科层制（Bürokratie）理论的绪论中诊断出来了，而这种东西在 1930 年代的美国已得到了充分发展——技术专家与欧洲意义上的"知识分子""有教养的人"（der gebildete Mensch）之间的对立。知识分子与专家的区分是否仍然存在，他们在多大程度上存在着这种区分，后者这些年来是否变得更趋于自我反省，这些问题本身就值得做社会学分析。

当乔治·辛普森（George Simpson）博士被指定与我一道工作时，我在普林斯顿广播研究项目上才得到了第一个真正的帮助。我很高兴能有这个机会在德国向他公开致谢。辛普森在理论方面见多识广，作为土生土长的美国人，他熟悉那些在美国所遵循的社会学标准；作为涂尔干《社会分工论》[1] 一书的译者，他也熟悉欧洲的传统。我多次观察到，本地的美国人思想更开明；与欧洲移民相比，他们的最突出之处是更乐于助人。而欧洲移民在偏见与竞争的压力下，常常比美国人还美国化，他们也动辄把每一个新来的欧洲伙伴看作一种威胁，危及他们自己的"调

---

[1]  Emile Durkheim, *The Division of Labor in Society*, trans. George Simpson (Glencoe, Ill.: Free Press, 1933). ——英译注

整"。辛普森在职务上是"编辑助理"（editorial assistant），事实上，他做的工作远不止这个：其初步尝试是把我的特殊努力与美国方法整合到一起。这一合作是以一种令我意外且很有启发的方式完成的。就像"一朝被蛇咬，十年怕井绳"[1]一样，我已养成一种过分的谨慎。我简直不敢用美式英语毫不掩饰、淋漓尽致地表达自己的想法，以使它们恰如其分。但是现在看来，这种谨慎并不适合像我这种远离试错法（trial and error）的哲学。而辛普森不仅鼓励我写作时尽可能畅所欲言，毫不妥协，他还使出了浑身解数促使其成功。

从 1938 年至 1940 年，即在普林斯顿广播研究项目中进行音乐研究期间，我通过与辛普森合作，完成了四篇较长的研究。没有他的帮助，这些研究也许就不会存在。第一篇名为《广播音乐的社会批判》，发表在《肯庸评论》1945 年春季号上。那是我在 1940 年向从事广播项目的同事所做的一个讲座。此文发展了我著作中的基本观点，虽然有点粗糙，但也许还算清晰明了。[2]另三篇具体的研究把这些观点运用到了数据材料中。头一篇《论流行音乐》，刊载于《哲学与社会科学研究》杂志的传播卷中，是一种流行歌曲的社会现象学；该文特别提出了标准化（Standardisierung）与伪个性化（Pseudo-Individualisierung）的理论，并呈现了可以由此推及到严肃音乐与轻音乐之间的明显区分。[3]如果我在此指出，伪个性化是后

---

[1]　此处德、英文的表达是：als gebranntes Kind, welches das Feuer scheut / Like the burnt child that dreads the fire / Like a child who once burnt shuns fire。——汉译注

[2]　"A Social Critique of Radio Music," *Kenyon Review* 7 (1945): 208-217; reprinted in *Reader in Public Opinion and Communication*, eds. Bernard Berelson and Morris Janowitz (Glencoe, Ill.: Free Press, 1950), 309-316. 此文在乔治·辛普森的协助下写于 1938—1941 年，属于普林斯顿广播研究项目的文本语料库，后者最终将以《音乐潮流：广播理论的要素》（Current of Music: Elements of a Radio Theory）为题，作为阿多诺《遗作》（*Nachlaß*）的第 3 卷出版。——英译注

[3]　"On Popular Music," with the assistance of George Simpson, *Studies in Philosophy and Social Science* 9 (1941): 17-48. Not reprinted in *GS*. 在文章中，阿多诺实际上提供了两种类型的"伪个性化"，它们都与文化工业中的标准化相关：一、产品的标准化，甚至是其可能的表面品种的标准化，这种标准化在没有个性化的地方提供了个性化的表象："因此，规范的标准化以一种纯技术的方式强化了其自身偏差的标准化——伪个性化。"（25）二、实际上差异甚微的产品之风格和品牌的标签技术，提供了消费者选择的幻觉："它为区分实际上无法区分的东西提供了辨识的商标……流行音乐变成了多项选择问卷。"（26）——英译注

来在《威权主义人格》一书中扮演着重要角色的人格化（Personalisierung）概念的最初形式，而且它的确在一般意义上的政治社会学里获得了一些重要性，也许这并非完全没有益处。[1] 第二篇是对国家广播公司"音乐欣赏时刻"（NBC "Music Appreciation Hour"）的研究，这一内容详尽的英文文本当时不幸未能发表，如今它在许多方面显然已过时落伍，无法在美国产生任何影响。承蒙拉扎斯菲尔德的善意与许可，后来我把此文中我认为重要的东西以德语插入到《被欣赏的音乐》（"Die gewürdigte Musik"）中——那是《忠实的伴奏者》（*Der Getreue Korrepetitor*）一书中的一个章节。[2] 此文涉及批评性的"内容分析"（content analysis），是要简明而严格地呈现如下问题：作为一个受到高度评价、有着广泛听众、被看作倡导音乐文化的非商业性节目，达姆罗施时刻 [3] 其实是在传播着有关音乐的虚假信息，散布着一个具有欺骗性的、不真实的音乐概念。此文找到的那个虚假的社会基础与负责这一"欣赏时刻"（Appreciation Hour）的那些人所持的观点吻合一致。最后，我完成了《广播交响乐》这一文本，并把它发表在《广播研究（1941）》卷中。[4] 此文的主旨是，严肃的交响乐一经电台转换就不再是它所呈现的东西，因此，广播工业声称把严肃音乐带给了普罗大众纯属子虚乌有。该作一经发表便立刻遭

[1] *The Authoritarian Personality* by T. W. Adorno, Else Frenkel-Brunswik, Daniel J. Levinson, and R. Nevitt Sanford, in collaboration with Betty Aron, Maria Hertz Levinson, and William Morrow, *Studies in Prejudice*, ed. Max Horkheimer and Samuel H. Flowerman, vol. 1 (New York: Harper & Brothers, 1950). Chapters 1, 7, 16, 17, 18, and 19 appear in *GS* 9.1 (1975): 143-509 under the title *Studies in the Authoritarian Personality*. ——英译注

[2] In *GS* 15: 163-187. The original English manuscript of the study has been published and introduced by Thomas Y. Levin and Michael von der Linn as Theodor W. Adorno, "Analytical Study of the NBC Music Appreciation Hour," The Musical Quarterly 78 (Summer 1994): 316-377. ——英译注

[3] "达姆罗施时刻"（Damrosch-Stunde / Damrosch Hour）即达姆罗施主持的"音乐欣赏时刻"（Music Appreciation Hour）。瓦尔特·达姆罗施（Walter Johannes Damrosch, 1862–1950）是德裔美籍作曲家和指挥家，1928—1942 年担任美国国家广播公司（NBC）音乐指挥，主持"音乐欣赏时刻"。此节目为系列广播讲座，主要针对学生谈论如何欣赏古典音乐。节目在学生在校时播出，广播公司还为教师提供了教科书等材料，以方便师生收听、学习，所以很受欢迎。——汉译注

[4] "The Radio Symphony: An Experiment in Theory," in *Radio Research 1941*, ed. Paul. F. Lazarsfeld and Frank N. Stanton (New York: Duell, Sloan, and Pearce, 1941), 110-139. ——英译注

到强烈反对，于是著名的音乐批评家 B. H. 哈金撰文批驳，并给它贴上标签：此为那些基金会最喜欢的胡说八道——这种指责当然很不准确。[1]
我也把此文的要点合并到《广播的音乐用途》中，此为《忠实的伴奏者》的最后一章。[2] 当然，其中的一个想法现已过时：我的观点是广播交响乐根本不是交响乐，此观点与音质的技术转换有关，因为当时电台仍然流行使用唱片，普遍失真；而后来的高保真立体音响技术已克服了这一缺陷。但我相信，此种状况并不会影响到我的这两种理论："原子式收听"（das atomistische Hören）和广播中呈现的是古怪的音乐"形象特征"（Bildcharakter）。这两种理论已幸存下来，超越了早期的声音失真。

与"音乐研究"（Music Study）实际上本应成就的东西相比，这项研究至少在提纲形式上是不完整的，或者用美国人的话说，这个结果只是一次"打捞行动"（salvaging action）。广播音乐的社会学与社会心理学理论应有系统阐述，从这方面的呈现情况看，我并没有取得成功。后来的德语著作《音乐社会学导论》（Einleitung in die Musiksoziologie）究竟在

---

[1]　确切的引用如下：阿多诺的废话是社会科学研究机构、基金会和期刊所追求的那种东西。我们被告知，他"与哥伦比亚大学社会研究所有联系"，"一直在'广播研究室'负责音乐研究"；他在这项研究中的影响，他的地位和权力，由其他作者对其建议、想法和著作的跪拜（genuflections）所证实：即使是麦克杜加德，在提及歌曲出版商对歌曲作者发布的指令时，也不得不说一句"参考 T. W. 阿多诺的《音乐的拜物特性与听之退化（原文如此）》[in] Zeitschrift für Sozialforschung, 7 (1938): 336."［原文中的第二次修订］而且此事不仅限于阿多诺一个例子。不过这就是之后的事了。B. H. Haggin, Music in the Nation (New York: William Sloan, 1949), 94-95.

　　哈金的全部谩骂在1942年7月25日和10月10日对赫伯特·格拉夫博士（Dr. Herbert Graf）的《歌剧及其在美国的未来》（The Opera and its Future in America）一书的尖刻评论（收在《国家音乐》一书里）中变得一览无遗，其中，作者被指责为"有一种用概念和体系来操作的德国倾向"（104），以至于"无论格拉夫博士处理什么事实，它们都会在被纳入概念的体系化（conceptual systematizations）的过程中获得错误的意义，而这些概念的体系化是在没有考虑它们与事实缺少关联的情况下发展起来的"（105）；然后哈金开始了他真正的发难："格拉夫博士的表演是典型的德国式写作。作为一个舞台导演，他是含混不清的，而《博士教授》（Professor Doktor）则是非常迂腐的；但德国式写作的惊人之处在于，它既有迂腐的事实开掘，又有与事实毫不相关的概念空转（concept-spinning），有时甚至变得极为怪诞，实际上经常是为了自己的目的去操纵事实，歪曲事实。这种写作的一个极端例子是阿多诺关于广播对交响乐影响的讨论。"（107）他在这篇专栏文章的最后写道："这种对远离我们感兴趣并影响我们的艺术现实的关注，这种对这些现实的蔑视，是我一直计划讨论的音乐学写作的典型特征。我随时会付诸行动。"（108）——英译注

[2]　"Über die musikalische Verwendung des Radios," in GS 15: 369-401. ——英译注

多大程度上满足了这一需要，不能由我来进行评判。那几篇文章不过是提供了一些研究示例，而并非那种我觉得人们所期待我拿出来的整体规划。此缺陷也许主要是来自如下事实：我向受众研究的转型并不成功。这样的转型是绝对必要的，最重要的是为了区分和修正定理。[1] 音乐内容分析中所观察到的社会意义是否为听众自己所理解，以及在多大程度上被他们理解，他们又是如何对这些影响做出反应的，这些问题还悬而未决，只能通过经验手段获得答案。把刺激物中可以体察到的社会含义与那些体现于"反应"（responses）中的社会含义想当然地当成是一回事，固然显得幼稚；而仅仅由于对听众反应还缺乏确定的研究就认为这两者完全互不相干，无疑也同样天真。事实上，正如《论流行音乐》研究中所推论的那样，如果流行音乐工业的标准与规则是在一个还没有彻底标准化、技术组织化的社会中公众偏好的沉淀物，那么我们仍然能够推断出，客观内容的社会含义并没有完全脱离它们所诉诸对象的意识与无意识——否则流行将不成其为流行。界线是在人为操纵下制定出来的。另一方面，也应该考虑到，从一开始就打算让人以娱乐形式接受的那种浮浅与表面的材料，所期待的也只能是相对浮浅与表面的反应。音乐的文化工业所折射出来的意识形态并不必然需要与受众的意识形态相等同。举一个类似的例子，包括美、英在内的许多国家，其通俗报刊常常宣传极右翼观点，但迄今为止，这些鼓吹在形塑公众意志方面并未造成任何严重后果。在经验社会学与理论社会学（theoretische Soziologie）之间的争辩中，我自己的立场往往会遭到歪曲，尤其在德国就更是如此。我的观点可大致总结为：经验研究不仅合理合法而且绝对必要，甚至在文化现象的领域也是这样。但是这种研究绝不应该独立进行，或是把它看作一把万能钥匙。重要的是，经验研究本身也必须以理论知识为归宿。理论并非只是一种工具，只是一旦搞到数据就变得碍手碍脚的东西。

也许需要指出的是，来自于普林斯顿项目中的四项音乐研究，连同

---

[1] 广播版："如今我很高兴地看到马尔堡（Marburg）已开始朝着这个方向发展。首先，区分和修正我提出的定理是很重要的。"——英译注

那篇论音乐拜物性的德语文章，还有《新音乐的哲学》中所包含的主题，直到 1948 年才全部完成。我在美国文本中已运用起来的有关音乐再生产与消费的观点，也将运用到音乐生产方面。当时完成于美国的《新音乐的哲学》涉及我后来与音乐写作有关的所有东西，包括《音乐社会学导论》。[1]

有关"音乐研究"的著述绝不仅限于在我名下呈现出来的这些东西。另外还有两项研究（其中一个是严格的经验研究），它们至少可看作是受我的著述启发而成，虽然我并没有指导它们——我当时并不是《广播研究 (1941)》编辑部成员。在《请听音乐》[2]一文中，爱德华·萨齐曼 (Edward Suchman) 考察了《广播交响乐》中论听众反应的一个论点，这是迄今为止如此考察的唯一尝试。他确立了那些熟悉现场严肃音乐者与那些仅靠广播了解严肃音乐者在音乐欣赏能力上的区别。此问题的性质关联着我自己的研究路径，因为我的著作也关注现场经验与"物化"经验（来自机械复制手段）之间的区分，其观点也许已被萨齐曼的研究所证实。有些人听过现场的严肃音乐，还有一些人只是通过专门播放音乐的纽约电台 WQXR 频道[3]去熟悉它，前者的趣味要优于后者。[4]但这种区分是否就像我的理论所阐明，或像萨齐曼的结论大致暗示的那样，真的可全部归因于音乐经验的理解模式，或者像我现在大体认为的那样，是否存在着第三种因素的进入，即一般去听音乐会的人们已属一个传统，此传统让他们比"电台迷"（Radio Fans）更熟悉严肃音乐，他们也的确比那些局限于听广播的人有一种更专门的兴趣，此类问题无疑还悬而未决。而且，通

---

[1]　*Philosophie der neuen Musik* (1949), now *GS* 12; *Philosophy of Modern Music*, trans. Anne G. Mitchell and Wesley V. Blomster (New York: Seabury Press, 1973). *Einleitung in die Musiksoziologie: Zwölf theoretische Vorlesungen* (1962), now in *GS* 14 (1973): 169-433. *Introduction to the Sociology of Music*, trans. E. B. Ashton (New York: Seabury Press, 1976). ——英译注

[2]　Edward A. Suchman, "Invitation to Music: A Study of the Creation of New Music Listeners by the Radio," in *Radio Research 1941*, ed. Paul. F. Lazarsfeld and Frank N. Stanton (New York: Duell, Sloan, and Pearce, 1941), 140-188. ——英译注

[3]　WQXR 是纽约古典音乐电台的一个频道，其全名是 WQXR - New York's Classical Music Radio Station。——汉译注

[4]　广播版继续说道："我们得到了这个结果，尽管这里使用的研究方法恰恰是从我们要研究的那种物化意识的模式中依次产生的。"——英译注

过这项可以理解为让我满意的研究，我对用物化的方法来处理意识的物化问题的疑虑也变得非常具体。使用人们所熟悉的"瑟斯顿量表"[1]技法，一组专家应该能选出有某种特性的作曲家，由此又能区分出通过现场和通过广播熟悉音乐的那些人的标准有何不同。而这些专家又大都是因为他们在音乐界的突出成就而被挑选出来的。这里所引发的问题是，这些专家本身的观念是否已打上了物化意识（这恰恰是我们研究的对象）中常规观念的烙印。在我看来，柴可夫斯基在这个量表中名列前茅，只是证明了我的这种疑虑不无道理。

刊发于《广播研究（1941）》上的《流行音乐工业》由邓肯·麦克杜加德完成，此项研究有助于演示音乐趣味的可操纵性理论。[2]此文对于认识表面上直接、实际上是经过中介的这种情况也有所贡献，因为它详细描述了当时的热门歌曲是如何"制造"（gemacht）出来的。通过"高压式"（high pressure）广告之法，或者是"大力宣传"（plugging），乐队这一广为传播热门歌曲的最重要渠道受到扶植，以便某些特定的歌曲经常被演唱，特别是在广播里经常播放。到头来，纯粹是因为不停地重复，它们才有了为大众所喜爱的机会。因此，麦克杜加德的功劳是在音乐界首次对这种机制进行了详尽的论证。但即便如此，我也并不完全同意他的观点。我的看法是，他所坚持的那些事实是属于广播技术集中化和大众媒介被少数大亨控制之前的那个较早的时期。在这项研究中，对大众趣味的操纵基本上还是那些插手过多的"经纪人"（agents）所为，要么干脆就

---

[1]　瑟斯顿量表（Thurstone Scale，又称"瑟斯顿表法"）是心理学和社会学领域测量态度的第一个正式方法，由美国心理测验学和心理物理学的先驱瑟斯顿（Louis Leon Thurstone, 1887－1955）于1928年提出。此方法首先搜集一系列有关所研究态度的陈述，然后邀请一些评判者将这些陈述按从最不赞同到最赞同方向分为若干类。经过淘汰、筛选，形成一套约20条意义明确的陈述，沿着由最不赞同到最赞同的连续统分布开来。要求参加态度测量的人在这些陈述中标注他所同意的陈述，所标注的陈述的平均量表值就是他在这一问题上的态度分数。L. L. Thurstone and E. J. Chave, *The Measurement of Attitude: A Psychophysical Method and Some Experiments with a Scale for Measuring Attitude toward the Church* (Chicago: University of Chicago Press, 1929). See also note 60 below. ——汉译注暨英译注。

[2]　Duncan MacDougald, Jr., "The Popular Music Industry," in *Radio Research 1941*, 65-109. ——英译注

是行贿受贿与腐败的结果。但事实上，客观的系统以及具有相当大程度的新技术条件早已接手了这项工作。鉴于此，今天有必要重复研究和探索流行音乐之所以流行的客观机制，而不是那些喋喋不休的家伙所搞的阴谋诡计，对于他们的那张"表"（sheet），麦克杜加德曾有丰富的描述。[1]在当前的社会现实面前，它很容易显得作风老派，因而显得相当温和。

1941 年，我在普林斯顿广播研究项目——应用社会研究所（Bureau of Applied Social Research）就是从这里发展起来的——的活动结束了，与妻子一道移居加利福尼亚，之前霍克海默已在那里落脚。后来的几年，我与他几乎完全待在洛杉矶，联手进行《启蒙辩证法》（*Dialektik der Aufklärung*）一书的写作。此书完成于 1944 年，而书后的附录则写于 1945 年。在此期间，我与美国研究界断了联系，直到 1944 年秋天才又恢复过来。当我们还在纽约时，霍克海默面对欧洲正在发生的恐怖事件，已在着手反犹主义问题的研究。与研究所的其他成员一道，我们形成并发表了一个研究项目的规划，然后不时去参考一下。此规划除别的内容外，还包括一个反犹主义类型学（Typologie von Antisemiten）。经过充分修改，这个类型学又出现在后来的研究中。正如普林斯顿广播研究项目的"音乐研究"是以我那篇用德语写就的文章——《论音乐中的拜物特性与听之退化》——为理论前提一样，《启蒙辩证法》中"反犹主义要素"（"Elemente des Antisemitismus"）那一章（我与霍克海默在这章中有最严格意义上的合作，由我们一起逐字逐句口述而成）则对我后来参与伯克利民意研究组（Berkeley Public Opinion Study Group）的研究起了决定性作用，这些

---

[1]　"这张表列出了目前流行歌曲以及每首歌在三大广播网上的电台播出次数（10 次或以上）……从下午 5 点到凌晨 1 点。每周'进入该列表'（making the sheet）是每个歌曲宣传员（song plugger）生活的主要目标，他的成功取决于他是否有能力让歌曲入表并保持它们在推荐列表中处于高位。"Duncan MacDougald, Jr., "The Popular Music Industry," in *Radio Research 1941*, 99.

广播版这里是"spiel"而不是"sheet"。早期的英译版据此翻译道："鉴于此，麦克杜加德的研究今天需要被重复进行，以探究流行音乐之所以流行的客观机制，而不是那些喋喋不休的家伙所搞的阴谋诡计——对于这号人的'油嘴滑舌'（spiel），麦克杜加德曾描述得活灵活现。在目前的社会状态下，这种油嘴滑舌因其作风老派而很容易惹人注意，所以便好像有了一种吸引力。"——英译注暨汉译注

研究在《威权主义人格》[1] 一书中找到了自己的文学表达。此处提及《启蒙辩证法》（此书还未被翻译成英语 [2]）我以为并非多余，因为这本书最能够消除《威权主义人格》从一开始就遇到的以及在某种程度上因其重点强调而引发的一个误解，即该书的作者们基于纯粹的主观臆测而试图去解释反犹主义以及更广泛意义上的法西斯主义，因而错误地认为这一政治－经济现象主要是心理学层面的东西。我在普林斯顿项目"音乐研究"的构想所指出的那些足以显示，根本就没有这样的意图。"反犹主义要素"从理论上把种族偏见放在一个客观上趋向于社会批判理论的语境之中。当然，与某种经济正统论相比，我们并没有完全排斥心理学，而是把它作为一种解释性因素，在我们的研究方案中给它一个适当位置。但是，客观因素高于心理因素而居于首位，我们则从未有过怀疑。我们坚持了一个在我看来非常可信的观点，即在当今社会，客观建制与发展趋势已获得了对个人的绝对支配，以至于人们显然越来越多地成为凌驾于他们头上的主导趋势的仆从。越来越少地依赖于他们自己特定的有意识和无意识的存在，即他们的内在生活。与此同时，对社会现象的心理学和社会心理学解释在很多方面已成为一种意识形态伪装（ideologiches Deckbild）：人们对总体性制度的依赖越大，就越是对它无能为力，因而也就越是有意无意地受到引导，误以为一切事情都能自己做主。我曾非常尖锐地说过："人就是非人化的意识形态。"[3] 因此，已被提出的与弗洛伊德理论有关的社会心理学问题，尤其是涉及深度心理学与性格学的问

---

[1]　在广播版中阿多诺把书名 *The Authoritarian Personality* 译成了 *Die autoritätsgebundene Persönlichkeit*。——英译注

[2]　Max Horkheimer and Theodor W. Adorno, *Dialectic of Enlightenment*, trans. John Cumming (New York: Seabury Press, 1972; reprint, New York: Continuum, 1989). A new translation is under way, a chapter of which has been published. Cf. "Odysseus or Myth and Enlightenment," trans. Robert Hullot-Kentor, New German Critique 56 (Spring-Summer 1992): 109-142, and his introduction, 101-108. ——英译注

[3]　此句的德、英文表达分别是 "Der Mensch ist die Ideologie der Entmenschlichung" / "Man is the ideology of dehumanization." Cf. *Jargon der Eigentlichkeit*, GS 6: 452; English: *The Jargon of Authenticity*, trans. Knut Tarnowski and Frederic Will (London: Routledge & Kegan Paul, 1973), 59. 两个中译本一者与拙译相同，一者译作"'人'是去人类化的意识形态。"参见 [德] 特奥多·阿多尔诺：《本真性的黑话：评德意志意识形态》，夏凡译，杭州：浙江大学出版社 2021 年版，第 41 页。[德] 阿多诺：《本真性的行话——论德意志意识形态》，谢永康译，上海：上海人民出版社 2021 年版，第 46 页。——汉译注

题，绝不是无足轻重可有可无的。早在为社会研究所《权威与家庭》1935
年卷写的长篇导言中，霍克海默就已谈到把社会黏合在一起的"水泥"
(Kitt)，并形成了如下论点：鉴于社会向其成员所做的承诺与其实际上给
予他们的东西之间存在着差异，除非社会对民众的心灵内部加以重塑以
使他们与社会保持一致，否则社会机器就无法运转。[1] 如果说在资产阶级
时代随着对自由劳动力需求的增加，曾经产生过符合新生产方式的人，
那么，这些可以说是由经济－社会制度产生出来的人后来又成了一种额
外因素，以确保那些塑造了他们主体形象的种种条件永世长存。我们把
社会心理学看作客观社会制度的主观中介 (subjektive Vermittlung)，没有
这样的机制，社会就无从操控主体。在这方面，我们的观点接近主观导
向的研究方法，即自上而下去矫正刻板思维，在这种思维中，对制度至
上的引证取代了制度与其构成成分之间具体关系的洞察。另一方面，具
有主观导向的分析只有在客观理论中才占有一席之地。在《威权主义人
格》中，这一点是被反复强调过的。按照时代的主导趋势，该著聚焦于主
观要素可以解释为社会心理学仿佛被用作了点金石 (Stein der Weisen)，然
而，根据弗洛伊德的一个著名表述，它不过是试图在已知的基础上添加
一些新东西而已。希望以后我能另有机会把这一点说清讲透。

霍克海默与加利福尼亚大学伯克利分校的一些研究者已有过接触，
主要有尼维特·桑福德 (Nveitt Sanford)，现已过世的艾尔丝·弗伦克尔－
布伦斯威克 [2]，还有丹尼尔·莱文森 (Daniel Levinson)。我觉得霍克海
默与他们的最初接触始于桑福德发起的一项关于悲观主义现象的研究，
该研究后来再次进行时形式上已有很大改动，涉及的研究范围也更为广
阔。其中破坏性冲动被看作威权主义人格的决定性维度之一，只不过不
再是"公开的" (overten) 悲观主义意义上，而往往恰恰是对它反应的抑

---

[1]　*Studien über Autorität und Familie*, ed. Max Horkheimer (Paris: Alcan, 1936). The "Allgemeiner Teil" was later retitled "Autorität und Familie" and anthologized. English: "Authority and the Family," in *Critical Theory: Selected Essays*, trans. Matthew J. O'Connell and others (New York: Seabury Press, 1972). ——英译注

[2]　即布伦斯威克夫人 (Else Frenkel-Brunswik, 1908–1958)，丈夫自杀后，她一直没有从那种死亡震惊中恢复过来，并日渐消沉下去。1958 年 3 月 31 日，她死于用药过量。阿多诺在后文中含蓄提到了她的英年早逝。——汉译注

制上。1945 年，霍克海默开始负责设在纽约的"美国犹太人委员会研究部"，由此得以将伯克利小组与我们研究所的学术资源"汇"（gepooled）到一起，合伙经营，这样，此后数年，我们能就共同感兴趣的理论问题进行广泛研究。霍克海默不仅负责这些研究的总体规划——其文稿收在《偏见研究》系列中，由哈珀出版社出版 [1]，而且如果没有他，《威权主义人格》的具体内容也是不可想象的。长期以来，他与我在哲学和社会学方面的反思已完全融为一体，以至于我们的思想已很难分清彼此。伯克利研究项目（Berkeleystudie）的组织形式是这样的：桑福德与我担任主任，布伦斯威克夫人与丹尼尔·莱文森是我们的主要研究伙伴。不过从开始起，一切事情都是通过完美的"团队合作"（team work）完成的，并无任何等级讲究。我们全体人员在《威权主义人格》一书的扉页上共享"荣誉"（credit），这一事实充分反映了实际情况。这种不拘正式的上下级礼节并扩展到所有计划和执行细节上的具有民主精神的合作，对我来说不仅非常愉快，而且也是我在美国所经历的最富有成果的事情，这与欧洲的学术传统形成了对照。从我的美国经历看，德国大学目前将其内部运作民主化的努力对我来说是很熟悉的，而我也真的觉得这是我在美国经历的那种传统的延续，为在德国实现类似的民主化，我要尽我所能。伯克利那里的合作没有摩擦，没有阻力，也没有学术竞争。例如，桑福德博士花了很多时间，以最友善和最细心的方式编辑了我写出的所有章节，推敲其行文风格。当然，"团队合作"顺利的原因并不仅在于那种美国氛围，而且也在于学术旨趣——我们都倾向于弗洛伊德的理论。

---

[1] 《偏见研究》（*Studies in Prejudice*）系列由马克斯·霍克海默和塞缪尔·H. 弗罗曼（Samuel H. Flowerman）编辑，哈珀出版社（纽约）出版，由美国犹太人委员会（the American Jewish Committee）赞助，展示了关于偏见和社会歧视，特别是反犹主义的研究结果。最终出版的书籍包括：*The Authoritarian Personality* by T. W. Adorno, Else Frenkel Brunswik, Daniel J. Levinson, and R. Nevitt Sanford; *Dynamics of Prejudice: A Psychological and Sociological Study of Veterans* by Bruno Bettelheim and Morris Janowitz; *Anti-Semitism and Emotional Disorder: A Psychoanalytic Interpretation* by Nathan W. Ackerman and Marie Jahoda; *Prophets of Deceit: A Study of the Techniques of the American Agitator* by Leo Löwenthal and Norbert Gutermann; and *Rehearsal for Destruction: A Study of Political Anti-Semitism in Imperial Germany* by Paul W. Massing。——英译注

我们四人一致同意，对于弗洛伊德，我们既不能亦步亦趋，也不能像精神分析修正主义者那样去注水稀释。我们对他有所偏离，是因为我们有具体的社会学关切。其中包括的客观因素，尤其是那里的"文化氛围"（kulturellen Klimas），与仅仅作为应用心理学的弗氏社会学观念并不完全匹配。我们将定量分析作为必需品对待，这也与弗洛伊德形成某种对照，因为对他来说，研究的本质就在于定性研究，即"个案研究"（case studies）。不过自始至终，我们对于定性因素都是认真对待的：支撑定量研究的那些范畴本身都具有定性特征，它们来自分析性格学（analytische Charakterologie）。而且从一开始，我们就打算通过追加定性的个案研究，来弥补定量研究中机械成分所造成的危险。纯粹通过定量手段发现的东西很难抵达遗传的深层机制，而定性分析的结果又很容易被指责为缺乏普遍性，从而失去其客观的社会学效应。通过使用一系列不同的技术，而这些技术仅通过单一的核心概念相互协调，我们试图打破僵局。布伦斯威克夫人做出了很大努力，反过来将她在指定部门获得的严格定性临床分析结果进行了量化，我对此提出了异议，因为这种量化只能使我们再次失去定性分析所具有的互补优势。由于她不幸英年早逝，我们再也无法继续这个争论了。就我所知，这一问题至今依然悬而未决。

对威权主义人格的研究从不同层面展开。虽然研究中心在伯克利，我每两星期去那里一次，但与此同时，我的朋友弗雷德里克·波洛克（Frederick Pollock）也在洛杉矶创办了一个研究小组，有社会心理学家布朗（J. F. Brown）、心理学家卡萝尔·克里顿（Carol Creedon），还有几个人也参与其中。那时候，我们已和精神分析学家弗雷德里克·海克医生 [1] 及其同事建立了联系，类似于研讨会性质的讨论也常常在洛杉矶对此感兴趣的学者圈中进行。把若干单个的研究辑成一套有规模的文字作品，

---

[1]　弗雷德里克·J. 海克（Frederick J. Hacker, 1914–1989），出生于维也纳，精神病学家和精神分析学家，在瑞士巴塞尔大学取得医学学位（1939）后前往美国，1945 年在洛杉矶创建"海克精神病疗诊所"（Hacker Psychiatric Clinic）。著有《十字军战士、罪犯与狂热分子：我们这个时代的恐怖与恐怖主义》（*Crusaders, Criminals, Crazies: Terror and Terrorism in Our Time*, New York: W. W. Norton, 1976）等。阿多诺在后面会谈到他与海克医生的进一步交往。——汉译注

这个想法成型较慢，也有些随意。此文集共同成就的核心内容是"F量表"[1]，它在《威权主义人格》的所有部分似乎都发挥了最大影响——不管怎样，它被应用和修改了无数次，并在适应了特定的当地条件后，成了德国衡量威权主义可能性量表的基础，重建于 1950 年的法兰克福社会研究所希望在 1969 年就此量表出版一份大型报告。[2] 根据美国杂志上的某些测试，以及几个熟人不太系统的观察，我们形成了如下看法：即使没有明确征询有关反犹主义和其他法西斯主义的意见，通过确定通常伴随着某些具体观点并与它们构成某种性格上统一的僵化之见，我们也可以间接推断出这种倾向。因此在伯克利，我们在一个自由和放松的环境中研发了"F量表"，这在相当程度上偏离了步步为营的学究式科研观念。这可能是我们四位研究负责人都有所谓的"精神分析背景"(psychoanalytic background)，尤其是我们都熟悉自由联想法 (die Methode der freien Assoziation)。我之所以强调这一点，是因为像《威权主义人格》这样的著作虽然缺点多多，但它对美国材料和美国方法的熟悉却从来没有争议，其创作方式与社会科学中实证主义的通常形象是完全不一致的。在实际中，这种实证主义并不像理论方法文献让人相信的那样无条件地占主导地位。如此来推测并不显得过于牵强：无论《威权主义人格》有多大价值，它都应归功于自由精神，是那种自由让它具有了原创性，超越了常规性，充满了想象力，且直指核心问题。在我看来，这种游戏冲动对于所有的精神生产力 (geistige Produktivität) 都是必要的，在研发"F量表"的过程中，这种东西当然不能付诸阙如。我们花了很多时间去琢磨整个

---

[1] "F量表"（F-Skala / F-scale）中的"F"指代的是"法西斯主义"（Fascism），故此量表亦可译为"法西斯倾向量表"。在《威权主义人格》一书中，阿多诺等人制作了许多测量调查表，其中的一种是"潜在的反民主、法西斯倾向量表"（The Implicit Antidemocratic Trends of Potentiality for Fascism [F] Scale）。——汉译注

[2] 关于《威权主义人格》一书的巨大影响，参见 Richard Christie and Peggy Cook, "A Guide to Published Literature Relating to the Authoritarian Personality Through 1956," in *The Journal of Psychology* 45 (1958): 171-199。

阿多诺暗指的研究是 Michaela von Freyhold, *Autoritarismus und politische Apathie: Analyse einer Skala zur Ermittlung autoritätsgebundener Verhaltensweisen*（《威权主义与政治冷漠：辨识威权行为的量表分析》），vol. 22 of *Frankfurter Beiträge zur Soziologie* (Frankfurt: Europäische Verlagsanstalt, 1971)。——英译注

的维度、"变量"（variables）与综合症状，包括具体的调查问卷条目。这些条目与研究主题的关系透露得越少，我们就越是感到自豪。而出于理论方面的考量，我们也期待在种族中心主义、反犹主义与反动的政治经济观点之间发现种种关联。然后我们按标准的预测试形式检查了这些"条目"（items），从而实现了技术上必要的问卷长度限制，删除了那些"区分力"已被证明不够充分的"条目"之后，这样的问卷长度依然是可靠的。

当然，在此过程中，我们也不得不酒中兑水，稍作稀释。出于种种原因，我们常常不得不恰好放弃那些自认为设计得最深刻也最有原创性的问卷条目，优先考虑那些更接近民意表层从而能获得更大区分力的条目，而把那些具有精神分析学依据的条目放在次要位置。在这些考虑中，后来被称为文化敏感性（Bildungsanfälligkeit）的东西发挥了不小的作用。鉴于此，我们不得不索性撇开威权人格类型敌视先锋艺术这一维度，因为这种敌意已预设了某种文化水准，亦即有此水准的人已接触过这种艺术，而我们采访的绝大多数人都否认了这一点。虽然我们认为，通过定量方法和定性方法的结合，我们可以消除具有普遍性的东西与那些仍然具有具体意义的东西之间的对立，但这种对立依然如影相随，凸显在我们的工作过程中。似乎每一种经验社会学都有其苦恼之处：它必须在其结论的可靠性与深刻性之间做出抉择。尽管如此，那时我们依然可以用李克特形式（Likertsche Form）[1] 的操作去定义量表，这种简单的方式常常能使我们一石数鸟，亦即用一个条目同时去处理几个维度。在我们有关威权主义人格的理论构架中，此种情形叫作"高"特征，与此相反，则谓之"低"特征。按照哥特曼 [2] 对先前常规量表法的批评，我们这个"F量表"的公正性几乎仍然不可能被接受。我很难不产生这样的怀疑：经验社会学的诸多方法正在变得越来越精确，但不管其立论如何无懈可

---

[1]　更常常的说法是"李克特量表"（Likert scale）而非"李克特形式"。这是一种通常用于调查问卷的心理测量量表。一般会在问卷中设计"五点"量表，即（1）非常同意，（2）同意，（3）无所谓（不确定），（4）不同意，（5）非常不同意。——汉译注

[2]　路易斯·哥特曼（Louis Guttman, 1916–1987），以色列心理学家，出生于美国，在康奈尔大学工作期间（1941—1947）创制了哥特曼量表（Guttman Scale）。该量表主要用于量度心理态度和性质，由单向且具有同一性质的条目所构成。——汉译注

击，它们往往都会限制科学生产力。[1]

为了尽快出版，我们不得不为这本著作画上句号。它差不多正好在我 1949 年年底返回欧洲时公之于世，这样我就不可能直接观察到它后来对美国的影响了。成书的时间紧，这就形成了一个悖论。有个广为人知的英国笑话说，一个人在刚开始写信时说他没时间把信写短。我们的情形也是这样：这本书之所以像现在这样长篇大论，笨重呆板，仅仅是因为我们无法从头到尾把这部著作重新过一遍，以缩短其长度。[2] 我们对这一缺陷心知肚明，而通过多种多样、彼此相对独立的方法和由此获得的材料，或许能在一定程度上弥补这一缺陷。此书不够严谨和统一的缺点，也许会因以下事实而在某种程度上得以补偿：许多来自不同方位的具体洞见集中在相同而重要的主题那里，这样一来，按严格标准而未经证明的东西就增加了可信度。如果说《威权主义人格》做出了什么贡献，那么，这种贡献并不在于其积极洞见的绝对可靠性，更不在于其测

---

[1]　瑟斯顿、李克特和哥特曼量表是为了保证经验性意见调查的明确结果而开发和改进的衡量技术。有关这些技术的细节，参见譬如 chapter 12, "Placing Individuals on Scales,"（将个人置于量表上）in Claire Sellitz, Lawrence S. Wrightman, and Stuart W. Cook, *Research Methods in Social Relations*, 1-3d ed. (New York: Holt, Rinehart and Winston, 1951, 1959, 1976)。比较阿多诺本人对不同态度量表的概述，参见他与 J. Décamps, L. Herberger 等人为《社会科学简明词典》（*Handwörterbuch der Sozialwissenschaften*, 1954）撰写的文章《经验式社会研究》("Empirische Sozialforschung", reprinted in *GS* 9.2) 第 8 部分（"量表的构建"）：

A．使用瑟斯顿量表（等现间隔法 [method of equal appearing intervals]），"条目"（单个问题或陈述）的标量值由一个相对较大的专家陪审团判断的中心值决定，这些值在整个量表上以大约相等的间隔分布。被提问的个人或群体在量表上的位置来自对"条目"的同意或拒绝，这些"条目"以特定的顺序固定。

B．在李克特量表（累积评等法 [method of summated ratings]）中，那些被选择的"条目"与总体值最有相关性（它们通常位于瑟斯顿量表的端点），并显示出最大的选择性。受试者被要求对每一个"条目"做出回答，通常分为五个等级。增加权重后的个人得分按体育比赛的分值进行汇总，然后由分值的大小决定个人或群体在量表上的位置。

C．在哥特曼量表（量图分析 [scalogram analysis]）中，"条目"必须是一维的，即与某一特定"条目"的一致必须包括与所有其他不那么极端的"条目"的一致，并配上对所有更极端的"条目"的拒绝。该量表是以内容的广度为代价，换取方法的更严谨。（*GS* 9.2: 348）——英译注

[2]　《威权主义人格》原书（1950 年版）由五部分内容组成，共计 970 页，译成中文后分为三卷，共计 1264 页。参见 [美] 西奥多·W. 阿道诺：《权力主义人格》（全三卷），李维译，杭州：浙江教育出版社 2002 年版。——汉译注

量数字，而首先在于它所形成的问题意识。这种问题意识由真正的社会关切所触动，关系到此前还从未被转化为此类定量研究的理论。这里的关键并不在于它测量了什么，而在于所形成的种种方法。经过不断改进之后，这些方法使得以前不大可能测量的东西变得可以测量了。说不定正是受到《威权主义人格》的影响，从那时起人们才常常用经验方法试着去检验精神分析理论。测定当前的舆论、倾向和它们的分布情况并非我们的主要意图，我们感兴趣的是法西斯主义倾向的**可能性**（potential），为了能够对抗这种可能性，我们还尽可能将**遗传**（genetic）维度纳入研究，亦即威权主义人格的发生。这一研究虽然工作量巨大，但我们都把它看作一种试点研究（Pilotenstudie），更多是探索各种可能性，而不是收集不可辩驳的结论。尽管如此，我们的研究结果相当有分量，足以证明我们结论的正确——这是指趋势，而不是指简单的"事实陈述"（statements of fact）。艾尔丝·弗伦克尔－布伦斯威克在她所从事的那部分研究中对这一点尤其注意。

与许多此类研究一样，样本中也存在某种"残疾"（handicap），对此我们并没有轻描淡写，一笔带过。美国大学（而且还不止于大学）的经验社会学研究中有一种痼疾顽症，那就是研究者过多使用学生凑数，使其充当被实验对象，这就远远超出了对整个人口进行代表性取样原则所允许的合理范围。后来在法兰克福进行的类似研究中，通过把明确指定的联系人组织起来，通过按人口分布各部分所形成的配额安排各实验对象小组，我们试图来改正这一缺陷。但我必须指出的是，在伯克利，我们的目标并不在于取样的代表性上。相反，我们的兴趣在于核心群体：与其说值得找的人可能在那种后来已被大加讨论的"意见领袖"（opinion leaders）那里，不如说在我们假定的特别"易受影响的"（anfällig）群体之中，比如说圣昆丁[1]监狱中的囚犯——他们的易受影响实际上"高于"普通人——或者是精神病诊疗所的患者。因为我们希望从熟悉的病理结构

---

[1]　全名为"圣昆丁州立监狱"（San Quentin State Prison），是加利福尼亚州监狱的所在地，也是该州最古老的监狱。——汉译注

出发，去获得有关"正常"（normale）结构的信息。

更重要的意见是雅霍达与克里斯蒂提出来的对循环论证（Zirkelschlüssigkeit）的反对：理论本来是由研究手段所假定，结果又被同样的研究手段所证实。[1]这里并非深入探讨这一反对意见的地方，我只能说几句的是：我们从来没有把理论简单地看作一种假定，而是在某种意义上把它看作独立自主的东西，因此，我们并没有打算通过我们的发现去证明或推翻理论，而只是由此出发，提出值得研究的具体问题；这些问题可以独立存在，并揭示某种一般的社会心理结构。当然，对"F量表"技术理念的批评是无可争议的：为了间接确定因担心审查机制而无法直接提出的倾向，前提是你已首先证实了这些倾向的存在，而且你已假定受访者不愿承认这些倾向。就此而言，说是循环论证有其道理。但这里我想指出的是，这些要求不应太过分。通过一定数量的预测试，一旦在显性倾向与隐性倾向之间建立了联系，人们就可以在正式测试中与一组完全不同的、没有被任何显性问题所困扰的人形成这种联系。唯一的可能是，由于在1944年和1945年的美国，公开反犹者和法西斯主义者不会痛快地表达其观点，这两类问题的最初联系很可能会导致一些过于乐观的结果，从而高估了"低"倾向的潜力。然而，针对我们的批评却恰恰相反：说我们使用了偏向于"高"倾向的手段。这些方法论上的问题都是建立在假设—论证—结论（Voraussetzung-Beweis-Folgerung）的模式之上的，它们后来促使我对绝对"第一性"（Ersten）的科学主义概念进行了哲学批判，这种批判落实在我那本有关认识论的书中。[2]

就像广播项目的案例一样，其他一些研究也是围绕着《威权主义人格》晶化成型的。比如"儿童研究"（Child Study），是我与布伦斯威克夫人在伯克利的"儿童福利研究所"（the Child Welfare Institute）发起的，主

---

[1]　Richard Christie and Marie Jahoda, eds., *Studies in the Scope and Method of "The Authoritarian Personality"* (Glencoe, Ill.: Free Press, 1954; reprint, Westport, Conn.: Greenwood Press, 1981). ——英译注

[2]　Cf. for example, *Zur Metakritik der Erkenntnistheorie: Studien über Husserl und die phänomenologischen Antinomien*（《认识论元批判：胡塞尔与现象学的二律背反研究》，1956）*GS* 5 (1970): 7-245. *Against Epistemology: A Metacritique; Studies in Husserl and the Phenomenological Antinomies*, trans. Willis Domingo (Oxford: Blackwell, 1982; Cambridge, Mass.: MIT Press, 1983). ——英译注

要由她负责实施。不幸的是此项研究并未完成，只是有部分成果面世。[1]
单项研究在大型研究项目中有一定的夭折率，这是不可避免的事情。如
今，既然社会科学已经具有了很强的自我反思能力，那么系统研究一下
当初启动的那么多选题为什么无疾而终，这可能是很有价值的事情。
"儿童研究"使用《威权主义人格》中的基本范畴，因此便获得了完全
意想不到的结果。他们在循规蹈矩与威权主义态度之间提炼出了可以形
成区分的概念。恰恰是那些"乖"（braven）孩子，亦即那些循规蹈矩的
孩子，更能摆脱攻击性，从而摆脱威权主义人格中一个最基本的面向，
反之亦然。回想起来，这种情况可以被合理解释，而并非先验（a priori）
之物。"儿童研究"方面的成果使我第一次意识到罗伯特·默顿（Robert
Merton）独自发现的、对于经验研究来说最重要的一个辩护：所有的发
现只要有用，它们或多或少都可以被理论解释，但反命题却不能成立。[2]
我很少如此明显地体会到经验研究的合法性和必要性，它真正回答了理
论问题。——甚至在与伯克利小组开始合作之前，我自己就已写过一篇
较长的专论，论述法西斯主义煽动者马丁·路德·托马斯（Martin Luther
Thomas）所使用的社会心理学煽动技巧，那段时间此人在美国西海岸相
当活跃。该文完成于1943年，是对法西斯主义煽动者所使用的多少有些
标准化的、不多几样刺激手段所进行的内容分析。这里我再次使用了曾
在普林斯顿研究项目的"音乐研究"中所使用的观念——既考虑不同的
反应类型，也考虑客观决定因素。在《偏见研究》的框架中，这两种"做
法"（approaches）还没有相互适应或被整合到一起。当然，还需要指出的

---

[1] 艾尔丝·弗伦克尔–布伦斯威克出版的儿童研究包括如下成果："A Study of Prejudice
in Children," *Human Relations* 1 (1948): 295-306; "Patterns of Social and Cognitive Outlooks in Children,"
*American journal of Orthopsychiatry* 21 (1951): 543-548; and together with J. Havel, "Authoritarianism in the
Interviews of Childred: 1. Attitudes toward Minority Groups," *Journal of General Psychology* 82 (1953): 91-
136; "Further Explorations by a Contributor to 'The Authoritarian Personality,' " in *Studies in the Scope and
Method of "The Authoritarian Personality,"* ed. Richard Christie and Marie Jahoda, 226-275。——英译注

[2] Cf. the chapters "The Bearing of Sociological Theory on Empirical Research" and "The Bearing
of Empirical Research on Sociological Theory" in Robert K. Merton, *Social Theory and Social Structure* (New
York: Free Press, 1949, 1957, 1968). ——英译注

是，来自"极端分子"[1]的煽动者所明确表达的影响绝不是在大众中促进法西斯主义思想倾向的唯一客观因素，甚至恐怕不是最重要的因素。在煽动者自愿出来推波助澜之前，这种倾向已植根于产生了法西斯主义心态的社会结构之中。煽动者的种种观点绝不像我们一开始所乐观估计的那样只限于"极端分子"。它们也在很大程度上出现在所谓的"可敬的政客"（respektabler Politiker）那里，只不过后者的表达没有那么密实和激进罢了。有关托马斯分析的许多"条目"[2]让我很受启发，它们对于《威权主义人格》也十分有用。这项研究肯定是在美国进行的第一个批判的、定性的内容分析之一。此文至今仍未发表。[3]

1949 年深秋时节，我回到德国，此后数年，我全身心地投入到社会研究所的重建之中。霍克海默和我把所有的时间都奉献在这里，而我在法兰克福大学还有教学活动。经过 1951 年的短暂访问后，我最终于 1952年重返洛杉矶，在那里待了大约一年时间，担任"比弗利山庄海克基金会"（the Hacker Foundation in Beverly Hills）的科研主任。那里的情况与我在普林斯顿项目以及研究《威权主义人格》时的情况都很不一样。我既非精神病医生，也非心理治疗师，我的工作一开始就定位在社会心理学上。与此同时，海克医生诊所（基金会隶属于该诊所）的同事们则全部忙于实际工作，无论他们是精神病学家还是"精神病治疗社会工作者"（psychiatric social workers）。不管我们何时合作，事情无不进展顺利。但我的同事们却几乎无暇从事研究，而我虽是研究主任，却也无权把临床医生与研究项目捆绑在一起。这样一来，与海克医生和我期待的相比，所能做的事情就必然很是有限。用一个地道的美国说法，我是被迫演起了"独角戏"（one-man show）——差不多是单枪匹马独当一面，除了必须从事基金会的科研工作，还要安排讲座和一定数量的宣传活动。就这

---

[1] 在广播版中，阿多诺把这里的"lunatic fringe"译作"Rand der Verrückten"，后面又译作"Rand der Wahnsinnigen"。——英译注

[2] 阿多诺把这里的"items"译作"Testsätze"。——英译注

[3] "The Psychological Technique of Martin Luther Thomas' Radio Addresses" (1943), in *GS* 9. 1 (1975): 7-141. ——英译注

样，我又一次回到了对"刺激物"的分析研究上，圆满完成了两项内容研究。一项是论述《洛杉矶时报》（*The Los Angeles Times*）的占星术栏目，该成果实际上是以《群星坠地》（"The Stars Down to Earth"）为题，用英文发表在 1957 年德国的《美国研究年鉴》（*Jahrbuch für Amerikastudien*）上，后来又成为我那篇德语文章《二手迷信》（"Aberglauben aus zweiter Hand"）的基础，此文发表于《社会学（第 2 辑）》。[1] 我对这种材料的兴趣可以追溯到伯克利研究中，尤其可以追溯到弗洛伊德在《文明及其不满》一书中业已发现的破坏性冲动的社会心理学阐释上。在我看来，在当前的政治形势下，这种冲动应该是大众当中最危险的主观潜能。[2] 我采用的方法是把自己放在一个受欢迎的占星家的位置。占星家通过自己所写的东西，必须立马为其读者提供一种个人满足；他经常发现自己面临着困难：要给他一无所知的人提供似乎适合每个人的具体建议。其结果是，通过商业化和标准化的占星术，以及专栏作家技巧中，尤其是"两阶段性"（Zweiphasen-Beschaffenheit）中暴露出来的受众意识的某些矛盾（它们反过来又可追溯到社会矛盾上），因循守旧的观点得以强化。[3] 我做的是定性研究，尽管我至少并未放弃以一种非常粗略的方式，统计了在两

---

[1]　"The Stars Down to Earth," *Jahrbuch für Amerikastudien* (Heidelberg: Carl Winter, 1957), 2:19-88. Reprinted in *GS* 9. 2: 7-120. An abbreviated German version was published in 1962 as "Aberglaube aus zweiter Hand" in Max Horkheimer and Theodor W. Adorno, *Sociologica II: Reden und Vorträge* (Frankfurt: Europäische Verlagsanstalt, 1962). It is reprinted in *GS* 8:147-76. See also "The Stars Down to Earth: The Los Angeles Times Astrology Column," *Telos*, 19 (Spring 1974): 13-90; reprinted in T. W. Adorno, *The Stars Down to Earth and Other Essays on the Irrational in Culture*, ed. Stephen Crook (London/New York: Routledge, 1994), 34-127. ——英译注

[2]　Cf. Freud's theory of the "death drive" [Todestrieb] in *Das Unbehagen in der Kultur* (1930); English: vol. 21 of *The Standard Edition of the Complete Psychological Works of Sigmund Freud*. ——英译注

[3]　阿多诺将深度精神分析学家奥托·费尼切尔（Otto Fenichel）——《神经症的精神分析理论》（*Psychoanalytic Theory of Neuroses* [New York: Norton, 1945]）——在强迫性神经症中所指出的"双相"（biphasic）行为（"病人的行为交替出现，好像他既是一个顽皮的孩子，又是一个处罚执行严厉的严守纪律者"[ibid, 291]）应用到现代资产阶级生活的合理化时间安排中，后者建立了工作和娱乐的对立。占星术专栏作家提出了解决方案，他们强调早上的自我理想责任，晚上的快乐原则。阿多诺指出："**如何消除生活中相互矛盾的需求问题，可以通过简单的方法加以解决，即把这些需求主要分布在同一天的不同时期。**"（此处为阿多诺的强调）*GS* 9. 2: 56; Crook, ibid., 67. ——英译注

个月的时间里这些基本技巧在我选择的材料中重复出现的频率。使用定量方法的理由之一是，文化工业的产品，二手的大众文化，其本身可以说是从统计学的观点来规划的。定量分析可以用它们自己的标准去衡量这些产品。例如，某些特别的"花招"（Tricks），其重复出现的频率差异反过来源自占星家对效果的准科学计算。在许多方面，占星家都类似于政治煽动家（Demagog）和一般煽动者（Agitator），尽管他避免公开其政治观点；顺便提一下，在《威权主义人格》一书中，我们已经遇到了一种容易接受迷信说法（尤其是那些具有威胁性和破坏性内容的说法）的"高"[1]倾向，就这样，占星术研究与我在美国早些时候所做的研究形成了关联。

《如何看电视》的研究也大体如此。此文发表于《好莱坞电影、广播和电视季刊》1954 年的春季卷上，后来又被《干预》（Eingriffe）一书中的德语文章《电视作为意识形态》（"Fernsehen als Ideologie"）所使用。[2]全凭海克医生动用了外交手段，才为我弄来了一些电视脚本，使得我能去分析脚本在意识形态上的潜在含义，还有它们的各种意图层次。这个行业极不情愿交出自己的脚本。这两篇文章都属于有关意识形态的研究范围。

1953 年秋，我返回欧洲。除了社会研究所的工作之外，我还在法兰克福大学的哲学与社会学系接受了一个全职教授职位（full chair）。[3]从那时至今，我再也没有回过美国。

---

[1]　在广播版中，阿多诺把 "highs" 译作 "vorurteilsvollen"。——英译注

[2]　"How to Look at Television," *Hollywood Quarterly of Film, Radio, and Television* 8 (Spring 1954): 213-235. Reprinted as "Television and the Patterns of Mass Culture" in *Mass Culture: The Popular Arts in America*, ed. Bernard Rosenberg and David Manning White (Glencoe, Ill.: Free Press, 1957), 474-487. ——英译注

[3]　阿多诺被任命为全职教授的时间是 1957 年 7 月 1 日。《法兰克福学派：历史、理论及政治影响》一书中对阿多诺从申请全职教授到被任命的过程有较详细的描述，可参考 Rolf Wiggershaus, *The Frankfurt School: Its History, Theories, and Political Significance*, trans. Michael Robertson, Cambridge: The MIT Press, 1994, pp. 466-467。——汉译注

如果让我来简短概述一下我希望在美国学到的东西，那么首先需要提及的是社会学本身的事情，而且这对作为社会学家的我来说也极其重要——在那里，实际上从我逗留英国期间起，我就不再像在欧洲那样，把历史中发展起来的种种状况视为天经地义之举，也就是"不要自以为是"(not to take things for granted)。我的那位现已过世的朋友蒂利希[1]曾经说过，他是在美国的时候首先被"去地方化"的；他这样说时，心里想的很可能是类似的东西。在美国，我摆脱了对文化的天真信念，获得了从外部看待文化的能力。说得更清楚些：尽管有各种对社会的批评和对经济至高无上的认识，但精神（Geist）的绝对重要性对我来说始终是不证自明、不言而喻的。而我在美国获得的教训是，这种不言而喻并非绝对有效。因为在这里，所有的精神事物都没有受到默许的尊重，而在中欧和西欧，这种尊重却远远超出所谓的受教育阶层；这种尊重的缺席，会导致精神进行批判性的自我反省（kritische Selbstbesinnung）。此一状况尤其会影响到我所沉浸其中的欧洲音乐文化的种种预设。这并不是说我否认这些预设，放弃了我对这种文化的诸多观念；而是说，究竟是人们不加反省地拥有了这些观念和预设，还是清楚地意识到它们与技术上和工业上最发达国家的标准正好相左，这里有着相当大的差异。[2]我现在这样说时，绝不是没有意识到美国在此期间的物质资源已波及音乐生活，致使其重心发生了转移，但是当三十多年前我在美国开始关注音乐社会学问题时，这种情形却仍然是不可预见的。

更重要也更令人欣慰的是我对种种民主形式的实质性体验：在美

---

[1] 保罗·蒂利希（Paul Tillich, 1886–1965），德国新教神学家和哲学家，伯林"宗教社会主义者联盟"(Bund religiöser Sozialisten) 的领袖。1929 年，他被任命为法兰克福大学宗教研究与社会哲学的教授，1933 年，被"国家社会党人"中止教职，随后移居美国，1940 年成为美国公民。先后于1937—1955 年、1955—1962 年、1962 年直至去世分别任纽约协和神学院、哈佛大学、芝加哥大学哲学神学教授。1931 年，阿多诺在他的指导下写出了任教资格论文 (Habilitation)，该论文成书于 1933年，名为《克尔凯郭尔：审美对象的建构》(Kierkegaard: Construction of the Aesthetic, trans. Robert Hullot-Kentor, Minneapolis: University of Minnesota Press, 1989) ; the original is GS 2。——英译注

[2] 广播版此处插话道："因此第一次学会了如何把特定的文化用概念性术语来表达。"——英译注

国，这些形式已渗透在整个生活之中；而在德国，它们顶多只是一套正式的游戏规则，过去是这样，现在恐怕也还是这样。在美国，我了解了一种真正的博爱（Humanität）所具有的潜力，而这种东西在旧欧洲却很难找到。民主的政治形式极其接近民众。美国的日常生活尽管喧嚣忙乱得令人惋惜，但是却有一种平和、仁善与慷慨大度（Friedlichkeit, Gutartigkeit und Großzügigkeit）的元素充溢其中，这与1933—1945年爆发于德国的那种被压抑的羡慕嫉妒恨（die aufgestaute Bosheit und der aufgestaute Neid）形成了鲜明对比。美国当然已不再是一个充满无限可能性的国度[1]，但人们依然觉得一切皆有可能。在德国的社会学研究中，如果我们一再听到这样的说法——"我们还不够成熟，不适合搞民主"——那么，这类渴求着权力又糅合着自卑的表达在据称是年轻得多的"新世界"（Neue Welt）简直不可想象。我这样说并不意味着美国就完全没有转向极权化统治形式的危险。这样的危险存在于现代社会本身的内在趋势之中。但是，美国对法西斯潮流的抵抗力恐怕仍然强于任何欧洲国家，大概只有英国是一个例外。不仅仅是通过语言，而且在很多我们通常没意识到的方面，英国都把美国与欧洲大陆连接在一起。

欧洲知识分子如同我者，倾向于仅仅消极地看待"调整"（Anpassung）这一概念，认为它是对个体生命自发性与自主性的灭绝。[2]然而，所谓人性化与文明化的进程必然要持续不断地从内到外进行，却是被歌德和黑格尔尖锐批判的一种幻觉。正如黑格尔所言，这一进程恰恰也是通过"外化"（Entäußerung）来实现的。根据这一令人讨厌的说法，我们之所以成为自由的人，并不是因为个体的自我实现，而是因为我们走出自己，进入与他人的关系之中，并在某种意义上把自己交给他人的结果。只有通过这个过程，我们才能把自己确定为个体，而不是像浇灌植物一样浇灌我们自己，以形成全面而有修养的人格。一个在外部强迫下变得友好的人，即便他出于利己主义利益，最终在与他人的关系中也比某些人更有

---

[1] 广播版此处插话道："也没有什么是免费的，相反，商品是等价交换的。"——英译注

[2] 广播版此处继续说道："的确是机械化的一种表现。"——英译注

可能实现某种人性。后者仅仅是为了认同自己——好像这种认同总是值得拥有——就黑封着一张凶巴巴、恶狠狠的脸，让人从一开始就意识到别人对他来说是子虚乌有，对他的内心世界（Innerlichkeit）毫无助益——而这个内心世界通常根本就不存在。我们在德国应该努力避免的是，当我们对美国人的浅薄感到愤慨时，我们不要反过来成为浅薄与不讲辩证法的僵化之物。

在这些一般性的观察与评论之外，还应该增加一些与社会学家的具体情况相关的东西，或者，不那么科学地说，增加一些与持如下观点之人的具体情况相关的东西：社会知识是哲学的核心，是与哲学不可分割的部分。在资产阶级世界的整体发展中，美国无疑已经达到一个极致。可以说，这个国家几近完美地展示了资本主义的纯粹性，没有任何前资本主义的残余。如果有人与广为流传的顽固观点相反，认为其他不属于"第三世界"的非共产主义国家也在朝着同样的方向发展，那么美国正好为那些不天真地看待美国和欧洲的人提供了最先进的观察点。实际上，那些回到欧洲的人会发现，当初他在美国遇到的许多事情正在来临或已经证实。严肃对待文化观念的文化批评在该观念面对自托克维尔[1]与古恩伯格[2]以来的美国状况时，无论不得不提出怎样的反对意见，人们在美国都无法回避这样一个问题（除非他躲在精英主义的掩体之后）：人们赖以成长的文化观念本身是否还没有过时；今天作为一种全球趋势降临在文化上的事情是不是并非它自身的失败所致，是不是它因为把自己封闭为精神的一个特殊领域却没有在社会组织中实现自己而产生的一种内疚。

---

[1] 亚历西斯·德·托克维尔（Charles Alexis Henri Clérel de Tocqueville, 1805–1859），法国作家、政治家，1831—1832 年访问美国后，他写出了著名的《论美国的民主》（De la démocratie en Amérique, 1835–1840）。书中他把美国社会描述为一种必然扩大的民主模式，并推测出个人主义将不可避免地消失。——英译注

[2] 费迪南德·古恩伯格（Ferdinand Kürnberger, 1821–1897），奥地利自由主义作家，小说、戏剧和讽刺小品文作者。因题为《美国式困顿》（Der Amerika-Müd, 1855）的纪实性小说（roman à clef，法国 17 世纪兴起的一种创作手法，描述真人真事，但隐其真名并略事乔装）而声名鹊起，该小说描述了 Nicolaus Lenau 去往美国的情景。那时关于美国的通俗文学把一种自由民主社会、自然的身心健康与欧洲复辟时那种压抑的文明相提并论，古恩伯格却在其小说中把美国描写为一个没有文化的地方，那里盛行利己主义和物质主义。——英译注暨汉译注

当然，这种情况即便在美国也没有发生过，但在美国实现这一目标并不会像在欧洲那样受阻遇挫。鉴于美国的定量思维存在着丧失差异性、把平均值绝对化的种种危险，欧洲人必须解决这一令人不安的问题：在当代社会中，定性区分（qualitative Differenzen）究竟在多大程度上还具有意义？欧洲、美国、东方以及第三世界国家所有地方的机场都大同小异，可以互换；从一个国家去往地球上最偏远之处已不再是许多天的事情，而是可以用小时计算。不仅是生活水准方面的区别，还有各民族的特殊性及其存在方式上的不同，它们都呈现出不合时宜的面向。诚然，这些相似性是否具有决定性，定性区分是否仅仅意味着过时落后，尤其是在一个被理性组织起来的世界里，那些定性的多样性以及如今只被技术理性（die technologische Vernunft）的统一所压制的东西是否能再次兴盛起来，所有这些依然都不能确定。然而，假如没有美国经验，这样的反思根本无法想象。可以毫不夸张地说，今天任何一种还没有借鉴美国经验的意识都显得有些反动，哪怕是在抵制这种经验。

总之，也许我还应该补充说明一下美国学术经验对我个人和对我思维的特殊意义。它严重偏离了"常识"（common sense）。不过，黑格尔最为看重的原则是，思辨思维（das spekulative Denken）并不与所谓的健全"常识"（gesunder Menschenverstand）截然不同，而是本质在于其批判性的自我反思与自我审视，在这一点上，他比后来所有的非理性主义和直觉说都要高明。即使是那种拒绝黑格尔总体构想的唯心主义的意识，也不应该放弃这种见解。任何像我这样批判"常识"的人都必须满足拥有"常识"这一简单要求。他不应该声称超越了某种他自己都没能满足其规训（Disziplin）的东西。尽管从青年时代起我就意识到，除非与材料密切接触，否则就不可能拥有富有成果的理论知识，但也只是在美国，我才第一次真正体会到所谓经验认识（Empirie）的重要性。反过来，在经验主义（Empirismus）转化为科学实践时所获得的形式中，我也不得不承认，不受管制的全部经验（Erfahrung）范围更多地受限于经验主义的游戏规则，而不是经验概念本身。说我所想的归根结底是去恢复某种经验，以此对抗它在经验主义那里的变形走样，这或许不是最错误的描述。这是我返回德国最重要的原因之一，此外，也因为我能在欧洲暂时无拘无束地实现自己的学术意图，并为政治启蒙尽绵薄之力。但这丝毫也没有改变我对美国的感激之情，包括思想层面的感激；我相信，我也不会淡忘作为一个学者我在美国和从美国学到的那些东西。

2009 年 6 月 15 日—11 月 16 日初译、初校

2014 年 4 月、12 月修订

2023 年 2—3 月再校

第二辑

# 艺术：摇摆于严肃与欢悦之间

# 论笔即形式[1]

一定要看被照亮之物，别看光。

——歌德：《潘多拉》

一

论笔在德国被指责为一种杂交品种，这种形式缺少令人信服的传统，它的强烈需求只是偶尔得到满足——凡此种种已被频频谈论并被不时非议。"诗歌作为论笔的姊妹文体早已修成正果，但时至今日，论笔

---

[1]　《论笔即形式》（"Der Essay als Form"）写于1954—1958年，未在刊物上发表过，被阿多诺直接收入《文学笔记》第一卷（1958）中并被置于全书之首。后该书作为第11卷进入《阿多诺文集》（Gesammelte Schriften: Noten zur Literatur, Bd. 11, Frankfurt am Main: Suhrkamp Verlag, Frankfurt am Main: Suhrkamp Verlag, 1974）。该文现有两个英译本：（1）"The Essay as Form," in Notes to Literature, Vol. One, trans. Shierry Weber Nicholsen, New York: Columbia University Press, 1991, pp. 3-23;（2）"The Essay as Form," in The Adorno Reader, ed. Brian O'Connor, trans. Bob Hullot-Kentor and Frederic Will, Oxford: Blackwell, 2000, pp. 91-111. 本文根据第一个英译本并参考第二个英本译出，关键用词及术语核对了德语原文（Gesammelte Schriften: Noten zur Literatur, Bd. 11, Frankfurt am Main: Suhrkamp Verlag, 1974, S. 9-33），并就疑难之处向李莎博士请教；一些不易理解处或两个英译本出入较大处，亦参考了法译本（Theodor Adorno, « L'essai comme forme », dans Notes sur la littérature, trad. Sibylle Muller, Paris, Flammarion, 1984, pp. 5-29）的译法。译者翻译之前曾读过常培杰博士的译文，本文的初译稿曾作为译者硕、博士生读书会的阅读文章，并得到他们的纠错指正，最后全文校对除赵天舒外，还有何姵嫺同学，特此致谢！另外说明：在阿多诺谈论 Essay 的语境中，Essay 曾被译作随笔、散文、杂文、美文、散论、小品文、论说文等，且论说文似已成为主流译法，但译者以为上述译法均不太妥当，故此处试译为论笔。有关如此翻译的原因，译者曾在《作为"论笔"的文学批评——从阿多诺的"论笔体"说起》（《文艺争鸣》2018年第1期）有详细解释，可参考。

的形式却依然没有走上独立之路—— 一条从古老而未分化的科学、伦理学和艺术统一体中走出来的发展之路。"[1] 然而，无论是对这种处境不满意，还是心理上感到不适应（这种不适来自把艺术隔离成一块非理性保护区，把知识等同于系统化的科学，并把不符合这二者区分的东西作为不纯正之物排除出去），它们都没能丝毫改变国人的这种习惯性偏见。即便是今天，把某人夸成"作家"（écrivain）也足以把他挡在学术界之外。尽管西美尔与青年卢卡奇、卡斯纳[2]与本雅明把他们的远见卓识交给论笔，以此对那些特定的文化预制之物[3]深思熟虑，但是，只有穿上"普遍性"与"持久性"（今天或许是"源始性"[4]）的高贵外衣，它才能被学术行会接受为哲学。而哲学与种种特殊的精神实体挂钩牵连，只因它们能被用来例证普遍范畴，或者是能从它们之中透彻地看出普遍范畴。这种成规（Schema）靠其固执苟延残喘。在一个尤其不重视"文人"（homme de lettres）的文化中，一些比缺乏教养的痛苦记忆更强烈的原因滋养了这种固执，倘非如此，这种固执就如同依附于它的

---

[1]　Georg von Lukács, *Die Seele und die Formen*, Berlin 1911, S. 29. Georg Lukács, "On the Nature and Form of the Essay," in *Soul and Form*, trans. Anna Bostock (Cambridge, Mass.: MIT Press, 1974) , p. 13. ——原注暨英译注

[2]　这里应该是指鲁道夫·卡斯纳（Rudolf Kassner, 1873-1959），奥地利作家、论笔作家、翻译家和文化哲学家。——汉译注

[3]　"论笔总是关联着已经成形的东西，或者顶多关联着已经存在的东西；它不是从空空如也的真空中去创作出什么新东西，而是仅为那些曾经存在过的事物赋予一种新秩序——此为论笔本质的部分内容。而由于他只是重新安排这些事物，并未从无形中形成新的有形之物，他也就被这些事物所束缚；无论什么时候，他都必须说出关于它们的'真理'，亦即必须为其本质找到相应的表达方式。" Georg von Lukács, *Die Seele und die Formen*, S.23; Georg Lukács, "On the Nature and Form of the Essay," in *Soul and Form*, p. 10. ——原注暨英译注

[4]　源始性（Ursprünglichkeit, 本文英译为 primordiality 或 the originary, 有关阿多诺的研究著作亦以 originality 对译）主要是海德格尔的哲学用语，加上海氏曾把哲学看作"原初科学"（Urwissenschaft），这里及后文提及的源始性很可能与海德格尔有关。除源始性之外，文中还涉及源始（Ursprung）、源始哲学（Ursprungsphilosophie）等。职是之故，Ursprung 等词的翻译采用了海德格尔汉译界的主流译法。参见［德］海德格尔：《存在与时间》，陈嘉映、王庆节译，北京：生活·读书·新知三联书店 1987 年版，第 543 页；［加］G. 科凡克斯：《海德格尔论作为原初科学的哲学——出自他1919 年的讲课稿》，蔡祥元译，张祥龙校，《世界哲学》2005 年第 3 期；Espen Hammer, "Adorno's Critique of Heidegger," in eds. Peter E. Gordon, Espen Hammer, Max Pensky, *A Companion to Adorno*, Hoboken: Wiley, 2020, p. 473。——汉译注

种种情绪一样令人费解。论笔在德国遇阻，是因为它唤醒了精神自由。莱布尼茨以来，自从不温不火的启蒙失败之后，即便是在当今形式自由的情况下，精神自由也从未获得过充分发展，反而时刻准备宣称它将臣服于种种外在权威，以此作为自己的真正关切。但无论如何，我们却无法给论笔划定出一个特定领域。与科学地完成什么或艺术地创造什么不同，论笔的种种努力都反映着童心未泯者的洒脱自由，他毫无顾忌地从前人已完成的作品中汲取灵感。论笔体现着它的所憎所爱，却并未追模漫无边际的工作作风，把精神（Geist）呈现为一种凭空（aus dem Nichts / ex nihilo）创造。于论笔而言，运气与游戏至关重要。它并非从亚当与夏娃那里起步，而是始于它想谈论的问题；它在灵光乍现时开始言说，在无话可说时骏马收缰，而并非完全穷尽其所谈主题。因此，论笔被归类为瞎胡闹。它的种种观念并非来自第一原理[1]，也不是要把这些观念丰满成一个终极原理。论笔的种种阐释在语文学上并非一锤定音和谨慎稳妥；根据戒备之心（这种心智已被愚蠢租用，成了对付精神的看门狗）所作出的机械裁断，它们原则上都是过度阐释。出于对否定性的恐惧，主体穿透客观性面具的种种努力均被标记为无用多余。我们知道，事情要比这简单得多。重在阐释者而非接受既成事实或对其分类者成了标戴"黄星星"[2]的家伙，他们在思无成效中浪费着自己的聪明才智，在无可阐释处说三道四。是当尊重事实的熟练工还是做异想天开的梦想家，二者必居其一。但是，禁止表达字面内容中没有的东西并通过这种禁令让人恐惧，则意味着得在人与物自身所具有的错误观念面前妥

---

[1]　"第一原理"（first principle）是来自亚里士多德的一个概念。他认为"在每一个系统的探索中，存在第一原理，它是一个最基本的命题或假设，不能被省略或删除，也不能被违反"。第一原理相当于数学中的公理。——汉译注

[2]　"黄星星"（gelbe Fleck / yellow star）也被称作"黄星布"，是缀有黄色六角星的布条。由两个等边三角形，一上一下连锁而成的六角星形，本是犹太人标志，后来被用作区分犹太人、以示耻辱的象征符号。纳粹横扫欧洲期间，德国占领的波希米亚及摩拉维亚保护国总督法兰克（Hans Frank）首创"黄星布"，上书"犹太人"（Jude），并附六角星，让每个犹太人都佩戴这一识别标志。他的这项建议于1941年8月提出后，当年9月5日即被希特勒核准通过，称为"耻辱牌"（Schandband），随后在所有的德国占领区全面实施。——汉译注

协让步。这样，阐释不过是去掉外壳，然后去挖掘作者想要表达的东西，或者极而言之，去挖掘现象所指涉的个人心理活动。但是，既然人们在任何特定时空点上的所思所感无法确定，那么，按照上述高见也不可能获得实质性的东西。作者的种种冲动在其占有的客观材料中已被赶尽杀绝。不过，为了打开裹藏在每一种精神现象中的客观意义财富，恰恰需要接受者同样的主观幻想参与其中，而这种幻想已以客观规训之名被予以矫正。阐释若不能同时入乎作品之内，就绝不可能从中解读出任何东西。由此形成的阐释标准是阐释与文本、与其自身的兼容性，以及阐释让客体诸元素在相互配合中开口说话的能力。在这里，论笔有了一种类似于审美自主性的东西，很容易被指责为只是衍生于艺术，尽管通过概念这种媒介，并通过主张一种与审美表象无关的真理，它已从艺术那里区分出来。当卢卡奇在致列奥·波普尔（Leo Popper）的信中（以此导读《灵魂与形式》）把论笔称作艺术形式时[1]，他却没能理解这一点。但是，实证主义的基本原理——关于艺术的评论文字绝不能要求它以艺术的方式呈现（亦即绝不能使其形式自主）——也并不比卢卡奇的观点高明。无论何种情况，实证主义的总体趋势都是把每一个可能的客体都确定为研究对象，并让它以僵化的形式对立于主体，这种做法并未超出形式与内容的严格区分——因为在不落入庸俗、不因先验而丢失物本身的情况下，人们就很难剥离开与物的相似性，以非审美的方式谈论审美问题。在实证主义的实践中，内容一旦被固定在"记录语句"[2]的

---

[1]  Vgl. Lukács, *Die Seele und die Formen*, 5 und passim; S. Georg Lukács, "On the Nature and Form of the Essay," in *Soul and Form*, pp. 1-18. ——原注暨英译注

[2]  "记录语句"（Protokollsatz / protocol sentence）是逻辑实证主义（维也纳学派）的代表人物鲁道夫·卡尔纳普（Rudolf Carnap, 1891–1970）在维特根斯坦的《逻辑哲学论》影响之下提出的一个概念，指的是用来记录最初数据的语句，相当于我们现在所说的观察报告。卡尔纳普解释说：这个术语"可以理解为包含科学家（比如一个物理学家或生理学家）经验的基本记录或直接资料的陈述。这个概念暗含了对实际科学活动的简化，似乎日常生活以及实验室中所有的知觉、情感、思想等经验，首先作为'记录'写下来，为接下来的整理提供原始材料"。Rudolf Carnap, *The Unity of Science*, trans. Max Black, London: Kegan Paul, Trench, Trubner & Co. LTD., 1934, pp. 42-43. 转引自赵伟：《重新评价逻辑实证主义——以记录语句争论为视角》，南京大学博士论文，2011 年，第 82 页。——汉译注

模型上，其呈现就应该是中立的，它被假定为约定俗成，且不能被物本身所决定。就科学纯粹派的本能而言，呈现中的每一种表达冲动都会危害客观性，而这种客观性据说会在主体被移除后大大提升。因此，这种表达也使物的本真性深受其害。物对形式的依赖越少，其本真性就越是稳固，尽管形式的标准是看它是否让物变得纯粹且无任何添加物。当科学与学术（Wissenschaft）[1] 精神对诸形式过敏并将其视作种种纯粹的偶然属性时，它已接近于刻板的教条主义精神。实证主义不负责任的草率语言自以为它已把责任写入物中，而对精神之物的反思则成了脑残者的特权。

这些憎恨的产物绝非仅限于谎言。假如论笔拒绝把表层之下的文化产品的开掘作为自己的起点，它就会让自己急不可耐地卷入到提升着市场产品知名度、成功率和影响力的文化企业中。虚构传记（Romanbiographie）与所有依傍于此的相关的商业化写作并非仅仅是堕落的产物，它们也一直在诱惑着形式——一种对虚假的深刻心存疑虑却没能防止它走向熟练的浅薄的形式。即便在圣伯夫（Sainte-Beuve）那里也是如此——现代论笔文类正是起源于他。上到赫伯特·欧伦伯格 [2] 传记剪影（biographical silhouettes）——此为大批文化垃圾的德国原型——之类的种种产品，下至有关伦伯朗、图卢兹－罗特列克 [3] 与《圣经》的各类电影，它们缠绕在一起，已在推动着文化制品转变为商品的中立化进程——在近来的精神史中，这一进程已无可救药地抓住了被"东方集团"称为"遗产"的那种东西。这种进程在斯蒂芬·茨威格那里或许体现得最为明显，他年轻时创作了一些精致的论笔，最终却在论巴尔扎克

---

[1]　Wissenschaft 有"科学"与"学问"两层含义，故英译者把该词译为 science and scholarship。——汉译注

[2]　赫伯特·欧伦伯格（Herbert Eulenberg, 1876-1949），德国诗人与作家，一生写出多部作品。1910 年，出版《剪影者》（Schattenbilder）一书，此为名人传记迷你版的合集。阿多诺这里提及的应该是这部作品。——汉译注

[3]　图卢兹－罗特列克的全名是亨利－马利·雷蒙·德·图卢兹－罗特列克－蒙法（Henri-Marie Raymond de Toulouse-Lautrec-Monfa, 1864-1901），法国后印象派画家、近代海报设计与石版画艺术先驱。——汉译注

的书中堕落到创作个体心理学那里。这种写作并未批评抽象的基本概念、非概念的数据资料或老掉牙的陈词滥调，而是含蓄地因而也以共谋的方式假定了它们的存在。阐释心理学的渣滓与那些来自文化庸人世界观的流行范畴融为一体，那些范畴是"个性"或"非理性"之类的东西。此类论笔把自己误认为报纸副刊的专栏文章，而论笔形式的敌人同样也把专栏文章与论笔混为一谈。被学术不自由的学科强行分离出来之后，精神自由本身也变得不再自由，并为其客户在社会上预先形成的需要提供着服务。"玩忽职守"（它本身作为全部真理的一个方面，还没有在为现状负责中耗尽自己）在既定的意识之需面前证明了自己正当合理；糟糕的论笔如同糟糕的博士论文一样顺应潮流。然而，"尽责尽守"不仅仅是对当局和权力机构彬彬有礼，而且也意味着对事物本身毕恭毕敬。

不过，论笔形式要为如下事实承担一些责任：糟糕的论笔对人说三道四，却对身边的问题无动于衷。科学与学术从艺术中分离出来是不可逆转的。只有天真的文学制造商才看不到这一事实，他以为自己至少是一个组织有方的天才，从而把好端端的艺术作品糟蹋成了一堆坏东西。随着世界在去神话化（Entmythologisierung）的进程中变得客观化，艺术与科学已然分离。有关直觉与概念、形象与符号有可能合为一体的那种意识——假如这种意识曾经存在过的话——并非挥挥魔杖就能被修复起来，而它的复原或许只是向混沌状态的一种回归。这种意识只有作为中介进程的完成状态才是可以想象的；作为乌托邦，它是被康德以来的观念论哲学家以智性直观（intellektuelle Anschauung）之名构想出来的，每当实际知识求助于它时某些方面就出了毛病。无论哲学在什么情况下认为它能借助文学废除客观化的思想及其历史——通常被称作主体与客体的对立——甚至希望存在本身也能把巴门尼德和容尼克尔[1]调和在一起，并以配制而成的诗歌蒙太奇发言，它都开始演变为一种淡乎寡味的文化

---

[1] 路德维希·海因里希·容尼克尔（Ludwig Heinrich Jungnickel），1881 年生于维也纳，画家，手工艺艺术家，以其动物木版画而知名。——汉译注

闲聊。带着一种将自身合理化为原始性（Urtümlichkeit）的村野狡诈，哲学不再向概念思维的职责顶礼膜拜；不过，当它在陈述与判断中使用概念时，它已完成对这种职责的认购。与此同时，哲学的美学元素也仅仅由打过折扣的、二手的追忆与怀旧所组成，它们来自荷尔德林或表现主义，或者也许是来自"新艺术运动"[1]，因为没有任何思想能像原始言说（urtümliche Sagen）的观念让我们相信的那样，能够完全而盲目地把它自己托付给语言。从形象与概念相互施加给对方的暴力中催生了"本真性的黑话"[2]，其中语词随情感而律动，同时却又对感动它们的东西默不作声。语言超越意义的勃勃野心以无意义告终，而实证主义则牢牢抓住了这种无意义；正是通过分享这种实证主义所批评的无意义，人们才助长了实证主义之风——尽管人们自认为比实证主义更为优越。被这些发展迷惑后，还敢在学术与科学那里兴风作浪的语言逐渐类似于装饰艺术，而完全抵制语言的研究者也以否定的方式证明了他对美学的赤胆忠心，他不是把语言降格为数字的单纯释义，而是更倾向于使用图表，从而毫无保留地承认意识的物化。他并未谦卑地向艺术取经，便在图表中为那种物化找到了一种近乎形式的东西。当然，艺术往往与启蒙的主导趋势相互缠绕，以至于从古典时代起，它已把科学上和学术上的种种发现运用到自己的技术中了。但是量变成了质。假如技术在艺术作品中被搞得太绝对；假如这种建设全面展开并铲除了表达方式，亦即铲除了它的对立面和驱动力；假如艺术因此声称自己是直接的科学知识而且只有按科

---

[1]　"新艺术运动"（art nouveau / Jugendstil）是 1890—1910 年兴起于法国、波及欧美多个国家的"装饰艺术"运动，从建筑、家具、产品、首饰、服装、平面设计、书籍插画一直到雕塑和绘画艺术都受到影响。在这场运动中，"整体艺术"的哲学思想在艺术家中甚为流行，他们致力于将视觉艺术的各个方面，包括绘画、雕塑、建筑、平面设计及手工艺等与自然形式融为一体。"新艺术运动"的风格多种多样，甚至称呼该运动的名称也不尽相同。"新艺术"（art nouveau）本是法语词，法国、荷兰、比利时、西班牙、意大利等以此命名，而德国则称之为"青年风格"（Jugendstil）。——汉译注

[2]　"本真性"（Eigentlichkeit / authenticity）是来自海德格尔的术语。除本真性之外，汉译界对此术语还有原真性、本真状态、诚然状态等译法。阿多诺曾写过《本真性的黑话》（*Jargon der Eigentlichkeit / The Jargon of Authenticity*）一书，专门批判海德格尔的存在主义哲学，故此段内容亦涉及海德格尔。——汉译注

学标准衡量才是正确选择，那么，它所认可的那种前艺术的原材料操作（vorkünstlerische Stoffhuberei）就像哲学研讨会上所有的谈论只涉及"存在"（Seyn / Being）那样缺少意义。它正在与物化称兄道弟——而反抗物化曾经是并且现在依然是无功能之艺术的功能，无论这种反抗本身是多么沉默和物化。

然而，虽然艺术与科学在历史的进程中已经分离，但它们之间的对立却不应被实体化。对这两者不合时宜的合并心生厌恶，并没有让一种根据学科划分而被组织起来的文化变得神圣不可侵犯。这些划分尽管有其必然性，却意味着在体制上认可了对完整真理的放弃。纯粹且清洁的理想具有专制秩序的种种标记，而这些理想却为精通永恒价值的本真哲学、无懈可击并被完美规划起来的科学和非概念的直观艺术所进行的事业所共享。精神必须获得资格证书，这样它就不会通过穿越已被确定的文化边界来冒犯官方文化。这里被预设出来的观念是，所有知识都有转变为科学的潜力。那些把前科学意识从科学意识中区分出来的认识论让所有人都认为，这种区分只是程度不同而已。这种可转变性只不过是一种断言，而实际上，活生生的意识从来都没有转变成科学意识——这一事实强调的是这种转变的不牢靠（一种质的差异）。只要简单反思一下意识之旅我们便可知晓，那些洞见（它们绝非随心所欲的预感）完全被科学之网捕获的可能性是多么微乎其微。马歇尔·普鲁斯特的作品——那里面的科学实证主义的元素并不比柏格森著作中的少——试图对人类与社会关系发表必要的且令人信服的洞见，而这些洞见已不能见容于科学与学术，尽管它们对客观性的要求既未减弱，也没有陷入貌似有理。这种客观性的测量不是靠反复试验加以证实，而是通过希望与幻灭保存下来的个体经验（Erfahrung）进行确认。通过回忆过程中的证明或反驳，此类经验将其观察结果凸显出来。但是，这种综合在个体中的统一体（不过整体已在此显现）却无法根据心理学和社会学中各自为政的人员与设备被分配和重组。在科学精神及其渴求之物（这种东西普遍存在，甚至潜藏在艺术家那里）的压力下，普鲁斯特通过模仿于科学的技术（一种实验方法），试图去打捞（或许是修复）曾被认为是有效的知识形态。当个体意识还可以信任自己，当它还没被组织起来的审查制度所吓倒时，这种知识在资产阶级的个人主义时代依然有效。它来自"经验人"（erfahrener Mann），好比现在已经绝种的"文人"。普鲁斯特把这种人构想为艺术业余爱好者（dilettante）的最高形态。恐怕没有谁会认为经验人的观察是微不足道的、偶然的和非理性的而对此不予理会，因为这样的经验只属于他自己，却无法用科学方法加以简单概括。那些偷偷溜过科学之网的个人发现绝对是逃避科学的产物。作为人文科学（Geisteswissenschaft，字面意思是精神科学），它还没有完成它许诺给精神的东西：从内部阐发其作品。那些想在高等学府中学到何谓艺术作品，何谓语言形式、审美特性甚至审美技术的年轻作家，通常只是胡乱学了点有关这方面的知识，或者顶多是从随便什么样的时兴哲学那里拿来现成信息，并多少有些武断地把它运用到正在讨论的作品内容之中。但是，假如转向哲学美学，他又会被林林总总的抽象命题所困扰——这些命题与他想要理解的作品无关，而且实际上也无法体现他正在探究的内容。不过，知识界把艺术与科学和学术一分为二的社会分工，并不能为这种状况承担全部责任；艺术与科学之间的内在界线不能被善良意愿与综合规划丢在一边。更确切地说，从自然统治与物质生产那里义无反顾地模仿而来的那种精神，放弃了它曾征服过的那一阶段（对未来做出承诺的阶段）的追忆，也放弃了相对于僵化的生产关系的那种超越性存在；而当精神涉及其特定的对象时，这种放弃恰恰削弱了它的专业方法。

至于与科学进程的关系以及作为方法的哲学基础，论笔依其理念，已通过批判体系而形成最充分结论。但即便是经验主义的种种学说——它们对开放且无法被预期的经验优先考虑，以此反对固定的概念次序——也依然逗留于体系之中，因为它们处理的知识前提差不多是恒定不变的，并且还在尽可能同质的语境中发展了它们。从培根（他本人就是一位论笔作家）那个时代开始，经验主义就与理性主义一样，已是一种"方法"。在思维领域，实际上正是论笔单独向绝对的方法特权成功提出了质疑。论笔考虑到了非同一性意识，尽管它没有直接表达；通过避免把自己简化为任何一种原理，通过针对整体而去强调部分，通过其断片特征，论笔的非激进姿态显得激进了。

当伟大的蒙田阁下（Sieur de Montaigne）[1] 为其作品冠以极度优雅妥帖的"随笔"（Essay）之名时，也许他感受到了与此类似的东西。这个词易解好懂的谦卑背后是一种高傲的骑士风度。这位随笔作家抛弃了那些有时会让他以为自己已接近了根本问题的自负愿望：毕竟，他不过是为其他人的诗作提供解释，或者顶多是解释一下自己的想法。但反讽的是，他让自己适应了这种渺小，那种因直面生活而从最深奥的思维活动中生发出来的永恒渺小——而且甚至是以反讽式的谦卑强调了这种渺小。[2]

论笔并没有遵守被科学与理论安排得井然有序的游戏规则，按照这种规则，用斯宾诺莎的公式化表述，就是事物的次序等同于观念的次序。[3] 由于严密的概念次序并不等同于存在本身，论笔并不旨在封闭的演绎或归纳结构。它尤其反抗着自柏拉图以来就已根深蒂固的清规戒律，反抗着对短暂性由来已久且极不公正的待遇：瞬息万变和转瞬即逝者不配被哲学谈论。由于这种反抗，它在概念上再次遭到指责。论笔回避着这种教义暴力，进而也对如下观念避而远之：抽象过程的结果亦即概念（相对于被它掌控的个体是不因时间而改变的），应该享有本体论层面的

---

[1]　米歇尔·德·蒙田（Michel de Montaigne, 1533–1592），文艺复兴后期法国思想家，作家，也是 Essai（Essay）一词及其文体的发明者，以《随笔集》（Essais）三卷留名后世。在蒙田使用 Essay 的语境中，笔者以为译作"随笔"是妥当的（参见拙作《作为"论笔"的文学批评——从阿多诺的"论笔体"说起》）。——汉译注

[2]　Georg Lukács, "On the Nature and Form of the Essay," in Soul and Form, pp. 9-10. ——原注暨英译注

[3]　此处涉及荷兰哲学家斯宾诺莎（Baruch de Spinoza, 1632–1677）《伦理学》一书中"卷二"（"论心灵的性质和起源"）的命题七，其完整表述是："观念的次序和联系与事物的次序和联系是相同的。"在"卷二"中，斯宾诺莎从"思想是神的一个属性，或者神是一个能思想的东西"（命题一）谈起，然后通过论证神的观念与事物的观念之间的关系（命题二到命题六），逐渐推导出了这一命题。通常他的这些观点被称为"心物平行论"。参见［荷兰］斯宾诺莎：《伦理学》，贺麟译，北京：商务印书馆 1997 年版，第46—50页。——汉译注

威严尊贵。"观念次序（ordo idearum）即事物次序（ordo rerum）"之所以能蛊惑人心，其根基在于它暗示着"中介即为直接性"。正如没有概念就连最简单的事实也无法被思考一样（因为思考它往往意味着使其概念化），不涉及事实而去思考最纯粹的概念同样也是不可能的。甚至那种有可能独立于时空的幻想之物，无论多么间接，也指向了个体存在。这就是论笔没被蜕化变质的深奥思想（它声称真理与历史互不相容且相互对立）吓倒的原因所在。假如真理实际上拥有一个时间之核，那么，丰富的历史内容就成为它之中的一个完整时刻；如同费希特及其追随者所说的那样，"后天的"要具体地而不只是泛泛地成为"先天的"。[1] 与经验建立联系——论笔赋予经验的思考材料之多堪比传统理论赋予那些纯粹范畴的材料——也就是与整个历史形成关联。仅仅属于个体的经验（意识也源于个体经验，因为二者关系最为紧密），它本身也被包罗万象的历史人类经验中介着。说历史人类经验被中介着而个体自身的经验却未被中介，这种观念纯粹是个人主义的社会与意识形态搞出来的自我欺骗。因此，论笔所挑战的观念是：历史上已经产生的东西不适合成为理论的对象。在"第一哲学"[2] 与文化哲学（假定了第一哲学并依赖于它）之间所形成的区分——这种区分使有关论笔的忌讳在理论上被合理化了——是无法被解救的。那种将短暂与永恒之间的区分经典化的精神法则（Verfahrensweise

---

[1]　"先天的"（a posteriori）与"后天的"（a priori）是来自康德的一对概念。简言之，前者意味着理性天赋的、永恒不变的原则和规则（不需要借助任何人类经验而获得）；后者是指必须借助于特定人类经验所获得的知识。有关"先天的"与"先验的"（transzendental）之区分与讨论，可参考邓晓芒、赵林：《西方哲学史》，北京：高等教育出版社 2005 年版，第 212 页，亦可参考《如何区分康德哲学中的"先天"与"先验"》，https://www.zhihu.com/question/25873949，访问日期：2017 年 10 月 24 日。——汉译注

[2]　"第一哲学"（prima philosophia）即"形而上学"，而"形而上学"则是亚里士多德一部著作的名称，是专门研究"存在"本身以及"存在"凭借自己的本性而具有的那些属性的科学。"形而上学"是后人整理亚氏著作时赋予该科学的名称，"第一哲学"才是亚氏本人的用语。"形而上学"之所以被称为"第一哲学"，是因为当时所有的理论学科（如物理学、生物学等等）都叫哲学（其本义是"爱智慧"），为把研究万事万物终极原因（即第一原因或第一原理）的哲学（形而上学）与研究具体事物的哲学（如物理学）区分开来，并显示它为其他科学奠基的重要性，亚里士多德把它称之为"第一哲学"。——汉译注

des Geistes）正在丧失其权威性。更高水平的抽象既没让思维显得更为圣洁，也没赋予它形而上学的内容；相反，随着抽象的进展，形而上学的内容已开始蒸发，而论笔则试图为它提供一些补偿。论笔是碎片的和杂乱无章的——此为通常的反对意见，该意见假定总体性（Totalität）是给定的，同时，主体与客体的同一性（Identität）也是被给定的，仿佛人们因此能把握住整体。然而，论笔所尝试者，并非从短暂中寻求永恒，进而把它蒸馏提纯；相反，它是想把短暂变成永恒。它的软肋所证明的，正是那个它不得不表达的非同一性（Nichtidentität）。它也证明了意图总是超越于事物之上，并因此证明了被永恒与短暂的世界分类所封堵的那个乌托邦存在。在特征鲜明的论笔中，思想把传统的真理观甩在了一边。

在这种情况下，论笔也悬置了传统的方法概念。思想的深度取决于它穿透事物的深度，而不在于它把事物还原成别的东西的程度。论笔通过处理有可能被认为是派生出来的种种事物而不对其追根溯源，从而让思想具有了一种论战式转向。它在自由选中的对象中与种种事物狭路相逢，又在自由关联中对它们展开思考。它并未坚持越过种种中介——它们均为基于历史事实的中介，整个社会都沉积于此——而是在其对象物中寻求种种真理内容（Wahrheitsgehalte），这些真理内容本身就是历史事实。它并不关心任何"原初所予"（Urgegebenheit），从而去惹怒那个社会化的社会（vergesellschaftete Gesellschaft）[1]，因为这个社会不能容忍没被它盖戳标记的任何事物，尤其不能宽恕那些挑明它无所不在且必然把其实践活动完全消灭的那个自然看作其意识形态的补充内容的东西。论笔默默地放弃了思想可以突破文化（thesei / thesis / culture）领域并且可以回归自然（physei / physis / nature）的幻觉。被固定之物和被确认为派生物的东西迷惑之后，论笔借助于种种产品并通过确证自然不再为人类存

---

[1]　第二个英译本的译者把此说法译作 society's false sociality（社会的虚假社会性），或可参考。参见该书第 99 页。——汉译注

在而开始敬重自然。论笔的亚历山大风格[1]所回应的事实是，正是依靠丁香花与夜莺这样的存在——无论在哪里，普遍之网还没有把它们赶尽杀绝——才让我们相信生命依然充满活力。论笔放弃了通向源始的辉煌之路，这条路只是指向了派生得最厉害的东西——存在（Sein / Being），亦即对已存在之物简单复制的意识形态；但是那种直接性的观念，亦即被假定于中介意义本身中的观念，并没有完全消失。于论笔而言，所有层次的中介在它开始反思之前都是直接的。

正如论笔拒绝了"原初所予"，它也拒绝了对其概念的任何定义。哲学已从各种角度对定义进行了彻底批判——包括来自康德、黑格尔和尼采那里的批判。但是科学从来都没有采纳过这种批判。始于康德并针对现代思想中经院哲学残余的这场运动，用运动进程中诸概念所形成的理解取代了种种字面定义；而那些具体的科学，为防止其操作的安全性受到干扰，却依然坚持履行下定义的前批判职责（vorkritische Verpflichtung）。在这方面，新实证主义者（他们把科学方法称作哲学）与经院哲学可谓情投意合。与此相反，论笔把反体系的冲动纳入自己的步骤之中，并不拘小节地、"直接地"引介那些概念，如同它接受它们时那样。这些概念只有通过它们之间的相互关系才能变得更加精确。而在这里，论笔也得到了来自概念本身的支持。因为正是依靠加工原材料而操作的科学所形成的纯粹迷信才认为概念本身是不清晰的，只有通过下定义才能把它们确定下来。科学需要"心灵白板"（tabula rasa）之类的概念

---

[1]　一般来说，"亚历山大风格"（Alexandrinismus / Alexandrianism）是古希腊亚历山大大帝时代（前356—前323）的作家们形成的一种诗风、文风和理论，其特点是高度藻饰，华丽晦涩。这种风格在挽歌、讽刺短诗、小型史诗、抒情诗等文体中均有体现，甚至冒险进入到了戏剧文体之中。但阿多诺亦曾把"亚历山大风格"定义为"沉浸在传统文本中的阐释"（"On the Final Scene of *Faust*," in *Notes to Literature*, Vol. One, p. 111）。顺便指出：阿多诺的学生瓦尔特 - 布什曾经说过，德文词尾 -mus 并非"主义"之意，而是"方式、风格"等（参见 [瑞士] 埃米尔·瓦尔特 - 布什：《法兰克福学派史——评判理论与政治》，郭力译，北京：社会科学文献出版社2014年版，第180页），故此处宜译作"亚历山大风格"。阿多诺亦强调过把"把 prima philosophia（第一哲学）转换成哲学 Essayismus（论笔体）"的重要性（"The Actuality of Philosophy," in *The Adorno Reader*, ed. Brian O'Connor, Oxford and Malden, MA: Blackwell Publishers Ltd., 2000, p. 37），笔者以为这里的 Essayismus（Essayism）译为"论笔体"较为妥帖，而不宜译作"论说文主义"等。——汉译注

观，才能把其主张巩固成权威，进而把它巩固成坐在第一把交椅上的唯一权力。实际上，所有的概念已通过位于其中的语言被暗中定型了。论笔从这些意义处起步，由于其本质就是语言，它能使意义更加深远；它想在语言与概念的关系中帮助语言，也想在概念被语言不知不觉命名时以反思的方式把握概念。现象学中的意义分析体现了这种意识，但它把概念之于语言的关系拜物化了。论笔像怀疑为概念下定义一样也对这种状况表示怀疑。它理直气壮地接受着这样一种责难：没有人确切知道该如何去理解那些概念。因为论笔意识到，对严格定义的这种渴望一直是用来消灭（通过确定概念意义的规范动作）那些存活在概念中的事物所具有的引人恼怒和充满危险的东西的。但是，论笔既不能在没有一般概念（allgemeine Begriffe）时凑合着过日子——即便是没把概念拜物化的语言，离开概念也一事无成——也不能主观武断地对待它们。因此，与那些把方法从材料中分离出来并对其客观化内容之呈现漠不关心的程序模式相比，论笔更为严肃地对待着呈现之事。表达方式是要在定义被省略时去打捞那种被牺牲掉的精确性，而不是把事物一劳永逸地出卖给概念意义的武断。在这一方面，本雅明是一位无与伦比的大师。然而，这种精确性并不能保持在原子状态。与下定义的操作相比，论笔更加迫切地要求着其种种概念在心智经验（geistige Erfahrung）中的互惠互动，在这些经验中，概念并未构成一个操作的连续统一体。思想并非在单一的方向上踽踽独行；相反，种种要素（die Momente）[1]像在一块地毯中那样经纬交错。思想的丰饶肥沃依靠的是这种纹理的密度。思想者实际上不是在思想，而是让自己在心智经验未被拆分的情况下进入为它搏击的竞技场中。即便这种经验的冲动滋养了传统思想，这种思想还是靠其形式清除了这些冲动的记忆。然而，论笔却把这种经验当作自己的模型，而不仅仅是像反映形式（reflektierte Form）那样对它进行简单模仿。这种经验通过论笔自身的概念组织被中介着；就是说，论笔是无法而法地(methodisch

---

[1] 第二个英译本的译者把此说法译作 the aspects of the argument（观点的种种面向），或可参考。参见该书第 101 页。——汉译注

unmethodisch）行进着。

论笔挪用概念的方式堪比某人在异国他乡的所作所为——他被迫用当地的语言说话，而不是按照他从学校学来的种种规则把各种语言成分拼凑在一起。这种人在没有词典的情况下开始阅读。假如他见同一个词在不断变化的语境中出现了三十次，他就能比他查阅过的所有义项（假如他查过词典的话）更好地确定这个词的含义，因为词典所罗列的意思要不往往太狭窄（考虑到意思的变化取决于变化的语境），要不常常太模糊（考虑到语境会让每一个个案中的意思形成明白无误的细微差别）。就像这种学习容易出错一样，作为形式的论笔也是如此；论笔亲近敞开的心智经验，它必须为此付出的代价是安全感缺失，而这种缺失却让既定的思想规范怕得要死。与其说论笔忽略了不容置疑的确定性，不如说它废除了这种理想。在其发展中而不是在对基本原理贪财猎宝般的迷恋中，论笔超越了自己，变得真实可信了。论笔中的诸种概念接受了隐藏在其自身中的"终点"（terminus ad quem）之光，而不是被任何明显的"起点"（terminus a quo）所照亮；而在这里，正是其方法体现了论笔的乌托邦意图。论笔的所有概念都以如此方式呈现出来，以至它们相互支持，以至每个概念通过它与其他概念的位形（Konfigurationen）在紧密接合中清晰表达。在论笔中，分离的元素既相互抵消又聚合在一起，形成了一个易读有趣的语境；但它既没竖脚手架也没有起高楼。而那些元素通过其自身运动已晶化为一种位形。位形[1]是一种力场（Kraftfeld），正如每一种精神产物在论笔的注视下也必然会转变成一种力场一样。

---

[1] 英译者 Shierry Weber Nicholsen 这里译作 constellation（聚阵结构），但在德语原文中，此处并未出现"聚阵结构"（Konstellation）一词，而是直接说 Jene ist ein Kraftfeld（It is a force field），而it 指代的显然是"位形"（Konfiguration）这个天文学术语。英译者把"位形"译作"聚阵结构"，或许已加入了自己的理解，因为后者也是天文学术语且与前者意思接近。另外说明：国内本雅明研究界习惯上把 Konstellation / constellation 译作"星丛"，而李双志等人译为"聚阵结构"，似更能传达该词含义。参见 [德] 瓦尔特·本雅明：《德意志悲苦剧的起源》，李双志、苏伟译，北京：北京师范大学出版社 2013 年版，第 305 页。——汉译注

## 二

论笔温和地向如下典范发起挑战："清楚明晰的感知"（clara et distincta perceptio）和不容置疑的确定性。大体而言，这可以解释为一种抗议，是对近代西方科学及其理论创建伊始就被笛卡尔的《谈谈方法》（*Discours de la méthode / Discourse on Method*）所确立的四条规则的抗议。其中的第二条规则——把对象分成"尽可能多的部分，并尽可能按其必要性为它提供适当的解决方案"[1]——勾勒了元素分析的轮廓：以此为标志，传统理论把通过分类形成的概念次序等同于存在的结构。但是，种种人工制品（亦即论笔的题材）并未屈从于任何元素分析，而只能从其特定的观念中被建构出来。在这一方面，康德把艺术作品类比为有机体可谓理由充分，虽然与此同时，他坚持反对浪漫派的蒙昧主义，并竭力把它们区分开来。整体不能被具体化为第一原理，如同那些元素（分析的产物）不能被如此操作一样。与这两者相对照，论笔让自己熟悉了互惠互动的观念，此观念如同无法忍受对基本原理的探求一样，也完全不能忍受对那些元素的追寻。特定的要素并非仅仅来自整体，反之亦然。整体是一个单子，也可以不是单子；整体的要素（它们作为要素实际上是概念性的）指向特定的对象（诸种要素聚集于此）之外。但是，论笔并非追着这些要素不放，一直追到它们在特定的对象之外把自己合法化的位置上；假如论笔如此操作，它就会变成一种"单调的无限性"[2]。相反，论笔紧贴着对象的"此时此地"（hic et nunc）运行，直到对象把自己分解成种种要素，它在要素中拥有了自己的生命而并非仅仅作为对象存在。

---

[1] Descartes, Philosophische Werke, ed. Buchenau, Leipzig 1922, Bd. I, S. 15; René Descartes, *A Discourse On Method*, trans. John Veitch (New York: E. P. Dutton, 1951), p. 15. ——原注暨英译注。第二条规则的完整表述（英译）如下：The second, to divide each of the difficulties under examination into as many as possible, and as might be necessary for its adequate solution。——汉译注

[2] "单调的无限性"（schlechte Unendlichkeit）是黑格尔逻辑学的用语，中译一般作"坏的无限性""恶的无限性"或"错的无限性"（此处的两个英译本一者译作 wrong，一者译作 bad）。梁志学先生认为，schlecht 在黑格尔那个时代有两个意思，一是恶的，坏的；二是简单的，单调的。而按照黑格尔的思辨逻辑，应该是后一个意思。故拙译从此译法。参见梁志学：《再释"单调的无限性"》，《中国社会科学报》2016 年 10 月 25 日。——汉译注

　　笛卡尔的第三条规则——"按次序进行我的思考，从最简单和最易认识的对象开始，一点一点地（仿佛一步一步地）上升到较为复杂的认识"——与论笔形式可谓矛盾尖锐，因为论笔始于最复杂的东西，而并非从最简单和已熟悉的东西开始。对于那种正在研习哲学且心中已有那么点哲学观念的人来说，作为形式的论笔将会是上佳的入门指南。他不应该从那些最简单的作家那里开始阅读，绝大部分情况下，那些作家不过是在需要深入开掘处用"常识"（common sense）[1] 做做表面文章；相反，他应该去找那些据说是难度最大的作家，这些人可以把他们的光芒反射在最简单的事物那里，并以一种"面向客观性的思想姿态"把它们照得通体透亮。学生的纯真无邪比成年人的迂腐炫学更为明智，前者觉得发现复杂难解、令人生畏的东西是件再好不过的事情，而后者则晃着手指向思想发出警告：在处理复杂的事情之前，应该先去理解简单的东西，尽管只有复杂之物才对思想构成唯一诱惑。如此延缓知识只能阻碍知识。与这种"可理解性"（Verständlichkeit）的陈词滥调（将真理视作因果关系的观念）截然相反，论笔所要求的在于，人们从一开始就要像事物本身那样去复杂地思考问题；它有助于矫正那种始终由盛行的理性形式陪伴且冥顽不化的原始性（Primitivität）。如果说科学与学术（颠倒黑白是其惯用手法）是在对立的和分裂成单子的现实中将难度和复杂性简化为模型，然后按其貌似真实的材料对这些模型进行区分，那么与此相反，论笔则摆脱了世界是简单的、本质上符合逻辑的这种幻觉——一种非常适合于守护现状的幻觉。论笔的可区分性不是附加的，而就是它自身的媒介。既定的思想很快就能把这种可区分性归因到纯粹的认知主体心理学那里，并认为如此操作，它已清除了其中强制性的东西。实际上，科学与学术自以为是地反对过于复杂，它针对的并不是那种早熟且不可靠的方法，而是针对方法揭示了客体之后那些令人不快的方面。

　　笛卡尔的第四条规则——人们"在任何情况下都要详尽列举，全面考察"，直到"确信无一遗漏"——作为系统思考的最终原则，又原封不

---

[1]　此处及后文几处阿多诺直接使用了英文说法，特此说明，后面不再一一作注。——汉译注

动地重现于康德向亚里士多德那种"狂想式"思考发起的论战中。这条规则符合这样一种指控（如那位教书先生所言）：论笔是无法巨细无遗的。而实际上，每一种对象（尤其是精神对象）都含有无限面向，唯有认知主体的意图能决定这些面向的取舍。只有当这种情况——所处理的对象被用来处理它们的概念充分把握，不能被概念预期的对象一概不留——被事先确定下来时，"全面考察"才是可以成立的。根据这一假定，这条有关单个元素要详尽列举的规则断言，对象能够在天衣无缝的推演系统中呈现出来——这是同一性哲学的一种假定。就像对定义的要求那样，笛卡尔的规则作为实用思维指南的形式（就连经验性的开放科学也要求全面概览与连续呈现），已远比它安身立命的理性主义法则经久耐用。在笛卡尔的哲学中，本该用来监视知识需要的智识良心因此也变得武断——一种"参照系"（frame of reference）的任性专断。为满足方法论之需，也因为整体的貌似可信，这个参照系从一开始就被确认为一种公理体系，但是它却不再能证明自己的有效性和自明性。用德国人的说法，这是一种"规划"（Entwurf）上的任性专断，它不过是在满怀悲伤地寻找存在时隐藏了自己的主观决定。在人们的思想序列中要求连续性，倾向于对客体的内在一致性（它自身的和谐）形成预判。被赋予连续性特征的呈现活动如果不同时把连续性界定为非连续性，那么它将与那些对抗性的材料发生冲突。作为形式的论笔需要使自己不经意地和非理论地意识到，精神层面中完整性（Vollständigkeit）与连续性（Kontinuität）的具体"做法"（modus operandi）[1] 也是一种过时的理论主张，应该予以废除。如果说论笔在美学上抵抗的是鼠目寸光的方法（该方法唯一牵挂的是不遗漏任何东西），那么它所追随的是一种认识论冲动。浪漫主义的断片观念——一种未完成的、通过自我反思而趋向无限的建构——支持这种在观念论（Idealismus）中反观念的动机。甚至在论笔的呈现方式中，它也不可能装得仿佛它已推演出了自己的对象，并且已把有关其对象的话题谈论得一干二净。论笔的自我相对化是内在于其形式之中的：它不得不如此建构

---

[1] 此处的拉丁语为英译者的译法，阿多诺本人用的是词语是 Verfahrungsweise。——汉译注

自己，好像它总是能在任何一个点上戛然而止。它以断片的方式思考，正如实在本身是断片的，而且只有在断裂处或通过那些裂缝而不是把它们掩饰起来，才能发现它的统一性。大一统的逻辑秩序欺骗我们说，被秩序强加上来的东西具有敌对性。非连续性对于论笔至关重要；它的主题往往是被带入停滞状态的一种冲突。当论笔通过概念在事物的力的平行四边形（Kräfteparallelogramm）中的作用来调节概念之间的相互关系时，它也就在那个统辖着其他一切概念的总括性概念（Obergriff）面前抽身而退。论笔的方法明知道总括性概念假装完成的东西无此可能，但它依然试图去做成这件事情。Versuch（尝试或论笔）这个词语，其中思想乌托邦的中的之处，关联着它自身的易错性意识与临时性特征。如历史上多数幸存下来的术语一样，这个术语也暗示着有关形式方面的东西，预示着更值得严肃对待的东西，因为 Versuch 并非有条不紊地进行，而是具有一种意欲在暗中摸索的特征。在不主张总体性到场的情况下，论笔必须让总体性在局部特征中豁亮起来，不管这种特征是被选中的还是仅仅偶然遇到的。无论是在论笔本身进一步的发展中还是在它与其他文章马赛克般的拼接关系中，它都是通过其见识的自我繁殖、确认与限制来纠正见识中孤立且偶发的种种面向，而不是从其见识中抽象出一些典型特征。"于是，论笔把自己与学术论文区分开来。用论笔体写作者其实是一个进行实验的创作者，他把写作对象颠来倒去，质询它、感受它、测试它、彻底反思它、从不同的角度攻击它，用其心灵之眼搜集他之所见，然后在写作过程创造的条件下，把写作对象让他看到的东西诉诸笔端。"[1]在对这种步骤引发的不满（亦即对它能够任性前行的感受）中，可谓真理与非真理同在。所谓真理，是因为论笔实际上无法形成结论，而它如此展示自己的无能仿佛是对自己"先天的"（Apriori）一种戏仿。于是论笔罪责加身，负重而行，而这种罪责实际上要由擦抹了所有武断任性之痕迹的相关形式负责。但与此同时，那种不满也有其非真理之处，因为

---

[1] Max Bense, "Über den Essay und Seine Prosa,"（马克斯·本泽：《关于论笔及其散文》）*Merkur* I: 3 (1947)，p. 418。——原注暨英译注

论笔的聚阵结构（Konstellation）并不是以哲学主观论——它把对象那里的迫切需要转换成了其概念组织的急迫要求——的方式任性存在的。决定论笔的东西是其对象的统一性，以及理论与经验已被迁移到对象那里之后所形成的那个统一性。论笔的开放性并非情感与心境的暧昧开放，是其内容给了它大致轮廓。它抗拒的是那种传世杰作的观念（这种观念本身是对创造物与总体性之理念的一种反映）。它的形式遵循的是批判性思维——人类并非创造者，也绝非什么创造物。论笔总是指向已被创造出来的东西，它没有把自己呈现为创造物，也没有对包罗万象的事物（其总体性或许类似于创造物的总体性）垂涎三尺。论笔的总体性，亦即内在地被构建出来的形式统一性，是一种非总体性的总体性；这种形式上的总体性并未坚持思想与其事物的同一性观点，而这种观点也正是论笔的内容所排斥的。从同一性压迫（Identitätszwang）下解放出来的自由，偶尔也会赋予论笔一些逃避了官方思想的东西——一个无法磨灭的时刻，一种永不褪色的色彩。西美尔著作中的某些外来语——如 Cachet（图章）、Attitude（姿态）[1]——揭示了这种意图，尽管它没用理论的术语进行讨论。

与传统思维想要成为的样子相比，论笔显得更开放也更封闭。它更开放是因为其结构否定了任何体系化的东西，而且它对那种否定的坚持越严格，满足自己的内在需求就会越充分；论笔中还有体系的残余，例如文学研究中充斥着现成且流行的哲学观念，尽管论笔想靠这些残余物受到尊敬，但实际上它们像心理学上的老生常谈一样毫无价值。另一方面，论笔也更封闭，因为它明显是在其呈现的形式处用力。呈现与被呈现之物之间的非同一性意识推动着呈现的不懈努力。只是在这一方面，论笔才类似于艺术。而在其他方面，由于出现在论笔中的概念所带来的不但有其意义而且还有其理论语境，论笔也就必然涉及理论。可以肯定的是，论笔涉及理论像它接近概念一样谨慎小心。它既没有从理论中生硬地演绎出自己——此为卢卡奇所有较晚近的论笔式作品中存在的主要问题——也没有为将来的综合预付定金。它越是努力把自己巩固成理论

---

[1] Cachet、Attitude 均为法语词语。——汉译注

并装着仿佛手中握有点金石，就越会给心智经验带来灾难。但与此同时，就其本质而言，心智经验也在努力追求着这种客观化。这种二律背反反映在论笔之中。正如它从外部吸收着概念和经验，它也同样吸收着相关理论。然而，论笔与它们的关系并非一种"视角"（Standpunkts）关系。假如论笔中视点的缺失不再幼稚可笑并且束缚在对象的突出之处，假如论笔反而把它与其对象的关系用作解药进而消解了开端之处的观念所施的法术，那么，论笔就以戏仿的形式展开针对纯粹"视角"哲学的思想论战，否则的话，这场论战就是无效的。论笔吞没了接近于它的种种理论；它总是倾向于消除意见，包括作为其立论起点的意见。论笔初心未改，依然如故，是出类拔萃的（par excellence）批判形式；作为对种种精神产物的内在批判[1]，也作为对这些产物与其概念的一种对抗，论笔是一种意识形态批判（Ideologiekritik）。

> 论笔是我们精神世界中批判性范畴的一种形式。从事批判活动的人一定要做实验，他必须创造条件并让对象在这种条件下变得重新可见，而且，他必须以不同于创造性作家的方式如此操作；最重要的是，对象的缺陷必须被试验、被检验，这恰恰是对象在批评家手中所经历的细微变化之意义。[2]

当论笔被指控没有自己的视点，并因其不承认任何外在于它的视点而又被指控为相对主义时，某种"现成"的真理观（一种概念的等级制）已在发挥作用，此为不喜欢多重视点的黑格尔所摧毁了的那种观念。在这里，论笔与其极端对立面（绝对知识的哲学）吻合一致。它以反思的方式把独断性整合到自己的操作方法之中而不是把独断性伪装成直接性，想以此治疗思想的独断性。

诚然，黑格尔的观念论哲学也陷入前后矛盾的困境之中，它以固有

---

[1] 内在批判（immanente Kritik / immanent critique，亦英译为 immanent criticism）是阿多诺哲学思想和美学思想中的重要概念，译者曾写过《作为方法的文学批评——阿多诺"内在批评"试解读》（《中国文学批评》2021 年第 1 期），专文谈论，可参考。——汉译注

[2] Max Bense, "Über den Essay und Seine Prosa," p. 420. ——原注暨英译注

的非连续步骤之名批判过那种抽象的总括性概念，亦即纯粹的"结果"，但与此同时，却又以观念论的方式念叨起了辩证方法。由于这一原因，当辩证法谈论自身时，论笔比辩证法更辩证。论笔对黑格尔的逻辑信以为真：总体性的真理既不能与个人判断力直接对抗，也不能把它简化成个人判断力；相反，独特个体的真理主张实际上已到了其非真理显而易见的地步。每一个论笔细节中那些大胆的、可预期的以及还未充分挽回的方面吸引着作为其否定的其他细节；非真理（论笔故意把自己卷入其中）就是其真理赖以存活的元素。非真理当然也栖身于论笔的基本形式中，它关联着文化上的预成形之物和衍生物，仿佛它是一个自在之物。但是，论笔越是积极地悬置第一原理之类的观念，并且越是拒绝捏造文化来自自然，它就越能从根本上认识到文化本身的准自然（naturwüchsig）特征。即便是现在，模糊不清的自然语境（神话）也长存于文化之中，而这正是论笔反思的东西：自然与文化的关系才是论笔的真正主题。论笔不是"还原"文化现象，而是让自己沉浸于它们之中，仿佛沉浸于第二自然（一种次要的直接性），以便以其不屈不挠否定并超越直接性的幻象。与源始哲学一样，论笔也不对文化与位于文化之下的东西之间的差异存有幻想。但是于论笔而言，文化并不是叠加在存在之上并且必须被消灭的附带现象；相反，文化之下是"习俗"（thesei / thesis）本身——某种被建构出来的东西，是虚假的社会。这就是在论笔看来源始与上层建筑同样毫无价值的原因所在。论笔把选择对象的自由，把它享有的相对于事实或理论全部优先权（priorities）的那个主权归功于如下事实：对论笔来说，所有的对象在某种意义上都平等地靠近中心——平等地靠近将其法术施加在所有对象之上的那种原理。论笔并没有美化自己的关切，从而把起源看得比被中介的事物更为源始，因为于它而言，源始性正是它自己要反思的对象，是消极的东西。这种思路与如下局面相映成趣：在虚假的社会化世界中，作为一种精神视点的源始性已变成一个谎言。这种谎言来源于由历史语言中的历史概念提升而成的源始语词，一直延伸到"创意写作"（creative writing）中的学术指令、工艺品小店追逐的源始性、录音机和手指画（finger painting）那里：在上述情形中，教育学的必要性仿佛体现为一种形而上学的美德。波德莱尔反对把自然视为社会保护区的诗歌反叛并没有赦免思想。如今，思想的天堂不过是人造虚设，而论笔则徜徉其中。因为按照黑格尔的格言，天地之间，没有被中介的东西绝无存在的可能，只有在被中介中或通过被中介之物，思想才能忠实于直接性观念；相反，思想一旦试图直接抓住非中介，它就成了中介的牺牲品。论笔狡猾地把自己锚定在文本之中，好像文本就在那里并拥有权威。就这样，在没被第一原理忽悠的情况下，论笔找到了它自己的立足之地，无论它多么可疑，堪比早期宗教文本中的神学注释。不过，论笔的趋向与神学恰好相反——那是一种批判冲动：通过让文本面对它们自己强调的概念，面对每个文本都指望得到的真理（即便它无此打算），然后去粉碎文化的各种要求，并且推动文化去留心它自己的非真理，留心种种意识形态幻象——正是在这一幻象中，文化揭示出自身被自然所奴役。在论笔的注视下，第二自然意识到自己是第一自然。

假如论笔的真理之力源自非真理，那么，就不应在其无耻与被禁元素的对立面寻找真理，而是在那些元素本身中寻觅，在论笔的流动性中寻觅——论笔缺乏科学所要求的那种稳定性，而科学则把对稳定性的要求从财产关系转移到了精神中。那些认为必须保护精神以使其免遭稳定性缺失的人是精神之敌：精神一旦获得解放，它本身就是流动的。精神一旦想得到不只是既存之物的行政式重复和被控式呈现，它似乎也就显山露水；真理被游戏抛弃之后只不过是同义反复。因此在历史上，论笔也与修辞术（Rhetorik）有关，从培根与笛卡尔开始，修辞术就是科学意识总想干掉的东西，直到它在科学时代恰如其分地堕落成一种独特的（sui generis）科学——传播学。当然，也许修辞术从来就是适应于传播语言的一种思想形式。这种思想旨在非中介的东西——受众的替代性满足。正是在其呈现的自主性中——这种自主性将论笔与科学和学术信息区分开来——论笔保留了传播元素的痕迹，而这些痕迹已被科学和学术信息所摒弃。在论笔中，修辞试图提供给受众的满足被升华为一种自由面对客体的快乐观，与客体仿佛被残忍整合进观念次序中相比，这种自由能给客体提供更多本属于它自己的东西。反对一切拟人化观念的科学意识往往与现实原则结盟，并像后者一样与快乐相敌对。尽管快乐总被认为是对自然的全部统治目标，但它也总被设想为是向纯粹自然的一种退化。这种情况一路走来，直到最高哲学那里都清晰可见，甚至包括康德与黑格尔的哲学。这些哲学在理性的绝对理念中满怀痛苦，但与此同时，每当理性把公认的价值相对化（relativizes）[1] 时，它们又总是把理性诋毁成傲慢无礼。与这种趋向相反，论笔把诡辩术的因素抢救了出来。官方批评思想中对快乐的敌意尤其体现在康德的先验辩证法中，它想让知解力[2] 与思辨之间的分界线永世长存，并像典型的隐喻所表达的那样，防止思想"在可以理解的领域中闲庭信步"。既然在康德看来，自我批判的理性本该牢牢脚踏实地，本该真的让自己落地生根，那么，它就得遂其天性，封闭自己，远离一切新鲜之事，把好奇心——思想的快乐原则，也是存在主义本体论所诋毁的东西——拒之千里。这样，按其思考内容，被康德视为理性目标、人类创造物和乌托邦的东西，就被他的思想形式（即认识论）挡在了门外。这种认识论不允许理性越过经验王国；在纯粹材料和不变范畴的机械作用下，经验已萎缩成永久既成之物。但是，论笔的对象作为名副其实的新东西确实新颖，不像那些能被转换回去的现存形式那样陈腐。通过反思对象而不是去肢解它，论笔默默地悲叹着这一事实：真理已背叛快乐因而也背叛了与快乐相伴的它自己，而这种悲叹又激起了直接针对论笔的雷霆之怒。正如许多音乐特性在自主性音乐中出现了功能性转变，论笔中有关传播的说服性因素也疏远了它的初始目标，变成了呈现本身的纯粹决断，变成了其结构中的强迫性元素——它的目标不在于复制对象，而在于从其概念的"碎片"（membra disjecta）中重构对象。有失体统的转折过渡——例如自由联想、语词含混以及逻辑综合中的轻松一刻，都使它变得易于接受，并让听者在演讲者的意志面前乖乖就犯——凡此种种已与论笔中的真理内容融为一体。这种过渡

---

[1]　第二个英译本这里译作 it challenges established system of values（理性挑战了既定的价值体系），可参考。参见该书第 108 页。——汉译注

[2]　知解力（Verstand）是康德用语，以前通常译为"悟性"。朱光潜先生认为译作"悟性"有违康德原意，应该翻译为"知解力"。——汉译注

拒绝刻板的演绎，以便实现诸元素之间的交叉连接——这种交叉连接在推理逻辑中无处容身。论笔使用含糊之辞既不是因为吊儿郎当马大哈，也不是不知道它们违反了科学禁令，而是要澄清如下事实（对模糊之辞进行批判只是对意义的单纯区分，却很难把这种澄清落实下去）：当一个语词涉及不同的事物时，这些不同并非截然分明；无论怎样藏而不露，语词的统一性都指向了事物内在的统一性。然而，这种统一性不应被误认为语言学上的亲和性，如同当代复原主义哲学（restaurative Philosophie）所实践的那样。在这里，论笔也近似于音乐逻辑，那种严格的但又不使用概念的过渡艺术，以便为表达的语言挪用某些它在推理逻辑统治下被迫放弃的东西——这种逻辑虽然无可回避，但论笔在其形式之内却能通过主观表达的强力以智取胜。因为论笔并非单纯站在推理程序的对立面。它不是不合逻辑，而是在其相关命题必须组合成有机整体的情况下遵循着逻辑标准。纯粹的矛盾不可能被保留下来，除非让这些矛盾成为客体本身的附属物。但是论笔并不是按照逻辑推理去拓展自己的思路的。它既不依靠某种原理做推演，也不根据合乎逻辑的个别观察资料下结论。论笔是在整合元素而并非服而从之；而且，唯有其内容的本质（而不是它被呈现的方式）才能与逻辑标准相匹配。与冷漠地传递着现成内容的诸种形式相比，论笔比传统思想更具活力，原因在于呈现与被呈现内容之间的那种张力。但与此同时，作为一个被构造出来的多元并置体，论笔也更为静止不变。除了论笔的静态性把张力关系带到了停滞状态之外，它与形象的亲密关系也仅在于此。论笔作家思路中那种低调的柔韧与灵活促使它走向比推理思维更强大的思维强度之中，因为论笔不是像推理思维那样盲目而自动地行进，而是在每个时刻都要反思自己。这种反思不仅扩展到它与既定思想的关系那里，而且延伸至它与修辞和传播的交往之中。倘非如此，把自己想象得高于科学的论笔就会变成徒劳无益的前科学。

论笔的现实意义就在它的不合时宜之中。与从前相比，它在这个时代更不受待见。一方面，它在组织得井然有序的科学与学术体系之间被碾得粉碎——在这种体系中，人人都认为他能指使每个人驾驭每件事，

并把不适合当前共识的所有事物排除在外，如此这般，却还被假惺惺地
夸成很"直观"或挺"刺激"；而另一方面，它也被哲学碾得粉碎——
哲学不得不设法对付空洞与抽象的残羹冷炙，那是还没被科研活动接管
的东西，这样一来，这些残羹冷炙也就成为哲学的二级活动对象。然
而，论笔关心的是其对象中被遮蔽的东西。它想用概念炸开其对象中不
能被概念容纳的方面，并通过概念相互缠绕的种种矛盾，把揭示出来的
概念的客观性之网仅为主观安排的这一事实一并炸开。它想践行者，是
让不透明之物两极分化并释放其潜力。它所努力者，是把时空中已被确
定的内容凝固定形；它以如此方式将诸概念编织在一起，以至于可以设
想为它们自身也在对象中相互交织，亲密无间。它摆脱了自打《会饮篇》
（*Symposium*）中定义以来就已被理念接管下来的属性规定：所谓"永世
存在，不生不灭，不增不减"，是"永恒一致的自在自为之物"。[1] 可是，
因为论笔没有屈服于存在之重，没有在不过尔尔之物面前俯首称臣，它
还逗留在理念之中。不过，论笔对所存在者形成判断，其依据不是永恒
之物，而是尼采晚期思想中狂热的残篇断简：

> 假如我们肯定了一个独一无二的时刻，我们因此肯定的就不只
> 是我们自己，而且还有整个存在。因为没有任何东西是自给自足的，
> 我们自身没有，事物中也没有：而假如我们的灵魂仅有一次因幸福而
> 颤抖，就像拨响了竖琴琴弦，那么，这一事件的形成都离不开所有永
> 恒性的支撑——而在这个被肯定的唯一时刻，所有永恒性也得到了认
> 可、拯救、辩护和肯定。[2]

---

[1] 阿多诺在这里并未作注。查《会饮篇》，柏拉图此处是在谈论"绝对美"（相当于"理念"），
按朱光潜先生译法，这里的完整表述是这样的："这种美是永恒的，无始无终，不生不灭，不增不减
的。……它只是永恒地自存自在，以形式的整一永与它自身同一。"此处翻译借鉴了朱先生部分译
法。参见［古希腊］柏拉图：《柏拉图文艺对话集》，朱光潜译，北京：人民文学出版社 1963 年版，
第 272 页。——汉译注

[2] Friedrich Nietzsche, *Werke*, Bd. 10, Leipzig 1906, S. 206 (Der Wille zur Macht Ⅱ, § 1032).
Friedrich Nietzsche, *The Will to Power*, trans. W. Kaufmann and R. J. Hollingdale (London: Weidenfeld and
Nicolson, 1968), pp. 532-33. 中译文参见［德］弗里德里希·尼采：《权力意志——重估一切价值的尝试》，
张念东、凌素心译，北京：商务印书馆 1991 年版，第 671—672 页。——原注、英译注暨汉译注

只可惜，论笔连这样的辩护和肯定也不相信。对于尼采来说那种极为神圣的幸福，论笔除了"否定"再无任何其他名称。即便是那些最高的精神显示，即便它们表达了这种幸福，只要它们停留在纯粹的精神层面，也往往因阻挠幸福而深感内疚。因此，论笔内心最深处的形式法则就是离经叛道（Ketzerei），通过违背思想的正统观念，原本是正统观念的机密和客观上意在隐匿的东西，都在客体中变得显而易见了。

2017 年 9 月 24 日—10 月 28 日初译

2018 年 8 月校译

2021 年 5 月再校

# 关于诗与社会的讲演[1]

一

这个关于诗与社会的演讲预告可能会让你们当中的很多人感到无所适从。你们会期望对任何所得之物进行社会学分析，就像五十年前人们用心理学、三十年前用现象学一样。你们会怀疑对作品创作条件及其效果的考察将会冒失地侵占作品如其所是的经验之位，而社会学的分类和关联则会抑制对对象本身真伪的洞察。你们会怀疑一个知识分子会犯下黑格尔指责的"形式理解"（der formelle Verstand）所犯的错误，即在思考作品整体时他总是站在所谈论的个体存在之上，也就是说，他压根没

[1]　《关于诗与社会的讲演》（"Rede über Lyrik und Gesellschaft"）原本是阿多诺在"美国占领区广播电台"（Rundfunk im amerikanischen Sektor，缩写为 RIAS，是"冷战"期间美国设在西柏林美国占领区的广播电台和电视台，建于"二战"结束后的1946年，以向柏林附近的德国居民提供新闻和政治报道为主，亦有评论和文艺节目）发表的一次广播讲话，后经多次修改，发表于《强音》（Akzente）1957年第1期，并被收入《文学笔记》第1卷，最终进入《阿多诺文集》（Gesammelte Schriften: Noten zur Literatur, Bd. 11, Frankfurt am Main: Suhrkamp Verlag, 1974, S. 49-68）。该文现有两个英译本：（1）《抒情诗与社会》（"Lyric Poetry and Society," trans. Bruce Mayo, in Telos Summer 1974, pp. 56-71）；（2）《论抒情诗与社会》（"On Lyric Poetry and Society," in Notes to Literature, Vol. One, trans. Shierry Weber Nicholsen, New York: Columbia University Press, 1991, pp. 37-54）。本文根据第二个英译本并参考第一个英本译出，关键用词、术语及疑难之处核对了德语原文，亦参考了方维规教授对该文的节译：《关于诗与社会的讲演》（方维规主编：《文学社会学新编》，北京：北京师范大学出版社2011年版，第256—262页）。本文的初译稿是由多位硕、博士生同学（丛子钰、高竞闻、舒翔、何嫄、廖梓君、朱彩莲、邹真吾、管含、钟大禄）在读书会（2020—2021学年）上分别翻译并集体讨论而成，最后由赵勇、高竞闻、舒翔分别校译并由赵勇统稿。需要说明的是，方维规教授认为德语词"Lyrik"虽有"抒情诗"的义项，但在德语中，它的首选义项是"诗"，阿多诺在这里谈的也是"诗"而不是"抒情诗"，英译为"Lyric Poetry"是误译。本文译者认同此说，并把英译中的"Lyric Poetry"等等译法改回到了德语原文的"诗"或"诗歌"上，特此说明并致谢！

有看到个体存在，而只是给它贴上了标签。就诗而言，这种方法对你们来说会显得尤其煎熬。最精微、最脆弱的东西却要被喧嚣所侵蚀，与骚动相结合，但起码在传统意义的诗之理想中，它们是不受喧嚣与骚动影响的。表达领域——其本质在于它不承认社会化的力量 [1]：要么拒绝看到它，要么像波德莱尔和尼采所说的那样通过距离的惆怅 [2] 去克服它——一定会被社会学家傲慢地变成它所自知的相反的东西。也许你们会问，除了一个艺术门外汉（amusischer Mensch），还有谁能谈论诗和社会呢？

显然，要化解这种疑虑，就不能把诗歌作品滥用为社会学命题（soziologische Thesen）的展示对象，而要在作品自身与社会的联系中揭示出其品质的根本特性。诗与社会的关系不应该远离艺术作品，而应该更深地入乎其内。不过只要稍加思考就会明白，这确实是理当如此。因为一首诗的内容不仅仅是个人冲动和经验的表达。只有当这些冲动和经验凭借被赋予的特殊审美形式参与到普遍的事物中时，它们才成为艺术问题。并不是说诗所表达的必然直接等同于人人所体验的。它的普遍性并非众意（volonté de tous） [3]，不只是传递别人无法表达的内容而得出的普

---

[1]　第一个英译本的译者布鲁斯·马约直接把此处的"社会化的力量"（the power of socialization）译为"the power of social organization"（社会组织力量）之后注释道：阿多诺所谓的"Die Macht der Vergesellschaftung"，是指将社会结构组织化、理性化和"社会化"的力量。在社会学的意义上，"Vergesellschaftung"指的是历史早期阶段有机的人类群落转变到现代工业社会那种理性的、目的导向的（purpose-oriented）、不够人性化的特征上来。此文的后面有"社会化的社会"（vergesellschaftete Gesellschaft）一说，其中的"社会化"亦可作如是观。——汉译注

[2]　"距离的惆怅"（Pathos der Distanz / pathos of distance，一译"距离的悲情"）这一说法来自尼采，他认为主人和奴隶之间的区别是本质上的区别，而不是主人被认为与奴隶本质上有不同的地位，此谓"距离的惆怅"。此概念后由詹姆斯·胡内克于 1913 年重新思考，由罗兰·巴尔特在 1970 年代重新应用。阿多诺在后文及另一篇文章《施特凡·格奥尔格》（Cf. Theodor W. Adorno, "Stefan George," in Notes to Literature, Volume Two, trans. Shierry Weber Nicholsen, New York: Columbia University Press, 1991, p. 179）里都用它分析过格奥尔格的诗作。——汉译注

[3]　"众意"是卢梭在《社会契约论》中提出的概念。卢梭把意志分为四种：一是个别意志（volonté particulière），二是团体的意志（volontè de corps），三是众意（volontè dc tous），四是公意（volonté générale）。其中，"众意"与"公意"二者概念相似但又有所不同。前者指所有人的意志的总和，这种意志是众说纷纭、各不相同的；后者则是指这些诸多意志中那些共通的一般性的东西。公意的"公"字即 générale，其首要的义项为"概括的""一般的""普遍的""通常的"，与"众"的累积、叠加之意有所不同。——汉译注

遍性。相反，通过沉浸于个人的形式，通过显示出一些未被扭曲、未被把握以及尚未被包含的东西，诗被提升至普遍状态。因此，它预见了一种精神状况，在这种状况下，没有什么虚假的普遍性(亦即极端的特殊性)能继续给除了它自身以外的东西——也就是人——披枷戴锁。诗歌作品所希望者，是通过毫无保留的个性化而获得普遍性。然而，诗歌所特有的风险在于，其个性化原则从来不能保证会产生出某种约束力和本真性的东西。它无力阻止自己陷入赤裸裸的、支离破碎的存在之中。

然而，诗的内容的普遍性，在本质上是社会性的，只有在诗之孤独中听到全人类的声音时，人们才能理解诗在说什么；事实上，甚至诗的语言自身的孤独感也是由个人主义的乃至原子化的社会所设定的，正如从反面看，它的总体力量取决于自身个性化的程度。职是之故，反思艺术作品理所应当，具体探究其社会内容也义不容辞，而仅仅满足于对某种普遍宽泛之物的模糊感觉则大可不必。这种思考进路并不是疏远艺术的、表面的反思；相反，它是所有语言作品所要求的。语言作品本身的材料亦即概念，并非只是在凝神静观的范围内。为了能够审美地观照，也要对概念进行充分思考，而一旦思考被诗歌发动起来，它就不会按照诗歌的命令而中止。

但是，这样的思考——对诗的社会阐释，就像对所有的艺术作品进行的阐释那样——不能直接聚焦于作品或其作者所谓的"社会位置"或"社会利益"。相反，它必须进行探索的是，一个社会的**整体**(das Ganze)作为一个充满矛盾的统一体如何在艺术作品中显现出来？艺术作品是以何种方式受到社会制约又以何种方式对它进行超越的？用哲学的术语来说，阐释的方法必须是内在的。社会的种种概念不宜从外部运用于作品之中，而是要通过对作品本身的严格考量把它们提取出来。歌德在《格言和反思》(Maximen und Reflexionen)中说过，你不理解的东西，也就无法拥有。这句话不仅适用于人们与艺术作品的审美关系，而且也适用于美学理论：任何不在作品中、不属于自身形式的东西，都无权决定那些已经进入诗歌的内容呈现何种社会意义。当然，要确定这一点，就既需要了解艺术作品内部，也需要认识外部社会。但是，这些知识只有在完全沉浸于某事而又重新发现自己时才能派上用场。我们需要特别警惕如今被七拉八扯到让人难以忍受的意识形态概念。因为意识形态不真实，是虚假意识，是谎言。它在艺术作品的不成功之处，在其自身的虚假中显山露水，是被批评痛斥的对象。伟大的艺术作品，其本质在于塑造（Gestaltung），且只有通过这种塑造，现实中存在的主要矛盾才有被调和的可能。然而，如果背地里说这样的作品就是意识形态，不仅无法公正地对待其真理内容（Wahrheitsgehalt），而且也歪曲了意识形态这一概念。这一概念并不主张所有的精神都只是为某些人服务，以便将某些特殊价值错误地呈现为普遍价值；相反，它打算揭开某种虚假精神的面具，同时理解其必然性。不过，艺术作品的伟大之处，恰恰在于它们表达了意识形态所掩盖的东西。无论是有意还是无意，它们的成功都是对虚假意识的超越。

让我接着你们的疑虑往下说。你们觉得诗是一种与社会相对立的、完全个体化的东西。你们坚持认为诗歌应该保持这样的状态：它的表达摆脱了现实的重压，唤起了一种生活图景——免于主流实践以及功利性的强迫，免于一味地自我保护的压力。然而，这种要求，亦即这种对诗歌处子之辞（das jungfräuliche Wort）的要求，本身就是社会性的。它暗示着对一种社会境况的抗议，每个人都领受过这种境况——敌对、陌生、冷漠、压抑，而这种境况反过来又烙印在诗歌作品上：社会境况对诗歌作品的压迫越重，作品对它的抵制就越是坚决——拒绝向他律俯首称臣，只按自己的法则来建构自己。作品与赤裸存在（das bloße Dasein）的距离成了衡量这个世界虚假与邪恶的尺度。作为对这些境况的抗议，诗歌表达了对一个世界的梦想，在这个世界里，事情将会有所不同。诗之精神对物之强权的特异反应（Idiosynkrasie）是一种反抗形式——反抗自现代社会发端以来（亦即自工业革命成为生活的主导力量以来）滋长蔓延的世界物化以及商品对人类的统治。里尔克（Rainer Maria Rilke）的"拜物狂"（Dingkult）——如其"物诗"（Dinggedichte）中所见——也处在这种特异反应的魔咒之下，他试图将异物（fremde Dinge）纳入并消解到纯粹的主观表达中，以便赋予其异质性（Fremdheit）形而上学的赞美。这种"拜物狂"的审美偏好，其故弄玄虚的做法，以及宗教与工艺美术的杂糅，同时也揭示了物化的真正威力，它再也不能被诗的光晕（Aura）镶金镀银并被赋予意义了。

当人们说诗的概念——在某种意义上，它对于我们就是第二自然——是完全现代的观念时，那只是用另一种方式说出了刚才讲到的对诗的社会本质的洞察。类似地，风景画及其"自然"观念在现代才有了自觉发展。我知道我有些夸大其词，你们可以举出许多反例。最有说服力的应该是萨福（Sappho）[1]。我就不讨论中文、日文和阿拉伯文诗歌了，因为我看不懂原文，而且我怀疑翻译已让它们进入了一种适应机制，使得充分理解完全不可能了。但是我们熟悉的表达方式，在旧时代特定意义上的诗歌精神，却也只是光芒散乱，就像较古老绘画中的背景有时预示着风景画的观念一样。它们没有将其确立为一种形式。在文学史上被归为诗人的那些远古时期的伟大作家，比如品达（Pindar）[2]和阿尔卡埃乌斯（Alcaeus）[3]，但也包括瓦尔特·冯·德·沃格尔韦德[4]的大部分作品，都与我们对诗的首要印象相去甚远。他们缺少那种直接性和非物质性的特征，而无论对错，我们都已习惯于将其视为诗的标准，只有经过严格的教育我们才能越过这些观念。

我们可以在历史层面拓宽诗的概念，也可以用它来批评个人主义的势力范围，但是我首先要说的是，我们所指的诗越是"纯粹"，就越能见

---

[1]　萨福（Σαπφώ，前630—前570），古希腊抒情诗人，一生写过不少情诗、婚歌、颂神诗、铭辞等。著有诗集九卷，大部分已散佚，现仅存一首完篇、三首几近完篇的诗作以及若干残篇，周作人早年曾译介她的诗歌。在古希腊文学中被誉为"第十位缪斯"和"女诗人"。——汉译注

[2]　品达（Πίνδαρος，前518—前438），古希腊抒情诗人，被后世学者认为居九大抒情诗人之首。当时，希腊盛行体育竞技，竞技活动又和敬神的节日结合在一起，品达在诗中歌颂奥林匹克运动会及其他泛希腊运动会上的竞技胜利者和他们的城邦。他写过十七卷诗，只传下四卷。——汉译注

[3]　密提林的阿尔卡埃乌斯（Ἀλκαῖος ὁ Μυτιληναῖος，Alcaeus of Mytilene，前620—?），古希腊抒情诗人，被归入九大抒情诗人之列，和萨福一样来自莱斯博斯岛并与她相识，据说是她的爱人。发明了Alcaic stanza（一种诗歌体式），主要作品是爱情歌曲、酒歌和对神的赞美诗。——汉译注

[4]　瓦尔特·冯·德·沃格尔韦德（Walther von der Vogelweide，1170—1230），德语恋歌作家，用中古高地德语创作并演唱情歌和政治歌曲，是歌德以前最伟大的德国抒情诗人。其上百首情歌被认为是中世纪德国恋歌的巅峰之作，为宫廷爱情的传统注入了新的活力。——汉译注

出其内在的**断裂**因素。诗中发出声音的"我",将自身定义和表达为集体和客观性的对立面;诗中之"我"并没有突然与它的表达所指向的自然合为一体。可以说,它已经失去了这种自然,因而试图通过生气灌注(Beseelung)和沉浸于"我"而使其魂兮归来。自然因人类统治而被夺走的权利,只有通过人性化才能恢复。即使是那些既无任何常规的和具体的存在之痕迹,也无粗野的物质性(krude Stofflichkeit)凸显其中的诗歌作品,它们被我们的语言奉为至高境界,其威望也要归功于一种力量,"我"通过这种力量摆脱了异化,唤醒了自然的意象。它们的纯主观性以及看似天衣无缝、融洽和谐的一面,却证明了相反的情况,即对与主体相斥之存在(das subjektfremde Dasein)的痛与爱——的确,诗歌作品的和谐实际上不过是这种痛和爱的相互协调。在歌德的《流浪者的夜歌》(Wanderers Nachtlied)中,"等着吧,稍后 / 你也将要安息"(Warte nur, balde / ruhest du auch)这句诗甚至就有一种慰藉之态:它的深邃之美离不开它所隐含的信息:一个拒绝安宁的世界意象。只有这首诗的音调同它的悲情产生共鸣时,诗歌才坚持安宁依然存在。人们几乎想用"唉,我已倦于扰攘和奔波"[1]这句诗——出自另一首同名的姊妹篇诗作[2]——来理解《流浪者的夜歌》。当然,后一首诗的伟大之处在于它并没有指明异化与不安之事,诗中客体之不安也没有与主体对立:相反,是主体自身的不安在诗中震颤。被允诺的第二种直接性(zweite Unmittelbarkeit)是:人性亦即语言本身似乎又一次开始创世,而一切外在的事物都在灵魂的回响中渐行渐远。然而,这不仅仅是一种幻觉,而就是全部真相,因为通过语言表达的那种惬意的疲倦,渴望的,甚至是死亡的阴影,仍然笼罩

---

[1]　此处的德语原文是:"Ach, ich bin des Treibens müde",采用了梁宗岱之译。参见黄建华编:《梁宗岱译作选》,北京:商务印书馆 2019 年版,第 112 页。——汉译注

[2]　这两首同题的诗,并不是相连贯的。第一首诗作于 1776 年 2 月 12 日之夕,经一度家庭口角之后。诗成,歌德立即寄给他一生最倚重的女友石坦安夫人。第二首是 1783 年 9 月 3 日夜里,用铅笔写在伊门脑林巅一间猎屋的板壁上。1831 年 8 月 26 日,歌德快 82 岁了,距他的死期仅数月,他一鼓作气直登伊门脑旧游处,重见他 38 年前写下的诗句,不禁潸然泪中,反复沉吟道:"等着罢:俄顷,你也要安静。"——以上采用了梁宗岱译者注中的文字。参见莎士比亚等:《一切的峰顶》,梁宗岱译,刘志侠校注,北京:中央编译出版社 2006 年版,第 133 页。——汉译注

在抚慰（Versöhnung）之上。在"稍后"这句诗中，整个生命，带着忧伤的神秘微笑，浓缩成了一个人入睡前的短暂时刻。安宁的音调也证明了一个事实：如果没有梦之破灭，安宁就无法实现。阴影无力控制生命的形象回归它自己，但作为对生命变形的最后提醒，它在轻盈的歌谣之下让梦具有了沉重的深度。面对安息的自然，面对与人类相关的一切痕迹都已被抹去的自然，主体开始意识到自己的渺小。不知不觉中，无声无息地，讽刺轻触了这首诗的慰藉之处：长眠不醒之前的几秒钟，正是将我们短暂的生与死分开的那几秒钟。在歌德之后，这种高雅的讽刺就降低成一种恶意的讥讽。但它始终是资产阶级的：被解放主体（das befreite Subjekt）之地位提升的阴影是主体退化为可交换之物，退化为仅为他物存在的东西，退化为我们对个性的询问："听着，你究竟是谁？"然而，"夜歌"的本真性在于它所处的那个时刻：破坏性力量的背景把它排除在游戏之外，而破坏性力量对于抚慰的平和之力（gewaltlose Macht）却无能为力。人们常说，一首完美的诗必须具有总体性或普遍性，必须在局部中呈现整体，在有限内揭示无限。如果这种说法不再仅仅是一种美学的陈词滥调——象征的概念往往被当成了灵丹妙药——这就意味着在每首诗中，主体与客体、个人与社会的历史关系都必定是在主体精神回归自身的媒介中沉淀析出。诗歌越是避开"我"与社会的关系，这种关系就越是不由自主地在诗中结晶，而这一沉淀的过程也就越是完美。

你们可能会指责我说，我因为害怕粗糙的唯社会学论（Soziologismus），所以在上述界定中把诗和社会的关系升华得如此之高，以至于它实际上一无所有；正是诗中的非社会性如今成了社会性所在。你们可能会让我想起古斯塔夫·多雷[1]讽刺漫画中的极端反对派议员，他在赞颂"旧制度"[2]时高喊道："先生们，1789年的大革命除了路易十六，我们还能感谢谁呢？"你们可以把这个说法应用到我对诗与社会的看法中。你们可

---

[1]　古斯塔夫·多雷（Gustave Doré, 1832–1883），19世纪法国著名版画家、雕刻家和插图作家，为《圣经》以及拉伯雷、巴尔扎克、但丁、弥尔顿、塞万提斯等作家的作品画了很多插图。——汉译注

[2]　这里的"旧制度"（ancien régime）是指法国大革命之前的法国政治和社会制度。——汉译注

以说，在我看来，社会扮演的角色是那个被处死的国王，而诗则扮演他的对手；但是你们说，诗很少能从社会角度来解释，正如革命的成就不能归功于那个被革掉了命的君主，而假如他不是愚不可及，革命可能就不会在那时爆发。多雷画的议员是否真的如这个漫画家所嘲弄的那样，只是一个愚蠢的、玩世不恭的宣传能手，还是说他无意中开的玩笑比常识所承认的更有道理，这个问题还未可知；黑格尔的历史哲学或许能为他做出很多辩护。然而，这种比较并不十分恰当。诗是不能从社会中推演出来的；诗的社会内容恰恰是从诗中自发形成，而并非简单产生于当时既定的社会状况。但是哲学（依然是黑格尔的哲学）所熟悉的思辨命题是，个别通过普遍来体现，反之亦然。这意味着，即便是对社会压力的抵抗也不是绝对的个人行为；而是客观的力量在个人之中通过个体及其自发性，以艺术的方式川流涌动，这些力量促使一个已经收紧和正在收紧的社会状况超越自身，走向一个人道的社会；也就是说，这些力量是整体构成的一部分，而绝不仅仅是盲目地反对社会的僵化的个体性力量。如果诗的内涵确实因为其主观性而被视为一种更客观的东西——否则，人们就无法解释诗能够成为一种艺术类型这一最简单的事实，即它除了是诗人的独白，还能对人们产生影响——那么，这仅仅是因为诗歌艺术作品返回自我、沉入自我、远离社会表层的过程都是由社会所激发的，这一点连作者都未察觉。而这一过程的媒介则是语言。诗歌作品特有的悖论，即主观变客观，与语言形式在诗中的优先性息息相关；而语言在整个文学（即便是在小说等叙事作品 [Prosa] 形式）中的首要地位就来自这种优先性。因为语言本身是双重的。语言通过其词句组合（Konfigurationen）将主观感受尽数纳入怀中；是的，几乎没有遗漏，以至人们可以认为是语言最开始产生了这些感受。但与此同时，语言仍然是概念与思想的媒介，仍然与一般事物和社会现实发生着不可避免的关系。因此，最高明的诗歌作品，乃是主体在语言中发声，毫无纯粹物质的痕迹，直到语言自身的声音被人听到。主体把自己托付给作为客体的语言，他的这种坐忘状态（Selbstvergessenheit）与他在表达上的冲口而出（Unmittelbarkeit）和不由自主完全是一回事；因此，语言在人的内心最深处把诗与社会关联在一起。这就是为什么当诗不跟着社会人云亦云，不试图传达任何东西，而是言说主体（成功表达自己的主体）与语言本身及其内在趋向融为一体时，最深刻的社会性才从诗中显示出来的原因所在。

然而，另一方面，语言也不像一些当下流行的本体论语言学主张的那样，被绝对化为与诗歌主体相对立的存在之声。相对于客观内容的纯粹含义，主体的表达对于到达语言的客观性层面是必不可少的；主体不是加在语言客观性内容上的配料，也不是外在于这一语言客观性的东西。主体沉浸在语言中的这一坐忘时刻，并非主体向存在的献祭。这不是暴力的时刻，也不是对主体施暴的时刻，而是和解的时刻：只有当语言不再作为主体的异己之物，而是作为主体自己的声音来说话时，语言自身才能言说。"我"在语言中忘却自己之日，也正是"我"完全在场之时；倘非如此，语言作为一种奉祭神灵的咒语（Abrakadabra）[1] 就会像在日常交际话语中那样屈从于物化。而这一点又将我们带回到个人与社会的真实关系中。不仅仅是个体因社会而在，也不仅仅是个体内容总是社会性的。恰恰相反，社会的形成与持续存在也只依赖于种种个体，社会正是诸个体的缩影。主体与客体不是僵化的、孤立的两极，它们只有在相互作用与相互改变的过程中才能被确定——这一真理曾被伟大的哲学明确阐述，如今却遭受科学逻辑的鄙弃。诗是对这一辩证哲学命题的审美检验。在诗中，通过与语言认同，主体既否定了自身与社会那纯粹单子论式的矛盾，也否定了他在一个完全社会化的社会（vergesellschaftete Gesellschaft）中的单一作用。但是社会对主体的支配程度越高，诗的处境也就越是艰难。波德莱尔的作品首次记录下了这一情形；作为欧洲厌世情绪（Weltschmerz）[2]

---

[1]　"Abrakadabra"一词据说是由希伯来语三个词组成的咒语，意思是"我将在我说话时创造"。——汉译注

[2]　"Weltschmerz"是德国作家让·保尔（Jean Paul, 1763–1825）在 1827 年出版的小说 *Selina* 中自创的一个词，Welt 意为世界，Schmerz 意为疼痛、痛苦，在小说中该词指涉拜伦，意为对一个匮乏的、不完美的世界感到深深的悲伤。英译有 the pain of the world, world grief, world weariness 等。从美学上来说，它源自浪漫主义，指的是浪漫主义的诗人洞悉了现实世界对主体与自由的摧残，却无力适应或改变这样的世界，由此产生出一种忧郁的、消极的普遍情绪。——汉译注

的终极硕果，他的作品并没有止步于个人的苦难，而是干脆指责现代性本身就在不折不扣地反诗意（Antilyrische），并借助大无畏的风格化语言，从中迸发出诗意的火花。即使在波德莱尔那里，一种绝望的音符已进入人们耳际，它在自身悖论的顶端勉勉强强维持着平衡。当诗歌语言和交际语言的矛盾达到顶点时，所有的诗就成了孤注一掷的赌博游戏（vabanque-Spiel）[1]；这并非像文化庸人所认为的那样是因为诗变得不可理解了，而是因为诗歌语言作为一种被创造出来的艺术语言，它在获得纯粹的自我意识时，在追求一种不用考虑交流用途的绝对客观性时，不仅会摆脱精神和现行语言的客观性，而且还会用诗性活动取代一种陈旧的语言。在后来式微的诗歌中，诗化的、拔高的与主观暴力的特点，是诗歌企图保持自己不难看、没污点与很客观而必须付出的代价；它的虚假光芒是对已被祛魅世界的补充，而诗则从这一世界中摆脱了出来。

当然，为避免误解，我所说的一切都需要加以限定。我的观点是，诗歌作品一直是一种社会对立情绪的主观表达。但因为产生诗的客观世界本来就是一个充满对立的世界，语言又赋予了这一主观性以客观性，所以，诗的概念也就不能简单地视为一种主观性的表达。不仅仅是诗歌主体对自我的表达越是充分，他对整体的体现就越是有效；而是说，诗意的主观性归功于自己的特权：在艰难谋生的压力之下，只有极少数人可以通过沉浸自我而抓住普遍性，或者说，只有极少数人可以真正发展成能自由地表达自己的独立主体。而其他人，他们不仅与那个局促不安的诗歌主体格格不入，仿佛他们只是客体，而且从最直白的意义上讲已经沦为历史的客体，这些人有同样甚至更多的权利去琢磨那些苦难与梦想交织在一起的声音。这一不可剥夺的权利一次又一次地遭到侵犯，尽管其表现形式是那么污浊、残缺、破碎和断裂——对这些必须承受重负的人来说，这也是唯一可能的形式。集体的潜流是所有个体诗的基础。如果这真的意味着整体，而不只是那些有条件文雅者对特权、优雅和教

---

[1]　Va banque 或 Vabanque 是一个赌博术语，来自 18—19 世纪流行的法罗（Pharo or Faro）纸牌游戏。游戏中玩家下的赌注等于游戏里"银行"中的当前金额。而 Va banque 是一种冒险的选择，玩家押上了所有赌注，要么失去一切，要么获得翻倍。——汉译注

养的表达时，那么从本质上看，参与这股潜流也是个体诗实质的一部分：正是这股潜流使语言成为媒介，在这种媒介中，主体变得不仅仅是一个主体。浪漫主义与民歌的联系只是最为明显但肯定不是最令人信服的例子。因为浪漫主义按部就班地将集体之血注入个人身上，于是，个体诗容易在技巧上沉迷于普遍效用的幻觉，而不是来自诗歌本身自发形成的普遍效用。相比之下，那些拒绝从集体语言借用分毫的诗人，往往会凭借其历史经验参与到集体的潜流中。让我再一次提及波德莱尔，他的诗不仅是对中庸之道（juste milieu）的打脸，也是对整个资产阶级社会同情心的棒喝。而在其《巴黎风貌》（*Tableaux Parisiens*）的诗集中，像《小老太婆》（*Petites vieilles*）或有关宅心仁厚的女仆的诗，比任何"穷人诗"（Armeleutepoesie）都更忠实于他戴着悲傲面具（tragisch-hochmütige Maske）所面对的普罗大众。今天，当个人表达——此为诗歌概念的前提，亦是我的理论起点——似已在个体的危机中被彻底动摇时，诗的集体性潜流却在四面八方向上翻滚：起初它仅仅是个人表达的催化剂，后来或许还被当作一种积极超越纯粹个体境况的期待。如果那些译诗可信，那么加西亚·洛尔迦[1]这个被佛朗哥的爪牙谋杀且任何极权主义政权都不会容忍的人，就是这种力量的传承者；而布莱希特的名字也会以诗人之名出现在我们脑海里，他的语言完美无疵，却不必为此付出秘奥难懂这种代价。我会悬置对诗歌个性化原则的判断，即这里它确实是被扬弃到了一个更高的水平，还是说自我的衰弱才是退化原因。当代诗歌的集体性力量很大程度上来自方言——它是尚未完全被个性化的、最广义上属于前资产阶级社会状况的语言和心灵遗存。然而，传统诗歌，作为对布尔乔亚观念（Bürgerlichkeit）最严厉的美学否定，却至今仍与资产阶级社会捆绑在一起。

---

[1] 费德里科·加西亚·洛尔迦（Federico García Lorca, 1898–1936），西班牙诗人，他把诗与西班牙民间歌谣创造性地结合起来，创造出了一种全新的诗体：节奏优美哀婉，形式多样，词句形象，想象力丰富，民间色彩浓郁，易于吟唱，同时又显示出超凡的诗艺。主要作品有《深歌集》《吉卜赛人谣曲集》《诗人在纽约》《塔马里特波斯诗集》等。1936 年 8 月，他被以弗朗西斯科·佛朗哥为领袖的右翼党派逮捕并枪杀。——汉译注

## 二

由于只考虑一般原则还不够，所以我想用几首诗来具体说明诗歌主体——他总是代表着更为普遍的集体主体——与作为其反题的社会现实的关系。在这个过程中，任何语言作品甚至是纯诗（poésie pure）都无法完全脱离开题材要素，而这些题材要素需要被充分阐释，正如所谓的形式要素也要被阐释一样。强调这两者如何相互渗透尤为重要，因为只有通过这种相互渗透，诗才能真正在其限度内捕捉到特定的历史时刻。但是，我不想选歌德那样的诗，那些诗的一些面向我有所评论，但没有分析；我要选择的是后来的、不像那首《夜歌》一样具有绝对本真性的诗歌。诚然，我将要谈到的两首诗都内含集体性的潜流。但我要特别请你们注意，这两首诗中社会基本矛盾状况的不同层面是如何以诗歌主体为媒介表现出来的。请允许我重申，我们不关心诗人的个人问题，不关心他的心理或他所谓的社会立场，我们关注的是诗歌本身作为历史哲学日晷（geschichtsphilosophische Sonnenuhr）方面的问题。

让我先为大家朗读一首爱德华·默里克 [1] 的诗《行旅中》（*Auf einer Wanderung*）：

> 我来到一个亲切的小镇上，
> 街中泛着红色霞光，
> 透进敞开的窗牖，
> 越过最丰美的花丛，
> 有人听见金色钟鸣盘旋，
> 和着夜莺合唱般的一声，
> 须臾，万花轻颤，
> 须臾，和风光鲜，

---

[1] 爱德华·默里克（Eduard Mörike, 1804–1875），德国诗人、小说家。1834 年至 1843 年在克莱文舒尔茨巴赫（Cleversulzbach，德国巴符州科赫尔河畔的一个小城）担任牧师，后来由于"健康状况长期不佳"而提前退休。代表作有小说《画家诺尔顿》《莫扎特在去布拉格的路上》；最有艺术造诣的当属其抒情诗，情感细腻，缥缈婉约，许多诗作被谱曲传唱。——汉译注

　　须臾，玫瑰绽出更艳丽的红。

　　惊叹着伫立良久，被幸福摄住神魂，
　　而如何走出城门，
　　我已全然不晓，
　　啊，这里的世界多么眩耀！
　　天空在紫红色旋涡里汹涌，
　　身后小镇氤氲着金色暮霭，
　　赤杨之河作何样喁喁，林下磨坊发那般啸动！
　　如醉如痴，我步入迷途——
　　缪斯啊，你振我灵府，
　　以爱之呢哝！

　　从诗歌中涌现的，是一幅应许着幸福的图景，这个南德小镇仍会适逢良日地将这幸福赐予其嘉宾，但诗歌并没有向那种伪抒情叙事诗（Butzenscheibenhafte）[1] 或小镇田园诗（Kleinstadtidylle）做出丝毫让步。这首诗表达了一个小天地里的温暖和安全感，但它同时也是一首风格崇高之作——既未受到闲适与安逸的破坏，也未多愁善感地赞美大世界映衬下的小天地，更无囿于个人一角的小确幸。稚拙的故事和语言，皆精妙地把那近在咫尺和远在天边的乌托邦缔合如一。在诗歌的讲述中，小镇只是一个转瞬即逝的风景，而非一处令人流连的所在。伴着少女的歌声，强烈的喜悦之情油然而生，不仅如此，还有聆听着这一合奏的整个自然的恢宏，早就在这有限的舞台之外显现出来，在那广袤的、紫红色

---

　　[1]　"Butzenscheibenhafte"意为"牛眼玻璃样的"，"Butzenscheiben"原指一种牛眼形玻璃，中间有一个隆起，被用于组装窗户。它最早可追溯到 13 世纪末，在 19 世纪的浪漫主义进程中再次流行。而由"Butzenscheiben"和"诗"（Lyrik）组成的词"Butzenscheibenlyrik"，指出现在 19 世纪下半叶伪浪漫主义的、感伤的、历史化的歌曲、民谣和诗词作品，其作者往往以骑士文化或德意志帝国荣耀为主题，使用拉丁语或中古高地德语词汇及修辞等表达形式。1884 年，德国诗人保罗·海塞（Paul Heyse）创造了"Butzenscheibenlyrik"这个贬义词来讽刺这类作品。这里阿多诺可能同样借相似构词来讽刺类似的诗作，后文亦有使用"odenhaft"的构词来指代一种颂诗的风格。——汉译注

晚霞翻涌的天穹下，其间金色的小镇和奔流的树河在意象（imago）中交汇。在语言上，这仰赖一种精妙到不可揣度、几乎把捉不住的**古希腊意味的**（antik）、颂诗般（odenhaft）的要素。仿佛渺远地，那自由的韵律把无韵的希腊诗行召至目前，正如第一节末行中激情（Pathos）的耸然而至——造成这一效果的，却是最谨慎的词序调换："须臾，玫瑰绽出更艳丽的红。"[1] 全诗末尾的单词"缪斯"（Muse）可谓至关重要。它似乎是被德国古典主义最为滥用的语词之一，如今被赐给了这亲切小镇的守护神（genius loci），却好像再次焕发光彩，真似沐浴在夕阳余晖之下，并且它作为已消失的一切，好像又有了无比强大的狂喜的力量。否则，若用现代的陈言习语召唤缪斯女神，就会显得没着没落，笨拙滑稽，是无法拥有这种力量的。相较于其他特征，这首诗的灵机或许在如下这点体现得更为完美：诗人在关键之处选择了最令人反感的词，用潜隐的希腊文风小心经营，正如一节音乐的终曲（Abgesang）消融了整体急迫的流动。这首诗用最简短的篇幅，成功做到了德国史诗往往白费力气之事——即便像歌德《赫尔曼和多罗泰》（*Hermann und Dorothea*）这样的皇皇巨制。

像这样成功的社会阐释针对的是诗中所显示的历史经验阶段。德国古典主义曾以"人性"（Humanität）即人类的普遍性为名，试图为主观情感免除偶然性之累，这种偶然性在一个人与人之间的关系不再直来直去而完全被市场中介的社会里威胁着主观情感。它像黑格尔哲学所做的那样力求主观客观化，并试图通过精神上、理念（Idee）上的和解来克服人们现实生活中的矛盾。然而，这些矛盾在现实中的持续存在，让精神的解决方案出现了妥协：面对一种无意义的生活，面对在利益纷争中苦心经营的生活，面对如艺术经验展现的那样了无诗意、平铺直叙的生活（das prosaische Leben）；然后再面对一个个人命运按照盲目的法则运行的世界，如果艺术的形式是为成功人士代言，那么，艺术就成了空话。因此，古典主义展望的人类概念退回到私人的、个体的存在及其意象之中；只有在那里，人性似乎才显得安全。作为整体且能自我决断的

---

[1] 这句诗的原文是：Daß in höherem Rot die Rosen leuchten vor. ——汉译注

人类观念，必然被资产阶级弃之不顾，在政治上如此，在审美形式上也是如此。正是固守于个人局限性——这本身就是服从于一种强迫，安逸和闲适这样的理想才会变得如此可疑。意义本身与人之幸福的偶然性相连；个人幸福仿佛僭越般地被赋予了一种尊严，而这种尊严只有与整体的幸福关联在一起时才能达到。然而，默里克诗才的社会力量在于，他将两种经验——古典主义的崇高风格和浪漫主义的私人小像（private Miniatur）——结合在一起，且在此过程中，他以无与伦比的机巧（Takt）认识到这两种可能性的局限，并使之相互平衡。他所表达的情感并没有超越他此刻真正可以填满的东西。他的作品广为援引的有机性，可能就是这种历史哲学的机巧，在这方面，几乎没有任何德语诗人能与之比肩而立。心理学家们报告的默里克的所谓病态特征，以及他晚期创作的枯竭，都是他极深刻理解"何为可能"所形成的消极面向。这个克莱文舒尔茨巴赫身患忧郁症的牧师——他被我们视为素朴艺术家（naive Künstler）之一——所作的诗歌，是那些"为艺术而艺术"（l'art pour l'art）的大师们都难以超越的精妙篇章。无论是崇高风格的空洞和意识形态的种种面向，还是毕德麦雅时期 [1]（他的大部分诗歌都产生于这一时期）的平庸、小资产阶级的沉闷、对总体的蒙蔽，他都了然于胸。他再一次被激励着去创造了那些意象，它们既未显露于古典帷幕或乡宴光景（Stammtisch）[2] 的画面中，也没出现在雄性十足或啧啧赞叹的声音里。默里克仿佛走在狭窄的山脊上，一面是残存的崇高风格逐渐消失，化作记忆的回响；一面是眼前生活的迹象，当它们实际上已被历史发展趋势谴责时承诺的东西才能兑现。两者只有在行将消失之时，才向行旅中的诗人遥遥致意。在工业社会的上升时期，默里克就已经参与到诗的这一悖论中。后来所有伟大诗人

---

[1] 毕德麦雅时期（Biedermeier period）是指德意志邦联诸国在 1815 年至 1848 年的历史时期，现则多用指文化史上的中产阶级艺术时期。在政治背景方面，18 世纪末历经法国大革命、美国革命和拿破仑战争后帝国的瓦解，保守主义的复辟政权当道。执政者为避免自由思想再度盛行，鼓励人民纵情声乐。然而，同一时期，另一波相对立的政治运动也酝酿已久。——汉译注

[2] "Stammtisch" 通常指很多德国饭馆经常为一圈常客聚会而保留的桌子，也常指围着桌子共同吃喝聊天的一群人。英译为"local color"（地方特色）或"homely table scenes"（家常餐桌场景）。——汉译注

的解决方案都和他当初的解决方案一样悬而未决和脆弱不堪，甚至是那些看似与他隔着一道鸿沟的诗人——比如波德莱尔（克洛代尔[1]认为他的风格是拉辛体和彼时记者体的混合物）。在工业社会中，一种自我修复的直接性的诗歌观念——只要它不去召唤一种软弱且浪漫的过去——就会愈加华光乍显，就会让诗歌的"可能性"超越其自身的"不可能"。

现在我要讨论的施特凡·格奥尔格[2]的短诗来自这个发展过程中的更晚阶段，此为组诗《第七个环》中的著名歌曲之一，出自极其凝练的一环。[3]相比其轻盈的节奏，这一环诗歌的内容过于沉重，完全没有"青年风格派"[4]的修饰。伟大的作曲家安东·冯·韦伯恩[5]把这些名篇谱成

---

[1]　这里应该是指保罗·克洛代尔（Paul Claudel, 1868–1955），法国象征主义诗歌、戏剧的后期代表人物。主要作品有戏剧《金头》《城市》《少女薇奥兰》等。——汉译注

[2]　指施特凡·安东·格奥尔格（Stefan Anton George, 1868–1933），德国20世纪初叶最重要的诗人之一。面对德国古典主义文学逐渐没落而自然主义日益兴盛的现状，他并未放弃自己的艺术追求，而是坚持纯艺术的理想，倡导"为艺术而艺术"的创作理念。他积极向法国象征主义大师马拉美、魏尔伦取经学习，一生创作了大量优秀的诗歌作品，开启了德国唯美主义文学时代，也因此被称为19世纪末德国诗歌复兴的大师。其主要诗集有《颂歌》《朝圣》《心灵之年》《第七个环》《同盟之星》《新帝国》等。——汉译注

[3]　《第七个环》（Seventh Ring）是格奥尔格于1907年出版的一本周期性诗集，它标志着格奥尔格从早期的象征主义和唯美主义创作原则转向了在超验美学影响下的宗教、生活改革和时间批判的抒情诗创作。该系列由七个圆圈或环组成：时间诗、形状、潮汐、马克西敏（Maximin）、梦之暗、歌曲、平面。围绕着第四环"马克西敏"形成同心圆组合，每组诗歌的数量是七的倍数。阿多诺此处节选的短诗来自第六环《歌曲》（Lieder）中的《歌曲I–VI》（Lieder I–VI），一共六个小节。——汉译注

[4]　德国的"青年风格派"（Jugendstil，亦译为"青春艺术风格"）是从"新艺术运动"（参见第177页注释[1]）中发展出来的设计运动。当时慕尼黑的年轻艺术家们根据艺术杂志《青年》将其命名为"青年风格"。其基本宗旨在于反对普鲁士建国时期的学院派精神，打破因袭传统的格式。——汉译注

[5]　安东·冯·韦伯恩（Anton von Webern, 1883–1945），奥地利作曲家，新维也纳乐派代表人物之一。1904年起师从勋伯格，与勋伯格、贝尔格组成新维也纳乐派（或称第二维也纳乐派）。早期创作风格受古斯塔夫·马勒等晚期浪漫主义作曲家的影响，总体上属于晚期浪漫主义音乐。第二阶段在其老师勋伯格的影响下创作了大量无调式音乐，作品的规模越来越小，在配器上则简洁到极致，同时，他开始使用音色序列法，即音色组合在不停地变换中，一个音色组合一般只持续一两秒。后期，韦伯恩还进行了点描主义音乐的尝试。点描主义音乐首次将无声视为一种音响，具有与有声相同的地位。他被后现代音乐大师们冠以后现代音乐"启示录"的桂冠。其代表作品有《Op.21交响曲》。——汉译注

曲，才第一次将其无畏的勇气从"格奥尔格圈"[1]那种卑劣的文化保守主义中抢夺出来。在格奥尔格那里，意识形态和社会内容截然不同。这首诗写道：

> 在微微和风中，
>
> 我的询问
>
> 只是白日梦。
>
> 只有微笑
>
> 是你的馈赠。
>
> 在潮湿的夜里
>
> 一束光被燃起——
>
> 此时五月催迫
>
> 此时我必须
>
> 为你的明眸与青丝
>
> 日复一日
>
> 活在渴望中。

　　毫无疑问，这是一种崇高的风格。对近在咫尺的事物的喜悦，默里克早些时候的诗仍有触及，这里已不容存在。它被尼采式的"距离的惆怅"驱散了，而格奥尔格自认为是这种风格的后裔。[2]他和默里克之间横亘着骇人的浪漫主义残余；田园诗的残余已过时得无可救药，并且已沦为一种"心灵鸡汤"（Herzenswärmer）。虽然格奥尔格的诗歌（一个傲慢

---

[1]　格奥尔格圈（the George circle）形成于 1891 年，到 1933 年格奥尔格本人去世结束。其成员主要来自德国，也有奥地利、荷兰、波兰、比利时等国的诗人、作家、学者等，加起来总共超过百人。他们认同并追随格奥尔格，自愿组成了共同体。格奥尔格圈核心刊物《艺术之页》（*Blätter für die Kunst*），创刊于 1892 年，其出版物的装帧反映了典型的德国青年风格（Jugendstil）。《艺术之页》创刊号宣称，它不欢迎任何国家、社会因素，只服务于诗歌和写作等纯艺术。它脱离了当时德国文坛的自然主义，彰显的是来自法国象征主义的影响，在创作上精雕细刻，追求形式的完美。——汉译注

[2]　格奥尔格深受尼采的影响，他将自己视为尼采继承者的阐述在第一环《时间诗》中就已经非常明确，他还将尼采与基督相提并论，认为他是"在孤独的痛苦中呼喊的救赎主"。——汉译注

者的作品）是以个人主义的资产阶级社会和自主性个体作为它的先决条件的，但它对公认形式的资产阶级元素的诅咒丝毫不亚于资产阶级内容。然而，由于这首诗只能从它所拒绝（不仅是先验地、默默地拒绝，而且是明确地拒绝）的资产阶级的总体框架而不能从任何其他框架出发去完成表达，所以它一开始就遇阻受挫：它主动而任性地捏造了一种封建的状态。从社会方面看，这一点隐藏在陈词滥调所说的格奥尔格的贵族姿态背后。[1]这种姿态并不会激怒那些不懂把玩这些诗歌的资产阶级市民，相反，尽管它表现得如此反社会，却还是这种社会辩证法的产物——这一辩证法否认诗歌主体与现存事物及其形式世界（Formenwelt）的一致性，但主体仍然在最核心处与现存事物歃血盟誓：除了一个过去的、内部稳定自治的封建领主式社会（herrschaftliche Gesellschaft），没有哪个地方能让主体畅所欲言。贵族的理想正是借此产生，它规定了诗歌中每一个词语、意象和声音的选择；而其形式则难以确定，它似已进入了语言的构型中，呈现出一种中世纪的特征。从这个意义上说，这首诗和格奥尔格的其他诗一样，确实是新浪漫主义的（neuromantisch）。但是，被唤起的不是真实的事物，也不是声音，而是一种灵魂的沉沦状态。这一理想在艺术上的被迫潜伏，所有粗劣的古风古语（Archaismus）的缺席，使这首歌曲超越了它所呈现的绝望的虚构；它几乎不会让自己与宫廷恋歌的墙面装饰诗（Wandschmuck-Poesie）和中世纪冒险故事相混淆，也不会被错认为现代诗歌的工具宝库（Requisitenschatz）；这首诗的风格化原则（Stilisationsprinzip）使它不至于因循守旧。诗中几乎没有空间能有机调和冲突因素，正如格奥尔格时代的现实没有空间来平息争端一样；只有通过选择，通过省略，它们才能得到解决。但凡那些近在咫尺的事物，也

---

[1]　阿多诺在另一篇专门评论格奥尔格的文章《施特凡·格奥尔格》中表示，格奥尔格的贵族是一种尴尬的、"自封"的贵族，出自他1892年的早期诗作《阿迦巴尔》（Algabal）中关于晚期罗马皇帝的一些诗句。阿多诺认为此类诗句并不是证明格奥尔格在血统和趣味上隶属于贵族，而是一种彰显风格的作者意志，具化为格奥尔格深奥、自恋的写作风格，格奥尔格的诗是拒绝大众、属于少数人的诗。阿多诺进一步认为，这种写作风格和意志聚集了早期的格奥尔格圈子，甚至建立了一个绝对精英组织的"秘密德国"，但在弗洛伊德式学说里，这却成为大众心理学中的政治性领袖气质。——汉译注

就是通常所说的具体的、直接的经验，要想找到完全进入格奥尔格诗歌的入口，只有付出变成神话（Mythologisierung）的代价：没有什么可以保持原样。因此，在《第七个环》的一个场景中，采摘浆果的孩子仿佛被一根魔杖施以魔法的暴力，悄无声息地变成了一个童话式的孩子。[1]这首歌曲的和音被逼到了不协和（Dissonanz）的极致：不协和是建立在瓦雷里所说的"拒绝"（refus）之上，建立在坚定地放弃所有那些让诗歌传统误以为能拥有事物光晕的东西之上。这种方法只保留了诗本身残余的原型、纯粹的形式观念和模式，还有，当它们去除了所有的偶然性，便再一次以饱满的表达来言说一切。在威廉二世时期的德国，崇高风格（此种诗歌从它之中论战性地挣脱出来）无法诉诸任何传统，尤其是古典主义的遗产。崇高风格的实现，不是通过修辞手法和韵律做做样子，而是依靠禁欲苦行般的省略——省略任何会靠近被商业玷污了的语言的东西。为了让主体真正在孤独中抵制物化，他甚至不能退回自我，就像不能退回到所有制（Eigentum）一样；某种个人主义的痕迹令人害怕，它现在已经以文艺专栏（Feuilleton）的形式把自己交付给了市场，因此，主体必须以自我沉默的方式来走出自身；也就是说，他必须使自己成为一个承载纯粹语言观念的容器。格奥尔格最伟大的诗歌就是为了拯救这种语言。经过罗曼语尤其是经过诗的极度简化——魏尔伦（Paul Verlaine）借此将诗转化为最有辨识度的工具[2]——的塑造之后，格奥尔格（马拉美的这位德国学生）的耳朵听他自己的语言就像听外语一样。他克服了自己语言在使用过程中的异化——通过夸大这种异化，直到异化成一种实际上已不再被说的语言、一种想象的语言，在这种想象的语言构成中，他觉察到了有可能发生但从未发生过的东西。这四行诗"此时我必须／为你的明眸与青丝／日复一日／活在渴望中"[3]，我认为这是有史以来德语诗中最

---

[1]　出自《第七个环》的第五环《梦之暗》的《风景 II》（Landschaft II）。——汉译注

[2]　此处可能是指魏尔伦《诗艺》中所提出的奇数乐音、联觉式等模糊感性的作诗原则。——汉译注

[3]　这四句诗的德语原文是：Nun muss ich gar ／ Um dein aug und haar ／ Alle tage ／ In sehnen leben. ——汉译注

诱人的诗句之一。它像是一个引语，但不是来自另一位诗人，而是来自德语不可挽回的错失之物：这些诗句本该通过中世纪的德语宫廷抒情诗（Minnesang）而获得成功，如果后者本身，如果德语的传统——人们忍不住要说，如果德语本身成功的话。正是本着这种精神，伯尔夏特[1]试图翻译但丁。面对多余的"gar"，敏锐的双耳会觉得呕哑嘲哳难为听，但它可能是用来代替 ganz und gar（意谓"完全地"），并且还可以算是押韵。人们也可能承认这样的评论：这个词这样放在诗句里，根本没有确切的意义。但是伟大的艺术作品恰恰是在最有问题的地方获得了成功。就像最伟大的音乐作品不会完全拘泥于结构，而是以一些"多余"的音符或小节响遏行云般地超越它一样，"多余"的"gar"也是如此。用歌德的话来说，这种词就是一种"荒谬的沉渣"（Bodensatz des Absurden），通过它，语言逃脱了这个词被唤起的主观意图。也许正是这个不同寻常的"gar"以一种似曾相识（déjà vu）的力量奠定了这首诗的地位：通过它，诗歌语言的旋律超越了纯粹的表意。在语言衰落的年代，格奥尔格在语言中抓住了一种已被历史进程拒绝的观念，并构建了一些听起来好像非他所写而是有史以来就存在并将永远保持不变的诗句。然而，这项事业的堂吉诃德性（Donquixoterie），这种修复性写作（wiederherstellende Dichtung）的不可能性，以及堕落为工艺美术（Kunstgewerbe）的危险性，最终丰富了诗歌的内容：语言对"不可能"的执念与空想成为主体对永不餍足的爱欲渴望（erotische Sehnsucht）的表达；这种主体在他者之中摆脱了自我，获得了解脱。我们需要这样的逆转，即个性被过度强化至自我毁灭的过程——格奥尔格晚期的"马克西敏崇拜"（Maximinkult）[2]，不过是积极地诠释自我时对个性化的绝望放弃——来创造这一幻象：德语在其最伟大的大师——民歌那里遍寻无获的幻象。只有借助这样一种个体

---

[1]　这里应该是指鲁道夫·伯尔夏特（Rudolf Borchardt, 1877–1945），德国作家、诗人、翻译家，曾用 14 世纪的德语翻译了但丁的《神曲》。——汉译注

[2]　格奥尔格 1902 年在慕尼黑遇见了 15 岁的马克西敏·科伦贝格。当这位英俊又具有天分的男孩在 1904 年死去时，格奥尔格写了《纪念马克西敏》。在格奥尔格的后期诗歌中，这位年轻人上升为希腊精神再生的先知。——汉译注

分化（Differenzierung）——它发展得如此广泛，以至于无法再承受自身的差异，以至于在特殊性中没有什么不是摆脱了孤立之耻的普遍性——诗的词语才能代表语言的内在本质，而不是语言在目的王国（Reich der Zwecke）[1] 中的功用。但是这种人类自由的思想，可能因"格奥尔格学派"（die Georgesche Schule）对崇高的低劣崇拜而被遮蔽。格奥尔格的真实性在于，通过尽善尽美地展现特殊之物，通过对陈词滥调以及最终是对精挑细选的敏感对峙，他的诗歌巧妙地穿过了个性的壁垒。如果其诗歌的表达都凝聚为个性化表达，如同这种表达完全被他自身孤独的实质和经验浸透了一样，那么这篇有关诗的讲演恰恰也就成了壁垒已经打破的人们之间的一种声音。

2020 年 9 月—2021 年 9 月初译

2022 年 5—11 月校译

---

[1] 康德把王国描述为不同的理性存在者所形成系统的联合，而这种联合是由这些理性存在者遵循某种共同的法则而实现的。由此，我们可以把王国理解为一个合乎理性原则的和谐的共同体。目的王国就是一个由自由平等的理性存在者所组成的道德的共和国。——汉译注

# 海涅的伤口[1]

任何人如果想在海涅逝世百年之际为纪念他认真做点事情而不仅仅是发表一个正式演讲，都将不得不谈论一个伤口；谈论海涅以及他与德国传统的关系中让我们感到痛苦的东西，谈论尤其是在"二战"之后的德国被压抑的东西。海涅的名字是一个刺激物，只有不对它涂脂抹粉而设法解决这个问题的人才有希望提供帮助。

国家社会党人并不是诽谤海涅的始作俑者。事实上，当他们将如今著名的"作者不详"字样（Dichter unbekannt）置于其诗歌《罗蕾莱》（"Die Loreley"）之下时，他们差不多是在向他致敬，从而出人意料地将那些暗中闪烁的诗句批准为民歌，它们让人想起失传已久的奥芬巴赫

---

[1]　《海涅的伤口》（"Die Wunde Heine"）原是阿多诺为纪念海涅逝世百年在西德电台（Westdeutscher Rundfunk）　发表的一次广播讲话（1956 年 2 月），后刊发于《文本与符号》（*Texte und Zeichen*）1956 年第 3 期，并被收入《文学笔记》第 1 卷（1958）中。后该书作为第 11 卷进入《阿多诺文集》。本文译自"Heine the Wound," in *Notes to Literature*, Vol. One, trans. Shierry Weber Nicholsen, New York: Columbia University Press, 1991, pp. 80-85. 关键用词、术语及疑难之处核对了德语原文（*Gesammelte Schriften: Noten zur Literatur*, Bd. 11, Frankfurt am Main: Suhrkamp Verlag, 1974, S. 49-68）。

在德国文学史上，海因里希·海涅（Heinrich Heine, 1797—1856）一直是一个毁誉参半的人物，这可能与他的犹太人出身有关。有人指出："犹太人出身对卡尔·马克思（1818—1883）来说几乎是无足轻重的，但对海涅来说是个思想包袱，这甚至决定着他的性格且表现在他的作品里：一方面是目光敏锐，观察深入，疾恶如仇，奚落挖苦，讽刺揶揄，另一方面则是恃才傲物，目空一切，过分敏感，气量狭小，不容歧见。"（胡其鼎、章国锋《复辟时期·浪漫主义·海涅生平》，章国锋、胡其鼎主编：《海涅全集》第 1 卷，石家庄：河北教育出版社 2003 年版，第 5 页）阿多诺在此文中便正视了这一问题。——汉译注

歌剧中巴黎莱茵河畔的仙女。[1] 海涅的《短歌集》[2] 产生了巨大的影响，
远远超出了文学圈。在它的带动下，抒情诗最终沦落为商业语言和报刊
语言。基于这一原因，海涅在 1900 年前后的文化达人那里声名狼藉。格
奥尔格圈的判决也许可以被归于民族主义，但卡尔·克劳斯的判决则无
法被擦除。[3] 从那时起，海涅的光晕（Aura）就一直很是尴尬，罪责加身，
好像它在流血。他自己的罪责成了其敌人的一种借口，他们对这个犹太
中间人（der jüdische Mittelsmann）的仇恨最终为无法形容的恐怖铺平了
道路。

　　若仅局限于研究作为散文作家的海涅，人们便可以避免这种烦恼；
作为散文作家，海涅的地位在歌德和尼采之间那个沉闷至极的时代是显
而易见的。这种散文并不仅限于海涅有意识的语言指向能力———一种在
德国极为罕见的论战力量，而且没有丝毫的奴颜媚骨。例如，普拉滕 [4] 在
对海涅进行反犹主义攻击并以一种如今可能被称为存在主义的方式——
如果人们不那么小心地将纯粹的存在概念与人类的真实存在区别开来的
话——被干掉时应该深有体会。但就其实质而言，海涅的散文远不止这
些华丽之作。如果说自莱布尼茨冷落斯宾诺莎之后，整个德国的启蒙运
动都以失败告终，因为它失去了社会之刺（gesellschaftlicher Stachel），并
将自己局限于卑躬屈膝的肯定之中；那么，在德国文学的所有著名人物

---

[1]　雅克·奥芬巴赫（Jacques Offenbach, 1819–1880），德籍法国作曲家，代表作品有歌剧《霍
夫曼的故事》、轻歌剧《地狱中的奥菲欧》《美丽的海伦》等。《莱茵河的仙女》是奥芬巴赫创作，于
1864 年在维也纳歌剧院首演的一部作品，但当时并未获得好评。——汉译注

[2]　《短歌集》（Buch der Lieder, 1827）是海涅的第一部诗集，收入了作者 1827 年之前发表的
诗歌。该诗集于诗人在世时共印行 13 次，其中不少诗歌堪称德语诗中的明珠。——汉译注

[3]　克劳斯在《海涅及其后果》（"Heine und die Folgen," 1910）一文中曾批评海涅因引入
具有法国新闻风格的文体而腐蚀了德语。他说："没有海涅就没有专栏副刊（Feuilleton），就是他
给我们带来了法国病。人们在巴黎是多么容易生病啊！德国人对语言感情的道德品性是多么松懈
啊！" Karl Kraus, Schriften, ed. Christian Wagenknecht, vol. 4, Frankfurt am Main: Suhrkamp, 1989, S. 186.
Quoted in Ulrich Plass, Language and History in Theodor W. Adorno's Notes to Literature, New York &
London: Routledge, 2007, p. 122. ——汉译注

[4]　奥古斯特·冯·普拉滕－哈勒蒙德（August von Platen-Hallermünde, 1796–1835），德国诗
人，诗作有《波兰之歌》《威尼斯十四行诗》等，韵文喜剧有《灾难性的叉子》和《浪漫派的俄狄浦斯》。
他曾把伊默尔曼和海涅看作论敌，并与之论争。——汉译注

中，只有海涅——虽然他与浪漫主义关系密切——还保留着一个未经稀释的启蒙概念。尽管他立场温和，但他引发的不安仍是源于那种恶劣的氛围。带着礼貌的讽刺，他拒绝从后门或通向深渊的地窖之门偷运进他刚刚拆除的东西。他是否对年轻的马克思产生了巨大影响，就像许多年轻的社会学家所认为的那样，这还要打一个问号。[1] 在政治上，海涅不是一个可以指望的旅伴，甚至不是社会主义的伴侣。但他在右翼社会的图景中坚持着不可被剥夺的幸福观念，而这种观念则很快便因为"不劳动者不得食"[2] 这种口号而被抛弃。海涅厌恶革命的纯洁和严肃，这表明他不信任陈腐和禁欲主义。这些因素的痕迹在许多早期的社会主义文献中已很明显，而在很久以后，它们助长了灾难性的发展趋势。个人主义者海涅——他作为个人主义者是如此厉害，以至于即使在黑格尔那里他也只听到了个人主义——并没有屈服于个人主义的内向性概念。他的感官满足的理念包括了因外在事物而获得的满足，一个没有强迫和剥夺的社会。

然而，伤口是海涅的抒情诗。它的直接性一度令人着迷。它解释了歌德关于偶尔写诗的格言，意思是每一个场合都能找到诗，每个人都认为有机会写诗是件好事情。但与此同时，这种直接性也被彻底中介了。海涅的诗歌是艺术与失去意义的日常生活之间的现成中介。对于它们就像对于专栏作家一样，它们加工的经历不知不觉地成为人们可以书写的原材料。它们发现的细微差别和色调价值，被它们变得可以相互替换，并被它们交付于一种准备好的现成的语言力量。对它们来说，它们实事

---

[1]　1843 年底，马克思与海涅相遇于巴黎，从此结下深厚的友谊。海涅后来的许多作品（如《德国，一个冬天的童话》都受到了马克思的影响，而马克思和恩格斯也经常引用海涅的诗句，作为斗争的武器。——汉译注

[2]　"不劳动者不得食"（Wer nicht arbeitet, soll nicht essen / Anyone who doesn't work won't eat）最早出自《圣经·新约全书》中的"帖撒罗尼迦后书"第三章，保罗说："若有人不可做工，就不可吃饭。"（The one who is unwilling to work shall not eat）而此说作为社会主义的分配原则，则是由列宁在解读马克思时提出来的。他在《国家与革命》（1917）便有所论及，后来在《论饥荒》（1918）中则进一步指出："这个工人政权正在力求实现社会主义的第一个主要根本原则：'不劳动者不得食'。"而这个道理"是任何一个劳动者都懂得的"。《列宁选集》第 3 卷，北京：人民出版社 1972 年版，第 252、560 页。——汉译注

求是地见证的生活是可以出售的；它们的自发性与物化是合二为一的。在海涅那里，商品和交换控制了声音和音调，而后者的本质原本是对日常生活的喧嚣的否定。在那个时候，成熟的资本主义社会的力量已变得如此强大，以至于抒情诗已不能再忽视它，否则就会堕入乡野家常。在这方面，海涅和波德莱尔一样，在19世纪的现代主义中表现突出。但波德莱尔（两人中较年轻的一个）英勇地从现代性本身，从当时更先进的无情破坏和瓦解的经验中去夺取梦想和形象；事实上，他让所有的形象丢失都有所改观，甚至将这种丢失本身转化为一种形象。这种抵抗的力量随着资本主义的力量而增强。在海涅那里，他的诗仍然由舒伯特谱曲，它们还没有达到如此高的强度。他更愿意屈服于事物的流动；他采用了一种与工业时代成龙配套的诗歌再生产技术，并将其应用于传统的浪漫主义原型，但他没有找到现代性的原型。

这正是让后人觉得尴尬的地方。因为自从资产阶级艺术存在以来，艺术家就不得不在没有赞助人的情况下谋生过活，他们在承认其形式法则的自主性（Autonomie）的同时，也暗中承认了市场法则，并为消费者生产。只是这种依赖在市场的匿名性（Anonymität des Marktes）的背后是看不见摸不着的。它让艺术家在他自己和其他人的眼中显得纯洁和自主，而这种幻觉本身也在表面上被接受下来。启蒙运动倡导者海涅揭开了浪漫主义者海涅的面具，他一直依靠自主性的好运过日子，并将其艺术中先前潜伏的商品特征展现出来。他没有因此而被原谅。他的诗歌中的顺从（Willfährigkeit）品性，因表演过火而变得自责起来，这意味着精神的解放不是人的解放，因而也不是精神的解放。

但是，假如一个人在别人承认的堕落中看到了自己堕落的秘密，他的愤怒就会带着虐待狂般的确信直指海涅的软肋——犹太人解放的失败。因为海涅的流畅和自然而然（Geläufigkeit und Selbstverständlichkeit）源于交际语言，这与语言中的本土感恰恰相反。只有真正不在语言之内的人才能像操纵工具一样操纵它。如果语言真是他自己的，他就会允许在他自己的词和预先给定的词之间形成辩证法，流畅的语言构造就会解体。但是对于像绝版书一样使用语言的人来说，语言本身就是异己的。

海涅深爱着自己的母亲，但她却并没有完全掌握德语。[1] 他对流行语词缺乏抵抗，这是一个遭受排斥的人的过度模仿热情所致。同化的语言是没有成功认同的语言。一个广为人知的故事是，当年长的歌德问起年轻的海涅正在做什么时，他的回答是在写"一部《浮士德》"，然后他就被无礼地打发走了。海涅用他的害羞来解释这件事情。他的莽撞源于他自己的冲动，他希望他的生活被接受，因此也就加倍激怒了那些功成名就者；他们把他的适应性差归咎于他，从而也就掩盖了自己排斥他的内疚。直到今天，这仍然是海涅的名字所带来的创伤，只有承认这种创伤而不是让它继续过着一种模糊的、前意识的生活，它才能被治愈。

然而，这种可能性作为一种拯救的潜能包含在海涅的诗歌本身中。因为无能嘲笑者的力量超过了他自己的无能。如果所有的表达都是痛苦留下的痕迹，那么海涅能够将自己的不足，语言的沉默，重新塑造成一种断裂的表达。此人就像在琴键上弹奏语言一样，其技巧是如此精湛，以至于他甚至将自己的语言的不足提升为可说出其所受痛苦的媒介。失败被反转过来，就转化为成功。海涅的精髓并没有在为其诗歌创作的乐曲中得到充分体现，而只是在古斯塔夫·马勒[2] 于他辞世四十年之后所创作的歌曲中才得到了充分展示。在这些歌曲中，平庸和旁逸斜出的脆弱借助一种狂野而无拘无束的挽歌形式，被用来表达最真实的东西。直到马勒的歌曲唱出因思乡而飘扬旗帜的士兵，直到他的第五交响曲中爆发出葬礼进行曲，直到大调小调的民歌刺耳交替，直到马勒的管弦乐队手势痉挛，海涅诗中的音乐才被释放出来。在陌生人的口中，古老而熟悉的东西显得奢侈和夸张，这正是事实。这个真理的形象是美学上的突破；它放弃了圆润、充实的语言的直接性。

---

[1]　海涅的母亲说意第绪语（Yiddish），这是一种犹太人使用的语言。这意味着海涅生长在一个没有"纯正"德语的犹太人家庭。——汉译注

[2]　古斯塔夫·马勒（Gustav Mahler, 1860–1911），奥地利作曲家和指挥家，曾任维也纳歌剧院院长及首席指挥。代表交响曲有《巨人》《复活》《大地之歌》等。阿多诺曾写有《马勒：一种音乐观相术》（*Mahler. Eine musikalische Physiognomik*），对马勒推崇备至。——汉译注

以下诗节出现在流亡者海涅[1]称为《还乡集》[2]的组诗中：

> 我的心啊，我心忧伤，
> 五月却如此明媚、欢畅，
> 我斜倚着一棵菩提树
> 伫立在高高的古堡之上。
>
> 护城河在我脚下蜿蜒；
> 湛蓝的河水静静流淌
> 小船载着一个男孩荡漾，
> 垂钓时口哨声声悠扬。
>
> 那边的风景似画如笑，
> 星星点点，点缀着
> 庄园，花园，行人憧憧
> 还有牛，草地，树木葱茏。
>
> 姑娘们漂白着亚麻布衣
> 她们在草地上穿梭嬉戏；
> 磨坊水车溅珠吐玉，
> 从远处传来嗡嗡絮语。
>
> 古老灰色的塔楼下面
> 立着一个小小岗亭，
> 但见一名红衣士兵

---

[1]　从 1830 年起，海涅开始流亡巴黎。此后他只是短暂地返回过汉堡探望老母（1843）和监印其新出版的诗集（1844），其余时期直至 1856 年去世，他一直居住巴黎。——汉译注

[2]　关于《还乡集》(Die Heimkehr)，勃兰兑斯曾说过："它是诗人于一八二三年至一八二四年间写于汉堡和库克斯港的。所谓还乡是指重见汉堡，在这个城市里诗人曾经历了自己的浪漫史，现在触景伤情，心头的创伤重新迸裂。这是这部集子的主调，但在结尾部分却有着迄今为止在德意志诗歌里一直没有被吟咏过的另一个主题：大海。"［丹麦］勃兰兑斯：《十九世纪文学主流·第六分册·青年德意志》，高中甫译，北京：人民文学出版社 1986 年版，第 138—139 页。——汉译注

他在那里来回巡行。

他正摆弄着手中长枪
枪管在落日余晖中闪着红光，
他举一举又扛一扛——
真愿他一枪把我射亡！[1]

用了一百年时间，这首故意伪造的民歌才变成了一首伟大的诗篇，一个牺牲的愿景。海涅老一套的主题——单相思——是无家可归（Heimatlosigkeit）的意象，而献给它的诗歌是试图将异化（Entfremdung）本身纳入亲密体验的领域。然而，既然海涅所感知的宿命在字面上已经应验，那么无家可归也就变成了每个人的无家可归；所有的人都像被放逐的海涅一样，在其存在和语言上受到了严重伤害。他的话代表了他们的话：除了一个不再有人被驱逐的世界，一个真正的人类被解放的世界，再也没有任何家园了。只有在实现和解（Versöhnung）的社会中，海涅的伤口才会愈合。

2023 年 3 月 30 日译

2023 年 6 月 18 日校

---

[1]　Translation by M. M. B., in *Heine's Prose and Poetry*, New York: Dutton, 1934, pp. 27-28. 该诗中译参考了杨武能的翻译。[德] 海因里希·海涅：《海涅诗选》，杨武能译，成都：四川文艺出版社 2017 年版，第 74—75 页。关于这首诗，勃兰兑斯有如下评论："诗中对开阔的风景做了出色的描绘，从高处的一座古堡远眺，我们看到了蓝色的护城河，一个小孩儿坐在一只小船上。在护城河的另一边是许多小型别墅，庭院，人和牛群，草地和森林，洗衣服的少女，一座扬洒出金刚石似的尘土的风磨，在陈旧灰暗的塔楼上的岗亭里，一个穿着红色上装的小伙子手执武器在来回走动，长枪在阳光下闪闪发光。汉斯·克里斯蒂安·安徒生在某个地方谈到这首诗时写道：'诗人在结束这首诗时是那样地感动："我希望，他把我射杀"。'——感动？不，太突然了，因为没有任何思想准备。这种猝然而至也许并不是完全没有道理的，但却是如此地神经质，这使它变得毫无意义可言；如果这个大字眼只是意味着一种情绪，而不是深切的愿望，更谈不上是一种意向，那就不可能是真实的。"[丹麦] 勃兰兑斯：《十九世纪文学主流·第六分册·青年德意志》，第 152 页。——英译注暨汉译注

# 艺术是欢悦的吗？ [1]

## 一

席勒在《华伦斯坦》（Wallenstein）的序言中以这样一句话收尾："生活是严肃的，艺术却是欢悦的。"[2] 这是对奥维德《哀怨集》（Tristia）中一句诗的模仿："我的生活是谦逊而严肃的，我的缪斯则是快乐的。"（Vita verecunda est, Musa jocosa mihi）也许人们会认为奥维德是在故作姿态，因为他是位优雅而狡猾的古典作家。奥维德的生活是欢悦的，以致奥古斯都的权贵们对此已无法容忍；奥维德对他的施主们眨眨眼，把他的欢悦组装进《爱的艺术》（Ars amandi）的文学娱乐中，并心怀悔恨地让人看到他本人也关心严肃的生活行为。对于奥维德来说，他是在寻求赦免。席勒是德国唯心主义的宫廷诗人，他不想与这种拉丁式的花招扯上关系。他的这句格言漫不经心地说教，因而也就完全变成意识形态，并被纳入资产阶级的家庭财产中，随时可以在适当的场合加以引用。因为它证实

[1] 《艺术是欢悦的吗?》（"Ist die Kunst heiter?"）发表于《南德意志报》（Süddeutsche Zeitung）1967 年 7 月 15—16 日，后被阿多诺收入《文学笔记》之中。本文译自"Is Art Lighthearted?" in Notes to Literature, Vol. Two, trans. Shierry Weber Nicholsen, New York: Columbia University Press, 1991, pp. 247-253. 关键用词及术语核对了德语原文（Gesammelte Schriften: Noten zur Literatur, Bd. 11, Frankfurt am Main: Suhrkamp Verlag, 1974, S. 599-606）。——汉译注

[2] 此句的德语原文是"Ernst ist das Leben, heiter ist die Kunst."英译为"life is serious, art is lighthearted."黑格尔在其《美学》中也引用了席勒的这句话，朱光潜译为"生活是严肃的，艺术却是和悦的"。他特意加注解释道："heiter, 兼有'欢乐''明朗'两义。与'严肃'对立的是'幽默'，这里'和悦'包含'幽默'，但比'幽默'较深较广。"笔者以为译为"和悦"（即和蔼愉悦）较古雅，但似乎显得含蓄平稳了一些，故试译为"欢悦"。参见 [德] 黑格尔：《美学》第 1 卷，朱光潜译，北京：商务印书馆 1979 年版，第 202 页。——汉译注

了工作和休闲之间已被固化和普遍流行的二分法。根源于单调的、不自由的劳动折磨以及对它绝非毫无来由的厌恶，此二者被宣布为两个泾渭分明的领域的永恒法则。任何一个都不应与另一个混合。正是因为艺术不受约束的特性（Unverbindlichkeit）富有启发，它才被纳入并从属于资产阶级生活，作为其对立面存在以将其补全。人们已经可以看到这将最终导致对闲暇时间的安排。这是极乐世界的花园（der Garten Elysium），里面生长着天国的玫瑰，却被女人编织进令人厌恶的尘世生活之中。事情也许在某个时候变得完全不同，这种可能性唯心主义者席勒是完全不明白的。他关心艺术的效果。尽管他举止高贵，但他还是暗中预见了文化工业（Kulturindustrie）下的局面：艺术被当作兴奋剂，成了给疲惫的商人开出的药方。在德国唯心主义的鼎盛时期，黑格尔是第一个反对这种可以追溯到 18 世纪的效果美学（Wirkungsästhetik）——包括康德在内——的人，他也反对这种艺术观。他指出，艺术并非如贺拉斯所言，是一种"乐""教"兼顾的游戏机制。[1]

二

尽管如此，有关"艺术的欢悦性"这种陈词滥调还是有一定道理的。假如艺术不是人们的快乐之源，无论它以怎样的中介形式存在，它都不可能在它所抵触和抗拒的赤裸存在（das bloße Dasein）中生存下来。不过，欢悦这种东西并非外在于艺术，而是艺术自己定义的一部分。康德的提法"无目的的合目的性"便暗示了这一点，尽管它没有涉及社会。艺术的无目的性在于它摆脱了自我保存的约束，体现了不自由中自由之类的东西。事实上，它通过自己的存在，走出了盛行的魔咒，并与幸福的承诺——一种它自己在其绝望的表达中以某种方式表达的承诺——关联在一起。即便是在贝克特的戏剧中，舞台幕布升起时也仿佛像圣诞房间的

---

窗帘被拉开一样。为了让自己与它的表象元素相剥离，艺术徒劳地努力摆脱快乐元素的残余，因为它怀疑后者会由于"唯命是从"（Jasagerei）而背叛自己。尽管如此，艺术的欢悦性这一命题还是应该以一种非常精确的意义加以理解。它适用于整个艺术，而不是个别作品。为了呼应现实的恐怖，艺术作品可能会完全不具有欢悦。艺术中让人欢悦的东西——如果你愿意这样认为的话——与人们常常假定的情况恰好相反：不是其内容而是其行为（Verhalten），是其本身就是艺术以及展现于现实之上同时也见证了现实的暴力的这一抽象事实。这证实了哲学家席勒的观点，他认识到艺术的欢悦在于它是游戏（Spiel），而不在于其思想内容表述出来的东西，即便这些内容已超出了唯心主义范畴。艺术是先验的，是先于其作品的，它就是对现实强加给人类的残暴严肃性（der tierische Ernst）的一种批判。艺术以为通过命名这种厄运状态，它便逐渐放松了自己的控制。这正是艺术的欢悦性之所在；作为现存的意识模式中的一种变化，这当然也是艺术的严肃性之所在。

三

但是就像知识一样，艺术所有的材料乃至最终所有的形式都是取自现实，尤其是取自社会现实，以便对它们加工再造，这样一来，艺术也就陷入了现实不可调和的矛盾之中。艺术衡量其深度的标准是，它是否能够通过调和其形式法则（Formgesetz）带来的矛盾，进一步去强调不可调和性真正的缺失。矛盾通过其最遥远的中介发出震颤，就像现实中恐怖的喧嚣在音乐中最极端的弱音（das äußerste Pianissimo）处响起。文化信仰徒劳地歌颂着音乐的和谐，如莫扎特的作品；在现实的刺耳音调面前，这种和谐听起来就是不协和音（Dissonanz），并以现实的刺耳音调为其实质。这便是莫扎特的悲哀。只有通过转变在任何情况下都以否定形式保留的东西，亦即矛盾的东西，艺术才能在这些当时遭到诋毁的东西被美化为超越存在的存在、独立于其对立面时让其修成正果。尽管定义"媚俗"（Kitsch）的尝试通常会以失败告终，但制定媚俗标准时把一件艺术产品究竟是给矛盾意识提供了形式——即便它通过强调它与现实的对立做到了这一点——还是掩盖了矛盾意识考虑在内，这依然不是对媚俗最糟糕的界定。在这方面，严肃性应该成为任何艺术作品的强烈要求。作为逃离现实却又渗透着现实的东西，艺术摇摆于这种严肃与欢悦之间。正是这种张力构成了艺术。

<h2 style="text-align:center">四</h2>

艺术中这种欢悦与严肃的矛盾运动的意义——它的辩证法——可以通过荷尔德林的两个诗歌对句加以简单阐明，毫无疑问，诗人是有意让它们紧密相连的。第一个题为《索福克勒斯》（"Sophocles"），诗曰："许多人徒劳地，试图以喜表达至喜 / 在这里我终于，以悲表达了自己。"[1]悲剧演员的欢悦不应在他所演戏剧的神话内容中寻找，甚至也许不应在他赋予神话的和解中落实，而应该在他的说法（sagen）中，在对这种说法的表达（aussprechen）中去探寻；荷尔德林的诗句都运用到了这两种表述，并对其加以强调。第二个对句题为《爱开玩笑者》（"Die Scherzhaften"）："你总是在玩和开玩笑？你必须这样嬉闹！哦，朋友，我在灵魂深处 / 理解你，因为只有绝望者才玩世不恭。"[2]当艺术试图主动自娱自乐，从而使自己适应荷尔德林所谓的任何神圣的东西都不再能适用的这一用途时，它就被降低到人类需要的水平，它的真理内容（Wahrheitsgehalt）也就被出卖了。它命定的快乐与世俗法则相符。它鼓励人们服从命令，遵纪守法。这便是客观绝望的形式。如果人们能足够认真地对待这个对句，它就会对艺术的肯定性（affirmative Wesen von Kunst）形成判断。从那时起，在文化工业的支配下，这种肯定性就会变得无处不在，玩笑就会变成纯粹广告中的傻笑漫画。

---

[1] 原诗如下："Viele versuchen umsonst das Freudigste freudig zu sagen / Hier spricht endlich es mir, hier in der Trauer sich aus."——汉译注

[2] 原诗如下："Immer spielt ihr und scherzt? ihr müßt! o Freunde! mir geht diß / In die Seele, denn diß müssen Verzweifelte nur."——汉译注

## 五

因为艺术中严肃与欢悦的关系受制于一种历史动力。任何在艺术中可以称为欢悦的东西都是已经出现的东西，也是在古代作品或具有严格神学语境的作品中不可想象的东西。艺术中的欢悦以城市自由之类的东西为前提，它并不是最早出现在薄伽丘、乔叟、拉伯雷和《堂吉诃德》那样的早期资产阶级作家和作品中，而是在后来被称为古典（以此与古代区分开来）的作品中就已作为元素现身。艺术摆脱神话、黑暗和混沌的方式本质上是一个过程，而并非一成不变地在严肃与欢悦之间来回选择。正是在艺术的欢悦中，主体性才第一次开始了解自己并意识到自己的存在。通过欢悦这种东西，它摆脱了纠缠并回归自身。欢悦中有一种资产阶级个人自由的东西，尽管它也因此与资产阶级的历史命运有关。曾经的幽默变得无可挽回地沉闷；后来的多样性则退化为对同谋的酣畅满足。终于，它变得让人无法忍受。然而，在那之后，谁还能嘲笑《堂吉诃德》以及它对一个在资产阶级现实原则面前崩溃的人的施虐式嘲弄（der sadistische Spott）呢？阿里斯托芬（Aristophanes）的喜剧在今天和当时一样精彩，而它的有趣之处已成谜团；如今只有在偏僻之地才会将粗俗等同于滑稽。社会越是无法深刻实现资产阶级精神作为神话启蒙（Aufklärung des Mythos）所承诺的那种和解，幽默就越是难以抗拒地被拉入阴间地府，而笑，这个曾经的人性形象，就越会向非人性退化。

## 六

自从艺术被文化工业玩弄于股掌之间，置放于消费品之中，它的欢悦就变成了人造、虚假和令人迷惑之物。没有什么欢悦能与随意造出的东西相兼容。欢悦与自然的和谐关系排除了任何操纵自然和算计自然的东西。笑话和俏皮话之间的语言区分非常准确地捕捉到了这一点。当如今我们看到欢悦时，它已被命令扭曲，甚至被扭曲成不祥的"真倒霉"——那种用生活本来就是这样的想法来安慰自己的悲剧。艺术——

假如它不去反省，它就不再是可能的了——必须自动与欢悦一刀两断。它之所以被迫为之，主要是因为最近发生的事情。奥斯维辛之后写诗不再可能的那个说法并不绝对成立，但可以肯定的是，奥斯维辛之后欢悦的艺术不再是可以想象的了，因为奥斯维辛已经发生了，并且在可以预见的未来仍然可能发生。客观上，无论艺术多么仰仗善意和理解，它都会退化为犬儒主义。事实上，伟大的文学作品已经感受到了这种不可能性，首先是波德莱尔在欧洲大灾难发生前将近一个世纪，然后是尼采以及格奥尔格派 [1] 对幽默的拒绝。幽默已经变成了具有争议性的戏仿。在那里，只要它仍然拒绝和解，它就能找到临时避难所，而不管曾经与幽默相关的和解（Versöhnung）概念是怎样的。到现在为止，幽默的争议形式也受到质疑。它不再指望被理解，而所有艺术形式的争议，也不能在真空中存活。几年前，有一场关于法西斯主义是否可以用喜剧或戏仿的形式呈现而不会让其受害者感到愤怒的争论。确定无疑的是，这种争论的品质显得愚蠢、滑稽和平庸，一方面是希特勒与其追随者之间的亲缘关系，另一方面是八卦小报（Revolverjournalismus）与狗仔队的结盟。人们不能对此一笑置之。血腥的现实不是精神（Geist），也不是精神可以嘲笑的野蛮思想（Ungeist）。哈谢克（Jaroslav Hašek）写《好兵帅克》（Schwejk）[2] 时，时局依然不错，那时恐怖体系还比较马虎，没有渗透到犄角旮旯之处。但是，有关法西斯主义的喜剧将成为一种愚蠢的思维模式的帮凶，这种思维模式认为，法西斯主义被提前打败是因为有世界历史上最强大的军队在与之作对。胜利者的立场尤其不应该被法西斯主义的反对者占据，后者有责任在任何方面与那些固守胜利者立场的人拉开距离。造成恐怖的历史力量源于社会结构的内在本质。这种力量并不肤浅，而是太强大了，以至于任何人都没有对待它们的这种特权：仿佛世界历史在他

---

[1]　"格奥尔格派"（George-Schule）也称"格奥尔格圈"（George-Kreis）。参见本书第 214 页注 [1]。——汉译注

[2]　哈谢克这部名著的捷克文原名是 Osudy dobrého vojáka Švejka za světové války，英译名是 The Good Soldier Švejk 或 The Good Soldier Schweik，汉译名是《好兵帅克历险记》，星灿译，北京：外国文学出版社 1983 年版。——汉译注

身后，而那些元首们实际上是一群小丑，他们的胡言乱语和杀戮言论只是后来才变得相似。

<h1 style="text-align:center">七</h1>

此外，因为欢悦时刻蕴含在艺术从赤裸存在获得的自由中——即便是绝望的作品（这些作品尤甚）也能够见证这种自由，所以在历史的进程中，欢悦与幽默时刻并不是简单地从这些作品中被扫地出门。它是作为关于幽默的幽默而在自我批判中幸存下来的。激进的当代艺术作品中艺术性很高的无意义和愚蠢特征，让那些乐观的人感到愤怒的特征，与其说是艺术退回到婴幼阶段，不如说是对幽默的幽默评判。魏德金[1]针对《痴儿历险记》（*Simplizissimus*）[2]出版商的关键文章有一个副标题：关于讽刺的讽刺。在卡夫卡那里也有一些类似的东西，他那令人震惊的叙事作品被他的一些解读者——其中包括托马斯·曼（Thomas Mann）——视为幽默，斯洛伐克的作者们也在研究他与哈谢克的关系。尤其是在贝克特的戏剧面前，悲剧范畴让位于笑声，就像他的戏剧切断了所有接受现状的幽默。它们见证了这样一种意识状态：不再承认严肃和欢悦的非此即彼，也不再承认有复合悲喜剧。悲剧消失了，因为本应是悲剧的主观性主张已明显变得无关紧要。干涸无泪的哭泣代替了笑声。悲叹变成了无神的、空洞的眼睛中的悲哀。幽默在贝克特的戏剧中得到了拯救，因为它们用笑感染观众，让其去笑对笑之荒诞、去笑对绝望。这个过程关联着艺术简化（die künstlerische Reduktion）过程，这是一条通往生存最低值，亦即剩余存在最低值的道路。也许是为了幸免于难，这种最低值让历史上的灾难大打折扣。

---

[1]　这里应该是指本雅明·弗兰克·魏德金（Benjamin Franklin Wedekind, 1864–1918），德国戏剧家，被奉为德国表现主义戏剧始祖，主要作品有《春之苏醒》（*Frühlings Erwachen*, 1891）等。——汉译注

[2]　《痴儿历险记》又译《痴儿西木传》（*Der Abenteuerliche Simplicissimus Teutsch*, 1669），是德国小说家格里美豪森（Hans Jakob Christoffel von Grimmelshausen, 1622–1676）创作的长篇流浪汉小说。——汉译注

# 八

欢悦与严肃之间，悲剧与喜剧之间，几乎是生与死之间的非此即彼的选择正在消失，这一点在当代艺术中变得越来越明显。这样一来，艺术就否定了它的整个过去，这无疑是因为通常的二选一方案呈现了一种在幸存的快乐和支撑这种幸存的灾难之间撕扯的状态。鉴于世界的完全祛魅，超越于欢悦和严肃之上的艺术可能既是一种和解的信号，也是一种恐怖的暗号。这种艺术既对无处不在的、或公开或隐蔽的有关存在的广告表示厌恶，也对悲剧演员的厚底靴（Kothurn）进行反抗，后者因其过于夸大苦难而再次与不朽站在一边。面对不久以前发生的事，艺术既不可能完全严肃，也不可能完全欢悦。人们开始怀疑艺术是否像文化曾经让人们相信的那样严肃。艺术再也不能像荷尔德林的诗那样感受着世界精神（Weltgeist），将表达哀悼等同于最快乐的事。快乐的真理内容似乎变得遥不可及。文类正在变得模糊，悲剧的姿态似乎是喜剧的，而喜剧则凄凄惨惨戚戚，这一事实即与此有关。悲剧正在走向衰落，因为它主张否定性的积极意义，哲学称之为积极的否定。这一主张是无法兑现的。进入未知领域的艺术，现在唯一可能的艺术既不欢悦也不严肃；但第三种可能性则若隐若现，仿佛嵌入在虚无之中，其人物在被高级艺术作品所描摹。

2014 年 8 月初译

2022 年 7 月校译

2023 年 1 月再校

# 论文学批评的危机[1]

    任何一个移居国外多年的人返回德国，都会注意到文学批评的衰落。这里面可能涉及某种自我欺骗。一个被迫流亡的人倾向于美化希特勒之前德国的精神状况，并把那时培育过法西斯主义野蛮种子的所有思想压制下去。假如你能回想起卡尔·克劳斯[2]在文学批评中对那些杰出人物的反对——他无情地展示了他们的随大流、没能力、马马虎虎、傲慢自负和不负责任，你就会对当时的主流批评失去任何幻想。但是，在否定的范围内，区分了愚蠢和庸俗、平庸和低劣，以及何谓雇用文人何谓傻瓜笨蛋的却正是克劳斯本人。在同样的意义上，你也能够对当下境况与那一时期做出区分：前者意味着在德国，批评自由与自主的精神似已缺席；后者的批评可能比较自我膨胀，但至少相对于所谓的精神生活，它还保持着独立自主的元素。

    我一直想更详细地谈论一下文学批评的危机，在我看来，这与再也

---

[1]　《论文学批评的危机》（"Zur Krisis der Literaturkritik"）是阿多诺在巴伐利亚广播电台（Bayerischer Rundfunk）发表的一个广播讲话，刊发于《启蒙》（in *Aufklärung*, vol. 2, no. 4/6, 1952/3, p. 357f.），后被收入《文学笔记》。本文译自 "On the Crisis of Literary Criticism," in *Notes to Literature*, Vol. Two, trans. Shierry Weber Nicholsen, New York: Columbia University Press, 1992, pp. 305-307. 关键用词及术语核对了德语原文（*Gesammelte Schriften: Noten zur Literatur*, Bd. 11, Frankfurt am Main: Suhrkamp Verlag, S. 661-664）。——汉译注

[2]　卡尔·克劳斯（Karl Kraus, 1874–1936），奥地利作家与新闻记者，以讽刺、随笔、警句、戏剧和诗歌写作知名于德语文学界，为同时代的著名作家（如本雅明与布莱希特等）所推崇。——汉译注

不会有一个阿尔弗莱德·克尔 [1] 这件事情相比，具有更为严肃的种种面向。我在《文化批评与社会》（"Kulturkritik und Gesellschaft"） [2] 这篇论笔中试图阐述它的某些本质特征，此文发表在《我们这个时代的社会学研究》（*Soziologische Forschung in unserer Zeit*）上，那是庆贺列奥波特·冯·维泽 [3] 75 岁生日 [4] 的一本纪念文集。如今，我所呈现者，大体上是把自己限定在描画目前事态特征的某些方面上。如我们年轻时所知，文学批评是自由主义时代（der liberale Zeitalter）的产物。它的根据地主要是《法兰克福报》（*Frankfurter Zeitung*）和《柏林日报》（*Berliner Tageblatt*）等自由派报纸。文学批评不仅预设了自由表达意见的权利，以及对不受约束地行使判断的个体的信任，而且假定了新闻界体现出来的某种权威，这与商业与流通领域的重要性有关。纳粹党人对此场地野蛮监管，废除了这种本质上具有自由媒介性质的文学批评，代之以艺术欣赏(Kunstbetrachtung)的形式。但在独裁政权垮台后的今天，仅仅改变政治体制还不足以修复文学批评的社会基础。阅读自由主义报刊的受众类型荡然无存，能够对文学作品行使自主而理性判断的个体也不复存在。法西斯主义威权虽已土崩瓦解，但它也保留了对既存的、被认可的以及夸大了其自身重要性的所有事物的尊敬。在德国，讽刺、精神的灵活性（geistige Beweglichkeit）与对现有秩序的怀疑从未得到高度重视。即使在自由主义时代，人们也是问心有愧地享受这些精神反应模式的，认为这是一种非法的美味。这些模式是被视作靠不住的：学术界与报纸文艺专栏总是在相互怀疑。很

---

[1] 阿尔弗莱德·克尔（Alfred Kerr, 1867−1948），德国富有影响的剧评家，犹太裔论笔作家，有"文化教皇"（Kulturpapst）之称。——汉译注

[2] 此文再版于阿多诺的《棱镜》（*Prismen*, Frankfurt am Main: Suhrkamp, 1969, now *Gesammelte Schriften* 10.1）中；英译为"Cultural Criticism and Society"，收入《棱镜》（*Prisms*, London: Spearman, 1967; reprinted MIT Press, 1981）一书中，译者是塞缪尔·韦伯（Samuel Weber）与谢尔瑞·韦伯（Shierry Weber）。——英译注

[3] 列奥波特·冯·维泽（Leopold von Wiese, 1876−1969），德国社会家、经济学家，曾担任德国社会学学会主席（1946—1955）。——汉译注

[4] 英译写作 "Leopold von Wiese's seventy-first birthday" 是误译，应为 "75 岁生日"。——汉译注

显然，富有成效的否定性元素在德国这代人的当下批评实践中是大量缺席的。要么他们不冒险，要么他们的尝试是无能为力的。像那个阿尔弗雷德·波尔加[1]近来在《月刊》[2]上为冯·所罗门先生[3]的作品所做的辩论，实为罕见之例外。做出否定性判断更像是威权主义的命令，而不是对手头事情的深入了解。拒绝什么依然是"毙掉"（abschießen），此为第三帝国的行话。然而，在大多数情况下，由于缺乏自由，缺乏超然态度，以及尤其是缺乏对艺术作品本质上所掌握的客观问题的真正认识，所以批评依然将自己局限在一种高级的信息服务之内。把批评家与书封文案作家（Waschzettelschreiber）区分开来，往往难乎其难；反过来，最近我被告知，一位文学批评家对书封的文案更感兴趣，却对摆在他面前的书漠不关心。文化的败落，尤其是对语言的损毁无处不在发挥着这样的作用。人们倾向于使用现成的陈词滥调，而不是为自己的意思寻找恰如其分的表达，这伴随着对现象本身的原初经验获得的无能。似乎一切都是通过刻板的短语图式（Schema）来感知的。人们害怕否定性，仿佛它能使人想起太过消极的生活质量，想起他们不惜一切代价都不想被提醒的东西。诸如消极有害、夸夸其谈、荒诞离奇、秘传深奥等等之类的指控被用得易如反掌，仿佛一切都不曾发生。

就像一般的艺术批评，尤其是音乐批评的危机一样，文学批评的危机并不仅仅是专家不充分的问题。它暗示着目前整个存在的构成状况。一方面，每一种可以作为批评（即使是对立的）基础的既定传统力量已经瓦解；另一方面，个体软弱无能的普遍感觉又使有可能给批评提供能量

---

[1]　阿尔弗雷德·波尔加（Alfred Polgar, 1873–1955），出生于奥地利的新闻记者，1925—1933年因在柏林做戏剧批评而成名。——汉译注

[2]　《月刊》（Der Monat）是德国的一份左翼杂志，由纽约的梅尔文·拉斯基（Melvin Lasky）于 1948 年创刊。"冷战"开始后，美国中央情报局曾致力于成立"文化自由代表大会"（the Congress for Cultural Freedom，简称 CCF），意在组织起反共的艺术家和知识分子与苏联及亲共者对抗。该杂志随后被纳入 1950 年成立的 CCF 系统中，阿多诺曾在该杂志上发表过文章。有关拉斯基与《月刊》更详细的介绍，可参阅 [英] 弗朗西丝·斯托纳·桑德斯：《文化冷战与中央情报局》，曹大鹏译，北京：国际文化出版社公司 2002 年版，第 26—30 页。——汉译注

[3]　这里可能是指恩斯特·冯·萨罗蒙（Ernst Von Salomon, 1902–1972），德国剧作家和演员，主要作品有《最后的 8 月 15 号》等。——汉译注

的冲动陷于瘫痪。伟大的批评只有作为精神潮流中一个完整的时刻才是可以想象的，无论它是促进还是反对潮流，这些潮流本身都要从社会趋势中汲取力量。鉴于一种同时也是无序的和东施效颦的意识状态，批评缺少出发点的那种客观可能性。本真性的缺失，尽管竭尽全力但当今所有文学产品却依然空空如也的特性，那种在历史的真正力量的阴影中以文化之名不断操练出来的离题感——所有这些都阻止着一种文学批评所需要的严肃性浮出水面。只有当每一个成功或不成功的句子都关联着人类的命运时，批评才具有力量。当莱辛的清明理性撕下审美理性主义的假面时，当海涅攻击已然堕落为反动与刻板的浪漫主义时，当尼采揭露文化庸人（der Bildungsphilister）的语言时，他们全都参与到了客观精神之中。甚至卡尔·克劳斯——他攻击巴勒（Baller）与斯泰勒（Steiler）的表现主义，却发现了格奥尔格·特拉克尔[1]——倘若没有那场精神运动也将是不可想象的。如今，任何堪比客观精神趋势的东西已几无存在，任何奋不顾身勇往直前的先锋冲动都有枯萎成专业知识的危险，凡此种种，都把批评简化成一种随心所欲又淡乎寡味的意见表达。

哪怕说文学生产的不孕不育（Sterilität）导致了文学批评的不育不孕也是不够的，不孕的真正原因是文化的中立状态，它指向前方，就像那些意外躲过炸弹袭击的房屋一样，其真实价值已无人能真正相信。在这种文化中，没正视它的批评家必然会成为它的帮凶，并成为自己对象无关紧要的牺牲品。这个文化中的历史力量或许会出现在物质材料中，却很难构成艺术材料的基础。文学批评家的任务似已转移到更广更深的反思之中，因为文学作为一个整体，已不再能拥有它在三十年前的那种尊严了。那些还想公正对待其任务的批评家应该超越这种任务，并把已动摇其作品根基的剧变记录在他的种种想法之中。但是他成功地干成这件事情的唯一条件是，他同时让自己在完全自由与负责任的情况

---

[1] 格奥尔格·特拉克尔（Georg Trakl, 1887–1914），奥地利表现主义诗歌先驱，以诗集《塞巴斯蒂安在梦中》成为20世纪最重要也最为杰出的德语诗人之一。因患抑郁症服食可卡因自杀。——汉译注

下，沉浸在向他走来的对象之中，不考虑任何公众接受与权力聚阵结构（Machtkonstellationen），并同时把最精确的艺术－技术专门知识运用起来；而且他能严肃对待那种形式扭曲的、哪怕是最可怜的艺术作品之中固有的绝对性要求，以至于仿佛作品便是它所要求的那样。

2017 年 9 月 17 日初译

2023 年 3 月 21 日校译

# 介入[1]

　　萨特的文章《什么是文学?》面世以来，有关介入文学与自主文学的理论之争已少之又少。然而，就其只涉及今天的精神生活而非直接的人类生存何去何从这件事情而言，围绕介入进行争辩依然显得紧迫。促使萨特发表宣言的原因在于，他看到——他当然不是第一个看到的——并排陈列于孤芳自赏的文化万神殿中的那些艺术作品正在蜕变为文化商品。它们共同存在又相互亵渎。不考虑作者对其作品的本来意图，任何作品谋求极致，都绝不能容忍他者毗邻而居。这种有益于健康的不宽容不仅适用于单个作品，也适用于种种艺术类型或审美态度，例如像今天多半被人忘却的有关介入艺术与自主艺术之争的不同路径。有两种"客观性立场"，它们你来我往，不断交战，甚至当知识界虚假地展示其和解时也是如此。介入之作拆穿了那种仅以存在为目的的艺术作品的假面，后者满

---

[1]　《介入》（"Engagement"）原题为《介入还是艺术自主》（"Engagement oder künsterliche Autonomie"），是阿多诺于 1962 年 3 月 28 日在"不来梅电台"（Radio Bremen）发表的一次广播讲话，刊登于《新评论》（*Die Neue Rundschau*）第 73 卷，1962 年第 1 期，后收入《阿多诺文集·文学笔记》（*Gesammelte Schriften: Noten zur Literatur*, Bd. 11, Frankfurt am Main: Suhrkamp Verlag, 1974, S. 409-430）。此文的英译本有二：（1）"Commitment," in *The Essential Frankfurt School Reader*, eds. Andrew Arato and Eike Gebhardt, trans. Francis McDonagh, New York: Urizen Books, 1978, pp. 300-318;（2）"Commitment," in *Notes to Literature*, Vol. Two, trans. Shierry Weber Nicholsen, New York: Columbia University Press, 1992, pp. 76-94. 本文根据第一个英译本并参考第二个英本译出，关键用词及术语核对了德语原文，校译时亦参考了法译本（« Engagement », in *Notes sur la littérature*, trad. Sibylle Muller, Paris, Flammarion, 1984, pp. 285-306）。文中小标题应为《法兰克福学派基础读本》一书的编者所加。——汉译注

足于自己成为一个物神（Fetisch），成为那些虽有滔天洪水威胁却还想酣然入睡之人的闲适消遣——一种实际上高度政治化的非政治姿态。对于介入来说，这类作品远离了实际利益的争斗。没有人能够摆脱两大阵营之间的冲突。精神生活的可能性如此依赖这种冲突，以致唯有盲目的错觉才会坚持那些明天就有可能被粉碎一空的权利。然而，对于自主艺术作品而言，这些考虑以及由此支撑起来的艺术观念，其本身就已是介入之作对精神发出警告的灾难。如果说精神生活放弃了以纯粹形式对象化自己的责任与自由，是因为它已然退位。其后，艺术作品只是孜孜不倦地把自己同化到它所反对的蛮荒存在之中，它是如此短命（这也正是介入作品对自主作品的指控，反之亦然），以致从诞生的第一天起它就隶属于那些学术研讨会，而此处也必然是它的终结之所。这种尖锐的对立面也在提醒我们，艺术在今天的地位是多么摇摇欲坠。这两种选项中的每一种都既否定了自己，也顺便否定了对方。介入艺术——作为艺术它必须游离于现实——取消了艺术与现实的距离；"为艺术而艺术"借助其绝对要求，否认了与现实之间牢不可破的关联，而这种关联又正是试图让艺术从现实中获得自治但又容易引发争议的先验前提。这两极之间形成的张力——艺术便世世代代存活于这种张力之中——如今已烟消云散了。

## 介入之争的乱象

当代文学本身对这种二者选其一的万能之举也提出了质疑，因为它并没有完全屈服于那个世界进程，因此还没有参与到政治争端的前沿地带。"萨特式山羊"与"瓦莱里式绵羊"[1]不能截然分开。即便介入被政治驱动，只要它还没有缩减成宣传（其恭顺之姿嘲笑着主体所做出的任何

---

[1] 这里所谓的"萨特式山羊"（Sartresche Böcke）和"瓦莱里式绵羊"（Valérysche Schafe），显然借用了《圣经》中的说法。据《圣经·马太福音》第 25 章经文，耶稣基督同众天使降临之时，坐在荣耀的宝座上，万民都聚集在他面前。耶稣要把他们区分开来，如同牧羊人区分绵羊和山羊一样，把绵羊安置在右边，山羊安置在左边。然后他对右边的人说，你们是蒙神祝福的，可以进入永生；对左边的人说，你们是被诅咒的，要下到地狱承受永刑。这里的"萨特式山羊"意指介入文学，"瓦莱里式绵羊"则意指自主文学。——汉译注

介入之举），它在本质上就依然保持着政治上的多义性。另一方面，介入的对立面，亦即被苏维埃的罪恶目录名为形式主义的东西，不仅被苏联官员或自由派的存在主义者谴责，甚至就连"先锋派"批评家本身也常常指责其所谓的抽象文本缺少挑衅色彩，也缺少社会攻击性。与此相反，因萨特对毕加索的《格尔尼卡》推崇备至，他又很容易被指责为对音乐与绘画中的形式主义深表同情。他把自己的介入观限定在文学之内，因为其观念特征是："作家与意义打交道。"[1] 当然，也并不仅仅涉及意义。虽然进入文学作品的词语不曾完全摆脱它在日常话语中的意义，但是没有哪部文学作品（甚至传统小说）能使其语词的意义完全等同于其外部意义。在报道一个不曾存在的东西时，即便是普通的语词"曾是"，也从它"未曾是"的事实中获得了一种新的形式属性。这种情况也延续在一部作品的较高语义层面，一直上升至曾被叫作作品"理念"的东西那里。对于任何一个并非无条件地把各种艺术门类归入一个首要的艺术总概念的人来说，萨特所赋予文学的特殊地位也必定会受到怀疑。外部意义的残余是艺术中不可化约的非艺术元素。艺术的形式法则不在这些意义之中，而在两种元素的辩证关系那里——这种辩证关系完成了艺术内部的意义转换。在作家与写作匠（Literat）之间作出区分是肤浅的，但是任何艺术哲学的对象——正如萨特所理解的那样——并不在艺术的大众传播方面，更不用说在德国人所谓的作品"讯息"（Aussage）方面了。后者艰难地摇摆于艺术家的主观意图与它客观表达的形而上学意义的要求之间。在我们这个国家，这种意义通常都可以用"存在"这一万能之词予以表现。

　　谈及介入的社会功能，它多少又变得有些混乱。要求艺术作品应该说出某些东西的文化保守派已与他们的政治对手联合起来，共同反对着丧失社会功能的晦涩之作。对这种"捆绑式纽带"大唱赞歌的人更愿意发现萨特《隔离审讯》（Huis Clos）的深刻之处，却不愿耐心倾听来自文本的声音——在此文本中，语言撼动着意涵之笼，并通过与其"意义"拉

[1] Jean-Paul Sartre, Was ist Literatur? Ein Essay, Ubertr. Von Hans Georg Brenner, Hamburg 1958, S. 10. Jean-Paul Sartre, *What is Literature?* London: Methuen, 1967, p. 4. ——原注暨英译注

开距离，反抗着一种肯定性的意义假定。另一方面，对于无神论者萨特来说，艺术作品的概念意义依然是介入的前提。不过，东方阵营的被禁之作有时又会被真实讯息的监护者蛊惑性地指控，因为这些作品似乎说出了它们实际上并未说出的东西。早在魏玛共和国时期，纳粹党人就已使用开"文化布尔什维主义"（Kulturbolschewismus）这一词语，而当它被制度化后，对它所指之物的憎恨又延续在希特勒时代。如今它又死灰复燃，像四十年前那样憎恨同类的作品，包括一些历久弥新和明白无误地属于既定传统中的作品。

激进右派的报纸杂志像从前一样兴风作浪拉仇恨，攻击那些不自然的、过于智识化的、病态的和颓废的东西：他们知道他们的读者是谁。这与社会心理学对威权人格的洞见吻合一致。此类人格的基本特征包括因循守旧，尊重舆论与社会的僵硬面相，抵制那些扰乱其秩序的冲动，或是打击那些无意识中无论如何也不被承认的个人欲望。文学现实主义无论它出自哪里，即便它标榜自己是批判的或社会主义的，都很容易与这种对异质或间离之物的敌意相匹配，而很难包容那些不向政治口号宣誓效忠，但会通过其自己方式瓦解威权人格僵硬坐标系的作品——人们对这个坐标系越是依附得厉害，就越是无法自发欣赏未经官方批准的任何东西。在西德，阻止布莱希特戏剧上演的种种行动属于政治觉悟中较为浮浅的层面。也许它们还不够暴烈，也许它们在 8 月 13 日 [1] 之后采用了一种更粗暴的形式。另一方面，当与现实之间的社会契约已被取消，而文学作品也不再言说现实时，人们就该毛骨悚然了。有关介入争论的缺陷是它丝毫也不考虑作品所产生的效果，而作品自身的形式法则也恰恰对效果问题不管不顾。只要在不可理解的震惊中传达的东西无法理解，整个争论就好像是在打"影子拳"（Schattenkampf）。讨论过程中问题

---

[1]　此处暗指"柏林墙"的修建。柏林墙（Berliner Mauer / Berlin Wall）是"冷战"期间东德政府环绕西柏林边境修筑的全封闭的边防系统，以将其与西德管辖的西柏林市分割开来。该墙始建于 1961 年 8 月 13 日，全长 167.8 公里。东德政府称此墙为"反法西斯防卫墙"（Antifaschistischer Schutzwall），其目的是阻止东德居民逃往西柏林。1989 年 11 月 9 日，柏林墙的数处被打开；1990 年初，此墙被彻底拆除。——汉译注

的混乱当然没有改变问题本身，但是对于重新思考可供选择的解决方案却是必要的。

## 萨特的哲学与艺术

从理论上说，"介入"应该与"倾向"（或者是一种特定党派立场的主张）相区分。在严格意义上，介入艺术并不意在形成改良措施、立法行为或实践性制度——就像早期宣传（倾向）剧反对梅毒、决斗、堕胎法或青少年教养院那样——而是在基本的态度层面发挥作用。于萨特而言，其任务是把行动者的自由选择唤醒，使真正的存在完全成为可能，从而与旁观者的中立立场形成对比。但是，让介入的艺术原则高于倾向性主张的东西，也让作家介入的内容变得意义不明。在萨特那里，选择的观念——这原本是克尔凯郭尔的范畴——是对基督教义"不与我为伍者就是与我为敌"的继承，但现在却空空如也，没有任何神学内容。选择的可能性依存于选择的内容，但萨特的选择观所保留的只是一种选择律令的抽象权威，与这种依存性没有任何关系。萨特想通过选择的先定形式证明自由的不可被剥夺，但是这种形式却恰恰取消了自由。在预先决定的现实里，自由变成了一种空洞的主张：赫伯特·马尔库塞已经揭示了这种哲学法则的荒谬可笑——人们在内心深处能够对严刑拷打既迎又拒。[1] 然而，这正是萨特的戏剧处境旨在证明的东西。但他的戏剧之所以没有很好地成为他自己存在主义的模板，那是因为它们容纳了其哲学忽略的那个全面被管控的世界——这里我们必须为萨特的诚实点赞；正是这种不自由才需要我们引以为戒。萨特的观念剧破坏了其范畴的目的。但这并非他个人戏剧的缺陷。艺术并非强调可选方案的重要性，而仅仅是通过其形式抵抗那种永远用一把手枪抵住人们脑袋的世界进程。但是，一旦介入的艺术作品做出决定并把这些决定奉为标准，这些作品也就变得可

---

[1] Reference to Marcuse's essay "Sartre's Existentialism," included in *Studies in Critical Philosophy*, New Left Books, London 1972, pp. 157-190. ——英译编注

以相互交换了。由于这种含混，萨特非常坦率地承认，他并不期望通过文学让世界真正改变：这种怀疑论见证了自伏尔泰以来在社会和文学的实践功能这两方面的历史变化。介入的轨迹因此滑向作家的意向那里，这与萨特哲学的极端主观主义是吻合一致的，尽管它发出了唯物主义的弦外之音，却依然可以听到德国唯心主义思辨哲学的回响。在萨特的文学理论中，艺术作品变成了面向主体的一种呼吁，因为它不过是通过一个他自己能够选择或拒绝选择的主体发出的声明。

萨特不愿意承认，任何艺术作品从一开始就是带着自己形成的客观要求来面对作家的，无论这个作家多么自由。在这些要求中，作家的意图仅仅只是一种要素。萨特的问题"为什么写作？"以及隐含在"深层选择"中的解决办法之所以无效，是因为作者的动机与他完成的作品（文学产品）并不相干。萨特本人并没有远离这种观点，因为他察觉到，就像黑格尔很早以前看到的那样，作品越高级，就与创造它的经验个体的联系越少。当他借用涂尔干（Durkheim）的说法把文学作品称作一种"社会事实"（fait social）时，他不由自主地援引了那种思想，即很难被作者纯粹的主观意图穿透的、作品本身固有的集体客观性。于是萨特并不想把介入放到作家的意图层面，而是把它置于人本身层面。[1] 但是这一界定过于宽泛，以致其介入无法与人类的其他行为或态度相区分。萨特指出，关键在于作家介入了现在，介入了"当下"（dans le present）；但是由于作家无论如何都不能逃离现在，他对现在的介入就无法体现为一种方案。作家实际承担的责任是更加精确的：这并非选择之责，而是内容之责。虽然萨特谈到了辩证法，但他的主观主义却对特定的他者几未关注——主体必须首先放弃他自己，并通过转变为他者才能成为真正的主体，所以萨特怀疑每一种文学的对象化都已僵化。然而，由于他希望拯救的纯粹直观性和自发性在其作品中被界定为畅行无阻，它们也就经历着第二次物化。为了使其戏剧和小说超越于纯粹的宣言之上——宣言的原型是被严刑拷打时的惨叫——萨特不得不向平面化的客观性求助，却拿掉了

---

[1]　Parce qu'il est homme（因为他是人），*Situations*, Ⅱ, Paris 1948, p. 51。——原注

任何辩证法的形式和表达，那不过是他自己哲学思想的一次传播。他的艺术的内容变成哲学，除席勒外，还没有哪个作家如此操作过。

然而，无论艺术作品的思想怎样升华，它都不能凌驾于材料之上。萨特的戏剧是作者传达观念的工具，它们还没有跟上审美形式进化的步伐。那些戏剧用传统剧情经营，并通过意义中坚定不移的信念加以提升，这些意义是可以从艺术那里转移到现实中的。但是这些被图解或者是有时被明确陈述的命题滥用了情感，而这种情感又通过例子的方式推动着萨特剧情的发展。因此，这些命题也否认了自己。"他人即地狱"[1]这句格言出自他最著名的一部戏剧的结尾部分，听起来像是对其《存在与虚无》的引用，而把它读解为"地狱即我们自己"很可能也大体不差。那些简单明确的情节与同样简单明确却可以提取的观念相结合，让萨特获得巨大成功，并使他适用于文化工业（Kulturindustrie），但这无疑违背了他的初衷。这种主题剧（pièce à thèse）的高度抽象水平，使他错误地把自己的一些优秀之作——如电影《木已成舟》（*Les Jeux sont faits*）或戏剧《脏手》（*Les Mains sales*）——设定成种种政治事件：政治名流被人关注，而受害者们则处于黑暗中无人问津。与此类似，为萨特所憎恶的当今意识形态，把纸样领袖（Führer-Schnittmuster）的行为和痛苦与历史的客观进程混为一谈。萨特参与了对人格化面纱的编织，其观念是，社会由那些大权在握者而非无名的机器做决定，而在社会指挥所的高地上依然有生命存活：贝克特笔下的人物垂死挣扎，风格怪诞，他们知道事情的真相。萨特的路径无法让他识别出他所反抗的地狱。他的许多表达可以被他那些仇敌们鹦鹉学舌。决定的观念甚至与纳粹的宣传口号不谋而合："唯有献身才自由。"（Nur das Opfer macht uns frei）在法西斯意大利，秦梯利（Gentile）[2]的绝对物力论（absoluter Dynamismus）

---

[1]　Jean-Paul Sartre, Bei geschlossenen Türen, in: Dramen, Hamburg 1960, S. 57. Jean-Paul Sartre, *No Exit*, in *No Exit and Three Other Plays*, New York: Vintage, 1955, p. 47. [法]萨特:《隔离审讯》，李恒基译，见沈志明、艾珉主编:《萨特文集》第 5 卷，北京: 人民文学出版社 2005 年版，第 147 页。——原注、英译注暨汉译注

[2]　乔瓦尼·秦梯利（Giovanni Gentile, 1875–1944），意大利哲学家，新黑格尔主义者，认为教育是实现极权国家最终目标的工具，目的在于造就人们的国家观念，使个人服从国家。——汉译注

提出了相似的哲学宣言。萨特介入概念中的缺陷恰恰打击着他为之承诺的事业。

## 布莱希特的说教论

布莱希特的许多剧作——例如改编自高尔基的《母亲》（*Mutter*）或《措施》（*Maßnahme*）——都是直接对党唱赞歌。但有时候，至少根据其理论著述，他很想培养出观众一种超然的、反思的、实验的新态度，以此对抗移情（Einfühlung）与认同（Identifikation）形成的幻觉。在其抽象的倾向上，他在《圣约翰娜》（*Johanna / Saint Joan*）[1] 之后的剧作要大大胜过萨特。区别在于布莱希特（他比萨特更始终如一，更是一个伟大的艺术家）已把这种抽象提升到形式原则的高度，使其成为一种完全摒弃了传统戏剧人物观念的说教诗学（didaktische Poesie）。他意识到社会生活的外观、消费领域（个体的心理驱动行为也应该被考虑进来）遮蔽了社会的本质——作为交换原则，这种本质本身就是抽象的。布莱希特不认为审美的个性化是一种意识形态。于是他力争把社会的真正可怕之处直接拖到光天化日之下，进而把它转变成戏剧形象。在我们眼前，他舞台上的人物收缩成社会进程与功能的代理人，同时他们又间接地、不知不觉地存在于经验现实之中。不像萨特，布莱希特不再假定活生生的个人与社会本质之间存在着同一性，遑论主体享有绝对的统治权。不过，他为了政治真理而追求的审美简化却挡住了真理的去路，因为这一真理涉及布莱希特所鄙视的无数中介。当获得艺术合法性的间离幼稚病（verfremdender Infantilismus）——布莱希特最初的剧作与达达过从甚密——开始要求理论上或社会上的有效性时，它就变得真正幼稚了。布莱希特想通过形象

---

[1] 此剧全名为《屠宰场里的圣约翰娜》（*Die heilige Johanna der Schlachthöfe*），创作于 1930 年。因主人公名叫 Johanna Dark，与圣女贞德（Jeanne d'Arc）同音，此剧亦可译作《屠宰场里的圣女贞德》。在这个现代版的圣女贞德故事中，约翰娜是宗教团体"救世军"的一员，她同情芝加哥屠宰场的失业工人，试图为工人利益奋斗。但是现实却让她幻灭，因为她看到资本主义工业社会已经腐败堕落不堪，甚至她的宗教团体也是既得利益者与帮凶。最终她在残酷的现实中绝望死去，仿佛一个现代社会的殉道者。阿多诺随后的论述将会涉及这一剧情。——汉译注

揭示资本主义的内在属性；在此意义上，他实际上是把自己的意图伪装成现实主义，用以反对俄式恐怖。他本可以拒绝去涉及这一无形象的、盲目的本质，让它直接呈现在破碎的生活中，而不去赋予其意义。但是这就使他肩负起一种职责：确保他明确想要的理论正确性落到实处。他的艺术拒绝接受这样的交换条件：它既把自己呈现为说教，同时又借助美学形式免除了为其教化正确所承担的责任。

批评布莱希特不能忽略如下事实：由于其作品无法胜任的客观原因，他并未满足他为自己确立的仿佛是一种拯救手段的标准规范。《圣约翰娜》是他辩证戏剧的关键之作，《四川好人》（*Good Woman of Szechuan*）则是其对立面的变种：约翰娜真诚的善意之举却助长了邪恶势力，所以愿如沈德一样的行善者就必须把自己变得邪恶。[1]《圣约翰娜》以芝加哥为背景，这座城市介于《马哈哥尼》（*Mahagonny*）[2]的西大荒童话（Wild-West-Märchen）与经济事实的中间地带。但布莱希特越是专注于经济信息而远离形象化的呈现，就越是与这个寓言本该呈现的资本主义本质失之交臂。竞争者们在商品流通领域里相互厮杀，取代了生产领域中对剩余价值的占有。可是与后者相比，牲口贩子对战利品分赃的争吵仅仅是次生现象，不可能引发巨大危机。而且，体现在商贩之间贪婪的阴谋诡计的经济交易（布莱希特显然想使其如此呈现）不仅只是幼稚，而且即便用最原始的经济逻辑标准加以衡量，它们也很难理解。这种观点的反面则是一种政治上的幼稚，只能让布莱希特的对手们朝着这个头脑如此简单的敌人咧嘴冷笑。布莱希特让他们满意，正如该剧令人印象深刻的最后一幕中奄奄一息的约翰娜会让他们满意一样。即便用最豁达的诗学可信度加以解释，受党支持的罢工领导者把一项重要任务交给一

---

[1]　妓女沈德是《四川好人》中的主人公。该剧讲述神仙为反驳"当今好人活不成"的谬论而降临凡界，寻找好人。好不容易遇见"好人"沈德，神仙便出资相助。沈德虽乐善好施，却不得好报，而她不得不"以恶抗恶"之后，反而财源滚滚。——汉译注

[2]　此剧全名为《马哈哥尼城的兴衰》（*Aufstieg und Fall der Stadt Mahagonny*），首演于1930年。主要剧情是：保尔等四人是阿拉斯加森林里的伐木工人，他们以为金钱能够带来幸福，便来到由既得利益者们创造的马哈哥尼城寻求欢乐。在经历了诱惑、浮华、飓风和白日梦之后，其中三人或被撑死，或被打死，或是背叛了兄弟，保尔则因缺少金钱而被正义法庭判处了死刑。——汉译注

个组织之外者的这种想法也是不可思议的，同样不可思议的是其后续想法：一个人的失败可以毁掉整个罢工。

## 布莱希特如何对待法西斯主义

布莱希特在他那部关于大独裁者阿尔图罗·乌依（Arturo Ui）有限发迹[1]的喜剧中，严厉而准确地揭露了这位法西斯主义领袖的主体空洞与虚假。然而，对领袖的解构像布莱希特对所有个体的解构一样，是要重构一种独裁者可以起作用的社会与经济关系。提供给我们的不是财富与权势的共谋，而是一个愚蠢的黑帮组织和菜花托拉斯（Karfioltrust）[2]；法西斯的真实恐怖被回避掉了，它不再是社会权力缓慢集中的最终产品，而只是像事故或犯罪般的意外事件。政治煽动要求敌人必须被贬低，结果是坏政治出现，无论是 1933 年以前的文学还是政治实践都是如此。与所有的辩证法相反，乌依被赋予的一切可笑特征，让杰克·伦敦几十年前准确预见的法西斯主义变得无伤大雅。这样，反意识形态的艺术家就为自己的观念蜕化为意识形态铺平了道路。默认世界的一半不再含有对抗性，这一主张已被一切嘲笑与官方神正论不符的事物（世界的另一半）所补充。禁止嘲笑油漆匠并不是为了尊重世界历史的伟大，尽管用"油漆匠"这个词来反对希特勒本身就是对资产阶级的阶级意识的痛苦利用。在德国谋划夺权的组织无疑也是一个黑帮。但问题是，这类选择性亲和并不是无法无天的，而是植根于社会本身之中。这就是被卓别林电影（《大独裁者》）所捕捉到的法西斯主义中的喜剧性同时也极端恐怖的原因。假如这个方面被压制而只是嘲笑几个可怜的菜贩剥削者，而他们实际上把握着经济权力的关键位置，那么攻击就无法奏效。《大独裁者》中，当

---

[1]　《阿尔图罗·乌依的有限发迹》（*Der aufhaltsame Aufstieg des Arturo Ui*）讲述了帮派头目乌依通过威逼利诱、勒索暗杀等卑劣手段，成了芝加哥蔬菜贩卖界的领导者。该剧本是对希特勒在纳粹德国上台的隐喻与讽刺。——汉译注

[2]　《阿尔图罗·乌依的有限发迹》中存在着一个由一帮菜花商人组成的垄断组织，故有"菜花托拉斯"之说。这个托拉斯影射的是容克地主，而乌依则影射希特勒，剧中的所有人物都在影射纳粹德国的各个历史人物。——汉译注

那个犹太女孩能用平底锅猛击一排纳粹冲锋队员的脑袋却没被撕成碎片时，这部影片也就丧失了全部的讽刺力量，变得粗俗下流了。为了政治介入而将政治的现实出卖，这也削弱了政治效果。

萨特坦率地怀疑《格尔尼卡》是否"曾为西班牙共和国的事业赢得哪怕只是一个人的支持"[1]，这样的怀疑当然也适用于布莱希特的说教剧。几乎没有人需要接受教育才能从说教剧中获得"以寓言为教"（fabula docet）的道理：这个世界并不公正。而在布莱希特大体效忠的辩证法理论中也很难找到道德教化的踪影。说教剧的举止会让人想起那个美国说法："向皈依者布道。"教义高于纯形式，布莱希特意欲获得的这种优越性实际上已变成一种形式策略。当形式被悬置时，它又反过来反对它自己的虚幻性。它在戏剧中的自我批评类似于应用视觉艺术领域中的功能实用论。随着为功能服务的装饰被拿掉，借助于外部条件的形式校正只会增强形式的自主性。布莱希特艺术作品的实质就是说教剧即一种艺术法则。他的方法——把即刻发生的事件变成与观众格格不入的现象——也是一种形式建构的中介，而并不是在为实践效果作贡献。诚然，布莱希特并没有像萨特那样怀疑过艺术的社会效果。但作为一个老于世故的精明人，让他完全相信社会效果之类的东西又几无可能。他曾经冷静地写道（假如他对自己足够诚实），戏剧对他来说要比它促进的世界任何改变都更为重要。不过，简化（Simplifikation）的艺术原则像他期待的那样，不仅清除了主体反思社会客观性过程中所呈现的对真实政治的虚幻区分，而且还伪造了说教剧努力提纯的那个客观性。假如我们对布莱希特的话信以为真，并以政治学的标准对他的介入戏剧进行评判，那么依此评判标准，他的戏剧就是虚假之物。黑格尔的《逻辑学》教导我们，本质必须显现出来。假如此说成立，忽略了与现象形成关联的本质表现就像用流氓无产阶级（Lumpenproletariat）取代躲藏在法西斯主义背后的人那样，必定是天生虚假的。使布莱希特的缩减技巧（Technik der Reduktion）唯一合理合法的东西是"为艺术而艺术"，但"为艺术而艺术"又正是其介入

---

[1]　[法]萨特：《什么是文学?》，施康强译，见沈志明、艾珉主编：《萨特文集》第7卷，北京：人民文学出版社2005年版，第98页。——汉译注

文本谴责的对象，就像它谴责卢库勒斯（Lucullus）[1]那样。

## 政治与诗性语调

当代文学德国急于想把艺术家布莱希特和政治家布莱希特加以区分。这位重要人物必须为了西部地区而被拯救出来，而且如果可能，就将他请到全德国诗人（gesamtdeutsche Dichter）的宝座上使其中立，并因此让他置身于混战之外（au-dessus de la mêlée）。毫无疑问，布莱希特的艺术力量和他既诡计多端又桀骜不驯的聪明才智，远超官方信条和人民民主政体的钦定美学。尽管如此，布莱希特还是应该反抗这种辩护。他的作品常常带着其专属缺陷，如果不是浸透着政治，它们就不可能拥有这种力量。即便是他那些最成问题的产品（比如《措施》），也能立即生发出这样一种意识：某些特别严肃的问题正处在紧要关头。在此意义上，布莱希特实现了其主张，即用戏剧促使人们思考。而试图让其作品真正存在或虚构的美与其政治意图分道扬镳，这种做法则显得徒劳无效。与此相反，"内在批评"（immanente Kritik）作为唯一辩证的批评，其任务则是对其作品中形式与政治的效度进行综合评估。萨特在《为什么写作？》那一章里包含着一个无可争辩的陈述："没有人会假设人们可以写出一部颂扬反犹主义的好小说。"[2]也没有人可以为颂扬"莫斯科审判"而写作，哪怕这种颂扬出现在季诺维也夫（Zinoviev）和布哈林（Bukharin）[3]被斯大林处死之前。政治上的虚假玷污了美学形式。为了证明一个论题，

---

[1] Reference to Brecht's last play on the Roman General Lucullus. 卢库勒斯（Lucius Licinius Lucullus，约前117—前56年），罗马将军和执政官，指挥过多场战役。据《布莱希特年表》，布莱希特曾应瑞典广播电台之约，于1939年11月完成广播剧《卢库勒斯的审判》（Verhör des Lukullus），来年4月由瑞士的电台首播。1951年3月17日，他与德骚合作的歌剧《审讯卢库勒斯》在柏林德意志歌剧院上演。参见余匡复：《布莱希特论》，上海：上海外语教育出版社2002年版，第243—244、248页。——英译编注暨汉译注

[2] Sartre, Was ist Literatur?, a. a. O., S. 41. What is Literature? , p. 46. [法] 萨特：《什么是文学？》，施康强译，见沈志明、艾珉主编：《萨特文集》第7卷，第141页。——原注、英译注暨汉译注

[3] 参见1930年写就的《措施》。此作出现在"莫斯科审判"之前，却包含着一种含蓄的辩护。季诺维也夫和布哈林被定罪于1938年。——英译编注

布莱希特歪曲了他在"叙述体戏剧"（episches Theater）[1] 中所讨论的真实的社会问题，结果戏剧的整个结构与基础本身也随之崩塌。《胆大妈妈》（*Mutter Courage*）[2] 意在还原蒙泰库科利（Montecuccoli）[3] "发战争财"（der Krieg den Krieg ernähre）这一格言的荒诞，却成了一部插图版的初级读物。利用"三十年战争"为其孩子谋生活的随军商贩因此要为孩子们的毁灭负责。但在此剧中，这种罪责既不是来自战争处境本身，也不是来自这个小小奸商的个人行为；假如胆大妈妈在那个关键时刻没有缺席，那场灾难就不会发生，而她为了挣钱不得不缺席的这一事实，与所发生的事情并未形成特定的关联。布莱希特需要讲清楚其论题的连环画技巧（Bilderbogentechnik）妨碍了他对论题的证明。马克思和恩格斯在对拉萨尔戏剧《弗兰茨·冯·济金根》（*Franz von Sickingen*）的批评中所勾勒的社会政治分析表明，布莱希特过于简单地把"三十年战争"与现代战争画上等号，却恰恰扔掉了格里梅尔斯豪森（Grimmelshausen）原型中胆大妈妈行为与命运的决定性因素。由于"三十年战争"的社会还不是摩登时代的资本主义功能型社会，我们甚至无法诗意地规定出一个封闭的功能系统，在这个系统中，个人的生与死能够直接揭示经济法则。但是布莱希特需要那个无法无天的旧时代来充当他自己这个时代的影像，恰恰因为他清楚地看到他自己身处的这个时代已不再能根据人与物来直接理解社会了。他试图重构社会现实，结果先是导致了一种虚假的

---

　　[1]　Episches Theater / Epic Theater 曾被译为"史诗剧"或"叙事剧"，有学者经过研究，认为此二译法均不准确，应该译为"叙述体戏剧"。拙译采用此译法。参见余匡复：《布莱希特论》，第67—71 页。——汉译注

　　[2]　《胆大妈妈》全名为《胆大妈妈和她的孩子们》（*Mutter Courage und ihre Kinder*），副题是《三十年战争纪事》。该剧取材于 17 世纪德国作家格里梅尔斯豪森的流浪汉小说《女骗子和女流浪者库拉舍》，创作于 1939 年，首演于 1941 年苏黎世剧院。讲述的是在 17 世纪德国"三十年战争"中，"胆大妈妈"安娜·菲尔琳带着两个儿子、一个哑女，拉货车随军叫卖，把战争视为谋生依靠、发财来源的故事。剧中一个上士望着她的货车预言："谁要想靠战争过活，就得向它交出些什么。"这个把生活希望完全寄托于战争的女人，最终落得家破人亡：她的三个孩子全部死于战争。阿多诺随后的论述涉及了里面的部分情节。——汉译注

　　[3]　蒙泰库科利（Raimondo Montecuccoli, 1609–1680），奥地利陆军元帅，军事理论家，著有《战争艺术》等。——汉译注

社会模式，然后造成了戏剧的难以置信。坏政治变成了坏艺术，反之亦然。但是作品越少声明连它们自己都不完全相信的东西，它们就变得越是合理，同时它们也就越不需要超出其自身的额外意义。此外，每个阵营中真正有利益关系的党派大概都能在战争中成功存活，即便今天也是如此。

这种难题甚至在其诗歌艺术中不断繁殖，一直影响到布莱希特式的语调（Brechtischer Ton）。尽管这种语调确实独一无二——成熟的布莱希特对其质量或许并不看重——但是它依然被其政治的虚假所毒害。因为他拥护的事业并不仅仅像他长期虔诚相信的那样，只是一种不完善的社会主义，而更是一种盲目且非理性的社会力量卷土重来的暴政（Gewaltherrschaft）。当布莱希特成为这种暴政的颂圣者且自我认同这种暴政时，他的抒情嗓门就不得不吃沙咽土，开始变得粗声粗气、吱嘎作响了。青年布莱希特过于夸张的青春骚动已经背叛了知识分子虚构的勇敢——因对暴力感到绝望，他便焦急不安地投身到暴力的实践当中，而这种实践正是他有千万条理由感到恐惧的东西。《措施》中的野性号叫湮没了灾难降临的噪音，而布莱希特则狂热地想把这种灾难宣布为拯救。甚至布莱希特最好的作品也被其介入的欺骗性污染了。它的语言表明，在潜在的诗性主题与其已经释放出来的信息之间，二者的距离是何其遥远。为了填平鸿沟，布莱希特装腔作势地借用了被压迫者的措辞。但是他所拥戴的教条需要的是一种知识分子的语言。于是他语调中的率真与质朴便成为一种虚构。把这种虚构揭示出来的是那些夸张的标记，是落套或土里土气的表达方式。这种语言常常自我陶醉，以至于还没有丧失天然感受力的耳朵也必须被灌输它们需要听到的东西。这种话语风格是傲慢的，对于如此说话的受害者来说几乎就是耻辱，仿佛我们就是其中的一员。一个人可以扮演任何角色，但是却不能假扮成无产阶级的成员。对介入最厉害的指控是，当用意过于明显时，即便是正确的意图听起来也是虚假之音，它们若是因此掩饰自己就更加虚假。布莱希特的晚期剧作依然在语言层面保留着智慧之姿，虚构出的老农如同那个诗性主题一样充满了史诗经验。世界上任何一个国家的人都不再可能拥有德国南部"帝俄农民"（Muschiks）的在地性经验：沉闷的语调变成一种宣传技巧之后使我们相信，正确的生活就在被苏联红军（Rote Armee）接管了的地方那里。由于哄骗我们已经实现了的这种人性确实无法被证明，布莱希特的语调就超出了人们的记忆，退化为远古社会关系的回声。晚年的布莱希特距离官方认可版的人道主义并不遥远。一个西方记者可以把《高加索灰阑记》（Der Kaukasische Kreidekreis）看作歌颂母性的赞美诗，当那个伟大的年轻女孩作为榜样与那个患有偏头痛的暴躁女人形成对比时，谁不为之感动呢？把其作品献给了"为艺术而艺术"这一格言发明者的波德莱尔，或许就不适合于这种净化作用（Katharsis）。即便像《老子出关途中撰写〈道德经〉的传说》（Legende von der Entstehung des Buches Taoteking auf dem Weg des Laotse in die Emigration）这类雄心勃勃、技艺精湛的诗歌，它们也被整体上直白如话的戏剧风格给糟蹋了。曾经被布莱希特的古典主义先驱斥之为村野白痴的东西，以及被压迫者和穷困潦倒者的残缺意识，如今却被他（像一些存在主义的本体论者那样）奉为古代真理。布莱希特试图把自己的高度教养、精妙趣味与他绝望地强加于自身的、粗鲁的他律要求调和到一起，这样他的全部作品就成了一种西西弗式劳作（Sisyphusanstrengung）。

## 苦难问题

我并不想缓和"奥斯维辛之后继续写诗是野蛮的"这一说法；它以否定的方式表达了鼓励介入文学的冲动。在萨特的戏剧《死无葬身之地》（Morts sans sépulture）中，有一个人物曾问过这样的问题："要是有人打你，打得你都骨折了，这时活着还有什么意义吗？"[1] 同样的问题是，当今的任何艺术是否还有存在的权利；社会本身的退化是否就一定意味着介入文学概念所代表的精神退化。但是汉斯·马格努斯·恩岑斯

---

[1]　参见［法］萨特：《死无葬身之地》，沈志明译，见沈志明、艾珉主编：《萨特文集》第5卷，第215页。——汉译注

伯格（Hans Magnus Enzensberger）的反驳同样也是正确的——文学必须反抗这种定论，换言之，必须证明它在奥斯维辛之后的继续存在不是向犬儒主义屈服投降。矛盾的是文学的处境本身，而非人们对它的态度。大量真实的苦难不允许被遗忘；帕斯卡尔的神学格言"不应该再睡觉了"（On ne doit plus dormir）必须被世俗化。不过这种苦难，也就是黑格尔所称的不幸意识（Bewußtsein von Nöten），在禁止艺术存在的同时也要求着艺术的继续存在；实际上也只有在现在的艺术中，苦难才依然能感受到它自己的声音，获得慰藉而没被慰藉直接背叛。这个时代最重要的艺术家们已经遵循了这一原则。他们作品中那种不妥协的激进主义，被诋毁为形式主义的种种特征，赋予它们一种令人生畏的力量，而这也正是有关受害者的软弱诗歌所缺少的东西。但是，即便勋伯格的《华沙幸存者》（Überlebende von Warschau）也陷入了这一困境，它以自律的艺术结构去强化他律，直至变成地狱。勋伯格的乐曲中有一种让人尴尬难堪的东西——这并非在德国引起愤怒的原因，实际情况是，这些乐曲阻止了德国人去压制他们不惜任何代价都想压制的记忆。然而，当苦难被转化为形象时，它们的刺耳与不和谐就好像面对着正被侵犯的受害者，依然会让人感到羞愧难当。因为受害者转变成艺术品而被抛给这个把他们毁掉的世界，让其大快朵颐。人们被枪托击倒在地的赤裸肉体痛苦经过所谓的艺术再现后，总会引发哪怕一点点的愉悦。责令艺术一刻也不能忘记这种痛苦的道德律令滑向了其对立面的深渊。程式化的美学原则，甚至唱诗班的庄严祷告，让这无法想象的东西看似具有了某种意义；它已变形走样，一些恐怖的东西被拿掉了。单凭这一点，它就不公正地对待了受害者；当然，也没有哪种试图躲开受害者的艺术能堂堂正正地站在正义要求面前。就连那种绝望的声音也是对一种骇人听闻的肯定表达敬意。那些低于最高水平的作品就更容易被人接纳了，因为它们有助于"清理过去"（Aufarbeitung der Vergangenheit）。当种族灭绝也成为介入文学主题中的部分文化遗产时，与那种产生过谋杀的文化继续合作就变得更容易了。这种文学有一种差不多一成不变的特征：即便在所谓的"极端处境"（extreme Situationen）下（实际上也正是在那里），人性依然茁壮成长。有时候，这种情况又成为一种可以确认恐怖的阴暗的形而上学（trübe Metaphysik）：先是极力把恐怖制作成"边缘处境"（Grenzsituation）[1]，然后承认这种处境揭示了人类的本真状态。在这样一种亲切友好的存在主义的氛围中，刽子手与受害者的区分变得模糊了；毕竟，二者同样都悬浮在虚无的可能性之上，而一般来说，刽子手当然更容易承受虚无。

## 卡夫卡、贝克特与当代实验主义

如今，这种形而上学已同时蜕化为一种智力游戏，其信徒像 1933 年之前一样，依然痛骂着艺术对生活的扭曲、变形和颠倒，仿佛忠实地反映了暴行的作家需要对他们抵抗的东西负责。体现这种态度的绝佳范例是下面这个有关毕加索的故事，它依然在德国"沉默的大多数"中广为流传。纳粹占领军的一位军官造访画家的画室，然后指着《格尔尼卡》问："这是你干的?"据说毕加索答道："不，是你干的。"自主的艺术作品像这幅画作一样，坚决否定着经验现实；它们摧毁那些毁灭性的东西，而仅存的则单纯以其存在本身无止境地背负着罪感。不是别人，正是萨特看到了作品的自主与意愿之间的关联，这个意愿不是被硬塞到作品之中，而就是作品自身面向现实的姿态。萨特写道："我们同意康德的说法，艺术作品没有目的。但这是因为艺术作品本身便是一个目的。康德的表述没有呈现出在每幅画、每座雕像、每本书里面回荡的那个诉求。"[2] 这里唯一需要补充的是，这种诉求与作品在主题上的介入并

---

[1]　这里依然是对萨特存在主义文学的批评。在《什么是文学?》的第四部分内容中，萨特反复强调"我们位于处境之中"，要"创造一种极端处境文学"，因此，这里所谓的"极端处境"和"边缘处境"应该直接来自萨特。但萨特使用过"极端处境"（extreme situations）和"平均处境"（average situations），似未说过"边缘处境"（两个英译本一者译为 limiting situations，一者译为 boundary situation）。"边缘处境"或许对应的是萨特的"平均处境"。参见［法］萨特：《什么是文学?》，施康强译，见沈志明、艾珉主编：《萨特文集》第 7 卷，第 254、256、318 页，亦参见 Jean-Paul Sartre, *What is Literature?* pp. 162, 163, 165, 228。——汉译注

[2]　Jean-Paul Sartre, *Was ist Literatur? Ein Essay,* S. 10. *What is Literature?* p. 34. Jean-Paul Sartre, *Qu'est-ce que la littérature?*, in *Situations, II,* Paris, Gallimard, 1975, p. 98. ［法］萨特：《什么是文学?》，施康强译，见沈志明、艾珉主编：《萨特文集》第 7 卷，第 128 页。——原注、英译注暨汉译注

不存在直接关系。作品的极端自主性，既不适应市场又不依赖商业通俗化，因而不知不觉就具有了攻击性。然而，这种攻击并不抽象；面对那个不肯宽恕的世界，也并非所有不愿完全屈从于它的艺术作品都具有这样一种确定不移的态度。确切地说，这些作品与经验现实保持的距离同时也是以这种现实为中介的。艺术家的想象并非无中生有的创造，只有业余爱好者（Dilettanten）和感觉灵敏的艺术家（Feinsinnige）才会如此认为。反抗着经验现实的艺术作品恰恰借助着经验现实的力量，这种力量排斥着精神创造，并把精神创造返还给了它自己。没有哪一种艺术创造物的内容和形式范畴——无论它如何变形，如何不知不觉——不是源于它所逃离的经验现实。

正是通过艺术与现实的这种关系，并根据形式法则对该关系诸元素进行重组，才让艺术和现实真正走到了一起。即便是激起文化庸人（Spießbürger）深仇大恨的先锋派的那种抽象（它与概念或逻辑的抽象毫无共同之处），也是那个统治着社会的客观法则的抽象反映。这在贝克特的作品可以看得分明。它们享有着当今唯一令人值得敬佩的声名：每个人在它们面前都吓得瑟瑟发抖，但没有谁能否认这些古怪荒诞的戏剧和小说是人人都知道但无人敢说的东西。哲学辩护士把他的作品夸成了人类学素描，但实际上它们处理了一种极端具体的历史状态：主体的退位（der Abdankung des Subjekts）。贝克特的"瞧，这个人"（Ecce homo）就是人类已经变成的样子。这些人用流干泪水的双眼，透过贝克特的句子，沉默地向外凝视着。他们施展的魔法（他们也着魔了）在呈现在他们身上时碎了一地。他们承载的对幸福最低限度的承诺（这种承诺拒绝与任何慰藉做交易），只能通过这样的代价获得：将词的发音做到极致，直到失去一切与世界的关系。要是满足介入艺术作品的理念，就必须放弃对世界的任何介入——作为理论家的布莱希特发明的"间离手法"（Verfremdung）已深入人心，但是随着作为艺术家的布莱希特越来越八面玲珑地把自己奉献给人类，他对该手法的实践也就越来越少。这种悖论有可能被斥之为诡辩，它不怎么依赖哲学，却可以被最简单的经验证实：卡夫卡的叙事作品（Prosa）、贝克特的戏剧以及他那部真正怪异得叫人害怕的小说《无法称呼的人》（*Der Namenlose*）都有这样一种效果——官方的介入作品与之相比，看上去就像小玩闹（Kinderspiel）。他们唤醒了存在主义只是挂在嘴边的"畏"。在对假象的破除中，卡夫卡和贝克特从内部爆破了艺术，而所谓的介入却只是从外部服从于艺术，于是这种介入也就只能浮在表面。他们的作品所呈现的那种无法抗拒的必然性迫使态度发生改变，而在介入性作品中这种改变只是过过嘴而已。一旦被卡夫卡的车轮所碾压，人们就永久丧失了与世界和睦相处的感觉，也永远失去了用"世界进程变坏"这一判断安慰自己的机会；这样，屈从于恶的绝对权威、对这种权威的内在认同也就被焚毁一空了。

但是，作品的抱负越大，沉沦与失败的概率也就越高。因为远离了客观再现和易懂好解的连贯意义，绘画作品与音乐作品中的张力已明显消失，这种情况在许多方面也以令人憎恶的"文本"表达形式感染了文学。这类作品徘徊在冷漠的边缘，并神不知鬼不觉地退化为一种业余手艺（Bastelei），退化成如今已被其他艺术形式抛弃的重复性套路和装饰性图案。正是这种发展常常为介入的粗糙需求提供着一种合法性。用形式结构挑战谎话连篇的意义实证性，很容易滑向另一种无意义之中——一种实证主义的形式安排，一种对元素的空洞玩弄。这样，它们就沦陷到它们当初极力逃脱的领域。一个极端的例子是，文学非辩证地把自己与科学混为一谈，并徒劳地想与控制论（Kybernetik）融为一体。这些极端情况聚首，形成了这样的局面：让沟通与交流失能的东西变成了交流理论的猎物。没有什么明确标准能在确凿的意义否定和糟糕的、一刻不停地自说自话的无意义肯定之间划清界限。尤其不能通过对人性的诉求和对机械化的诅咒来划清界限。就其本质而言，那些通过其存在对统治自然的合理性（Rationalität）的受害者加以支持的艺术作品在它们的反抗中也往往会卷入合理性本身的进程。假如它们否认了这点，它们就会在美学层面和社会层面变得软弱无力：只不过是高级黏土而已。把每一部艺术作品中的原则团结起来的组织构造，恰恰借助的是艺术作品反对的那个自诩为总体的合理性。

## 法国与德国的文化传统

历史上，法国意识和德国意识对待介入问题的方式是截然对立的。在法国，美学一直或隐或显地被"为艺术而艺术"的原则统治着，与学院派和保守派的癖好相一致。这可以解释为什么要对它进行反抗。[1]在法国，即便是极端的先锋派作品，都能从中感受到愉悦和装饰的诱惑。正是因为这一原因，呼吁存在、号召介入在那里听上去就很革命。德国的情况正好相反。艺术从任何外在目的中解放出来——虽然它是被德国人康德首先在理论层面提升为一种纯粹且不容收买的趣味标准的——一直被深深植根于德国唯心主义的传统怀疑着。这一传统中第一份著名文献是席勒关于戏剧作为一种道德制度的论述，它已被精神史中的大师们奉为经典。然而，这种怀疑不大是因为伴随着它的精神绝对化的高度——德国哲学对这种绝对化直至傲慢的吹捧正是它让人不快的地方。毋宁说，它恰恰是被无目的艺术作品显示了社会的这一面所引发的。因为这种艺术让人想到了感性愉悦，即便是最极端的不和谐（并且恰恰是这种不和谐）也通过升华和否定参与到了这种愉悦之中。德国思辨哲学看到这种超越性时刻包含在艺术作品的内部——其内在本质总是大于它的存在——于是就要求它出示品行良好的合格证书。按照这一潜在传统，艺术作品绝不能为它自己存在，因为否则的话——就像柏拉图那里处于萌芽状态的国家社会主义给它打上的经典烙印一样——它就会成为柔弱之源，成为为行动而行动的障碍：一种德国版的原罪。那种总是祈灵于路德（Luther）和俾斯麦（Bismarck）等人名字的快乐敌视者（Glücksfeindschaft）、苦行者和道德家无暇顾及审美自主，绝对律令的激情中也存在着一股臣服于他律的潜流。这种律令一方面应该是理性本身，另一方面则是需要盲从的既定之物。五十年前，

---

[1]　"大家知道，纯艺术和空虚的艺术是一回事，美学纯洁主义不过是上个世纪的资产者们漂亮的防卫措施，他们宁可被人指责为缺乏修养，也不愿意被说成是剥削者。"Jean-Paul Sartre, Was ist Literatur? Ein Essay, S. 20. *What is Literature?* p. 17.［法］萨特：《什么是文学?》，施康强译，见沈志明、艾珉主编：《萨特文集》第 7 卷，第 110 页。——原注、英译注暨汉译注

对斯特凡·格奥尔格就有同样的敌意，他的学派也被攻击为法式唯美主义者。

今天，没有被炸弹除掉的恶臭已经与针对新艺术所谓的"不可理解性"（Unverständlichkeit）所形成的暴怒勾肩搭背，联起手来。这些攻击的根本冲动是小资产阶级对性的憎恨；西方的道德先生与社会主义现实主义的意识形态管家对此也深表认同。没有什么道德恐怖主义能够阻止艺术作品的这一面为其受众提供的愉悦，哪怕只是从实际目的的强制中暂时获得自由这一形式事实。托马斯·曼把这种艺术特性称为"高级闹剧"（höherer Jux）——一个让道学家无法忍受的概念。尽管布莱希特本人并非没有禁欲苦行的品性——这种品性改头换面后重现于伟大的自主艺术对消费的抵抗之中——他就正确地嘲笑过快餐艺术；但是作为聪明异常之人，他不会不知道愉悦在整体的审美效果中绝不能被完全忽略，无论这个作品有多么残酷无情。作为纯粹重塑的客体，审美客体的优先性不能走私消费品或虚假和谐，让它们绕道而回。尽管愉悦时刻常常重现于作品的效果之中（即便当它从作品效果中连根拔掉之后），但是统领自主艺术作品的原则不是总体效果，而是作品自身的内在结构。这样的作品以非概念客体（begriffsloser Gegenstand）的形式体现为一种知识。这是其高贵体面之源。它们不需要劝人必须信其有，因为这有已给予人们。这就是为什么在今天的德国应该鼓励自主性作品而非介入性作品的原因。介入性作品过于轻信自己拥有每一种崇高价值，然后又把这些价值随意处置。在法西斯主义之下，没有什么暴行没经过道德合法性的梳妆打扮。今天那些在德国鼓吹伦理和人性的人正在等待机会，以便据其标尺对他们谴责的那些人施加迫害，以便把他们在理论上对现代艺术非人道的指控付诸实践。在德国，介入常常意味着不厌其烦地重复所有人都在说的东西，或者至少是所有人都暗自希望听到的东西。隐含在艺术宣言中的"讯息"观念，即便它在政治上激进，也已包含着一种对世界的适应：宣讲者的姿态隐藏着他与听众秘密结成的共谋关系，而听众只有废除这种关系，才能从其幻觉中获得解脱。

# 自主艺术的政治

那种为人类而存在的文学——既符合介入原则也能满足道德庸人需求——因为背叛了能够帮助人的东西而背叛了人类，只有它不装腔作势时才能对人类有益。但是，任何文学若因此推断它能独断专行并且仅为自己存在，它也仍然会退化为意识形态。艺术无法走出非理性的阴影：即便反对社会它也仍是社会的一部分，但面对社会它又必须闭目塞听。不过当艺术诉诸这种非理性，并武断地把思想限制在符合艺术的偶然性上，从而使它成为一种存在的理由（raison d'être）时，它就用欺骗手段把自己的诅咒转变成了一种神正论（Theodizee）。即便在升华程度最高的艺术作品那里，也有"它将与众不同"隐藏其中。假如一个作品仅仅是它本身，与别的东西无关，就像在一个科学的结构之中，它就变成了坏艺术——字面上所谓的"前艺术"。然而，真正的意图时刻又只能以作品本身的形式为中介，而形式则晶化为一种应该存在的他者状况的类似物。作为纯粹的人工制品或产品，艺术作品（甚至文学作品）指向了一种它们戒绝的实践：创造一种应当如此的生活。中介不是介入与自主之间的一种妥协，也不是高级形式要素与被真实或假定的进步政治激发出来的精神内容的一种混合。艺术作品的内容绝不是被注入其中的精神：如果它是什么的话，还不如说是其对立面。然而，对自主性作品的强调本质上又是社会政治的。当下政治的假模假式，任何地方的历史关系都没有融解迹象的冰结固化，都迫使精神走向了一个它不需要纡尊降贵的地方。今天，每一种文化现象，即便是自主性作品这种"正直模范"，也很容易窒息于文化扯淡（Kulturgewäsch）之中。但吊诡的是，在同一时代，正是艺术作品默默地维护着政治无法接近的东西。萨特本人在一段文字中已表达了这一真理，这的确归功于他的诚实。[1] 这不是一个为了政治性艺术的时代，但政治已经移植到自主艺术之中，而且它的根扎得如此之深，以致作品中的政治似乎已经死掉。一个例子是卡夫卡的玩具枪寓言，其

---

[1]　VgI. Jean-Paul Sartre, *L'existentialisme est un humanisme*, Paris, 1946, p. 105. ——原注暨英译注

中非暴力的理念与政治接近瘫痪的破晓意识融合在一起。保罗·克利（Paul Klee）也算介入艺术与自主艺术之争中的一个人物，因为他的作品——杰出的写作（écriture par excellence）——有文学之根；假如没被这些根须滋养，它就不会存在。第一次世界大战期间或之后不久，克利在系列漫画中把德皇威廉二世（Kaiser Wilhelm）画成了一个毫无人性的牛皮大王（Eisenfresser）。后来在 1920 年，这些东西变成了——其发展轨迹清晰可见——《新天使》（Angelus Novus）。尽管这个机器天使不再带有任何讽刺漫画或介入的标志，但它已远远超越于二者之上。机器天使的神秘双眼逼着观众做出决断：它宣告的究竟是灾难之最，还是隐藏在其中的救赎？但是，用这幅画的拥有者瓦尔特·本雅明的话说，它就是一个只取不予的天使。

2006 年 9 月、2014 年 8 月选译

2019 年 10 月补译、校译

# 书信作家本雅明[1]

瓦尔特·本雅明本人从一开始就是他作品的媒介，他的幸福与他的精神联系得如此紧密，以至于通常被称为"生活的直接性"（Unmittelbarkeit des Lebens）的东西能从他身上折射出来。虽然他不是苦行者，也没有给人留下这样的印象，但即便在他的外表上，也有一种近乎无形的东西环绕左右。虽然本雅明对他之自我的掌控异于常人，却似乎疏离于自己的身体（Physis）。用理性手段去捕捉精神分裂症表现出来的经验，这种做法很可能是其哲学意图的根源之一。正如他的思想对立于存在主义的人之概念一样，从经验上看，尽管他极端个人化，但他似乎根本不是一个人，而是一个运动的舞台，在那里，一些内容从他身上冲杀出来，变成了语言，表达了自己。思考这种特征的心理起源毫无意义；这种思考预设了一种正常生活的观念———一种被本雅明的思辨思想爆破了的观念，而一般的墨守成规的心态越是固执地坚持这种观念，完全留在生命中的

[1] 本文原名《写信人本雅明》（"Benjamin, der Briefschreiber"），是阿多诺为《本雅明书信集》（*Walter Benjamin: Briefe*, edited and annotated by Gershom Scholem and Theodor W. Adorno, Frankfurt am Main: Suhrkamp, 1966, pp. 14-21）撰写的序文之一（另一序文由肖勒姆所作），后被收入《文学笔记》，最终进入《阿多诺文集》。本文的英译有二：(1) "Benjamin the Letter Writer," in *Notes to Literature*, Vol. Two, trans. Shierry Weber Nicholsen, New York: Columbia University Press, 1991, pp. 233-239. (2) "Benjamin the Letter Writer," in Gershom Scholem and Theodor W. Adorno, eds., *The Correspondence of Walter Benjamin, 1910-1940*, trans. Manfred R. Jacobson and Evelyn M. Jacobson, Chicago and London: The University of Chicago Press,1994, pp. xvii-xxii. 本文根据第一个英译本并参考第二个英译本译出，关键用词及术语核对了德语原文（*Gesammelte Schriften: Noten zur Literatur*, Bd. 11, Frankfurt am Main: Suhrkamp Verlag, 1974, S. 583-590）。——汉译注

生活就越少。本雅明曾对他自己的笔迹发表过评论（他是一位优秀的笔迹学家），大意是它的主要目的不是透露任何东西，而是主要证明了他对自己这个维度的态度；而在其他方面，他根本不去过问自己的心理。

几乎没有什么人能成功地使他自己的神经官能症（Neurose）——如果确实是这种症状的话——如此富有生产性。精神分析学中的神经官能症概念意味着对生产力的阻碍，对能量的误导。这种事情根本没有发生在本雅明那里。这个疏远了自己的人的生产力只能通过这样一个事实加以解释：一些客观的和历史的东西已经沉淀在他敏感的主观反应形式中，使他能够将自己变成一个客观性的感觉器官（Organ von Objektivität）。无论本雅明如何缺乏直接性，无论这种直接性以前如何必须成为他所隐藏的第二天性，它都已消失在一个被人类关系的抽象法则所支配的世界中。它只能以最痛苦的痛苦为代价，或者是虚假地表现为可容忍的天性。早在本雅明完全意识到这些问题之前，他就从中得出了结论。在他自身那里，以及在他与他人的关系中，他毫无保留地把精神放在首位，而这一点代替了直接性，成了他的直接性的形式。他的个人举止有时接近仪式。在这一点上，人们可以看到斯特凡·格奥尔格及其学派的影响，可本雅明在哲学上与他们没有任何共同之处，即使是在年轻时，他从格奥尔格那里学到的也只是仪式的模式。在他的书信中，这种仪式甚至延伸到了排版和纸张的选择，这对他起到了非同寻常的重要作用；即使在他移居国外期间，他的朋友阿尔弗雷德·科恩（Alfred Cohn）也仍然继续为他提供一种特殊的纸张作为礼物。[1] 在他年轻时，仪式行为最为明显；只是当他走向生命的尽头时，他才变得松弛起来，仿佛对灾难、对比死亡更糟糕的事情的恐惧唤醒了他深埋在自己心中的自发性表达，而这种表达曾经是他通过模仿死亡而驱逐出去的东西。

---

[1]　不仅仅是书信，排版和纸张的选择也体现在他的手稿中。乌尔苏拉·马克思写道："与瓦尔泽一样，本雅明也是一位书写纸页的美学家；作为文字图像，手稿也应该赏心悦目。"参见德国瓦尔特·本雅明档案馆编：《本雅明档案》，李士勋译，北京：北京师范大学出版社 2019 年版，第 28 页。——汉译注

本雅明是一个伟大的书信作家。很明显，他对写信充满热情。尽管经历了两次战争、第三帝国和移居国外，许多书信还是得以幸存。很难从中做出选择。[1] 书信成为本雅明的文学形式之一。这种形式传递着主要的冲动，但在它们与收件人之间插入了第三件事情：对所写内容的艺术塑造，仿佛这符合客观化的法则，尽管书信写作的时机与场合各异；但同时也多亏了这些机缘，仿佛非如此则这种冲动就不具有合法性。具有重要影响力的思想家，他们对其书写对象最贴切的见解往往也是有关他们本人的见解，本雅明也是如此：将晚年歌德描述为他内心自我的书记员便是这方面的典型例证。这种第二天性并没有受到任何影响，且无论如何本雅明也会平静地接受这种责备。书信对他来说是如此投缘，因为从一开始它就鼓励了一种被中介的、客观化的直接性。写信在被冻结的文字媒介中制造了一种虚构的生活。在信中，一个人可以否认隐居，却仍然能够离群索居，与世隔绝。

一个与通信没有多少直接关系的细节也许可以揭示本雅明作为一个书信作家的具体特征。我们曾经谈到过书面语和口头语之间的差异，例如，人们有时会在面对面谈话时忽略语言形式的考虑，为了有些人情味，在本应需要严格说简单过去时的地方使用更舒适的完成时。本雅明对语言的细微差别有着极其敏锐的听觉，但他拒绝了这种区别，带着某种情绪驳斥它，就好像被触到了痛处。他的书信是一种在讲话中书写的语音形象。

然而，这些书信却因其背后的这种放弃而得到了最丰厚的回报。这便是为什么它们被更多的受众所接受。用歌德的话来说，这个真正"在五彩折光中"（der farbige Abglanz）[2] 体验现在的人，被赋予了超越过去

---

[1]　Vgl. Walter Benjamin, *Briefe*, Hrsg. Und mit Anmerkungen versehen von Gershom Scholem und Theodor W. Adorno, Frankfurt a. M. 1966.——原注

[2]　语出歌德《浮士德》第二部第一幕《宜人的佳境》结束部分。此部分展现了失去了爱情与对爱人怀有罪恶的浮士德，在充满上帝灵性的自然之中得到了净化与治愈。他的生命在真善美的感召下，重新焕发生机，继续走上了接近他的向上之旅。这一思想在一个比喻（浮士德在瀑布之下看到阳光因水的折射，变成了五彩斑斓的彩虹）中得以形象化地展开："穿岩隙而泻的瀑布，／我越看越是喜不自胜。／它一跌而化为水柱千条，／再跌则万道激流翻滚，／一阵阵水珠飞 （转下页）

的力量。书信形式现已不合时宜，而这种情况在本雅明的有生之年就已出现；这样说并没有质疑其书信的意思。重要的是，当打字机早已流行的时候他却依然尽可能手书；同样地，写作的身体行为也给他带来了快乐——他喜欢摘录和誊抄——就像机械辅助工具使他感到厌恶一样；在这方面，论笔《技术可复制时代的艺术作品》就像他其他阶段的思想传记一样，是对侵略者的一种认同之举。写信是个人的一种要求，而如今这种要求已无法被公正对待，因为整个世界都不愿意尊重它。当本雅明说再也不可能把任何人漫画化时，他几乎表达了这种状况，就像他在《讲故事的人》这篇论笔中所做的那样。在一个贬低每个个体并将其降格为某种功能的总体化社会结构中，任何人在信中述说自己、仿佛他仍然是信中所说的那个独异于总体之外的个体的举动已不再具有合法性：信中的那个"我"已经有了一些虚幻的东西。

不过在经验崩溃（Zerfall der Erfahrung）的时代，人们已不再主观倾向于写信。[1] 目前看来，技术似乎正在消除书信的先决条件。由于通讯的手段变得更为快捷，时空距离正在缩小，书信已不再显得必要，它们的内在本质也在瓦解。本雅明带给书信写作的是一种古色古香与无拘无束的才华；对他来说，书信代表了正在消失的习俗和它的乌托邦式回

---

（转上页）溅高空。／彩虹万变不离其宗何其鲜明，／拱然横跨于飞泉之上，／时而轮廓清晰，时而消散干净，／在四周化为雾状的凉雨。／这正反映着人的奋进。／沉思一下，你就会懂得：／我们是在五彩折光中感悟人生。"最后一句诗的意思是："人生的真相，其自体不能直接掌握。只能以其像虹一样的映象，或以各种象征、比喻之形掌握之。歌德在《气象学试论》（1825）中说：'与神圣同等的真实，我们不能直接认识；我们仅由其反映、例证、象征，在特殊的和有关的现象中见之。'"以上诗歌部分采用绿原译本，注释部分采用钱春绮译本（他把最后一句译作："要从多彩的映象省识人生"）。参见《浮士德》，《歌德文集》第 1 卷，绿原译，北京：人民文学出版社 1999 年版，第 212—213 页。《歌德文集·浮士德》，钱春绮译，上海译文出版社 1999 年版，第 275 页。——汉译注

[1] 　经验崩溃、贬值、贫乏等等，是本雅明对现代社会的一个重要判断，而这种经验便是"Erfahrung"，以区别于本雅明谈论的另一种经验"Erlebnis"（一般译作"经历""体验"）。按照美国学者詹明信的解释："Erlebnis 指的是人们对于某些特定的重大的事件产生的即时的体验；而 Erfahrung 则指的是通过长期的'体验'所获得的智慧。在把乡村生活的外界刺激转化为口传故事的方式中起作用的是第二种经验，即'Erfahrung'；而在现代生活中人们普遍感受的是第一种经验，即'Erlebnis'"。[美]詹明信：《晚期资本主义的文化逻辑》，张旭东编，陈清侨等译，北京：生活·读书·新知三联书店 1997 年版，第 317 页。——汉译注

归的婚合。促使他写信的原因还与他的体验方式有关，因为他将历史形式——而信是其中之一——看作自然，是一种需要破译的东西，是需要被遵守的清规戒律。作为书信作家，本雅明的姿态接近于寓言家。对他来说，书信是自然－历史图像（naturgeschichtliche Bilder），是在稍纵即逝和衰败中幸存下来的东西。他的书信完全不像一个活生生的人的短暂话语，它们因此获得了客观的力量——一种配得上人类的表述和提炼的力量。眼睛哀悼着事物即将遭受的损失，仍耐心而专注地逗留在它们之上，仿佛在未来的某个时候它还能再度如此。本雅明私底下的一句话把我们引向了他书信中的秘密，他说："我对人不感兴趣，我只关注物。"从这句话中产生的否定性力量完全等同于他的生产性力量。

本雅明早期的书信都是写给"自由德国青年运动"（die freideutsche Jugendbewegung）的朋友（有男有女）的，该运动是由古斯塔夫·维内肯领导的激进组织，其想法最接近在维克斯多夫自由学校共同体（die Wickersdorfer Freie Schulgemeinde）中实现的那些东西。[1] 本雅明是该组织期刊《开端》（*Anfang*）的重要撰稿人，此期刊在 1913—1914 年间引起了轰动。想象一下本雅明（他对各种事情的反应完全是与众不同的）出现在这样的运动中，或者实际上出现在任何运动中似乎都是自相矛盾的。他毫无保留地投入其中，极其认真地对待"演讲厅"（Sprechsäle）中的辩论——那些没有参加的人已经无法理解——以及所有参与其中的人，这无疑是一种精神补偿。本雅明天生就是要通过极端特殊性、通过他特有的东西来表达普遍性，他因此深受其害，以至于他狂热地寻找集体性，这

---

[1] 古斯塔夫·维内肯（Gustav Wyneken, 1875-1964），德国教育改革家，曾任教于豪宾达，被学校开除（1906）后与同事创办"自由学校共同体"，选址图灵根森林中的维克斯多夫村，在其后大约四年的时间里，维内肯全面地实践了自己的理论。在教育方面，他的作用更像是一个哲学普及者，他把黑格尔的"客观精神"概念和更幽暗的尼采式生命哲学结合起来，其主旨宣扬作为新人类先声的"新青年"理念。他认为青年是人类的希望，它本身就是在创造潜能，而非仅仅是转向成人的"实用现实"的过渡。但他同时认为，目前不论是年轻人还是成年人，他们身上都还没有这种青年的迹象。学校的职能就是去唤醒这种青年理想，而且要通过传播文化实现之。本雅明在 1905—1906 年曾跟随维内肯学习德语文学，维内肯那些唤醒青年的观点更是在本雅明的思想中发挥了关键的作用。参见［美］霍华德·艾兰、迈克尔·詹宁斯：《本雅明传》，王璞译，上海：上海文艺出版社 2022 年版，第 29—31 页。——汉译注

当然是徒劳的，但直到其思想的成熟阶段他依然没有消停下来。此外，他和年轻人一样普遍倾向于高估他最初接触的人。作为一个具有纯粹意志的人，他毫无疑问地认为他的朋友们与他一样，从始至终都在为激发自己的智识生活而努力奋斗。他最为痛苦的经历一定是他意识到，经他判断大多数人不仅没有他所认为的那种高尚力量，而且，他们甚至不想获得他认为他们能够拥有的长远目标，因为那是人类的潜力所在。

通过这种反思的媒介，本雅明经历了他热切认同的青春期，以及作为一个年轻人的他自己。年轻成为他的一种意识态度。他对这其中的矛盾完全漠不关心，也就是说，任何以天真为立场的人都否定天真，哪怕是筹划"青年形而上学"（Metaphysik der Jugend）的人也强不到哪儿去。后来本雅明在说他"崇敬青年"时，阐明了他早期书信特点中的忧郁真相。他似乎想填平他自己的天性和他出于统治需要而加入的那个圈子之间的鸿沟。甚至后来，在他写关于巴洛克悲悼剧的书时，他说像国王这样的形象原本对他来说意义重大。早期的书信大部分都是阴云密布的，透着一丝专横，就像希图引燃大火的闪电；这种姿态预示了他的精神力量后来所实现的东西。例如，年轻人或学生们会轻而易举又急不可耐地苛责他们之中最有才华的人身上的傲慢，而这种傲慢一定在本雅明那里真实存在，非常典型。这傲慢是不能被否认的。它标志着具有最高精神地位的人知道了他们的潜力在哪里，他们已经做到了何种程度，这两者的差异何在；他们通过一种在外界看来必然显得狂妄的行为方式来弥补这种差异。在成熟的本雅明身上，傲慢或统治的需要已越来越少。他的礼节极其优雅，登峰造极，这也被记录在那些书信中。在这种品质上他很像布莱希特；如果没有这个特点，他们之间的友谊就很难持续长久。

面对自己最初的不足，人们往往会因自己的好高骛远而感到羞愧——这种羞愧相当于他们早先的自我评估——伴随着这种羞愧，本雅明终止了他对青年运动的参与，那时他已有了充分的自我意识。他只与阿尔弗雷德·科恩等少数人保持联系。还有恩斯特·舍恩（Ernst Schoen）；这段友谊一直持续至死。舍恩那种难以形容的文雅和敏感一定深深地影响了本雅明。当然，舍恩也是本雅明遇到的第一批与他的才能不相上下的人之一。在学术计划失败之后和法西斯主义爆发之前的那几年里，本雅明的生活后来能够相对无忧无虑，这在很大程度上要归功于舍恩的支持；作为法兰克福广播电台的节目总监，他为本雅明提供了固定而频繁的工作机会。[1]舍恩是那种非常自信的人，他喜欢退居幕后——无怨无悔甚至完全自我抹杀。在谈及本雅明的个人生活时，我们更应该把他铭记在心。

除了与朵拉·凯尔纳（Dora Kellner）的婚姻之外，本雅明在解放时期（die Zeit der Emanzipation）的重要经历是他与格肖姆·肖勒姆（Gershom Scholem）的友谊，后者与他才具相当；这可能是本雅明一生中最亲密的友谊。在许多方面，本雅明的友谊天分与他写信的天分都非常相似，这种相似甚至体现在古怪的特征上，例如使他与朋友保持尽可能远的距离的那种隐秘性——尽管朋友们在一个小圈子里走动，无论如何都会相互了解。如果本雅明因为厌恶"人文科学"（Geisteswissenschaft）的陈词滥调而拒绝了在其作品中探讨"发展"这一概念，那么他写给肖勒姆的第一封信与所有早期书信之间的差异表明，除了他的作品本身所拓展的道路之外他实际上发展了多少；在给肖勒姆的信中，他突然摆脱了所有做作的优越感。取而代之的是那种无限温柔的讽刺，这使他在人际关系中魅力非凡，尽管他还具有奇怪的客观化和不可捉摸的品质。讽刺的元素之一是这个如此敏感和挑剔的人玩弄流行话语的方式，例如柏林方言，或犹太人的惯用表达。

从 20 年代初开始，这些书信似乎不像第一次世界大战前写的那些离我们那么遥远了。在后来的书信中，本雅明以迷人的报告文学和故事讲述，以精确的警句表达，而且偶尔（不那么经常）以理论论证来展现自己；当遥远的空间距离阻止了这个经常旅行的人与他的通信对象进行口头讨论时，他不得不鸿雁传书。他的文学关系非常广泛。本雅明绝不是

---

[1]　关于舍恩为本雅明提供工作机会的情况，《本雅明传》中曾有如下记载："恩斯特·舍恩还为本雅明打开了通向广播日常工作的大门。从 1929 年的下半年开始，本雅明频繁地在法兰克福和柏林的广播电台做节目。自 1929 年 8 月到 1932 年春天，他的声音以不同的节目形态从扬声器中传出，总计超过八十次。"[美]霍华德·艾兰、迈克尔·詹宁斯：《本雅明传》，第 402 页。——汉译注

一个现在才被重新发现的不被人了解的作家。只有在嫉妒者面前，他的才华才会深藏不露；而通过《法兰克福报》（*Frankfurter Zeitung*）和《文学世界》（*Literarische Welt*）等新闻媒体，这种才华已变得广为人知。直到法西斯主义逼近之时，他才被拒之门外；而即便在希特勒独裁统治的最初几年，他也能够以笔名在德国发表一些东西。这些书信不仅提供了他本人的进取图景，而且还呈现了一个时代的精神氛围。在专业交往和私人接触的幅度上，他并未受到任何政治考虑的限制。这些联系从弗洛伦斯·克里斯蒂安·朗[1]和霍夫曼斯塔尔[2]一直延伸到布莱希特；在他的书信中，神学主题和社会主题的相互交织清晰可见。屡屡出现的情况是，本雅明适应了他的通信对象，却没有因此而削弱自己的个性；于是，他的机智，他的矜持，他所有书信的构成要素，都在为某种交际艺术服务。考虑到那些经常是构思精巧的句子实际上并没有让他的生活变得更为轻松，这多少会让人受到触动。尽管取得了暂时的成功，但他与这个现状是多么格格不入，现状于他又是多么难以接受！

我想指出的是，当尊严不是一个纯粹的生存问题时，本雅明在忍受移民生活中依然保持尊严和泰然自若，尽管这使他最初几年的日子惨不忍睹，尽管他从来也没有骗自己留在法国很安全。为了那部伟大的作品——巴黎《拱廊街计划》，他忍受了危险。在那段时间里，他那种几乎没有人情味的品质对他的工作态度大有裨益；他明白自己是他思想的工具，他也并不认为自己的生命本身就是目的，尽管或者正是因为他体

---

[1]　弗洛伦斯·克里斯蒂安·朗（Florens Christian Rang, 1864–1924），法学出身，后回到大学学习神学，曾进入国家官僚体制之内，后来辞掉国家职务，成为柏林雷飞森协会的首席执行官。朗在今天已鲜为人知，但他的同代人却对他极为敬仰。马丁·布伯称他为"我们时代最高贵的德国人之一"，霍夫曼斯塔尔则把他视为那个时代的知识领袖之一。本雅明1921年结识了朗，在接下来的三年里，朗成为本雅明最重要的思想伙伴。朗去世后，本雅明说他的悲悼剧研究失去了一位"理想读者"。《单行道》的"内务部"中，"旗帜""降半旗"两小节文字便是本雅明为自己的好友朗留下的追忆文字。参见[美]霍华德·艾兰、迈克尔·詹宁斯：《本雅明传》，第192—193、263—265页。——汉译注

[2]　胡戈·冯·霍夫曼斯塔尔（Hugo von Hofmannsthal, 1874–1929），奥地利戏剧家、散文家、诗人和短篇小说家，主要作品有《昨日》《提香之死》《胆怯的人》《正直的人》等。本雅明与他交往甚密。——汉译注

现了极为丰富的材料和经验；同样，他也没把自己的命运当作个人的不幸而悲伤叹息。对自己命运的客观条件的理解赋予他一种超越命运的力量；即便在 1940 年，当他无疑已在考虑自己的死亡问题时，这种力量也依然使他阐明了《论历史的概念》这样的论纲。

正是因为牺牲了生命，本雅明才成为一种依靠"没有牺牲"的理念而存在的精神。

2022 年 11 月 14 日译

2023 年 1 月 26 日校

# 叙述者在当代小说中的位置[1]

　　压缩在很短的时间里从形式方面谈一谈小说现状，这让我不得不选择问题的一个方面，尽管这么做显得粗暴。被我选中的这个方面是叙述者的位置。现如今，这个位置是以一种悖论作为标志的：叙述故事已不再可能，但小说的形式却需要叙述。小说是资产阶级时代特有的文学形式。它的开端是《堂吉诃德》对幻灭世界的体验，而对赤裸存在（bloße Daseins）的艺术处理一直是小说的领域。现实主义内在于小说之中；即便是那些就其题材而言可被称为幻想式的小说，也试图以一种暗示现实的方式来呈现其内容。这种处理方式可以追溯到 19 世纪的小说发展中，但在今天的极度加速中已变得非常可疑。就叙述者而言，这一过程是通过一种主观主义发生的，这种主观主义没有留下任何未被改造的材料，因此破坏了叙事文学客观性或材料具象性（Gegenständlichkeit）的清规戒律。例如，假如今天谁还像斯蒂夫特[2]那样

---

[1]　《叙述者在当代小说中的位置》（"Standort des Erzählers im zeitgenössischen Roman"）原本是阿多诺在"美国占领区广播电台"发表的一次广播讲话，文字版发表于《强音》（*Akzente*）杂志 1954 年第 5 期，后被收入《文学笔记》第 1 卷，最终进入《阿多诺文集》。本文译自 "The Position of the Narrator in the Contemporary Novel," in *Notes to Literature*, Vol. One, trans. Shierry Weber Nicholsen, New York: Columbia University Press, 1991, pp. 30-36. 关键用词及术语核对了德语原文（*Gesammelte Schriften: Noten zur Literatur*, Bd. 11, Frankfurt am Main: Suhrkamp Verlag, 1974, S. 41-48）。——汉译注

[2]　阿达尔贝特·斯蒂夫特（Adalbert Stifter, 1805—1868），奥地利小说家。著有短篇小说集《彩石集》、长篇小说《晚来的夏日》《维提科》等。他早期受德国浪漫派的影响，后来却日益倾向古典主义，追求"高贵的单纯和静穆的伟大"，自称"我虽然不是歌德，却是他亲属中的一个"。他的作品语言朴实生动，人物心理和生活细节刻画得真切入微，对自然风景尤其是故乡波希米亚森林的描绘亲切感人，富于诗意。但人物形象大多苍白无力，情节比较单调，细节描写往往过于铺陈。第一次世界大战后，文坛上兴起追求形式的潮流，他的作品因文笔优美而开始受到重视。——汉译注

继续专注于具象的现实，并从经过沉思并谦卑接受的物质现实的丰满与可塑中形成效果，获得影响，那么谁就会被迫进入模仿之中，成为工艺制品的俘虏。他会因制造了谎言而感到内疚：这是一个怀着爱心把自己交付给这个世界的谎言，而爱的前提是这个世界具有意义；他最终会走向乡土艺术[1]，并以令人难以忍受的媚俗（Kitsch）画上句号。若是从题材的角度考虑问题，困难同样巨大无比。正如绘画的许多传统任务已被摄影剥夺殆尽一样，小说的传统任务也被报告文学和文化工业的媒介（尤其是电影）取而代之。这意味着小说应该专注于通讯报道（Bericht）所不能处理的内容。然而与绘画相反，小说从客体中解放出来受制于语言，而语言又迫使小说呈现出一种报道的假象，因此，乔伊斯对现实主义小说的反叛是与对推理式语言（diskursive Sprache）的反叛联系在一起的。

用"古怪""个人主义"和"武断"来反对乔伊斯试图做的事情无法令人信服。遭到瓦解的是经验的同一性（Identität der Erfahrung），是那种使叙述者的态度成为可能的具有内在连续性和能被清晰表达的生活。人们只需注意这一点——对于一个参加过战争的人来说，若用过去讲述自己奇遇的方式来讲述这场战争是多么不可能——就够了。如果叙述者表现得好像自己已经掌握了这种经验，那么他的受众肯定会对他的叙述不耐烦和起疑心。"捧着好书，坐而读之"之类的观念业已过时，其原因不仅在于读者难于集中注意力，而且还在于书的内容和形式。因为讲故事意味着有一些**特别的**东西要说出来，而这种东西正是为那个被管理的世界、被标准化和永恒同一性（Immergleichheit）所阻止的。除了任何带有意识形态内容的讯息之外，叙述者含蓄地主张的东西——仿佛世界的进程本质上仍然是个性化的进程，仿佛带着冲动和感情的个体仍然可以掌握命运，仿佛收心内视之人仍然可以心想事成——本身就是意识形态；廉价的传记文学四处蔓延，这是小说形式本身解体的副产品。

心理学领域——这些产品在此领域占据了一席之地——尽管收效甚

---

微，但也不能免于文学具象性的危机。甚至连心理小说的题材都是从它的眼皮底下被抢走的：已被正确观察到的情况是，当新闻记者有段时间对陀思妥耶夫斯基的心理学成就热情倍增时，后者的发现其实早已被科学尤其是被弗洛伊德的精神分析学所超越。而且，这种对陀思妥耶夫斯基的过度吹捧可能都没说到位：就其作品中心理学所达到的程度而言，它是一种具有可理解性的、本质的心理学，而不是我们到处都能发现的人类的、经验的心理学。正是在这方面陀思妥耶夫斯基显得非常先进。不仅传播学和科学控制了一切积极和有形之物，包括内在的真实性，从而迫使小说与经验性的心理学画地绝交，并使其沉迷于本质（Wesen）与非本质（Unwesen）的呈现；而且社会生活过程的表面越紧密无间，越天衣无缝，就越会遮蔽本质。**如果小说想要忠实于它的现实主义遗产并说出事实真相，它就必须抛弃那种只是靠复制表面现象（Fassade）而助其掩盖真相的现实主义。**将人性品质转化为机器平稳运转的润滑油的、人与人之间所有关系的物化，以及普遍的异化和自我的异化，都需要得到正视，而与其他艺术形式相比，小说更有资格担此重任。自有小说以来，确切地说是自从 18 世纪和菲尔丁的《汤姆·琼斯》以来，活生生的人类与僵化的环境之间的冲突就成为小说的真正题材。在此过程中，疏离（Entfremdung）本身则成为小说的一种审美手段。因为人类自身、个人和集体越是彼此疏离，它们也就越是变得彼此神秘。小说的真正冲动，亦即破解外部生活之谜的尝试，就会变成对本质的追寻。而如今在社会习俗所建立的日常疏离的语境中，本质似乎既令人困惑，又加倍陌生。现代小说中的反现实主义要素，它的形而上学之维，是由其真正的题材所唤起的——在这个社会中，人与人被彼此撕裂，也与他们自身撕裂。审美的超越性所反映的是对世界的祛魅。[1]

---

[1]　阿多诺在这里暗引了马克斯·韦伯的说法。韦伯在《学术作为一种志业》指出，理性化（Intellektualisierung）的过程就是祛魅的过程，借助于技术性的方法和计算，世界被破除了神秘。此谓"对世界的祛魅"（Entzauberung der Welt）。"Entzauberung"除"祛魅"之译外，还有"除魅""去魔化""除魔"等译。参见［德］韦伯：《学术与政治》，钱永祥等译，桂林：广西师范大学出版社 2004 年版，第 167—168 页。——汉译注

所有这些，在小说家有意识的考虑中几乎无其位置，我们有理由认为，这种思考进入小说家的反思中，就像进入赫尔曼·布洛赫[1]雄心勃勃的小说中那样，不会给艺术作品带来好处。相反，形式上的历史变化被转化为作者特有的敏感性，而作家的等级则由他们在多大程度上可以成为记录仪，以判断何者被接受何者遭拒绝来决定。在对报道形式的敏感性上，没有人能超过马塞尔·普鲁斯特。他的作品属于现实主义和心理小说的传统，这一分支导致了小说在极端主观主义中的消解，其发展线路贯穿于雅科布森的《尼尔斯·伦奈》[2]和里尔克的《马尔特·劳丽兹·布里格》[3]等作品中，但与普鲁斯特没有经验上的历史联系。小说越是在外在事物上严格遵循现实主义，越是摆出"原本就是如此"的样子，每一个词就越是变得似是而非，而作家的要求与并非如此的事实之间的矛盾也就越大。作者无法避免的内在要求——他确切地知道发生了什么——需要证据，而普鲁斯特的精确性——它被带到了幻想的地步，而通过这种精确性，他的微观技巧使生命的统一体最终被分裂成原子——是审美感官在没有超越形式限制的情况下提供证明的一种努力。他不可能让自己从一开始就把不真实的事情说得好像真的一样。因此，他的循环式作品（zyklisches Werk）从入睡的记忆开始，第一部的整本书只是呈现了当美丽的母亲没有给男孩一个晚安的吻时他难以入睡的情景。不妨说叙述者建立了一个内部空间，这样就使他避免了误入那个陌生的世界，这

---

[1] 赫尔曼·布洛赫（Hermann Broch, 1886–1951），奥地利作家，主要作品有《梦游人》《维吉尔之死》等。他既把长期钻研的群体心理和政治理论运用于文学创作，也在其作品中使用了新的表现手段和艺术技巧，如意识流、内心独白、梦幻等，对20世纪现代主义文学影响颇大。米兰·昆德拉把他与卡夫卡、穆齐尔、维托尔德·贡布罗维奇相提并论，称他们为"中欧文学四杰"。——汉译注

[2] 延斯·彼得·雅科布森（Jens Perter Jacobson, 1847–1885），丹麦小说家，诗人。《尼尔斯·伦奈》（Niels Lyhne, 1880）是作者创作的长篇小说。——汉译注

[3] 赖内·马利亚·里尔克（Rainer Maria Rilke, 1875–1926）奥地利诗人。《马尔特·劳丽兹·布里格》全名为《马尔特·劳丽兹·布里格手记》（Die Aufzeichnungen des Malte Laurids Brigge），是作者历时六年（1904–1910）完成的笔记体小说。小说叙述一个出身没落贵族、性情孤僻敏感的丹麦青年诗人的回忆与自白，某种程度上即是作者自身的写照。小说由71个没有连续情节、不讲时间顺序的笔记体断片构成，涉及孤独、恐惧、疾病、死亡、爱、上帝、创造等，集中表达了作者终生关注的各种精神问题。——汉译注

种失误会在一个人表现得好像他很熟悉那个世界的错误语气中被暴露无遗。世界在不知不觉中被拉进了这个内部空间——这一技巧被称为"内心独白"（monologue intérieur）——外部世界发生的任何事情都像第一页入睡那一刻一样被呈现出来：作为内部世界的一部分，作为意识流中的一个瞬间，它们没有受到客观的时空秩序的反驳，而这种时空秩序正是普鲁斯特的作品所致力悬置的对象。德国表现主义小说——例如，古斯塔夫·萨克的《学生流浪汉》[1]——的目标与此类似，尽管它们有着完全不同的预设和不同的精神。只是力争描绘那些可以完整呈现出来的具体事物的宏大之举，最终抵消了具象性的基本宏大范畴。

传统小说的理念也许在福楼拜身上体现得最为真实，可以把这种小说比作资产阶级戏剧的三面墙舞台。这种技巧制造了一种幻觉：叙述者拉开帷幕，读者便将要参与到发生的事情中来，就好像他身临其境一样。叙述者的主体性在产生这种幻觉的力量中，以及在语言的纯粹性中（即福楼拜的例子）证明了自己，而语言的纯洁性是通过将语言精神化，将它从它所属的经验领域中解放出来的。反映（Reflexion）是一个沉重的禁忌：它成为针对客观纯洁性的头等大罪。今天，这种禁忌连同它所代表事物的虚幻特征一起正在失去其力量。常常被注意到的一个情况是，在现代小说中，不仅在普鲁斯特那里，而且也在纪德的《伪币制造者》、后期的托马斯·曼、或是穆齐尔的《没有个性的人》那里，反映都突破了形式的纯粹内在性。但是这种反映除了与福楼拜之前的反映名称相同之外，几无其他相似之处。后者的反映是关乎道德的：支持或反对小说中的人物。新的反映反对再现（Darstellung）的谎言，实际上是反对叙述者自己，因为叙述者作为对事件无所不知的评论员，试图纠正他不可避免的推进方式。这种对形式的破坏是形式本身的意义所固有的。只有事到如今，托马斯·曼的媒介构形功能（formbildende Funktion）——在内容中不能被缩减为任何嘲笑的神秘反讽——才能被充分理解：作者以一种

---

[1]　古斯塔夫·萨克（Gustav Sack, 1885-1916），德国作家、诗人。他去世之后，其作品才得以面世。小说《学生流浪汉》（*Ein verbummelter Student*）出版于 1917 年。——汉译注

反讽的姿态破坏了他自己的表达，抛弃了他正在创造真实事物的主张，然而，没有任何文字（哪怕是他自己的文字）可以逃脱这一主张。也许在曼的晚期作品《神圣的罪人》（*Erwählten*）[1] 与《黑天鹅》（*Betrogenen*）中，这一点表现得最为明显。在那里，作家玩弄着浪漫的主题，通过语言的习性承认了叙事中的窥视元素，即幻觉中的非现实性。这样一来，他就使艺术作品回到了一个如他所言的高级玩笑（der höhere Jux）的地位——一个它曾经拥有的地位，直到它以不天真的天真，并以一种完全不反映的方式将幻觉作为真理。

在普鲁斯特那里，当议论与行动交织得如此彻底，以至于两者之间的区别已经消失时，叙述者攻击的是他与读者关系的一个基本组成部分——审美距离（ästhetische Distanz）。在传统小说中，这个距离是固定的。现在它则不断变化，就像电影中摄像机的角度一样：读者有时被留在外面，有时则被解说带到了舞台上、后台中和道具室里。极端例子——我们可以从中学到比任何"典型"案例更多的当代小说知识——是卡夫卡那种完全消除距离的方法。通过震惊，他摧毁了读者面对所读内容时沉思的安全感。他的小说（如果它们真的属于这一文类的话）是对一种世界状态的预期反应，在这种状态中，沉思的态度已经成为一种嘲笑，因为灾难的永久威胁不再允许任何人成为一个事不关己的旁观者，也不允许对这种立场进行审美模仿。即使是那些写作内容全都是事实报道且对此感到抱歉的小作家，也打破了这种距离。他们的作品揭示了一种意识状态的弱点，这种意识状态因过于短视，以至于无法容忍自己的审美再现，也几乎无法产生能够进行这种再现的人类。然而，在最先进的生产中，这种弱点并不陌生，消除审美距离是形式本身的要求；肯定的否定性，这是打破前景关系并表达其背后东西的最有效的方法之一。并不是像卡夫卡那样，对想象的描述一定会取代对现实的描述。他不适

---

[1]　在《空洞的奇迹》一文中，斯坦纳从语言角度对该小说做出了简短评论，可参考。他说："《神圣的罪人》是曼的晚期作品，曼以戏拟和拼贴的手法重新回到德语的问题。故事语言是对中世纪德语的细致模仿，像是尽可能远离当下的德语。"[美]乔治·斯坦纳：《语言与沉默：论语言、文学与非人道》，李小均译，上海：上海人民出版社 2013 年版，第 119 页。——汉译注

合成为范例。但现实与意象（imago）之间的区别原则上已被消除了。那个时代伟大小说家的一个共同点是，在他们的作品中，"事情就是如此"的小说格言经过深思熟虑，最终产生了一系列的历史原型；这种情况发生在普鲁斯特的非自愿记忆（unwillkürliche Erinnerung）中，就像出现在卡夫卡的寓言中和乔伊斯的史诗密码里一样。宣称自己不受具体再现惯例约束的文学主体同时也承认了自己的无能；他承认在独白中再次出现的物之世界具有优越性。于是第二种语言应运而生，它在很大程度上是从第一种语言的残留物中提炼出来的，这是一种事物的变质的联想性语言，不仅渗透在小说家的独白中，也渗透在无数与第一种语言疏离而组成大众的人的独白中。四十年前，卢卡奇在他的《小说理论》中提出了这样一个问题：陀思妥耶夫斯基的小说是否是未来史诗的基础，甚至它们本身是否可能就是史诗。[1] 事实上，真正有价值的当代小说，那些把释放出来的主体性通过自身的动力转移到其对立面的小说，都是否定性史诗（negative Epopöen）。它们是一种个人自我清算状态的证明—— 一种与前个体的处境相融合的状态，而这种处境似乎一度保证了一个充满意义的世界。这些史诗连同所有的当代艺术，都是模棱两可的：它们所记录的历史趋势，其目标究竟是重新陷入野蛮还是旨在实现人性，并不是由它们来决定的，而且对于野蛮，许多史诗都感觉特别舒服。不喜欢释放和不协和（Dissonanz）的现代艺术作品是没有价值的。但是，通过毫不妥协地体现恐怖，并将所有沉思的乐趣都融入这种纯粹的表达中，这样的艺术作品是为自由服务的——而一般作品仅仅是因为没有见证自由主义时代的个人遭遇，它们就背叛了这种自由，这些产品超出了有关"介入艺术"（engagierte Kunst）和"为艺术而艺术"的争论，也超越了在"有倾向的艺术庸俗"和"会享受的艺术庸俗"之间的选择。卡尔·克劳斯（Karl

---

[1] 卢卡奇认为陀思妥耶夫斯基属于新世界，"只有对他的著作作出形式分析才能指明，他是否已经是这个世界的荷马或但丁，或者他是否仅仅提供颂歌——这些颂歌由后来的诗人同其他的先驱者一起，结合成伟大的统一体，他是否只是一个开端，或者已经是一种实现"。阿多诺所指涉的应该是这一处论述。参见［匈］卢卡奇：《小说理论》，燕宏远、李怀涛译，北京：商务印书馆 2012 年版，第 141 页。——汉译注

Kraus）曾经阐述过这样一种观点：一切从他的作品中以亲身经历的、非审美的现实的形式表达出来的道德之物，都是在语言的法则下，因而也是以"为艺术而艺术"的名义传授给他的。正是这种内在于形式中的趋势要求当代小说废除审美距离，并因此在现实—— 一种无法在形象中变形而只能在现实中被具体改变的现实——的强大力量面前俯首称臣。

2022 年 11 月 25 日译

2023 年 1 月 29 日校

# 阅读巴尔扎克<sup>[1]</sup>

献给格蕾特尔<sup>[2]</sup>

　　当乡巴佬来到城市，一切对他来说都是"关闭"的。巨大的门，带着卷帘的窗，数不清的他无法与之交谈的人，因为他看起来很可笑，甚至连商店里的东西都买不起——所有这些都把他拒之门外。莫泊桑的一部中篇小说直言不讳地叙述了一位下级军官在陌生环境中的蒙羞之举，因为他把体面的住所错当成妓院。在初来乍到者眼里，所有被锁起来的东西都像妓院，既神秘，又充满了犯禁的诱惑。库利根据面对面关系的在场或缺席，在社会学上区分了初级团体和次级团体：突然从一个团体被抛到另一个团体的人会亲身体验到这种区别，并伴随着痛苦。<sup>[3]</sup> 在文学

---

　　[1]　《阅读巴尔扎克》（"Balzac-Lektüre"）未发表过，直接被阿多诺收入《文学笔记》第 2 卷（1958），后该书作为第 11 卷进入《阿多诺文集》。本文译自 "Reading Balzac," in *Notes to Literature*, Vol. One, trans. Shierry Weber Nicholsen, New York: Columbia University Press, 1991, pp. 121-136. 关键用词、术语及疑难之处核对了德语原文（*Gesammelte Schriften: Noten zur Literatur*, Bd. 11, Frankfurt am Main: Suhrkamp Verlag, 1974, S. 139-157）。——汉译注

　　[2]　格蕾特尔·阿多诺（Gretel Adorno, 1902–1993），原名玛格蕾特·格蕾特尔·卡普露斯（Margarete Gretel Karplus），阿多诺的妻子。23 岁时获得化学博士学位。1920 年代，与柏林的本雅明、布洛赫、马尔库塞等人多有交往。1923 年遇见阿多诺，一见钟情，两人于 1937 年流亡伦敦期间结婚。1949 年结束流亡后，随阿多诺返回联邦德国，成为法兰克福社会研究所的一名助理。阿多诺于 1969 年突然去世后不久，她曾试图自杀，致使身心受到严重损害。——汉译注

　　[3]　查尔斯·霍顿·库利（Charles Horton Cooley, 1864–1929），美国社会学家和社会心理学家，传播学研究的先驱。著有《人类本性与社会秩序》（1902）、《社会组织》（1909）和《社会过程》（1918）。他从社会学角度将小团体划分为初级团体（primary group）与次级团体（secondary group），二者的差别在于前者规模较小，最主要的特征是具有"亲密合作与面对面的沟通关系"；而后者则规模较大，并且"分工互赖，以非情感的依赖相结合"，有明显的阶层。例如家庭、朋友、私党等属于初级团体，而公司、军队、政府机构、学校等则为次级团体。——汉译注

中，巴尔扎克可能是第一个这样的"巴黎乡巴佬"（paysan de Paris）[1]，甚至在他非常清楚什么是什么之后也仍然保持着那种做派。但与此同时，位于发达资本主义开端处的资产阶级生产力也在他身上体现出来。他对被锁在门外的反应是一个发明天才的反应：好吧，我会自己弄清楚大门紧闭的里面发生了什么，然后世界就会听到一些动静！这位外省人在愤怒的无知中所痴迷者，是他认为即使在最好的圈子里——在人们最意想不到的地方——也会发生的事情，于是他之怨恨成了精确想象的驱动力。有时候，巴尔扎克早年在商业上经手的低级趣味小说风格（die Groschenromanik）会呼之欲出；有时候，小儿科式的嘲讽句子又会如此这般地诉诸其笔端："如果有人在星期五上午 11 点左右经过米罗梅尼尔路 37 号，而这所房子二楼的绿色百叶窗还没有打开，你就可以确定头天晚上那里有一场狂欢。" 然而还有时候，这个天真汉对世界的补偿性幻想要比现实主义者巴尔扎克所相信的更为精准。引发其写作的异化——这种写作仿佛是他勤奋之笔中的每一句话都在建造一座通往未知的桥梁——本身就是他通过猜测而试图发现的秘密生活。使人们彼此分离并使作家远离他们的东西也推动着社会运动，巴尔扎克的小说模仿的正是这种运动的节奏。吕西安·德·吕庞泼莱[2]奇妙而不可思议的命运是由技术变革引发的，描述得更专业些，是印刷术和纸张的革新使文学作品的大规模生产成为可能；收藏家邦斯舅舅[3]过时的原因之一是作为一名作曲家，他在管弦乐编曲方面不妨说没有跟上工业进步的步伐。巴尔扎克的这些见解胜过许多研究，因为它们既来自对事物的理解，也试图重构这

---

[1] 因路易·阿拉贡（Louis Aragon）写过一部很受本雅明欣赏的作品《巴黎乡巴佬》（Le Paysan de Paris），所以阿多诺在这里很可能是一语双关。——汉译注

[2] 吕西安·德·吕庞泼莱（Lucien de Rubempré），巴尔扎克《幻灭》中的主人公，原名吕西安·德·夏同（Lucien de Chardon），后遇特·巴日东太太，她劝其改用母亲姓氏吕庞泼莱，因为此姓更高贵。参见［法］巴尔扎克：《幻灭》，傅雷译，北京：人民文学出版社 2015 年版，第 53—54 页。——汉译注

[3] 邦斯舅舅（Cousin Pons），巴尔扎克小说《邦斯舅舅》中的主人公，是一个心地善良的音乐家，也是一位艺术品位极高的收藏家。一生罄其所有，搜集、收藏名画，生活因此穷困潦倒。——汉译注

种理解，而盲目的研究则企图根除这种理解。通过智性直观（intellektuelle Anschauung），巴尔扎克意识到在先进的资本主义中，人人都是性格面具（Charaktermasken）——这是马克思后来发明的一个说法。[1] 与正午的政治经济学批判相比，物化在黎明的清新和起源（der Ursprung）的鲜艳色彩中更可怕地散发着光芒。1845 年左右殡仪馆的雇员酷似死亡天才（Genius des Todes）[2]——在随后的一百年里，没有任何讽刺美国精神的作品能超越他，甚至连伊夫林·沃 [3] 的作品都甘拜下风。幻灭（Désillusion）既是他最伟大的小说之一的标题（即《幻灭》[Les Illusions perdues]）来源，同时也是一种文学类型，它所提供的是人类与其社会功能无法吻合的经验。巴尔扎克以雷霆万钧的引证之势把作为总体的社会，把这一古典政治经济学和黑格尔哲学用理论术语表述的事实，从思想的天堂降至感性证据的地面。这种总体绝不只是宽泛的总体，也绝不只是将生命的各个分支收束为一个整体的生理学，而后者构成了巴尔扎克《人间喜剧》（Comédie humaine）的写作纲领。作为一个功能综合体，它也是集约的。有种动力论在其中肆虐：社会只能作为一个整体在这个体制之内并通过这个体制

---

[1]　马克思在评论路易·波拿巴时指出："那时他好像躲到这个内阁背后，把政府权力让给了秩序党，戴上路易－菲力浦时期报刊的责任发行人戴的谦虚的性格面具，即代理人戴的面具。现在他把面具丢掉了，因为这个面具已不是一块使他能够隐藏自己的面容的薄纱，而是已变成一个妨碍他显示出自己的本来目的的铁制面具了。"马克思：《路易·波拿巴的雾月十八日》，《马克思恩格斯选集》第 1 卷，北京：人民出版社 1995 年版，第 622—623 页。——汉译注

[2]　邦斯一死，便有"墓园掮客"找上门来，推销殡葬生意。小说中写道："人家常常说死是一个人的旅行到了终点，这譬喻在巴黎是再贴切也没有了。一个死人，尤其是一个有身份的死人，到了冥土仿佛游客到了码头，给所有的旅馆招待员闹得头昏脑胀。除了几个哲学家之外，除了家道富裕，又有住宅又有生圹的某些家庭之外，没有人会想到死和死的社会影响。在无论什么情形之下，死总是来得太早；并且由于感情关系，承继人从来不想到亲属是可能死的。所以，多半死了父亲、母亲、妻子、儿女的人，会立刻给那些兜生意的跑街包围，利用他们的悲痛与慌乱做成一些交易。早年间，承办墓地纪念工程的商人，都把铺子开在有名的拉雪兹神甫公墓四周，——他们集中的那条街可以叫作墓园街，——以便在公墓左近或出口的地方包围丧家。可是同业竞争和投机心理，使他们不知不觉地扩充地盘，现在甚至进了城，散布到各区的区政府附近了。那般跑街往往还拿着坟墓的图样，闯进丧家的屋子。"[法]巴尔扎克：《邦斯舅舅》，傅雷译，北京：人民文学出版社 1955 年版，第 214 页。——汉译注

[3]　伊夫林·沃（Evelyn Waugh, 1903–1966），英国作家，被誉为英语文学史上最具摧毁力和最有成果的讽刺小说家之一。先后出版了长篇小说 20 余部，短篇小说集 2 部，以及书信集数部，主要作品有《一抔土》（1934）、《旧地重游》（1945）、《荣誉之剑》（1965）等。——汉译注

再生产自己，而要做到这一点，则需要每一个人都成为它的顾客。这种观点似乎太短视也太直接了，当艺术试图以可感知的形式描绘一个已经变得抽象的社会时，情况总是如此。但是，人们明显地试图从对方那里相互窃取已被无形中占有的剩余价值，这种个人的可耻行径使恐怖变得形象生动，倘非如此，只有通过概念的中介才有可能获得成功。在通过继承获得财富的过程中，庭长夫人重用的是讼棍（Winkeladvokaten）和门房；[1] 平等是在这样一种意义上实现的：虚假的总体把所有社会阶层都控制在它的罪责之下。即使在文学趣味和世俗智慧嗤之以鼻的低俗文学中，也有真理存在：只有在边缘处，发生在社会的深渊中、在社会生产领域的地下世界中的事情才变得清晰可见——后来的极权主义暴行就是从这些事情中产生的。巴尔扎克的时代偏爱这种古怪的真理，即原始积累 [2]，19 世纪初法国工业革命中的一种古老的征服者的野蛮行径。十有八九，对他律劳动（fremde Arbeit）的占有几乎从未完全按照市场法则发生过。这些法则固有的不公正被每一个个人行为的不公正所放大，此为罪恶的剩余利润（Surplusprofit）。那些精通这类事情的人会认为巴尔扎克要对电影的不良心理负责。但他那里也有足够好的心理学。那个看门人不只是一个怪物；在她染上贪婪这一社会弊病之前，她是她的同胞们所说的好人。[3] 同样，巴尔扎克知道鉴赏力（事物本身）如何超越了单纯的利润动机，生产力如何超越了生产关系。与此同时，他也知道资产阶级的个性化以及那种个性特征的扩散，是如何摧毁个体、摧毁那些公认的贪得无厌者（Fresser）或守财奴的。他意识到母性是友谊的秘密，他本

---

[1]　这里涉及《邦斯舅舅》中的故事情节。庭长夫人对丈夫的舅舅邦斯从来没有表示过殷勤，但当她得知邦斯收藏了许多精美的艺术品后却生出觊觎之心。于是她重用律师弗赖齐埃负责遗产继承一事，看门女人西卜太太也成了她的帮凶。小说中的一个情节是西卜太太乘邦斯熟睡之际，把弗赖齐埃等人引进家里，对邦斯收藏的 1700 件艺术品进行估价。〔法〕巴尔扎克：《邦斯舅舅》，第175—177 页。——汉译注

[2]　Cf. Georg Lukács, *Balzac und der französische Realismus*, Berlin: Aufbau, 1953, S. 59. ——原注

[3]　指《邦斯舅舅》中的看门女人西卜太太，她本来是一个下层阶级的善良妇女，但在金钱的腐蚀和诱惑下，在弗赖齐埃等人唆使下，变得贪婪而可恶，成为把邦斯折磨致死的主要人物之一。——汉译注

能地知道，最轻微的弱点也足以使一个高尚者垮台，就像邦斯因其饕餮
而陷入毁灭的机器一样。纽沁根三世夫人（Madame de Nucingen Dritten）
在贵族面前直呼其名，以此来制造她与贵族关系亲密的假象——这种写
法也可能来自普鲁斯特。但当巴尔扎克真的赋予他的人物木偶般的特征
时，他们的合法性就超出了心理学的范畴。在社会的"经济图表"（tableau
économique）中，人类的行为就像亮泉宫[1]机械模型中的牵线木偶。杜米
埃[2]的许多漫画都很像那种矮胖小丑（Polichinello），这是有原因的。本着
同样的精神，巴尔扎克的故事证明了品行端正在社会上是不可能的。他
们讥笑说，任何人不犯罪，就灭亡；说此话时他们经常宽音大嗓。这样
一来，人道之光就落在那些被遗弃的人身上，落在那些能够激情澎湃和
有着自我牺牲精神的妓女身上，落在那些行为无私而利他的苦役犯和杀
人犯身上。因为巴尔扎克生理上的疑虑告诉他，好公民都是罪犯；因为
每一个在大街上不为人知和不可捉摸的漫步者看上去都像是犯有原罪，
而且这个原罪来自整个社会：这就是在巴尔扎克看来罪犯和被遗弃者才
是人的原因。这可能也是他在文学中发现同性恋的原因；他的中篇小说
《萨拉辛》（Sarrasine）便致力于此，他对伏脱冷[3]的构想也基于此。鉴于
交换原则具有不可抗拒的优势，他可能曾梦想过一种类似爱情的东西以
未被扭曲的形式出现在一种被鄙视的、本质上无望的爱情中：取消等价
交换的正是恶棍头子假牧师，他相信他们能够做到这一点。

　　巴尔扎克特别喜欢德国人，喜欢让·保尔[4]和贝多芬，他的喜欢也赢

---

[1]　亮泉宫（Schloß von Hellbrunn/Castle of Hellbrunn），一译海尔布伦宫，位于奥地利萨尔茨堡
市郊南面6公里处，建于17世纪，是当时大主教的夏宫，有一个动物园及后花园，并且在花园内还
有一处戏水园（Wassserspiele）。它是北部阿尔卑斯山修饰主义建筑风格最灿烂的作品之一。——汉译注

[2]　奥诺雷-维克多林·杜米埃（Honoré-Victorin Daumier, 1808–1879），法国画家、雕塑家和版画
制作人，他的许多作品对法国的社会和政治生活进行了评论，代表作有《庞然大物》等。——汉译注

[3]　伏脱冷（Vautrin）是《人间喜剧》中重要的资产阶级野心家形象。在《高老头》中，他是
潜逃的苦役犯，高等窃财集团办事班的心腹和参谋，经营着大宗赃物，是一个尚未得势的凶狠的掠
夺者形象。——汉译注

[4]　让·保尔（Jean Paul, 1763–1825），德国小说家和幽默作家，浪漫主义文学的先驱，主要
作品有《黑斯佩罗斯，或四十五个狗邮日子》《巨神》《少不更事的年岁》等。——汉译注

得了理查德·瓦格纳和勋伯格的回报。尽管他偏爱视觉效果，但整体而言，他的作品还是具有某种音乐意味。19 世纪和 20 世纪早期的许多交响乐都让人联想到小说，因为它们对戏剧情境的偏爱，因为其激情的起起落落和不羁的丰富生活；与此相反，作为小说体裁的原型，巴尔扎克的作品则是音乐的，这种音乐性体现在流动性上，体现在其产生人物然后再把他们吞没的方式上，也体现在设置和改变人物发展轨迹、让他们仿佛游移在梦境中。如果说小说般的音乐似乎在听众的脑海中重复着物质世界的运动，黑暗中的暗淡灯光显示着物质世界的轮廓，那么巴尔扎克的读者在翻页时，他们的脑子则高速运转着，急切地等待着下文，似乎所有的描述和行动都是对其作品中充斥着的狂野和斑驳鸣响的伪装。它们为读者所提供的，与长笛、单簧管、圆号和定音鼓在孩子会正确读乐谱之前承诺给他的东西一模一样。如果说音乐是在内部空间中被非物质化且被再生产的世界，那么巴尔扎克小说的内部空间则向外投射为一个世界，它将音乐重新翻译成了万花筒。从他对音乐家施模克的描述中[1]，我们也可以推断出他的亲德倾向是针对什么。这在本质上与德国浪漫派对法国的影响是一样的，从《自由射手》[2]和舒曼到 20 世纪的反理性主义莫不如此。但是，与清晰明白的拉丁式恐怖相比，巴尔扎克笔下迷宫般的德国式晦涩所体现的，不仅仅是一种反过来与被德国人压抑下去的启蒙数量相当的乌托邦数量。他还可能已论及冥神和人性（Humanität）的星丛。因为人性是人类对自然的挂念。而巴尔扎克一直把人性追踪到直接性从社会的复合功能语境中悄悄溜走、逐渐式微的地步。但是在他

---

[1] 施模克（Schmucke）是《邦斯舅舅》中的一个人物，邦斯的好友。小说对此人有如下描述："这钢琴家，像所有的钢琴家一样是个德国人，像伟大的李斯特、伟大的门德尔松般的德国人，像施泰贝尔特般的德国人，像莫扎特与杜塞克般的德国人，像迈尔般的德国人，像德勒般的德国人，像塔尔贝格、德赖旭克、希勒、利奥波德·迈尔、克拉迈尔、齐默尔曼、卡尔克布雷纳、赫兹、沃兹、卡尔、沃尔夫、皮克齐斯、克拉拉·维克般的德国人，尤其是像所有的德国人。虽是大作曲家，施模克只能做一个演奏家，因为他天生地缺少胆气，而天才要在音乐上有所表现，就靠有胆气。"［法］巴尔扎克：《邦斯舅舅》，第 13—14 页。——汉译注

[2] 《自由射手》（Der Freischütz，一译《魔弹射手》），德国作曲家卡尔·马利亚·冯·韦伯（Carl Maria Ernst von Weber）创作的歌剧作品，1821 年首演于柏林皇家歌剧院。——汉译注

那里，引发现代性的狂怒谐谑曲（das grimmige Scherzo）的诗意力量同样也是古老的。凡夫俗子（也可以说是先验主体）——他们把自己设定为巴尔扎克叙事作品背后的社会创造者，而这个社会已被神奇地转化为第二自然——类似于德国古典哲学的神话之"我"与之相对应的音乐，这种神话之"我"从其自身中衍生出存在的一切。在这种主体性中，虽然人通过对他者的原始认同的力量而发声，因为他知道他者就是自己，但这种主体性也总是不人道的，因为它同时是一种暴力行为，扭转了他者的方向并使其服从于自己的意志。巴尔扎克越是远离这个被他创造出来的世界，他对这个世界的攻击就越是强烈。有一则轶事说，巴尔扎克对"三月革命"[1]这一政治事件置若罔闻，他走到书桌前说："让我们回到现实中去吧。"这则轶事忠实地描写了巴尔扎克，即便它也许只是杜撰。他的举止就像晚期贝多芬，穿着一件睡衣，愤怒地喃喃自语，同时把升 C 小调四重奏的巨幅音符画在他房间的墙上。如同偏执狂，爱和愤怒是相互交织的。同样地，元素精灵（Elementargeister）既会恶作剧，也会济贫助人。

偏执狂和哲学家一样有一套系统，这并没有逃过弗洛伊德的法眼。一切都是联系在一起的，关系支配着一切，一切都服务于一个隐秘和邪恶的目的。但是，巴尔扎克偶尔谈到的现实社会中正在发生的事情，就像那些伯爵夫人因为自己法语流利而说着"bien，bien"（好，好）一样，并无什么不同。一个普遍依赖和传播的系统正在形成。消费者为生产过程服务。如果他们不能买回货物，资本就会发展成一场将他们消灭的危机。信用体系把一个人的命运和另一个人的命运联系在一起，不管他们是否知道。整体（das Ganze）通过毁灭并将之再生产来威胁那些构建它的人，虽然它的表面还没有完全紧密地编织起来，我们依然能瞥见一种毁灭的可能。那些熟悉的人物——高布塞克们、拉斯第涅们，以及伏脱冷们——在《人间喜剧》中以路人甲的身份重新出现在最意想不到的地

---

[1]　"三月革命"（der Märzrevolution）是指发生于 1848 年 3 月，以维也纳和柏林为中心爆发的资产阶级民主革命。这一革命受到了法国"二月革命"的影响，其主要诉求是消除封建割据，实现民族统一，推翻封建统治，发展资本主义。——汉译注

方，出现在只有参照错觉才能想到的星丛中，而且只有《人间喜剧虚构人物传记词典》（*Dictionnaire biographique des personnages fictifs de la Comédie humaine*）才能对他们进行排序。但是，想象着同样的力量在各处发挥作用的固定想法导致了短路，于是整个过程短暂地被照亮。这就是为什么主体会因痴迷现实而把对现实的游离变成一种古怪的亲近。

巴尔扎克同情波旁复辟王朝（Restauration），他在早期工业主义中看到了通常被归为堕落阶段的症状。在《幻灭》中，他预见了卡尔·克劳斯对新闻界的攻击；克劳斯对他有所引用。在巴尔扎克的作品中，处境最糟糕的恰恰是那些拥护复辟的记者；他们的意识形态与其先天的民主媒介之间的矛盾迫使他们愤世嫉俗。这种客观的情况不符合巴尔扎克的性情。正在兴起的新的生产方式中的冲突与他的想象力一样紧张强烈，并在他的作品结构中永久存在。在巴尔扎克的作品中，浪漫主义和现实主义的面向构成了历史的复合体。金融家——一个尚未建立的行业的先驱——是来自史诗体裁的冒险家，出生于18世纪的巴尔扎克抢救出这种史诗类型并把它带到了19世纪。在前资产阶级秩序已经摇摇欲坠却依然苟延残喘的背景下，被释放的理性呈现出一种非理性，类似于罪恶的普遍关联，可这依旧没有走出那种理性；它的第一次突袭是其后期非理性的前奏。经济人（homo economicus）的规范还没有成为人类行为的标准化模式；对利润的追逐仍然像未被驯化的猎人的嗜血之举，而总体仍然像命运无情而盲目的枷锁。在巴尔扎克的作品中，亚当·斯密（Adam Smith）的"看不见的手"变成了墓地墙上的黑手。如同实证主义者孔德[1]那样，让黑格尔在其《法哲学原理》中的思辨因为恐惧而畏缩不前的东西——压制自然进化结构之系统的爆炸趋势——在巴尔扎克狂喜的沉思中，像混乱的自然一样喷发出火焰。他的史诗陶醉于理论家们认为不可容忍的东西之中，那种让黑格尔求助于作为仲裁者的国家、让孔德求助

---

[1] 奥古斯特·孔德（Auguste Comte, 1798–1857），法国著名哲学家，社会学和实证主义的创始人，开创了社会学这一学科，被尊称为"社会学之父"。著有《实证哲学教程》等。——汉译注

于社会学的东西。这两者巴尔扎克都不需要，因为在他看来，艺术作品本身就是一种权威，它以一种全面的姿态接纳了社会的离心力。

巴尔扎克的小说从人类激情和世界状态之间的张力中获取营养，而世界状态已经朝着无法容忍激情的方向发展，它认为激情会破坏人类的活动。而激情在它们遇阻受挫后会一如既往，变得更加强烈以致狂热。假如激情得不到满足，它们就会同时变得奇形怪状、贪得无厌和情绪化十足。然而，这些本能并未完全消失在社会图式中。它们紧紧抓住那些在很大程度上仍然难以获得的财物，特别是那些受制于自然垄断的财物；或者是作为贪婪、对金钱的渴求和向上爬的狂热，它们进入为扩张的资本主义服务的体系中，这需要额外的个人能量，直到它完全到位。"去发家致富吧！"（enrichissez-vous），这句格言使巴尔扎克笔下的人物手舞足蹈。直到20世纪，早期工业界依然把"Bazar"这个词的双重含义——《天方夜谭》（*Tausendundeiner Nacht*）中的"集市"，以及"百货商店"——用来对付那些还不适应它的人（碰巧的是，圣西门一位最重要的门徒的名字也是这么念的 [1]）。人们在它面前忙忙碌碌，既像代理人，同时又像无可奈何的迷失者：他们代理的是剩余价值，却又是财富上的堂吉诃德——希望从财富的扩张中得到一些东西，就像没有多少工作的贵族地主，又像突袭命运女神风车的撞大运者（Glücksritter），被女神用平均利润率的法则打得一败涂地。灰色的出现是如此多姿多彩，世界的祛魅又是如此让人迷魅；关于这一过程，有太多的东西值得讲述，尽管它的了无诗意（Prosa）让人确信很快就会没东西可讲。像那个时代的抒情诗人一样，史诗诗人在社会主义"人民地图册"（Volksatlas）上标明"资本主义沼泽"（Sumpf des Kapitalismus）的地方采摘了一些"恶之花"。无论巴尔扎克作品的浪漫主义面向在多大程度上来自主观上的历史落后性，来自前资本主义的视角——这种人渴望回顾过去，认为自己是自由社会的

---

[1]　这位门徒是圣阿蒙·巴札尔（Saint-Amand Bazard, 1791—1832），他与圣西门的另两位学生安凡丹（1796—1864）、罗德里格（1794—1851）合著有《圣西门学说释义》（王永江等译，北京：商务印书馆1986年版），体现了圣西门主义者意图完成其导师事业，将其学说系统化的努力。——汉译注

受害者，却又希望分享自由社会的回报——它仍然来自社会现实，来自一种面向现实的现实主义形式感。巴尔扎克只需要用一句严肃得冷酷的"世界就是这么可怕"来描述它，灾难性的突出之处就变成了光环。

　　巴尔扎克的德国读者认真阅读法语原著时，他起先不会对无数表示物体之间具体差别的陌生词汇感到绝望，因为假如他的阅读不是为了不知所措，他就不得不去查字典；然而最终，迫于无奈和羞愧他还是会把自己托付给翻译。法语本身如同手工艺般精确，它对材料和技巧（其中沉淀了如此多的文化）的细微差别的尊重，可能是造成这种情况的原因。但是巴尔扎克让法语走到了极致。有时候，他假定自己熟悉专业领域的全部技术性术语。这是其作品中更大语境的一部分。读者常常被故事开头几行的叙述吸引至这一语境中。精确意味着与事实极端接近，从而也与物理存在极为接近。巴尔扎克使用了具象性的暗示，但它被用得非常过分，以至于人们无法傻呵呵地信以为真，无法把它归功于史诗视野中不详的丰富性。相反，这种具象性正是其狂热激情所暗示的一种召唤。如果世界是要被**看穿**的，那么它已无法再被**直视**。没有谁能比布莱希特更好地提供文学现实主义已经过时的证据了，因为作为一种现实的表现，这种现实主义并没有捕捉到现实，尽管同一个布莱希特后来穿上现实主义的紧身衣，如同化装舞会上的戏服。他看到的"最实在的存在物"[1] 由过程组成，而不是直接的事实，所以它们无法被描述："情况变得如此复杂，因为简单'复制现实'（Wiedergabe der Realität）比以往任何时候都更少反映现实。克虏伯工厂 [2] 或通用电力公司（AEG）的照片几乎没有提供关于这些机构的任何信息。真正的现实已经滑向功能性现

---

[1]　　"最实在的存在物"（ens realissimum）这一说法来自康德，他对此解释道："最实在的存在者的概念就是某个必然的存在者能借以被思维的唯一的概念，就是说，有一个最高存在者以必然的方式实存着。"［德］康德：《纯粹理性批判》，邓晓芒译，杨祖陶校，北京：人民出版社 2004 年版，第 480、481 页。——汉译注

[2]　　克虏伯工厂一般指克虏伯家族的工厂。阿尔佛莱德·克虏伯（Alfred Krupp, 1812–1887），德国克虏伯家族中的一员，是德国著名的财阀和兵工场经营者。——汉译注

实。人际关系的物化，譬如工厂，无法再向我们展示人际关系。"[1]在巴尔扎克的时代，这一点还无法被人理解。他以局外人的怀疑重构了这个世界。作为回应，他这样做时需要确保世界永久就是这样，而不是别的模样。具象性是真实经验的替代品，而真实经验不仅在工业时代的伟大作家那里几乎不可避免地严重缺乏，而且也无法与这个时代本身的概念相提并论。巴尔扎克怪得出奇（Absonderlichkeit）的地方在于，他揭示了歌德之后整个 19 世纪叙事作品的一些特征。即便是有人想入非非，他所关注的现实主义也不是原始的，而是衍生出来的：这种现实主义以现实的缺失为基础。史诗不再能控制它试图保护的材料的具象性，它不得不在其举止上夸大这种具象性，不得不以夸张的精确来精确地描述这个世界，因为这个世界已经变得陌生，与它保持物理上的亲近已不再可能。致病的核心因素——委婉说法——已经固着于更现代的具象性形式中，就像在施蒂弗特的技巧中，甚至在晚期歌德的语言公式中，以及在后来的作品如左拉的《饕餮的巴黎》（Ventre de Paris）中，一个非常现代的结论诞生了：时间与行动已经解体。类似地，精神分裂症患者的画作并没有从孤立的意识中创造出一个幻想的世界。相反，他们以一种极端精确的方式胡涂乱抹着丧失物体的细节，表达了对迷失本身的感觉。正是这一点，而非与物体的直接相似，构成了文学具体化（das literarischen Konkretismus）的真相。在分析精神病学的术语中，这被称为一种补偿现象（Restitutionsphänomen）。这就是为什么把文学中的现实主义风格原则等同于——正如"东方集团"的陈词滥调所认为的那样——健康而不颓废的现实关系是如此愚蠢。当文学主体通过突破僵化因而也是异化的经验现实的表象来驱除社会恐怖时，这种关系才是正常的（在这个词的强调意义上）。

马克思在谈及资本主义的货币功能并与古老的贮藏功能形成对比时曾经援引过巴尔扎克："其实，把货币贮藏起来不加入流通，同把货币作

[1] Bertolt Brecht, *Brechts Dreigroschenbuch*, Frankfurt a. M. 1960, S. 93 f. ——原注

为资本而增殖，恰恰是相反的两回事，从货币贮藏的意义上进行商品积累，是十足的愚蠢行为。例如巴尔扎克曾对各色各样的贪婪作了透彻的研究。那个开始用积累商品的办法来贮藏货币的老高利贷者高布赛克，在他笔下已经是一个老糊涂虫了。"[1] 但是，导致巴尔扎克走向马克思在其他地方证明的"对现实关系具有深刻理解"[2] 的道路与经济分析的方向正好相反。巴尔扎克像个孩子一样，他被高利贷者的可怕形象和愚蠢所吸引。放高利贷者的标志是那让他以婴幼儿的方式围着打转转的金银财宝。他的愚蠢是在历史上发展起来的，是文明的掠夺者心中留下的前资本主义的残余。正是这种盲打误撞的观相术（Physiognomik）而不是理论导向的写作才满足了辩证理论，把握了中心趋势。艺术与知识之间并未建立合法的关系，因为艺术从科学中借用论点，阐明它们，跑在科学前面，只为了科学能随后赶上。当艺术毫无保留地致力于研究其材料时，它就变成了知识。然而，对于巴尔扎克来说，这项工作是一种想象的努力，直到其产品与它们自身如此相似，以至于它们也与它们所逃避的社会非常相似时，这种想象才会停止。

巴尔扎克仍然在摆脱或已经摆脱了资产阶级的幻想，即个人本质上是为自己而存在，而社会或环境则从外部对他构成影响。他的小说不仅描绘了社会力量特别是经济利益凌驾于个人心理之上，而且还描绘了人物自身的社会起源。他们首先是被其自身利益——事业上和收入上的利益——推动着，此为封建等级地位和资产阶级－资本主义操纵的混合产

---

[1] Karl Marx, *Das Kabital*, Erster Band, Buch I, *Der Produktionsprozeß des Kapitals*, Berlin 1957, S. 618. 马克思：《资本论》第 1 卷，人民出版社 1975 年版，第 646 页。——原注暨汉译注

[2] Vgl. Karl Marx, a. a. O., Dritter Band, Buch III, *Der Gesamtprozeß der kapitalistischen Produktion*, S. 60. 马克思在此处的完整表述是："以对现实关系具有深刻理解而著名的巴尔扎克，在他最后的一部小说《农民》里，切当地描绘了一个小农为了保持住一个高利贷者对他的厚待，如何情愿白白地替高利贷者干各种活，并且认为，他这样做，并没有向高利贷者献出什么东西，因为他自己的劳动不需要花费他自己的现金。这样一来，高利贷者却可以一箭双雕。他既节省了工资的现金支出，同时又使那个由于不在自有土地上劳动而日益没落的农民，越来越深地陷入高利贷的蜘蛛网中。"《马克思恩格斯全集》第 25 卷，北京：人民出版社 1974 年版，第 47—48 页。——原注暨汉译注

物。在这个过程中，人的命运与社会角色之间的分歧变成了不可知的东西。那些借助其利益发挥商业车轮作用的人保留了某些特征，这些特征在后来的发展阶段中消失了。利益和利益心理学不能共存。在巴尔扎克那里，正是这些人作为实业领袖，用经济和犯罪的手段毁灭了他们的竞争对手，同时当他们被性压倒时，他们也毁了自己，因为利益没有给性留下时间。纽沁根年迈、残暴、丧尽天良，他笨拙地拜倒在年轻的艾丝苔的石榴裙下，她竭尽所能欺骗了他，如同一个妓女；因为她是天使，为了拯救她的心上人，她徒劳地把自己扔在命运的车轮之下。[1]

雷托雷公爵试图说服一夜成名的记者吕西安·夏同支持保王党，他说："你已经显出你的才气，现在要表示你识时务了。"[2] 用这些话，他编纂了资产阶级关于理性（Vernunft）和知性（Verstand）的观点。这种观点与康德的教义相反。聪明才智（思想）并不能引导和"规范"知性，反而阻碍了它。巴尔扎克对这种健康的诊断是，它极度害怕别人有可能太聪明。受才智支配的人，不是把才智作为达到目的的手段来支配，而是把手头的事情作为目的本身来关心。他一再被那些对手头问题漠不关心的人所击败，就像在管理机构中一样；他只是在拖延他们。他们可以全身心地投入到完成某件事的战略战术中。与他们的成功相比，才智变成了愚蠢。不适应既定情境、要求和需要的反思——也就是说，缺乏天真——太天真了，会以失败告终。"识时务"和"有才智"不仅不是一回事，而且是矛盾的。一个有才智的人很难理解识时务者的急需之物："我永远

---

[1] 此处涉及《交际花盛衰记》中的故事情节：风尘女子艾丝苔与青年诗人吕西安秘密相爱，在一次假面舞会上，她被人认出，便想以自杀掩盖其身世。扮成西班牙教士的越狱苦役犯伏脱冷救了她，将她控制在自己手中。伏脱冷也因救过吕西安的命而成为吕西安的主宰，并企图通过他向统治者报仇。为了有足够的钱扶持吕西安进入统治阶层，他逼迫艾丝苔重操旧业，充当金融家纽沁根的情妇。艾丝苔含恨自杀，吕西安和伏脱冷因受牵连而被捕入狱。不久，吕西安也在狱中自尽，伏脱冷则在狱中与当权人物作了一番激烈搏斗后，终于归顺官府，当了巴黎警察局保安处处长。——汉译注

[2] 原文使用的法语："Vous vous êtes montré un homme d'esprit, soyez maintenant un homme de bon sens." 此处采用了傅雷译文。[法] 巴尔扎克：《幻灭》，第 378 页。——汉译注

都搞不懂那些人的语言。"但识时务者总是警惕地抵御着有才智者的那种无所事事的思辨的诱惑。心理学家特奥多尔·里普斯[1]所谓的"意识的狭隘性"，是指不允许任何人在超出他有限的力比多能量供应的情况下充分实现自我，这保证了一个人在有才智和识时务之间只占其一。那些玩这个游戏而没受到不利影响的人鄙视纯洁灵魂（anima candida），视之如白痴。人类不能超越自己的直接利益范围——一个充满了务实的行动目的的领域——这主要不是出于恶意。克服了鼠目寸光的凝视会因手头的事情有害、阻碍它发挥作用而将之抛在脑后。现在有许多学生担心理论会教给他们太多关于社会的知识：那么，他们该如何去实践他们所学习的专业知识呢？他们会患上他们乐意称道的社会精神分裂症。意识的任务似乎是消除矛盾，使事情变得更容易，但矛盾的根源根本不在意识中，而在现实里。作为生活的再生产，现实对个人提出了合理要求，同时又通过这种再生产把自己和人类置于致命的危险之中。过多的理性对一种关心自我保护的知性是有害的。相反，对主流实践的每一次让步，不仅会污染不会偏离其路线的才智，而且还会使其停止运动并使其僵化。

上了年纪的恩格斯曾给玛格丽特·哈克奈斯写过一封信，他在信中赞扬了巴尔扎克的现实主义，不幸的是，这封信在马克思主义美学中已被奉为经典。[2]他或许认为巴尔扎克的现实主义比其作品在七十年后的如今读起来更现实。这可能会剥夺社会主义现实主义学说在恩格斯投票表决中建立起的某种权威性。然而，更重要的是，恩格斯本人在多大程度上偏离了后来成为官方理论的东西。当恩格斯说与"过去、现在和未来

---

[1]　特奥多尔·里普斯（Theodor Lipps, 1851–1914），德国心理学家、美学家，德国"移情派"美学主要代表。著有《空间美学和几何学·视觉的错误》《美学》《论移情作用，内摹仿和器官感觉》《再论移情作用》等。——汉译注

[2]　Vgl. Engels an Margaret Harkness, London April 1888; in: Karl Marx – Friedrich Engels, *Über Kunst und Literatur*, Berlin 1953, S. 121 ff. 参见《恩格斯致玛·哈克奈斯》（1888 年 4 月初），《马克思恩格斯选集》第 4 卷，北京：人民出版社 1995 年版，第 682—685 页。——原注暨汉译注

的一切左拉"相比他更喜欢巴尔扎克时 [1]，他只能是指那个老作家比他那个具有科学头脑的继任者更少拥有现实的因素；左拉用自然主义取代现实主义的概念是有充分理由的。正如在哲学史上，没有一个实证主义者对他的继任者来说是足够实证的，而是被贴上了形而上学者的标签，文学现实主义史中的情况也是如此。但在自然主义致力于对事实进行准官方记录之时，辩证学家转向了自然主义者现在所禁止的形而上学。辩证学家反对自动化启蒙。历史真相本身不过是在现实主义的永久瓦解中出现的自我更新的形而上学。在社会主义现实主义中正如在文化工业中一样，正是一种清除了巴尔扎克式变形方法的对表面的忠实与外部强加的意图相协调。巴尔扎克的叙事一刻也不允许自己被这种意图所转移：规划是通过去结构化的数据来确认的，但在文学中，已被规划的东西就是一种政治观点。恩格斯所写的正是针对这一点，因此也就含蓄地针对着自斯大林以来东方集团所容忍的一切艺术。对恩格斯来说，巴尔扎克的伟大恰恰体现在那些与他自己的阶级同情和政治偏见背道而驰的，并否定了他的正统主义倾向的描绘中。作家就像"世界精神"一样，是一个具有历史力量的人，因为支配其叙事作品原创生产的力量是集体的。恩格斯称在其"富有诗意的裁判中有革命的辩证法" [2]，这是巴尔扎克现实主义的最大胜利。然而，这一胜利关联这样的事实：巴尔扎克的叙事不屈服于现实，而是盯着现实，直到现实变得透明，显露出其恐怖之处。卢卡奇胆怯地指出了这一点。[3] 正如他立即确认的那样，恩格斯甚至也很少

---

[1] 此处的完整表述是："巴尔扎克，我认为他是比过去、现在和未来的一切左拉都要伟大得多的现实主义大师，他在《人间喜剧》里给我们提供了一部法国'社会'，特别是巴黎'上流社会'的卓越的现实主义历史……"《马克思恩格斯选集》第 4 卷，第 683 页。——汉译注

[2] 这个说法的上下文是这样的："顺便说一下，在我卧床这段时间里，除了巴尔扎克的作品外，别的我几乎什么也没有读，我从这个卓越的老头子那里得到了极大的满足。这里有 1815 年到 1848 年的法国历史，比所有沃拉贝耳、卡普菲格、路易·勃朗之流的作品中所包含的多得多。多么了不起的勇气！在他的富有诗意的裁判中有多么了不起的革命辩证法！"恩格斯：《致劳拉·拉法格》(1883 年 12 月 13 日)，《马克思恩格斯全集》第 36 卷，北京：人民出版社 1975 年版，第 77 页。——汉译注

[3] Vgl. Georg Lukács, *Karl Marx und Friedrich Engels als Literaturhistoriker*, Berlin 1952, S. 65. ——原注

关心去"拯救它不朽的伟大"——拯救巴尔扎克"现实主义"的不朽伟大。现实主义的概念本身并不是一个永恒的规范：巴尔扎克为了真相而破坏了这一规范。一成不变与辩证法的精神是不相容的，即使黑格尔式的古典主义为它们辩护。

通过一种流通手段，即货币，资本主义过程触及并塑造了小说形式想要捕捉其生活的人物。在股票交易所发生的事件和对经济至关重要的事件——股票交易所暂时与这些事件分离开来，这要么是因为它不重视经济活动，要么是因为它变得独立自主并按其自己的动力系统运作——之间的空白地带，个人生活在总体的可交换性（Fungibilität）中具体化了，而与此同时，通过其个性化，它处理着整个功能复合体中的事务：这就是围绕着纽沁根男爵——一个罗斯柴尔德式人物（Rothschildfigur）[1]——的氛围。但是，流通领域也扭曲了经济学，作家巴尔扎克和年轻的商人（homme d'affaires）巴尔扎克一样，对经济学充满了热情。关于流通领域，有许多奇妙的故事可以讲述——股票在那个时代的涨涨跌跌，就像歌剧里潮水般的声音一样。他的现实主义的不足最终源于这样一个事实：为了他所描绘的图景，他没有穿透金钱的面纱，事实上，即使在那时，他也几乎无法穿透它。当偏执的想象泛滥时，它就类似于幻想，人们想象金融巨头的阴谋和诡计是支配人类社会命运的关键。巴尔扎克是一系列作家中的一员，这个系列从萨德（在其《朱斯蒂娜》中，我们听到了巴尔扎克式的大呼小叫："傲慢得就像所有的金融家一样"[2]）那里一直延伸到左拉和早期的亨里希·曼[3]。巴尔扎克真正的反动之处不在于他的保守

---

[1] 罗斯柴尔德是指梅耶·罗斯柴尔德（Mayer Rothschild, 1744–1812），德国银行家、企业家、金融家，"罗斯柴尔德家族"的缔造者。——汉译注

[2] 原文是法语："insolent comme tous les financiers." Marquis de Sade, *Histoire de Justine*, Tome I en Hollande 1797, p.13. ——原注暨汉译注

[3] 亨利希·曼（Heinrich Mann, 1871–1950），一译海因里希·曼，20 世纪上半叶德国最杰出的批判现实主义作家之一，著名作家托马斯·曼的哥哥。因此，通常文学史中也习惯将这对兄弟作家合称"曼氏兄弟"。他一生共创作 19 部长篇小说，55 篇中、短篇小说，11 部剧本和大量政论、散文。代表作有《垃圾教授》《帝国三部曲》等。——汉译注

性情，而在于他与贪婪资本的传说沆瀣一气。出于对资本主义受害者的同情，他把判决的执行者，也就是提供账单的金融人员斥为禽兽。至于实业家，他们一出现就被归为圣西门式的生产劳动。对拜金欲（auri sacra fames）的愤慨是资产阶级辩护学行业中永恒股份的一部分。这是一种消遣：野蛮的猎人只是在瓜分战利品，这种幻觉也不能用巴尔扎克的虚假意识来解释。金融资本的重要性在早期工业化时期要大于后期工业化时期，它为金融体系的扩张预付了资金，投机者和高利贷者的做法也有类似的变化。小说家在那里比在生产领域更能立足。正是因为在资产阶级的世界中具有决定性意义的事情不再能被讲述，所以讲故事就走向了消亡。巴尔扎克现实主义固有的缺陷已经以潜在的形式体现了对现实主义小说的评判。

黑格尔对"世界精神"这一伟大历史运动的理解是资本主义资产阶级的崛起。巴尔扎克则把它描绘成一条毁灭之路。在他的小说中，资产阶级在经济上的崛起给传统秩序留下的创伤预示着黯淡的未来，这反过来又报复了新阶级从被它推翻的旧阶级那里继承下来并继续存在的不公正。这让《人间喜剧》保持着青春朝气，即使它已经过时。然而，它的锐气，它的活力，也是经济上升中新生的锐气。繁荣赋予了这鸿篇巨著交响乐般的气息。甚至《人间喜剧》对党派政治的抵制也受到了繁荣的激发。德·科斯特 [1] 与巴尔扎克有许多共同之处（尽管他把这些共同点置于甜腻的肯定形式中而糟蹋了它们），他给他的主要作品起的副标题是《快乐之书，尽管有死和泪》，这个副题可以让《都兰趣话》（Contes drolatiques）的作者巴尔扎克提出索赔。贯穿《人间喜剧》的社会总体进步与个人生活的轨迹并不一致。它向所有阴谋的受害者投射出一道光辉，即使是那些幸运儿，如果他们偶然误入叙述之中，也不再可能如此行事了。阅读巴尔扎克的青春期快感来自这样一个事实，即无言承诺给

---

[1]　查理·德·科斯特（Charle De Coster, 1827–1879），比利时法语作家，著有历史小说《欧伦施皮格尔的传说》等。——汉译注

所有人的正义就像一道彩虹，横跨在所有个人的苦难之上。有关吕庞泼莱那两部小说的物质基础都建立在大卫·赛夏发明的故事之上。外省的骗子骗走了他的果实。但这项发明是成功的，在经历了所有的灾难之后，赛夏这个正人君子仍然通过继承获得了适度的财富。乌尔里希·冯·胡滕[1]死于迫害和梅毒，却大声疾呼活着充满乐趣，这个来自资产阶级史前世界的人就像巴尔扎克笔下人物的原型，作为小说家的他从山顶上往下看时，就能认出这个史前世界的峭壁和裂缝。

吕西安·德·吕庞泼莱最初是一个满怀文学抱负的热血青年。他带着关于花卉的十四行诗和对沃尔特·司各特畅销小说的模仿而出道，巴尔扎克可能对这个人的才华有所怀疑。但是他温柔，脆弱，就是后来被称作优雅和内敛的一切。无论如何，他有足够的才华来创造一种新的专栏副刊式戏剧批评（feuilletonistische Theaterkritik）。他变成了一个小白脸（Gigolo），是救他而后来却被他出卖的那个著名罪犯的同谋。作为一个天真地对待精神而不让自己的手被弄脏的人，他是被娇惯的——这是就世界的道德观念而言，他没有让任何人教过他这种道德观。他拒绝把幸福和工作分开。即使在工作和工作所需的努力中，他也尽量不让任何想让自己有所作为的人必须接受的事情来玷污自己。市场非常精确地在冒犯它的那种知识分子的精神自慰和对它有价值的那种社会效用之间做出选择，但后者却根本上冒犯了产生它的精神；它的牺牲在交换中得到了回报。不准备做出这种牺牲的人无论如何都想得到好处；这让他很是脆弱。纯洁和利己主义的配置允许世界进入无知者的领域。因为他拒绝接受资产阶级的誓言，世界倾向于把他贬到资产阶级的水平以下，把这个波西米亚人贬为贪赃枉法的雇佣文人，贬为无赖。与那些完全没有意识到堕落的人相比，他更容易走向堕落，而世界则把这种情况看作加重惩

---

[1] 乌尔里希·冯·胡滕（Ulrich von Hutten, 1488–1523），德国作家、诗人。作为人文主义者，他长期反对罗马天主教廷。1521 年，他把自己用拉丁文写的《对话集》译成德文，揭露了天主教僧侣和诸侯小朝廷的腐败。这种拟古而又有创新的短小活泼的形式，在德国文学史上别开生面。他还著有《蒙昧者书简》等。——汉译注

罚的正当理由。容易上当受骗的吕西安陷入了这位醉汉只能理解其中一半含义的种种关系之中。他的自恋认为，爱情和成功都是为了他自己，但从一开始他就只是一个可以替代的人物而被雇佣。他对幸福的渴望还没有被对现实的适应所抑制和塑造，因此蔑视那些可能向他表明满足幸福的条件会破坏精神存在——自由——的种种控制。破坏一切精神的寄生时刻（das parasitäre Moment）在他身上不知不觉占了上风：从资产者所谓的理想主义到带薪奴役（Soldknechtschaft）只有一步之遥，即便被奴役者因其正直而不愿通过资产阶级的工作养家糊口，即便这是完全正当的，他也只能使自己盲目地依赖他竭力规避的同一种东西。对他来说，甚至何者被允许、何者是背叛的界限也变得模糊了。唯一能增强这种意识的是他认为有失身份的活动。吕西安无法在堕落和他对高拉莉的狂热恋情之间做出区分。但是这个天真汉太公开、太突然地陷入其中，以至于不会有好的结果；他的捷径被当作一种犯罪，受到了报复，因为这种捷径可以说是天真地坦白了隐藏在资产阶级对等关系的丛林之路上的东西。刽子手的绞索在召唤那些敢于一头扎进世界洪流而不是在岁月静好中发展自己的人才。然而，安东尼奥已经变成了那个愤世嫉俗的道德家伏脱冷。他开导了这个年轻的失败者，后者不仅会失去幻想，而且会成为一个被幻想欺骗的讨厌鬼。

文人巴尔扎克的发现之一是作者和所写内容的非同一性（Nichtidentität）。自克尔凯郭尔以来，批判非同一性一直是存在主义的决定性主题之一。与存在主义相比，巴尔扎克做得更好。他没有把作者设定为所写内容的标准。他的天才太深地浸淫于技艺之中，而这位作家也太清楚地知道，写作并不等同于所谓直接自我的纯粹表达，因为他会不合时宜地把作家与皮提亚神谕混为一谈，后者的声音只回荡着来自自身深处的灵感。天主教徒巴尔扎克不受作家这种意识形态观点的陈腐影响——这种观点后来被用于反对文人的运动——就像他不受性偏见和任何一种清教主义的影响一样。他让思想变得奢侈，因为思考它的人都被抛在身后。他的小说更喜欢以迷娘——歌德小说《威廉·迈斯特》中那个走钢丝的孩子——

的话为指导："就让我这样出现，直到永远。"[1]整个《人间喜剧》是一个巨大的幻影（Phantasmagorie），它的形而上学是幻象的形而上学。当巴黎成为"光之城"（ville lumière）时，它是另一颗星球上的城市。如此认识它的条件来自社会。那些条件使精神超越了拥有它的人的偶然性和不可靠性；精神生产力也因劳动分工而成倍增长，这是存在主义者所忽视的。无论吕西安有什么天赋，都已疯狂地绽放，这与他的本性和理想相悖。多亏被激怒的顽固市民认为文人无行，他才真正当了几个月的作家。精神与承载它的人之间的非同一性既是精神存在的前提，也是精神存在的缺陷。这种非同一性表明，精神所代表者，是只有在存在的事物中才会有所不同的东西，但存在的事物正是它要分离的东西；而精神仅仅因为代表了那个不同的存在就玷污了它。在劳动分工中，精神既是乌托邦的指定代表，又在市场上出售乌托邦，使其等同于存在的东西。精神太存在主义了，而不是存在得远远不够。

2022 年 12 月 18 日译

2023 年 4 月 11 日校

---

[1]　此句的德语原文是："laßt mich scheinen, bis ich werde."此为小说中一般被称为《迷娘曲》（或《迷娘之歌》）的第一句，冯至等人对这首歌的第一段译作："让我这样打扮，直到死亡，/ 不要脱去我的白衣裳！/ 我来自美好的大地，/ 奔向那永世的家乡。"［德］歌德《维廉·麦斯特的学习时代》，《歌德文集》第 2 卷，冯至、姚可昆译，北京：人民文学出版社 1999 年版，第 487 页。此句往下，阿多诺运用了德语动词 scheinen（发光，出现，似乎）和它的名词 Schein（幻觉，表象，外观，但也有发光和光亮之意）的各种含义。在黑格尔的经典定义中，美就是"美丽的表象"（schöner Schein）。——英译注暨汉译注

# 被勒索的和解[1]
## ——评卢卡奇《反对被误解的现实主义》

即便是在苏联集团之外，格奥尔格·卢卡奇的名字也依然笼罩在灵光（Nimbus）之中，这要归功于他年轻时的作品——论笔集《心灵与形式》（*Die Seele und die Formen*）、《小说理论》（*Theorie des Romans*），还有论著《历史与阶级意识》（*Geschichte und Klassenbewußtsein*）。在后一本书中，他以辩证唯物主义者的样子行文运笔，首次系统地将"物化"（Verdinglichung）范畴应用于哲学的问题域中。起初他受西美尔和卡斯纳（Rudolf Kassner）等人启发，然后接受西南德学派[2]训练，很快他就用具

[1]　"匈牙利事件"（1956 年 10 月）爆发之后，"西马"鼻祖卢卡奇的左翼立场虽有所调整，但是他对马克思主义认识论和反映论的看法并无太大变化。1958 年 6 月，他在联邦德国出版《反对被误解的现实主义》（*Wider den Mißverstandenden Realismus*, English: *Realism in Our Time*），为现实主义的创作方法辩护，对先锋文学则全盘否定，同时他也首次提出了艺术形式和技巧的客观性问题。是年年底，阿多诺在《月刊》（*Der Monat*, Vol. 11, November 1958, pp. 37ff.）发表《被勒索的和解——评格奥尔格·卢卡奇〈反对被误解的现实主义〉》（"Erpreßte Versöhnung: Zu Georg Lukács: *Wider den Mißverstandenden Realismus*"）予以辨析和批驳，为现代主义辩护。该文后被收入《文学笔记》第 2 卷（1958），并最终进入《阿多诺文集》。本文译自 "Extorted Reconciliation: On Georg Lukács' *Realism in Our Time*," in *Notes to Literature*, Vol. One, trans. Shierry Weber Nicholsen, New York: Columbia University Press, 1991, pp. 216-240。关键用词及术语核对了德语原文（*Gesammelte Schriften*: Noten zur Literatur, Bd. 11, Frankfurt am Main: Suhrkamp Verlag, 1974, S. 251-280）。译稿最后曾请王若涵同学阅读、纠错，她提出了一些修订意见，特此致谢！——汉译注

[2]　西南德学派（südwestdeutschen Schule / the southwest-German school），一译"西南德意志学派"，因学派的主要活动地在海德堡，亦称"海德堡学派"，是 19 世纪下半叶至 20 世纪初在德国兴起的新康德主义哲学学派。该学派通常被标记为"价值批判的体系"，即认为哲学的意义在于它能揭示具有普遍意义的价值。其代表人物有威廉·文德尔班（Wilhelm Windelband, 1848–1915）、海因利希·李凯尔特（Heinrich John Rickert, 1863–1936）等。——汉译注

有重大影响的客观主义历史哲学来反对心理主观主义。尤其是《小说理论》，通过其概念的深刻与锐气，以及当时在呈现方式上非同寻常的密度和强度，确立了一种至今仍然适用的哲学美学标准。1920 年代之初，当卢卡奇的客观主义屈服（这种屈服最初并非没有冲突）于官方的革命乌托邦学说时，他遵循东方的惯例并与他那些著作断绝了关系。他接受了党的领导层（Parteihierarchie）对他的无端指责，几十年来，他通过滥用黑格尔的主题，在其著作文章中试图把自己明显坚不可摧的思想力量与他所亲近之国伪思想生产的糟糕水准相适应，而这种生产则同时把它口中的哲学贬低成纯粹为统治目的服务的手段。然而，也正是因为卢卡奇那些遭到其政党否定和谴责的早期作品，任何东方集团以外的人才会注意到他在过去三十年里出版的东西，其中包括一本关于青年黑格尔的厚书 [1]，尽管人们依然能从他的一些关于 19 世纪德国现实主义的个人作品中感受到他的老秀才（das alte Talent）魅力，比如他论凯勒和拉贝 [2] 的作品。卢卡奇自身理性的毁灭很可能在他的《理性的毁灭》（*Die Zerstörung der Vernunft*）中表现得最为明显。在那部著作中，这位已被认证的辩证学家极不辩证地把近代哲学中所有的非理性主义倾向统统归结到反动的和法西斯主义的范畴之下，却没有驻足思考这样一种情况：在这些（与学院唯心主义相反的）倾向中，思想正在与卢卡奇所批评的存在和思维层面的那种物化作斗争。于他而言，尼采和弗洛伊德变成了纯粹的法西斯主义者，他甚至设法以一名威廉二世时代地方督学（Wilhelminischer Provinzialschulrat）的口吻谈论尼采那种"超乎寻常的能力"。在表面激进的社会批判的幌子之下，他偷运回来的是最可怜的陈词滥调——曾经被他的社会批判对准的审时度势和因循守旧。

---

[1]　此书应该是指《青年黑格尔与资本主义社会问题》（*Der Junge Hegel und die Probleme der Kapitalistisohen Gesellschaft*）。该书写于 1938 年，1948 年由苏黎世欧洲出版社第一次出版。全书约 50 万字，国内当年曾以"内部读物"的形式出版过选译本。参见 [匈] 卢卡奇：《青年黑格尔（选译）》，王玖兴译，北京：商务印书馆 1963 年版。——汉译注

[2]　戈特弗里德·凯勒（Gottfried Keller, 1819–1890），瑞士杰出的德语作家，现实主义诗人，著有长篇小说《绿衣亨利》、短篇小说《乡村里的罗密欧和朱丽叶》等。威廉·拉贝（Wilhelm Raabe, 1831–1910），德国现实主义小说家，著有长篇小说《雀巷纪事》《魂系月山》等。——汉译注

但是 1958 年在西德克拉森出版社（Claassen Verlag）出版的这本《反对被误解的现实主义》[1]，却显示出 75 岁的卢卡奇态度变化的迹象。这一变化可能与他因参加纳吉政府（Nagy-Regierung）[2] 而卷入的冲突有关。书中不仅提到了斯大林时代的政策，而且积极谈论"对写作自由的普遍倡导"，这种阐述方式在以前是不可想象的。在他的老对手布莱希特那里，卢卡奇也发现了他死后的优点，并赞扬其《死兵的歌谣》（"Ballade vom toten Soldaten"）为天才之作，而该诗在东德当权者眼中一定是文化布尔什维主义所憎恶的作品。像布莱希特一样，卢卡奇想要拓展社会主义现实主义[3] 这一概念，几十年来，社会主义现实主义一直被用来扼杀每一种不守规矩的冲动，扼杀官僚们（Apparatschiks）认为不可理解和可疑的一切，这样它就可以有更多的空间，而不仅仅被那些最可悲的垃圾所充斥。他只敢提出一个怯懦的反对意见，而这种反对从一开始就因意识到他自己的无能而严重瘫痪。他的怯懦不仅仅是一种策

[1] 出版于美国的《反对被误解的现实主义》更名为《我们时代的现实主义：文学与阶级斗争》（*Realism in Our Time: Literature and the Class Struggle*），译者是 John and Necke Mander（New York: Harper and Row, 1964; first published in English as *The Meaning of Contemporary Realism*, by Merling Press in 1962.）这里的页码即来自这一版，虽然译文常有修订。——英译注

[2] 这里指纳吉·伊姆雷（Imre Nagy, 1896–1958）领导下的政府。纳吉曾在 1953—1955 年出任匈牙利总理，主持改革，但因持独立自主态度，被迫下台。在 1956 年匈牙利十月事件期间，他再次出任总理，组织多党联合政府，试图摆脱苏联控制。苏联出兵后，他以组织推翻匈牙利人民民主国家制度罪和叛国罪被判处死刑并被处决。1989 年 5 月，匈牙利社会主义工人党中央全会重新评价纳吉，称他是"社会主义改革政策的象征"。同年 6 月，匈牙利政府发表声明，称他为"杰出的国家领导人"。——汉译注

[3] 社会主义现实主义（социалистический реализм / der sozialistische Realismus）这一提法正式出现在《苏联作家协会章程》（1934）中，它要求"艺术家从现实的革命发展中真实地、历史地和具体地去描写现实。同时，艺术描写的真实性和历史具体性必须与用社会主义精神从思想上改造和教育劳动人民的任务结合起来"。此后，社会主义现实主义便成为苏联文学与文学批评的基本方法，它既催生了《一个人的遭遇》（肖洛霍夫）、《这里的黎明静悄悄》（瓦西里耶夫）、《白轮船》（艾特玛托夫）等优秀之作，也在某种程度上使文学创作和批评话语走上了教条和僵硬之途。因此，从这一方法的诞生之日起，苏联学界对它的质疑、修补、争鸣便不曾停止，直至苏联解体之前，"捍卫派""修正派""放弃派"三种观点仍相持不下。（参见周启超：《一个核心话语的反思——苏联"社会主义现实主义"话语演变记》，《文艺理论研究》2014 年第 5 期）阿多诺与卢卡奇交恶既久，再加上"冷战"时期他坚定地站在资本主义阵营一方，所以他对社会主义现实主义自然不可能一分为二，而多是批而判之，且力度很大。职是之故，我们在面对阿多诺的批判话语时也有必要带上一种批判的眼光。——汉译注

略。卢卡奇的为人是不容置疑的，但是，他为之牺牲才智的概念框架是如此逼仄，以至于任何想在其中自由呼吸的东西都感到窒息；牺牲才智（sacrifizio dell' intelletto）并未让其才智完好无损。这使卢卡奇对其早期作品的明显怀旧中呈现出一种忧郁的视角。《小说理论》中"意义的生活内在性"（Lebensimmanenz des Sinnes）业已回归，但是却被简化为这样的格言：只有社会主义建设之下的生活才是有意义的——这一信条足以从听起来很哲学的角度证明人民共和国的艺术所需要的粉红色正能量（rosige Positivität）是合理的。这本书提供的是冰冻果子露——一种介于所谓解冻和再次封冻之间的东西。

尽管卢卡奇有明显相反的主张，但他自上而下地操练贴有批判现实主义和社会主义现实主义标签的归堆式做法始终与那些文化官员大同小异。黑格尔对康德美学中形式主义的批判被简化为一种过分简单化的断言，即在现代艺术中，风格、形式和技术被大大高估（特别见该书第19/15 页[1]）——仿佛卢卡奇不知道正是通过这些要素，艺术作为认识才区别于科学认识，不关心其呈现方式的艺术作品才会否定它们自己的概念。卢卡奇眼中的形式主义，实际上是通过依照作品自身的形式法则对种种元素结构化，旨在达到他所追求的同样的"意义内在性"，而不是通过命令，通过他本人认为不大可能但又客观上维护的东西，从外部将意义强加到作品中。他故意将现代艺术的形式构成时机曲解为非本质因素（accidentia），即对膨胀主体的偶然补充，而不是承认它们在审美实体中的客观功能。他在现代艺术中所忽略的客观性，以及他期望从材料及其"透视性"（perspektivisch）处理中获得的客观性，全部移交到了他想要消除的方法和技术上，这些方法和技术溶解了纯粹的材料面向，从而将其置于透视之中。对于艺术作品的具体内容是否与纯粹的"客观现实的反映"（第108/101 页）相一致的哲学问题，他持中立立场，而反映论则是他借助顽固的庸俗唯物论所依附的偶像。他自己的文本当然没有对其早期著作所帮助确立的负责的表达规范表现出尊重。没有哪个蓄着大胡子的枢密大

---

[1] 此处的两个页码分别指德语原书的页码和英译本的页码，只标一个页码的是德语原书的页码（个别地方英译者未标页码），下同。——汉译注

臣（Geheimrat）可以用与艺术如此格格不入的方式对艺术高谈阔论。他的写作所形成的语气就像一个人习惯于站在讲台滔滔不绝而不允许别人插话，又像一个人从不忌讳长篇大论、离题千里，此人显然已放弃了他批评唯美主义、颓废派和形式主义的那种敏感，而正是那种敏感最初保证了与艺术之间的关系。虽然卢卡奇对黑格尔的具体概念推崇备至（它一直以来都是这样被推崇的），尤其是涉及文学对经验现实的描述的问题时就更是如此，但是他的论证本身在很大程度上是抽象的。他的文本几乎从未受到特定艺术作品及其内在问题的约束。相反，他发号施令，其举止的迂腐与细节的马虎相得益彰。在"说话和写作不是一回事"之类的陈词滥调面前，卢卡奇并没有退缩。他反复使用"巅峰表现"（Spitzenleistung）（第 7 页）这一表达，该语词实际上源自商业领域和体育纪录，他把消除抽象和具体的可能性之间的区别称为"灾难性的"（verheerend），并且指出，"从乔托 [1] 开始，一种新的世俗性……越来越战胜了早期的寓言性"（第 41/40 页）。正如卢卡奇所言，我们这些颓废派可能严重高估了形式和风格，但迄今为止，这也让我们避免使用"乔托以降"这样的表述，就像它使我们避免赞美卡夫卡是一位"出色的观察者"（第 47/45 页）一样。先锋派成员也不会经常谈论"一系列异常多的情感结合在一起，构成了人们的内心生活"（第 90 页）。面对这些像在奥运会上一样接二连三出现的巅峰表现，人们很可能会问，一个这样写的人，对他如此傲慢对待的文学手艺（Metier der Literatur）一无所知，他是否还有权利参与文学问题的严肃讨论。但就卢卡奇而言，他曾一度写得很好，而在他卖弄学问和不负责任的混合风格中，人们会觉得一种"偏要这样"（Justament）——恶意预谋——的方法在起作用，即那种愤恨地想要写得差的意愿，他认为这种意愿将具有一种神奇的牺牲力量，它可以雄辩地证明，任何不这么做并尽心尽力写作的人都是废物。无论如何，文风上的冷漠几乎总是内容上教条僵化的症状。一个自认为客观的呈现方式在它实际上没有进行自我反思时就会显

---

[1]　乔托（Giotto, 1266–1337），意大利早期文艺复兴时期画家。中世纪的绘画都是平面的，没有透视效果。乔托将透视的进深感引入宗教绘画，在绘画中加入了建筑造型。其代表作有《两圣徒》等。——汉译注

得故作谦虚，并且很是夸张，这只会掩盖这样一个事实：客观性已随主体一起从辩证过程中被移除出去。结果，辩证法成了挂在嘴上的东西，但对这种思维而言它又是事先被确定的。这样，思维就失去了辩证性。

这种理论的核心仍然是教条的。整个现代文学，除了符合批判现实主义或社会主义现实主义公式的，都被拒之门外，并被立即污名化为颓废派——这是一个侮辱性的语词，它涵盖了所有迫害和灭绝的暴行，而且不只是在俄罗斯。这个保守的术语的使用与卢氏理论是不兼容的，而卢卡奇则像他的上级一样，希望借助这一理论来将它的权威赋予他的民族共同体（Volksgemeinschaft）。谈论颓废，离不开其积极的反面形象，即一个气势磅礴的自然；这是自然范畴被投射到经过社会中介的事物上的结果。然而，马克思和恩格斯批判意识形态，其主旨恰恰是针对这一点的。即便是与费尔巴哈关于健康的感官享受的概念联系在一起，也很难让这个社会达尔文主义的术语进入他们的文本中。即便在 1857—1858 年《政治经济学批判大纲》的草稿中，也就是在《资本论》的写作阶段，我们也发现了如下内容：

> 这一运动的整体虽然表现为社会过程，这一运动的各个因素虽然产生于个人的自觉意志和特殊目的，然而过程的总体表现为一种自发的客观联系；这种联系尽管来自自觉个人的相互作用，但既不存在于他们的意识之中，作为总体也不受他们支配。他们本身的相互冲突为他们创造了一种凌驾于他们之上的他人的社会权力；他们的相互作用表现为不以他们为转移的过程和强制。……个人相互间的社会联系作为凌驾于个人之上的独立权力，不论被想象为自然的权力，偶然现象，还是其他任何形式的东西，都是下述状况的必然结果，这就是：这里的出发点不是自由的社会的个人。[1]

这种批判并不仅仅停留在社会层面占据情感并牢牢维系自身的自

---

[1] Karl Marx, *Grundrisse der Kritik der politischen Ökonomie (Rohentwurf) 1857-1858*, Berlin 1953, S. 111. Karl Marx, *Grundrisse*, translated by Martin Nicolaus (New York: Vintage, 1973), pp. 196-197. 此处采用了马恩全集中的译文。马克思：《政治经济学批判（1857—1858 年草稿）》，《马克思恩格斯全集》第 46 卷（上册），北京：人民出版社 1979 年版，第 145 页。——原注、英译注暨汉译注

然性幻觉领域，也不仅仅停留在所对堕落的愤慨都能落到实处的领域，亦即两性关系领域。稍早一些时候，马克思就曾评论过道梅尔（G. F. Daumer）的《新时代的宗教》，并讽刺了以下段落："**自然**和**女人**不同于**人类**和**男人**，前者是真正神圣的……人类为了自然而自我牺牲，男人为了女人而自我牺牲乃是真正的、唯一真实的温顺和克己，是最高的、甚至是唯一的美德和笃敬。"马克思对此补充了以下评论："在这里我们看到，我们的诡辩的宗教创始人的浅薄无知怎样转变为显然的畏怯。道梅尔先生在逃避威胁他的历史悲剧，求救于所谓的自然，即笨拙的农村田园诗歌，宣扬女性崇拜以掩饰他自己对女性的屈从。"[1] 无论在哪里，只要还有关于颓废的咆哮，这种逃避就会被重复。卢卡奇是被迫陷人这种境地的，因为社会的不公在被官方宣布消除之后仍在继续。这种责任从人类要负责的情形转移到了自然或一种堕落之上，后者被视为是同一模式中自然的反面。诚然，卢卡奇试图通过强行将健康和病态的艺术概念重新转化为社会概念，来回避马克思主义理论与钦定的马克思主义（approbierter Marxismus）之间的矛盾：

> 人的关系会受到历史变化的影响，对这些关系的思想和情感评价也会随之变化。然而，承认这一事实并不意味着接受相对主义。在特定的时代，某种人际关系是进步的，而另一种则是反动的。因此，我们发现社会健康之物的概念同样并且同时也是所有真正伟大的艺术的基础，因为社会健康之物成了人类历史的自我意识的一个组成部分。[2]

这种努力的弱点是显而易见的：如果这是一个历史关系的问题，像病态和健康之类的词就应该完全避免。它们与进步／反动之维无关；

---

[1]　Karl Marx, Rezension der Schrift von G. F. Daumer, *Die Religion des neuen Weltalters*, Hamburg 1850; in: *Neue Rheinische Zeitung*, Nachdruck Berlin 1955, S. 107. 此处采用了马恩全集中的译文。马克思：《评格·弗·道梅尔"新时代的宗教。创立综合格言的尝试"》，《马克思恩格斯全集》第 7 卷，北京：人民出版社 1959 年版，第 240 页。

[2]　Georg Lukács, Gesunde oder kranke Kunst?, in: *Georg Lukács zum siebzigsten Geburtstag*, Berlin 1955, S. 243 f. Georg Lukács, "Healthy or Sick Art?," in Lukács, *Writer and Critic and Other Essays*, translated by Arthur Kahn (New York: Grosset & Dunlap, 1971; first published Merlin Press, 1970), p. 103. ——原注暨英译注

它们被请进来纯粹是为了蛊惑人心，吸人眼球。此外，健康与病态之间的二分法就像崛起与衰落的资产阶级之间的二分法一样不辩证，因为资产阶级本身的规范来自与其自身发展不同步的资产阶级意识。我不屑去强调这样一个事实：卢卡奇把完全不同的人物放在颓废派和先锋派（Avantgardismus）的概念下（对他来说，这是一回事）——不仅是普鲁斯特、卡夫卡、乔伊斯和贝克特，而且还有贝恩[1]、荣格，或许还有海德格尔；而且还有作为理论家的本雅明和我自己。借助时下的流行策略指出，受到攻击的东西其实并不真正存在，而是实际上存在一些不同的东西，以便软化所讨论的概念，并以一种表示"这不适用于我"的姿态来回避所提出的论点——这是很容易的。因此，冒着简单化的风险，虽然我反对简单化，我在呈现卢卡奇论点中心思路的同时，也会像他一样不去区分他所攻击的对象，除非他造成了严重扭曲。

卢卡奇试图为苏联对现代文学——冲击天真现实主义的（naiv-realistisch）正常意识的文学——的裁决提供良好的哲学良知所使用的一套有限的工具，都来自黑格尔。为了抨击先锋文学对现实的偏离，卢卡奇在区分"抽象"和"现实"的可能性上狠下功夫：

> 这两个范畴，其关联/区分和对立都根植于生活本身。从抽象或主观的角度看，**可能性**（Möglichkeit）要比实际生活更丰富。可以想象的是，人的发展有无数种可能，但只有一小部分能够实现。现代主观主义将这些想象中的可能性当作实际生活的复杂性，并在忧郁与迷恋之间摇摆不定。当世界拒绝意识到这些可能性时，这种忧郁就会带有轻蔑味道。（第 19/21—22 页）

尽管其比例不高，但这一反对意见依然不容忽视。例如，当布莱希特试图用一种幼稚的简化方法，将可以抵抗的独裁者阿尔图罗·乌

---

[1] 这里的贝恩应该是指戈特弗里德·贝恩（Gottfried Benn, 1886–1956），德国魏玛共和国时期表现主义文学的伟大作家，其诗集《蒸馏》《尾声》等拥有大量读者。阿多诺在后文中还会提及他的诗。——汉译注

依[1]描绘成一个虚构而假冒的菜花托拉斯代表，而不是拥有最大经济权力集团的头目，并以此把法西斯主义的纯粹原型具体化为一帮黑社会强盗时，这种非现实主义的方法并没有在其戏剧中发挥出优势。作为一个在社会上享有一定程度的治外法权并因此很容易随意"被制止"和"被抵抗"的犯罪集团事业单位，法西斯主义失去了它的恐怖，也就是其因具有大规模社会意义而产生的恐怖。这样，漫画式剧情将丧失其力量，并因它自己的标准而变得愚不可及：小打小闹式罪犯在政治上的得势甚至在戏剧本身中也失去了它的合理性。没有充分刻画其对象的讽刺会失去其感染力，即便它是讽刺作品。但是，实用式忠实（pragmatische Treue）的要求只能适用于现实的基本经验，适用于作者构建其观念之主题的残篇（membra disjecta）——至于布莱希特，则是适用于他对经济和政治之间经验关系的认识，以及最初的社会事实的准确性上，但不适用于作品中这些社会事实成了什么。普鲁斯特在其作品中把最精确的"现实主义"的观察与非意愿记忆（unwillkürliche Erinnerung）的形式美学法则如此紧密地联系在一起，他提供了实用式忠实和"非现实主义方法"（卢卡奇的用语）相统一的极佳例子。假如这种融合的强度减弱，假如"具体的可能性"（konkrete Möglichkeit）被解释为一种反映不灵的整体现实主义，这种现实主义从外部生硬地思考对象，而与材料相对立的方面只被容忍为"透视"，也就是说，它只是让意义闪光发亮，却无法强行进入描绘的中心和现实的要素之中，那么，这是误用黑格尔之区分以服务于传统主义的结果，而传统主义在美学上的因循守旧则是其历史不真实的索引。

然而，卢卡奇提出的核心指控是本体论，通过这一指控，他试图将所有的先锋文学与海德格尔古色古香的存在主义范畴联系起来。诚然，按照当下时尚，卢卡奇本人接受了一个人们必须问"人是什么？"（第16/19 页）的观念，他并没有因为这个问题所暗示的方向而退缩，但他至少参考了亚里士多德关于人是社会性动物的熟悉定义，从而修正了这

---

[1]　阿尔图罗·乌依（Arturo Ui）是布莱希特戏剧作品《阿尔图罗·乌依的有限发迹》中的主人公。该剧有一个由一帮菜花商人组成的垄断组织，故有"菜花托拉斯"（Karfioltrust）之说。——汉译注

个问题。从这一定义中，他得出了一个几乎是不容置疑的论断：伟大文学作品中人物形象的"人类意义"，即"特定的个性"，"不能脱离他们被创作出来的语境"（第 16/19 页）。"在现代主义主要作家的作品中，支配人的形象的本体论观点，"他继续写道，"恰恰与此相反。对于这些作家来说，人天生是孤独的，不合群的，无法进入与其他人建立的关系之中"（第 16/20 页）。他用托马斯·沃尔夫 [1] 的一个相当愚蠢的说法来支持这一观点，所谓人的孤独是他存在的一个不可逃避的事实，而这个说法在他的文学作品中无论如何都不是决定性的。但是，声称从根本上以历史术语进行思考的卢卡奇当然应该看到，在一个个人主义的社会中，孤独是由社会作为中介的，并且本质上具有历史内涵。在波德莱尔那里——追根溯源，所有颓废、形式主义和唯美主义之类的范畴最终都与他脱不开干系——这不是一个一成不变的人类本质、人的孤独或"被抛状态"（Geworfenheit）的问题，而是有关现代性的本质的问题。在波德莱尔的诗歌中本质并非某种抽象之物，而是某种社会性的东西。在他的作品中，客观上占主导地位的创作理念是要面对历史上最新最先进的东西，将之作为它想唤起的原初现象（Urphänomen）；用本雅明的话说，它是一个"辩证意象"（dialektisches Bild），而不是一个古老意象。因此才有了《巴黎风貌》（*Tableaux Parisiens*）。即使在乔伊斯那里，作品的基础也不是卢卡奇所假定的永恒的人，而是最具历史性的人。尽管大量的爱尔兰传说出现在其中，但乔伊斯并没有在他所代表的世界之外创造出一个虚构的神话，而是试图通过今天的卢卡奇所蔑视的文体原则（Stilisationsprinzips）把这个世界神话化，召唤出它的本质，或是召唤出其本质的恐怖。人们几乎忍不住要根据以下标准来判断先锋写作的地位：是否历史时刻本身变得必不可少，而不是被扁平化为永恒。想必卢卡奇会把美学中本质和意象等概念的使用视为唯心主义，但它们在艺术领域的地位与它们在本质哲学或原型哲学中的地位，以及在任何翻新的柏拉图主义中的地位有着根本的不同。卢卡奇的立场最根本的弱点可能是，他无法保持这种区

---

    [1]    托马斯·沃尔夫（Thomas Wolfe, 1900–1938），美国作家，代表作有长篇小说《天使，望故乡》等。——汉译注

别，并将涉及意识与现实之间关系的范畴应用于艺术，就好像它们在那里只是意味着相同的东西。艺术存在于现实之中，并在现实中发挥着作用，同时也以多种方式与现实保持内在中介的关联。但无论如何，艺术就其概念本身而言，它是站在与现状相对立的位置的。哲学将这种情况反映在"审美表象"（der ästhetische Schein）这一概念中。即便卢卡奇也很难绕开这样一个事实：艺术作品内容的真实与社会现实的真实是不同的，假如取消了这一区分，所有的作品在美学上都将失去其基础。但是，艺术的虚幻特性，即它与直接现实——它以魔法形式从这种现实中脱颖而出——截然不同的事实，既不是它从高雅之处的意识形态堕落，也不是从外部强加给它的指标，仿佛它只是在复制世界，而并不要求自己成为直接的现实。这种减法式概念（subtraktive Vorstellung）是对辩证法的嘲弄。相反，经验存在与艺术的区别关系到后者的内在结构。如果艺术所提供的是本质，是"形象"，那这就不是唯心主义的罪恶；事实上，一些艺术家就是唯心主义哲学的追随者，这与他们作品的实质无关。相反，面对单纯存在的东西，艺术本身——它没有因为只是复制了存在而背叛它自己的本性——必须成为本质，成为本质和形象。只有这样，审美的构成才成为可能；只有这样而不是仅仅通过对直接的凝视，艺术才能成为认识，也就是说，艺术才能够公正地对待这样一种现实：它隐藏了自己的本质，并且只是为了事物的分类秩序压制了本质所表达的东西。艺术只有在对其自身形式法则的晶化中而不是在对事物的被动接受中，才能与现实的事物相融合。在艺术中，认识被审美自始至终中介着。在艺术上，即便被卢卡奇认为是唯我论的东西和虚幻的主体直接性的回归，也并不意味着是对客体的否定（就像它在糟糕的认识论中所做的那样），而是旨在与客体辩证和解。客体以形象的形式进入主体，而不是像异化世界的魔咒之下的物体那样变成摆在主体面前的石头。艺术作品通过在形象中已被和解的客体（即自发地融入主体）与世界中现实的、未被和解的客体之间的矛盾来批判现实。它代表着对现实的否定认识。若是用当今哲学的表达打一个比方，我们可以说有来自存在的"审美差异"（ästhetische Differenz）：只有借助而不是否认这种差异，艺术作品才同时成为艺术作品和正确的意识。拒绝承认这一点的艺术理论是庸俗的，同时也是意识形态的。

卢卡奇满足于叔本华的见解，即唯我论原则"只有在哲学抽象中才真正可行"，即便如此，"也只能在一定程度上进行诡辩"。（第 18/21 页）但他的论点是自相矛盾的：如果唯我论不能被维持，如果用现象学的表达方式来说，它最初"括起来"的东西在它里面被再现出来，那么也没有必要担心它作为一种文体原则的存在了。因为客观地说，先锋作家在其作品中超越了卢卡奇强加给他们的地位。普鲁斯特通过主体的内省之法分解了主体的统一性：主体最终被转化为一个竞技场，客观实体则在这个场域中展示它们自己。普鲁斯特的个人主义作品变成了卢卡奇所批之所是的反面，亦即变成了反个人主义的东西。卢卡奇所愤慨的内心独白（monologue intérieur）与现代艺术的无世界性（Weltlosigkeit），既是自由漂浮的主体的真相，也是其幻觉所在。说是真相，是因为在一个处处都是原子化的世界里，异化统治着人类；因为他们会由此成为阴影，而在这一点上我们可能会认同卢卡奇的观点。但自由漂浮的主体也是一种幻觉，因为社会总体性（gesellschaftliche Totalität）在客观上先于个人；这种总体性在异化或社会矛盾中得到巩固，并通过它进行自我复制。伟大的先锋派艺术作品通过突出个人的脆弱和把握个体中的总体性——他是总体性的一个片断，但是却对总体性一无所知——来打破这种主体性的幻觉。卢卡奇认为，乔伊斯作品中的都柏林，卡夫卡和穆齐尔作品中的哈布斯堡君主政体，都可以被感觉为——可以说是程序之外的（programmwidrig）——行动的氛围"背景墙"（第 21 页），但他却说，那只是一个副产品；为了他那需要被证明的主题（thema probandum），他把累积起来的否定性史诗的丰富性，亦即其本质性变成一个次要问题。氛围（Atmosphäre）的概念对于卡夫卡来说是完全不合适的。它源于一种印象主义，而卡夫卡正是通过他的客观倾向（旨在追求历史的本质）取代了这种主义。即使在贝克特那里（也许在他那里最为典型），所有具体的历史元素似乎都被消除一空，只有原始情境和行为模式被接纳下来，然而非历史的假象（unhistorische Fassade）依旧是反动哲学所崇拜的存在本身的对立面，是对它的挑衅。原始主义作为其作品中突兀的出发点，同时也呈现为倒退的最后阶段；这一点在《终局》中再清楚不过，此作中预设了一场人间大灾难，仿佛来自不言而喻的远方。贝克特的原始人类也是最后的人类。他把霍克海默与我在《启蒙辩证法》中所提及的完全被文化工业控制的社会与两栖动物的反应之间的融合做成了某种主题。艺术作品的本质内容可以存在于对无意义来临的精确而无言的批判性再现之中，而当它被正面陈述并被实体化为具体存在时，这种内容就会丧失，即使这只是通过一种"透视"间接地发生，它也会消失得无影无踪，就像发生在《安娜·卡列尼娜》之后托尔斯泰的作品中那正确和错误的生活方式的说教式对立中那样。卢卡奇偏爱"意义的内在性"，这种陈旧观点涉及的是对现状可疑的关注，而他的理论却指出这种关注应当被摧毁。然而，像贝克特所持有的那种概念在客观上是有争议的。"把变态和白痴接受为人类命运的一种类型"（第 31/32 页），这是卢卡奇对这些概念的描述，并以此来歪曲它们——这是在紧跟电影审查者的做法，因为审查者将电影呈现的内容归咎于呈现本身。卢卡奇把贝克特与对特定存在的崇拜，甚至与蒙泰朗[1]"活力论"（Vitalismus）的低级版本相结合（第 31/32 页），表明他对正在考虑的现象是盲目的。这源于他固执地拒绝赋予文学技术以应有的中心地位。相反，他不屈不挠地坚持所叙述的内容。但是，只有通过"技术"（Technik），所呈现之内容的意图——卢卡奇把"透视"这一声名狼藉的概念分配给它——才能够在文学中全部实现。人们想知道的是，如果把希腊悲剧那人人都能想出来的情节作为衡量悲剧成功与否的标准，那么卢卡奇像黑格尔一样所推崇的希腊悲剧会变成什么样子。结构和风格也是传统和——就卢卡奇的图式而言——"现实主义"小说的构成因素，譬如福楼拜的小说。由于对经验现实的纯粹依赖已退化为装潢门面的报告文学（Fassaden-Reportage），所以技术的实用性已大大增加。具有建设性的技术可望内在地掌握仅仅属于个人的偶然性，而这种偶然性是卢卡奇所反对的。卢卡奇并没有从他这本书的最后一章所

---

[1] 这里应该是指亨利·德·蒙泰朗（Henry de Montherlant, 1895–1972），法国作家，著有《死了的王后》《无父无母的儿子》等戏剧作品。——汉译注

出现的洞见中得出完整结论：坚定地采取一种有可能更客观的立场对于对抗偶然无济于事。卢卡奇应该真正熟悉的理念是技术生产力发展的关键意义。当然，这个理念是参照物质生产而不是精神生产发展起来的。但是，卢卡奇真能否认艺术技巧也按其自身逻辑发展的观点吗？他能使自己相信，抽象地肯定不同的审美标准在不同的社会中会自动而全部成立，这就足以抵消技术生产力的发展，并恢复其他力量的有效性，即事物的内在逻辑已使之过时的旧力量吗？在社会主义现实主义的支配下，难道他不是成了一种不变学说（Invariantenlehre）的倡导者，而这种学说区别于他所严词拒绝的学说只是在于它更粗俗吗？

尽管遵循古典哲学的传统，卢卡奇正确地将艺术视为一种认识形式，而并未将它当作一种纯粹非理性的东西与科学和学术进行对比，但在这样做的过程中，他也陷入了他鼠目寸光地指责先锋作品的那种同样单纯的直接性——既成事实的直接性——之中。艺术对现实的认识不是通过照相式或"透视式"地描绘，而是通过其自主性构成来表达被现实所采取的经验形式所掩盖的东西。即便断言世界是无法认知的——在这方面，卢卡奇从未厌倦过他对艾略特或乔伊斯等作家的指责——它也能成为认识的契机，这种认识来自此二者之间所出现的鸿沟：一方面是压倒性的、无法认同的客体世界，另一方面是对这个世界无助一瞥后的经验。卢卡奇简化了艺术与科学的辩证统一，使之完全合二为一，仿佛艺术作品只是从透视角度预测了一些社会科学随后努力证实的东西。艺术作品作为自成一类的认识（Erkenntnis sui generis），它与科学或学术认识的本质区别在于，没有什么经验性的东西可以在艺术中保持不变，只有在与主观意图融为一体时，其内容才具有客观的意义。尽管卢卡奇将他的现实主义与自然主义区分开来，但他没有考虑到，如果这种区分是认真的，那么现实主义必然会与他想要从其中剔除的主观意图相融合。他像宗教裁判所的法官一样，把现实主义和"形式主义"方法之间的对立提升到一个标准，这种做法简直是无可救药。一方面，被卢卡奇诅咒为非现实主义和唯心主义的形式原则被证明具有客观的审美功能；另一方面反过来说，像狄更斯和巴尔扎克的小说，也就是被卢卡奇毫不犹豫地提拔为范例的 19 世纪早期小说，毕竟也不是那么现实主义。在与当时盛极一时、适销对路的浪漫主义（marktgängige Romantik）进行论战时，马克思和恩格斯可能认为它们是现实主义的。今天看来，前资产阶级的陈旧特征不仅在两位小说家那里体现得非常明显，而且巴尔扎克的整个《人间喜剧》（Comédie humaine）也被证明是对一个异化现实（亦即一个主体无法再体验的现实）的想象性重构。[1] 在这方面，巴尔扎克与卢卡奇阶级正义之下的先锋受害者并无太大不同。只不过按照其作品的形式感，巴尔扎克认为他的独白代表着世界的完满（Weltfülle），而 20 世纪伟大的小说家则把他们的世界完满封闭在独白之中。如此一来，卢卡奇的方法便坍塌了。他关于"透视"的观点不可避免地退化为他在书中最后一章极力想要区分开来的东西，即被灌输的政治，或者用他的话说是"宣传鼓动"（Agitation）。他的构想是充满悖论的。他无法摆脱自己意识到的事实，即从美学上讲，社会真理只存在于自主形成的艺术作品中。但在今天具体的艺术作品中，考虑到盛行的革命乌托邦学说的规定，这种自主性必然带来的一切要比以前更不能被容忍。那些在内在的审美方面发展得不充分的落后的美学技巧，希望通过在不同的社会系统中所占据不同位置来使自己合法化，也就是说，从其内在逻辑之外使自己合法化，这纯粹是迷信。社会主义现实主义宣称自己是一种先进的意识状态，实际上却只提供了资产阶级艺术形式腐朽没落、淡乎寡味的残余，这一事实不能像卢卡奇所否定的那样被简单当作一种偶发现象被否定；它需要一个客观的解释。社会主义现实主义并非像革命乌托邦传教士们一厢情愿地想的那样起源于社会健全和健康的世界，而是起源他们所管辖的各教省的落后的社会生产力与社会意识。他们认为社会主义与资产阶级社会之间存在着本质的断裂，而对这一论点的利用只是为了把那种早已变得不值一提的落后歪曲为更先进的东西。

卢卡奇以海德格尔《存在与时间》（Sein und Zeit）中的"被抛"理论为模型，将本体论的指控与个人主义的谴责相结合，形成了一种没有经过反思的孤立的立场。他批评文学作品从偶然的主体出发与黑格尔曾经足

---

[1]    Cf. Theodor W. Adorno, "Reading Balzac," in *Notes to Literature*, Vol. One, trans. Shierry Weber Nicholsen, New York: Columbia University Press, 1991, pp. 121-136. ——英译注

够严厉地批评哲学从个人的感觉确定性出发，这两种观念可谓异曲同工。但正因为这种直接性已被内在地中介了，当它在艺术作品中被赋予连贯的形式时，它就包含了卢卡奇认为缺失的元素，而另一方面，文学主体必须从最接近它的地方出发，以便达到物质世界与意识的预期和解。卢卡奇把他对个人主义的谴责延伸到陀思妥耶夫斯基身上。他说，陀氏的《地下室手记》（*Aus dem Dunkel der Großstadt*）"也许是对现代布尔乔亚（颓废）孤独状态的第一次真实描绘"（第 68/62 页）。但是，通过把"颓废"和"孤独"相结合，卢卡奇重新评估了源自资产阶级社会本身原则的原子化，使它仅仅成为衰落的表现。此外，"颓废"一词也暗示着个体的生物退化：它是对如下事实的戏仿，即这种孤独大概要追溯至资产阶级社会之前的久远时代，因为正如鲁道夫·博尔夏特（Rudolf Borchardt）[1] 所言，群居的动物也是一个"孤独的社区"；"政治动物"（zoon politikon）是一种尚未成形的东西。所有现代艺术的历史先验——而且只有在艺术充分承认它时才会被超越——在卢卡奇那里是作为一个可以被避免的错误，甚至是资产阶级的错觉而出现的。然而，一旦卢卡奇转向当代俄罗斯文学，他便发现他所假设的结构转变并未发生。可惜这并未教会他在没有颓废的孤独之类的概念下行事。就相互冲突的立场之间的争论而言，他所批评的先锋作家所采取的立场——用他早期的术语来说，他们的"超验位置"——是历史中介的孤独，而不是本体论的孤独。今天的存在论者都太容易接受这种联系了，这种联系虽然被归因于存在本身，但实际上却赋予各种他律权威方式以永恒的假象。在这方面，他们会与卢卡奇相处融洽。我们必须承认卢卡奇的观点，即他所谓的孤独作为一种形式的先天因素不过是一种幻觉，它是在社会中产生的；一旦它反思自己，它就超越了自己。[2] 但正是在这里，

---

[1]　鲁道夫·博尔夏特（Rudolf Borchardt, 1877–1945），德国作家、翻译家。主要作品有诗集《青年诗歌》、长篇小说《渗入敌方的联合》等，阿多诺对他有专门研究，并写有《迷人的语言：论博尔夏特的诗歌》一文，参见 Theodor W. Adorno, "Charmed Language: On the Poetry of Rudolf Borchardt," in *Notes to Literature*, Vol. Two, trans. Shierry Weber Nicholsen, New York: Columbia University Press, 1991, pp. 193-210。——汉译注

[2]　Vgl. Theodor W. Adorno, *Philosophie der neuen Musik*, 2. Aufl., Frankfurt a. M. 1958, S. 49 ff. Cf. Theodor W. Adorno, *Philosophy of Modern Music*, translated by Anne Mitchell and Wesley Blomster (New York: Seabury, 1973), pp. 46-48. ——原注暨英译注

审美辩证法与他背道而驰。个人作为主体并不能通过自己的选择和决定超越集体决定的孤独。这一点在卢卡奇用标准的苏联小说的倾向性来解决问题时已体现得足够清楚。总的来说，读他的书，尤其是论卡夫卡（第50—51/49—50 页）充满激情的部分，你无法摆脱这样一种印象：他对他谴责为颓废的文学所做出的反应就像传说中出租马车之马在回去拉车前对军乐的反应一样。为了抵制那种文学的吸引力，卢卡奇加入了审查官们的合唱团，该合唱团自克尔凯郭尔——而克氏也被卢卡奇本人列为先锋作家之一——以来就一直在攻击"有趣"的东西，甚至是自对弗里德里希·施莱格尔（Friedrich Schlegel）和早期浪漫派产生愤怒以来。这个判决应被重新审查。一个想法或描述在性质上是"有趣的"，这一事实不能简单地归结为轰动效应和精神市场的问题，尽管它们当然推广了这一范畴。此范畴虽然不是真理的保证，但现在已成为真理的必要前提。这意味着"符合我的利益"（mea interest）、事关主体方面的东西，而不是权力中的至高无上者（也就是商品）拼凑起来的主体。

如果卢卡奇不像晚期经院哲学的怀疑者一样，有两种真理的教义在伺机而动，那么他就不可能既赞扬卡夫卡吸引他的东西，却又仍然给他贴上颓废的标签：

> 从历史上讲，所有这些都证明了社会主义现实主义的优越性（我无法充分强调，这种优越性并不意味着社会主义现实主义的每一部作品都会自动成功）。之所以有优越性，是因为社会主义意识形态和社会主义视角给作者提供了种种洞见：它们使作者能比任何传统意识形态更全面、更深入地描述作为社会存在的人。（第 126/115 页）

也就是说，社会主义现实主义的艺术品质与艺术优越性是两码事。文学术语中有效的东西与苏联文学中有效的东西是不同的，可以这么说，苏联文学是通过世界精神[1]的一种优雅的行为而使自己变得"正确的"

---

[1]　世界精神（Weltgeist，一译"宇宙精神"），是来自黑格尔的一个哲学用语。与"绝对精神""绝对理念"等概念含义相同，指宇宙万物的内在本质。黑格尔认为精神主宰着世界和世界历史。世界历史是世界精神在时间中合理地、必然地体现其自身的过程。他把世界精神看成（转下页）

(dans le vrai)。这种双重标准难以适用于一个可悲地维护着理性统一的思想家。但是，一旦他解释了那种孤独是不可避免的——他几乎承认，孤独是由社会的消极面，由普遍的物化所规定的——并且同时以黑格尔式的思维方式意识到它的客观虚幻的特性，那么，令人信服的推论是，那种孤独在其逻辑推论中就变成了对它自己的否定，当孤独意识在文学作品中把自己揭示为所有人的隐蔽意识时，它也就必然要潜在地扬弃自己。这正是我们在真正先锋的作品中所看到的情景。通过无条件地、单子般地沉浸在自己的形式法则中，这些作品变得具体化了，也就是说，在美学上从而也在它们的社会基础中被中介化了。仅此一点，就赋予卡夫卡、乔伊斯、贝克特以及伟大的现代音乐作品以巨大力量。世界时刻的钟声已经敲响，它在他们的独白中已得到回响：这就是为什么他们的作品比单纯以报告形式描述世界的文学更刺激的原因所在。这种向客观性的过渡依然停留在思想上而不是转化为一种行动，这一事实在这样一种社会状态中有其基础：在这种社会状态中，单子论的具体而普遍的条件继续存在于各处，尽管所有的保证都与此相反。而且，具有古典主义倾向的卢卡奇很难期待此时此地的艺术作品能够突破这种思考。他对艺术品质的宣言与实用主义格格不入，而实用主义在面对先进的、负责任的艺术生产时，只是满足于"资产阶级、资产阶级、资产阶级"的简单结论。

　　卢卡奇引用并同意我著作中对新音乐老化的论述，以便使用我的辩证思考；矛盾的是，他的论述很像塞德迈尔[1]那样：既反对现代艺术，也反对我自己的意图。在这一点上，我们应该顺着他说："只有那些不

---

（接上页）人类社会历史发展的最终原因和动力，把社会历史的发展进步过程看作世界精神的活动过程。人类历史只不过是世界精神展示自己和实现自己的"舞台"。个人和民族则只是世界精神实现它的目的的"代理人"或"活的工具"。——汉译注

　　[1]　阿多诺这里参考了汉斯·塞德迈尔（Hans Sedlmayr, 1896–1984）的书。Cf. Hans Sedlmayr, *Verlust der Mitte* (Salzburg: Müller, 1951) (translated as *Art in Crisis*, Chicago: Regnery, 1958). 塞德迈尔是奥地利艺术史学家，新维也纳学派艺术史学创始人，曾执教于维也纳大学、慕尼黑大学和萨尔茨堡大学。主要著作有《艺术与真理》《黄金时代》等，《艺术的危机》是其代表作，该书已在国内出版。参见［奥地利］汉斯·赛德尔迈尔：《艺术的危机：中心的丧失》，王艳华译，译林出版社 2020 年版。——英译注暨汉译注

理解自己的思想才是真实的。"[1] 而且没有作者能够拥有这种思想的所有权。但事实上，卢卡奇的论点毕竟没有夺走我的所有权。艺术不能把自己确立为直接等同于恐惧的纯粹表达，这一观点在我的《新音乐的哲学》中有所表达 [2]，尽管我不同意卢卡奇那种官方的乐观主义观点，即从历史上看，今天没有那么多恐惧的理由，"颓废的知识界"（dekadente Intelligenz）没那么多可惧怕的东西。但是，超越表达中纯粹明示的"这个"既不意味着形成一种张力匮乏的物化风格，这是我对新音乐老化的指责，也不意味着飞跃到黑格尔意义的积极性上，这种积极性是非实体和非本真的，并且不构成任何反思的前形式。[3] 新音乐老化的含义不是向已经老化的旧音乐回归，而是对新音乐的强烈的自我批判。然而，从一开始，对恐惧的朴素描绘就不止于此。它意味着通过表达、通过毫无偏差的命名行为的力量来进行抵抗：这与由"颓废"这个侮辱性词语引发的所有联想是完全相反的。卢卡奇确实将其贬损的艺术归结于对负面现实和"可恶的"统治的消极回应。"但是，"他继续写道，"由于现代主义在描绘扭曲时缺少批判性的超脱，所以它实际上设计了在任何社会中强调扭曲之必要的风格技巧，于是可以说它进一步扭曲了扭曲。通过将扭曲归因于现实本身，现代主义将现实中起作用的反作用力斥为本体论上无关紧要的东西。"（第 84—85/75—76 页）对立力量和对立倾向的官方乐观主义迫使卢卡奇压制黑格尔关于否定之否定——"扭曲之扭曲"——是肯定的命题。只有这一命题才能阐明艺术中致命的非理性主义术语"多重性"（Vielschichtigkeit）的真相：在真正的现代艺术作品中，痛苦和快

---

[1]　Theodor W. Adorno, *Minima Moralia*, Frankfurt a. M. 1951, S. 364. Cf. Theodor W. Adorno, *Minima Moralia*, translated by E. F. N. Jephcott (London: NLB, 1974), p.192. 参见 [ 德 ] 阿多诺：《最低限度的道德——对受损生活的反思》，丛子钰译，上海人民出版社 2020 年版，第 230 页。——原注、英译注暨汉译注

[2]　Theodor W. Adorno, *Philosophie der neuen Musik*, a. a. O., S. 51 f. Adorno, *Philosophy of Modern Music*, pp. 48-51. 参见 [ 德 ] 泰奥多尔·W. 阿多诺：《新音乐的哲学》（第五版），曹俊峰译，中央编译出版社 2017 年版，第 160—163 页。——原注、英译注暨汉译注

[3]　G. W. F. Hegel, *Aesthetics*, translated by T. M. Knox (Oxford: Oxford University Press, 1975), I: 593. ——英译注

乐在不协和音（Dissonanz）中的表达是不可分割地联系在一起的，而这种快乐则被卢卡奇贬称为哗众取宠的快乐，亦即"为新奇而新奇的乐趣"（第113/105页）。这一点必须结合美学领域与现实之间的辩证关系来加以理解，而这种做法则是卢卡奇所极力避免的。由于艺术作品没有以直接现实作为其题材，所以它从来不会像认识通常所做的那样说："就是这样"（es ist so），相反，它说的是"就像这样"（so ist es）。它的逻辑不是主语和谓语所陈述的逻辑，而是内在连贯的逻辑：只有在这种逻辑中并通过这种逻辑，也通过它置放的各元素之间的关系，它才有立足之地。它与经验现实的对立关系（经验现实属于它，它自己也属于经验现实）恰恰包含这样一个事实：与直接处理现实的智识形式不同，它从来没有明确地将现实定义为一件事或另一件事。它不作判断；当它作为一个整体被对待时，它就变成了一种判断。如黑格尔所示，不真实的时刻包含在每一个个人的判断中，因为没有任何东西完全是个人判断所说的那样，而艺术纠正了它，因为艺术作品综合了它的元素，而这些元素中的任何一个都没有被其他元素所陈述：目前流行的"讯息"（Aussage）概念与艺术没有任何关系。作为一种没有判断的综合，艺术在细节上失去了确定性，却通过对通常被判定所剔除之物给予更大的正义得到了补偿。艺术作品只有作为一个整体，只有在它的所有中介中并通过这些中介而不是在它的个人意图中，才成为认识。个人的意图不能从艺术作品中抽象出来，艺术作品也不能用个人意图来判断。但这恰恰是卢卡奇所遵循的原则，尽管他反对那些在写作中如此行事的御用小说家。虽然他很清楚他们的标准化产品有哪些不足之处，但他自己的艺术哲学却无法抵御同样的写作短路（Kurzschlüsse），而这种短路的影响——一种自上而下的白痴做派——则因此让他感到恐惧。

面对艺术作品必不可少的复杂性——这种复杂性不能作为一个偶然的个案而被抛弃——卢卡奇闭上了眼睛。当他看待特定的文学作品时，他强调的是恰在眼前的东西，因此也就错过了整体的意涵。他对戈特弗里德·贝恩（Gottfried Benn）写的一首公认很平庸的诗感到惋惜，诗中写道：

哈，但愿我们是人类的原始祖先。

温暖沼泽中的一团黏液。

生与死，受胎与分娩

会从我们无声的汁液中滑出。


一缕海藻或一座沙丘，

由风塑形，底座沉重。

甚至蜻蜓的头或海鸥的翅膀

也会走得太远，受苦太多。


　　卢卡奇在这首诗中看到，"作为动物和作为原始现实的人，与作为社会存在的人的对立"——就如海德格尔、克拉格斯[1]和罗森堡[2]所认为的那样——并最终"对反常和……一种毫不掩饰的反人文主义赞美颂扬"（第 32 页），然而即使人们完全认同这首诗的内容，最后一行也暗示了更高层次的个性化是叔本华式的痛苦，而对史前时代的渴望仅仅反映了当前无法忍受的压力。卢卡奇批评概念的道德色彩与他对主观主义"无世界性"的哀叹中的道德色彩是一样的，就好像先锋作家真的实践了胡塞尔现象学中极为怪诞的说法：方法论上的世界毁灭（methodologische Weltvernichtung）。因此，卢卡奇指责罗伯特·穆齐尔（Robert Musil）说："当乌尔里希——穆氏小说《没有个性的人》中的主人公——被问及如果处在上帝的位置他会做什么时，他回答说：'我将被迫废除现实。'外在现实的废除是对'没有个性'的主观存在的补充。"（第 23/25 页）然而，卢卡奇所控告的这句话显然是为了表达绝望，表达逃离的悲观厌世情绪（Weltschmerz），以及以否定的方式表达爱。卢卡奇对这一切只字不提，

---

[1]　应该是指路德维格·克拉格斯（Ludwig Klages, 1872–1956），德国心理学家和哲学家，性格学和现代笔相学（笔迹分析）的创始人，著有《笔迹学问题》《性格学的原则》《论生命的意义》等。——汉译注

[2]　可能是指阿尔弗雷德·罗森堡（Alfred Rosenberg, 1893–1946），第二次世界大战期间纳粹德国的一名重要政治人物，为纳粹党党内的"思想领袖"，著有《二十世纪的神话》一书。后在纽伦堡审判中被判处绞刑。——汉译注

而是以一种真正"无中介的"、毫无反思的正常概念及其补充物，亦即病态扭曲的概念进行运作。只有幸福地清除了精神分析所有痕迹的精神状态才无法认识到这种常态与禁止部分本能的社会压抑之间的联系。继续毫不掩饰地谈论"正常"和"反常"的社会批判，它本身仍处于它所描绘的已被克服的魔咒之下。卢卡奇像黑格尔那样并且很爷们儿地拍着胸脯强调，实实在在的普遍性，其地位要高于单纯个体化那种虚幻的、站不住脚的"糟糕存在"，这让人想到强烈要求消灭变态者和不适合活着的人的地方检察官。他们对诗歌的理解值得怀疑。在诗的语境中，贝恩诗中的第一行"哈，但愿我们是人类的原始祖先"与它想在字面上表达的意思相比具有完全不同的价值。"原始祖先（Ururahnen）"这个词里蕴含着一种冷笑。通过风格化，诗歌主题的冲动——顺便说一句，它是老派的，而不是现代的——表现为幽默的不真实，表现为一种忧郁的游戏。诗人假装希望自己回到的东西和他实际上不希望自己回到的东西交织排斥，强调了他对社会产生的苦难的抗议。所有这些，以及贝恩使用科学词汇和主题所产生的蒙太奇式的"间离效果"（Verfremdungseffekt）都可以在他的诗中感受到。通过夸张，他叫停了卢卡奇直接归咎于他的所谓退化。听不到这些弦外之音的人，就像勤奋而熟练地模仿托马斯·曼写法的初段作家一样，曼曾笑言道："他写得和我一模一样，但他是认真的。"像卢卡奇在论贝恩的附注中所做的那些简化，不仅没有认识到其中的细微差别；而且因为没有认识到这些细微差别，它们也同样没有认识到艺术作品本身，后者只有通过细微差别才成为艺术作品。这样的简化是愚蠢的症状，即使是最聪明的人，当他们与那些社会主义现实主义所颁布的指令保持一致时也会遭此厄运。甚至早些时候，为了给现代文学冠以法西斯主义罪名，卢卡奇得意洋洋地找到了里尔克的一首歪诗，并像一头闯进瓷器店的公牛一样在诗中横冲直撞。人们在卢卡奇那里所感受到的那种退化，一种曾经是最先进的意识的退化，是不是威胁欧洲思想的退化阴影的客观表现——是不是欠发达国家投射在较发达国家身上的阴影，而后者已开始与前者结盟；或者它是否揭示了理论本身的命运——这种理论不仅在人类学的预设方面，亦即在理论家的思想能力方面正在日渐衰亡，而且其实质也在客观上逐渐萎缩，在这种存在状态中，对理论的依赖更少了，而对一种与预防灾难的任务相同的实践的依赖则更多了。凡此种种，都仍然是一个悬而未决的问题。

即使是广受赞誉的托马斯·曼也逃不过卢卡奇的新式天真；卢卡奇以一种宗教式的虚伪（Pharisäismus）将他与乔伊斯对立起来，这可能会让曼这个记述崩溃和衰落的作家感到震惊。由柏格森开始的关于时间的争论被视为一个戈尔迪乌姆之结。[1] 既然卢卡奇是一个优秀的客观主义者，那么客观时间必须永远是正确的，而主观时间一定只是颓废造成的扭曲。正是年轻的卢卡奇在论福楼拜的《情感教育》（*Éducation sentimentale*）时如此有力地描述了物化、异化、无意义时间的难以忍受 [2]，才使柏格森提出了他的时间体验（Erlebniszeit）理论，而不是如同各色虔诚的愚蠢所能想象那种主观分解精神。在《魔山》中，托马斯·曼也向柏格森的绵延时间（temps durée）致敬。为了把曼的批判现实主义论点挽救出来，卢卡奇给小说中的许多人物打了高分，因为即使在主观上，他们的"时间经验也是正常和客观的"（第54/51页）。然后他写道（我逐字逐句引用如下）："的确，齐姆森意识到，时间的现代体验可能只是疗养院中反常生活方式的结果，与日常生活完全隔绝。"（第54/51页）齐姆森这个人物身上的讽刺意味完全被我们这位美学家忽视了，社会主义现实主义削弱了他对他所赞扬的批判现实主义的敏感。在卢卡奇看来，齐姆森这个心胸狭窄的军官是后歌德时代的瓦伦廷 [3]，他像战士一样勇

---

[1]　戈尔迪乌姆之结（Gordischer Knoten／Gordian knot），西方传说中的物品，神谕说，如果谁能解开这个结，那么他就会成为亚细亚之王。公元前334年，亚历山大大帝率大军来到小亚细亚的北部城市戈尔迪乌姆。此城有宙斯神庙，庙中有一辆献给宙斯的战车。该车车轭和车辕之间，用山茱萸绳结成了一个绳扣，绳扣上看不出绳头和绳尾，要想解开它简直比登天还难。亚历山大大帝对此传说很感兴趣，于是命人带他去看这个神秘之结。见此绳结，他凝视良久，猛然间拔出宝剑，手起剑落，绳结破碎。就这样，亚历山大大帝以不按常理出牌的方式解开了绳结，他最终也成为千古一帝。——汉译注

[2]　卢卡奇在《小说理论》中有关于"《情感教育》与小说中的时间难题"的论述。参见［匈］卢卡奇：《小说理论》，燕宏远、李怀涛译，商务印书馆2012年版，第114—120页。——汉译注

[3]　瓦伦廷（Valentin），歌德《浮士德》中的人物，是女主角玛格丽特的哥哥。他以妹妹为荣，当得知妹妹与浮士德幽会时，他气得发抖，并立刻向浮士德宣战，最终死在浮士德（受到靡菲斯特的唆使和帮助）的剑下。——汉译注

敢地死去，即使躺在床上，也是真实生活模式的直接代言人，这很像托尔斯泰想让他笔下的列文成为的那样，只不过列文失败了。事实上，托马斯·曼以一种不加反思却极其敏感的方式把两个时间概念之间的关系表现得矛盾而模糊，这与他的整体方法和他对资产阶级一切事物的辩证态度是一致的。对与错被分配在此二者之间：一边是庸人的物化意识，他们徒劳地逃离疗养院，投身于自己的职业；另一边是那些留在疗养院的人的梦幻时光，一种波西米亚和浪漫主观主义的寓言。明智的是，曼没有调和这两种时间，也没有在其作品的构建中为其中的一种或另一种表态。

事实上，卢卡奇的哲学思考甚至完全偏离了他最喜欢的文本的美学含义，其原因在于他的前审美偏好（parti pris）倾向于文学作品的材料和传播内容，他将它们与艺术客观性混淆在一起。他不关心反讽之类的修辞手法，这绝不是反讽太隐蔽，因为那些更显眼的手法他同样不管不顾；他也没有因为这种放弃而获得作品（已经清除了主观表象）的真理内容（Wahrheitsgehalt）的回报。相反，他被作品贫瘠的残余物，被它们的物质内容（Sachgehalt）所迷惑，这当然是获得真理内容所必需的。尽管卢卡奇想要防止小说的倒退，但他还是鹦鹉学舌般地模仿教义手册上的文章，比如社会主义现实主义，意识形态认可的认识反映论（Abbildtheorie der Erkenntnis），以及有关人类的机械进步的教条，即独立于一种在此期间已被扼杀了的自发性的教条——尽管从不可挽回的过去来看，"对于世界的理性和人类洞察其秘密的能力的信念"（第 44/43 页）有很多期待。因此，卢卡奇不由自主地接近了幼稚的艺术概念，而这种概念使他在不如他精通艺术的官僚中感到尴尬。他试图突破的努力是徒劳的。他对自己审美意识的损害程度可以从一段关于拜占庭拼花图样的寓言解释中看出：他说，在文学中，这种质量的艺术作品只能是"例外情况"（第 42/40页）。仿佛除了研究院和音乐学院外，艺术依然有着规则和例外之间的区别似的；仿佛一切审美事物都是个体化的，因为它遵循自己的原则和自己的普遍性，所以并不总是例外的，反之，一切直接符合普遍规则的事物，却因此使自己丧失了具有审美形式的资格。"例外情况"与"巅峰表现"属于同一类词汇。已故的弗朗茨·博克瑙[1]在与共产党画地绝交之后曾说，他再也受不了人们用市议会精神谈论黑格尔逻辑和在黑格尔逻辑范畴内谈论市政法规了。这样的污染诚然可以追溯到黑格尔本人，它也将卢卡奇限制在他固有的水平上。在卢卡奇笔下，黑格尔对"不幸意识"（das unglückliche Bewußtsein）的批判，思辨哲学超越孤立主体性的虚幻精神气质的冲动，成为心胸狭窄、尚未达到主体性水平的党内官员的意识形态。他把他们咄咄逼人的无知——19世纪小资产阶级的残余——夸大为适应现实的局限性，而现实已经完全脱离了个性。但是，辩证法的飞跃并不是跳出辩证法的飞跃，不是通过纯粹的信念将不幸意识转变为幸福的同谋，并以牺牲艺术生产的客观社会的和技术的要素为代价。按照卢卡奇几乎不会质疑的黑格尔的学说，所谓更高的立场必须必然保持抽象。卢卡奇为反对"男孩遇见拖拉机文学"[2]的愚蠢而提出的绝望的深刻见解，也没有使他免于抽象和幼稚的高谈阔论："所处理的内容对他们来说越共同，来自不同方面的作家就越是在相同的现实中探索相同的发展条件和相同的发展趋势，而现实以及所描绘的所有区别，就越会转变成大体上的或纯粹的社会主义现实，批判现实主义就越接近社会主义现实主义，它的消极（非排斥）视角就越会在许多过渡中转变，变成一种积极（肯定）的社会主义视角。"（第125/114页）。消极的也就是不排斥，积极的也就是肯定的，这两种视角之间的虚伪区别把文学质量的问题直接转移到了卢卡奇想要逃避的规范信念领域。

然而，毫无疑问，他是想逃避这一领域。为了公正地评价他的书，

---

[1]　弗朗茨·博克瑙（Franz Borkenau, 1900–1957），奥地利社会学家。出生于维也纳，就读于德国莱比锡大学期间，对马克思主义和精神分析产生浓厚兴趣。1921年加入德国共产党，大学毕业后移居柏林，在共产国际任职直至1929年。后转入法兰克福社会研究所，主要研究资本主义与意识形态的关系。著有《西班牙战场：内战见闻实录》《奥匈帝国之后》《共产国际史》等。——汉译注

[2]　男孩遇见拖拉机文学（boy meets tractor-Literatur）是对社会主义现实主义文学的一种别称。按照这种创作原则，本来是"男孩遇见女孩"（boy meets girl）的情节就被"男孩遇见拖拉机"（boy meets tractor）所取代。于是，"男孩遇见拖拉机""男孩爱上拖拉机""男孩和拖拉机共建社会主义"就成为特定创作公式。甚至当时的马克思主义批评家也为日丹诺夫心目中的这种小说设计了一个笑话：男孩遇见拖拉机，男孩失去拖拉机，男孩去城里寻找拖拉机，然后找到拖拉机，继续与之恋爱，开着拖拉机回到农村，从此过上了幸福的生活。——汉译注

我们必须牢记，在那些关键事情无法直呼其名的国家，官方恐怖的标记已经烙印在所有代替它们的言语上。但反过来说，正因为如此，即使是那些软弱的、偏颇的、不完整的思想，也会在这个星丛中获得一种它们的文字内容所没有的力量。本书的整个第三章都必须依此角度展开阅读，尽管智力消耗和所处理的问题并不相称。有许多阐述，其中的思路只需要延伸到开放空间即可看出究竟。例如下述文字：

> 仅仅研究马克思主义（更不用说仅仅参加社会主义运动中的其他活动，甚至是仅仅获得党员身份）本身是不够的。作家可以通过这种方式获得有用的经验，并意识到某些思想和道德问题。但是，要把现实的"真实意识"转化为适当的审美形式，并不比资产阶级的"虚假意识"容易多少。（第 101—102/96—97 页）

或者，抨击目前到处可见的报告文学式小说（Reportageroman）的枯燥的经验主义："在批判现实主义中，就像左拉的例子所显示的那样，更适合于学术专著的纪实性的整体理想，是某些固有问题的产物。我将表明，类似的也许是更大的问题内在于社会主义现实主义之中。"（第 106/100 页）。在此语境中，卢卡奇用他年轻时的术语，为集中的而不是广泛的总体性的首要地位进行辩护。他只需要把他的要求进一步深入文学作品本身，就可以证明他在其权威的（ex cathedra）训示中谴责先锋作家的那些东西；奇怪的是，尽管如此，他仍想"征服""颓废运动的反现实主义"。在某一时刻，他甚至差不多看到俄国革命绝不是带来了需要和支持"正面"（positiv）文学的条件："我们必须记住，尽管夺取政权是一次巨大的飞跃，人们（包括作家）都不会自动转变。"（第 112/104—105 页）然后，尽管以一种委婉的形式，仿佛他在讨论一种单纯的反常现象，但他却不经意地吐露出了社会主义现实主义的真相："结果将是一种稀释的、劣质版的资产阶级现实主义，缺乏那种传统的美德。"（第 127/116 页）他说，在这种文学中，"艺术家视角的真实本质"被误解了。换句话说，"许多作家将指向未来但却仅以那种形式存在的趋势——如果理解正确的话，正是因为它可以为评估眼下提供一个决定性的立场——

与现实本身视为一体；他们将只是以胚胎形式表现的趋势再现为充分发展的现实；换言之，他们机械地将透视和现实画上了等号"（第 128/116 页）。一旦去掉术语的外壳，这仅仅意味着社会主义现实主义的成规和卢卡奇认为是其补充的社会主义浪漫主义都是不良现状的意识形态变形。对卢卡奇来说，官方的客观主义总体式文学观（Objektivismus totalitärer Literaturbetrachtung）被证明只是主观的。他将这种文学观与更人性化的审美客观性概念进行了对比："艺术也受客观规律的支配。违反这些规律可能不会像违反经济规律那样产生立竿见影的后果；但它会使作品质量低劣化。"（第 129/117 页）在这里，在思想有勇气坚持自己信念的地方，卢卡奇的判断远比他对现代艺术的庸俗评价准确得多："这些中介因素的瓦解，导致了理论和实践上错误的两极分化。一方面，理论从对实践的指导变成了一种教条；另一方面，两者之间的矛盾元素被消除了。"（第 130/118 页）接着，他简洁地说出了核心问题：在这样的作品中，"文学不再反映社会生活的动态矛盾；它成为抽象'真理'的例证"（第 132/119 页）。他说，对此负责的是作为"出发点"的"宣传鼓动"成了艺术和思想的样板，而艺术和思想便日渐枯萎、变得僵化，成为公式化的并在意识形态上被固化在实践中。"取代辩证结构的是……我们得到一个静态示意图"。（第 135/121 页）对此，没有哪个先锋作家能在这上面添加什么东西了。

所有这一切给我们留下的感觉是，一个人绝望地拖着他的锁链，想象着它的叮当声是"世界精神"的进行曲。他不仅被当权者蒙蔽了双眼，后者在他们的文化政治中几乎不会把卢卡奇不服从的思想放在心上，假如他们真的容忍这些思想的话。此外，卢卡奇的批判还陷入了这样一种错觉，即借用在中国制定出的区分，实际上受压迫、被榨干的当代俄罗斯社会是矛盾的，而不是对立的。卢卡奇抗议的所有症状，它们本身都源自独裁者及其追随者向大众灌输某个论点——卢卡奇在他的社会主义现实主义概念中含蓄地支持这一论点——之需要，亦源自他们从意识中消除任何有可能使大众偏离它的东西之需要。实现这种真正功能的教义的权威不能仅仅通过证明它是错误的就被摧毁。卢卡奇引用了黑格尔的一句愤世嫉俗的话，它表达了古典资产阶级成长小说（Bildungsroman）

中所描述的这一成长过程的社会意义："因为这种学徒期的目的在于，主体磨平了自身棱角，使其自身愿望和想法与现存关系及其合理性相协调，然后进入世界的关联之中，并从中获得对世界的适当态度。"[1]（第122/112 页）卢卡奇紧接着评论道：

> 在某种意义上，许多伟大的资产阶级小说都与黑格尔的论述相矛盾；而在另一种意义上，这些小说又证实了他的论述。与之相矛盾是因为，教育过程并不总是以接受和适应资产阶级社会而告终。年轻人的信念和梦想在社会压力面前遇阻受挫；反叛的英雄被打垮，被赶入孤立状态，但黑格尔所说的与社会的和解并不总是被勒索出来的。另一方面，由于个人与社会的冲突往往以前者的顺从而告终，其最终结果与黑格尔所暗示的并无太大差别。（第 122/112 页）

现实的假设必须在主体和客体之间没有断裂的情况下被表现出来，并且必须被"反映"——卢卡奇顽固地坚持这个术语——以确保没有断裂，这个假设作为他美学的最高标准暗示着和解已经实现，社会已被校正，主体已进入它自己的世界并在其中自得其乐。卢卡奇在一处反禁欲主义的题外话中承认了这一点。只有到那时，卢卡奇在黑格尔那里感受到的顺从时刻才会从艺术中消失，他当然也必须在歌德那里承认这一时刻，因为歌德是他鼓吹顺从的现实主义概念的原型。但是分裂和对抗仍在继续，而如他们所言，说这种分裂与对抗已在东方集团的国家中被克服，这纯粹是一个谎言。那种牢牢控制住卢卡奇的、阻止他回到魂牵梦绕的年轻时的乌托邦的魔咒，重演了他自己在绝对的唯心主义中发现的那种被勒索的和解。

2022 年 8 月译于北京、晋城和阳城

2023 年 5 月校

---

[1] 参见 [德] 黑格尔：《美学》第 2 卷，朱光潜译，北京：商务印书馆 1979 年版，第 364 页。

# 文化工业：总体效果是反启蒙

# 文化工业述要[1]

文化工业（Kulturindustrie）这一词语大概是在《启蒙辩证法》这本书中第一次使用的。此书由我与霍克海默合作，1947 年出版于阿姆斯特丹。在草稿中，我们使用的是"大众文化"（Massenkultur），后来我们用"文化工业"取而代之，旨在从一开始就把那种让文化工业的倡导者们乐于接受的解释排除在外，亦即，它相当于某种从大众当中自发产生的文化，乃是民众艺术（Volkskunst）的当代形式。但是"文化工业"与民众艺术截然不同，必须严格加以区分。文化工业把家喻户晓、老掉牙的东西加以融合，产生出一种新的东西来。在其所有的分支中，文化工业的产品都是或多或少按照特定的意图、专为大众消费而量身定做出来的，且在很大程度上决定这种消费的性质。文化工业的各个分支在结构上相似，或至少彼此适应，因而自成系统，浑然一体。而这种局面之所以成为可能，全赖当代技术的能力以及财力与管理的集中。文化工业有意自

---

[1]　《文化工业述要》（"Résumé über Kulturindustrie"）是阿多诺 1963 年为黑森广播公司（Hessian Broadcasting System）的"国际广播大学节目"（International Radio University Program）做的一个演讲，后被收入《无模范》（Ohne Leitbild, Frankfurt/M.: Suhrkamp, 1967）一书。1970 年代，拉宾巴赫（Anson G. Rabinbach）以《文化工业再思考》（"Culture Industry Reconsidered"）为题译成英文，刊发于《新德国批判》（New German Critique 6, Fall 1975, pp. 12-19）。本文译自 Theodor W. Adorno, The Culture Industry: Selected Essays on Mass Culture, London: Routledge, 1991. pp. 85-92. 关键用语参考了收在《阿多诺文集》中的德语原文（Gesammelte Schriften: Kulturkritik und Gesellschaft I, Bd. 10.1, Frankfurt am Main: Suhrkamp Verlag, 1977, S. 337-345）。全文于 2009 年由美国的曹雅学女史校订，文中几处疑难问题当年亦曾向方维规教授请教，特此致谢。——汉译注

上而下整合其消费者，它把分离了数千年，各自为政、互不干扰的高雅艺术与低俗艺术强行拼合在一块，结果是两者俱损。高雅艺术的严肃性在于其精确的效力，这种效力因文化工业的投机追求而被毁坏；低俗艺术的严肃性在于社会控制尚不彻底的情况下它与生俱来的反叛性抵抗，这种抵抗因文化工业强加于其上的文明化制约而被消灭。因此，尽管文化工业针对的是大众，尽管它毋庸置疑地在对芸芸众生的意识与无意识状态投机押宝，但是大众对它来说并不是首要的，而是次要的，他们仅仅是被算计的对象，是整个运转机制的附属物。顾客并不像文化工业试图让人相信的那样就是上帝，他们不是文化工业的主体而是其对象。大众媒介（Massenmedien）是专门为文化工业打造出来的一个词语，它已不动声色地将侧重点转移到了与人无害的领域。它既不是一个是否把大众放在首位的问题，也不是表达这种关切的传播技术问题，相反，它是一个注入到大众中的精神问题，是有关他们的主人的声音问题。文化工业歪曲使用它对大众的关切，以便复制、强化和巩固他们的精神气质。它认为这种精神气质是既成不变的，因此，对它会如何发生变化根本不予考虑。虽然文化工业本身必须去适应大众才能存在，但大众并非文化工业的衡量尺度，而是它的意识形态。

正如布莱希特与苏尔坎普[1]在三十年前所言，工业化的文化商品是以价值实现为主导原则，而非其自身特定的内容及其和谐的构成形式。文化工业的一切所作所为都在于把赤裸裸的赢利动机嫁接到种种文化形式上。这些文化形式自从作为市场上的商品第一次开始为其创作者赚钱谋生以来，它们便在一定程度上具有了这种属性。但那时候它们只不过是在保持其自主的本质之外间接追求利润。而文化工业之"新"则意味着，在其最典型的产品中，第一要务乃是追求精确而彻头彻尾地算计出来的效力，直截了当，毫不掩饰。艺术作品的自主性当然很少以一种完全纯粹的方式凸现出来，相反，它总是与各种各样的效果难解难分。文化工

---

[1]　彼得·苏尔坎普（Peter Suhrkamp, 1891–1959），德国出版家。1950 年，在作家黑塞的提议下创立苏尔坎普出版社（Suhrkamp Verlag），从此出版人文科学类书籍，影响甚大。——译注

业从自己的意愿出发，铲除了艺术的这种自主性，不管这是不是它的支配者们有意识的行为。后者既包括那些执行指令的人，也包括那些大权在握的人。用经济学的术语说，他们过去或现在总在经济最发达的国家寻找新的利用资本的机会。产业集中的过程使旧的产业形式日益艰难，但文化工业却正是通过这个过程而成为无处不在的庞然大物。真正意义上的文化并不仅仅去满足人类的需要；它同时还对支配人的僵化关系提出抗议，因而予人类以尊重。但是，当文化被全部同化并被整合进这种僵化关系时，人类就再一次遭到贬低。文化工业的典型产物不再"也是"商品，它们就是不折不扣的商品。这一量变如此巨大，它引发出一种全新的现象。到最后，文化工业甚至不再需要处处直接追求它所起源的利润动机。这些利润动机已经内化在它的意识形态当中，甚至使自己脱离了文化商品强制性的出售本能，因为不管人们是否愿意，这些文化商品反正会被吞咽下去。文化工业变成了公共关系，或者说是制造所谓的"友善"（good will），至于是哪家公司或什么产品，则无关紧要。如同专门针对大众而制作出来的广告一样，它所推销的是一种通行的、不加批判的认可，而文化工业的每个具体产品都成了文化工业自身的广告。

虽然如此，这个过程仍然保持了当初文学转换成商品时所带有的特征。最重要的一点是，文化工业有它自己的本体论，亦即一个由界限严格且保守不变的几种基本类型所构成的支架。从 17 世纪末与 18 世纪初英国的商业小说中，我们可以找到这些类型的踪迹。文化工业所夸耀的进步以及不停地向我们提供的所谓新东西，不过是千篇一律之物的不同伪装；在其不断翻新的花样下面乃是同一具骷髅，正如文化工业的利润动机从取得了对文化的支配时起就再也没有起过任何变化一样。

因此，对"工业"（Industrie）一词的理解不可拘泥于字面意思。它指的是事物本身的标准化（例如每个电影观众都熟悉的西部片的那种标准化），发行技术的合理高效化，而不仅限于制作过程。在电影这个文化工业的中心领域，虽然制作过程与技术生产模式类似，同样是分工高度精细，使用机器，劳动者与生产方式分离——表现为文化工业中活跃的艺术家与那些文化工业掌控者之间的永恒冲突——但是它却又保持了制作的各种个别形式。每一件产品都给人一种独特而有个性的感觉，在人们心里唤起一种幻觉，好像这种完全物化并被中介的东西乃是逃脱现时与生活的避难所。如此一来，所谓的个性又在起着强化意识形态的作用。今天的文化工业一如既往地为"服伺"第三者而存在，与衰退中的资本流通过程以及它从中生发出来的商业唇齿相依。其意识形态首当其冲的特征是采用明星制，而此种制度又是从个性化艺术以及对其商业价值的发掘中借用来的。文化工业的运作手段与内容越是非人化，它就越是卖力而且成功地宣扬所谓的大明星，并靠令人销魂的俊男靓女而运作。它的工业性更多地是社会学意义上的，这在于其采纳工业化的组织形式，而不在于它通过技术理性实际生产出了什么。相反，即使它像效率合理化的办公室工作一样什么也不生产，它也是工业。因此，文化工业在很大程度误用了其能量，令那些因新技术的使用而变得过时的文化分支深陷危机，而这些危机很难给这些分支带来好的转变。

文化工业中的技术（Technik）概念只是在名义上与艺术作品中的技术相等同。在艺术作品中，技术考虑的是对象本身的内在组织与其内在逻辑。与此相反，文化工业中的技术从一开始就是营销的技术，机械复制的技术，因而总是外在于它的对象。文化工业恰恰是在它小心避免使其产品中的技术充分发挥潜能之时而找到了意识形态的支持。它寄生于艺术之外的物质生产技术当中，却不顾及技术的功用性（Sachlichkeit）中所隐含的对内在艺术整体的服从，也不关心审美自主性（ästhetische Autonomie）所要求的形式法则。这样一来，文化工业的面相基本上成为以下两方面的混合物：一方面是流线型的、摄影般的坚硬与精准；另一方面是个性化的残余，感伤的表达与经过理性处理和改造之后的浪漫主义。采用本雅明在定义传统艺术作品时使用的光晕（Aura）概念（一种不在场的在场），文化工业在严格意义上并没有另立一个与光晕相对的原则，而是保存了一个残败的、薄雾般的光晕。由此，文化工业暴露了它自身在意识形态方面的恶劣行径。

近年来，文化官员和社会学家喜欢告诫人们不要低估文化工业，指出它在发展消费者意识方面极其重要。他们认为，文化工业应该认真对待，文化教养深厚者的傲慢是要不得的。就实际效应而言，文化工业的重要之处在于它是今天占主导地位的精神要素。任何人如果出于对文化工业所塞给民众的那些东西持怀疑态度而忽视其影响，那就太天真了。然而，有关认真对待它的警告却具有一种炫人耳目的欺骗性。鉴于文化工业所扮演的社会角色，有关其性质，有关真实与非真实，有关文化工业产物的美学水准等种种令人不安的问题受到压制，或至少被排除在所谓的传播社会学（Kommunikationssoziologie）的范围之外。批评者被指责钻在自负而深奥的学问里。首先需要指明的是文化工业的这种重要性所具有的双重意义，因为它正在缓慢而不为人注意地渗透到人们的心里。事物的功能并不能保证它就一定具备某种特定品质，哪怕它对千百万民众的生活发挥着影响。美学与文化工业残留的传播功能的合流并没有把作为社会现象的艺术引向一个适合它、与某些人所指责的艺术上的势利相对立的恰当位置；相反，这种合流通过各种各样的方式利用艺术去卫护其恶劣的社会后果。不能因为文化工业在大众精神构成上的重要性，我们就免除对其客观合法性和存在本质的反省，一种自认为注重实效的科学尤其不应该省略这种反省。恰恰相反，正因为文化工业的这一重要性，这样的反省变得必不可少。文化工业毋庸置疑的作用要求我们去认真对待它，但是也正因为如此，我们必须要批判性地认真对待，而不是在其一手遮天的特性面前退缩不前。

有些知识分子极其希望与这种现象握手言和，他们渴望找到一个通用的公式，既表达他们对文化工业的保留态度，又表达对其力量的尊敬。如果不是这些知识分子已经从强加于人的退化中创造了一套20世纪的新神话，带点讽刺的容纳态度就会流行。这些知识分子认为，说到底，人人都知道口袋本小说、套路化电影、包装成系列和集锦而推出的家庭电视秀、给失恋者的忠告和占星术栏目是怎么回事。在他们看来，所有这一切非但是无害的，反而是民主的，因为它满足了一种需求，尽管这是一种刺激出来的需求。比如说，他们指出，通过传播信息和忠告，向人们介绍能缓和心理压力的行为模式，这一切对人们来说未尝不是好事。当然，正如衡量公众对政治的了解程度这种基本的社会学研究所证实的那样，这种信息要么少得可怜要么无关紧要。更何况，从文化工业的体现物中所获得的忠告空洞、陈腐，甚至更糟，而它所宣扬的行为模式则毫无廉耻地顺应潮流。

卑躬屈膝的知识分子与文化工业之间的这种双面互悖关系并不只限于这两者本身。我们或许可以假定消费者的意识也被分裂为二：一方面享受文化工业照方子供应给他们的娱乐，另一方面则对它到底是好是坏怀着不加掩饰的怀疑。"上当受骗，心甘情愿"（die Welt wolle betrogen sein）[1]这一谚语从未像现在这样贴切。正如这句谚语所言，民众上当受骗不说，而且如果被骗的确能够带给他们哪怕一瞬间的满足，他们也心知肚明地对这欺骗趋之若鹜。他们对文化工业递到他们手里的东西睁一只眼闭一只眼，发出赞美之声，心里则完全知道这些文化产品的目的何为，对自己这样则怀着某种厌恶。虽然不愿意承认，但是他们觉得一旦自己摈弃那原本就不存在的满足，生活将会变得完全不可忍受。

当今对文化工业最富雄心的辩护是赞美其精神，赞美它是一种形成秩序的因素，但是这种精神不外乎是意识形态而已。这种辩护认为，在这个混乱无序的世界里，文化工业能给人提供一个类似导向系统的东西，仅此一点就值得赞美。然而，文化工业的辩护者想象当中那些被文化工业所保存下来的东西，事实上恰恰遭到了它更为彻底的摧毁。在很大程度上，彩色电影对舒适老客栈的摧毁远超炸弹之威力：电影灭绝了我们心中珍藏的那个美好形象（imago）。没有哪个家园能在赞美它的电影中幸存于世，并因此将其赖以茁壮成长的独特性，转变为可以互换的同一性。

作为对苦难与矛盾的一种表达，那种可以名正言顺地称之为文化的东西试图紧紧抓住美好生活的理念不放。文化既不能代表那些仅仅存在于目前的东西，也不能代表那些因袭的且不再具有约束力的秩序范畴。然而文化工业却把它们覆盖在美好生活的理念之上，好像既存现实便是

---

[1]　此处说法应该与那句古老的拉丁语谚语"Mundus vult decipi, ergo decipiatur"有关，该谚语的英译是："The world wants to be deceived, so let it be deceived."——译注

美好生活，又好像那些秩序范畴是衡量美好生活的真实尺度。如果文化工业代表们的回应是它根本不出产艺术，那么这本身就是一种意识形态。正是通过这一意识形态，他们逃避了文化工业对它依附而生的那种东西所应负的责任。一种不端行为并不能因解释其缘何不端而得到纠正。

对于秩序的单独诉求如果没有明确的针对性，便是徒劳之举；对于规范传播的诉求如果不曾在现实中或意识前证明它们自己，也同样徒劳无益。一种能客观行使效力的秩序被兜售给民众，是因为对于民众来说这种秩序乃空缺之物。如果这一秩序既没有从自身内部、也没有在与人的对峙中得到验证，那它便无任何真实性可言。而这恰恰是任何文化工业的产品都不会去从事的事情。这类深深植入人思想中的秩序概念无一例外地总是现状下的秩序概念。尽管这些秩序概念对于接受他们的人来说已不再具有任何实质性内容，它们仍旧未被质疑，未作分析，未加辩证推演。与康德意义上的绝对律令相反，文化工业的绝对律令与自由已经没有任何共同之处。它宣告：你必须顺从，即便不告诉你顺从什么；顺从于业已存在的东西，跟大家共同的想法保持一致，这是人们对文化工业的威力与无所不在的一个条件反射。文化工业意识形态的威力是如此之大，以致顺从取代了意识。产生于文化工业的秩序绝非它所声称的那种样子，也绝不面对人类的真正利益。然而，秩序本身并非一定就是好的。只有当它真是好秩序时，才能称其为好。文化工业并没有意识到这一点，而只是从观念出发对其大唱赞歌，这一事实证明了它所传达的信息的孱弱与虚假。它声称给迷惑的人们以引导，却以虚假的冲突来蛊惑他们，并以此取代他们所面临的真正冲突。它只是在表面上为他们解决冲突，而解决冲突的方式在真正的生活中根本于事无补。在文化工业的产品里，人们只是能够安然得救时才陷入困境，而拯救者通常是一个善良群体的代表；然后，在一种空洞的和谐之中，他们与这个世界达成和解；而在刚开始时，这个世界的要求与他们自己的利益是不可调和的。出于这一目的，文化工业已经发展出许多模式（Schemata），这种模式甚至已蔓延到诸如轻音乐娱乐等非概念的领域。在这里，人们也陷入"困境"（jam），遇到节奏上的麻烦，但随着基本节拍的获胜，问题立刻迎刃而解。

然而，就连文化工业的辩护者们也不会公开反对柏拉图的说法。柏拉图认为，客观与本质上不真实的东西，也不可能在主观上对人类真实而有益。文化工业调制出来的东西既不是幸福生活的向导，也不是有道德责任感的新艺术，而不过是准备起跑的命令，站在起跑线后面的是最为强势的利益集团。它所宣传的"赞同"（Einverständnis）强化了盲目而不透明的权威。如果对文化工业的衡量不是按其自身的实质和逻辑，而是按其效力，按照它在现实中的地位和它假装的需求；如果人们认真关注的焦点总是放在其效力上，而效力又恰恰是它本身总在诉求的东西，那么文化工业的潜在作用就会双倍严重。然而，这种潜在作用在于它对自我弱化（Ich-Schwäche）的鼓吹和利用；而在权力高度集中的当代社会，那些无权无势的社会成员注定摆脱不了这种自我弱化。他们的意识进一步退行性发展。据说那些玩世不恭的美国电影制片人说，他们的影片必须考虑 11 岁儿童的理解水平，这绝非巧合。以他们的所作所为看，他们倒是十分乐意把成年人变成 11 岁的少年儿童。

诚然，迄今为止还没有充分的研究提供无懈可击的案例，以此证明文化工业特定产品给人带来的退化效果。毫无疑问，设计一项富有想象力的实验将会达此目的，这比有关强大利益集团所乐于接受的方式要更为成功。无论如何，我们可以毫不犹豫地说，滴水终会穿石，特别是因为包围着大众的文化工业体制不能容忍任何偏离，没完没了地操练着相同的行为模式。大众之所以还没有按照文化工业为他们所建构的那个样子来理解和接受这个世界，唯一的解释是他们无意识深处还保留着猜疑，它是艺术与构成大众精神的经验现实之间最后残留的一点差异。即使文化工业所传达的信息貌似无害（在很多情况下，这些信息显然并非无害，比如一些电影用习惯成见去塑造知识分子，从而附和当前大众中的反智潮流），它所促成的各种各样的态度却绝不是无害的。假如一个占星者告诫他的读者在某个特殊的日子里要小心开车，这当然于人无害；但是如果他号称其天天灵验因而愚蠢的忠告乃是星象显现出来的，那么这就成了一种愚弄手段，的确会给人造成危害。

人类的依赖性与屈从状态（Hörigkeit），亦即文化工业的终极点，没有比美国的某个受访者描述得更确切了。其观点是，只要民众跟着大人物走，当今的一切问题就会得到解决。每当文化工业在人们心中唤起一种幸福而满足的感觉，让人觉得这个世界正好符合文化工业所暗示的那种秩序，它给人们带来的这种替代性满足便恰好会从他们那里掳去它虚假地投射出来的那种幸福。文化工业的总体效果是反启蒙（Anti-Aufklärung）。正如霍克海默与我曾经指出的那样，在这种反启蒙的行为中，作为进步的、对自然的技术统治的启蒙变成了一种大众欺骗，继而又被转化为奴役和锁铐意识的工具。文化工业阻碍了有意识地为自己下判断、做决定的独立自主之个体的发展。民主社会需要这样的个体作为前提，需要心智成熟的成年人来维系自身并得到发展。假如大众已被自上而下地贬斥为乌合之众，那么文化工业是把他们变成乌合之众、继而又鄙视他们的罪魁祸首之一。文化工业阻挠人的解放，而人们则像现时代的生产力允许的那样成熟了。

2009 年 4 月初译，7 月校译

2023 年 1 月再校

# 媚俗[1]

如果是在历史的观念中沉潜把玩，追溯一个词的字面意思很可能会无功而返，但"媚俗"（Kitsch）[2] 这个词离它的字面意思已如此遥远，以至于把后者指认为一个被遗忘的秘密或许能再次给人带来启迪。这个词有来自英语"素描"（sketch）一说[3]，假如这个解释是正确的，那么它首先意味着"未曾实现"（仅为暗示）这种性质。这可能比所有非真实的、虚幻的概念本身更深刻。无论如何，所有真正的媚俗在音乐中都具有**模式化**（*model*）特征，它提供了客观上令人信服的、预先确立的种种形式的大纲和草稿，这些形式在历史中已丧失其内容，而那些无拘无束的艺术家又随波逐流，无法独自形塑内容。因此，媚俗的虚幻特性不能明确地归因于艺术家个人的不足，相反，它有其自身的客观根源，即形式和材料在历史中的衰落。媚俗是形式世界中贬值的形式和空洞的装饰的

---

[1]　《媚俗》（"Kitsch"）一文大约写于 1932 年，是阿多诺从音乐角度进入问题而对大众文化所进行的早期思考，与后来的《论流行音乐》（1941）等文章形成了某种呼应关系。后此文进入《阿多诺文集·音乐作品》（*Gesammelte Schriften: Musikalische Schriften V*, Bd. 18, Frankfurt am Main: Suhrkamp Verlag, 1974, S. 791-794）。其英译文收入 Theodor W. Adorno, *Essays on Music*, trans. Susan H. Gillespie, Berkeley: University of California Press, 2002, pp. 501-505。该书的选编和注释均出自理查德·莱帕特（Richard Leppert）之手。本文译自英译本，关键用词及术语核对了德语原文。——汉译注

[2]　就译者目力所及，"Kitsch"除"媚俗"之译外，还有"畸趣""忌屎""媚美""奇俗""媚世""庸俗""刻奇"等多种译法。这里选用"媚俗"，不是因为该译最准确，而是因为它的约定俗成度比较高。——汉译注

[3]　关于这段历史，参见 Jochen Schulte-Sasse, "Kitsch" in *Historisches Wörterbuch der Philosophie*（《哲学历史词典》），ed. Joachim Ritter and Karl Grunder (Basel: Schwabe, 1976), vol. 4, cols. 843-846。——英编注

沉淀物，而这个形式世界已经远离了它的直接语境。过去属于艺术的一部分而今天却用它蝇营狗苟的东西必须被视为媚俗。另一方面，媚俗的客观性是其正当性的来源。因为媚俗恰恰维持着已经消逝的形式客观性（Formobjektivität）的记忆，只是它被扭曲了，仅仅是一种幻觉。媚俗是装载音乐神话的基本材料的容器，因为它们只出现在那里，并被转化为音乐辩证法的最高级结果，但在其他方面却消失不见了。这就是媚俗音乐比所有"中庸之道"（juste milieu）的音乐更受欢迎的原因。

当然，必须做出区分。对媚俗的拯救实际上只适用于轻歌剧、流行歌曲和杂耍歌舞表演的音乐底层世界；还有底层世界之下的无名之地，进行曲和饮酒曲，为女仆们唱的感伤曲调和小曲。最终，它适用于温和的、以前属于严肃音乐的某些方面，这些音乐在今天被认为是媚俗之作，它们已变得透明，放弃了自己的秘密——例如，音乐的"青年风格"（Jugendstil）之谜，整个理查德·施特劳斯（Richard Strauss）可能就是从这种想法中构建出来的，这种手段可以用拉森的《把香喷喷的木犀草放在桌上》[1] 来解释。"中等程度的媚俗"（mittlerer Kitsch）——这是卡尔·克劳斯 [2] 的表达——是不可救药的。因为只有在作曲家的头上，只有当他

---

[1] 爱德华·拉森（Eduard Lassen, 1830–1904），比利时作曲家，生于哥本哈根，活跃于德国。他写了几部歌剧，但尤以他创作的许多歌曲而闻名，这些歌曲在 19 世纪末很流行。《把香喷喷的木犀草放在桌上》（"Stell auf den Tisch die duftenden Reseden"）（《万灵节》[Allerseelen]）出自其抒情曲作品 85 号，改编自赫尔曼·冯·吉尔姆（Hermann von Gilm, 1812-1864）的一个文本，理查德·施特劳斯（Richard Strauss）也曾为它谱曲（op. 10 no. 8）——英编注

[2] 卡尔·克劳斯（Karl Kraus, 1874–1936），奥地利批评家兼记者、剧作家和诗人；他是一个熟练的讽刺作家，写作风格非常地道，这使他的作品很难翻译。阿多诺经常引用他的话。特别是参见《德行与犯罪：关于卡尔·克劳斯作品的第十一卷》（"Morals and Criminality: On the Eleventh Volume of the Works of Karl Kraus," NL, vol. 2, pp. 40-57），涉及克劳斯《德行与犯罪》（Sittlichkeit und Kriminalität, 1908）的持续相关性。用阿多诺的话说，克劳斯"是一个严格意义上的意识形态批评家：他让意识及其表达形式直面被扭曲的现实……他受到深刻的洞察力（即便是无意识的）的指引，当它们不再被理性化时，邪恶和破坏性就不再是完全坏的，并可能通过自我认识获得第二次纯真之类的东西"（第43页）；而克劳斯"并没有因为他之后发生的更坏的事情而被淘汰，因为他已经认识到中等程度的坏中最坏的事，并通过对它的反思而揭示了其中的秘密。从那时起，平均水平就成了最坏的，普通公民则成了艾希曼"（第52页）。——英编注

自己没什么想法时，媚俗的权利才能够被援引。然而一旦作品本身提出要求，想要主观行事，却又屈服于媚俗，它里面的媚俗客观性（Kitsch-Objektivität）力量也就寿终正寝了。有人曾经谈到好的坏书和坏的好书。这一区分在这里也完全适用。好的坏音乐：那是《鸳鸯茶》[1]，是从通货膨胀时期开始的《向日葵》（"Sunflower"）[2]中的三重奏；后来的《铃鼓舞》[3]，也许甚至还有《三个火枪手》[4]。坏的好音乐不需要在此列举。它也是媚俗的——尚未实现，虚幻，靠虚假的情感过活。但死亡形态的力量已经从它那里潜逃。最好能把它斩草除根。

不可能以一种自由漂浮的审美方式（freischwebend ästhetisch）来把握"媚俗"这个概念。社会时刻本质上是它的组成部分。因为通过把过去的形式实体当作当代的，使它具有了一种社会功能——欺骗人们了解其真实处境，美化他们的存在，让适合某些权力或其他的意图以童话般的辉煌出现在他们面前。所有的媚俗本质上都是意识形态。因此，在 19 世纪，音乐媚俗以**浪漫主义**（*Romantik*）的方式改变了专注于阶级斗争的资产阶级和无产者的存在，这种浪漫主义作为伟大的艺术一旦消失不

---

[1]　《鸳鸯茶》（"Tea for Two"）由文森特·尤曼斯（Vincent Youmans）作曲、欧文·凯撒（Irving Caesar）作词，出自 1923 年的音乐剧《不，不，纳内特》（*No, No Nanette*），1925 年在纽约首演。——英编注

[2]　我没有找到这首曲子的出处，它大概可以追溯到 1923 年左右，那是通货膨胀的高峰时期。——英编注

[3]　《铃鼓舞》（"Dancing Tambourine"，1927），W. C. 波拉（W. C. Polla）作曲，菲尔·庞塞（Phil Ponce）作词。——英编注

[4]　作为一部成功的美国音乐剧，《三个火枪手》（*The Three Musketeers*）是根据大仲马的《三个火枪手》（*Les trois musquetaires*，1844）改编的，于 1928 年在纽约首演；由鲁道夫·弗里姆尔（Rudolf Friml）作曲，P. G. 沃德豪斯（P. G. Wodehouse）和克利福德·格雷（Clifford Grey）作词。然而几乎可以肯定，阿多诺指的是 1929 年在柏林出品的《三个火枪手》（*Drei Musketiere*），该剧由拉尔夫·贝纳茨基（Ralph Benatzky）作曲，由恩斯特·韦利什（Ernst Welisch）和鲁道夫·尚策（Rudolf Schanzer）负责文字材料。贝纳茨基自己的曲调中显然穿插了一些借用过来的美国歌曲（尽管阿多诺引用了美国流行歌曲的英语原文，但他用德语给出了这部音乐剧的名称，这表明他指的是柏林而不是纽约的演出）。——英编注

见，就足以把起居室变成播放着《埃利兰》和《塞京根的小号手》[1] 的展览场。在那个时代更宽敞也更安全的生活空间（Lebensraum）里，所有的媚俗都与死亡的形而上学共振共鸣，正如特里斯坦（Tristan）的放弃和《愿上帝保佑你，这本该会如此美丽》[2] 所总结的那样。今天，当资产阶级的适度安全成为过去时，媚俗的功能已经改变。它不再给死亡留下任何空间。现在它只需要隐藏和美化，它必须以一种完全不同的快意来满足受折磨的个体的具体愿望。尽管有所隐瞒，但真正的阶级关系却突出得更加显豁——例如，大约最近一年来，《当我是金发英奇时》[3] 之类的热门歌曲一直在流行，这些歌曲试图通过有声电影和讽刺歌舞剧来欺骗打字机前的女孩，让她以为自己就是女王。很难相信媚俗对需求的反应如此之快。我曾经证明过《我吻了你的手，夫人》（"Ich küsse Ihre Hand, Madame"）[4] 和稳定（Stabilisierung）之间的联系。随着经济危机的发作，这首关于一朵白菊花的歌曲出现了，其价值却往往和一整束花一样高[5]，

---

[1]　《埃利兰》(*Eliland*) 是德国作曲家亚历山大·冯·菲尔茨（Alexander von Fielitz，1860–1930）创作的声乐套曲；这是他最著名的作品。《塞京根的小号手》(*Der Trompeter von Säckingen*, 1884) 是阿尔萨斯作曲家维克多·E. 内斯勒（Viktor E. Nessler 1841–1890）创作的歌剧，在德国广受欢迎，以感伤的曲调著称。——英编注

[2]　"B 'hüt dich Gott, es wär so schön gewesen, Behüt dich Gott, es hat nicht sollen sein!" 这句歌词构成了约瑟夫·维克托·冯·舍费尔（Josepf Viktor von Scheffel, 1826–1886）创作的三节诗的合唱，他的甜蜜而感伤的史诗《塞京根的小号手》是内斯勒歌剧的基础。这段文字出现在歌剧中，也出现在德国作曲家弗朗茨·威廉·阿伯特（Franz Wilhelm Abt, 1819–1885）创作的另一首歌曲中：op. 213 no. 2。——英编注

[3]　《当我是金发英奇时：恰恰恰》（"Wenn Ich die Blonde Inge: Cha-Cha-Cha"，约 1929）的词曲作者是弗里德里希·施瓦茨(Friedrich Schwarz)。由"红色"罗伯茨("Red" Roberts)于 1930 年录制。——英编注

[4]　这首歌感情充沛，由拉尔夫·艾尔文（Ralph Erwin）作曲，弗里茨·罗特（Fritz Rotter）作词，它的名字来自一部同名的晚期默片（1929），但有配乐，玛琳·黛德丽（Marlene Dietrich）在片中扮演一个必须在两个男人之间做出选择的女人。由哈里·利德克（Harry Liedke）演唱的这首曲子风靡一时。为管弦乐队和哼唱伴唱改编的录音可在 CD《管弦乐豪华咖啡厅》(*Orchestre Grand Café*) HRCD 8093 上找到。——英编注

[5]　德语中"花束"拼写为"施特劳斯"（Strauss）。几乎可以肯定，阿多诺用了一个贬损理查德·施特劳斯的双关语，施氏作品在此文的前面被批评过。——英编注

这显然是出于节俭的原因。《舞男》[1] 服务于经济需要与政治反应的意识形态联系。军队流行歌曲究竟是一种意外，还是我们今天正在接受的新本土主义（neue Bodenständigkeit）的音拍？

音乐是这一切的重要组成部分。它被赋予的首要任务是通过保留陈旧过时的形式类型来得出集体承诺的印象；是在个人化的表达方式脱离原有的形式语境，能够像一种音乐零花钱一样流通起来时去运用它们——如浪漫主义的和声与今天已经出现的印象派的和声；是像使用单纯乐句一样，去使用按惯例仍然保留着它们以前情感意义的痕迹的旋律。在这个过程中，特色与平庸的结合仍然是所有真正媚俗音乐的任务和悖论。一方面，它需要有特色，这样才能被注意和记住；与此同时，只有平庸才不需要有意识地集中注意力去听，才能使它在通常是精神分析意义的"潜意识上"完全被理解。它忠实地依附于古老的、实际上可能是例行的模式，比如诗节和副歌。它偏爱那些曾经特别暴露和引人注目的和声，比如减七和弦，或者现在的全音阶。它还区别于每一个单独的形式创造，因为它是按类型构造的。一旦出现一种新的类型——《瓦伦西亚》[2]：八分之六拍；《海德堡》[3]：快进行曲；《当白色丁香……》[4]：伪民歌—— 一大批的仿作就被制造出来，有时都会赶走原作；或者是一

---

[1]　大概是中等节奏的曲子《舞男》（"Schöner Gigolo", 1929）由莱纳洛·卡苏奇（Leonello Casucci）作曲，朱利叶斯·布拉默（Julius Brammer）作词；英文版由欧文·凯撒（Irving Caesar）作词，名为《只是一个舞男》（"Just a Gigolo", 1929）；乐器编曲的录音可在上面注释所述的 CD 上找到。——英编注

[2]　《瓦伦西亚》（"Valencia"）由何塞·帕迪拉（José Padilla）作曲，克利福德·格雷（Clifford Grey）作英文歌词；原歌词是法语的。这首歌在 1926 年的讽刺歌舞剧《大诱惑》（The Great Temptations）中传入美国。阿多诺在各种论笔中多次提到过这首曲子。——英编注

[3]　有许多以这个名字命名的古老流行歌曲。阿多诺可能指的是 1903 年在纽约首演的音乐剧《皮尔森王子》（The Prince of Pilsen）中那首重音优美的 6/8 快板《海德堡·斯坦因之歌》（Heidelberg Stein Song）；古斯塔夫·卢德斯（Gustave Luders）作曲，弗兰克·皮克斯利（Frank Pixley）作词。这部音乐剧在伦敦大获成功，并于 1907 年被带到法国。——英编注

[4]　《当白色丁香再次绽放时：德国抒情歌曲暨狐步舞曲》（"Wenn der weisse Flieder wieder bluht: Lied u. Slow-Fox [Trot]"）由弗朗茨·多利（Franz Doelle）作曲，弗里茨·罗特（Fritz Rotter）作词。1928 年在科隆面世发行；器乐版可在上面注释所述的 CD 上找到。——英编注

种类型同时出现在无数个例子中。被绝对排除在外的是乐曲结构独立的萌动向媚俗区域的渗透。另一方面，严格保持在惯例框架内的想法也前景看好，比如《瓦伦西亚》中的三拍子。

最糟糕的媚俗是具有"等级"（Niveau）的媚俗，这种等级事先看不出来，但有创作野心。撕下其面具的唯一方法是**技术**批判（*technische Kritik*）——音乐中那些意在"严肃"的媚俗元素总是因技术异常而露出马脚。诚然，技术异常只是提供了一个思考的起点：它并不一定需要媚俗。

媚俗并没有一般的标准，因为媚俗这个概念本身就是一个框架，它通常是只被历史地填充，并且只有在争论中才有真正的正当理由。今天，这个词早已被"中庸之道"所采用，它本身已经成为一种意识形态手段，用来捍卫音乐中不再拥有任何力量的中等程度的"文化"。因此，关于媚俗的讨论本身已开始变得媚俗，因为它屈服于产生了其对象的历史辩证法本身。既然把低级音乐当作音乐中真正的潜意识领域来轻视已无济于事，而对严肃且有抱负的音乐中反常现象的批判总是比指控其媚俗更令人信服——媚俗预设了一种封闭的、引人注目的音乐语言，那么，在弄清楚它的含义之后，人们将逐渐学会避免这样去谈论。

2022 年 10 月 20 日初译

2023 年 3 月 21 日校译

# 论音乐中的拜物特性与听之退化[1]

对音乐趣味（musikalischer Geschmack）衰退的抱怨只是稍晚于人类在历史开端处的双重发现：音乐既是冲动的直接表现，又是驯服冲动的场所。它唤起了酒神女祭司的舞蹈和潘神迷人的笛声，但它也从俄耳甫斯的七弦竖琴中响起，暴力的幻象则围绕着它潜滋暗长，变动不居，然后得以平息。每当他们的平静似乎被饮酒作乐的躁动所扰乱时，就会有人谈论趣味的衰退。但是，如果说音乐的规训功能（die disziplinierende

---

[1]　《论音乐中的拜物特性与听之退化》（"Über den Fetischcharakter in der Musik und die Regression des Hörens"）最初发表于《社会研究杂志》（Zeitschrift für Sozialforschung Vol. VII, 1938），后被收入《不协和音：音乐社会学导论》（1956），最终此书作为第14卷进入《阿多诺文集》。本文的英译最早被收入《法兰克福学派基础读本》（"On the Fetish-Character in Music and the Regression of Listening," in Andrew Arato and Eike Gebhardt eds., The Essential Frankfurt School Reader, New York: Urizen Books, 1978, pp. 270-299），后该译经理查德·莱帕特（Richard Leppert）修订，被收入他编选的《音乐论笔选》（Theodor W. Adorno, Essays on Music, trans. Susan H. Gillespie, Berkeley: University of California Press, 2002, pp. 288-317）。本文根据英译修订本译出，关键用词与术语核对了德语原文（Gesammelte Schriften: Dissonanzen·Einleitung in die Musiksoziologie, Bd. 14, Frankfurt am Main: Suhrkamp Verlag, 1973, S. 14-50）。需要说明的是：1. 本文曾被译者读书会（2016年秋季学期）上的硕、博士生们研读过，当时既读英译本，亦参考了方德生的中译文（《论音乐中的拜物特征与听的退化》，张一兵主编：《社会批判理论纪事》第6辑，南京：江苏人民出版社2015年版，第246—272页），但当时只进行了将近一半篇幅，未读完。2. 后面的"英编注"是指《音乐论笔选》一书的编选者理查德·莱帕特所做的注释。3.《法兰克福学派基础读本》一书在此文前附有简短导言，该导言除指明文章的出处外还如此写道：这篇论笔仍然是让人印象最深的艺术社会学的范例之一。在我们的语境中应该强调的是：（1）针对本雅明《技术可复制时代的艺术作品》一文中的观点，阿多诺几乎与之展开了直截了当的论争；（2）阿多诺明确使用了卢卡奇的物化概念来表明文化工业的逻辑；（3）而最终，对于结构性聆听（structural listening）和"充分的"审美反应在个体衰落时代的式微，阿多诺也形成了自己的理论。——汉译注

Funktion）从希腊哲学起就已作为一种主要的善行流传下来，那么，像在其他地方一样，使人顺从音乐的压迫在今天无疑比以往任何时候都更为普遍。正如目前大众的音乐意识几乎不能被称为酒神精神一样，它的最新变化也与趣味无关。趣味这一概念本身已经过时。负责任的艺术将自己调整为近似判断的标准：和谐与不和谐，正确与不正确。但除此之外，没有更多的选择；这个问题不再被提出，也没有人要求对这些惯例进行主观上的辩护。能证实这种趣味的人，其存在本身就像在另一极那种自由选择的权利一样令人怀疑，而无论如何，自由选择的权利在经验层面已无人能够行使。如果有人试图弄清楚谁"喜欢"一首畅销之作（marktgängiger Schlager），他就无法回避这种怀疑："喜欢"和"不喜欢"是不适合这种情况的，即使被询问者只是用这些语词表达了他的反应。对音乐作品的熟悉程度替代了它的品质。喜欢它和认识它几乎是一回事。对于那些发现自己已被标准化的音乐产品围得严严实实的人来说，价值判断的方法已经成为一种虚构之物。他既不能逃避优越感，也不能在那些产品之间做出决定，因为那些产品的所有方面都完全相似，以至于偏好实际上只取决于传记细节（das biographische Detail）或听到产品时所处的情况。自主意图的艺术（die autonom intendierte Kunst）范畴不适用于对当代音乐的接受，甚至不适用于对严肃音乐的接受；在古典音乐这一野蛮名称下，严肃音乐已被驯化，以便使人再一次离它而去时心安理得。如果有人反对说，专门的轻音乐和一切用于消费的东西，它们在任何情况下都从未在范畴中得到体验，那当然必须承认这一事实。不过，这样的音乐也会受到变化的影响，因为它所承诺的娱乐、愉悦和享受在被给予的同时也被否定了。阿尔多斯·赫胥黎在他的一篇文章中提出了这样一个问题：在一个娱乐场所谁真正被娱乐了。[1] 同样合理的问题是，

---

[1]　阿尔多斯·赫胥黎（Aldous Huxley, 1894-1963）经常按此路数评价现代娱乐。因此，在其随笔《工作与休闲》（"Work and Leisure," in *Along the Road: Notes and Essays of a Tourist*, New York: George H. Doran, 1925, p. 246）中他曾指出："事实是，被培养成现在这个样子的大多数人，几乎不可能不把他们的闲暇时间消磨在那些消遣活动上，它们即使不是绝对邪恶的，至少也是愚蠢的，无用的，更糟糕的是，人们是在私底下意识到它们是徒劳的。"而在《休闲问题》（"The Problem of Leisure," in *Aldous Huxley's Hearst Essays*, ed. James Sexton , New York: Garland, 1994, pp. 101-102, first published in August 1932）（转下页）

娱乐音乐还在为谁提供娱乐。毋宁说，它似乎填补了人们的沦于沉默、言谈作为表达的衰灭、交流能力的彻底丧失。它栖身于人们因焦虑、工作和要求不高的顺从而形成的沉默的空隙里。它无处不在，不知不觉地接管了在默片的时间里和特定的处境下落到它头上的致命的悲情角色。它被视为纯粹的背景。假如没有人能再去言说，当然也就没有人能再去倾听了。一位确实更喜欢利用音乐媒介的美国广播广告专家对这种广告的价值表示怀疑，因为人们即使是在听的时候也已学会了对他们正在听的东西心不在焉。就音乐的广告价值而言，他的观察是值得怀疑的。但就音乐本身的接受情况来说，它应该大致不差。

在对趣味衰退的习惯性抱怨中，某些主题反复出现。其中不乏有人撅着嘴、多愁善感地把目前大众的音乐状况评价为一种"堕落"。这些主题中最顽固的东西是纵情声色（Sinnenreize），据说它能使英雄气短。这种抱怨在柏拉图的《理想国》第三卷中已能找到，他禁止"挽歌"和"适合饮酒"的"靡靡之音"[1]，直到今天也不清楚为什么这位哲人会把这些特征归之于混合吕底亚、吕底亚、亚吕底亚和爱奥尼亚的调式之中。在柏拉图式的城邦里，与爱奥尼亚音乐相对应的后期西方音乐大调是被列为禁忌的。长笛和"多弦"（vielsaitigen）乐器也在被禁之列。剩下的唯一调式是"好战的，是类似勇者在面临危险和下定决心的时刻，或在面对伤害、失败、死亡或任何其他不幸的时刻，以同样坚定的耐力所发出的音调或语调"[2]。柏拉图的《理想国》并非官方哲学史所称的乌托邦。它以其存在和存在意愿规训着它的公民，甚至在音乐中也是如此，其中对曲调所做的刚柔之分，在柏拉图时代就已经只不过是霉味十足的迷信残余而已。[3]

---

（接上页）中亦有以下说法："不断'做事'的人不断地购买物质产品、交通工具和进入'娱乐'场所的门票……脱离了私人利润制造者的控制并按科学路径经营之后，娱乐工业可能会在快感和分心走神中产生比今天更高的回报……现有体制的问题在于，它对待人就好像他是为经济学而生的一样。"（p. 102）——英编注

[1] Platon, *Staat*. Ins Deutsche übertragen von Karl Preisendanz. 5.-9. Taus., Jena 1920; St. 398. ——原注

[2] a. a. O.; St. 399. ——原注

[3] 参见柏拉图：《柏拉图的理想国》（*The Republic of Plato*, trans. A. D. Lindsay, New York: E. P. Dutton, 1957, Book III, pp. 99-102 [st. 398-399]）对希腊模式及其影响的全面讨论，阿多诺的看法来自这里。——英编注

柏拉图的讽刺在嘲笑吹笛子的马叙亚斯（他被不苟言笑的阿波罗剥了皮）时就幸灾乐祸地显露无遗。[1] 柏拉图的伦理－音乐规划的特点是斯巴达风格的阿提卡大清洗（attische Säuberungsaktion）。其他长期存在的音乐布道主题也处于同一水平。其中最突出的是对肤浅和"个人崇拜"（Personenkults）的指控。被攻击的主要是进步：社会的进步，本质上是特定的审美的进步。与被禁止的诱惑交织在一起的是感官上的快活和区分意识。在音乐中，个人对集体强制的优势标志着在后来阶段取得突破的主观自由时刻，而将其从魔法圈中解放出来的亵渎则显得肤浅。因此，令人遗憾的时刻进入了西方的伟大音乐中：感官刺激成了通往和声和最终通往色彩维度的大门；放荡不羁者成了艺术表现的载体，也成了音乐自身人性化的支柱；"肤浅"（Oberflächlichkeit）成了对沉默的形式客观性的批判，正如海顿更倾向于选择"风流"（Galante）而不是博学。这确实是海顿的选择，而不是一个有着金嗓子的歌手或一个能演奏出悦耳之音（der geschlekte Wohllaut）的乐手的鲁莽之举。因为这些要素进入伟大的音乐中并在其中得以转变；但伟大的音乐并没有溶于它们。在刺激和表达的多重性中，它的伟大表现为一种综合的力量。音乐的综合不仅保持了表象的统一，防止它分裂成分散的大快朵颐瞬间（Augenblicke des Wohlschmeckenden），而且在这种统一中，在特定要素与一个不断发展的整体的关系中，还保留了一种社会状况的形象，在这种状况中，超越于这些特定的幸福要素之上的将不仅仅是表象。直到史前史结束之前，局部刺激与整体之间、表现与综合之间、表层与深层之间的音乐平衡，仍然像资本主义经济中供求之间的平衡瞬间一样很不稳定。在《魔笛》[2] 中，启蒙运动的乌托邦和轻歌剧中滑稽歌曲的欢乐恰好重合，这本身就成了

---

[1]　阿波罗和马叙阿斯之间的音乐比赛也是弦乐器与管乐器的竞争。这个故事在讽喻的层面把阿波罗的七弦竖琴与文明联系在一起：有节制的，理性化的，等等；而马叙阿斯的牧笛则是不羁的酒神式的，是前者的对立面——合在一起，就是灵与肉分离的音响化表演。阿波罗靠要花招并最终靠对做裁判的缪斯女神大加奉承而赢得了比赛；阿波罗随后将马叙亚斯绑在一棵松树上，活剥了他的皮。——英编注

[2]　《魔笛》（Zauberflöte）是莫扎特创作的四部最杰出的歌剧作品之一。该剧创作于 1791 年并于当年上演，反响热烈，遂成德语歌剧的传世名作。——汉译注

一个瞬间。而在《魔笛》之后，严肃音乐和轻音乐再也不可能被强行融合在一起了。

但是，从形式法则中解放出来的东西不再是反抗惯例的生产性冲动。冲动、主观性和亵渎，这些物质享乐主义异化的老对手，现在已向它屈服投降。在资本主义时代，传统的反神话的音乐酵素密谋与自由作对，而它们作为自由的同盟军曾经遭到过禁止。反对专制模式的代表成为商业成功权威的见证者。瞬间的喜悦和欢快的外表成为免除听者思考整体的借口，而整体的主张是由恰当的倾听构成的。听者沿着对他阻力最小的路线，被转变为默认的购买者。局部的要素不再批判整体；相反，它们搁置了成功的美学总体性对有缺陷的社会总体性的批判。综合的统一性（Einheit）为它们而付出了牺牲；它们不再生产自己的统一性来取代那个已被物化的统一性，而是表现出对它的顺从。那些孤立的享受要素所能证明的是与艺术作品的内在构成的格格不入，作品中任何超越它们而达到本质感知的东西都成了它们的牺牲品。它们本身并不坏，坏的是它们遮天蔽日的功能（abblendende Funktion）。为了取得成功，它们放弃了从前不服从的性格。它们合谋达成协议，接受了孤独时刻所能提供给一个早已不再孤独的个体的一切东西。在孤独中，刺激变得迟钝了，成了种种熟悉的模型。凡是献身于它们的人往往都恶意满满，就像希腊思想家曾经对东方的纵情声色怀有恶意一样。刺激的诱惑力只有在拒绝力度最强的地方——在拒绝相信现存和谐假象的不协和中——才得以幸存。禁欲的概念在音乐中本身就是辩证的。假如禁欲主义以反动的方式一度扼杀了审美的要求，那么它在今天则已成了高级艺术（die avancierte Kunst）的标志；当然，不是通过表现出匮乏和贫困的那种手段的老式过度节俭，而是通过严格排斥所有因为自己之故而寻求被即时消费的美味佳肴之趣而得以实现，仿佛在艺术中感觉无法负载精神之物，因为后者只是在整体中而不是在孤立的局部要素中显示自身。艺术只是以否定的方式记录了幸福的可能性，而对幸福仅有的一部分肯定性期待在今天则毁灭地对抗着这幸福的可能性。所有的"轻"（leichte）艺术和悦人的艺术都变成了虚幻和虚假之物。在审美上出现在快感范畴内的东西不再能给人带来快感，而一度成为艺术的定义的"对幸福的承诺"（promesse du bonheur），如今也已荡然无存，除非从虚假快乐的脸上撕下这副面具。享受仍然只在身体的直接在场中占有一席之地。一旦享受需要审美表象，那么从审美标准看它就是虚幻的，而且同样也会欺骗快感追寻者并让他丧失自我。只有在其表象的缺失之处，对其可能性的信心才会保持。

　　大众音乐意识的新阶段可以定义为快感中的不快感（Genußfeindschaft im Genuß）。这类似于对体育运动或广告的反应。"艺术享受"（Kunstgenuß）这个词听起来很搞笑。如果不谈别的，那么在拒绝被享受方面，勋伯格的音乐倒是与流行歌曲很相似。无论是舒伯特四重奏的优美乐段，还是亨德尔[1]大协奏曲（concerto grosso）中挑逗性的健康曲目，如果还有人乐在其中，那他就是蝴蝶收藏家中潜在的文化守护者。谴责他为享乐者的理由也许并不"新鲜"。从资产阶级时代的开端处起，街头歌谣、朗朗上口的曲调和各种千篇一律的陈词滥调之力就已显山露水。以前，这种力量攻击统治阶级的文化特权。但是今天，当平庸的力量扩展到整个社会时，它的功能已发生改变。功能的改变影响了所有的音乐，而不仅仅是轻音乐；在轻音乐的领域里，它可以相当心安理得地仅被当作"渐进的"（graduell），当作机械传播手段的结果。音乐的不同领域必须放到一起考虑。某些文化看守者孜孜以求将它们的静态分离——极权主义的广播电台被指派的任务一方面是提供优质的娱乐和消遣，另一方面是培育所谓的文化产品，仿佛仍然存在着好的娱乐，仿佛文化产品在他们的管理下不会变得邪恶——从音乐的社会张力场（Spannungsfeld）中整齐地切分出来，这是不现实的。正如自莫扎特以来严肃音乐的历史作为对平庸的逃避反过来反映了轻音乐的轮廓一样，今天，通过它的主要代表，它讲述了甚至会出现在绝对纯真的轻音乐中的不祥经历。如果往另一个方向走，去隐藏这两个领域之间的断裂，并假设有一个连续体，允许进步的教育从商业的爵士乐和流行歌曲安全地通往文化商品，那么这也同样容

---

[1]　格奥尔格·弗里德里希·亨德尔（Georg Friedrich Händel, 1685–1759），英籍德裔，是巴洛克时期最伟大的作曲家之一，其创作作品类型有歌剧、清唱剧、颂歌及管风琴协奏曲，著名作品有《水上音乐》《皇家烟火》《弥赛亚》等。——汉译注

易。犬儒式的野蛮并不比文化上的欺骗好多少。它在更高层面上因幻想破灭而实现的东西，通过原始主义和回归自然的意识形态而将之抵消，借助于这种意识形态，它就美化了音乐的底层世界：这个世界早已不再帮助那些被排斥在文化之外的反对派去寻求表达，如今它只是靠上面传递给它的东西苟且偷生。喜欢轻音乐而反对严肃音乐的社会幻觉是建立在大众的被动性之上的，这种被动性使得轻音乐的消费与消费它的人的客观利益产生了矛盾。据说，他们实际上喜欢轻音乐，听高级类型的音乐只是为了社会声望，而熟悉一首流行歌曲的文本则足以揭示这种诚实认可的对象能够发挥唯一的作用。因此，音乐的两个领域的统一是一个尚未解决的矛盾。它们并没有以这样一种方式联系在一起：下层可以充当上层的通俗导引，或是上层通过借助下层来恢复其失去的集体力量。把分开的两部分相加在一起是不能组装成整体的，但两者无论离得有多远，都能呈现整体的变化，而整体只是在矛盾中运动着。如果逃离平庸已成定局，如果严肃产品的适销性因其客观需求而萎缩为零，那么在较低的层次上，成功的标准化效果就意味着以一种旧风格取得成功已不再可能，而只能在模仿中取得成功。在不可理解性和不可避免性之间没有第三条路可走；这种情况已经两极分化，但实际上两极又在相互接触。它们之间没有给"个体"留下空间。个体的诉求无论出现在哪里，都是从标准中复制出来的幻觉。对个体的清算（Liquidierung des Individuums）是新的音乐状况的真正标志。

如果这两个音乐领域在其矛盾的统一中被激起，它们之间的分界线就会发生变化。高级产品已停止消费。其余的严肃音乐则以报酬价交付给消费。它屈从于商品－聆听（Waren-Hören）。官方"古典"音乐和轻音乐在接受上的差异不再有任何实际意义。它们仍然只是出于适销性原因而被操纵。必须让流行歌曲的狂热者放心，他的偶像对他来说不会太高人一等，就像去听爱乐音乐会的观众确认了自己的地位一样。音乐行业越是卖力在各个音乐领域之间竖起铁丝网，人们就越是怀疑如果没有这些阻隔，居民们就很容易达成共识。托斯卡尼尼（他像一位二流乐团的指挥一样）被称为"音乐大师"有点讽刺。而当他借助广播的东风晋升为"空中元帅"

（Marschall der Lüfte）后，流行歌曲《大师，请上音乐》[1]立即获得了成功。

从"世界上最好的作曲家"欧文·柏林[2]和沃尔特·唐纳森[3]平稳地延伸出来的作曲行业，途经格什温、西贝柳斯[4]和柴可夫斯基，一直到舒伯特标为《未完成》的B小调交响曲，这个音乐生活的世界都充斥着一种恋物癖。明星原则已经变成了极权主义原则。听者的反应似乎与音乐的演奏没有关系。相反，它们指的是累积的成功，就此而言，不能认为它没有被过去听众的自发性让渡出来，而是要追溯到出版商、有声电影巨头和广播管理者的指挥。名人并非唯一的明星。作品开始扮演同样的角色。一个"畅销品"的万神殿建立起来了。节目缩减了，缩减的过程不仅去掉了还算不错的作品，而且已被接受的经典之作本身也经历了一次与质量无关的筛选。在美国，贝多芬的第四交响曲很是罕见。这种选择在一种恶性循环中复制着自己：最熟悉的就是最成功的，因此它被反复播放，并被变得更加熟悉。标准作品的选择本身取决于它们对于节目魅力的"效果"（Wirksamkeit），取决于轻音乐决定的或明星指挥家认可的成功类别。贝多芬第七交响曲的高潮部分与柴可夫斯基第五交响曲慢板乐章中难以言喻的圆号旋律被置于同一层面。旋律是指八小节对称的高音旋律。这被归类为作曲家的"灵机一动"（Einfall），人们认为他可以把这种灵机放在口袋里带回家，仿佛它是作曲家的基本财产。灵机一动这种概念远不适合已被认可的古典音乐。它的主题材料大多是分解的三和

---

[1]　《大师，请上音乐》（"Music, Maestro, Please!" 1938），艾丽·鲁贝尔（Allie Wrubel）作曲，赫伯·马吉德森（Herb Magidson）作词。——英编注

[2]　欧文·柏林（Irving Berlin, 1888–1989），美国作曲家、流行音乐词作家，一生写过多达1500首歌曲。他的音乐本质单纯且略微滥情，却触动了千百万美国人的心。主要作品有《白色圣诞》（"White Christmas"）、《海有多深？》（"How Deep Is The Ocean?"）、《天佑美国》（"God Bless America"）等。——汉译注

[3]　沃尔特·唐纳森（Walter Donaldson, 1893–1947），流行歌曲作曲家、编曲者和词作者；他的歌曲包括《我的妈咪》（"My Mammy"）、《我的哥们儿》（"My Buddy"）、《早晨的卡罗来纳》（"Carolina in the Morning"）、《我的蓝色天堂》（"My Blue Heaven"）和《没错，先生，那是我的宝贝》（"Yes, Sir, That's My Baby"）。——英编注

[4]　让·西贝柳斯（Jean Sibelius, 1865–1957），芬兰著名音乐家，民族主义音乐和浪漫主义音乐晚期的重要代表。主要作品有交响诗《芬兰颂》、七部交响曲、四首交响传奇曲（《图内拉的天鹅》）等。——汉译注

弦，与在同一特定的意义上的浪漫歌曲一样完全不属于作者。贝多芬的伟大表现在，偶然出现的私人旋律元素完全服从于作为整体的形式。这并不妨碍所有的音乐——哪怕他是从《十二平均律钢琴组曲》中借用了一些最重要的主题的巴赫——借助"灵机一动"的范畴来进行审视，并以对所有权的信仰的热情追捕音乐盗窃，以便音乐评论员最终可以把他的成功与旋律侦探（Melodiendetektiv）的头衔联系在一起。在最狂热的情况下，音乐拜物教控制了公众对嗓音的评价。嗓音在感官上的魔力是具有传统的，正如成功与拥有"物质财富"（Material）的人之间存在密切关系一样。但如今，它的物质性已被人遗忘。对于庸俗的音乐唯物主义者而言，"有一条好嗓子"和"成为一个好歌手"是同义语。在音乐时代的早期，至少对歌唱明星、阉人歌手和首席女歌手来说，技术精湛是必需的。如今，没有任何功能的物质本身成为夸赞对象。人们甚至不需要去问音乐表演的能力。甚至对乐器的机械控制也不再被真正期待。一个人的嗓门只要特别大或特别高，就能使他的名声合法化。如果有人甚至在言谈话语中也敢质疑嗓音的绝对重要性，并断言用中等好的嗓音就能演唱出优美的歌曲，就像用中等好的钢琴也能演奏出优美的音乐，那么他马上就会发现自己面临敌意，遭人嫌弃；这种情绪根深蒂固，原因说不清道不明。嗓音就像国家的商标一样是神圣的财产。仿佛这些嗓音想要为此报仇似的，它们开始失去了以它们的名义被销售的感官魔力。他们中的大多数听起来像是对成功人士的模仿，即使他们自己已经成功。这一切在对小提琴大师的崇拜中达到了荒谬的顶峰。听到斯特拉迪瓦里或阿玛蒂[1]的优质琴声，人们会立刻欣喜若狂——只有专家的耳朵才能把这种琴声与一把不错的现代小提琴的琴声分辨开来——而忘记了去听作品听演奏，虽然从中还是能获得一些东西。制作小提琴弓的现代技术越进步，旧乐器似乎就越被珍视。如果把灵机一动、嗓音和乐器中感官愉悦的瞬间拜物

---

[1] 斯特拉迪瓦里（Stradivarius）和阿玛蒂（Amati）均为小提琴的著名品牌，前者由意大利小提琴制作家安东尼奥·斯特拉迪瓦里（Antonio Stradivari, 1644—1737）制作；后者关联着意大利的阿玛蒂家族。安德烈亚·阿玛蒂（Andrea Amati, 约1520—1577）与他的两个儿子安东尼奥和吉罗拉莫都是小提琴制作大师，现代意义的小提琴便诞生于他们手中。——汉译注

化，剥夺了赋予它们意义的一切功能，它们就会遭遇同样孤立、同样远离整体意义、同样由盲目和非理性情感中的成功所决定的反应，是这些情感构成了无关的东西与音乐的关系。而这种关系如同流行歌曲消费者和流行歌曲之间的关系一样，是同一种关系。他们的唯一关系是与完全陌生的东西（Fremde）之间的关系，而这种陌生之物——仿佛被一道厚厚的屏障与大众的意识隔断开来——则试图为沉默者说话。哪怕他们还会有反应，其反应都不再有任何区别，无论是对贝多芬的第七交响曲还是对比基尼的反应，都是一样的。

音乐拜物教的概念不能从心理学上推导出来。"价值"被消费并把情感吸引过来，而消费者的意识却没有触及它们的特定品质，这是它们的商品特性的较新表现。因为所有的当代音乐生活都被商品形式所支配：前资本主义时代的最后残余已被消灭干净。音乐尽管被慷慨地赋予了所有超凡脱俗和崇高的属性，在今天的美国却充当着商品的广告，人们要想听到音乐就必须获得这种商品。如果说在严肃音乐那里广告的功能被小心翼翼地淡化，那么在轻音乐中它却总能长驱直入。整个爵士乐行业由于免费向乐队分发乐谱，已经放弃了实际演奏可以促销钢琴乐谱和留声机唱片的想法。无数的流行歌曲文本都在赞美这些流行歌曲本身，用大写字母重复着它们的标题。像一个偶像一样从众多的类型中脱颖而出的是交换价值，在这种价值中，可能获得的大量享受已不复存在。马克思将商品的拜物特性定义为对自己所造之物的崇拜，作为交换价值，它同时把自己从生产者异化为消费者——"人"。"商品形式的奥秘不过在于：商品形式在人们面前把人们本身劳动的社会性质反映成劳动产品本身的物的性质，反映成这些物的天然的社会属性，从而把生产者同总劳动的社会关系反映成存在于生产者之外的物与物之间的社会关系。"[1]

---

[1] 阿多诺的引用来自卡尔·马克思的《资本论：政治经济学批判》（*Das Kapital. Kritik der politischen Ökonomie*, 2nd ed. Berlin, 1932, vol. 1, p. 77），出自著名的开篇"商品"一章。在英译本中，此段话的翻译略有不同。Cf. Karl Marx, *Capital: A Critique of Political Economy*, trans. Ben Fowkes, London: Penguin, 1976, vol. 1, pp. 164-165. 此处采用的中译文见马克思：《资本论》第 1 卷，北京：人民出版社 1975 年版，第 88—89 页。——英编注暨汉译注

这是成功的真正秘密。它仅仅反映了人们在市场上为该产品所支付的东西。消费者真正崇拜的是他自己支付在托斯卡尼尼音乐会门票上的钱。从字面意义上看，他"造就"（gemacht）了成功，将它物化并接受为客观标准，却没有从中认出自己。但他并不是靠喜欢这场音乐会而是靠购买门票才"造就"这种成功的。当然，在文化商品领域，交换价值是以一种特殊的方式行使着它的权力。因为在商品的世界里，这一领域似乎不受交换权力的限制，而与商品建立了一种直接的联系，而反过来，也正是这种表象单独赋予文化商品以交换价值。但它们同时也完全落入了商品的世界，是为市场并且是针对市场而生产的。直接性的表象和交换价值的强制性一样强烈，二者都表现出不屈不挠的势头。社会契约调和了这种矛盾。直接性的表象占有了作为中介的交换价值本身。如果商品总体上是由交换价值和使用价值合成的，那么纯粹的使用价值——文化商品在完全的资本主义社会中必须保持的幻象——就必须被纯粹的交换价值所取代，后者恰恰是以其交换价值的能力，欺骗性地接管了使用价值的功能。音乐的这种特殊的拜物特性就栖身在这种替代物中。进入交换价值的情感创造了直接性的表象，同时，与对象的关系缺失则将之掩盖。它的基础是交换价值的抽象性质。每一个"心理学的"方面，每一种替代性的满足，都依赖于这种社会替代。

音乐功能所发生的变化涉及艺术与社会关系的基本条件。交换价值原则越是无情地破坏人类的使用价值，交换价值就越是把自己伪装成享受的对象。曾有人问，是什么样的黏合剂将商品的世界结合在一起。答案是，消费品的使用价值向交换价值的这种转移有助于形成一种普遍秩序，在这种秩序中，最终从交换价值中解放出来的每一种快感都具有颠覆性的特征。商品交换价值的出现具有特定的黏合功能。有钱买东西的女人陶醉于买东西的行为之中。在美国的习惯性说法中，"玩得开心"（having a good time）意味着别人享受快乐时在场，而反过来，享受快乐又以在场作为其唯一内容。汽车宗教使在圣礼中念叨着"那是一辆劳斯莱斯"的所有男人成为兄弟。在亲密的时刻，女人更重视发型和妆容的维持，而不是发型和妆容的本该如此。与无关事物的关系忠实地体现了它的社会本质。开车外出的小两口花时间识别每一辆驶过的汽车，如果他们认出了飞驰而过的车标就会感到高兴；女孩的满足仅仅在于她和她的男朋友"看上去挺好"；爵士乐迷通过了解在任何情况下都必不可少的专业知识而使自己合理合法：所有这些都是根据相同的指令来进行的。在商品的神学怪癖（theologische Mucke）面前，消费者成了教堂里的奴隶。那些没有在别处牺牲自己的人则可以在这里献祭，而在这里，他们又完全被出卖了。

在新型的商品拜物教徒中，在"施虐－受虐的人格"中，在那些接受当今大众艺术的人那里，同样的事情则以多种方式表现出来。受虐的大众文化是全能的生产本身的必然表现。当感情抓住交换价值时，它就不是神秘的圣餐变体（Transsubstantiation）。它相当于囚犯爱上了自己的牢房的这种行为，因为他已别无他物可爱。牺牲个体性，使其适应成功者的规律性，做每个人都做的事情，这源于一个基本事实：在广泛的领域中，消费品的标准化生产为每个人提供了同样的东西。但是，出于商业考虑而对这种同一性的隐藏，导致了对趣味的操纵，也导致了官方文化对个人主义的伪装，这必然与个体的清算成比例地加剧。即使在上层建筑领域，现象不仅隐藏了本质，而且强迫性地从本质中浮现出来。每个人都必须购买的商品所具有的同一性特征隐藏在普遍强制风格的严峻背后。供求关系的虚构存在于虚构个体的细微差别中。如果在当前情况下趣味的价值受到质疑，那么就有必要了解在这种情况下趣味是由什么组成的。默许被合理化为规矩（Zucht），对任性和无政府状态充满敌意；今天，音乐分析已经像音乐魅力一样从根本上衰退了，它只是在死板的节拍计数中进行着拙劣的模仿。这幅图景是在严格规定的范围内通过偶然的区分完成的。但是，如果被清算的个体真的狂热地把习俗的表面现象变为自己的东西，那么趣味的黄金时代的破晓之日就是它的日薄西山之时。

结果是，作为拜物教基础而成为文化商品的作品也因此经历了构成上的变化。它们蜕化变质了。不相关的消费摧毁了它们。不仅仅是那些反复播放的东西会磨损变旧，如同卧室里的西斯廷圣母像（die Sixtinsche Madonna），而且物化也影响了它们的内部结构。它们被转变成一次次乘虚而入的混杂体，通过高潮和重复作用于听众，而整体的组织却没有留下任何印象。由于高潮和重复，不连贯部分的可记忆性在伟大的音乐本身中，在晚期浪漫派作品的技巧中，尤其是在瓦格纳的作品中都有先例。音乐越是物化，异化之耳听起来就越是浪漫。就这样，它变成了"财产"。贝多芬的交响乐作为一个整体被自发地体验之后是绝不能被占有的。在地铁里把勃拉姆斯第一交响乐的终曲乐章主题得意洋洋地大声吹成口哨的人，所吹的已经主要是它的碎片了。但是，由于拜物的解体让这些碎片自身置于危险之中，并且差不多将它们同化为流行歌曲，这就形成了一种反向的趋势，以便保存它们的拜物特性。如果细节的浪漫化侵蚀了整体之躯，那么濒危的实体就会被镶金镀银。强调物化部分的高潮具有一种神奇仪式的性质，在这个过程中，从作品本身消除的所有人格、内在性、灵性和再生自发性的奥秘都被召唤出来了。正因为分崩离析的作品放弃了其自发性的要素，这种要素就像鸡零狗碎的俗套一样从外部被注入其中。尽管新的客观性已在被人谈论，但是循规蹈矩地表演的基本功能已不再是演奏"纯粹"的作品，而是用一种试图强调与粗俗保持距离但又无力操作的姿态来呈现粗俗化之作。

粗俗化和魅惑性，这对敌对的姐妹共同居住在已殖民大片音乐领域的编配中。编配的实践向极其不同的维度扩展延伸。有时它会抓住时间。它公然从其语境中抢夺出一些物化的鸡零狗碎，然后把它们拼装成一个大杂烩。它只是提取出了孤立的流行乐段，却破坏了作品整体的多层统一性。莫扎特降 E 大调交响曲中的小步舞曲若不与其他乐章一起演奏，就失去了交响乐的凝聚力，被演奏者变成一种匠气十足的类型化断片，更像是《斯蒂芬妮·加沃特舞曲》[1]，而不是它理应宣传的那种古典

---

[1]　《斯蒂芬妮·加沃特舞曲》(*Stephanie Gavotte*) 流行于 20 世纪初，由匈牙利乐队指挥和作曲家阿尔丰斯·奇布卡 (Alphons Czibulka, 1842–1894) 创作。《大英图书馆 1980 年以前的乐谱目录》(*The Catalogue of Printed Music in the British Library to 1980*, London: K. G. Saur, 1983, vol. 15, pp. 91–92) 列出了这首曲子的许多不同的编曲，包括乐队、管弦乐队、两手和四手联弹钢琴，以及填了词的声乐版本。该目录中最早的版本可以追溯到 1876 年；大多数出现在 19 世纪 80 年代；最晚的版本出自 1934 年。我很感谢奥托·科勒里奇 (Otto Kolleritsch) 为我识别了这部（对于美国人云里雾里的）作品。——英编注

主义。然后是色彩方面的编配。只要名声在外的演奏者没有发声明下禁令，他们就会改编他们能够找到的任何东西。在轻音乐领域，如果编配者是唯一训练有素的音乐专家，他们就会觉得受到感召，越发肆无忌惮地围绕着文化商品载歌载舞。他们为乐器编配提供了各种各样的理由。就大型的管弦乐作品而言，这样会降低成本，否则作曲者就会被指责缺乏乐器演奏技巧。这些理由都是可悲的借口。关于廉价的争论在美学上是站不住脚的，但却可以通过这两种方式解决：想一想那些心急火燎地把编配付诸实践之人的手中所掌握的丰富管弦乐技巧，以及认清以下现实，即就像钢琴曲的器乐编配一样，编曲往往比原始形式的演奏更为昂贵。到头来，认为较老的音乐需要色彩上的翻新再造，这一观点的前提是色彩和图画（Zeichnung）之间的关系具有一种偶然性，此类假定只有在对维也纳古典主义无知得简单粗暴和如此急切地编配舒伯特的情况下才能成立。即使色彩之维的真正发现最早出现在柏辽兹和瓦格纳的时代，海顿和贝多芬的色彩极简（koloristische Kargheit）也和乐曲建构原则是一回事，后者盖过了从动态统一体中迸发出的色彩绚丽的特定旋律。正是在这种极简的语境中，贝多芬《莱奥诺拉》序曲第三号开头的巴松管三度音，或者是第五交响曲第一乐章再现部的双簧管华彩乐段，才都获得了一种力量，而这种力量将无法挽回地消失在五颜六色的奏鸣声中。因此，人们必须假定编配实践的动机是自成一体的。最重要的是，编配试图使遥远而伟大的声音（它总是具有公共和非私人的面向）能被同化。疲惫的商人可以拍拍被改编经典的肩膀，抚摸他们的缪斯子孙。这是一种强迫，就像电台宠儿（Radiolieblinge）不得不以叔叔阿姨的身份混入听众的家庭，假装与人亲近一样。极端的物化形成了它自己的直接性和亲密性的伪装。另一方面，亲密关系被编配夸大和渲染恰恰是因为它过于多余。因为它们最初只被定义为整体的要素，从瓦解的统一体中形成的片刻的感官愉悦非常微弱，甚至不能产生它们所需的感官刺激来履行其广告之职。对个人的装饰和吹嘘抹去了抗议的一脸凶相，这种面貌是个人在对抗企业（Betrieb）时对自己的限制中被勾勒出来的，就像在把大规模缩减为亲密感时失去了总体性的视野，而在总体性之中，糟糕的个人直接性在伟大的音乐中是被限制在一定范围内的。取而代之的是，一种虚假的平衡已被发展起来，其中的每一步都因其材料的矛盾而暴露了它的虚伪性。舒伯特的《小夜曲》（"Ständchen"）[1]在由弦乐和钢琴组合而成的膨胀声中，中间小节模仿出过分清晰的声音，显得傻不拉几，听起来毫无意义，仿佛它出自女子学校。但是《纽伦堡的名歌手》（Die Meistersinger von Nürnberg）中的颂歌（Preislied）在弦乐团单独演奏时听起来也严肃不到哪里去。在单音色中，它客观上失去了在瓦格纳的乐谱中可行的表达。但与此同时，它对听者来说又变得切实可行，他们不再需要把歌曲的主体从不同的颜色中拼凑起来，而是可以自信地把自己交给单一的和不间断的高音旋律。在这里，与听众的对抗是伸手可触的，今天被视为古典的作品都属于这种情况。但是，人们可能会怀疑，编配方面最黑暗的秘密是强迫不让任何东西保持现状，而是要抓住任何过手的东西。存在之物的基本特征越不容易被干涉，这种强迫就越是强烈。总体的社会控制通过给任何落入其运转机器中的东西打上印记来确认它的权力和荣耀。但这种确认同样具有破坏性。当代的听众总是倾向于摧毁他们盲目尊重的东西，他们的伪活动（Pseudoaktivität）早已由生产准备好并规定好了。

音乐改编的实践来源于沙龙音乐。这是一种精致的娱乐活动，它从文化产品的"标准"（Niveau）中借用其伪装，却将其转化为流行歌曲类型的娱乐材料。此种娱乐，以前只作为人们哼唱的伴奏而得以保留，如今已经遍及整个音乐生活，基本上没有人再把它当回事，而在所有关于文化的讨论中，它也越来越退居幕后。人们可以选择的是，要么尽职尽

---

[1] 舒伯特的几首声乐小夜曲都有各种各样的器乐编曲，包括竖琴、曼陀林、夏威夷吉他和短号。鉴于阿多诺提到了女子学校，他想到的《小夜曲》的甜腻改编很可能是 D. 920（1827），该作由女低音独唱、女声合唱和钢琴伴奏，歌词文本系弗兰兹·格里帕策（Franz Grillparzer）所作（也有男声版本）。阿多诺所说的"膨胀声"（aufgeplusterten Klang）在那种情况下指的是用弦乐来加强乐曲的改编，或者更有可能是用弦乐队来代替人声部分——可以称之为"无词歌"（Lieder ohne Worte）。拉里·克莱默（Larry Kramer）向我建议，另一个可能的候选歌曲是在《天鹅之歌》（Schwanengesang）组歌 D. 957（1828）中一度非常流行的《小夜曲》设置。他恰如其分地指出："假如改编成弦乐和钢琴版，肯定足以让阿多诺牙根发酸，紧张不安。"（私下交流）——英编注

责地随行就市，哪怕只是在周六下午偷偷地站在扬声器前，要么就立刻固执地、毫不后悔地承认这些垃圾是为了满足大众假装或真正的需求而提供的。精致的娱乐对象的无趣和肤浅的本质不可避免地导致听者的心不在焉（Zerstreutheit）。在这件事上，这种人显然心地善良，因为他给听众提供的是一流的东西。若是有人反对说，这些东西已经是市场上的毒品，那么准备好的答复便是，这就是他们想要的东西。这一论点最终可以通过对听众情况的诊断而被推翻，但前提是只有通过深入了解将生产者和消费者团结在一种恶魔般和谐中的整个过程。不过，拜物教甚至控制了表面上严肃的音乐实践，这种实践活动调用"距离的惆怅"[1]，反对精致的娱乐。为这项事业服务的、呈现了诸多作品的纯洁性，却往往被证明与粗俗化和改编一样，对作品是有害的。因托斯卡尼尼的非凡成就而遍及全球的官方演出理想有助于认可这种状况，用爱德华·斯图尔曼[2]的话来说，可以称之为"完美的野蛮"（Barbarei der Vollendung）。可以肯定的是，著名作品的名称不再被当作崇拜的对象，尽管进入节目的不知名作品差不多已使小曲库的限制称心如意。当然，这里不是为了吸引人而夸大乐段或过度强调高潮。此谓铁的纪律。但也就是铁面无私而已。新的拜物癖的功能完美无缺，金属般绚丽的机器本身，其中所有的齿轮啮合得如此完美，以至于没有任何一丁点缝隙是为整体的意义而打开的。最新出现的完美无瑕的演奏风格以其最终物化的代价保留了作品。从第一个音符开始，它就已经将作品呈现为完整的了。这种演奏听起来就像它自己的留声机唱片。这种动态是预先确定的，根本不再有任何张

---

[1] 距离的惆怅（Pathos der Distanz / pathos of distance，一译"距离的悲情"）这一说法来自尼采，他认为主人和奴隶之间的区别是本质上的区别，而不是主人被认为与奴隶本质上有不同的地位，此谓"距离的惆怅"。——汉译注

[2] 爱德华·斯图尔曼（Eduard Steuermann, 1892–1964），钢琴家和作曲家，1925 年在维也纳成为阿多诺的钢琴老师。阿多诺写过一篇怀念他的文章（"Nach Steuermanns Tod," *GS*, vol. 17, pp. 311-317）。斯图尔曼是勋伯格音乐的积极支持者，他经常演奏勋伯格的作品。他是 1918 年勋伯格在维也纳组建的"私人音乐表演协会"（the Society for Private Musical Performances）的成员，该协会致力于新音乐。1938 年，他移居美国；他从 1952 年开始在朱丽亚音乐学院（Juilliard）任教，直至去世。——英编注

力。音乐材料的矛盾在声音出现的那一刻就已被无情化解，以至于它从未达到作品的综合和自我生成之境，而这种综合和自我生成则揭示了贝多芬每一部交响曲的意义。当用来检测交响乐努力的材料都已零落成泥碾作尘，交响乐努力的意义何在？对作品的保护性定影（Fixierung）导致了它的毁灭，因为它的统一性恰恰是在为定影而牺牲了的自发性中实现的。这种最后的拜物教抓住了实体本身，并使它窒息；表象对作品的绝对调整否定了后者，使它消失在机器的后面而不被注意，正如劳动队伍为沼泽排涝不是为了治理沼泽，而是工作需要。老牌指挥家的规矩会让人想起极权主义元首的统治，这不是没有原因的。和后者一样，他把威望的光环和组织机构简化为一个公分母。无论是作为"乐队班头"（band leader）还是在交响乐团，他都是真正现代类型的艺术大师。他已经到了任何事情不必再亲力亲为的地步；有时他甚至可以不用看谱，而由音乐顾问职员代为效劳。他一下子就提供了规范和个性化：规范等同于他本人，他的个人特技（die individuellen Kunststücke）提供了一般的规则。指挥家的拜物特性是最明显又是最隐蔽的。当代交响乐团的技艺名家们在没有指挥的情况下也能演奏出标准的作品，而在乐团的掩护下，为指挥欢呼的公众估计也分辨不出音乐顾问已代替了因感冒而病倒的英雄。

听者的大众意识是适合拜物化的音乐的。他按程式化的套路来听，如果出现抵抗，如果听者仍然有能力在所供应之物的限度之外提出要求，堕落就不可能发生。但如果有人试图通过访谈和问卷调查听众的反应，以此"验证"音乐的拜物特性，他可能会遇到意想不到的困扰。像在其他地方一样，音乐中本质与现象之间的紧张关系已经发展到如此地步，以致如果没有中介，任何现象都不再有效，不能作为对本质的验证。[1] 听众的无意识反应被掩盖得如此之深，他们有意识的评估是如此专属于占主导地位的拜物类别，以至于收到的每个答复都预先符合音乐行业的表面，而这种行业也正是被"已经验证的"理论攻击的目标。一旦有

---

[1] Cf. Max Horkheimer, "Der neueste Angriff auf die Metaphysik,"（《对形而上学的最新抨击》）*Zeitschrift für Sozialforschung* 6 (1937), pp. 28 ff。——原注

人向听者提出喜欢或不喜欢这样的基本问题，那么整个机制就在发挥作用，而他原以为是可以通过简化成这个问题致使这个机制变得透明并把它清除掉的。但是，如果有人试图用考虑到听者对机制的真正依赖的其他调查程序来取代最基本的调查程序，那么调查程序的复杂化不仅会使结果的解释更加困难，而且会引发调查对象的抵触情绪，使他们都更深入地陷入从众行为中，他们以为可以借此隐藏自己而免于暴露的危险。在流行歌曲的孤立"印象"和它对听者的心理影响之间根本无法制定出恰当的因果关系。如果说今天的个体确实不再属于他们自己，那么这也意味着他们不再能被"影响"。生产和消费这一对立的两极在任何时候都是密切协调，而不是孤立地相互依赖的。它们的中介本身在任何情况下都逃不过理论上的猜想。回想一下这些方面就足够了：不再有太多想法者他将省去多少悲伤，认为现实正确者他会多么更加"依照现实"行事，无怨无悔地把自己整合进运作机制者他会多么更加有能力去利用机制，如此一来，听者意识与拜物化的音乐之间的同构关系依旧是容易理解的，即便前者并未毫不含糊地把自己还原为后者。

　　与音乐拜物教相对应的是听的退化。这并不意味着个体的听众退化到了他本人发展的早期阶段，也不意味着集体普遍水平的下滑，因为那些借助于今天的大众传播第一次听音乐的千百万听众，是无法与过去的听众相提并论的。毋宁说，是当代之听已经退化，被抑制在了婴幼儿时期。不单单是听之主体丧失了有意识地感受音乐的能力（这种能力自古以来就局限于一个狭窄群体中），丧失了选择和责任的自由，而且他们还顽固地拒绝获得这种感知的可能性。他们摇摆于全面的遗忘与突然的认出之间，他们原子般的听又割裂了他们所听到的东西，但也正是在这种割裂中他们形成了某种能力。与传统的美学概念相比，这种能力更符合足球运动、汽车驾驶的概念。他们并不天真（kindlich），而这可能是对新型听众——那些先前并不熟悉音乐却进入了音乐生活的群体——通常的理解。但他是幼稚的（kindisch）；他们的原始性（Primitivität）不是发育不良的那种原始性，而是强力使其停滞的原始状态。只要有机会，他们就会表现出一种被压抑的仇恨，即那类真正感知到他者却又为了生活安宁而排斥它的人，那种最希望根除唠叨可能性的人所具有的仇恨。这种退化实际上是来自这种现存的可能性，或者更具体地说，来自一种不同的、对立的音乐的可能性。退化也是当代大众音乐在其受害者的心理之家中所扮演的角色。他们不仅在更重要的音乐面前掉头而去，而且也证实了自己的神经质愚蠢，完全不考虑他们的音乐能力与早期社会阶段的特定音乐文化有何关联。对流行歌曲和低劣文化商品的赞同与下述这类面孔属于同一种症候关系：人们不再知道这类面孔的主人，究竟是电影使他们疏远了现实还是现实使他们疏远了电影，因为他们张着无形大嘴，龇着闪亮的牙齿，贪婪地笑着，而疲惫的眼神则流露着凄惨，茫然不知所措。与体育运动和电影一道，大众音乐和新的聆听推波助澜，使得逃离整个婴幼儿环境几无可能。这种病变具有一种保护功能。甚至当代大众的听赏习惯也绝不是什么新鲜事，人们或许会乐意承认，听众对战前热门歌曲《小娃娃》[1]的接受程度与一首合成的爵士儿歌的接受程度并无太大区别。但是，这样一首儿歌出现的语境，受虐式地嘲弄自己找回逝去的幸福的心愿，或是对幸福本身的渴望以回到童年为妥协，而童年的不可复得也见证了快乐的无法获得——这是新的听赏的特殊产物，任何撞击耳鼓的东西无一能幸免于这种同化系统。社会上确实存在差异，但新的听赏蔓延得如此深远，以至于被压迫者的愚蠢影响到了压迫者自己，他们成了自推车轮强大力量的受害者，却认为自己还在决定着自己的方向。

退化之听通过传播机制，尤其是广告与生产联系在一起。一旦广告变成恐怖，一旦意识除了在广告材料的强大力量面前屈服就范，除了通过让强加的商品真正成为自己的东西来购得精神上的安宁之外而无所作为时，退化之听就出现了。在退化之听中，广告具有强制性。有一段时间，英国一家啤酒厂出于宣传目的，把一块广告牌做了伪装，让它看起

---

[1] 我找到的唯一一首名为《小娃娃》（"Püppchen"）的儿童歌曲的文献是来自 1929 年，由阿尔弗雷德·舍恩费尔德（Alfred Schönfeld）作词，让·吉尔贝尔（Jean Gilbert）作曲。阿多诺此文写在第二次世界大战开始之前，他把这首歌曲称为战前歌曲，因此表明它的日期早于 1914 年。——英编注

来像伦敦和北方工业城市贫民窟中随处可见的那种粉刷过的砖墙。这块广告牌摆放得当，和真墙几无区别。牌子上粉笔写字，小心模仿着笨拙的笔迹。内容是："我们要的就是沃特尼。"（What we want is Watney's）这种啤酒的商标呈现得就像一句政治口号。这个广告牌不仅让人洞察到最新宣传的本质，它既卖口号也卖货物，就像这里的货物伪装成了一种口号；而且广告牌所暗示的那种关系，亦即大众把推荐给他们的商品作为他们自己行动的目标，实际上又被发现是轻音乐接受的模式。他们需要并要求别人骗卖给他们的东西。通过使自己认同于逃不掉的产品，他们克服了面对垄断生产时笼罩在他们身上的无力感。这样一来，他们就结束了那些离他们既遥远又近在咫尺的音乐品牌的陌生感，此外，他们还获得了一种满足感，觉得自己置身于"无知先生"（Herr Kannitverstan）的企业中，企业对他们处处关照。这就解释了为什么个人偏好（当然还有厌恶）的表达会汇聚在一个客体和主体同样都让这种反应变得可疑的领域。音乐的拜物特性通过听众与物恋对象的认同形成了它自己的伪装。这种认同最初赋予流行歌曲凌驾于受害者之上的力量。它在随后的遗忘和记忆中实现了自己的抱负。正如每一个广告都是由不显眼的熟悉和不熟悉的显眼组成的一样，流行歌曲在它熟悉的朦胧中被有益地遗忘，又在回忆中突然痛苦地变得过于清晰，仿佛处在聚光灯的光柱之中。人们几乎可以把这种回忆的时刻等同于受害者面对流行歌曲的歌名或最初的韵文歌词的时刻。他认同流行歌曲也许是因为他认出了它，从而要与他的财产融为一体。这种强制力可能会驱使他不时地回想起那首流行歌曲的歌名。但是，使这种认同成为可能的音符下的书写不是别的，而正是这种流行歌曲的商标。

注意力分散（Dekonzentration）是一种知觉活动，这种活动为遗忘和突然认出大众音乐铺平了道路。假如标准化的产品（除了显眼部分如流行乐段，它们不可救药地彼此相似）不允许聚精会神地听，除非对听众变得不可忍受，那么听众在任何情况下也不再能够全神贯注地听了。他们无法处于注意倾听的紧张当中，只能听天由命地接受降临在他们身上的一切。只有听得心不在焉，他们才能与所听的曲子平安相处。本雅明提到的在分心走神（Zerstreuung）的情况下电影院的统觉活动同样也适用于轻音乐。[1] 通常的商业爵士乐之所以能发挥其作用，正是因为除了在交谈，尤其是作为舞蹈伴奏外，没人会注意到它。人们一次又一次地遇到这样的评价：用它伴舞挺好，当作音乐听很差。但是，如果说以分心走神的方式似乎还能对作为整体的电影有所理解的话，那么，注意力分散的听却使对整体的感知变得毫无可能。所有被意识到的是被聚光灯照到的东西——惊人的旋律音程，颠三倒四的转调，有意无意的失误，或是任何通过旋律和歌词特别亲密的融合凝结而成的一个公式化的东西。在这里，听众和产品也是相辅相成的；他们甚至没有得到他们无法遵循的结构。如果说原子化的听赏意味着对高级音乐的逐步分解，那么在低级音乐中已没有什么可以分解的了。流行歌曲的形式是如此严格的标准化，直到小节的数量和确切的持续时间，以至于没有特定的形式出现在任何一首特定的作品中。部分从它们的连贯性中解放出来，从超越它们当下的所有要素中解放出来，从而引导音乐兴趣转移到特定的感官愉悦中。通常情况下，听众不仅对特定的乐器特技演奏的乐曲表现出偏好，而且也偏爱个别乐器的音色。美国流行音乐演奏促进了这种偏爱，每一个变奏或"合奏"都强调一种特殊的乐器音色，单簧管、钢琴或长号充当准独奏者。这种做法常常过火，以致听者似乎更关心处理方式和"风格"，而不是其他不感兴趣的材料，但这种处理只有在特别诱人的效果中才能确认自己。伴随着对音色本身的迷恋，当然还有对乐器的崇拜以及模仿和参与游戏的冲动；也可能是类似孩子们对明亮色彩的欢天喜地，它在当代音乐经验的压力下又回来了。

兴趣从整体，或许真的是从"旋律"转移到音色的魅力和个人的技巧上，这可以乐观地解释为是规训功能的新破裂。但这种解释可能是错误的。一旦被感知到的魅力在一种僵化的模式中畅行无阻，任何屈服于它们的人最终都将起而反抗。但它们本身是最有限的一种类型。它们集中

---

[1] Walter Benjamin, "The Work of Art in the Age of Mechanical Reproduction," in *Illuminations*, ed. Hannah Arendt, trans. Harry Zohn, New York: Schocken, 1969, especially pp. 222-223, 234-241. ——英编注

在印象派被软化的调性上。不能说对孤立的色调或孤立的音响的兴趣唤醒了对新色调和新音响的趣味。毋宁说原子化的听众是第一个谴责这种声音是"知性的"（intellektuell）或绝对不和谐的。他们享受的魅力必须是被认可的类型。可以肯定的是，不协和音在爵士乐练习中也会发生，甚至有意的"误奏"（Falschspielen）技术也发展起来。但是，所有这些习惯都伴随着一种无伤大雅的表象；每一种夸张的音响都必须发出来，以至于听者能认出它是"正常"音响的替代品。当他为不协和音对其所取代的和谐音所造成的虐待感到高兴时，虚拟的和谐音同时保证了他仍然可以留在这个圈内。在对流行歌曲接受的测试中，人们发现有人会问，如果一段音乐同时让他们开心和生气，他们该如何应对。人们有理由怀疑，他们所述说的经历也发生在那些没有述说的人身上。对于孤立的魅力，人们的反应是模棱两可的。一旦看到感官愉悦仅仅是为了背叛消费者而服务，它就会变成厌恶。这里的所谓背叛在于总是提供同样的东西。流行歌曲迷即便再怎么反应迟钝，总也无法摆脱爱吃甜食的孩子在糖果店里所获得那种感受。如果这些魅力消失了，变成了它们的反面——大多数热门歌曲的昙花一现就属于同样的经验范围——那么，对上层音乐行业进行包装的文化意识形态就会心怀愧疚地让下层的音乐被人听到，从而结束一切。没有人会完全相信被规定好的快感。但是，尽管存在不信任和矛盾心理，只要赞成这一处境，听就仍然处在退化之中。由于情感已被替换为交换价值，音乐中也就不再有真正高级的要求了。替代品也能满足他们的需要，因为他们所适应的需求本身已被替代。但是，假如耳朵仍然只能从别人提供给他们的东西中听到人们对它的要求，只记录抽象的魅力，而不是综合那些魅力的要素，那么这种耳朵就坏掉了。即使在"孤立的"现象中，关键的方面（亦即超越到孤立自身之上的那些方面）也会逃避耳朵。实际上，在听赏中也存在着一种愚蠢的神经机制；傲慢无知地拒绝一切不熟悉的事物是其确切的标志。退化的听众之行为就像孩子，他们满怀积怨，一次又一次地要求着他们曾经享用过的那道菜。

　　为他们准备的是一种音乐的儿童语言；它不同于真正的儿童语言，

因为它的词汇只是由音乐艺术语言中的片段和歪曲所组成。在流行歌曲的钢琴乐谱中有一些奇怪的图表。它们涉及吉他、尤克里里琴和班卓琴，以及手风琴——与钢琴相比，它们都是些小儿科乐器（infantile Instrumente）——它们是为那些不会读乐谱的演奏者设计的。它们用图表描绘了弹拨乐器的和弦指法。于是，可被理性把握的音符被视觉指令，某种程度上也是被音乐交通信号所取代。当然，这些符号仅限于大三和弦，排除了任何有意义的和声进行（harmonischer Fortgang）。受管制的音乐交通是配得上它们的。这当然不能和街上的交通相提并论。它充斥着声部处理（Satz）与和声上的错误。有错误的音高，有对三度、五度和八度音阶不正确的加倍呈现，以及各种不合逻辑的声音处理，有时在低音部分。人们可能会把这一切归咎于那些业余爱好者，因为大多数流行歌曲都是由他们创作的，而真正的音乐作品首先是由编曲者完成的。但是，就像出版商不会让拼错的单词走出户外一样，很难想象专家过手、慎之又慎之后，他们却依然没有检查就发布了这些业余版本。这些错误要么是专家们有意制造出来的，要么是为了听众的利益而故意允许出现的。人们可以将此归因于出版商和专家迎合听众的意愿，他们作曲时若无其事，大大咧咧，就像一个半吊子（Dilettant）听了一首热门歌曲击节哼唱一样。即便需要考虑到心理学上的差异，这些阴谋诡计与许多广告语中的拼写错误也区别不大。但就算是有人认为它们过于牵强而拒绝接受，这些印刷错误也是能够被理解的。一方面，小儿科的听力要求感官上的丰富和音响的饱满，有时表现为丰富的三度音，而正是在这一要求中，小儿科的音乐语言与儿歌之间产生了最残酷的矛盾。另一方面，小儿科的听力总是要求最舒适和最流畅的解决。"丰富"的音响以及正确的声音处理，其结果是将与标准的和声关系相距甚远，以至于听者不得不以"不自然"之名而拒绝它们。那些错误是大胆的措施，它调和了小儿科听众的意识的对立。引用同样是退化的音乐语言的特征。它的使用范围从有意识地引用民谣和儿歌（通过模棱两可的方式和半推半就的暗示）到完全潜在的相似和联想。这一趋势在对古典储备或歌剧库存的整个作品改编时凯歌高奏。引用的实践反映了小儿科听众意识的矛盾心理。这些引语既是独裁主义的，又是一种拙劣的模仿。孩子就是这样模仿老师的。

退化听众的矛盾心理在这样一个事实上得到了最极端的表现：尚未完全物化的个体想要从他们已被交付的音乐物化机制中解脱出来，但他们对拜物教的反抗只会让他们更深入地卷入其中。每当他们试图逃离强制性消费者（Zwangskonsumenten）的被动地位并试图"激活"（aktivieren）自己时，他们就会屈服于伪活动。种种类型的人群从大量受损害者中涌现出来，他们通过伪活动区分了自己，却仍然使退化触目惊心。其中的一类首推给电台和管弦乐队写信的狂热歌迷，他们在管理有方的爵士音乐节上出产着自己的热情，为他们所消费的商品做着广告。他们自称为"jitterbugs"[1]，仿佛他们同时想要肯定和嘲笑自己个性的丧失，以及他们变成甲壳虫后还入迷地飞来飞去，嗡嗡作响。他们唯一的借口是，"吉特巴虫"这个词，就像电影和爵士乐的虚幻大厦里的所有字眼一样，是被企业家敲进他们的脑袋之中并让他们以为自己就是业内人士。他们的狂喜是没有内容的。这件事情发生了，音乐被听到了，这些东西取代了内容本身。狂喜是通过它自己的强制性来占有其对象的。这种狂喜的风格就像野蛮人擂响战鼓时进入的狂喜。它所具有的痉挛面相让人想起圣维特斯舞蹈病[2]或伤残动物的肢体反射。狂热本身似乎是由缺陷产生的。但这种狂喜的仪式在模仿的那一刻就暴露了其伪活动的本性。人们不会"出于情色"（aus Sinnlichkeit）而跳舞或听歌，情色当然不会因为听赏而得到满足，但情色的动作会被模仿。与之类似的是电影中对特定情感的表现，其中有焦虑、渴望、好色表情的面相模式；还有《保持微笑》[3]、

---

[1]　"jitterbugs"可音义兼顾地直译为"吉特巴虫"，其主要义项有：(1) 吉特巴舞（一种轻盈活泼的美国舞蹈，通常有爵士乐伴奏，盛行于1940年代）；(2) 吉特巴舞者；(3) 引申为爵士乐迷。译者根据上下文，灵活使用这几种义项。——汉译注

[2]　圣维特斯舞蹈病（Veitstanz / St. Vitus' dance）是一种不停地唱、跳、舞蹈、痉挛的流行病。此病最早出现在1518年法国的一个小镇。当时，圣维特大教堂（St. Vitus）把这舞蹈病当作一种诅咒，但当代历史学家把它归为集体发疯，是因压力产生的精神错乱。——汉译注

[3]　《保持微笑》（Keep Smiling, 1938）是一部美国喜剧电影，由赫伯特·I. 利兹（Herbert I. Leeds, 1900—1954）执导。以《保持微笑》为名的电影不止这一部，因此文写于1938年，所以阿多诺在这里很可能就是指当年上演的这部电影。——汉译注

低俗音乐原子化的表达模式。对商品范本的模仿性同化与有关民间传说的模仿式习俗交织在一起。在爵士乐中，这种模仿与模仿者本人的关系是相当松散的。它的媒介是讽刺漫画。舞蹈和音乐复制性冲动的阶段只是为了取笑它们。这就好像欲望的代理人本身同时也在与它作对；被压迫者的"务实"（realitätsgerechte）行为战胜了他的幸福梦想，同时它本身也被整合进后者。似乎是为了确证每一种狂喜形式的肤浅和诡诈，双脚无法完成耳朵所自诩要做的事情。同样是那些仿佛被切分音舞蹈充了电的吉特巴舞者，他们几乎只会跳节奏好的部分。虚弱的肉体惩罚了愿意的心灵谎言[1]；小儿科听众的姿态式狂喜在狂喜的姿态面前哑火失效。相反的类型似乎是那种心急火燎地离开工厂、在安静的卧室里用音乐"充实"（beschäftigt）自己的人。他害羞而拘谨，也许在女孩子面前运气不佳，却无论如何都想守住自己的一亩三分地。他以无线电发烧友（Bastler）的身份谋取了这些。二十岁时，他还处在童子军阶段，为了取悦父母他会编出复杂的绳结。这类人在无线电事务中备受敬重。他耐心地鼓捣装置——其中最重要的部件他必须购买现成的——并且在空中扫描，寻找短波的秘密，尽管那里一无所有。作为一名印第安人故事和旅游书籍的读者，他一度发现了未知的大陆并在原始森林中开辟了道路。作为无线电发烧友，他成了那些工业产品的发现者，而那些产品也正兴致勃勃地等着被他发现。不会被送货上门的东西，他都不会带回家。从事伪活动的冒险家们已经大规模地组织起来；无线电爱好者印制了他们所发现的短波电台送给他们的验证卡，并举行比赛，谁的验证卡造得最多，谁就是赢家。所有这些都是从上面精心培育的。在所有的拜物性听众中，无线电发烧友可能是最彻底的。他听到了什么甚至如何听到，都与他无关；他只对这样一个事实感兴趣：他听到了，并利用自己的私人设备把自己成功地塞进了公共机构，却没有对它施加哪怕是最轻微的影响。以同样的态度，无数的收音机听众玩着信息反馈或调音按钮，尽管他没有成为

---

[1] 阿多诺在这里化用了《圣经·马太福音》第 26 章第 41 节中的说法："你们心灵固然愿意，肉体却软弱了。"（The spirit is willing，but the flesh is weak.）此语在西方语言中常指"心有余而力不足"，或"力不从心"。——汉译注

发烧友。其他人更专业，或者至少更有进取心。这些聪明的家伙到处都能找到，他们能自己做任何事情：为了跳舞和娱乐，高年级学生在每一次聚会上都准备以机器般的精准演奏爵士乐；加油站的服务员边加油边哼着切分音，天真烂漫；听赏专家能辨认出每一支乐队，他让自己沉浸在爵士乐的历史中，仿佛它就是救世史（Heilsgeschichte）。他是最接近运动员的人：如果不是接近足球运动员本人，那就是接近那个主宰着看台的大摇大摆的家伙。粗糙的即兴表演能力使他光彩照人，哪怕为了把难以驾驭的节奏弄到一块他必须偷偷在钢琴上练上好几小时。他把自己描绘成向世界吹口哨的个人主义者。但他吹的是世界的旋律，他的雕虫小技与其说是一时的发明，不如说是通过熟悉很吃香的技巧而积累起来的经验。他的即兴演奏总是灵活地服从乐器对他提出要求的种种姿态。私人司机是这类聪明的倾听者的典范。他对一切主流事物的赞同是如此深入，以致他不再产生任何反抗，而是为了恪尽职守的官员，总是自觉自愿地去做要求他做的事情。他骗自己，说他已完全服从于物化机制的规则。因此，爵士乐迷的至高惯例不过是一种被动适应模式的能力，以避免对它有所偏离。他是真正的爵士乐主体：他的即兴演奏来自模式，而且他驾驭着这种模式，嘴上叼着烟，漫不经心的样子，仿佛这种模式是他自己发明的。

在一些关键点上，退化的听众与那些因为没有别的东西可以发泄其攻击性而必须消磨时间的人，甚至与临时工（Gelegenheitsarbeiter）有相似之处。一个人要使自己成为爵士乐专家或整天泡在收音机里，他必须自由时间很多而自由却很少。与切分音和基本节奏协调一致的灵巧也是汽车修理工的那种灵巧，因为后者还能修理扬声器和电灯。新的听众就像修理工一样既专业，同时又有能力将其特殊技能应用到他们熟练行当之外意想不到的地方。但这种去专业化（Entspezialisierung）似乎只会帮助他们脱离这个体制。他们越是容易满足一时之需，就越严格地服从于这个体制。研究发现，在收音机听众中，轻音乐听友暴露出了自己的去政治化倾向，这并非出于偶然。个体获得庇护所和一如既往地成问题的安全感的可能性，妨碍了人们对寻求庇护时所处的处境做出改变的看法。肤浅的经验与此相悖。"年轻一代"（junge Generation）——这个概念本身只是一个意识形态上的笼统说法——似乎正是通过新的听赏方式与他们的长辈及其奢华文化（Plüschkultur）发生了冲突。在美国，人们在轻流行音乐（leichte populäre Musik）的倡导者中见到的全是所谓的自由主义者和进步人士，他们中的大多数人都想把自己的活动归入民主之中。但是，如果退化的听力是与"个人主义"听力类型相对立的一种进步，那么，只有在辩证的意义上，它才比后者更适合于前进中的残忍粗暴。所有可能的霉味都已从这种卑劣中抹去，而对一种早已从个体身上夺走的个体性的审美残余进行批判则显得合理合法。但是这种批判来自流行音乐领域，几乎没有什么力量，因为正是这一领域将浪漫的个人主义中堕落和腐烂的残余变成了木乃伊。它的创新与这些残余相伴相生，密不可分。

听赏受虐狂不仅仅是靠自我屈从并靠通过认同权力而获得的虚假快乐加以界定。它的基础是这样一种认识：在统治条件下，避难所的安全具有暂时性，它只是苟延残喘，最终一切都会崩溃。即便是自我屈从，一个人在他自己眼中也不被看好；他在享受的时候人们会觉得他既背叛了可能性，同时也被现存的事物所背叛。退化的听总是准备堕落为暴怒。如果一个人知道他基本上是裹足不前，那么这种暴怒就会主要指向一切可能否定其赶时髦和与时俱进的现代性，以及揭示出变化实际上是多么微不足道的东西。从摄影和电影中，人们知道了这种现代所产生的效果已变得陈旧不堪；这种效果原本是超现实主义者用来使人震惊（Schock）的，后来则沦为那些被其拜物教固定在抽象的现在（abstrakte Gegenwärtigkeit）之上的人的廉价娱乐。对于退化的听众来说，这种效果被奇妙地缩小了深度。他们情愿嘲笑和毁灭昨天自己所陶醉的东西，仿佛是在忆往昔时为那狂喜实际上并非如此的事实报复自己。这种效果已被赋予了属于它自己的名称并在报刊和广播中被反复宣传。但是，我们不应该认为节奏更简单、前爵士乐时代的轻音乐及其遗迹是"土老帽"（corny）；相反，这个说法适用于所有那些不符合当前公认的节奏程式的切分音乐曲。当爵士乐专家听到一首节奏优美的曲子中十六分音符后面跟着一个附点八分音符时，他很可能会笑掉大牙，尽管这种节奏比后来练习的所有反重音的切分音连接和放弃更有进攻性，也丝毫不显得土气。退化的听众实际上是破坏性的。老前辈的侮辱有其反讽式的合法性；讽刺的是，因为退化听众的破坏性倾向实际上是针对和老式的仇恨一样的东西，针对的是不服从，除非它是来自集体过度行为的可被容忍的自发性。表面上的代际对立无不在暴怒中体现得最为明显。那些在悲情－施虐信（pathetisch-sadistische Briefe）中向广播电台抱怨圣物被搞怪的老顽固和那些以这种展示为乐的年轻人，其想法是一致的。只要有合适的情境，就能使他们团结在统一战线上。

这就对退化之听中的"新的可能性"提出了一种批评。假如它是某种东西，其中艺术作品的"光晕"（auratische）特征，它的幻觉元素让位于游戏元素，人们可能会试图拯救它。无论电影中的情况怎样，今天的大众音乐在祛魅方面几乎没有表现出这样的进步。在那里，没有什么比幻觉更稳固，也没有什么比它的现实更虚幻。这个小儿科的游戏与儿童的生产力几乎只有名称上的共性。否则，资产阶级的体育运动就不会想要如此严格地与游戏区分开来。它的残酷的严肃性在于这一事实：不是通过摆脱目的性而忠实于自由之梦，而是通过把游戏当作一种责任对待，将之置于有用的目的之中，从而抹去其中自由的痕迹。这一点尤其适用于当代大众音乐。它不过是一种对规定模式进行重复的游戏，而由此实现的游戏性的责任（Verantwortung）解除并没有从根本上减少花在义务（Pflicht）上的时间，除了把责任转变为种种模式之外，追随这些模式则被人变成了一种自己的义务。正是在这里存在着占统治地位的音乐运动的固有假象。以腐朽的魔力为代价来促进当代大众音乐的技术理性要素（technisch-rationale Momente），或者是促进退化的听众可能与这些要素相对应的特殊能力，这是虚幻的，尽管腐朽的魔力为纯粹的功能本身规定了规则。它将是虚幻的，也是因为大众音乐的技术创新实际上并不存在。对于和声与旋律结构来说，这是不言而喻的。现代舞蹈音乐在音色上的真正成就，即不同的色彩相互接近，已经达到一种乐器可以连续取代或伪装成另一种乐器的程度，就像铜管乐器的消音效果一样为瓦格纳和后瓦格纳的管弦乐技术所熟悉。即使在切分音的技巧上，也没有什么东西是在勃拉姆斯那里没有以初步形式出现过，并被勋伯格和斯特拉文斯基超越了的。当代流行音乐的实践与其说发展了这些技巧，不如说是循规蹈矩地钝化了它们。那些带着惊讶的眼光熟练地看待这些技巧的听众根本就不是因此而受到了技巧上的教育，而是一旦这些技巧带着自己的意义语境被介绍给他们时，他们就会抵触和厌恶。一种技巧是否可以被认为是进步和"合理"的，取决于这种意义以及它在整个社会和特定作品组织中的地位。一旦技术发展本身成为一种拜物教，并以其完美代表着被忽略的社会任务已经完成，那么它就可以服务于粗糙的反应。这就是为什么在现有基础上改革大众音乐和退化之听的所有尝试都遇阻受挫。用以消费的艺术音乐（Kunstmusik）必须以牺牲其一致性为代价。它的缺点不在于"艺术性"；每一个错位或过时的和弦都表明了那些其要求得到适应的人的落后性。但是在技术上一致的、和谐的大众音乐净化了所有拙劣的伪装元素，就会变成艺术音乐并立刻失去大众基础。所有的和解尝试，无论是借市场导向的艺术家还是集体导向的艺术教育者之手，都是徒劳的。他们所完成的不过是手工艺品或那种必须给出使用说明或社会文本，以便人们可以适当地了解其更深层背景的产品。

新大众音乐和退化之听被称道的积极方面是活力和技术进步，是集体的广度和与一种不明确的实践的关系，这些概念中已经掺杂了知识分子恳求的自我谴责，他们因而最终可以结束与大众的社会疏离，以便在政治上与当代大众意识相协调——这种积极面是消极的，是社会的一个灾难性阶段闯入了音乐。积极的事物只是被关押在否定性之中。拜物教的大众音乐威胁着拜物教的文化产品。这两个音乐领域之间的紧张关系如此增长，以至于官方领域很难坚持自己的立场。无论它与大众音乐的技术"标准"的关系有多小，如果将爵士乐专家的专业知识与托斯卡尼尼崇拜者的专业知识进行比较，前者要远远胜过后者。但是，退化之听相当于不断增长和残忍的敌人，它不仅针对博物馆文化产品，而且也针对音乐作为驯服冲动的场所这种古老的神圣功能。音乐文化的堕落产品不是没受到惩罚，因此也不是没有约束，但它还是面对无礼的游戏和虐待狂的幽默屈服投降了。

在退化之听面前，音乐作为一个整体开始呈现出喜剧的一面。人们只需要从外面听到合唱排练时那无拘无束的响亮声音就可以了。这一经验在马克斯兄弟的一部电影中已被大力捕获，他们拆毁了一套歌剧布景，仿佛是要用讽喻来掩盖历史哲学对歌剧形式的衰败所形成的深刻见解，或者在一件最受尊崇的精致的娱乐作品中砸开一架大钢琴，以便把它的琴弦装在框架里，作为未来能用它来演奏序曲的真正竖琴。[1] 音乐在现阶段之所以变得滑稽可笑，主要是因为完全无用的东西与认真工作的紧张中种种可见的迹象眉目传情。音乐对于有能力的人来说的陌生揭示了他们彼此之间的疏远，这种疏远的意识在笑声中被宣泄出来。在音乐中——或者类似地在抒情诗中——认定它们滑稽的社会变成了滑稽。但在这种笑声中，却包含着神圣的和解精神（Versöhnlichkeit）的没落。今天所有的音乐听起来都很容易变成《帕西法尔》[2] 之于尼采的耳朵那样。它让人回想起远古时代难以理解的仪式和幸存的面具，是挑衅式的废话连篇。[3] 无线电广播既损耗了音乐又使其过度曝光，因此可谓功莫大

---

[1]　这里是指《歌剧之夜》(A Night at the Opera, 1935, 一译《歌声俪影》)，导演山姆·伍德(Sam Wood)，编剧乔治·S. 考夫曼（George S. Kaufman）和莫里·里斯金德（Morrie Ryskind）；这是马克斯兄弟为米高梅制作的第一部电影。被拆毁的歌剧布景是为《吟游诗人》(Il Trovatore) 准备的。See Lawrence Kramer, "Glottis Envy: The Marx Brothers' A Night at the Opera," in Music and Meaning: Toward a Critical History, Berkeley and Los Angeles: University of California Press, 2001, pp. 113–114. ——英编注

[2]　《帕西法尔》(Parsifal) 是瓦格纳编剧并谱曲的三幕歌剧，于 1882 年 7 月 26 日在德国拜罗伊特首次公演。——汉译注

[3]　尼采对《帕西法尔》的反应渗透在《瓦格纳事件》(1888) 中。以下说法是尼采针对他曾经的朋友的作品的尖刻机智之辞，非常典型：(1) 他把帕西法尔这个人物视为"一个神学学位的候选人，却只接受过中学教育（后者对于纯粹的愚蠢是必不可少的）"（section 9, p. 176）；(2) "张开你的耳朵：一切从贫困生活的土壤上生长起来的东西，一切对超验和超越的伪造，都在瓦格纳的艺术中找到了它最崇高的倡导者……通过对感知觉的劝服，转而则使精神疲惫和破碎。音乐成了喀耳刻女巫。在这方面，他最后的作品是他最伟大的杰作。在诱惑的艺术中，帕西法尔将永远保持它的地位——作为诱惑中的神来之笔（the stroke of genius）……从来没有比他更伟大的散发着若有若无的僧侣气息的大师。"（first postscript, pp. 183-184.）所有引用均来自 Friedrich Nietzsche, The Case of Wagner, in The Birth of Tragedy and The Case of Wagner, trans. Walter Kaufmann, New York: Vintage, 1967。——英编注

焉。甚至对于那些聪明的家伙来说，也许在某个时候好光景也会到来：那时，他们有可能要求的不是准备好的随时可以打开的材料，而是物品的即兴替换，以此作为那种只有在不可动摇的现实世界的保护下才能蓬勃发展的激进的开端。如果自由成为其内容，那么甚至规训也可以接管对自由团结的表达。尽管退化之听不可能成为自由意识中进步的征兆，但是如果与社会统一的艺术离开了那条永远相同的路，它就可能突然转向。

不是流行音乐而是艺术音乐为这种可能性提供了一个模型。马勒是所有资产阶级音乐美学的丑闻，这不是没有道理的。他们说他缺乏创造力，因为他悬置了他们对创造本身的概念。他所从事的一切都是现成的。他在"匮乏"（Depravation）的状态中接受了它；他的主题是被征用过来的。然而，没有什么东西听起来像它习惯的那样；所有的东西仿佛都被磁石吸引而发生转向。破旧的东西顺从地屈服于即兴创作之手；用过的部分作为变体获得了第二次生命。正如私人司机凭借他对自己那辆二手旧车的了解可以使他严守时间，神不知鬼不觉地把它开到预定的目的地一样，一段筋疲力尽的旋律表达在高音区降E调单簧管[1]和双簧管压力的撕扯下，也可以到达公认的音乐语言永远无法安全地到达的地方。这样的音乐确实使整体具体化了，它把粗俗的片段融入其中，融成新的东西，但它的材料来自于退化之听。事实上，人们几乎可以认为，在马勒的音乐中，这种经验在它渗透到社会的四十年前就被仿佛通过地震仪般地记录下来了。但是，倘若马勒反音乐进步的概念而行之，那么，那些以一种看似矛盾的方式效忠于马勒的最先进的音乐从业者，他们所从事的新的激进音乐也就不能再完全归入进步的概念之下了。它建议要自觉抵制听之退化现象。今天和过去一样，勋伯格和韦伯恩[2]所传播的恐怖

---

[1]　马勒的七部交响曲的配乐包括降E调单簧管，1—3号，6—9号，但阿多诺似乎想到的是《第七交响曲》（修订版）的最后一个乐章，第476小节以下部分。——英编注

[2]　安东·弗雷德里克·威廉·冯·韦伯恩（Anton Friedrich Wilhelm von Webern, 1883–1945），奥地利作曲家，师从勋伯格，是第二维也纳乐派代表人物之一，主要作品有《五首管弦乐小品》等。——汉译注

并非来自他们的不可理解，而是来自他们太被正确理解这一事实。他们的音乐为那种焦虑，为那种恐惧，也为那种其他人只是通过退化来规避的大灾难处境的洞察赋予了形式。他们被称为个人主义者，然而他们的作品只不过是与毁灭个体性的力量进行的一次单独对话——这些力量以"无形的阴影"硕大无朋地笼罩在他们的音乐之上。在音乐中也是如此，集体的力量正在清算无法拯救的个体性，但与这些力量相对抗的是，只有个体才能自觉代表集体性的诉求。

2001 年 8 月选译

2022 年 11 月补译

2023 年 6 月校译

# 论流行音乐[1]

## 一、音乐材料

### 音乐的两个领域

　　流行音乐，也就是我们在此考察的那种形成刺激的音乐，通常有其不同于严肃音乐的特征。这种不同通常被认为理所当然，并被看作一种界定得如此明确的层次上的差异，以至于大多数人认为其中的价值是完全相互独立的。然而，我们认为有必要首先将这些所谓的层次转化为更精确的音乐术语和社会术语，这些术语不仅明确地界定了这些层次，而且也阐明了这两个音乐领域的全部背景。

　　要想弄清楚这一点，其合理的方法是对音乐生产中形成的这种划分和两个主要领域的根源做历史分析。然而，由于目前的研究关注的是流行音乐在现阶段的实际功能，所以遵循今天所给出的有关这种现象本身

---

　　[1]　《论流行音乐》（"On Popular Music"）发表于 1941 年《哲学与社会科学研究》杂志的传播卷中，是阿多诺流亡美国期间用英语写就的为数不多的几篇文章之一。当时，乔治·辛普森（George Simpson）博士担任阿多诺的助手，在英文写作等方面对他多有帮助。阿多诺曾经说过："从 1938 年至 1940 年，即在普林斯顿广播研究项目中进行音乐研究期间，我通过与辛普森合作，完成了四篇较长的研究。没有他的帮助，这些研究也许就不会存在。"（参见本书中《在美国的学术经历》一文）本文译自 Theodor W. Adorno, *Essays on Music*, trans. Susan H. Gillespie, Berkeley: University of California Press, 2002, pp. 437-469. 该书的选编和注释均出自理查德·莱帕特（Richard Leppert）之手。他在《论流行音乐》的第一个注释中写道：此文由阿多诺用英语写就。他的标点符号偶尔会出错，尤其是会把逗号放错位置，让读者感到困惑或扭曲了文意；我已经改正了这方面的错误。在许多地方我也按惯例（特别是在有可能引发误读的地方）插入了逗号。与阿多诺用英语写就的其他文章一样，他喜欢把逗号和破折号放到一起使用。我保留了最符合语境的标点。特别是在此文中，阿多诺经常没必要地使用连字符（如 "cross-out" "name-brands" "song-hit" "trade-mark" 等等），我已删掉了这些连字符。最终，我也把他偶尔使用的英式拼写或不标准的拼写改成了美式拼写。——汉译注暨英编注

的特征描述路径比追溯其起源更为可取。这种研究方法更为合理，是因为早在美国流行音乐出现之前，欧洲就有了对这两个音乐领域的划分。美国音乐从一开始就接受了这种事先给定的划分，因而这种划分的历史背景只是间接地适用于它。因此，我们首先应该在最宽泛的意义上去探究流行音乐的基本特征。

流行音乐的基本特征是标准化（standardization）[1]，只有密切关注这一特征，才可以对严肃音乐与流行音乐的关系形成一个明确判断。流行音乐的全部结构都是标准化的，甚至连防止标准化的尝试本身也标准化了。从最一般的特征到最特殊的个性，标准化可以说无处不在。最著名的规则是副歌（chorus）由 32 小节组成，其音域限制在一个八度和一个音调之内。流行歌曲的一般类型也标准化了：不仅是舞蹈类歌曲，其模式的刻板僵硬还可以理解，而且还有一些"特色"类歌曲如母亲歌、家庭歌、废话歌或曰"新潮"歌（"novelty" songs）、伪儿歌、为迷途少女所作的挽歌轻唱。其中最重要的是，每首歌的和声基础——每一部分的开头和结尾——都必须敲击出标准的节奏。这一节奏强调最原始的和声事实而不管有什么其他和声干预其中。复杂的结构是不会造成什么后果的。这一铁面无私的设计确保无论出现什么差错，歌曲都将回到相同而熟悉的经验上，完完全全的新东西则不会被介绍进来。

---

[1] 标准化的基本重要性并未完全逃过当前流行音乐文献的注意。"流行歌曲与标准或严肃歌曲——如《曼德雷》（'Mandalay'）、《西尔维娅》（'Sylvia'）或《树》（'Trees'）——的主要区别在于，前者的旋律和歌词是在确定的模式或结构形式中被构建起来的，而后者的韵词或歌词则没有结构上的限制，并且乐曲可以自由诠释歌词的含义和感觉，而不需要遵循固定的模式或形式。换言之，流行歌曲是'定制的'（custom built），而标准歌曲则允许曲作者更自由地发挥想象力并展开解释。"[Abner Silver and Robert Bruce, *How to Write and Sell a Song Hit* (New York: Prentice Hall, 1939), p. 2] 但是，这两位作者未能意识到这些模式从外部叠加的商业特征，这种特征旨在引导反应，或者用某一特定广播节目定期播报的语言来说，旨在"轻松收听"（easy listening）。他们把机械模式和高度组织化的严格的艺术形式混为一谈："当然，诗歌中很少有比十四行诗更严格的诗体形式，然而，史上最伟大的诗人已经在它狭小而有限的框架中编织出了永恒的美。曲作者在流行歌曲中展示其才华和天才的机会与在更严肃的音乐中一样多。"(pp. 2-3) 因此，在他们看来，流行音乐的标准模式实际上与赋格曲（fugue）法则处于同一层次。正是这种污染使得对流行音乐基本的标准化的考察变得毫无意义。需要补充的是，西尔弗和布鲁斯所说的"标准歌曲"（standard song）与我们所说的标准化的流行歌曲（standardized popular song）恰好相反。——原注

细节本身的标准化程度并不亚于形式，而且有一整套的术语因其细节应运而生，如华彩过门（break）[1]、蓝调和弦（blue chords）、下流音符（dirty notes）。不过细节的标准化与框架的标准化有些不同。它并不像后者那样公开，而是隐藏在个性化"效果"的表面之下，效果的诀窍则是掌握在专家手中的秘密，无论这个秘密对一般音乐人来说多么公开。这种整体与部分的标准化所形成的鲜明对比为作用于听众提供了一个粗略且初步的场景。

这种框架和细节之间的关系的主要效果是，听众容易对部分而不是对整体表现出更强的反应。他对整体的把握与他所跟唱歌曲的具体而鲜活的音乐体验无关。甚至在音乐的实际经验开始之前，整体就已被预先给定和预先接受了；因此，它不太可能在很大程度上影响对细节的反应，除了给予它们不同程度的强调。在音乐框架中占据战略位置的细节——副歌的开头或它在间奏之后的重新进入——比其他位置的细节（如间奏的中间小节）有更好的机会获得认可和好评。但是这种情境关联从来不会干扰设计本身。在这种有限情境的范围内，细节取决于整体。但是，整体从来没有被强调成一个音乐事件（musical event），整体的结构也从来没有依赖于细节。

为了便于比较，严肃音乐可以这样描述：

每一个细节都从作品的具体的整体性中获得其音乐意义，反过来，乐曲的整体又由细节的生命关系组成，而不仅仅是执行音乐方案。例如，在贝多芬第七交响乐第一乐章的序曲中，第二主题（C大调）只有在前后关系（context）中才能获得其真正的意义。只有通过整体，它才获得了其独特的具有抒情性和表现力的品质——也就是说，一个由它与第一个主题的**固定旋律**（*cantus firmus*）特征之间的鲜明对比而形成的整

---

[1] break 作为爵士乐术语，是指音乐主旋律暂时退下，只剩鼓和贝斯做些变化较大的节奏转折，然后进入下一段。其意思很接近于玩音乐的人都知道的一个名词——过门。它在音乐词典中被解释如下："爵士乐的一个术语，指一种华彩段（cadenza）式的即兴独奏乐段。"［英］迈克尔·肯尼迪、［英］乔伊斯·布尔恩编：《牛津简明音乐词典（第四版）》，唐其竞等译，北京：人民音乐出版社 2002 年版，第 155 页。——汉译注

体。如果孤立地看待第二主题，它就会显得无足轻重。另一个例子是贝多芬的《热情奏鸣曲》（*Appassionata*），在第一乐章持续音（pedal point）的再现部（recapitulation）的开始处可以发现其秘密。紧随先前的爆发，它的戏剧化冲击力达到极致。如果省略呈示部（exposition）和展开部（development）并以这种重复开始，那么一切都将不复存在。

在流行音乐中则不会发生类似事情。无论从前后关系中抽取什么细节，也不会影响音乐的感觉；听者可以自动提供"框架"（framework），因为这只不过是音乐本身的一种自动作用。副歌的开头可以被其他无数副歌的开头所取代。各元素之间的相互关系或元素与整体的关系将不受影响。在贝多芬那里，和弦位置（position）仅在具体的整体性与其具体的部分之间活生生的关系中才显得重要。而在流行音乐中，和弦位置是绝对的。每个细节都可以被替换；它只是作为机器上的一个齿轮而发挥作用的。

仅仅建立这种区分还不够充分。反对的意见可能是，流行音乐影响深远的标准方案和类型与舞曲密切相关，因此也适用于严肃音乐中舞曲的派生物，例如，古典维也纳学派的小步舞曲和谐谑曲。还可以坚持认为，严肃音乐的这一部分也应该从细节而不是整体来理解，或者是，如果整体在严肃音乐的舞曲类型中仍然可以被感知（尽管这些类型已反复出现），那么它在现代流行音乐中就没有理由不该被感知。

通过呈现即便在严肃音乐采用舞曲类型时也依然存在着根本差异，接下来的思考将为这两种反对意见提供答案。根据目前形式主义的观点，贝多芬第五交响乐的谐谑曲可以被视为高度程式化的小步舞曲。在这一谐谑曲中，贝多芬从传统的小步舞曲体系中获取的是小调小步舞曲、大调三重奏以及对小调小步舞曲的重复之间的鲜明对比；还有一些其他的特点，比如对四分之三节奏的强调通常在第一个四分之一处加强，大体而言，在小节和乐段的序列中保持舞曲般的对称。但是，作为一个具体的整体，这一乐章特定的形式理念（form-idea）对于从小步舞曲体系中借鉴的手段进行了重估。整个乐章被认为是结尾的序曲，以便制造巨大的张力，不仅是通过其威胁的、不祥的表达，而且更多是通过对其形式展开的处理方式。

古典小步舞曲体系首先需要出现主旋律，然后引入第二声部，这可能会通向更遥远的调性区域——在形式上肯定与当今流行音乐的"间奏"（bridge）相似——最后是原声部的重现。这一切都发生在贝多芬身上。他在谐谑曲部分采用了主题二元论的观点。但他在传统的小步舞曲中迫使一个无声的、无意义的游戏规则有意义地说话。他在形式结构和具体内容之间，也就是在对其主题的阐述上，达到了完全的一致。这个谐谑曲的整个谐谑部分（也就是说，在标志着三重奏开始的 C 大调深沉的弦乐进入之前发生的事情）由两个主题的二重性组成：弦乐中迟缓的音乐形象和管乐器中"客观的"石头般的回答。这种二重性并不是以一种程式化的方式展开的，即首先是对弦乐乐句进行阐述，接着是管乐的回答，然后是机械地重复弦乐的主题。当第二主题第一次出现在圆号中之后，两个基本元素以对话的方式交替着相互关联，而谐谑曲部分的结尾实际上是以压倒第一乐句的第二主题而不是由第一主题为标志的。

此外，在三重奏之后，谐谑曲的重复的配乐是如此不同，以至于它听起来就像是谐谑曲的影子，并且有着萦绕不去的特性，这种特性只有在终曲主题肯定性地进入时才会消失。整个设计都是充满活力的。不仅是主题，而且音乐形式本身也屈从于张力：同样的张力已经体现在第一主题的双重结构中，即提问和回答，然后在两个主题之间的前后关系中表现得更加明显。整个体系已经受制于这个特定乐章的内在要求。

总结一下严肃音乐与流行音乐的区别：在贝多芬和通常优秀的严肃音乐中——这里我们不讨论糟糕的严肃音乐，因为它们可能像流行音乐一样僵硬机械——细节实际上包含了整体，并导致了整体的展示，同时，它又是从整体的概念中产生的。在流行音乐中，这种关系是偶然的。细节与整体无关，整体表现为一个不相关的框架。因此，整体永远不会被个别事件所改变，因而它在整首乐曲中始终保持着超然、不受干扰、不被注意的状态。与此同时，细节被它永远无法影响和更改的设计弄得缺胳膊少腿了，所以细节仍然是无关紧要的。一个不被允许展开的音乐细节变成了对其自身潜力的讽刺。

## 标准化

上述讨论表明，流行音乐和严肃音乐之间的区分可以用更精确的术语来把握，而不是用"低俗与高雅"（lowbrow and highbrow）、"简单与复杂""天真与世故"之类的音乐级别来衡量。例如，两个领域之间的差异不能用复杂和简单来充分表达。从节奏上看，早期维也纳古典主义的所有作品在节奏上无一例外都比爵士乐的常规编配更为简单。从旋律上看，《深紫》和《日出小夜曲》[1] 等热门歌曲的宽音程（wide intervals）本身就比例如海顿的大多数旋律更难把握，海顿的大部分旋律主要由主三和弦和第二音阶组成。在和声方面，所谓的经典作品提供的和弦总是比目前任何锡盘巷 [2] 作曲家掌握的和弦都要有限，而后者是从德彪西、拉威尔 [3] 甚至更晚近的作品中汲取创作灵感的。标准化和非标准化是这种差异的关键对比术语。

结构上的标准化旨在实现标准化的反应。听流行音乐不但要受到其推动者的操纵，而且也可以说要受到这种音乐本身固有性质的控制，被控制成一种与自由开明的社会中个体理想完全相对立的反应机制系统。这与简单和复杂无关。在严肃音乐中，每一个音乐元素（哪怕是最简单

---

[1]　（1）《深紫》（"Deep Purple", 1934），彼得·德·罗斯（Peter De Rose）作曲，米切尔·帕里什（Mitchell Parish）作词；它最初是由保罗·怀特曼（Paul Whiteman）在电台演奏的一首器乐曲而流行起来的。歌词填写于 1939 年。（2）《日出小夜曲》（"Sunrise Serenade", 1938），弗兰基·卡尔（Frankie Carle）作曲，杰克·劳伦斯（Jack Lawrence）作词，它虽然由格伦·格雷（Glen Gray）和卡萨罗马乐团（Casa Loma Orchestra）推出，但仍是格伦·米勒（Glenn Miller）与其乐队的主打曲目。——英编注

[2]　锡盘巷（Tin Pan Alley），原指纽约音乐出版业的集中地。该说法诞生于 19 世纪末，当时在美国纽约的 28 西街上，云集着许多流行音乐出版商的办公室。一天，《纽约时报》记者罗森菲尔去采访作曲家梯尔泽的音乐出版社时听到人在弹钢琴。因钢琴陈旧，声音刺耳，听起来如同几个锡盘在撞击。于是他在报道中把这种音乐称为"锡盘乐"，把这条街叫作"锡盘巷"。从此，这一"雅号"不胫而走。后该词的含义也在逐渐扩大，不仅指音乐出版商聚焦的 28 西街，也指美国流行音乐发展的一个时期。在此期间，曲作者发展了一套新的方法来写作、出版歌曲，使之在公众中广泛流传。——汉译注

[3]　莫里斯·拉威尔（Maurice Ravel, 1875–1937），法国著名作曲家，印象派作曲家最杰出的代表之一。其代表作有歌剧《达芙妮与克罗埃》、芭蕾舞剧《鹅妈妈》、小提琴曲《茨冈》和管弦乐曲《波莱罗舞曲》等。此外，因他将穆索尔斯基的钢琴独奏曲《图画展览会》改编为同名管弦乐组曲，使得此曲广为流传。——汉译注

的）都是"它本身"，而且作品的组织性越高，细节之间替换的可能性就越小。然而，在流行音乐中，乐曲背后的结构却是抽象的，独立于音乐的具体过程而存在。这便是为何人们会有这样的错觉：某些复杂的和声在流行音乐中比在严肃音乐中更容易理解。因为在流行音乐中，复杂的东西从来没有行使"它本身"的功能，而只是作为一种伪装或修饰，藏在其身后的方案往往是可以被察觉的。在爵士乐中，业余听众能够将复杂的节奏或和声配置替换为它们所代表的程式化配置，而且无论它们看起来多么冒险，它们仍然暗示着这些程式化配置。耳朵在处理流行音乐的困难时所用的方式，是从对模式的知识中获得少量替换。听众在面对复杂的和声时，实际上听到的只是它所代表的简单和声，并把复杂和声看作是对简单和声的滑稽模仿和变相扭曲。

在严肃音乐中，则不可能有这种刻板模式的机械替代。在它这里，即使是最简单的事件，也需要我们立马努力去掌握它，而不是根据只能产生陈规式效果的陈规式处方（institutionalized prescriptions）含糊地总结它。否则，音乐就不能被"理解"。但流行音乐的创作方式却是这样的：将独特性转化为规范的过程已被事先计划好，并且某种程度上已在作曲中实现了。

作曲在为听众而听。流行音乐就这样剥夺了听众的自发性而促进了条件反射（conditioned reflexes）。它不仅不需要听众努力去追随其具体的音乐流，而且实际上还给了听众许多模板。在这些模板下，任何依然存在的具体之物都可以被囊括进来。程式化的组构规定了他必须如此听的方式，同时，它也使倾听方面的任何努力都变得多此一举。流行音乐是"预先消化过的"（predigested），其方式与对印刷材料的"文摘"热（the fad of "digests"）[1] 非常相似。归根结底，正是当代流行音乐的这种结构，在最后的分析中解释了我们稍后将要讨论的聆听习惯的变化。

到目前为止，流行音乐的标准化一直是从结构的角度来考虑的——也就是说，作为一种内在性质，而没有明确提及生产过程或标准化的根

---

[1] "digest"既有"文摘"又有"消化"之意，再结合前面的用词"predigested"，阿多诺这里实际上是一语双关，在玩文字游戏。——汉译注

本原因。虽然所有工业化的批量生产（mass production）必然都会走向标准化，但流行音乐的生产只有在推广和发行方面才能被称为"工业化"，而其生产行为仍停留在手工业阶段。流行音乐的生产在其经济组织中高度集中，但在其社会生产方式上仍然是"个人主义"的。作曲者、配器者（harmonizer）和编曲者之间的劳动分工并不是工业化的，而是假装工业化，以使其看起来更现代（up-to-date），而实际上它的推广技术已经适应了工业化的方法。假如流行歌曲各类曲调的作曲者不去遵循某些标准模式，它就不会增加制作成本。因此，我们必须寻找结构标准化的其他原因——与汽车和早餐食品标准化之因截然不同的原因。

模仿（imitation）为我们把握标准化的根本原因提供了线索。流行音乐的音乐标准最初是通过竞争过程发展起来的。当一首特别的歌曲获得巨大的成功之后，数百首模仿之作便蜂拥而出。最成功的歌曲、类型、音乐元素之间的"比例搭配"都成了模仿的对象，此过程在把某种标准的具体化（crystallization）中达到高潮。在当今存在的集中化的情况下，这些标准已被"冻结"（frozen）。[1] 就是说，它们已被卡特尔化的机构（cartelized agencies）——竞争过程的最终结果——所接管，以及被严格地用于需要推广的材料上。不遵守这种游戏规则就成为受排斥的依据。现在已经标准化了的原始模式或多或少就是以这种竞争的方式演变而来的。大规模的经济集中造成了标准的制度化，并使它成为势在必行的东西。结果，出自粗犷的个人主义者的创新被取缔。标准的模式被赋予一种大人物般的豁免权——"国王不会做错事"（the King can do no wrong）。这也可以解释流行音乐复兴的成因。它们不具有按照给定模式生产标准化产品的陈旧特性。自由竞争的气息依然在它们那里荡漾。另一方面，复兴的著名老歌确定了已经标准化的模式。它们代表着游戏规则的黄金时代。

这种标准的"冻结"是社会对这些机构本身的强制要求。流行音乐必须同时满足两个要求。一种是诱发听众注意的刺激物。另一种是音乐材

---

[1]　See Max Horkheimer, "Die Juden und Europa,"（《犹太人与欧洲》）*Zeitschrift für Sozialforschung* 8 nos. 1-2 (1939), p. 115. ——原注

料要属于未受过音乐训练的听众所称的"自然而然的"音乐范畴。所谓"自然而然的"音乐，是指音乐中他所习惯的、他认为是音乐本身固有的简单语言的所有惯例和素材配方的总和，而不管形成这种自然语言的发展出现得有多晚。对于美国听众来说，这种自然语言源于其最早的音乐经验，如儿歌、他在主日学校（Sunday school）唱的赞美诗、他放学回家路上用口哨吹出的小调。在音乐语言的形成过程中，所有这些都比他能否把勃拉姆斯第三交响曲和第二交响曲的开头区分开来的能力重要得多。在很大程度上，官方的音乐文化只是这种基本的音乐语言的上层建筑，即大调、小调以及它所暗示的所有的调性关系。但是这些原始音乐语言的调性关系为不符合它们的任何东西设置了障碍。放肆之举（extravagances）只有在能够被重新塑造成这种所谓的自然语言时才可以被容忍。

就消费者需求而言，流行音乐的标准化只不过是大众音乐心态强加给它的双重渴求（desiderata）的表达——它要以某种方式偏离既定的"自然"而具有"刺激性"，并且它要保持自然对这种偏离的至上地位。观众对自然语言的态度通过标准化生产得到加强，这种生产使原本可能来自公众的渴求制度化了。

## 伪个性化

刺激性和自然性所形成的渴求悖论解释了标准化本身的双重特性。永远相同的框架上的程式化只是标准化的一个方面。我们文化中的集中和控制就隐藏在它们的表现形式中。如果不加隐藏就会引起抵抗。因此，幻想，以及某种程度上即便是个人成就的现实也必须被维持。这种维持基于物质现实本身，因为虽然对生活过程的行政控制是集中的，但所有权仍然是分散的。

流行音乐所属的奢侈品生产领域并不直接涉及生活必需品，同时，个人主义的残余以"品味"和"自由选择"等意识形态的范畴形式最为活跃，于是把标准化隐藏起来就变得势在必行。音乐批量生产的"落后状态"（backwardness），以及它还停留在手工业阶段而不具备真正意义上的工业水准，这一事实从文化大企业（cultural big business）的视点看，可以说是完全吻合了那种必不可少的必要性。如果流行音乐中个别的手工艺元素被完全废除，那么就必须发展出一种隐藏标准化的综合手段。个别的手工艺元素甚至现在也依然是存在的。

音乐标准化的必然关联物是**伪个性化**（*pseudo-individualization*）。所谓伪个性化，我们指的是在标准化本身的基础上，赋予文化的批量生产以自由选择或开放市场的光环。可以说，热门歌曲的标准化，其管束消费者的办法是为他们听歌；而在伪个性化这里，它拿住听众的手法是让他们忘记自己所听之歌已经为他们所听过，或已"预先消化过"了。

所谓的"即兴创作"（improvisations）大概就是个体化特征标准化的最极端例子。尽管爵士音乐家仍在实践中即兴创作，但他们的表演已变得如此"规范化"（normalized），以至于可以开发出一整套术语来表达个性化的标准手段：这些术语反过来被爵士宣传代理商大吹大擂，以培育先锋手艺的神话，同时通过表面上让乐迷们一窥幕后风景，了解内部故事，从而讨好他们。这种伪个性化是由框架的标准化规定的。后者是如此死板，以至于它所允许的任何形式的即兴创作的自由都受到了严格限制。即兴创作——允许个人自发行动的乐段（如《摇摆起来，小子们》["Swing it boys"]）——被限制在和声和度量方案（metric scheme）的围墙里。在很多情况下，例如前摇摆爵士乐（pre-swing jazz）时期的"华彩过门"，即兴细节的音乐功能完全是由方案决定的：华彩过门只能是一种伪装的节奏。因此，由于必须要在旋律上限制相同的基本的和声功能，真正的即兴创作几无可能。既然这些可能性很快就被消耗殆尽，那么对即兴细节的刻板印象也就迅速出现。因此，规范的标准化以一种纯技术的方式强化了其自身偏差的标准化——伪个性化。

即兴创作对标准化的服从解释了流行音乐的两个主要社会心理特征。其一是细节与基本的方案保持着公开联系，这样听众总是有安全感。个性变化的选择余地是如此之小，以至于相同变化的不断重复是它们背后一个令人放心的同一性路标。其二是"替代"（substitution）的功能——即兴演奏的特点决定了其本身不能被理解为音乐事件。它们只能被当作装饰品来接受。众所周知，在大胆的爵士乐编曲中，焦虑音符

(worried notes)、下流音符，换言之也就是虚假音符（false notes）发挥着显著作用。它们被感知为令人兴奋的刺激，只是因为它们被耳朵纠正到了正确的音符那里。然而，这只是流行音乐所有个性化中出现的不那么明显的一个极端例子。任何和声的胆大妄为，任何不能被严格归入最简单的和声方案的和弦，都理应被感知为"虚假的"，也就是说，作为一种带有明确规定性的刺激物，需要被正确的细节，或者更确切地说是被赤裸裸的方案所代替。理解流行音乐就意味着要服从这样的聆听指令。流行音乐对它自己的倾听习惯令行禁止。

根据流行音乐的种类和知名乐队的差异，还有另一种类型的个性化。流行音乐的类型在制作中被仔细区分，听者则被假定能够在它们之间进行选择。最广泛认可的区别是摇摆乐和甜派乐（sweet），以及像本尼·古德曼（Benny Goodman）和盖伊·隆巴多（Guy Lombardo）这样的知名乐队之间的区别。听众很快就能分辨出音乐的类型，甚至是表演乐队的类型，尽管除了他们强调的区别性商标之外，音乐材料根本上是相同的，演出也非常相似。就音乐和乐队类型而言，这种贴标签技术便是伪个性化，但属于严格音乐技术领域之外的社会学类型。它为区分实际上无法区分的东西提供了辨识的商标。

流行音乐变成了多项选择问卷。有两种主要类型及其衍生产品可供选择。听众被这些来势汹汹的存在类型所鼓励，在心理上划掉他不喜欢的，在他喜欢的上面打钩。这种选择所固有的局限性以及它所带来的明确的二选一方案会刺激出"喜欢－不喜欢"的行为模式。这种机械的二分法消除了漠不关心；如果人们还想继续听流行音乐，就必须非此即彼：要么偏爱甜派乐，要么喜欢摇摆乐。

## 二、音乐材料的呈现

### 最低要求

音乐材料的结构需要一种属于自己的技术，以此来将自己推行。这个过程可以大致定义为"大肆宣传"（plugging）。狭义的"大肆宣传"最初是指为了"成功"而不断重复某首特定的歌曲。我们这里在广义上使用它，意指音乐材料的创作与改编的内在过程的延续。可以说，大肆宣传通过关闭逃离永远平等（ever-equal）的通道，意在破除对音乐上永远平等或相同的抵制。它使听众为不可避免之事而欣喜若狂。这样，它就导致了倾听习惯本身的制度化和标准化。听众如此习惯于相同之事的重复出现，以至于他们会自动做出反应。材料的标准化需要一个外部的宣传机制，因为所有的东西都是半斤八两，彼此彼此，以致宣传之事所强调的呈现，必须取代材料中真正个性的缺乏。具有正常音乐智商的听众在第一次听到《帕西法尔》的孔德丽母题（Kundry motif）[1] 时，很可能在它再次演奏时会辨认出来，因为它是不会被搞错的，而且不能与其他任何东西交换。如果同一位听众面对的是一首普通的热门歌曲，他将无法把它与其他歌曲区分开来，除非它被重复多次而被迫被他记住。它被重复赋予了一种心理上的重要性，而若非通过重复它根本不可能有这种重要性。因此，大肆宣传是标准化的必然补充。[2]

　　只要材料满足某种最低限度的要求，任何给定的歌曲都可以被大肆宣传并获得成功，假如出版社、乐队、电台和电影公司之间有足够合作[tie-up，原文如此] 的话。最重要的是以下要求：要宣传，一首流行歌曲必须至少具有一个可以区别于任何其他歌曲的特征，但也要同时具有所有其他歌曲的完完全全的常规性和琐碎性。判断一首歌曲是否值得宣传推广的实际标准是矛盾的。出版商想要的是一曲与当前所有其他流行歌曲基本相同的音乐，但同时这曲音乐又得与它们根本不同。只有在相同的情况下，它才有机会自动出售而无须客户费劲操心，才有机会将自己作为一个音乐习俗呈现出来。只有当它与众不同时，它才能区别于其他歌曲——这是它被记住并因此获得成功的必要条件。

---

[1]　《帕西法尔》（Parsifal）是德国作曲家理查德·瓦格纳创作的最后一部歌剧作品，也是该作品里男主角的名字。孔德丽是该剧中的妖女。——汉译注

[2]　由于邓肯·麦克道格尔德（Duncan MacDougald）的研究已经对美国流行音乐舞台的大肆宣传机制的实际运作方式进行了详细描述 ["The Popular Music Industry," in *Radio Research* 1941, ed. Paul F. Lazarsfeld and Frank N. Stanton (New York: Duell, Sloan and Pearce, 1941), pp. 65-109]，本研究仅限于在材料运用的一些更一般的方面进行理论探讨。——原注

当然，这种双重渴求是无法实现的。在实际发行和大肆宣传的歌曲中，人们通常会找到某种折中方案。一些大体上相同的东西，只用一个单独的商标，使其看起来仿佛是原创之物。区别的特征不一定就必然是旋律 [1]，但可以包括不规则韵律（metrical irregularities）、特定的和弦或特定的音色。

## 魅力

大肆宣传的另一个要求是声音的丰富性和圆润度（roundness）。这一要求涉及整个宣传机制中的特征，该特征与商业广告以及娱乐商业化密切相关。它也尤其代表了标准化和伪个性化之间的相互关系。

音乐的魅力是这样表现出来的：歌曲编排中的无数乐段似乎都传达了"我们在现演"（now we present）的态度。每当米高梅的怒吼之狮张开它威严的血盆大口时，伴随着它的音乐盛况就像在无线电波中听到了一种并非狮子所发出的音乐魅力。

乐观地说，"魅力思想"（glamor-mindedness）可以被看作是一个成功故事的心理构建，在这个故事中，勤劳的美国定居者战胜了冷酷无情的自然，而自然最终也被迫放弃了自己的财富。然而，在一个不再有边疆的世界里，魅力的问题并不能被认为是容易解决的。魅力被做成了针对平民百姓的永恒征服者之歌；在生活中从不被允许征服的人也会在魅力中去征服。这种胜利实际上是商人自封的胜利，他宣布将以更低的价格提供同样的产品。

---

[1] 至于旋律概念，技术分析必须对任何听众反应接受的表面价值增加某种保留意见。流行音乐听众主要谈论旋律和节奏，有时谈论乐器，和声和形式则很少谈论或从不谈论。然而，在流行音乐的标准方案中，在音乐的水平维度上发展起来的独立线（independent line）这个意义上，旋律本身绝不是自主的。相反，旋律是和声的一种功能。流行音乐中的所谓旋律通常是华丽曲（arabesques），它取决于和声的顺序。在听者看来主要是旋律的东西，实际上是基本的和声，它的旋律结构只是一个衍生品。

准确研究外行人所谓的旋律是很有价值的。它可能是在八小节乐段的框架内，由简单易懂的和声功能相互联系的一系列音调。外行对旋律的理解与旋律严格的音乐内涵之间，还是存在着很大差距的。——原注这种魅力作用的条件与边疆生活的条件完全不同。它们适用于劳动的机械化和大众的工作生活。无聊（boredom）已经变得如此之大，以至于只有最鲜艳的颜色才有机会摆脱普遍的单调。然而，正是这些暴力的颜色见证了机械和工业生产本身的无所不能。没有什么比在商店、电影院和餐馆前随处可见的粉红色霓虹灯更落套的（stereotyped）东西了。通过散发魅力，它们吸引了人们的注意力。但是，它们作为克服单调现实的手段比现实本身更单调。那些以实现魅力为目的的活动比它试图魅力化的活动更为统一。如果它本身真有吸引力，它就不会有比一个真正原创的流行作曲更多的支持手段。它想要违反的是假定不相同事物的相同法则。"魅力四射"（glamorous）这个词是指那些散发着光亮，因而与众不同的面孔、颜色和声音。但是所有的魅力女孩（glamor girls）看起来都差不多一样，而流行音乐的魅力效果也彼此相当。

如果谈及"魅力"这一先锋的性格，那么它是一种功能的重叠和改变，而并非过去天真的残存。可以肯定的是，魅力的世界是一场表演，类似于射击场，类似于马戏团耀眼的灯光和震耳欲聋的铜管乐队。因此，魅力的功能最初可能与一种广告联系在一起，这种广告试图在一个尚未完全被市场渗透的社会环境中人为地努力形成种种需求。如今的后竞争式资本主义（post-competitive capitalism）为了自己的目的使用了尚不成熟的经济手段。因此，魅力在广播中具有一种令人难以忘怀的历史复兴的性质，好比是马戏团里的揽客者以今天电台里的揽客者姿态复兴，他恳求他看不见的观众不要忘记品尝商品，其语调则唤起了超出商品满足能力的希望。所有的魅力都与某种阴谋诡计联系在一起。听众最容易被流行音乐所迷惑的莫过于其魅力四射的乐段。手舞足蹈与欢声笑语表达了对音乐本身胜利的感恩——这是一种通过鼓动听众沉浸在狂喜之中而对其自身成就进行的自我颂扬，以及通过推广一项重大事件而对自己与该机构宗旨的认同进行的自我颂扬。然而，由于这一事件并未发生在自己的庆祝之外，所以由音乐贡献的胜利的感恩就是一种自我背叛。它很可能会让听众不自觉地感受到这一点，就像孩子讨厌大人夸他送给自己的礼物时说的那些话，因为那些话孩子觉得自己才有特权使用。

## 儿语

　　魅力通向了儿童行为并非事出偶然。魅力（它借听众对力量的渴望而施展）与一种预示着依赖性的音乐语言相伴而生：儿童的笑话，故意出错的拼写，在广告中使用的儿童表达方式，在流行音乐中采用音乐儿童语言的形式。有很多歌词的特点是一种模棱两可的讽刺，因为它们在模仿儿童的语言的同时，也表现出成人对儿童的蔑视，甚至给儿童的表达赋予了贬义或施虐的含义。如《老好人》《滴滴答答》《伦敦大桥要倒了》《哭吧哭吧，宝贝》，[1]真童谣和伪儿歌中充斥着故意对原童谣歌词进行的改动，以便成为商业热门歌曲。

　　曲子以及歌词，往往会模仿孩子们的语言。它们的一些主要特点是：不断重复某些特定的音乐套路，就像一个孩子不断提出同样的要求（"我想快快乐乐"）；[2]把许多旋律限制在很少的音调上，好比是一个孩子还没有学会全部的字母表就开口说话；故意出错的和声，其方式类似于小孩子用不正确的语法表达自己；还有一些过甜的音色，其功能如同音乐饼干和糖果。把成年人当作儿童是一种开玩笑的表现，其目的是减轻成年人责任的压力。此外，孩子们的语言有助于音乐产品在受试者

　　[1]　（1）《老好人》（"Goody, Goody", 1936），分别由约翰尼·默瑟（Johnny Mercer）和马特·马尔内克（Matt Malnek）作词作曲，因本尼·古德曼和他乐队演唱而走红。（2）《滴滴答答》（"A-Tisket A-Tasket", 1938），分别由艾拉·菲茨杰拉德（Ella Fitzgerald）和阿尔·费尔德曼（Al Feldman）作词作曲，改编自1879年首次面世的儿歌；菲茨杰拉德在原稿的基础上修改了一些歌词，并于1938年与奇克·韦伯乐队（Chick Webb）录制了这首曲子；这首歌也成为她的第一首热门歌曲。在菲茨杰拉德漫长的职业生涯中，有关这首歌大量的文献参考资料得到了出版，参见 *The Ella Fitzgerald Companion: Seven Decades of Commentary*, ed. Leslie Gourse (New York: Schirmer, 1998); see also Stuart Nicholson, *Ella Fitzgerald: A Biography of the First Lady of Jazz* (New York: Da Capo, 1995), pp. 53-55。（3）《伦敦大桥要倒了》（"London Bridge is Falling Down"）是来自于英国民间童谣集《鹅妈妈童谣》（*Mother Goose*）中的一首知名儿歌，但在世界各地有不同的版本。（4）《哭吧哭吧，宝贝》（"Cry, Baby, Cry", 1938），由吉米·伊顿（Jimmy Eaton）、特里·尚德（Terry Shand）、雷穆斯·哈里斯（Remus Harris）和欧文·梅尔舍（Irving Melsher）作词作曲。——英编注暨汉译注

　　[2]　这种态度最著名的文学例子是"想看到轮子转起来"（Want to shee the wheels go wound）（John Habberton, *Helen's Babies* [New York: Grosset and Dunlap, 1908] p. 9 ff）。人们可以很容易地想象出一首基于这种表达的"新奇"歌曲。[《海伦的娃娃》是一本专为孩子们写的小说，里面充斥着咿呀儿语。阿多诺的引用略有失误，这句话应写作"Want to shee wheels go wound."在英国版（London: Ward, Lock, n. d.）的第11—12页上重复了好几次。我已查阅过。]——原注暨英编注

那里"受欢迎"，因为这样可以在受试者的意识中弥合他们与宣传机构之间的隔阂，因为这样可以用孩子询问大人正确时间的信任态度接近他们，即使这孩子既不知道这个大人是谁也不知道时间的意义。

## 宣传全覆盖

歌曲的大肆宣传只是这一机制的一部分，它在整个系统中具有其应有的意义。该系统的基础是风格和个性宣传。"摇摆乐"（swing）一词就是对某些风格大肆宣传的例证。这个术语既没有一个明确的毫不含糊之义，也没有让摇摆前的热爵士（hot jazz）和 1930 年代中期的摇摆乐形成显著区别。相关材料因缺少使用该术语的理由而让人怀疑其使用完全是出于宣传之需——为了振兴一件旧商品而给它一个新称谓。类似的宣传还有爵士乐新闻报道和爵士乐迷（jitterbugs）中使用的整个摇摆乐术语，根据霍布森的说法，这一套术语曾让爵士音乐家们畏缩不前。[1] 材料中的固有特征被伪专家术语宣传得越少，就越需要广播员和相关评论之类的辅助力量。

有充分理由相信，这样的新闻报道在一定程度上直接属于宣传机制，因为它依赖于出版商、代理机构和知名品牌。然而，在这一点上，一种社会学的限定是恰当的。在当代经济条件下，寻找"腐败"（corruption）往往是徒劳的，因为只有在人们得到报酬时才会被迫按照人们所期望的方式自愿行事。参与推广好莱坞"性感女郎"（oomph-girl）的记者根本不需要被电影业贿赂。[2] 这个行业本身对这种女郎的宣传完全符合新闻界普遍存在的意识形态，而且这种意识形态已经成为观众的意识形态。这一配对（match）简直是天作之合。记者们用没被贿赂的声音（unbought voices）说话。一旦支持大肆宣传的经济达到一定水平，宣传过程就会超越其自身原因而成为一种自主的社会力量。

[1]　Wilder Hobson, *American Jazz Music* (New York: Norton, 1939), p. 153. ——原注

[2]　"好莱坞性感女郎"是指首次获得这一称谓的安·谢丽丹（Ann Sheridan）——后来更普遍地用于其他具有一定性感魅力的年轻女新秀——由华纳兄弟工作室（Warner Brothers Studios）的宣传机器提供，她在 1936 年后为它工作，此前在派拉蒙（Paramount）任职。——英编注

在宣传机制的所有其他元素中，最重要的是对个性，尤其是对乐队领队的宣传。大部分实际归功于爵士乐编曲者的特点都被正式归于指挥家名下；编曲者可能是美国最有能力的音乐人，但他们通常默默无闻，就像电影里的编剧（scenario writers）一样。指挥就是直接面对观众的人；他是演员的近亲，他给公众留下的印象要么是其举止快乐亲切，要么是其姿态独裁霸道。正是因为与指挥家这种面对面的关系，才有可能将任何成就都转让给指挥家。

此外，领队和他的乐队仍然在很大程度上被观众视作即兴发挥的创造者。在标准化的过程中，实际的即兴发挥越是日渐消失，越是被精心设计的方案所取代，就越需要在观众面前维系即兴发挥的理念。编曲者依然默默无闻，部分原因是为了避免出现丝毫的暗示——流行音乐可能不是即兴创作的，反之它必须在大多数情况下是固定的和系统化的。

## 三、关于听者的理论

### 认可和接受

如今，大众的听赏习惯已被认可（recognition）所吸引。流行音乐及其大肆宣传都集中在这种习惯性上。它背后的基本原则是，人们只需要重复某件事，直到它被承认，从而被接受。这既适用于材料的标准化，也适用于它被大肆宣传。为了理解当前流行音乐类型流行的原因，有必要从理论上分析重复转化为认可、认可转化为接受（acceptance）的过程。

然而，认可的概念似乎太不具体，无法解释现代大众的听赏问题。可以说，在音乐理解方面，作为人类认知基本功能之一的认可因素必须扮演一个重要角色。当然，人们要理解贝多芬的奏鸣曲，只能通过认可它的某些特征与以往经验所知的其他特征抽象地相同，并将它们与现在的经验联系起来。认为贝多芬的奏鸣曲可以在一种心灵空白中被理解，而不需要把它与人们所知道和认可的音乐语言元素联系起来，这种想法是荒谬的。然而，重要的是什么被认可了。一个真正的听众能在贝多芬的奏鸣曲中认可什么？他当然认可了它所安身立命的"系统"：大调和小调调性，决定转调的键位之间的相互关系，不同的和弦及其相应的表达价值，特定的旋律程式，以及特定的结构模式（否认严肃音乐中的这种模式是荒谬的。但它们的功能却有不同的次序。即使有这些认可，仍然不足以理解音乐感）。所有可以认可的元素都是通过一个具体而独特的音乐整体被组织在一曲优秀的严肃音乐中，它们从这个整体中衍生出特定的意义，那种感觉就像诗中之词是从诗歌整体而不是从这个词的日常使用中获得其意义一样，尽管承认这个词的日常性可能是理解这首诗的必要前提。

任何一段乐曲的音乐感（musical sense）实际上都可以被定义为该段乐曲的音乐向度，这一向度不能仅仅通过认可来把握，即通过认同人们已知的东西来领会。只有通过自发地连接已知元素——这是听者自发的反应，就像作曲家自发的反应一样——它才能被建立起来，以体验作品固有的新颖性。音乐感是一种新东西，它不能被追溯和归入已知的结构之下，但假如听者施以援手，它就会从已知的结构中跳出来。

在流行音乐中，恰恰是这种被认可之物与新事物之间的关系遭到了破坏。认可变成了目的而不是手段。在一首热门歌曲中，对那种机械性熟悉的曲调的认可并未留下可以通过各种元素的联系而被理解为新曲调的任何东西。事实上，这些元素之间的联系在流行音乐中是预先确定的，甚至在更大程度上就像那些元素本身是预先确定的一样。因此在这里，认可和理解必须是一致的，而在严肃音乐中，理解是一种行为，通过这种行为，普遍的认可导致了一些全新事物的出现。

通过起草一份将认可的经验分为不同部分的方案，可以为任何特定流行歌曲的认可调查提供一个合适的开端。从心理学上讲，我们列举的所有因素都交织在一起，以至于不可能在现实中将它们彼此分开，而且给它们排出任何时间顺序都是非常有问题的。我们的方案更多针对认可经验中涉及的不同客观因素，而不是针对特定个体或多个个体的实际经验感觉。

我们认为涉及的组成部分如下：

(1) 模糊的记忆

(2) 实际的认同

(3) 标签式归类

(4) 对认可行为的自我反思

(5) 认可－权威向客体的心理转移

（1）或多或少想起某件事情的模糊经历（"我一定在什么地方听到过"）。材料的标准化几乎为每一首歌曲的模糊记忆奠定了基础，因为每一首曲子都让人联想到一般的模式和每一首其他的歌曲。这种感觉的原始先决条件是需要有大量的曲调，需要源源不断的流行音乐，而这使人不可能记住每一首特定的歌曲。

（2）实际认同的时刻——"就是这样"的实际经历。当模糊的记忆被突然的意识照亮时，便实现了这种经历。好比一个人坐在一个已经变暗的房间里，突然电灯又亮起来的经历。由于突然被照亮，熟悉的家具瞬间具有了新奇的外观。自发地意识到这首曲子与人们在其他时候听到的曲子"一模一样"，这往往会在一刹那间消除某种东西始终如一的总是迫在眉睫的危险。

认可经历这一因素的特征是，它以突然中断为标志。模糊的回忆和完全的意识之间没有等级之分，而是一种心理上的"跳跃"。这个组成部分可能被认为比模糊的记忆出现的时间要晚一些。这一点在材料层面得到了支持。通过副歌的前两三个音符可能很难识别出大多数热门歌曲；至少第一个主题必须已经被演奏过，而实际的认可行为应该在时间上与副歌中第一个完整的主题"格式塔"（motifical "Gestalt"）的感悟或实现相关联。

（3）归类元素：通过一种经历来解释"就是这样"的体验，比如"这就是热门歌曲《夜与昼》"[1] 的经历。正是认可中的这一元素（可能与对

---

[1] 《夜与昼》（"Night and Day", 1932）由科尔·波特（Cole Porter）作词作曲，出现在弗雷德·阿斯泰尔和克莱尔·卢斯（Fred Astaire-Claire Luce）的音乐剧《快乐的离婚者》（Gay Divorcee）以及阿斯泰尔和金杰·罗杰斯（Ginger Rogers）合作的电影版（1934）中。——英编注

歌名商标或歌词首个词语的记忆有关）[1] 使认可与社会支持的因素形成了最为密切的联系。

这个组成部分最直接的含义可能是这样的：当听众认出这首歌曲就是某某时——也就是说，作为一种已经确立和不仅仅是他一个人知道的东西——他就会觉得人多势众，就会跟随所有那些以前听过这首歌并且可能使它声名鹊起的人。这种情况与元素（2）相伴随或紧随其后。这种关联性反应（connecting reaction）部分在于向听者揭示，他对某首歌的明显孤立的个人体验是集体经验。认同于社会上某些已被敲定的高光时刻往往具有双重意义：人们不仅天真地把**它**认同为这个或那个，将它归入这个或那个类别，而且通过认同它的行为，人们也倾向于不自觉地使**自己**认同于客观的社会机构，或是认同于使这一特定事件符合这一既存类别并因此"敲定"（establishe）它的那些个人的权力。一个人能够将一个对象认同为这个或那个，这一事实使他能够替代地参与使事件成为现实的体制，并使自己与这个体制产生认同。

（4）认同行为（act of identification）的自我反思元素（"哦，我知道，这是属于我的"）。考虑到大量不怎么知名的歌曲和少量知名歌曲之间的不均衡，这种趋势可以被正确理解。觉得被音乐流（stream of music）湮没的人在能够认同某种东西的一刹那会感到一种胜利。许多人都为自己能够认出某种音乐而感到自豪，譬如人们普遍习惯哼着或吹着刚刚提到的熟悉乐曲的曲调，以表明自己对音乐的了解，以及伴随着这种展示的

---

[1]　流行音乐中歌词和音乐的相互作用类似于广告中图片和文字的相互作用。图片提供了感官刺激，文字添加了口号或笑话，后者倾向于将商品固定在公众的脑海中，并将其"归入"明确的、固定的类别之下。纯器乐的拉格泰姆音乐被从一开始就具有强烈声乐倾向的爵士乐所取代，以及纯器乐的热门音乐的普遍衰落，都与流行音乐广告结构的日益重要密切相关。《深紫》的例子可能会说明问题。它原本是一首鲜为人知的钢琴曲，其突然成功至少在一定程度上是由于添加了带有商标的歌词。

这种功能变化的模式存在于 19 世纪日益兴盛的娱乐领域。当古诺（Charles Francois Gounod, 1818–1893）萌生了从和声的续曲中提取一段旋律，并将其与《圣母颂》（"Ave Maria"）的歌词结合起来这一邪恶的想法时，巴赫的《平均律钢琴曲集》（"Well Tempered Clavichord"，原文如此）的第一序曲就成为"神圣的"热门曲目。这个程序从一开始就很艳俗，后来在音乐商业化领域被普遍接受。[参见阿多诺在《商品音乐分析》中对古诺《圣母颂》的讨论，QF, pp. 37-38. (rl)]——原注

明显的自鸣得意。

通过对当下听觉经验的认同与归类，即把它归入"这是某某热门歌曲"的范畴之下，这首歌对听者来说就成了一个客体，一个固定不变的永久之物。这种将经验转化为实物的过程——通过认出一曲音乐，人们可以驾驭它并能根据自己的记忆再现它——使它比以往任何时候都更值得拥有。它具有了成为财产的两个显著特征：永久性和受制于所有者的任意支配。永久性在于这样一个事实：如果一个人记得一首歌并能一直想起它，那么它就不能被剥夺。另一个元素，即对音乐的控制，在于能够在任何特定的时刻随意唤起它，缩短它，并异想天开地对待它。可以说，这些音乐财产是完全受其所有者的支配的。为了阐明这一元素，不妨指出它的一种极端的表现，尽管这绝非罕见的现象。许多人在吹口哨或哼唱他们熟悉的曲调时，会加入一些极小的弱拍音符（up-beat notes），听起来好像他们在敲打或戏弄旋律。他们拥有旋律的乐趣表现为可以对它为所欲为。他们对旋律的态度就像小孩子拽住了狗尾巴。他们甚至喜欢（在一定程度上）使旋律收紧或呻吟。

（5）"心理转移"（psychological transfer）元素："妈的，《夜与昼》是一个好东西！"这种倾向是将所有权的满足转移到客体本身，并以喜好、偏好或客观品质的方式将自己所获得的所有权的享受归因于它。转移的过程通过大肆宣传得以加强。在实际上唤起认可、认同和拥有的心理过程时，宣传也同时推广了对象本身，并在听者意识中赋予它那些实际上主要是归因于认同机制的所有品质。听众正在执行的命令是把他们自己对拥有音乐所有权的沾沾自喜转移到了音乐本身那里。

可以补充的是，流行歌曲所固有的被认可的社会价值涉及将所有权的满足转移到因此变得"受到喜爱的"对象上。这里的标签过程是所有权过程的集体化。听众觉得受宠若惊，因为他也拥有了每个人都拥有的东西。通过拥有一种被欣赏和营销推广的热门产品，人们会产生一种价值错觉。听者的这种错觉是评价音乐材料的基础。在一首既定歌曲被认可的时刻，一项伪公共事业（pseudo-public utility）就会被私人听众所垄断。那种觉得"我喜欢这首特别的热门歌曲（因为我了解它）"的音乐拥有者冒出了一个宏伟的痴心妄想，堪比一个孩子做起了拥有铁路公司的白日梦。就像广告比赛中的谜语一样，热门歌曲仅仅提出了人人都能回答的认可问题。而听众乐于给出答案，是因为他们因此认同了已经存在的权力。

很明显，这些成分不像在分析中那样出现在意识中。由于私有制的幻想和公有制的现实之间分歧很大，而且由于每个人都知道"特别为了您"虽写在那里，但却是受制于这项条款——"对该歌词曲的任何复制或对其中任何部分存在着侵权行为者，可根据美国版权法予以起诉"，所以人们也可能不会认为这些过程过于**无意识**。也许这样假设是可行的：大多数听众为了遵从他们所认为的社会渴求，为了证明他们的"公民身份"（citizenship），半幽默地"加入"了这种阴谋诡计之中[1]，将它作为自己潜力的讽刺，并通过让自己和他人坚持认为的整个事情无论如何都品性优良，干干净净，只不过是找乐而已，来抑制对运作机制的认识。

认可过程的最后一个组成部分是心理转移，这将分析引回到宣传那里。只有得到强大机构的权威支持，认可才具有社会效力。也就是说，这种认可结构体（recognition-constructs）并不适用于任何音乐，而只适用于"成功的"曲调——成功与否取决于核心机构（central agencies）的支持。简言之，认可作为一种决定听赏习惯的社会决定因素，只对被宣传的材料起作用。听众是不会容忍一首歌在钢琴上反复弹奏的。而它在其整个全盛时期于无线电广播之中循环播放，人们却可以听得乐此不疲。

这里涉及的心理机制可能被认为是这样运作的：如果某首热门歌曲在广播中反复播放，听众就会开始认为它已经成功了。广播中公布这些被推广的歌曲的方式进一步推动了这种成功，通常它以"你现在将听到最新的爆款歌曲（smash hit）"的典型形式进行公布。重复本身已被认为是这首歌受欢迎的标志。[2]

---

[1]　Cf. Hadley Cantril and Gordon W. Allport, *The Psychology of Radio* (New York: Harper and Brothers, 1935), p. 69. ——原注

[2]　同样的宣传伎俩可以更明显地出现在广播的商品广告领域。美肤皂（Beautyskin Soap）之所以被称为"著名的"，是因为听众之前已经在广播中无数次听到过这种肥皂的名字，因此会同意它的"名气"。它的名气只是这些提到它的公告的总和。——原注

### 流行音乐与"休闲时间"

到目前为止，本项分析已经处理的是任何一首特定的热门歌曲被接受的原因。为了理解为什么这种音乐的整个**类型**都能在大众中保持其影响力，把一些更普遍的东西考虑进来可能是合适的。

被流行音乐最初吸引的、它所滋养并不断强化的心灵构架（frame of mind）同时也是一种分心走神（distraction）和漫不经心（inattention）之所。听众被不需要凝神专注的娱乐活动分散了对现实需求的注意力。

分心走神的概念只有在其社会环境中而不是在个体心理学那些自给自足的术语中才能被正确理解。分心走神必然与现在的生产方式，与大众直接或间接屈从的合理化和机械化的劳动过程相联系。这种引起人们对失业、收入亏损、战争的恐惧和焦虑的生产方式，其"非生产性"（non-productive）的关联之物是娱乐；也就是说，是完全不需要集中注意力的放松。人们只想玩得开心。只有那些生活没有给他们带来太多压力，从而有可能在空闲时间同时从百无聊赖和努力奋斗的双重枷锁中解脱出来的人，才有可能获得全神贯注的、有意识的艺术体验。整个廉价的商业娱乐领域反映了这种双重愿望。它会让人放松，因为它是模式化的和预先消化的。它的模式化和预先消化服务于大众的心理家庭（psychological household），使他们省了参与（甚至是聆听或观看）之力；没有这种参与，就没有艺术的接受能力。另一方面，它们提供的刺激可以使人逃离机械化劳动的无聊。

商业化娱乐的推动者为自己找到的开脱是他们给了大众自己想要的东西。这是一种适合商业目的的意识形态：大众的区分力越少，不加区分地销售文化商品的可能性就越大。然而，抛弃这种既得利益的意识形态并非轻而易举之事。仅仅是因为大众"想要这种东西"，大众意识便可以由执行机构塑造，这一点不能被完全否认。

但他们为什么要这种东西呢？在我们现在的社会中，大众本身是由如同骗售给他们的艺术材料那样的生产方式捏合在一起的。音乐娱乐的顾客本身就是决定流行音乐生产那种机制的对象或产品。他们的空闲时间只是为了再生产出他们的工作能力。这是手段而不是目的。生产过程的力量延伸到表面上看来像是"自由"的时间间隔里。他们想要标准化的商品和伪个性化，是因为他们的闲暇既是对工作的一种逃避，同时又是根据他们在日常世界中完全习惯了的那种心理态度所铸造而成的。对于大众来说，流行音乐就是一种永恒的照常工作的假日（busman's holiday），因此，可以有理由说，在流行音乐的生产和消费之间如今已经预先构建起了一种和谐。人们对他们无论如何都会得到的东西趋之若鹜。

逃避百无聊赖和逃避努力奋斗是不相容的，因此便有了对所要逃避的态度的再生产。可以肯定的是，他们必须在装配线上、工厂里或办公设备旁工作，这种工作方式使人们丧失了任何新鲜感。他们追求新奇，但实际工作带来的紧张和无聊只会让他们在闲暇时间避免努力，而这种时间正是获得真正新体验的唯一机会。他们渴望一种刺激物来作为替代品。流行音乐提供了这种刺激。它会导致人们无法在千篇一律的东西上投入努力。这又意味着无聊。这是一个让人无法逃脱的怪圈。逃避的不可能，致使对流行音乐普遍的漫不经心态度应运而生。认可的时刻就是形成不费吹灰之力感受的时刻。对这一时刻的突然关注会在**瞬间**热情不再，从而使听者陷入漫不经心和分心走神的境地。一方面，生产和宣传领域以分心走神为前提，另一方面，它们又生产出了走神分心。

在这种情况下，该行业面临着一个无法解决的问题。它必须通过不断更新的产品来引起关注，但这种关注又意味着其末日来临。如果一首歌不被关注，它就无法出售；如果它被投以青眼，它就总是有可能不再被人接受，因为人们对它太熟悉了。这在一定程度上解释了不断更新的努力：用新产品扫荡市场，再把新产品逼进坟墓，然后一轮又一轮地重复杀婴行动（infanticidal maneuver）。

另一方面，分心走神不仅是流行音乐的一种预设，而且也是它的产物。曲调本身会使听众听得心不在焉。它们告诉他不要担惊受怕，因为他不会错过任何东西。[1]

---

　　[1]　分心走神的态度并不是一个完全普遍的态度。尤其是把自己的感情投入到流行音乐中的年轻人，他们还没有完全对它的影响无动于衷。然而，有关流行音乐年龄层次的整个问题超出了本研究的范围。人口问题也必须放在考虑之外。——原注

## 社会水泥

可以有把握地假设，人们一般在漫不经心地听音乐时只会被突然闪现的认出所打断，而以如此方式听到的音乐不会形成一个具有其明确意义——在每一个瞬间被把握住并与此前此后的所有时刻形成关联的意义——的经验序列。甚至有人会说，大多数流行音乐的听众并不把音乐本身当作一种语言来理解。如果他们如此操作，那就很难解释他们如何能够忍受不断供应给他们的基本上无甚区别的材料。那么，音乐对于他们意味着什么呢？答案是，音乐这种语言通过客观过程转化为一种他们认为属于自己的语言，一种作为容器服务于他们的制度化需求的语言。对他们来说，音乐越不是一种自成一体的语言，它就越能成为这样一种容器。音乐的自主性被单纯的社会心理功能所取代。今天的音乐在很大程度上是一种社会水泥（social cement）。听者赋予这种材料的意义，他们所无法理解的内在逻辑，首先是一种他们可以进行某种心理调节以适应当今生活机制的手段。这种"调节"（adjustment）以两种不同的方式体现出来，分别对应于针对一般音乐，尤其是流行音乐的大众行为中两种主要的社会心理类型，它们是"节奏顺从"（rhythmically obedient）型和"情绪"（emotional）型。

节奏顺从型个体在年轻人中较为常见，即所谓的广播一代（radio generation）。他们以受虐的方式去适应专制的集体主义（authoritarian collectivism），且最容易受到这一过程的影响。这种类型不局限于任何一种政治态度。对吃人的集体主义（anthropophagous collectivism）的适应在左、右翼政治团体中一样常见。事实上，两者是重叠的：压抑和群体心理压倒了这两种趋势的追随者。尽管政治态度表面上存在差异，但两种心理倾向于一致。

这在似乎远离政治党派的流行音乐中显得尤为突出。值得注意的是，一部温和的左翼戏剧作品如《针锋相对》使用普通的爵士乐作为音乐媒介，一个共产主义青年组织为《亚历山大的拉格泰姆乐队》的旋律配上自己的歌词。[1] 那些要求一首歌曲具有社会意义的人实际上是通过一种剥夺了其社会意义的媒介来加以实现的。使用无情的流行音乐媒介本身就充满了压制性。这种不一致表明，政治信念和社会心理结构绝不是一致的。

这种顺从类型就是节奏型，"有节奏"这个词是在日常意义上使用的。这种类型的任何音乐体验都基于音乐根本的、永不衰减的时间单位——它的"节拍"（beat）。有节奏地演奏对这些人来说意味着即使出现了伪个性化——反重音演奏（counter-accents）和其他"差异"，也要保持与基础音步（ground meter）的关系。对他们来说，音乐性意味着能够遵循给定的节奏模式，而不受"个性化"偏差的干扰，甚至将切分音纳入基本的时间单位。这是他们对音乐的反应立即表达其顺从之愿的方式。然而，正如舞曲和行军的标准音步暗示着出现了一个机械的集体主义协调营（coordinated battalions），通过征服响应的个体来服从这种节奏，也使他们意识到自己与无数必须同样被征服的温顺者黏合在一起，这样，顺从的人就坐拥了整个世界。

然而，假如看看那些与这种大众听赏类别相对应的严肃作品，你就会发现一个非常典型的特征：幻灭。这方面所有的作曲家，包括斯特拉文斯基和欣德米特[2]，都表达了一种"反浪漫"的感受。他们的目标是让音乐适应现实—— 一个被他们理解为"机器时代"（machine age）的现实。放弃做梦是这些作曲家的一个标志，意味着听众也准备适应粗粝的现实来取代做梦，并在对不快感的接受中获得新的快感。他们对在自己生活的世界中实现其自身梦想的任何可能性都不抱幻想，于是便使自己去适

---

[1]　（1）《针锋相对》（*Pins and Needles*, 1937）是一部由国际女装工人工会（International Ladies Garment Workers Union）制作的小型歌舞讽刺剧（musical review），并在业余演员阵容中使用了工会成员。该剧由哈罗德·罗马（Harold Rome）作词作曲。演出非常成功，共演 1108 场。（2）《亚历山大的拉格泰姆乐队》（"Alexander's Ragtime Band", 1911），词曲作者是欧文·伯林（Irving Berlin）。——英编注

[2]　保罗·欣德米特（Paul Hindemith, 1895–1963），德国作曲家，后入美国籍。早期作品有"反浪漫主义"歌剧《谋杀，女人的希望》《努施—努希》《圣苏珊娜》等，曾轰动一时。其代表作是歌剧《画家马蒂斯》。——汉译注

应这个世界。他们采取一种所谓的现实主义态度，试图通过认同他们认为构成"机器时代"的外部社会力量来获得安慰。然而，正是他们的合作所立足的幻灭破坏了他们的快感。对机器的崇拜被毫不减弱的爵士乐节拍表征出来，其中涉及一种自我放弃，这种放弃不得不以波动不安的形式植根于顺从者人格的某个地方。因为只有在特定的社会条件下，机器本身才是目的——在这种社会条件下，人只是他打造的机器的附属品。对音乐机器的适应必然意味着放弃自己的人类情感，同时也意味着对机器的拜物教心理，结果机器的器乐特性因此变得模糊不清了。

至于另一种"情绪"型，我们有理由将它与某种类型的电影观众联系起来。这种亲缘关系体现在这位可怜的女店员那里，通过对美腿修长、性格纯洁、与老板喜结良缘的金杰·罗杰斯形成认同，她获得了满足。[1] 愿望满足被认为是电影社会心理学的指导原则，同理，从富有激情的、色情的音乐中获得的快感也是如此。然而，这种解释只是表面上显得合适。

好莱坞和锡盘巷可能是梦幻工厂，但它们并不仅仅为柜台后的女孩提供绝对的愿望满足。她不可能即刻认同金杰·罗杰斯的婚姻。真正发生的事情或许可以这样表述：当观看感伤电影（sentimental film）或（听）感伤音乐的观众意识到幸福的巨大可能性时，他们敢于向自己坦承当代生活的整个秩序通常禁止他们承认的事情，即他们实际上与幸福毫无关系。当自己知道自己不幸，并且知道自己可以幸福时会心花怒放，而所谓的愿望实现，只不过是意识到自己终于不必否认这种心花怒放时所产生的些许解脱。这位女店员的经历与这位老妇人的经历很类似，后者在别人的婚礼上哭天抹泪，幸福地意识到了自己生活的不幸遭遇。即使是最容易上当受骗的人也不相信每个人最终都会在博彩中获胜。感伤音乐的实际功能毋宁是一个人意识到自己已经错失成就时所感受到的

---

[1]　阿多诺想到的可能是两部金杰·罗杰斯的电影：《单身母亲》（*Bachelor Mother*, 1939）和《基蒂·福伊尔》（*Kitty Foyle*, 1940），因为他在文章中所举的大多数流行文化的例子都与文章写作时间大致同期。一个不太可能的备选答案是金杰·罗杰斯的早期电影《办公室恋歌》（*Office Blues*, 1930），在其中她扮演一个爱上其老板的秘书，最后她的老板才意识到他也爱她。感谢保罗·贝克尔（Paul Becker）对这条注释提供帮助。——英编注

暂时的情感释放。

　　情绪型听众收听的一切都与晚期浪漫主义以及由此衍生出的已被改造成适合情绪化听赏需求的音乐商品有关。他们消费音乐是为了能被允许哭上一场。他们被愁肠百结而不是被兴高采烈的音乐表达所吸引。以柴可夫斯基和德沃夏克（Dvořák）为代表的标准的斯拉夫忧郁风格（Slavic melancholy），其影响远大于莫扎特或青年贝多芬最"有成就的"（fulfilled）时刻。所谓音乐的释放元素，就是让你有机会去感受一些东西。但这种情绪的实际内容只能是沮丧。情绪型音乐已经变成了那种念叨着"来吧哭吧，我的孩子"的母亲形象。对于大众来说这是一种净化（catharsis），但这种净化却也让他们更加坚定地保持一致。哭泣的人不会反抗，就像行军的人不会反抗一样。允许听众坦承自己不幸的音乐，通过这种"释放"，使他们与其社会依赖性达成和解。

## 矛盾心理、怨恨与暴怒

　　今天的大众听赏所形成的心理"调节"是一种幻觉，而流行音乐所提供的"逃避"实际上使个人屈从于他们想要逃避的同样的社会力量，这一事实在这些大众的态度中得到了展现。看似现成的接受和毫无问题的满足实际上具有非常复杂的性质，而且被一层脆弱的合理化的面纱所覆盖。如今的大众听赏习惯是**充满矛盾的**（ambivalent）。这种反映了整个流行音乐流行程度问题的矛盾心理（ambivalence）必须仔细加以研究，以便对这种情况的潜在影响做些说明。这一点可以通过一个视觉领域的类比来弄清楚。每一个电影观众和杂志小说的读者都熟悉所谓的"过时的摩登"（obsolete modern）的影响：二十年前被认为是非常迷人的著名舞者的照片，瓦伦蒂诺电影（Valentino films）[1] 的复兴，尽管彼时魅力四射，但现在看上去已过时得一塌糊涂。这种效应最初是由法国超现实主

---

[1]　这里的瓦伦蒂诺应该是指美国著名男演员鲁道夫·瓦伦蒂诺（Rudolph Valentino, 1895–1926）。曾主演过《启示录四骑士》（1921）、《茶花女》（1921）、《酋长》（1921）、《碧血黄沙》（1922）等名片，风靡一时。他本人也因其混血，长相英俊而成为好莱坞默片时代最为风靡的银幕情人。他的英年早逝曾令世界亿万妇女涕泪交零。——汉译注

义者发现的，如今它已变得陈腐不堪了。现在有许多杂志嘲笑时尚过时了，尽管它们的流行只是几年前的事，尽管在过去的风格中显得可笑的女子在现在的时尚中同时被认为已达时代风尚之巅（peak of smartness）。摩登迅速变得过时有一个非常重要的含义。它所引出的问题是，效应的变化是否有可能完全归因于对象本身，或者这种变化是否至少必须部分归因于大众的癖好。今天，许多嘲笑 1929 年的巴布斯·赫顿的人不仅对 1940 年的她推崇备至，而且也曾在 1929 年时为她激动得浑身颤抖。[1] 他们现在不能嘲笑 1929 年的芭芭拉·赫顿，除非他们当时对她（或她的同龄人）的崇拜本身就包含了一些一旦受到历史挑衅就会随时反转的元素。对某一特定时尚的"狂热"（craze）本身已包含着暴怒（fury）的潜在可能性。

流行音乐也是如此。在爵士乐新闻报道中，这种情况被称为"土里土气"（corniness）。任何过时的节奏套路，无论它本身多么"劲爆"（hot），都被认为是荒谬的，因此要么断然拒绝，要么沾沾自喜地欣赏，自知听众现在所熟悉的时尚是优越的。

人们不可能为今天被看作是禁忌的某些音乐套路提供任何音乐标准，因为它们已经过时了——比如强拍（down beat）上的十六分音符

---

[1]　巴布斯·赫顿（Babs Hutton）即芭芭拉·赫顿（Barbara Hutton, 1912–1979）。迪恩·詹宁斯（Dean Jennings）在《芭芭拉·赫顿：一部直言不讳的传记》（*Barbara Hutton: A Candid Biography* New York: Frederick Fell, 1968, p. 17）中描述了著名的千万富婆、极其奢侈的"可怜的富家女"（Poor Little Rich Girl）赫顿。她是伍尔沃斯（Woolworth）财产的继承人，是"我们这个时代最明显的社会失败者，但并不能完全怪罪于她"。12 岁时，她继承了 2500 万美元的遗产，此后不久，这一数字又大大增加。年近二九年华之时，赫顿成了社会八卦专栏的主角；21 岁时，她嫁给了排第一的欧洲王子。事实上，她与亚历克西斯·姆迪瓦尼（Alexis Mdivani）王子的婚姻甚至在戴尔·卡耐基（Dale Carnegie）的《如何赢得朋友及影响他人》（*How to Win Friends and Influence People*）一书中也被讨论过（see p. 59），其中夸赞王子如何利用奉承之术达到了自己的目的。使她臭名昭著的一个重要原因是，在 1933 年大萧条最黑暗的日子里，她的 4500 万美元的私人财富被公之于众，而当时纽约伍沃斯商店的员工因工资微薄而正在举行罢工。阿多诺写《论流行音乐》的时候，赫顿已经和好莱坞明星加里·格兰特（Cary Grant）有了恋爱关系，两人于 1942 年结婚。赫顿一生经历七次婚变，其中男主不乏图谋钱财者。晚年她酗酒、吸毒、抑郁，于 1979 年去世。——英编注暨汉译注

与后面的附点八分音符。它们不必比任何所谓的摇摆套路更简单。甚至有可能在爵士乐的先驱时代，有节奏的即兴表演既没有现在这么程式化，又比现在复杂。然而，这种过时的效应是存在的，也能非常明确地感受到。

以下所言，即使不涉及有待精神分析层面阐释的问题，也可以提供一个充分的解释：强加给听众的喜爱会在压力放松时激起报复。通过取笑无用之物，他们便弥补了自己因宽恕这些无用之物而产生的"愧疚"。但是，只有当试图把"新"东西强加给公众时，这种压力才会得到放松。因此，土气效应（corny effect）的心理被一次又一次地复制，并可能无限期地持续下去。

因土气效应所显示出来的矛盾心理是由个体力量与社会力量之间不平衡的急剧增加造成的。一个人面对的是一首他显然可以自由选择接受或拒绝的歌。由于权力机构对这首歌曲的大肆宣传和强力支持，他被剥夺了仍有可能对这首歌曲保持拒绝的自由。他不喜欢某首歌不再是一种主观趣味的表达，而是在反抗一种公共事业的智慧，并与数百万被认为是支持这些机构所提供之物的人分庭抗礼。反抗被认为是不良公民的标志，是缺少享受乐趣的能力，是精英分子的虚情假意（highbrow insincerity），因为有哪个正常人会去反对这样正常的音乐呢？

然而，这种超出一定限度的影响大量增长从根本上改变了个性本身的构成。一个意志坚强的政治犯可能会抵抗各种压力，直到采用一些方法，比如几个星期不让他睡觉。在那个时候，他甚至会轻而易举地坦白自己没有犯过的罪行。类似的事情也发生在听众的抗拒上，这是巨大的力量作用于他的结果。因此，任何个体的力量与他所承受的集中的社会结构之间的不平衡摧毁了他的抵抗，同时也为他的抵抗意志增加了问心有愧（bad conscience）。当流行音乐被重复到这样的程度，以至于它不再体现为一种手段，而更是自然界的一种固有元素时，抵抗就会呈现出一种不同的面向，因为个性的统一体开始破裂。当然，这并不意味着对抵抗的绝对清除。但是它被驱使着进入了心理结构中越来越深的层次。为了克服抵抗，必须直接投入心理能量。因为这种抵抗并没有在屈服于外部力量时完全消失，而是仍然存活于个体内部，甚至在接受的那一刻仍然存在。这样，怨恨（spite）就变得非常活跃了。

这是听众在流行音乐矛盾心理上体现得最明显的特征。他们保护着自己的偏好，以免被人指责为受到了操纵。没有比承认依赖性更令人不快的事了。听众的羞耻感因适应不公正待遇而引发，却又禁止蒙羞者坦白交代。于是，他们将仇恨转向那些指出他们依赖的人，而不是那些束缚他们的人。

在那些似乎是提供了一种逃避我们这个社会压抑的物质力量和被视为个性避难所的领域，抵抗的转移在扶摇直上。在娱乐界，品味的自由被誉为至高无上。承认个性在这里和在实际生活中已然无效，就会使人怀疑个性可能已经完全消失；也就是说，它已被标准化的行为模式简化为一个完全抽象的概念，不再有任何明确的内容。广大听众已经完全准备加入那个模糊实现的、不必然带有恶意地针对他们的阴谋之中，把自己与不可避免的事物等同起来，并在意识形态上保留一种在现实层面已经不复存在的自由。对欺骗的憎恨转移到了意识到这种欺骗的威胁之上，并且他们满腔热情地捍卫着自己的态度，因为这种态度让他们甘愿受骗。

为了被接受，材料也需要这种怨恨。它的商品性质，它的霸道的标准化，并没有隐藏到完全无法察觉的程度。它要求听众在心理上采取行动。仅仅消极被动是不够的。听众必须强迫自己接受。

在流行音乐的极端追随者爵士乐迷（jitterbugs）那里，怨恨体现得最为明显。

从表面上看，关于接受不可避免之物的论点似乎只是表明了对自发性的放弃：主体被剥夺了与流行音乐有关的自由意志的任何残余，并倾向于对所给予的东西产生被动反应，成为社会条件反射的单纯中心。昆虫学术语"jitterbug"强调了这一点。它指的是一种昆虫因神经过敏（jitters），能被动地被某些给定的刺激所吸引，比如光。把人比作昆虫，表明承认他已被剥夺了自主的意志。

但这种想法需要限定条件。它们已经出现在爵士乐迷的官方术语中。最新的说法如狂热、疯狂摇摆（swing frenzy）、爵士乐迷（alligator）[1]、摇摆舞迷（rug-cutter）这样的术语表明了一种超越社会条件反射的趋势——暴怒（fury）。参加过爵士乐迷狂欢大聚会（jamboree）或与爵士乐迷讨论过流行音乐当前问题的人都不会忽视其热情与暴怒的密切关系，暴怒可能首先针对的是他们偶像的批评者，但也可能是针对偶像本身。这种暴怒不能简单地用被动接受既定事实来解释。对矛盾心理来说，关键是主体不能只是被动反应。完全的被动性需要毫不含糊的接受。然而，无论是材料本身还是听众的观察都不支持这种单方面接受的假设。仅仅放弃抵抗并不足以接受不可避免的事情。

对流行音乐的热情需要听众的坚定决心，他们必须把他们所服从的外在秩序转变为内在秩序。赋予音乐商品以力比多能量，这是由自我操纵的。因此，这种操纵并不是完全无意识的。可以假设，在那些不是专家却又对阿蒂·肖[2]或本尼·古德曼[3]充满热情的爵士乐迷中，"开启的"（switched on）热情这种态度很是盛行。他们"入伙"（join the ranks）了，但这种加入不仅意味着他们符合既定的标准；它还意味着顺从的决定。音乐出版商向大众发出的"入伙"的呼吁表明，这一决定是一种接近意识表面的意志行为。[4]

有关流行音乐的爵士乐迷狂热和大众歇斯底里，其整个领域都被怨恨的意志决断（will decision）所迷惑。狂热的热情不仅意味着矛盾心理，因为它随时准备向针对其偶像的真正的暴怒或轻蔑式的幽默倾斜，而且还意味着这种怨恨的意志决断的效果。自我在强迫热情高涨时，必须对

---

[1] Alligator 原指短吻鳄，在流行音乐方面，它关联的含义有二：（1）摇摆乐爱好者专用的打招呼用语。例如，See you later, alligator!（回头见，哥儿们！）（2）黑人爵士乐手用语，指白人爵士乐手或爵士乐迷。——汉译注

[2] 阿蒂·肖（Artie Shaw, 1910–2004），美国作曲家，乐队指挥，爵士乐最出色的单簧管演奏家，对爵士乐走向流行做出了重要的贡献。——汉译注

[3] 本尼·古德曼（Benny Goodman, 1909–1986），美国单簧管演奏家、爵士音乐家。——汉译注

[4] 在某首热门歌曲的乐谱版的背面，出现了这样的呼吁："紧跟你的领袖，阿蒂·肖。"——原注

它过度强迫，因为"自然的"热情不足以完成工作和克服阻力。正是这种故意的过度行为才是疯狂和自觉的[1]歇斯底里的特征。流行乐迷必然会被认为是紧闭双眼，咬紧牙关，坚定不移地走自己的路，以避免偏离他已决定承认的东西。清晰而冷静的观点会危及强加于他的态度，而反过来他又试图把这种态度强加给自己。他的热情所立足的最初的意志决断是如此肤浅，以至于最轻微的批判性考虑都会让它分崩离析，除非它被在此服务于准理性目的（quasi-rational purpose）的狂热所强化。

最后，还应该提到一种从爵士乐迷的手势中表现出来的趋势：自我讽刺，这似乎是杂志和插图报（illustrated newspapers）上经常大肆宣传的爵士乐迷的笨拙行为所针对的倾向。爵士乐迷看起来像是会对自己、对自己的热情和对自己的快乐扮鬼脸，甚至他在假装很享受的同时也在责怪自己。他自嘲，好像在暗自盼望审判的日子。通过他的嘲弄，他试图在为自己对自己犯下的欺诈罪寻找免责的理由。他的幽默感让一切都变得诡谲莫测，以至于他不能因为自己的任何反应而感到（或者说是让自己）为难。他的坏趣味，他的暴怒，他隐而不发的反抗，他的虚情假意，他对自己潜在的蔑视，一切都被"幽默"所掩盖，并因此而被中和。这种解释可以说更为合理：因为相同效果的不断重复不太可能带来真正的快乐。没有人喜欢他已经听过一百遍的笑话。[2]

对流行音乐的所有热情都有一种虚构的成分。很少有爵士乐迷会对

[1]　有一首热歌是《我只是一个爵士乐迷》（"I'm Just a Jitterbug"）。此歌是艾拉·菲茨杰拉德（Ella Fitzgerald）和奇克·韦伯（Chick Webb）的乐队在 1938 年 5 月 2 日录制的，同期她还录制了《滴滴答答》。据纳特·夏皮罗（Nat Shapiro）主编的《流行音乐：美国流行歌曲注释索引》[*Popular Music: An Annotated Index of American Popular Songs* (New York: Adrian, 1968), vol. 4, p. 128] 记 载，"jitterbug"一词首次出现在歌曲 "Jitter Bug" 中，这首歌由凯伯·卡洛韦（Cab Calloway）和他的乐队在 1934 年推出，由欧文·米尔斯（Irving Mills）、凯伯·卡洛韦和埃德·斯韦兹（Ed Swayze）作词作曲。——原注

[2]　通过拍摄爵士乐迷在运动中的动态图片，然后从手势心理学（gestural psychology）的角度对它们进行研究，从而尝试实验性地解决这个问题是值得的。这样的实验也可以在如何理解流行音乐中的音乐标准和"偏差"的问题上形成有价值的结果。假如你让音轨与电影同步，就能知道爵士乐迷对他们假装发狂的切分音的手势反应有多剧烈，以及他们对基础节拍的反应有多剧烈。如果是后一种情况，它将为这整个疯狂类型的虚构杜撰提供另一个索引。——原注

摇摆乐完全歇斯底里，或对表演完全着迷。除了对节奏刺激的一些真实反应外，集体歇斯底里（mass hysteria）、狂热和迷恋本身在一定程度上是广告口号，受害者按照这些广告口号将自己的行为模式化。这种自我欺骗是建立在模仿甚至装腔作势（histrionics）的基础上的。爵士乐迷是他自己热情的演员，或者是呈现给自己的热情的头版名模（front page model）的演员。他与演员一并分享了他自己解释的武断性。他可以像"打开"热情一样轻易且突然地"关掉"热情。他只是被自己造出的咒语搞得五迷三道了。

但是，爵士乐迷的意志决断、装腔作势和自我谴责的迫在眉睫越是接近意识的表面，这些倾向在大众中突破并一劳永逸地摆脱被控性快感（controlled pleasure）的可能性就越大。他们不可能完全像被人称呼和喜欢自诩的那群没有脊梁的（spineless）入迷昆虫（fascinated insects）一样。他们需要自己的意志，哪怕只是为了消除那种过于自觉的预感——他们的快感中有些东西是"伪造的"（phony）。他们意志的这种转变表明意志仍然充满活力，在某些情况下，它可能强大到足以摆脱阻碍其每一步的各种叠加影响。

在目前的情况下，考虑到这些原因（它们只是大众心理学中更广泛问题的一些例证），问一问意识和无意识在整个精神分析中的区分多大程度上仍然合理可能是合适的。今天的大众反应与意识之间只有薄纱遮掩。这种情况的矛盾之处在于，要穿透这层薄薄的面纱，其难关几乎是不可逾越的。然而，真理在主观上不再像它被期望的那样无意识。事实证明了这一点：在专制政权的政治实践中，没有人真正相信的直白谎言正越来越多地取代往日的诸种"意识形态"，而这些意识形态曾是有能力说服那些相信它们的人的。因此，我们不能满足于仅仅说自发性已被对强制性材料的盲目接受所取代。即便认为今天的人们反应如同昆虫，并且正在退化为社会条件反射的中心，这仍然属于表面现象。在满足那些信口开河地谈论**新神话**（New Mythos）和社会非理性力量之人的目的上，它做得确实不赖。相反，自发性已被每个个体消耗殆尽，因为他们为了接受强加在自己身上的东西而不得不付出巨大努力——这种努力之所以发展，正是因为遮掩控制机制（controlling mechanisms）的饰面纱巾已变得如此之薄。为了成为一个爵士乐迷或者只是为了"喜欢"流行音乐，放弃自己和被动地服从是远远不够的。人要变成昆虫，需要的是那种有可能使他变成人的能量。

2001 年 9 月选译

2022 年 9 月补译

2023 年 6 月校对

# 永恒的时尚：走向爵士乐[1]

## 一

　　自 1914 年美国爆发对爵士乐的传染性热情以来，它在近五十年里一直作为大众现象保持其地位。尽管一些搞宣传的历史学家进行着种种宣告，但它的方法基本保持不变。它的史前史可以追溯到 19 世纪上半叶的某些歌曲，如《稻草中的火鸡》（"Turkey in the Straw"）和《老黑鬼》（"Old Zip Coon"）。爵士乐是一种将最基本的旋律、和声、节拍和形式结构与表面上具有破坏性的切分音原则熔为一炉的音乐，但却从未真正打乱基本节奏、同样持续的节拍和四分音符的粗略统一。这并不是说爵士乐一成不变。清一色的钢琴被迫让出了它在拉格泰姆[2]时期的主导地位，让位于通常是管乐的小型合奏。第一批来自南方的爵士乐队，尤其是新奥尔良和芝加哥的乐队，其疯狂滑稽动作随着商业化程度的提高和观众的增长已趋于缓和，而一直以来专业地恢复一些原始活力——无论是被称为"摇摆"（Swing）还是"比博普"（Bebop）——的努力，都不可避免地屈服于商业要求，并迅速失去自己的锋芒。起初不得不靠夸张来引人注意的切分音原理，在此期间变得如此不言而喻以至于不再

---

[1]　《永恒的时尚：走向爵士乐》（"Zeitlose Mode. Zum Jazz"）写成于 1953 年，后被阿多诺收入 1955 年出版的《棱镜》一书，最终进入《阿多诺文集》之中。本文译自 "Perennial Fashion—Jazz," in *Prisms*, trans. Samuel and Shierry Weber, Cambridge, Ma.: The MIT Press, 1981, pp. 121-132. 关键用词及术语核对了德语原文（*Gesammelte Schriften: Kulturkritik und Gesellschaft I*, Bd. 10.1, Frankfurt am Main: Suhrkamp Verlag, 1974, S. 123-137）。——汉译注

[2]　拉格泰姆（Ragtime）产生于 19 世纪末，是一种采用黑人旋律，依切分音循环主题与变形乐句等法则结合而成的早期爵士乐，盛行于第一次世界大战前美国经济十分繁荣时期。——汉译注

像正式要求的那样需要强调弱拍。任何人在今天仍然使用这样的重音都会被讥之为"老土"（corny），就像 1927 年的晚礼服一样过时。不逊（Widerspenstigkeit）已经变成二等"顺滑"（Glätte），而且爵士乐的反应形式也变得如此根深蒂固，以至于整整一代年轻人听到的都是切分音，而没有意识到它与基本节拍之间的原始冲突。然而，这一切都无法改变爵士乐在本质上保持静止不变的事实，也无法解释为什么千百万人似乎对其单调的吸引力永不厌倦。作为《生活》（Life）杂志的艺术编辑而在当今蜚声国际的温斯洛普·萨金特（Winthrop Sargeant），负责撰写这方面最好、最可靠、最明智的书籍；他在 25 年前写道，爵士乐绝不是一种新的音乐风格，而是"即便在其最复杂的表现形式中，也存在不断重复的程式（Formeln）这种基本的东西"。这种不偏不倚的观察似乎只有在美国才是可能的；而在爵士乐还没有成为一种日常现象的欧洲则存在一种趋势，尤其是在那些把爵士乐当作一种世界观的乐迷中，他们误认为爵士乐是原始而不受束缚的天性的张扬，是对陈腐的博物馆文化的胜利。无论爵士乐中的非洲元素如何不容置疑，但可以肯定的是，那里面所有桀骜不驯的东西从一开始就被整合到一个严格的方案之中，它的叛逆姿态伴随着盲目的卑躬屈膝，就像分析心理学所描述的施虐-受虐型一样，这种人对待父亲般的人物一面暗自崇拜一面恼羞成怒，一面试图对他仿效一面又从他公开憎恶的从属地位中获得乐趣。这种趋向加速了该媒介的标准化、商业化与刻板化。这并不是说粗俗的商人通过外部攻击腐蚀了它的天籁之音，是爵士乐自己导致了这一问题。对爵士乐的滥用并非外部灾难，即纯粹主义捍卫者以"真正"纯爵士乐之名疯狂抗议的灾难；这种滥用源于爵士乐本身。黑人的圣歌（即布鲁斯的前身）是奴隶歌曲，于是它把对不自由的哀叹与受压迫的确认糅合在一起。而且，一方面很难在爵士乐中分离出真正的黑人元素，另一方面白人中流氓无产者的成分又参与了它的史前史。在爵士乐被推到聚光灯下之前的一段时间，这个社会似乎在等它现身，却又早就通过步态舞（Cake-walk）与踢踏舞（Steptänze）熟悉了它的那些冲动。

然而，正是这种微不足道的程序和特性，对任何不受监管的冲动的严格排斥，使得这道"特色菜"（Spezialität）的稳定性——只有迫于无奈时才接受变化，而且通常只是为了适应广告的要求——如此难以把握。因为事实依然是，爵士乐在一个绝非停滞的阶段短暂确立了自己的永恒地位，而且它并没有表现出放弃其垄断地位的丝毫倾向，却只是倾向于使自己适应听众的耳朵，不管它是训练有素之耳还是不辨五音之耳。然而，尽管如此，它并没有变得不那么时髦。近五十年来，爵士乐的产品像换季一样短暂。爵士乐是一种矫揉造作的诠释方式。与时尚一样，重要的是展示，而不是事物本身；"轻音乐"（leichte Musik）作为流行歌曲工业中最沉闷的产品被装扮了起来，而不是爵士乐本身被创作了出来。爵士乐迷（发烧友的简称）感受到了这一点，因此更喜欢强调音乐的即兴演奏特征。但这些都是胡扯。任何一个早熟的美国青少年都知道，今天的流程几乎没有给即兴发挥留下任何空间，而那些看似自发的行为实际上是事先以机器般的精确精心策划的。但即便如今有真正的即兴创作，在那些也许是为了纯粹的娱乐而依然沉溺于其中的对立的乐团中，流行歌曲仍然是唯一的材料。因此，所谓的即兴创作实际上已被简化为对基本程式或多或少的改头换面，而在这些程式中，图式（Schema）每时每刻都在闪耀。即使是即兴创作也在很大程度上是标准化的，并且不断重复。在爵士乐中允许发生的事情如同任何特殊剪裁的衣服一样有限。考虑到发现和处理音乐材料的丰富可能性，即使是在娱乐领域中，如果绝对必要的话，爵士乐也已显示出自己是完全贫乏的。它对现有音乐技巧的使用似乎很随意。但禁止在音乐创作过程中改变基本节拍，这本身就足以将作曲限制到如此地步，以致它需要的并非风格的审美意识，而是心理退化。对节拍、和声和形式的限制同样令人窒息。从整体上看，爵士乐的永恒不变之处不在于其材料的基本组织——在此组织中就像在表达清晰的语言中一样，想象力可以自由自在地驰骋——而在于将某些界定明确的技巧、程式和陈词滥调运用到排他性的程度。这就好像一个人为了紧紧抓住"最新之物"，拒绝撕下日历页，从而否认某一年的形象一样。时尚把自己推向永恒之位，因此也就牺牲了时尚的尊严——它的短暂性。

# 二

要想理解如何用一些简单的诀窍来描述一个领域，仿佛其中不存在其他任何东西，人们必须首先从"活力"和"时代的节奏"这类的陈词滥调中解放出来，这些东西被广告及其新闻附属物美化，最终被受害者自己美化。实际情况是，爵士乐在节奏上所能提供的东西是非常有限的。爵士乐中最显著的特点全部都是由自勃拉姆斯（Johannes Brahms）以来的严肃音乐独立产生和发展的，进而被严肃音乐所超越。面对标准化到最小偏差的流水线程序，它的"活力"很难被认真对待。爵士乐理论家（尤其是欧洲的爵士理论家们）错误地把经过心理技术计算和检测的效果的总和看作一种情绪状态的表达，看作爵士乐在听者心中唤起的幻觉；这种态度很像对待电影明星，她们那张匀称或悲伤的脸都是在模仿名人肖像，因此也就与卢克雷齐娅·波吉亚[1]或汉密尔顿夫人[2]拥有着同样的地位，假如此二人真的不是她们自己的人体模特的话。那些被热情冲昏头脑的天真之人视为原始森林的，实际上彻头彻尾是由工厂制造出来的，即便在某些特殊场合自发性被宣传为特色噱头。爵士乐自相矛盾的不朽（paradoxe Unsterblichkeit）根源于经济。文化市场上的竞争业已证明了许多技巧的有效性，包括切分音、半声乐半器乐的乐音、滑音、印象主义的和声与仿佛在说着"没什么能配得上我们"的华丽配器。然后再把这些技巧分门别类，并以万花筒般的方式混合成常新的组合，而在总体图式与同样是图解的细节之间，并未发生哪怕是最微小的互动。所有留存下来的技巧都是竞争的结果，竞争本身并不是很"自由"，而且整个行业都被打磨，特别是被广播打磨润色。投资会流向"知名乐队"（name

---

[1]　卢克雷齐娅·波吉亚（Lucrezia Borgia, 1480–1519），罗马教皇亚历山大六世（Alexander VI, 1492—1503 年在位）与其情妇瓦诺莎·德·卡塔内（Vannozza dei Cattanei, 1442–1518）的私生女，以美貌著称于世，长期赞助艺术家从事美术等相关事务，是欧洲文艺复兴时期的幕后支持者之一。——汉译注

[2]　汉密尔顿夫人指爱玛·汉密尔顿夫人（Emma, Lady Hamilton, 1761–1815），曾有"英伦第一美女"之称，30 岁时，嫁给英国驻那不勒斯大使威廉·汉密尔顿爵士。——汉译注

bands），它们的声名由科学设计的宣传提供保障；更重要的是，用来推广"流行歌曲排行榜"（The Hit Parade）之类的音乐畅销节目（这些节目的公司购买了电台广告时间）的资金使得任何一种偏离都充满风险。此外，标准化意味着强化了对听众及其条件反射的持久控制。听众所期望者，是只想获得他们习惯了的东西，每当他们的期望落空，或者是认为消费者不可剥夺的权利得不到满足时，他们就会变得愤怒。而且，即使有人试图在轻音乐中引入任何真正不同的东西，他们也会因为经济集中而从一开始就注定失败。

一种本质上是偶然与随意的现象是不可战胜的，它反映了当前社会控制的随意性。文化工业越是彻底根除一切偏差，从而切断媒体内在发展的可能性，整个喧嚣的、生机勃勃的商业就越是趋于停滞不前。就像没有哪一曲爵士乐能在音乐意义上称得上有其历史一样，就像爵士乐的所有组成部分都可以随意移动一样，就像没有任何单一的衡量标准能遵循音乐发展的逻辑一样——永恒的时尚也成为计划好了的封冻社会的寓言（Gleichnis），与赫胥黎《美丽新世界》（Brave New World）中噩梦般的景象区别不大。这里的意识形态所表达或暴露的究竟是不是一个过度积累的社会向简单再生产阶段倒退的趋势，这是经济学家决定的事情。彻底失望的索尔斯坦·凡勃伦（Thorstein Veblen）在其晚期作品中怀有如下恐惧：经济和社会力量的作用将在一种消极的历史状态中偃旗息鼓，即沉落到一种更强大的封建制度中，这或许不太可能，但它却是爵士乐与生俱来的理想。无论如何，技术世界的形象都具有非历史的一面，这使它成为一种神话般的永恒幻影。有计划的生产似乎预先清除了生活过程中所有不可控制、不可预测、不可计算的东西，从而也剥夺了生活过程中真正新的东西，没有这些东西，历史就难以想象；而且，标准化的大众产品的形式也让物品的时间序列更为趋同。1950 年的机车看上去与制造于 1950 年的机车并不相同，这一事实给人一种自相矛盾的印象，正是因为这个原因，最现代的特快列车偶尔会用过时模型的照片来加以装饰。超现实主义者与爵士乐有许多共同之处，自阿波利奈尔（Guillaume Apollinaire）以来，他们就开始谈论这一层面的经验："在这里连汽车都显得古旧。"[1] 这种痕迹已在不知不觉被永恒的时尚同化了；爵士乐在与技巧结盟时知道自己在做什么，它与"技术的面纱"[2] 相勾结，充当了严格重复却漫无目的的宗教仪式，并假装 20 世纪就是古埃及，那里奴隶成群结队，朝代更迭不止。然而，这仍然是一种幻觉，因为尽管技术的象征可能是一个始终在旋转的轮子，但它的内在能量发展到无法估量的程度，同时还背负着一个由其内在张力驱动的社会，它坚持其非理性并赋予人们远远超出他们希望的历史。一个知道改变就会崩溃的世界秩序将永恒（Zeitlosigkeit）投射到技术上。然而，这种伪永恒却被那些已把自己确立为普遍原则的糟糕的偶然性和劣等性所掩盖。如今，千年帝国的人们看起来如同罪犯，而大众文化的永恒姿态就是反社会者的姿态。在所有可用的把戏中，切分音应该是对大众实行音乐专政的技巧，这一事实让人想起技巧的特点就是巧取豪夺，当它们被置于非理性的极权控制之下并为其服务时，无论它们本身是多么合理都无济于事。实际上，属于当今整个意识形态和文化工业的这些机制在爵士乐中是可见的，因为如果没有专业技术知识，就不能像在电影中那样轻而易举地识别它们。然而，即使是爵士乐也会采取一定的预防措施。与标准化并行的是伪个性化。听众被限制得越严格，他就越难以注意到它。他被告知，爵士乐是专门为他量身定做的"消费艺术"（Konsumentenkunst）。爵士乐用以丰富了自己图式的独特效果，尤其是切分音，努力假装自己是自由自在的主观性——实际上，是听众的主观性——的爆发或漫画化，或者假装自己也许是为受众更大的荣耀而奉献的最微妙的细微差别。但是这种方法也陷入它自己编织的罗网之中。因为它必须不断向听众许诺一些与众不同的东西，以此激发他们的注意力，使自己不致平庸，但它又不能不走寻常路；它必须是常新的，同时又必须是常常相同的。因此，偏差就像那些规范一样，都是标准化的，实际上，它们一出现就失效了。就像文化

---

[1]　阿多诺在这里直接使用的是法语："Ici même les automobiles ont l'air d'être anciennes."——汉译注

[2]　"技术的面纱"（der technologische Schleier）是阿多诺使用的一个重要概念，其具体含义可参考本书中《奥斯维辛之后的教育》一文的英译注。——汉译注

工业中的其他一切事物一样，爵士乐满足了人们的欲望，但同时又使其受阻遇挫。代表着一般音乐听众的爵士乐主体无论有多不顺从，实际上他们已越来越不是他们自己了。不符合规范的个人特征却被规范塑造，于是就成为受到残害的标志。被吓坏的爵士乐迷们认同他们所害怕的社会，因为正是这个社会使他们成为现在的样子。这就赋予爵士乐仪式一种肯定的特征，即被一个不自由的平等群体所接受。出于这种考虑，爵士乐可以在自我辩护中用恶魔般的良知直接吸引大量听众。盛行的不成问题的标准程序经过长时间的完善，产生了标准的反应。好心的教育工作者相信，改变方案就足以让受侵犯和受压迫者渴望更好的东西，或者至少是不同的东西，他们太轻信了。即便他们没有大大超出文化工业的意识形态领域，方案政策的重大变化也会在现实中被愤怒地拒绝。人们对这种胡言乱语是如此习以为常，以至于已无法对它弃之不顾，即使他们中途便识破了它。相反，人们觉得有必要强化自己的热情，以便使自己相信他之耻辱就是他之幸运。爵士乐建立了人们无论如何都必须遵守的社会行为成规。爵士乐使他们能够实践这些行为形式，他们更喜欢爵士乐，是因为它能使不可逃避的事情变得更容易忍受。爵士乐再生产出了它自己的群众基础，却没有因此减少生产者的罪恶感。时尚的永恒是一个恶性循环。

三

正如大卫·理斯曼[1]再次强调的那样，爵士乐迷可以分为两个完全不同的群体。核心圈子里坐着专家，或者是自认为自己是专家者——因为那些最热情的信徒，那些对已确定的术语加以炫耀并以笨拙的自负来区分爵士乐风格的人，往往几乎无法用精确的、专业的音乐概念来说明打动他们的究竟是什么。他们中的大多数人认为自己很先锋，因此参与了

[1] 大卫·理斯曼（David Riesman, 1909–2002），美国社会学家、律师、教育家，著有《孤独的人群》等。——汉译注

一种如今已变得无处不在的混乱。在文化和教育瓦解的症候中，一个并非不重要的事实是，无论自主的"高级"（hoher）艺术和商业的"轻松"（leichter）艺术之间的区分有多大问题，它都既未得到批判性的反映，甚至都不再受到注意。而既然某些文化失败主义的知识分子已经让后者与前者较量，文化工业的庸俗捍卫者甚至可以自豪地认为，他们正走在时代精神的前沿。把文化组织进第一、第二和第三类节目的"层次"之中，并按照低、中、高的等级加以模式化，是应该受到谴责的。但是，这种问题却无法通过低俗教派（lowbrow-Sekten）宣称自己是高雅教派来克服。对文化的合法不满，为将大规模生产中高度合理化分支美化为某种新的世界感受性的曙光提供了一个借口，但却丝毫不能成为其理由，因为这种分支贬低和出卖了文化，却根本没有超越文化；它也不是将这种分支与立体主义、艾略特的诗歌和乔伊斯的叙事作品混为一谈的理由。退化不是根源，但根源是退化的意识形态。任何一个因大众文化日益受人尊敬而仅仅因为单簧管吹错了几个音就把流行歌曲与现代艺术等同起来的人，任何一个把满是"下流音符"（dirty notes）的三和弦误认为无调性的人，他们已经向野蛮屈服投降。已堕落为文化的艺术付出的代价是，随着其畸形影响的增长，它更容易与自己的废品相混淆。作为传统上少数人的特权，教育如今要通过这种方式还债，即自觉的文盲宣称，容忍的过度所带来的麻木即为自由王国。在微弱的反抗中，他们随时准备躲避，就像爵士乐那样，将跌跌撞撞和提前到达（Zufrühkommen）整合到集体行进的步伐之中。这种类型的爵士乐爱好者和许多逻辑实证主义的年轻信徒之间有一个惊人的相似之处，后者怀着同样的热情抛弃哲学文化，就像前者抖落严肃音乐的传统一样。热情变成了一种事不关己高高挂起的态度，在这种态度中，所有的感觉都依附于技巧，对所有的意义都怀有敌意。他们觉得自己身处一个界定明确的系统中是安全的，以至于任何错误都不会从中溜走，而对外界事物被压抑的渴望则表现为无法容忍的仇恨，以及将初来乍到者的卓越知识和没有幻想者的自负主张结合到一起的态度。被视为确信无疑的夸耀式的陈词滥调、肤浅，美化了对任何自我反思的懦弱防御。所有这些习以为常的反应模式近来都失去了纯真，它们自诩为哲学，因而变得非常邪恶。

在一个除了游戏规则之外几乎没什么可以理解的领域，聚集在这帮专家周围的是一些面目模糊、口齿不清的追随者。一般而言，他们陶醉于大众文化的声名之中，而大众文化则知道如何操纵这种声名；他们也完全可以聚在俱乐部里，为了崇拜电影明星或收集亲笔签名。对于他们来说，重要的是归属感，是身份认同（Identifikation），而对其内容的特别关注则显得无足轻重。对于女孩儿来说，她们已经把自己训练得一听到"低吟男歌手"[1]的声音就会晕倒在地。他们的掌声由信号灯提示，直接在他们获准参加的流行广播节目中传播。他们把自己称为"抖动虫"（jitterbugs）——做出反射动作的虫子，使自己销魂的演员。只是被某件事情搞得五迷三道，只是拥有一些他们自己的东西，就补偿了他们贫瘠而荒凉的存在。青春期的姿态——今天为这个或那个欣喜若狂，明天却随时可能将其咒为白痴——现在已经被社会化了。当然，欧洲人往往忽略了这样一个事实：欧洲大陆的爵士乐迷与美国的爵士乐迷根本不一样。爵士乐中那种越轨的和不服从（das Unbotmäßige）的元素在欧洲仍然可以感受到，而在今天的美国则完全消失了。爵士乐和今天所有现成的群众运动所共享的无政府主义起源的记忆已被彻底压制，无论它会如何继续在地下激荡。爵士乐被理所当然地视为一种能被管教好的、被擦洗到耳根的习俗。然而，对于世界各地的爵士乐爱好者来说，他们却在戏仿的繁荣（der parodistische Überschwang）中分享着顺从的时刻。在这方面，他们的活泼（Spiel）让人想起极权主义国家中广大追随者那种凶巴巴的严肃（der tierische Ernst），尽管活泼与严肃之间的区别相当于生与死的区别。某大牌乐队演奏的一首歌曲的广告是："X. Y. 紧跟你的领导！"当欧洲两种独裁政权的领导人都对爵士乐的颓废怒火中烧时，其他国家的年轻人早就让自己兴奋起来，他们随着切分音的舞步，就像在进行曲中律动，而伴奏乐队演奏的音乐并非偶然来源于军乐。"精锐部队"

---

[1] 阿多诺在这里使用的是英文单词"crooner"，特指20世纪三四十年代哼唱感伤情歌的低吟男歌手。——汉译注

（Kerntruppe）和"口齿不清的追随者"（unartikulierte Gefolgsleute）的划分有点像"党内精英"（Partei-Elite）和其他"人民"之间的区别。

## 四

爵士乐的垄断依赖于供给的排他性及其背后的经济力量。但是，假如这一无所不在的特性没有包含人们响应的某种普遍的东西，它早就被打破了。爵士乐必须具有一种"群众基础"（Massenbasis），其技巧必须与主题中的某种要素相联系——当然，这种要素反过来又回到了社会结构以及自我与社会之间的典型冲突上。为了寻找那种要素，首先想到的是古怪的小丑或与早期电影喜剧人物相类似的形象。个人的弱点在被宣告之日也是被撤销之时，跌跌撞撞地演奏被确认为一种更高的技能。在对反社会性的整合中，爵士乐与侦探小说同样标准化的图式及其分支融合在一起，其中世界经常被扭曲或揭示，使反社会性和犯罪成为日常规范，但同时秩序的不可避免的胜利也消除了诱惑和威胁性的挑战。只有精神分析理论才能对这一现象提供充分的解释。爵士乐的目的是机械地再现一个退化的时刻，一种阉割的符号体系（Kastrationssymbolik）。"放弃你的男子汉气，把你自己阉了吧，"爵士乐队那种太监般的声音既是嘲弄也是宣告，"这样你将会得到奖赏，被接纳到一个与你分享阳痿之谜的兄弟会，谜底在入会仪式那一刻将被公之于众。"[1] 如果对爵士乐如此解释——在对其性暗示的理解上，受到爵士乐震惊的反对者要比它的辩护者做得更好——显得武断和牵强，那么这一事实依然可以在音乐和歌词的无数细节中得到证实。在《美国爵士乐》（*American Jazz Music*）一书中，怀尔德·霍布森（Wilder Hobson）描述了一个早期爵士乐队领队迈克·莱利（Mike Riley），这位音乐怪人一定要把乐器大卸八块。"乐队在喷水或撕衣服，而莱利则提供了可能是最伟大的长号喜剧表演，在疯狂

---

[1]　这一理论在 1936 年发表于《社会研究杂志》（*Zeitschrift für Sozialforschung*, p. 252 ff）的文章《爵士乐》中得到了发展，并在萨金特和霍布森 1941 年发表在《哲学和社会科学研究》（*Studies in Philosophy and Social Science*, p. 175）的书评中被详细阐述。——原注

演奏《黛娜》（'Dinah'）的过程中，他不断地肢解着喇叭，又毫无规律地对它重新组装，直到乐管像废品店里的黄铜器一样垂下来，一个或多个零散的配件还在发出模糊而和谐的喇叭声。"很久以前，维吉尔·汤姆森（Virgil Thomson）就把著名的爵士乐小号手路易斯·阿姆斯特朗（Louis Armstrong）的表演与 18 世纪伟大的阉人歌手 [1] 的表演相提并论。整个领域充满了用"长发"和"短发"来区分音乐家的术语。后者是爵士乐人士，他们赚钱并能让自己看起来体面；其他人，比如对斯拉夫钢琴家的讽刺漫画，其长而密的头发堪称典范，他们被归类到不怎么受人尊重的刻板印象之下，是那种挨饿的却又在炫耀着传统要求的艺术家。这是该类术语的显在内容。剪掉的头发代表什么几乎不需要在此赘述。在爵士乐中，站在参孙 [2] 之上的非利士人（Philister）的形象被永久地改变了。

确实是非利士人。阉割符号体系深藏于爵士乐的实践中，并通过长期同一的体制化割断了与意识之间的联系，正是因为这个原因，它可能变得更加雄壮有力了。从社会学角度看，爵士乐具有加强和延伸的效果，甚至延伸到主体的生理学层面，接受一个无梦的现实世界，在这个世界中，所有还未完全被整合的事物记忆都已被清除。要想理解爵士乐的群众基础，就必须充分考虑到美国在艺术表达上的禁忌，尽管有官方的艺术工业，这种禁忌却一点也没有减弱，甚至影响到儿童的表达冲动；进步教育，以刺激儿童的表达能力为其目标，只是对这一情况的反应。尽管艺术家作为"戏子"（Unterhalter）——就像收入较高的服务员服从"服务"的要求那样的工作人员——被部分地容忍，也被部分地整合进消费领域，但人们对艺术家的刻板印象仍然是性格内向很自我的白痴，而且常常是同性恋。虽然这样的品质在职业艺术家那里可以被容忍——私生活丑闻甚至可以被期待为娱乐的一部分——但其他人会因为任

---

[1] 阉人歌手（Kastrat / castrati），亦称阉人歌唱家或阉伶，主要出现在 17 世纪初至 19 世纪末的意大利。为了保持童声，以便成为男性女高音或男性女低音歌唱者，成为"最接近上帝的声音"，一些男性歌手在童年时接受了阉割手术。——汉译注

[2] 参孙（Simson，天主教译名为"三松"）是《圣经·士师记》中的一位犹太人士师，生于前 11 世纪的以色列，玛挪亚的儿子。参孙以借着上帝所赐极大的力气，徒手击杀雄狮并只身与以色列的外敌非利士人争战周旋而著名。——汉译注

何未经社会事先安排的自发的艺术冲动而立即让自己被怀疑。如果一个孩子喜欢听严肃音乐或练钢琴而不是看棒球比赛或电视，那么他在班上或他所属的其他群体中就会被视为"娘娘腔"（sissy），这些群体所体现的权威远远超过父母或老师。表达冲动暴露于同样的阉割威胁面前，这种威胁在爵士乐中被象征性地、机械地和仪式化地压制。然而，表达的需要——它与艺术的客观品质没有必要的关系——不能完全被消除，尤其是在成熟的年代。青少年并没有完全被经济生活及其心理关联的"现实原则"（Realitätsprinzip）所扼杀。他们的审美冲动不是在简单的压制中被吹灯拔蜡，而是被转移了。爵士乐是这种转移的首选媒介。对于年复一年追逐着永恒时尚而过上若干年估计就会忘掉它的年轻人来说，爵士乐在审美升华与社会适应之间提供了一种妥协。"不切实际的"（unrealistisch）、实际上无用的、富有想象力的元素被允许存在，但代价是改变自身性质，它必须不知疲倦地努力以现实的形象改造自己，重复现实对自己的命令并服从之。因此，它重新融入了它试图逃离的领域。艺术被剥夺了它的审美维度，并作为它在原则上与之相矛盾的适应的一部分而出现。从这个角度看，爵士乐中一些不同寻常的特征就更容易理解了。例如，编曲所起的作用不能用技术分工或所谓作曲家的音乐文盲来充分解释。任何事情都不允许保持其本质上的样子。一切都必须正确修剪，必须带有准备的痕迹，使它更接近众所周知的领域，从而使其更容易被理解。同时，这个准备的过程也向听众表明，这款音乐是为他制作的，但并没有把他理想化。最后，编曲给音乐盖上了官方认可的印章，这反过来又证明了任何艺术野心都不可能跨越它与现实的距离，也证明了音乐在准备随波逐流；这种音乐并没有把自己想象得比实际更好。

同样，适应的首要性决定了爵士乐对音乐家的特定技巧的要求，在某种程度上也决定了对听众的特定技巧的要求，当然也决定了对努力模仿音乐的舞者的技巧要求。审美技术作为将自主性主题客观化手段的浓缩，已被处理障碍的能力所取代，被不受切分音等破坏性因素影响的、同时又能巧妙地执行遵从抽象规则的特定行动的能力所取代。审美行为通过技巧系统变成了一项运动。掌握了它，也就证明了一个人很现实。

爵士音乐家和专家的成就加起来意味着成功通过了一系列测试。但是表达，作为审美抗议的真正载体，却被它所抗议的力量所取代。面对这种力量，它会表现出一种恶意和悲惨的语气，只是勉强地瞬间将自己伪装成刺耳和挑衅。表达自己的主体恰恰是这样表达的：我什么都不是，我肮脏，不管他们对我做什么，那都是我活该。该主体可能已成为那些被指控犯罪的俄罗斯人之一，他虽然是无辜的，但从一开始就与检察官合作，并且认为惩罚对自己来说还不够严厉。如果说审美王国最初是作为一个自主领域诞生于区分神圣与日常的巫术禁忌（das magische Tabu），并力求保持着前者的纯洁，那么，世俗（Profanität）现在对巫术的后代、对艺术进行报复了。艺术只有在放弃与众不同的权利，并融入最终取代禁忌的无所不能的世俗领域时，才能被允许生存。任何事物都不可能不像现实世界那样存在。爵士乐是对艺术的虚假清算——乌托邦没有变成现实，而是从画面中消失了。

*2001 年 8 月下旬初译*
*2022 年 7 月上旬校译*
*2023 年 6 月初再校*

# 电视与大众文化模式[1]

  电视的效果不能用成功或失败、喜欢或不喜欢、赞成或反对来充分表达。相反，应该借助深层心理学的范畴和大众媒介以往的知识来做一些尝试：将一些理论概念具体化，以对电视的潜在效果——它对观众个性不同层面的影响——进行研究。在描述层面和心理动力学层面系统地调查典型的电视材料的社会心理刺激，分析它们的预设和总模式并评估它们可能产生的效果，现在似乎适逢其时。这个过程在如何处理这些刺激来产生最理想的电视效果上可能最终会提出一些建议。通过揭露经常在虚假现实主义（fake realism）幌子下运作的电视的社会心理影响和机制，不仅可以改进节目，而且更重要的也许是，公众可能会对其中一些机制的恶劣效果变得敏感。

  我们不关心任何特定表演或节目的有效性；但我们关心当今电视及其意象（imagery）的性质。而我们的方法是切实可行的。调查结果应该与材料非常接近，应该建立在坚实的经验基础上，这样，它们才能被转化为确切的建议，才能向广大观众说清楚情况并使其信服。

---

  [1] 此文原题《如何看电视》（"How to Look at Television"），是阿多诺 1952—1953 年重访美国时用英语写成的文章，首发于《好莱坞电影、广播和电视季刊》（*Hollywood Quarterly of Film, Radio, and Television*）1954 年春季卷，后被收入罗森伯格与怀特合编的《大众文化：美国的通俗艺术》一书时改名为《电视与大众文化模式》（"Television and the Patterns of Mass Culture," in B. Rosenberg and D. Manning White eds., *Mass Culture: The Popular Arts in America*, New York: Free Press, 1957, pp. 474-488）。同时，此文还被改写为德语文章《电视作为意识形态》（"Fernsehen als Ideologie"），最终被收入《阿多诺文集·文化批评与社会》（*Gesammelte Schriften*: *Kulturkritik und Gesellschaft II*, Bd. 10.2, Frankfurt am Main: Suhrkamp Verlag, 1977, S. 518-532）。本文译自英文，未参考德语改写本。——汉译注

电视的改进之处主要不是从艺术、纯审美的层面来构想的，它与现在的习俗无关。这并不意味着我们天真地认为自主艺术（autonomous art）和大众媒介之间的二分法理所当然。我们都知道二者的关系非常复杂。今天所谓的"阳春白雪"（long-haired）和"下里巴人"（short-haired），这两种艺术之间的僵硬划分是历史长期发展的产物。如果认为以前的艺术是完全纯粹的，认为具有创造性的艺术家只考虑艺术品的内在一致性，而不考虑它对观众的影响，那就显得太浪漫了。戏剧艺术尤其离不开观众的反应。相反，美学残余所要求的某种自主的东西，那个自足的世界，即使在大众文化（mass culture）最不起眼的产品也仍然存在。事实上，目前生硬地将艺术划分为自主的和商业的两个方面，本身主要就是商业化的结果。在 19 世纪上半叶的巴黎，"为艺术而艺术"（l'art pour l'art）这一口号在争议中被发明出来绝非偶然，因为那正是文学第一次真正成为大规模的商业活动的时候。许多带有"为艺术而艺术"这种反商业标志的文化产品，在诉诸煽情或极力展示物质财富和感官刺激而牺牲作品的意义方面，都显示出商业主义的迹象。这种趋势在本世纪头几十年的新浪漫主义戏剧中很是明显。

## 通俗文化的新与旧

为了公正地对待所有的这些复杂之处，有必要对现代大众媒介的背景和发展做更为细致的审查，而局限于目前条件的传播研究则意识不到这些。我们必须确定当代文化工业的出产之物与较旧的"低端"艺术或通俗艺术形式、与自主艺术有什么共同之处，它们的区别何在。在这里，只要指出目前通俗文化（popular culture）的原型是在中产阶级社会发展的较早时期——在英国大约是在 17—18 世纪之交或 18 世纪初——确立的就足够了。根据英国社会学家伊恩·瓦特[1]的研究，那个时期的英国小说，

---

[1]　伊恩·瓦特（Ian Watt, 1917–1999），出生于英国，曾在美国斯坦福大学任教，是著名的文学评论家和文学史学家，其代表作是《小说的兴起：笛福、理查逊和菲尔丁研究》（*The Rise of the Novel: Studies in Defoe, Richardson and Fielding*, 1957）。——汉译注

特别是笛福和理查逊[1]的作品，标志着一种有意识地创造、服务并最终控制"市场"的文学生产路径的开启。今天，文化产品的商业生产已经变成流水线，通俗文化对个人的影响也随之增加。这一过程并不局限于数量，而是形成了新的质变。虽然新近的通俗文化吸收了其前辈的所有元素，特别是其所有的"禁止"元素，但由于它已发展成一种体系因而明显不同于以往。因此，通俗文化不再局限于诸如小说或舞曲之类的某些形式，而是抓住了艺术表达的所有媒介。这些形式的结构和意义显示出惊人的相似性，即便它们表面上看起来几无共同之处（如爵士乐和侦探小说）。它们的产出已经增加到如此程度，以致任何人躲避它们都几无可能；甚至那些以前远离通俗文化的人——一方面是乡下人，另一方面是受过高等教育者——也在某种程度上受到了影响。"商业"文化体系越是扩张，它就越是倾向于同化过去的"严肃"艺术，让这种艺术适应于该体系自身的要求。这种控制是如此广泛，以致任何违反其规则的行为都会被先天地贴上"高雅"（highbrow）的标签，几乎没有机会传播到广大民众之中。这个体系的共同努力产生了可以被称为我们这个时代的主导意识形态（prevailing ideology）的东西。

当然，在今天的模式中有许多典型的变化；例如在情欲层面，以前男性被描述为主动攻击，而女性则处于被动防守，然而在现代大众文化中，这一情况在很大程度上已出现反转，尤其是像沃尔芬斯坦和莱特斯所指出的那样。[2] 而更重要的是，在早期小说中依稀可见并在如今基本得以保存的这种模式本身，到现在则已变得凝固化和标准化了。最重要的是，这种僵硬的制度化将现代大众文化转变为一种连做梦都想不到的心理控制媒介。现代大众文化的重复性、自我同一性（selfsameness）和无所不在性倾向于形成自动化的反应，从而削弱个体的抵抗力量。

---

[1]　塞缪尔·理查逊（Samuel Richardson, 1689–1761），英国小说家，著有《帕美拉》等。——汉译注

[2]　这里可能是指心理学家玛莎·沃尔芬斯坦（Martha Wolfenstein）和内森·莱特斯（Nathan Leites）出版的《电影：一项心理学分析》（*Movies: A Psychological Study*, 1950）。——汉译注

当记者笛福和印刷商理查逊计算他们的产品对受众的影响时，他们不得不根据直觉进行推测；因此，依然有发展偏差带来某种回旋余地。如今，这样的偏差已被简化为在为数不多的选项中进行多项选择。以下的情况可以作为一个实例。19 世纪上半叶，大量出版并为大众消费服务的通俗或半通俗小说，曾被期望引发读者的紧张情绪。尽管善胜恶的情节基本上已呼之欲出，但欧仁·苏[1]和大仲马作品中迂回曲折、无穷无尽的情节和次生情节（subplots）却很难让读者持续地意识到其中的道德意义。读者可以期待发生任何事情。这种情况如今已不再成立。每一个看悬疑剧的电视观众都绝对知道故事会如何走向终点。紧张情绪只是表面上维持着，而不太可能再产生多么严重的影响。相反，观众会一直感到身处安全地带。这种对"安全地带感"（feeling on safe ground）的渴望——反映了婴幼儿对保护的需求，而不是对刺激的欲望——被投其所好。兴奋的元素只是虚情假意地（with tongue in cheek）被保留下来。这种变化与一个自由竞争的社会向一个几乎"封闭"的社会的潜在转变吻合一致；而面对这种"封闭"的社会，人们希望被接纳或害怕被拒绝。一切似乎都是"命中注定的"。

现代大众文化正在增长的力量因受众社会结构的变化而被进一步增强。旧有的文化精英已不再存在；现代知识界只是部分地与之相符。与此同时，大量原本不了解艺术的各色人等变成了文化的"消费者"。现代的受众虽然也许欠缺由传统培育而成的艺术升华能力，但在对技术完美和信息可靠的要求上，以及在对"服务"的渴求上已变得更加精明；他们也更加相信消费者对生产者的潜在力量，无论这种力量是否被真正使用过。

受众的变化如何影响了通俗文化的意义，也可以做出说明。内化（internalization）的元素在早期理查逊式的清教小说中起着决定性的作用。这一元素已不再盛行，因为它是基于"内在性"（inwardness）在最初的新

---

[1]　约瑟夫·玛丽·欧仁·苏（Joseph Marie Eugène Sue, 1804–1857），法国作家，其代表作是《巴黎的秘密》，当时常与大仲马相提并论。——汉译注

教和早期中产阶级社会中所起的重要作用。随着新教基本教义的深刻影响逐渐消退，文化模式越来越反对"性格内向者"（introvert）。正如理斯曼所说：

> ……被我称为"内在引导"（inner-directed）型的早期几代美国人，其从众性主要是通过他们对成人权威的内化来加以保证的。相比之下，今天美国城市中的中产阶级，也就是"他人引导"（other-directed）型，从特征意义上来说更多的是其同龄人的产物——用社会学的术语表述，是其"同侪群体"（peer-groups），是学校里或街区里的其他孩子的产物。[1]

这种情况也反映在通俗文化上。对内在性、内心冲突和心理矛盾的强调（它们在早期通俗小说中扮演了重要角色，也是通俗小说的独创性所在）已经让位于毫无问题的庸俗状（cliché-like）的人物塑造。然而，控制着帕美拉、克拉丽莎和洛芙莱斯们[2]内心冲突的体面准则却几乎完好无损。[3]中产阶级的"本体论"以一种近乎僵化的方式被保存下来，却与中产阶级的心态相分离。这种中产阶级的"本体论"被叠加在与它的生活条件和精神构成不再一致的人身上，呈现出一种越来越专制同时也越来越空洞的特征。

旧有的通俗文化中明显的"天真烂漫"（naiveté）已被规避。大众

---

[1]　David Riesman, *The Lonely Crowd*, New Haven, 1950, p. v. ——原注

[2]　帕美拉（Pamela）、克拉丽莎（Clarissa）和洛芙莱斯（Lovelace）均为理查逊书信体小说《帕美拉》《克拉丽莎》中的人物。——汉译注

[3]　性格外向者的思想体系的演变可能也有其悠久的历史，特别是在 19 世纪通俗文学的低级类型中，当时的体面准则脱离了它的宗教根源，因而越来越具有一种不透明的禁忌特征。然而，在这方面，电影的成功似乎标志着决定性的一步。阅读作为一种感知和统觉行为可能给它带来了某种内化；读小说的行为非常接近于"内心独白"（monologue interieur）。现代大众媒介中的可视化（visualization）却实现了外化。内在的观念通过面部的表现力仍然保持在过去的肖像画中，如今它已让位给一眼就能抓住的清晰无误的光学信号。即使电影或电视节目中的一个角色不是他所表现出来的那样，他的外表也以这样一种方式处理，以至于他的真实本性没有任何疑问。因此，没有被表现为粗野之徒的反面人物至少必须"温文尔雅"，而他那令人厌恶的圆滑和温和的举止则毫不含糊地表明了我们应该怎样看待他。——原注

文化如果不是老于世故的，至少必须是最新式的——也就是说，"现实的"或冒充现实的——以满足被认为是幻灭的、警觉的、冷酷的受众的期望。与内化紧密相关的中产阶级要求——如专注力、智性努力和博学——必须不断降低。这不仅适用于历史记忆比欧洲少的美国，而且它也具有普世性，适用于英国和欧洲大陆。[1]

然而，这种明显的启蒙进步已大大被倒退的特性所抵消。早期的通俗文化在其社会意识形态与消费者生活的实际社会条件之间保持着一定的平衡。这可能有助于保持 18 世纪通俗艺术和严肃艺术之间的边界线，使其比今天更灵活。阿贝·普雷沃（Abbé Prévost）是法国通俗文学的奠基人之一；但他的《玛侬·莱斯考》（*Manon Lescaut*）完全没有陈词滥调、艺术上的粗鄙和精心设计的效果。同样，在 18 世纪后期，莫扎特的《魔笛》（*Zauberflöte*）在"高雅"和通俗风格之间也取得了平衡，这在今天几乎是不可想象的。

现代大众文化的祸根似乎在于它坚持早期中产阶级社会几乎不变的意识形态，而其消费者的生活却与这种意识形态完全格格不入。这可能就是现代通俗艺术显性和隐性"讯息"（message）之间存在差距的原因。虽然在公开层面英国清教徒中产阶级社会的传统价值观得以宣扬，但隐藏的讯息指向的却是一种不再受这些价值观约束的心灵构架。相反，今天的心灵构架是将传统的价值观念转变为日益等级森严和专制的社会结构规范。即使在这里，必须承认专制主义的成分也存在于旧有的意识形态中，当然，这些意识形态从未完全表达真理。但是这种调整和不加反思的顺从的"信息"在今天似乎占主导地位，而且无处不在。从宗教观念中获得并保持的价值在脱离其根源后是否会获得不同的意义，应加以仔细审查。例如，女性的"贞洁"（purity）概念是通俗文化中的常数之一。在早期阶段，这一概念被处理成淫欲和内化的基督教贞节理想之间的内在冲突，而在今天的通俗文化中，它被教条地假定为一种价值本身。同

---

[1]　值得注意的是，反对"博学"的倾向在通俗文化的开端就已经存在了，特别是笛福，他有意反对他那个时代的博学文学（learned literature），并以蔑视每一种风格和艺术结构的精致，赞成对"生活"的明显忠实而闻名于世。——原注

样，这种模式的雏形在《帕美拉》等作品中也可见一斑。然而，在那里，它似乎是一个副产品；而在今天的通俗文化中，只有"好女孩"才会结婚，而且她必须不惜任何代价把自己嫁出去的观念，甚至在理查逊的冲突开始之前就已深入人心。[1]

现代大众媒介的受众越是显得脱节和分散，大众媒介就越是倾向于对他们进行"整合"（integration）。从众和墨守成规的理想从一开始就内在于通俗小说中。然而，现在这些理想已被转化为相当明确的该做什么和不该做什么的规定。冲突的结果是预先确定的，所有的冲突不过都是假象。社会总是赢家，而个人只是被社会规则操纵的木偶。诚然，19世纪那种类型的冲突——如逃离丈夫的妻子、乡土生活的单调和日常生活的琐碎——在今天的杂志故事中经常出现。然而，由于规律性对定量处理构成的挑战，这些冲突的结果是有利于这些妇女想要摆脱的那种处境的。这些故事教导读者，一个人必须"现实"一些，必须放弃罗曼蒂克的念头，必须不惜任何代价调整自己，不能对任何个人有更多的期望。中产阶级在个性和社会之间的长期冲突已沦为模糊的记忆，而这种讯息无一例外是对现状的认同。这一主题并不新鲜，但其永恒的普遍性赋予了它完全不同的意义。对传统价值观不间断的大肆宣传似乎意味着这些价值观念已经失去了其实质内容，意味着人们担心，除非外界不断地向他们保证他们不能这样做，否则他们真的会遵循自己的本能冲动和有意识的见解。讯息越不被真正相信，与观众的实际存在越不协调，它在现代文化中就越被绝对地维护。人们可能会猜测，这种不可避免的伪善是否

---

[1]　其中一个重要的区别似乎是，在18世纪，从专制和半封建传统中走向解放的通俗文化，其概念本身具有进步的意义，强调个人的自主性（autonomy），即有能力做出自己的决定。这有着多重意义，其中最重要的是，早期的通俗文学为那些强烈反对理查逊所设定的文学模式却依然受到欢迎的作家留下了空间。这当中最突出的例子是菲尔丁，他的第一部小说是从模仿理查逊开始的。比较理查逊和菲尔丁在当时的受欢迎程度会很有趣。菲尔丁几乎没有取得与理查逊同样的成功。然而，如果认为今天的通俗文化会允许《汤姆·琼斯》的对等物出现，那就太荒谬了。这可能说明了当今通俗文化的"僵化"之争。尝试将诸如伊夫林·沃（Evelyn Waugh）的《至爱》（*The Loved One*）这样的小说改编成电影，也许是一个重要的实验。几乎可以肯定的是，剧本的重写和编辑将会非常频繁，以至于它与原著的思想已无任何相似之处。——原注

伴随着惩罚性和施虐狂式的严厉。

## 多层次结构

通往电视的深层心理学方法不得不关注其多层次结构。大众媒介不仅仅是其所描述的行为或这些行为所辐射出的信息的总和，它也包含着相互叠加的不同的意义层次，所有这些都有助于效果。的确，由于其可计算的性质，这些理性化的产品（rationalized products）似乎比真正的艺术作品更清楚地表达了它们的含义，而真正的艺术作品永远不能归结为某种明确无误的"讯息"。但是，多形态意义（polymorphic meaning）的遗产已被文化工业所接管，因为它所传达的内容已被它自行整理，以便同时吸引不同心理层次的观众。事实上，隐藏的讯息可能比公开的讯息更重要，因为这种信息会逃脱意识的控制，不会被"看穿"，不会被销售阻力挡住，而是很可能会沉入观众的心底。

大众媒介的各个层面很可能都涉及精神分析所强调的意识和无意识的**所有**机制。电视材料的表面内容、公开讯息及其隐含意义之间的区别通常明显且非常清楚。各种层次的僵硬叠加可能是大众媒介区别于自主艺术的融合式产品（integrated products）的特征之一，在自主艺术中，各种层次融合得更加彻底。在研究材料对观众的全部效果时，不能不考虑隐藏的意义与公开的意义相结合的问题，而这正是迄今为止被人忽视却被我们关注的各个层次的相互作用。这与许多社会科学家的共同假设是一致的，即我们这个时代的某些政治和社会趋势，特别是那些极权主义性质的趋势，在相当程度上是由非理性的并且常常是无意识的动力所驱动的。我们的材料中，究竟是有意识的讯息还是无意识的讯息更重要，这是很难预测的，只有在仔细分析之后才能进行评估。然而，我们确实意识到的情况是，公开的讯息可以根据精神动力学（psychodynamics）——也就是它与本能冲动和控制的关系——更充分地解释，而不是以一种天真的方式看待公开的讯息，忽略它的含义和预设。

在实践中，公开的讯息与隐藏的讯息之间的关系是非常复杂的。因此，隐藏的讯息经常旨在强化传统上僵化的和"伪现实"的态度，这种态度与表面讯息会更理性地宣传的公认观念相类似。相反，许多压抑的满足在隐性层面上起着很大的作用，却被允许以玩笑、下流的评论（off-colour remarks）、暗示的情境和类似的手段浮在表面，显现自己。然而，所有这些不同层面的互动都指向一个明确的方向：倾向于引导受众反应。这与普遍持有的怀疑是一致的（尽管很难用确切的数据加以证实），亦即如今的大多数电视节目旨在制造，或至少是复制那些似乎符合极权主义信条的装模作样、思想被动和轻信上当，即使这些节目的明确的表面讯息可能是反极权主义的。

借助现代心理学的手段，我们将试图确定引发成熟、成人和负责任的反应的节目，其主要先决条件是什么——这类反应不仅在内容上，而且在看待事物的方式上意味着那种自由民主社会中自主个体的观念。我们完全明白，对这种人的任何定义都是危险的；但我们也非常清楚，一个值得被称为"自主个体"（autonomous individual）的人**不**应该是什么样子，而这个"不"实际上是我们考虑的焦点。

当我们说到电视节目的多层次结构时，我们想到的是各种不同程度的显性或隐性的叠加层，它们被大众文化用作"操纵"受众的一种技术手段。列奥·洛文塔尔在发明"反向的精神分析"（psychoanalysis in reverse）这一用语时巧妙地表达了这一点。它所隐含的意思是，多重人格的精神分析概念不知怎么被文化工业接管了，这个概念被用来尽可能完全地诱骗消费者，以便使其在心理动力上为预先策划的效果服务。如下的明确划分于是被贯彻始终：被允许的满足、被禁止的满足和被禁止的满足以某种修改和偏离的形式重现。

可以用例子说明多层次结构的概念：有一部超轻的恶作喜剧，女主角是一名年轻的学校教师，她不仅工资过低，而且不断被一个夸张的角色，即一位自负而专权的校长罚款。因此，她没有钱吃饭，而且实际上也正在挨饿。那些被认为是有趣的场景大多是她试图从各种熟人那里抢到一顿饭，但通常都没有成功。一提到食物和吃饭，似乎就会引起笑声——这是一种能被经常看到的情况，并且也需要人们对它进行研究。[1] 表面上看，这部剧只不过是由女主角和她的主要对手不断陷入到痛苦情境中所提供的一种轻微娱乐。剧本并没有试图"推销"任何想法。"隐藏的意义"只是通过故事看待人的方式而显现出来；因此，观众被邀请以同样的方式看待角色，而没有意识到教化（indoctrination）的存在。这位工资过低、受人虐待的学校教师角色试图在普遍存在的对知识分子的蔑视和对"文化"同样约定俗成的尊重之间达成一种妥协。女主人公表现出一种智力上的优越感和活力四射（high-spiritedness），用来引起人们对她的认同，并补偿了她和她的同类在社会结构中的地位低下。被设定的核心人物不仅应该非常迷人，而且她还能经常说俏皮话。根据一套固定的认同模式，剧本暗示着如下道理："假如你和她一样幽默、善良、机智、迷人，就不用担心拿着忍饥挨饿的工资。你可以用幽默的方式来应对挫折；你的大聪明高才智使你不仅超越了物质上的匮乏，而且超越了其他人。"换句话说，剧本采用了精明的方法来促进对羞辱性境况的适应，即将羞辱性境况呈现为客观的滑稽，并描绘出这样一个人的形象：她甚至把她自己的窘境也体验为一种明显摆脱了任何怨恨的取笑对象。

当然，这种潜在的讯息不能被认为是严格心理学意义上无意识的，而毋宁说是"不起眼的"（inobtrusive）；这一讯息仅被隐藏在一种假装不接触任何严肃的东西，并期望被视为无足轻重的风格中。然而，即使是这样的娱乐也往往会在受众没有意识到的情况下为他们设定模式。

同一主题的另一部喜剧会让人想到滑稽剧。一个脾气暴躁的老妇人为她的猫（凯西先生）立了遗嘱，并让终生演员中的一些教师成为继承人。后来发现，真正的遗产只是猫的那些玩具，毫无价值。情节是这样设计的：每个继承人在阅读遗嘱时都想要表现得好像他认识这个人（凯西

---

[1] 矛盾的是，理性（现实原则）越被带到极端，它的最终目的（实际满足）就越倾向于显得"不成熟"和荒谬。不仅是吃东西，而且就连不受控制的性冲动的表现都容易引起观众的笑声——为了避免笑声，电影中的接吻通常不得不有所引导，表演也得不为它们而安排。然而，大众文化从未完全成功地消除潜在的笑声。当然，笑是由所谓的对感官愉悦的幼稚病（infantilism）诱发的，可以在很大程度上归因于压抑机制。笑是对禁果的防御。——原注

先生）一样。最后的关键点是，猫的主人在每个玩具里放了一张百元美钞；而继承者们则跑到焚化炉那里去找回他们的遗产。这里让受众理解的是：别指望不可能的事情，不要做白日梦，要现实一些。观众被赋予了这样的理解："不要期待不可能，不要做白日梦，但要现实。"将异想天开、不合理的赐福与不诚实、虚伪和通常不体面的态度联系起来，就强化了对那种典型的白日梦的谴责。让观众明白的是："那些胆敢做白日梦的人，那些期望天上掉馅饼的人，那些忘记任何提醒而接受荒谬遗嘱的人，同时也是那些你可能指望能够受骗上当的人。"

在这里，或许有人会提出反对意见：那些掌控、策划、编写和导演节目的人是否知道电视隐藏信息的这种险恶效果？或者甚至有人会问：根据普遍的假定，艺术作品可以被正当理解为是作者的心理投射，那么那些特征是否可能是决策者自己头脑中无意识的投射？事实上，正是基于这种推理，有人建议对电视领域的决策者进行一项特殊的社会心理学研究。我们认为，这样的研究不会使我们走得太远。即使在自主艺术领域，投射的想法也被大大高估了。尽管作者的动机肯定会进入艺术品之中，但它们绝不像通常认为的那样完全决定一切。艺术家一旦为自己设定了问题，问题本身就会产生某种影响；而且，在大多数情况下，当他把最初的构想转化为艺术现实时，他必须遵循产品的客观要求，而不是他自己的表达冲动。可以肯定的是，这些客观要求在大众媒介中并未起到决定性的作用，大众媒介强调对观众的效果远远超过任何艺术问题。然而，这里的整体组织往往会完全限制艺术家的投射机会。那些制作素材的人常常牢骚满腹地遵循无数的要求、经验法则（rules of thumb）、固定模式和控制机制，它们必然会把任何种类的艺术自我表达范围缩小到最低限度。大众媒介的大多数产品不是由一个人生产的，而是集体合作生产的这个事实——正如迄今讨论的大多数例证碰巧都是如此——只是造成这种普遍存在的情况的一个因素。从作者的心理学角度来研究电视节目，差不多相当于从已故福特先生的精神分析学角度来研究福特汽车。

# 自以为是

电视节目所使用的典型心理学机制和使它们自动化的手段只在电视传播中少数给定的有效参照系中起作用，社会心理效应在很大程度上依赖于它们。我们都很熟悉电视内容的不同分类，比如轻喜剧、西部片、悬疑剧、所谓剧情烧脑剧（sophisticated plays）等等。这些类型已经发展成程式，在一定程度上预先确立了观众在面对任何具体内容之前的态度模式，并在很大程度上决定了任何具体内容被感知的方式。

因此，要理解电视，仅仅揭示各种节目和节目类型的含义是不够的；还必须考察一字一句被说出之前含义已在运作的种种预设。最重要的是，节目类型已经走得如此之远，以至于观众在面对每一个节目之前都带着一种既定的期待模式——就像收音机里把柴可夫斯基的钢琴协奏曲作为主题曲播放，听众刚听了个开头就会自动对号入座："啊哈，严肃音乐！"或者当他听到管风琴曲时同样也会自动反应："啊哈，宗教！"以往经历的这些光环效应在心理上可能与它们为之铺平道路的现象本身的含义一样重要。因此，这些预设应该受到同等的重视。

当一部电视剧以《但丁的地狱》（"Dante's Inferno"）为题，当第一个镜头是一家同名夜总会，当我们看到一个戴着礼帽的男人坐在酒吧里，而离他不远处一位满脸愁容、浓妆艳抹的女子又在点一杯酒时，我们几乎可以断定，很快就要发生谋杀。表面上个性化的情境实际上只是作为一个信号，将我们的期待推向了一个明确的方向。假如我们除了《但丁的地狱》从未看过任何东西，我们可能不会确定接下来会发生什么；但事实上，种种巧妙和不那么巧妙的设计已经让我们明白，这是一部犯罪剧，我们有权期待一些邪恶、也许非常可怕并且具有施虐倾向的暴力行为，期待男主角从一个很难获救的处境中化险为夷，期待酒吧高脚凳上的那位女子或许不是主犯，但作为黑帮分子姘头的她很可能会丢了小命，等等。然而，这种万能模式的条件作用却在电视机里屡试不爽。

促使观众如此这般地看待日常事物（如夜总会），并将日常生活中的普通场景作为可能发生犯罪的暗示，这种方式导致他看待生活本身时就好像生活及其冲突一般都可以在这样的关系中予以理解。[1]这可能有足够理由成为反对各种大众媒介的老式论点的真理之核，因为大众媒介煽动观众犯罪。至关重要的是，这种犯罪常态化的氛围，其基于生活状况的平均期望的呈现，从未如此浓墨重彩地表达过，而是靠铺天盖地的物质财富来建立的。它对某些观众群体的影响，可能比通常从此类节目中衍生出来的罪与罚的公开道德更为深远。关键不在于犯罪作为一种本来受到控制的性冲动或攻击冲动的象征性表达如何重要，而在于在所有直接的感知觉问题上，这种象征主义已与被迂腐维护的现实主义相混淆。因此，无论这种"现实主义"的外表建造得多么顽固，经验生活都被注入了一种实际上排除了充分经验的意义。这影响了戏剧的社会和心理功能。

很难确定希腊悲剧的观众是否真的经历过亚里士多德所描述的净化（catharsis）——事实上，这一理论在悲剧时代结束后发展起来，似乎它本身已经理性化，已是一种用实用主义、准科学的术语来陈述悲剧目的的尝试。无论如何，似乎可以肯定的是，那些看过埃斯库罗斯的《俄瑞斯忒亚》（Oresteia）或索福克勒斯的《俄狄浦斯王》（Odeipus）的人不太可能把这些悲剧（其主题众所周知，其兴趣集中在艺术处理上）直接翻译成日常用语。观众并不期望在雅典街头转角会发生类似的事情。事实上，伪现实主义允许通俗文化完成直接和极其原始的认同，它把无关紧要的建筑、房间、服装和面孔的外观呈现出来，仿佛它们承诺了随时会发生令人激动和兴奋的事情。

为了建立这种社会心理学的参照系，人们必须系统地深究各种范畴——如犯罪的常态或伪现实主义等等——以确定它们的结构统一性，并解释与这个参照系有关的具体手段、符号和刻板印象。在这个阶段，我们假设参照系和个别手段将在方向上趋同。

---

[1]　这种关系同样不应被过分简化。无论现代大众媒介在多大程度上模糊了现实和审美之间的区别，我们的现实主义观众仍然意识到一切都是"闹着玩"（in fun）。不能认为对现实最初的直接感知发生在电视的参照系内，尽管许多电影观众在离开电影院时回忆起熟悉的景象有一种疏离感：所有的东西看起来仍然是电影情节的一部分。更重要的是，用心理遗留物（psychological carry-overs）来解读现实，做好看待普通事物、仿佛它们背后隐藏着某种威胁性奥秘的准备。这种态度似乎与大众的错觉同频共振，后者怀疑贪污、腐败和阴谋之类的东西无所不在。——原注

只有针对伪现实主义之类的心理背景，只有针对犯罪的常态之类的潜在假定，电视剧特定的刻板印象才能被有效解读。正是因为所设定的参照系暗示着标准化，所以才自动产生了许多刻板印象。此外，电视制作技术使得刻板化几乎不可避免。可供编写剧本的时间很短，大量的素材又被源源不断地造了出来，这就需要某些程序。此外，在只有一刻钟到半小时的戏里，似乎不可避免的是，观众每次面对的人都要通过红绿灯强烈地显示出来。我们并不是在处理刻板印象本身存在的问题。由于刻板印象是经验的组织和预期中不可或缺的元素，能防止我们陷入思想的混乱和无序，所以任何艺术都不能完全弃它们而去。和之前一样，功能的变化才是我们关心的方面。刻板印象在当前文化工业的机构中变得越是物化和僵化，人们就越不可能随着他们经验的发展而改变他们先入为主的观念。现代生活越是变得晦暗和复杂，人们就越是倾向于拼命地抓住那些陈词滥调，它似乎为一些原本无法理解的事物带来了一些秩序。因此，人们不仅可能失去对现实的真正洞察力，而且最终他们的生活经验能力也可能会因为老是戴着有色眼镜而变得麻木迟钝。

## 刻板印象

在应对这一危险时，我们或许没有完全公正地对待一些需要被处理的刻板印象的含义。我们绝不应该忘记的是，每一个心理动力学现象都有两面性：无意识或本我元素，以及理性化（rationalization）。虽然后者在心理学上被定义为一种防御机制，但它很可能包含着一些非心理学的客观真理，不能因为理性化的心理学功能而简单地将其推到一边。这样，一些特别针对大部分人心理弱点的刻板化讯息可能被证明是相当合理的。然而，可以公平地说，可疑的道德祷告比如"人不应该想入非非"（one should not chase after rainbows），很大程度上已被通过扭曲世界来引诱人们进行机械简化的威胁所遮蔽，这种扭曲世界的方式似乎符合预先建立的分类框架（pigeonholes）。

然而，这里选用的例子应该可以相当尖锐地表明刻板印象的危险。

一部有关法西斯独裁者（墨索里尼和庇隆[1]的混合体）的电视剧，展现了独裁者在危机时刻的样子；而剧的内容则是他的内外崩溃。他崩溃的原因究竟是民众动乱还是军事政变，永远无从知晓。但无论是这个问题还是其他任何社会或政治性质的问题，都没有进入情节本身之中。事情的进展完全是在私人层面上进行的。独裁者只是一个对他的秘书和"可爱而热心肠的"妻子有虐待倾向的无赖。他的对手是一位将军，此人曾经爱上过他的妻子；而二人也仍然彼此相爱，尽管妻子忠于她的丈夫。迫于丈夫的残暴，她试图逃跑，却被想要救她的将军拦截。当卫兵包围宫殿，准备去保护独裁者那个人见人爱的妻子时，故事迎来了转机。卫兵们一得知她已离开，他们便退了出来；而那位独裁者则在"自我膨胀"（inflated ego）得爆炸的同时认输了。独裁者不过是一个自负却懦弱的坏人。他的所作所为似乎极其愚蠢；独裁统治的客观动力学一点也没有显现出来。由此给人造成的印象是，极权主义源于野心勃勃的政治家的性格障碍，并被那些观众应当认同的人物的诚实、勇气和热情所推翻。这里采用的标准手段是对客观问题进行虚假的个性化处理。受到攻击的思想代表就像这里的法西斯分子一样，以一种可笑而神秘的方式被描绘成恶棍，而那些为"正义事业"而战的人则个个被理想化了。这不仅分散了人们对任何真实社会问题的注意力，还强制将世界划分为黑（外群体）白（我们，内群体）两色，这在心理上是极其危险的。当然，任何艺术作品都不能抽象地（in abstracto）处理思想或政治信条，而必须以它们对人类的具体影响来加以呈现；然而，如果把个人仅仅呈现为抽象概念的标本，呈现为表达理念的木偶，那将是完全徒劳的。为了应对极权主义体制的具体影响，展现普通人的生活是如何受到恐怖和无能影响的比处理大佬们（big-shots）的虚假心理更值得称道，后者的英雄角色被这种处理方式默许，即使他们被描绘成反派人物。分析伪个性化（pseudo-personalization）及其

---

[1]　这里应该是指胡安·庇隆（Juan Perón, 1895–1974），阿根廷民粹主义政治家，在1946—1955年、1973—1974年期间曾三次出任阿根廷总统。他上任后采取有利于工人阶级的政策，并将此称为介于资本主义和社会主义之间的"第三条道路"，这种政策和道路被人命名为"庇隆主义"。——汉译注

效应的重要性几乎不存在任何问题，而且这绝不仅限于电视。

虽然伪个性化是指电视中"看待事物"的刻板化方式，但我们也应该在狭义层面指出某些刻板印象。许多电视剧都可以被冠以"漂亮女孩不犯错"（a pretty girl can do no wrong）的绰号。用乔治·莱格曼（George Legman）的话说，轻喜剧的女主角是一位"泼妇英雄"（a bitch heroine）。她对待其父的方式非常不人道和残忍，却只被轻描淡写地合理化为"快乐的恶作剧"。但她受到的惩罚就算有的话也很轻微。的确，在现实生活中，坏人坏事很少完全受到惩罚，但这并不能适用于电视。在这里，那些为电影制定制作守则的人似乎是对的：在大众媒介中，重要的不是在现实生活中发生了什么，而是观众通过对所看材料的认同而吸收的积极和消极的"讯息"、规定和禁忌。对漂亮女主角的惩罚只是名义上满足了刹那间良心的常规要求，但是却让观众有了这样的理解：美女主人公的确可以逃过万劫，只是因为她长得漂亮。

这里讨论的这种态度似乎表明了一种普遍的嗜好。在另一个涉及"信任骗局"的系列滑稽小品（sketch）中，一个积极参与骗局的迷人女孩不仅在被判长期监禁后获得假释，而且似乎很有可能与她的受害者结婚。当然，她的性道德是无可指责的。观众应该第一眼就会喜欢她，因为她谦虚、低调，而观众也一定不会失望。虽然她被证明是一个骗子，但最初的认同必须得到恢复，或者更确切地说是必须被保持。对好女孩的刻板印象是如此强烈，以至于连她的犯罪证据都无法把它摧毁；而且无论如何，她一定是她看上去的样子。不用说，这样的心理学模型倾向于证实年轻女孩的剥削性、贪婪性和攻击性态度——这种性格结构在精神分析学中被称为口唇攻击性（oral aggressiveness）。

有时候，这样的刻板印象被装扮成国家层面的美国特征，成为美剧情节的一部分，在那里，傲慢、自私却又极为迷人的女孩对其可怜的父亲百般蹂躏，这种人物形象已经成为一种公共习俗。这种推理方式是对美国精神的侮辱。高压式宣传和不断地推广把一些讨厌的类型制度化了，却并没有使类型成为一个民间传说的神圣象征。今天许多明显具有人类学性质的考虑往往只是掩盖令人反感的风尚，仿佛它们具有民族学的准自然性质。顺便说一句，令人惊讶的是，即使是浅尝辄止般稍作审视，电视材料也能在某种程度上使人想起具有"反向的精神分析"资格的精神分析概念。精神分析学已经描述了把攻击性和依赖性特征的对抗趋向结合到一起的口唇综合征。这种性格综合征在一个不会犯错的漂亮女孩身上体现得非常充分，她对父亲既攻击又利用，从表层来看，她对他的依赖和憎恶可以说平分秋色。滑稽小品和精神分析的区别很简单，前者颂扬的是同一种综合征，这种症候在精神分析中被视为是回归婴幼儿发育阶段，而精神分析学家则试图消灭这种症候。是不是一些相似的东西也适用于某些类型的男英雄，尤其适用于那种超级男子汉（super-he-man），这还有待观察。这种男人很可能也是不会做错事的。

最后，我们应该涉及一种相当普遍的刻板印象，这种刻板印象由于被电视认为是理所当然而被进一步强化了。与此同时，这个例子可能有助于表明，某些精神分析对文化刻板印象的解释并非真的过于牵强附会；精神分析归因于某些刻板印象的潜在想法已浮出水面。有一种非常流行的观点认为，艺术家不仅无法适应环境，性格内向，先天有点滑稽；而且他的确是一个"唯美主义者"，怯懦之徒，"娘娘腔"（sissy）。换言之，现代合成的民间传说倾向于将艺术家等同于同性恋，并且只把"行动中人"（man of action）尊为一个强壮的真男人。这一观念在我们掌握的喜剧剧本中以一种令人惊讶的直接方式被表达出来。该剧描绘了一个年轻人，他不仅是一个经常出现在电视上的"笨蛋"（dope），而且还是一个害羞、孤僻因此毫无才华的诗人，他的歪诗（moronic poem）被人嘲笑。[1] 他爱上了一个女孩，但他太懦弱，也太缺乏信心，以致无法沉溺于她粗鲁建议的搂脖子接吻的练习（necking practices）中。而在女孩这边，

---

[1]　有人可能会争辩说，正是这种嘲笑表达了这个男孩并不打算代表艺术家，而是只代表"笨蛋"。但这可能过于理性主义了。同样，就像学校老师的例子一样，官方对文化的尊重阻止了对艺术家本身的讽刺。然而，通过刻画这个男孩，尤其是通过他写诗的行为，间接地实现了艺术活动和愚蠢之间的相互关联。在许多方面，大众文化更多地是通过这种联想而不是严格的逻辑术语组织起来的。还可以补充说，对任何一种社会类型发起非常频繁的攻击，往往是通过明显地把攻击的对象作为一个例外来寻找保护，而通过影射所形成的理解则是，他被当作了整体概念的一个样本。——原注

她则被讽刺成一个猎男狂（boy-chaser）。就像在大众文化中经常发生的那样，性别角色被颠倒了——女孩特别好斗，而男孩则非常怕她，当她设法吻他时，他说自己"被女人玩弄"了。其中还有一些关于同性恋的低俗影射，不妨引用过来：女主角告诉她的男友，这个男孩爱上了某个人，该男友问："他爱上了什么？"她回答说："当然是一个女孩了。"她男友回应道："为什么当然是？从前他爱的可是一个邻居家的乌龟，更重要的是那乌龟的名字叫山姆。"把艺术家当作天生无能者和社会弃儿（通过性反转的影射），这种解释是值得检视的。

　　我们不会假装这些个别的说明和例子或解释它们的理论都是什么新东西。但是，鉴于电视所带来的文化和教化问题（pedagogical problem），我们认为具体发现的新颖性不应该是首要关注的问题。我们从精神分析学中得知，那种"但这一切我们全知道！"的推论通常是一种辩护之词。这种辩护是为了将真知灼见打发成无关紧要之物，因为它们实际上让人不舒服，因为我们本该享受"生活的简单乐趣"时它们却在动摇我们的良知，让我们的生活变得比以往更加困难。通过随机选取的一些例子，我们在这里已经指出和说明了对电视问题的调查研究，其中最重要的是，要认真对待我们大多数人都依稀熟悉的观念，把它们放在适当的语境中和视角下，并用相关材料加以检验。我们建议，要专注于那些我们模模糊糊却又惴惴不安地意识到的问题，哪怕我们的研究进行得越深入越系统，不安的代价会随之增加。这里所需的努力本身就有一种道德性质：有意识地面对在不同层面上运作的心理机制，以免成为盲目和被动的受害者。只有当我们可望有一天能以被电视意象表达出来的同一种精神去看待电视时，我们才能改变这种具有深远潜力的媒介。

2022 年 11 月 11 日译

2023 年 5 月 23 日校

# 电影的透明度[1]


　　争吵中的孩子在相互取笑时遵循着这样的游戏规则：鹦鹉学舌不管用。他们的智慧在所有心智成熟的成年人那里似已消失。奥伯豪森人（Oberhausener）[2] 用"爹地电影"（Papas Kino）这一绰号来攻击电影

　　[1]　《电影的透明度》（"Filmtransparente"）是阿多诺于 1966 年 11 月 18 日发表于《时代周报》（*Die Zeit*）的一篇文章，后收入《无模范》（*Ohne Leitbild*, Frankfurt/M.: Suhrkamp, 1967）一书中。此文由托马斯·Y. 莱文（Thomas Y. Levin）译为英文，英文标题为"Transparencies on Film"，首发于《新德国批判》（*New German Critique*）第 24—25 期（1981—1982 年秋冬季号，第 199—205 页），后被伯恩斯坦（J. M. Bernstein）收入其编辑的《文化工业》一书（Theodor W. Adorno, *The Culture Industry: Selected Essays on Mass Culture*, London: Routledge, 1991, pp. 178-186）。本文译自英文版，关键用语及疑难之处参考了收在《阿多诺文集》中的德语原文（*Gesammelte Schriften: Kulturkritik und Gesellschaft I*, Bd. 10.1, Frankfurt am Main: Suhrkamp Verlag, 1977, S. 353-361）。需要说明的是，译者于 2014 年曾受李洋教授之托，校订过符晓同学翻译的这篇文章，但因时间仓促，一些问题没有校出。符晓译文《电影的透明性》发表于《电影艺术》2014 年第 6 期，亦见西奥多·阿多诺等著、李洋主编：《电影的透明性：欧洲思想家论电影》，郑州：河南大学出版社 2017 年版，第 219—231 页。也需要说明的是，此文原文每段都空一行，实乃阿多诺有意为之。对此现象，汉森在解释该文题目时曾有过捎带说明：此文标题以《电影的透明度》名之，其意非常模棱两可。"透明"这一比喻，可理解为一系列半透明的图像或幻灯片，而文章的格式则可以理解为一段段不连贯却并非不相关的纲要（apercus）。作者如此安排，是既当放映员又当观众，却并未积极参与"电影"的制作与批评。此外，德语的"Transparent"一词亦指政治示威中展示的大幅标语，关联着这一事件的是代表着"德国新电影"的奥伯豪森人，它的敌人则是垂死的联邦德国电影工业。阿多诺以该词形成双关语义，并在《时代周报》上发表此文，是代表独立电影制作人的一种干预，从而也表明了自己的价值立场。参见 Miriam B. Hansen, "Introduction to Adorno, 'Transparencies on Film' (1966)," in *New German Critique*, Autumn, 1981 - Winter, 1982, No. 24 / 25, p. 193。——汉译注

　　[2]　奥伯豪森（Oberhausen）是位于德国中西部的一座城市。1962 年，在奥伯豪森国际短片电影节上，26 个德国青年电影人发出《奥伯豪森宣言》，号召建立"德国新电影"。此宣言的精神是"爸爸的电影死了"。——汉译注

工业近六十年的垃圾制作。反过来，后者的代表也想不出比"毛孩子电影"（Bubis Kino）更好的反驳了。这句学舌语正如那句在孩子们中间流行的俗语所言，是不痛不痒的。经验本应被用以反对成年人在磨平自己的棱角时所获得的经验当中的不成熟，但却被他们用以反对不成熟的青年人，这是多么可悲！"爹地电影"让人生厌的是其婴幼儿特性，是按照工业规模生产出来的退化。拥护者诡辩道，这正是一种成功的样式，而反对者所挑战的也正是这种成功的概念。然而，即便这种指责有一定道理——假如没有与商业合作的电影确实比油光水滑的商业电影显得更为笨拙——那么后者的胜利也显得可怜。它只不过证明了那些被资本权力、技术常规和训练有素的专家支持的电影，在某些方面比反抗这个庞然大物并因此必然放弃其积累之潜能优势的电影做得好一些而已。在这种相对笨拙和非专业的电影那里，其效果的不确定性还蕴含着希望：所谓的大众媒介最终可能会在性质上有所不同。在自主艺术（autonome Kunst）中，任何落后于既定技术标准的东西都是不合格的；与之相对的是，文化工业的标准是只留下预先消化和已整合的东西而去掉一切，就像美容业消除了脸上的皱纹；而那些还没有完全精通文化工业技巧的作品，则传递出一些未被控制的偶然信息，令人欣慰，它们具有解放的性质。在这些作品中，漂亮女孩的肤色缺陷对于完美无瑕的职业明星脸来说是一种矫正。

众所周知，在电影《青年特尔莱斯》[1] 里，穆齐尔（Robert Musil）早期小说的大量片段几乎原样进入对白之中。这些对白被认为比编剧写的台词更高级，后者现在的大活人不会说，也会被美国批评家视为笑柄。然而，穆齐尔的句子若是原汁原味地把它说出来而不是读出来，听上去也会显得假模假式。这在某种程度上很可能就是小说的缺陷，因为它以心理学（这在当时更进步的弗洛伊德心理学那里就是理性化）为幌子，将

---

[1]　《青年特尔莱斯》（*Der Junge Törless*, 1965 / 1966），沃克·施隆多夫（Volker Schlöndorff）的电影作品，改编自罗伯特·穆齐尔的小说《学生特尔莱斯的困惑》（*Die Verwirrungen des Zöglings Törless*）。——英译注

一种理性主义的诡辩纳入其文本的内部运动之中。然而，这还不是关键所在。媒介之间的艺术差异显然比一些人的预期——他们觉得通过改编好的叙事作品就可以避免坏的叙事作品——大许多。即便小说中使用了对话，其口语也不是直接说出来的，而是通过叙述行为——甚至可能是通过排版——被间离，从而从活生生的人的物理存在中被抽离出来。因此，虚构的人物无论被描述得多么细致入微，他们也绝不会与现实中的人物相雷同。实际上，很可能是因为描述得越精确，他们距离经验现实就越远；他们在审美上是自主的。这样的距离在电影中已被废除：就电影的现实性而言，直接性的表象（Schein von Unmittelbarkeit）是不可避免的。结果，被叙述措辞所证明，也因之而区别于单纯的新闻报道那虚假的日常性的那些表达，在电影中听起来则显得既假且浮夸。因此，电影必须寻找表达直接性的其他方式：在种种可能的选项中，即兴创作因能放下身段而在不受经验控制的巧合中有所作为，可能会排在首位。

由于电影出现得晚，所以像在音乐中那样清楚地区分技巧和技术往往变得难乎其难。音乐直到电子化时期之前，内在的技巧（作品的声音结构）都是与其表演（再生产手段）相区分的。电影则意味着技巧和技术可以等量齐观，因为正如本雅明观察到的那样，电影没有那种随后被大规模复制的原作：批量生产就是电影本身。不过，无论是在电影中还是音乐中，这一等式都是成问题的。电影摄影技术的专家指出，卓别林要么是不知道这些技术，要么是故意忽略这些技术，而满足于用摄影去渲染滑稽短剧、闹剧或其他表演。这丝毫不会降低卓别林的地位，人们对他的"电影性"（filmisch）也几无怀疑。只有在银幕上，这个神秘人物——从一开始就让人想起老式照片——才能发展出自己的观念。因此，从电影摄影技巧中形成批评的规范似乎不大可能。最貌似可信的电影技术理论（亦即关注物体运动的理论 [1]）在安东尼奥尼（Michelangelo Antonioni）

---

[1]　Vgl. Siegfried Kracauer, *Theorie des Films. Errettung der äußeren Wirklichkeit*（《电影理论：物质现实的救赎》），Frankfurt a. M. 1964, S. 71 ff。——原注

的《夜》(*La Notte*) 等电影的静态特征中，既被挑衅地否认，又以否定的形式被保留下来。在这部电影中，任何"非电影"的东西都使它具有了表达时间空虚的力量，就像空洞的眼睛那种镜头一样。不管电影的技术起源如何，电影美学最好以与电影相似并构成其艺术特征的主观体验模式为基础。一个人在城里待了一年之后到山里待上几个星期而不做任何工作，可能会在梦中或白日梦中意外地体验到五彩缤纷的风景图画。这些图画并没有在连续的流动中相互融合，而是在它们出现的过程中相互抵消，很像我们小时候神奇的幻灯片放映。正是在这种运动的间断中，内心独白的影像类似于书写现象：后者同样在我们眼前移动，同时又被固定在离散的符号中。这种内部影像的运动之于电影，可能就像可视世界之于绘画，或声学世界之于音乐。电影作为这种体验的客观化再创造，是有可能成为艺术的。因此，卓越的技术媒介与自然之美 (Naturschönen) 密切相关。

如果一个人决定或多或少地按字面意思理解自我审查，并将电影与其接受的语境相对立，那么他将不得不比传统的内容分析进行得更为精细，因为传统的内容分析必然主要依赖于电影的意图，而忽略了这些意图与其实际效果之间的潜在差距。然而，这种差距是电影这种媒介所固有的。如果根据《电视作为意识形态》[1] 的分析，电影容纳了不同层次的行为反应模式，这就意味着，电影工业提供的意识形态，其官方预期的模式，可能不会自动对应那些影响观众的意识形态。假如实证传播研究最终要寻找可能导致某些结果的问题，这一问题将值得优先考虑。与官方模式相重叠的是一些非官方模式，它们提供了吸引力，却也有望被前者中和抵消。为了抓住消费者并为他们提供替代性满足，非官方的、异端的意识形态（如果你愿意这样说的话）必须以一种更广泛、更有趣的方式加以描述，而不是只适合故事的道德寓意；通俗小报每周都提供了这

---

[1]　T. W. Adorno, "Fernsehen als Ideologie," in *Eingriffe: Neun Kritische Modelle* (Frank- furt: Suhrkamp, 1936), pp. 81-98. Based on an English-language original: "How to Look at Television," *The Quarterly of Film, Radio and Television*, vol. VII (Spring 1954), pp. 213-235, reprinted as "Television and the Patterns of Mass Culture," in: B. Rosenberg and D. Manning White, eds. *Mass Culture: The Popular Arts in America* (New York: Free Press, 1957), pp. 474- 488.——英译注

样内容丰富的例子。人们所期望的是，公众的力比多——这种被各种禁忌压抑的东西——能更迅速地做出反应，因为这些行为模式，由于它们被允许通过这一事实，反映了一种集体认可的因素。虽然意图总在与花花公子、甜蜜的生活（dolce vita）和狂野派对（wild parties）[1] 作对，但有机会观看它们似乎比草率的判词更令人享受。如果你在今天的德国、布拉格，甚至在保守的瑞士和天主教的罗马等等各地看到男孩女孩过马路时勾肩搭背、彼此拥吻而不觉得有多难为情，那是他们已经从那些将巴黎的纵情声色当作民俗加以兜售的电影中学到了这一点，并且可能学到了更多东西。在试图操纵大众的过程中，文化工业的意识形态本身就像它意欲控制的那个社会一样内在地具有了对抗性。文化工业的意识形态包含着对其自身谎言的解毒剂。再也找不出可以为它辩护的其他理由了。

电影的摄影技术（photographische Technik）主要是再现性的，与审美自主的技术相比，这种摄影技术为外在于主体性的客体赋予了更高的内在意义；这是电影在艺术历史进程中的滞后现象。即使是在电影尽可能多地溶解和修改客体的地方，这种分解也永远不会完成。因此，电影是不允许完全凭空杜撰（Konstruktion）的，它的各种元素无论多么抽象，都总是保留了一些可以再现的东西；它们从来都不是纯粹的审美价值。由于这种差异，社会投射到电影的方式便完全不同于——因为客体的缘故，它更直接——它投射到高深绘画（avancierte Malerei）和文学的方式。电影中的客体所具有的不可缩减的东西，本身就是一种社会标志，它先于意图的审美实现。正是由于与客体的这种关系，电影美学也因此内在地关联着社会。没有不包含电影社会学的电影美学，哪怕是纯技术的电影美学。克拉考尔（Siegfried Kracauer）的电影理论放弃了社会学，反而促使我们思考他书中遗漏的东西；否则反形式主义就会变成形式主义。克拉考尔讽刺地调侃了他年轻时将电影赞颂为日常生活之美的发现者的

---

[1]　意大利导演费德里科·费里尼（Federico Fellini, 1920-1993）曾执导过《甜蜜的生活》（La dolce vita, 1960），阿多诺这里应该是指这部影片。在阿多诺在世的年代，至少有三部电影都以《狂野派对》（The Wild Party, 1923 / 1929 / 1956）名之，所以他在这里可能是泛指。——汉译注

决心；然而，这样的纲领是"青年风格"（Jugendstil）的纲领，就像那些试图让飘荡的云和阴暗的池塘为自己说话的电影是"青年风格"的遗迹一样。通过选择那些被假定清除了主观意义的客体，这些电影恰好给客体注入了它们试图抵制的那种意义。

本雅明没有详细阐明他为电影设定的一些范畴——如展示价值（Ausstellungswert）、测试（Test）——是如何与其理论所反对的商品属性深深地纠缠在一起的。今天，任何现实主义美学的反动性都与这样的商品属性密不可分。现实主义倾向于肯定地强化社会的现象表面，它将任何穿透这个表面的尝试都拒斥为罗曼蒂克式的努力。摄影机之眼（Kamera-Auge）赋予电影的每一种意义，包括批判意义，业已废除了摄影机的法则，因而也违反了本雅明的禁忌——这些禁忌被构想出来的明确目的是要战胜好斗的布莱希特，从而（这可能是其秘而不宣的目的）从他那里获得自由。电影面临的两难困境是能找到一种程序，使其既没有陷入工艺美术（Kunstgewerbe）之中，也没有滑向纯粹的纪录片模式。和四十年前一样，今天最明显的答案仍然是蒙太奇，它不干涉事物，而是像写作那样按星丛的方式安排事物。然而，因这一程序基于震惊原则，其可行性却令人生疑。没有在其元素中加入主观意图的纯粹的蒙太奇，并不只是从这一原则本身获得意图。说通过放弃所有意义，尤其电影中对心理学的内在放弃，意义就能从被再生产的材料本身中浮现，这种宣称似乎是一种幻觉。然而，一旦认识到拒绝阐释、拒绝添加主观成分，其本身就是一种主观行为并且具有先验的重要性，那么整个问题可能就显得陈腐过时了。保持沉默的单个主体通过沉默所表达的东西并不比他大声嚷嚷时说得更少。那些因太聪明而被排斥的电影制作者应该通过修正完善，把这种洞见吸收到他们的工作方法中。尽管如此，在视觉艺术最进步的趋向与电影最进步的趋向之间，其差距依然存在，它危及了后者最激进的意图。眼下，电影最大的潜力显然在于它与其他媒介的交往互动，这些媒介融入电影之中，就像某种类型的音乐那样。这种互动最有力的例子之一是由作曲家毛里西奥·卡赫尔（Mauricio Kagel）创作的电视电影《反题》[1]。

电影的功能之一是为集体行为提供模式，这不仅仅是意识形态的额外要求。这种集体性毋宁说是电影最内在的元素。电影呈现的运动是先于所有内容和意义的模仿冲动，它鼓动观众和听众步调一致，仿佛是在列队行进。在这方面，电影类似于音乐，就像在早期广播中音乐类似于电影节目。将电影的构成主体描述为一个"我们"并不意味着不对，因为在这个"我们"中，媒介的美学与社会学面向已走向融合。《万事皆可》[2] 是 1930 年代一部电影的片名，主演是英国著名女演员格蕾西·菲尔兹（Gracie Fields）；这个"万事"先于所有内容，抓住了电影形式运动的实质。当眼睛随物以宛转时，它也就加入到所有响应同一呼吁的人潮人海中。然而，这个集体的"万事"的不确定性与电影的形式特征有关，它助长了对媒介的意识形态滥用：这是一种伪革命性质的模糊不清，其中"事情必须改变"的信息用挥拳擂桌子的姿势来传递。被解放的电影不得不从无意识和非理性影响的机制中去夺取它的先验集体性，并争取这种集体性为解放的意图服务。

电影技术已发展出一系列与摄影过程中固有的现实主义相违背的技巧，其中包括柔焦镜头（一种早已过时又附庸风雅的摄影习惯）、叠印，以及经常出现的闪回。现在该是认识到这种效果的可笑之处并把它们弃之不顾的时候了，因为这些技巧并不是基于个别作品之需，而仅仅是出于惯例；它们告诉观众什么已被暗指，什么需要添加，以方便他们理解任何规避了电影现实主义（Filmrealismus）基本原则的东西。由于这些技巧几乎总是包含着一些表现（即便是平淡无奇）价值，所以在表现和惯例符号之间

---

[1] 《反题：献给一位演员的电影，伴有电子和日常音效》（*Antithèse: Film for One Performer with Electronic and Everyday Sounds*, 1965），由北德广播公司三台于 1966 年 4 月 1 日在汉堡播出。——英译注

[2] 《万事皆可》（*Anything Goes*, 1936，派拉蒙影业公司），由刘易斯·迈尔斯通（Lewis Milestone）执导，宾·克罗斯比（Bing Crosby）、埃塞尔·默尔曼（Ethel Merman）、格蕾丝·布拉德利（Grace Bradley）等人主演，歌曲由科尔·波特（Cole Porter）创作。——英译注

的差异也就应运而生。这就是这些插入物看上去很媚俗的原因所在。这种差异是否能在蒙太奇和外在剧情关联的（hereingezogene Assoziationen）语境中产生同等效果，还有待进一步验证。无论如何，这些电影摄影的偏离术是需要电影制作者以特定的智慧加以应对的。可以辩证地看待从这一现象中形成的教训：孤立的技术因无视电影作为语言的本性，可能会在与自身内在逻辑的矛盾中寿终正寝。已被解放的电影生产不应该再以一种绝不"新客观性"（neue Sachlichkeit）的方式不加批判地依赖技术（亦即仅仅依赖其专业设备），然而，在商业电影的制作中，材料中固有的美学逻辑甚至在它真正有机会展开之前就陷入危机之中。要求在技巧、材料和内容之间形成一种意义关联，这与对手段的膜拜是无法兼容的。

不可否认的是，"爹地电影"确实符合消费者的需求，或者也许可以更确切地说，它为消费者提供了一种"他们不想要什么"（亦即与当下消费者正被喂养之物不一样的东西）的无意识准则。否则，文化工业就不会变成大众文化。然而，这两种现象的同一性——只要它聚焦于生产方面而不对接受进行经验分析——并不像批判思维假定的那样毫无疑问。无论如何，全心全意或三心二意的辩护者们最喜欢的论点（文化工业是消费者的艺术）是不正确的；这是意识形态的意识形态。哪怕是那个简易等式——文化工业可以与各年代的低级艺术画上等号——也是不成立的。文化工业包含着一种理性因素，即对低级艺术进行精打细算的再生产，虽然过去的低级艺术中肯定不缺这种东西，但这并非它的根本原因。此外，马戏和滑稽表演的杂交在罗马帝国晚期非常流行，其粗鲁和愚蠢虽可敬可佩，却并不能证明这些现象在美学上和社会上变得透明之后就可以走向复兴。即使抛开历史的视角，"以消费者为导向的艺术"的论点，其有效性在当下也会受到攻击。它的支持者根据供求原则（这本身就是一个可疑的模式），将艺术与其接受之间的关系描述为静态而和谐的。与时代的客观精神无关的艺术就像没有超越客观精神之要素的艺术一样，都是不可想象的。与经验现实相分离（从一开始它就涉及艺术构成）恰恰需要这种要素。与此相反，喜欢伪装成人道主义而去迎合消费者，这不过是剥削消费者的经济手段。在艺术上，它意味着放弃了对现行风格的黏性的所有干预，从而也放弃了对受众物化意识的干预。通过以虚伪的奉承再现后者，文化工业就进一步改变了这种物化意识，也就是说，文化工业为了它自己的目的，实际上阻止了这种意识的自行改变，而它隐秘而未被承认的心头之想便是渴望改变。消费者还是消费者，他们被迫保持他们本来的样子。这就是为什么文化工业不是消费者的艺术，而是操控者将其意志投射到受害者那里。现状以其既定形式进行自动的自我复制，这本身就是一种统治的表现。

人们会注意到，最开始很难把"吸睛即将到来"的预告片和人们等待的正片（Hauptfilm）区分开来。这可能会告诉我们一些有关主要吸睛之处的信息。就像预告片和流行歌曲那样，它们是为自己做的广告，其前额上的商品特征如同该隐的标记。每一部商业电影实际上都只是它所承诺却永不会兑现的东西的放映预告。

在目前的情况下，如果有人能宣称电影越不像艺术作品就越是艺术作品，那该有多好！针对文化工业为了文化合法化而强迫自己制作的那些势利的心理 A 级片（class A-picture）[1]，人们尤其会得出这一结论。即便如此，人们也必须防止这种乐观情绪走得太远：标准化的西部片和惊悚片——更不用说德国喜剧片和那些爱国催泪片（Heimatschnulze）——甚至比那些正式的大片还要糟糕。在被整合的文化中，甚至连这些糟粕也指望不上。

2004 年 10 月选译

2014 年 10 月校译符晓译文

2022 年 6 月补译

2023 年 6 月校译

---

[1] A 级片是源自美国 1930 年代的术语，用来指两部同时上映的影片中品质较佳的那部电影，或是预期有大量观众的电影。A 级片多半由大明星主演，而且非常讲究豪华的美术布景。——汉译注

附　录

# 批判思想本身就是充分的实践

## ——阿多诺作为"拦路虎"[1]

[美] 列奥·洛文塔尔

阿多诺是一个天才，他的著作现在出版了二十多卷，覆盖了西方文明的思想宇宙，包括但不限于哲学、社会科学、音乐学和公共生活的重大事件。我要是对阿多诺的独特事业来一番系统总结，那将是荒谬的。相反，我只能以断片的方式（a fragmentary style）谈论一下它。如此操作，我发现我本人与阿多诺自己的方法是一致的：始终否认任何体系的合法性。著名的《启蒙辩证法》是阿多诺与他的朋友马克斯·霍克海默合著的，此书有一个德语副标题《哲学断片》（*Philosophische Fragmente*），但不幸的是，这个副标题在英文版中被省略了。他论理查德·瓦格纳（Richard Wagner）的早期文章被命名为《理查德·瓦格纳断片》，他的许多书被称为"札记""论笔"或类似的东西。阿多诺把尼采、卡尔·克劳斯和瓦尔特·本雅明视作这种文学形式的典范。这种文体，其特点是开放式的，探究性的，其格式是论笔式、格言式或断片式的，在阿多诺

---

[1]　此文有两个一模一样的文本，但标题不同：（1）"Adorno and his Critics"，文章标明写于 1978 年，收入 Leo Lowenthal: *Critical Theory and Frankfurt Theorists: Lectures, Correspondence, Conversations*, New Brunswick and Oxford: Transaction Publishers, 1989, pp. 49-61。（2）"Theodor W. Adorno: An Intellectual Memoir"，是洛文塔尔于 1979 年 5 月 18 日在南加利福尼亚大学（University of Southern California）参加"阿多诺专题研讨会"（Adorno Symposium）时提交的论文，原载 *Humanities in Society* 2, no. 4 (Fall 1979): 387-399。后收入 Martin Jay, ed., *An Unmastered Past: The Autobiographical Reflections of Leo Lowenthal*, Berkeley: University of California Press, 1987, pp. 183-200。本文译自后者，经编者马丁·杰伊教授与加利福尼亚大学出版社授权翻译并使其面世，现标题为译者重新拟定。——汉译注

的例子中，可以证明这一点的是他那句著名的针对黑格尔体系的哲学警句："整体是虚假的。"[1]

我们相遇于 1922 年年底，是被著名作家、哲学家和社会学家齐格弗里德·克拉考尔（Siegfried Kracauer）撮合到一起的。十年之后，我们发现我俩在法兰克福社会研究所成了同事，而我们的密切联系也持续了大约二十年之久。我们的关系有时会出现风暴，这在一个高度敏感的知识分子群体中几乎是不可避免的。例如，当我发现马丁·杰伊（Martin Jay）——他现在是研究我们研究所历史的最杰出的史学家——在一篇名为《阿多诺和克拉考尔：动荡的友谊之札记》（讽刺的是，这个副标题也许可以恰当地描述我们所有人的相互关系）中的相关说法时，情绪不禁激动起来。他指出，1927 年，阿多诺"为他是否能成功获得教授资格感到焦虑，并抱怨法兰克福研究所这一阵营中的共同朋友列奥·洛文塔尔与他竞争"；四年之后，也就是 1931 年，"当克拉考尔为新研究所[2]期刊投稿的可能性被讨论时，阿多诺则感叹道，他的双手被列奥·洛文塔尔绑住了，洛氏被他称为研究所的'沙漠之王'（Wüstenkönig）"。[3]好家伙，我可从来没戴过什么王冠，而阿多诺则获得了他的教授职位。

保持着这种断片的叙述方式，我想首先谈论一下那些我和阿多诺或通过兄弟般的合作所思考的，或有着共同学术兴趣的领域和问题，然后我想对他的一些弟子和门徒经常提出的反叛式批评发表一些看法。

正如你们中的一些人所知，这个研究所还在继续出版它的期刊——刊物于 1932 年创刊于德国，在那里只持续了一年——先是日内瓦，然后在纽约，作为我们工作的主要德语出口。它是真正意义上的联合事业，

---

[1] 这一警句是对黑格尔"整体是真实的"（Das Wahre ist das Ganze）的反转。See Theodor W. Adorno, *Minima Moralia: Reflections from Damaged Life*, trans. E. F. N. Jephcott, London: Verso, 2005, p. 50. ——汉译注

[2] 法兰克福学社会研究所成立于 1923 年，第一任所长是格吕堡（Carl Grünberg, 1861–1940）。1931 年，霍克海默继任所长。所谓"新研究所"，应该是指霍克海默担任所长之后的研究所。——汉译注

[3] Martin Jay, "Adorno and Kracauer: Notes on a Troubled Friendship," in Jay, *Permanent Exiles: Essays on the Intellectual Migration from Germany to America* (New York, 1985), p. 222. ——原注

因为所有的主要文章都要经过整个团体的严格审查。以我本人为例，1937 年，我发表了一篇谈论克努特·汉姆生（Knut Hamsun）的文章，副标题是《威权主义意识形态的史前史》，当时汉姆生作为挪威纳粹卖国党（Nazi-Quisling Party）成员的身份还不为人所知。阿多诺为我的文章写了一个长长的脚注，他在其中对汉姆生和西贝柳斯[1]进行了非常仔细的比较，认为后者的音乐对于那些因赞美一种僵化的、具有泛神论色彩的自然概念而受到压迫的人表达了类似的蔑视因素。《启蒙辩证法》中关于反犹主义的前三篇论文，以及最重要的是，我们对美国法西斯煽动者诱惑性和潜在危险的手段之研究，也记录了我们密切的合作。这项工作在我的《骗人的先知》（*Prophets of Deceit*）一书中达到了顶峰，阿多诺匿名为这本书草拟了一个序言，此外还有大量实质性的评论和建议。反过来说，我也有幸参与了著名的《威权主义人格》（*Authoritarian Personality*）研究计划的初稿草案——阿多诺则是该书的资深作者——并对他这部不朽之作的章节提出了自己的评论和建议。本着类似的学院和思想团结之精神，阿多诺在我的一篇关于通俗文化的文章中为其中的一个部分撰写了主要内容，这篇文章被我们恰当地称为"关于批判理论和实证研究的一些论题"（Some Theses on Critical Theory and Empirical Research）。

事实上，正是在通俗文化或大众文化领域——或如阿多诺所称的"文化工业"——我们的兴趣常常汇合在一起。顺便说一句，颇具讽刺意味的是，本次研讨会的许多话题都提到了阿多诺在大众文化方面的研究，而对语言的细微差别有着歧视性看法的阿多诺，则非常不喜欢这个术语。1967 年，他对二十年前发表在《启蒙辩证法》中的一篇文章附言[2]时明确指出：

> 文化工业（culture industry）这一词语大概是在《启蒙辩证法》

---

[1]　让·西贝柳斯（Jean Sibelius, 1865–1957），芬兰著名音乐家，民族主义音乐和浪漫主义音乐晚期重要代表。主要作品有《芬兰颂》《勒明基宁组曲》等。——汉译注

[2]　《启蒙辩证法》有一章内容是"文化工业：欺骗大众的启蒙"（Kulturindustrie: Aufklärung als Massenbetrug），所谓"《启蒙辩证法》中的一篇文章"，即指此文。而阿多诺于 1967 年为此文所作的"附言"（postscript），是下一个注释引用的《文化工业再思考》。——汉译注

这本书中第一次使用的。此书由我与霍克海默合作，1947 年出版于阿姆斯特丹。在草稿中，我们使用的是"大众文化"（mass culture），后来我们用"文化工业"取而代之，旨在从一开始就把那种让文化工业的倡导者们乐于接受的解释排除在外，亦即，它相当于某种从大众当中自发产生的文化，乃是民众艺术的当代形式。但是"文化工业"与民众艺术截然不同，必须严格加以区分。[1]

让我感到自豪的是，阿多诺认可并使用了我对法西斯煽动和文化工业的简短定义：将它们界定为"反向的精神分析"（psychoanalysis in reverse），也就是说，作为或多或少被不断操控的装置，它们让人永远处于精神束缚之中，增加并强化了其神经质甚至精神病行为，最终导致对"头目"（leader）或机构或产品的永久依赖。我们都认为现代反犹主义和文化工业最终隶属于同一社会语境，尽管有时它们走的是不同的政治路线。正如阿多诺不知疲倦地重复的那样，这里的危险在于，主要以艺术为中介来获得本真经验变得越来越困难，艺术的独立性和完整性越来越多地被社会操纵和统治的复杂机器所破坏。重要的是，丰富的想象和艺术体验无情瘫痪，导致认知效应转化为销售心理。文化工业为其所有产品提供了不可避免的商品特性，并在不知不觉中消除了这些产品自身和让它们被创造出来的一般或特定的广告目的之间的差异。我们一致认为，文化机构拒绝承担任何责任，因为它完全无视大众文化的意义，并顺便指责技术需要为糟糕的文化产品负全责；我们一致认为，艺术和商品文化之间的分界线绝不能被混淆，且社会统治与赤裸裸的利益动机间的邪恶联盟很难促进下述这种意识状态的发展：用阿多诺的话说，在这种意识状态下，闲暇（Freizeit）将会变成自由（Freiheit）。

我想让阿多诺现身说法，首先是关于艺术和文化工业的分界线："文化工业的一切所作所为都在于把赤裸裸的赢利动机移接到种种文化形式上。……艺术作品的自主性当然很少以一种完全纯粹的方式凸现出来，相

---

[1] Theodor W. Adorno, "Culture Industry Reconsidered," *New German Critique* 6 (Fall 1975): 12. ——原注

反，它总是与各种各样的效果难解难分。这种自主性有可能会被文化工业铲除，不管这是不是那些支配者们有意识的行为。"[1] 我可以补充一条忧郁的个人评论：我发现要说服我的学生接受这些不可调和的差异越来越困难，尽管他们的信条大都是激进的——这又一次说明了臭名昭著的实证主义价值中立是如何影响和感染我们最好的人的。

阿多诺强调，无论人们是否愿意，屈服于文化工业都是人们不可避免的命运：

> "上当受骗，心甘情愿"这一谚语从未像现在这样贴切。正如这句谚语所言，民众上当受骗不说，而且如果被骗的确能够带给他们哪怕一瞬间的满足，他们便会心知肚明地对这欺骗趋之若鹜。……他们虽然不愿意承认，但是他们感觉到如果自己一旦摈弃那原本就不存在的满足，生活将会变得完全不可忍受。[2]

在权威这一社会主题之外，共同研究资产阶级社会中个人的本质和观念的衰败及其纯粹向幻觉和意识形态转变的各个方面，曾经是我们核心层的一个理论梦想。然而，尽管权威的主题在现在几乎成为经典的作品中得到了丰富的阐述，但是个人的主题却仍然只是一个导向性的视角。例如，阿多诺不断强调在垄断资本主义时代对所谓人格的空洞崇拜，对所谓自主性个体的得意狂喜。在我自己对这个国家以及欧洲的传记文学类型的研究中，我也遵循了同样的主题，它扮演的角色是一种假装人类特殊性的虚假装置，而事实上，特殊性的真正含义已经变形走样了。当我在流行杂志中挑选和处理传记作品进而写下其中的文化变迁时，从我所谓的"生产偶像"（heroes of production）到"消费偶像"（heroes of consumption）开始，阿多诺就在 1942 年 11 月的一封信中告诫我，要强调传记在当今社会，特别是在大众文化语境中的理论功能。他说（我完全同意这一观点）："归根结底，生命这一概念作为一种自我发展的、有

---

[1]　Theodor W. Adorno, "Culture Industry Reconsidered," *New German Critique* 6 (Fall 1975): 13. ——原注

[2]　Ibid., p. 16. (Translation emended.) ——原注

意义的统一体，它在今天与个人的概念一样几无现实意义可言。传记的意识形态功能是根据任意选择的模式编造出小说之类的故事，即仍然存在生命这种东西……可生命本身已经以其完全抽象的假象变成了纯粹的意识形态。"

我自己在分析这个浅薄的文类时强调的是它在法西斯主义到来之前，为政治上无能、历史上迷失方向的欧洲中产阶级提供了肤浅的慰藉，但阿多诺通过深刻反思，却强调了一个令人震惊的悖论：消灭了私人独特意识的同一种文化工业机器，却拜倒在对人格和个性的无尽赞美中。用他的话说是，文化工业的"意识形态首当其冲的特征是采用明星制，而此种制度又是从个性化艺术以及对其商业价值的发掘中借用来的。文化工业的运作手段与内容越是非人化，它就越是卖力而且成功地宣扬所谓的大明星，借助于令人销魂的俊男靓女而运作"[1]。尽管我说这些在你们听起来可能比较自恋，但这份兄弟般合作和思想互动交流的报告应该仅仅被理解为一种陪衬：我希望以此映衬出，在对现代社会无法逃避的统治网络和它似乎不可避免的固化人类心灵的批判性理解方面，阿多诺做出了伟大贡献，若没有这种心灵固化，这种统治机制也将不再有效。这一主题刺激着他，让他不断地告诫我们："不要参与"（Don't participate）——这可以说是他毕生工作的主题，与之相比，他所有的人格缺陷或生活方式的癖性都可忽略不计。

考虑到阿多诺无情但总是有理有据地控诉社会现象本身，以及它们在资产阶级哲学、社会研究和文学批评——仅举这几个可疑的智力活动——中错误的、被歪曲和被操纵的伪阐释，我不禁想起希腊术语"skandalon"（拦路虎）[2]最初的神学意义。他的每一个想法，他说过的每一句话，都为他的敌人和朋友创造了一个新的"烦恼"（Ärgernis）。

在这里，我想结束我对这位天才的兄弟般的敬意。作为德国最杰出的学院派教师和西欧先锋派的杰出公民，他的过早离世可能与他直到最

---

[1]　Theodor W. Adorno, "Culture Industry Reconsidered," *New German Critique* 6 (Fall 1975): 14. ——原注

[2]　在希腊语中，skandalon 有"（使人走入迷途的）绊脚石、障碍物"之意。——汉译注

后一刻都毫不妥协地坚守在"拦路虎"的岗位上不无关系。他应该是第一个明白，他所持有的每一种思想立场所隐含的不可调和都需要不断改进，以防追随者的轻率接受和敌对者的愤怒误解。没有什么比"法兰克福学派"这个词更具有讽刺意味了，它预设了一套可以学习的说法和学说，让人们无论今后的情况怎样，都可以舒服或不舒服地与之相处。我真的相信，半个多世纪前我们这个圈子形成之初，无论是直接还是间接隶属于它的人，都不会对这个词感到舒服。事实上，到目前为止，海量的书籍、文章、博士论文、座谈会和研讨会几乎使法兰克福学派"工业化"（industrialized）了；这些著作中的许多内容似乎都少不了塔木德式的争论（talmudic disputations）：关于这个或那个定理在不同时期的意义，或者关于这个或那个作家或学者在这个阶段或另一个阶段的关系。当阿多诺选择《来自受损生活的反思》（*Reflections from Damaged Life*）作为他第一部主要由断片和格言组成的合集的副标题时，他并没有提出要修复这种损害。但是，他的许多（如果不是大多数的话）弟子——实际上是学校里形形色色的学生——不能也不情愿接受政治和文化补救措施的缺席。我不禁认为，他们对行动的呼唤与那些正在毒害我们许多同时代人的、无处不在的、时髦的伪心理疗法（pseudo-psychological cures）的倡导相差不远。如果我看起来很愤怒，你们并没有误读我的意思，但这是一种基于同情求新求变的青年和如今同样求新求变的中年人的愤怒，他们徒劳地向阿多诺寻求救赎，而他不是，也不想成为弥赛亚。

在强调他们的一些集体误读时，我或许能够增进对阿多诺思想遗产的理解。我从"诉诸人身论"（*ad hominem* argument）说起：作为人的阿多诺。对激进思想家最流行的反对意见之一是这样一种粗俗的观点，即他们应该通过远离美好生活的所有便利，来践行他们所宣扬的——尽管他们并没有真正宣扬什么。布莱希特对研究所的财政资源和研究所一些主要成员的上流社会背景的评论（我认为这些评论品味很差）是众所周知的。我更重视卢卡奇的优雅观察，他在 1962 年《小说理论》的新版序言中这样评论道：

包括阿多诺在内的德国最重要的知识分子中，有相当一部分人已住进了"深渊大饭店"（Grand Hotel Abyss），如同我在批评叔本华时所指出的那样，"这是一个漂亮的饭店，配备了一切舒适设施，但是却处在深渊、虚无与荒谬的边缘。而在美味佳肴与艺术消遣之间每日凝望深渊，只能强化精妙舒适的享受所带来的快乐"。[1]

我从来没有听说过恶劣的生活条件和不合格的营养是创新思维的必要前提。如果说马克思和尼采有时遭受物质匮乏的屈辱而他们的理论创造力却得以幸存，那也不是因为这种困窘的条件，而是尽管条件困窘，他们依然创造力旺盛。我还想补充一点，格奥尔格·卢卡奇在他那个政治环境中找到了自己舒适的生存方式，然而同样是这个环境，其他许多异端的马克思主义者，因为没采纳卢卡奇的适应性行为策略而被斩首。不过这是一个年长的当代人的例子，而非"叛逆之子"（rebellious son）的例子。弟子们最喜欢的抗议，是针对他们所谓的"精英主义"（elitism）这头等大罪（cardinal sin），我们所有人都不时能听到这种抗议。布隆斯特（W. V. Blomster）在一篇名为《音乐社会学：阿多诺及其他》的长文中，有一节叫作"阿多诺：人身攻击"：

> 在一个几乎所有现象都无法抗拒心理学解释的时代，令人惊讶的是，很少有人问及阿多诺这个人以及他自己的心理构造在多大程度上有可能制约了——实际上是限制了——他在音乐上的工作。虽然这在这项研究中充其量只是一个外围问题，但有几项观察结果需要在此被纳入讨论……当人们在阿多诺那里发现了他本人曾激烈斗争过的"威权人格"的印记时，与他在一起工作有时就会感到不安……关于阿多诺的精英主义和势利就不多说了；然而，正是在他的音乐著作中会形成一种感觉：较多的谦卑可能会大大提高他的效率。[2]

---

[1] Georg Lukács, *The Theory of the Novel*, trans. Anna Bostock (Cambridge, Mass., 1971), p. 22. ——原注

[2] W. V. Blomster, "Sociology of Music: Adorno and Beyond," *Telos*, no. 28 (Summer 1976): 109. ——原注

布隆斯特错了。关于精英主义的长篇大论已在许多地方流传了很久，无论老少，尤其是当涉及要求读者努力追随思想而不是思想家时。我将在此文的最后再回到这个问题。目前仅需指出，阿多诺在他广泛的文学艺术研究中一直反对的正是这种传记式和心理式的还原论（我可以说，每当我在自己的文学批评工作中屈服于一种诉诸人身的捷径时，我都从他那里学到了很多东西）。

我更重视第二种范式，即阿多诺切断了对于马克思主义学说来说如此神圣的理论与实践之间的联系。汉斯－尤尔根·克拉尔在死于一场悲剧事故之前，曾短暂是德国新左派的著名发言人，他因阿多诺涉嫌剪断了这条脐带而指责后者。[1] 在克拉尔看来，虽然阿多诺理解资产阶级个人主义的意识形态矛盾，而且他的"思想生平被法西斯主义的经历刻下了印记"，但他仍然深陷在他公开诊断出来的这种矛盾之中：

> 阿多诺对资产阶级个体意识形态存在的尖锐批判不可避免地使他陷入了这种意识形态的毁灭之中。但这意味着阿多诺从未真正脱离开因移居国外而强加给他的孤立……抽象劳动的生产反映在他思想的主观主义中。这就是为什么阿多诺不能把他对地球上不幸者的个人同情转化为如他那被压迫者解放理论一般的一种完整的政见。[2]

在我看来，阿多诺用他经常被引用的讽刺性评论给出了正确的答

---

[1]　汉斯－尤尔根·克拉尔（Hans-Jürgen Krahl, 1943–1970），西德学生运动领袖和政治活动家。1960年代中期开始从阿多诺，成为其博士生。1968年，因参加学生抗议运动而成为"明星学生"（star student）。1969年初，与阿多诺发生争执（起因可能是要求导师转向社会实践）。是年1月7日，社会研究所被学生占领，阿多诺等人叫来警察驱逐，包括克拉尔在内的76名学生被捕。6月，阿多诺想恢复讲课，但受到以前崇拜他的学生的阻挠。7月18日，他被邀请在审判克拉尔（罪名是破坏和平）的法庭中作证。几周之后，阿多诺与妻子前往瑞士采尔马特（Zermatt）度假，因不顾医生建议，徒步进山，结果心脏病发作，于8月6日去世。六个月后（1970年2月13日深夜），克拉尔乘车从帕德博恩去往马尔堡。天气寒冷，路面结冰，汽车在中途与一辆迎面而来的卡车相撞，克拉尔当即身亡，年仅27岁。——汉译注

[2]　Hans-Jürgen Krahl, "The Political Contradictions in Adorno's Critical Theory," *Telos*, no. 21 (Fall 1974): 164. ——原注

案：他不知道批判理论已经给投掷燃烧瓶发放了许可证。[1] 诚然，如果阿多诺和他的朋友们守过街垒，他们很可能就会在汉斯·艾斯勒的一首革命歌曲中永垂不朽。[2] 但不妨想象一下，如果 1849 年或 1871 年马克思死在了街垒上，那就不会有马克思主义，不会有先进的心理学模型，当然也不会有批判理论了。极端激进的信徒们向他们的老师发出了拿起武器的呼吁——尽管他们的意图可能是合理的——但这仅产生了过激行为，其后果在新左派今天所处的困境中展现得淋漓尽致。

这导致了这场变态反叛的另一个更严重的方面。1975 年秋，《新德国批判》的编辑安德烈亚斯·胡伊森（Andreas Huyssen）在介绍阿多诺的短文《文化工业再思考》时，赞同汉斯·梅尔（Hans Mayer）关于阿多诺"对历史怀有秘密敌意"[3] 的误导性表述。我并不想对胡伊森表示不尊重，他的善意体现在他对阿多诺的赞美上，他称赞阿多诺是"最早使用批判的马克思主义思想来阐明西方大众文化的人之一，多年来，西方大众文化一直被保守的文化评论家用精英主义的道德说教摈弃"；然而，他对阿多诺的指责，即他"始终在他的作品中回避历史的特殊性"，显然是荒谬的。这些年轻的追随者（或非追随者）试图做的，似乎是要求一种几乎是在日常基础上，本着团队主导的党派精神进行一种积极的伪历史性参与。至少，我是这样理解胡伊森那种居高临下的言论的，即尽管阿多诺的"思想无疑是在对关键事件的反应中发展起来的"，但他对历史的敌意仍然很是严重："这种敌意反过来反映了他拒绝将决定性否定作为历史哲学的关键概念，并表明他坚持将否定和拒绝作为现代美学的关键元素。"[4]

---

[1] 阿多诺曾经说过一句名言："当我建立自己的理论模型时，万没想到人们会用燃烧瓶去实现它。"Martin Jay, *Adorno*, London: Fontana Paperbacks, 1984, p. 55. ——汉译注

[2] 汉斯·艾斯勒（Hanns Eisler, 1898—1962），出生于奥地利的德国作曲家、音乐理论家和社会活动家，政治上很激进，曾为国际共产主义运动创作过一些歌曲，如《第三国际歌》《歌唱学习》《统一战线歌》，也曾在好莱坞从事电影音乐创作。流亡美国期间曾与阿多诺合作，著有《为电影谱曲》（*Composing for the Films*, 1947），中译本参见［德］特奥多·阿多诺、［德］汉斯·艾斯勒：《论电影音乐》，刘斐译，上海人民出版社 2023 年版。——汉译注

[3] Andreas Huyssen, "Introduction to Adorno," *New German Critique* 6 (Fall 1975): 3; Mayer's charge is made in *Der Repräsentant und die Märtyrer* (Frankfurt am Main, 1971), p. 165. ——原注

[4] Andreas Huyssen, "Introduction to Adorno," pp. 4-5. ——原注

这真是让我困惑不解！研究所核心层的每一个成员不仅浸淫于黑格尔哲学和马克思辩证法的经典中，而且不断强调"决定性否定"（determinate negation）是任何批判理论的关键概念。几页之后，胡伊森自己似乎忘记了他刚才的情绪爆发，反而正确地引用了阿多诺《文化与管理》一文中的如下文字：

> 真正的文化对象必须保留和保存在对自然日益加强的统治过程中被遗弃的东西，这种统治的加强反映在不断扩大的理性和越来越理性的统治形式中。文化是特殊对一般的永恒的抗议，只要后者仍然与特殊不可调和。[1]

我真的不知道该如何解释这种流行的模糊指责，除非我怀疑这是一种伴随学生运动而来，或从运动中清醒过来后，所感受到的一种可以理解的"事后"（morning-after）不安。当激进政治变革的希望在我们这个时代或未来破灭时，批判理论很方便地成了许多年轻人的替罪羊。令它的创造者和实践者，尤其是令阿多诺感到巨大痛苦和悲哀的是，人们忘记了批判思想本身就是充分的实践。它与文化体制和部分政治体制发生冲突并受到抵制，而这些体制总是想把非正统理论这样的"拦路虎"转化为一种可耻的（scandalous）[2]反常现象，并建议——如果可能的话还要促成——对批判理论的领导者和追随者进行清算。在这方面，阿多诺在后希特勒德国（post-Hitler Germany）的工作和生活雄辩地证明了他的历史敏感性和他的认识，只有通过一种坚定的"不"，一种被他如此令人钦佩地实践着的"不"，历史的进步和倒退才能在批判意识中保持活力。

试图抓住阿多诺因历史意识的瑕疵而引起的所谓矛盾，这延续了我关于后世逆反（filial rebellion）的这个主题。同样是胡伊森先生，他认为阿多诺在《启蒙辩证法》中把自主个体说成是"资产阶级过去的一种现象"，却在后来的文章《文化工业再思考》中涉嫌把这种"自主个体"复

---

[1]　Theodor W. Adorno, "Culture and Administration," *Telos*, no. 37 (Fall 1978): 97. (Translation emended.) ——原注

[2]　scandalous 一词的词源正是 skandalon，这里是作者的一个文字游戏。——汉译注

活为"民主社会的先决条件"，这体现出一种不可调和的矛盾。但如果仔细阅读这一文本就会发现，首先，阿多诺从未打算"再思考"他的文化工业理论，而是正如德语文本明确指出的那样，是写一个"述要"（résumé），也就是说，总结他与霍克海默在原来文章中阐述的内容。[1]此外，阿多诺在新文章的结尾明确表示，文化工业的反启蒙和大规模欺骗已经"变成了束缚意识的手段"。他接着辩证地指出，自主个体发展的前提，是没有文化工业来"阻挠人类在时代生产力允许的范围内为解放**尽可能**"——而不像译者错误地表述的那样，**已经**——"做好准备"。这里的要点是明白无误的：按照包括阿多诺在内的每一个优秀的马克思主义者的观点，资本主义不会因为"生产力"可以终结痛苦和统治，就带来在技术上每天都可能实现的解放。与批评他的人相反，阿多诺对于至少目前似乎无法解决的问题，即体制与其非自治主体（subject）（"隶属与服从"[subjection]才是这个词的真正含义）的交织，即使不是绝望，也仍然相当忧郁。这与"撤回""启蒙作为一种合理化统治和压迫的工具"这一原始命题的做法是恰好相反的。

比急于在矛盾中绊倒阿多诺更痛苦的是急于责备他忽略了一些非常明显的历史现象。在奥托·卡尔·维尔克迈斯特（Otto Karl Werckmeister）最近出版的《美学的终结》（Ende der Ästhetik）一书中（据我所知，这本书还没有翻译过来），我们读到：

> 阿多诺直到最后都在捍卫现代艺术（指先锋艺术）并反对想象中的文化保守主义阵线，仿佛现代艺术仍然需要社会认证，他忽视了它在晚期资本主义文化中完全被同化的后果。文化和警察都监管着现实和艺术的边界线。在边界的这一边，阿多诺对艺术的否定式的乌托邦式（negative-utopian）美化与艺术在资产阶级文化中的肯定性意识形

---

[1] 阿多诺的这篇文章原题为《文化工业述要》（"Résumé über Kulturindustrie"），英译者改动标题，译成了《文化工业再思考》（"Culture Industry Reconsidered"），因此洛文塔尔才在此做了纠正。——汉译注

态功能彼此其实非常接近，而不似他提出的二者绝对矛盾的概念。[1]

仿佛这是阿多诺没有完成作业而受到了学校教师的谴责。对于这种做法，我只能说，整个先锋现代艺术理论——在这方面阿多诺实际上是我们这个团体的领导者——恰恰是在捍卫这样一个论点：先锋艺术是真正人类经验的唯一储库，因此也是对抗意识的唯一源泉，而后者本身一直处在被文化工业富有爱心的利益触须所窒息的危险之中。事实上，没有人比阿多诺更清楚（用本雅明的术语说）"富有光晕的"艺术（"auratic" art）若想幸存于世需要面对多大的危险。

让我再给你们举最后一个批评者合唱的例子（我要很遗憾地跟大家说，我无法将其中一些人与《名歌手》[Meistersinger] 中的贝克梅瑟 [Beckmesser][2] 区分开来）。众所周知，阿多诺在音乐学以及音乐哲学和社会学方面的工作发展了演奏与作曲意图不可或缺的统一理论。特别是，他花了大量的精力来展示电子复制技术对严肃音乐的扭曲，包括但不限于广播和录音。我不是一个音乐学家，但我知道一件艺术作品和它被呈现或表演的社会框架之间的必要关系，我可以通过类比假定，在电视上播放莎士比亚的恐怖堪比阿多诺所说的对音乐听赏的扭曲（顺便指出，在这个节骨眼上，我想说的是，我相信阿多诺的美学理论要优于瓦尔特·本雅明的美学理论。但这是一个需要别人仔细琢磨的话题）。在一本华而不实的德国文学杂志上，我发现了一篇有关阿多诺德文著作第 14 卷的评论——顺便说一句，这本书不久前以英文出版，书名为《音乐社会学导论》(Introduction to the Sociology of Music)。评论家赫尔穆特·海森巴特尔（Helmut Heissenbüttel）不喜欢阿多诺的音乐听众类型学，他很快表示遗憾说，可怜的阿多诺没有活到唱片业允许通过大量可用的唱片对音乐进行多样解释的那一天。他认为，由于作曲家录制表演的作品已唾手可得——它们被编入了唱片目录，所以现在这种多样解释已成为可能。

---

[1] Otto Karl Werckmeister, *Ende der Ästhetik*, (Frankfurt am Main, 1971), p. 31. ——原注

[2] 《纽伦堡的名歌手》(*Die Meistersinger von Nürnberg*) 是瓦格纳所作的三幕歌剧，贝克梅瑟是其中的主要反面人物。——汉译注

海森巴特尔颇为认同地引用了"每年都会出版、每半年出一期增刊"的所谓的《比勒费尔德目录》(*Bielefelder Catalog*)。他还提醒读者，在美国，《施万唱片和磁带指南》(*Schwann Record and Tape Guide*) 每月出版一次。因此，迄今为止付之阙如的是不仅列出可用的东西，而且列出选什么和为什么选它的可靠的指南。这个缺口现在已经被填补起来。以下的引用来自乌尔里希·施莱伯(Ulrich Schreiber)的《唱片年鉴(第一辑)》(*Schallplatten Jahrbuch I*)：

> 将唱片列入本指南的决定性因素不是它的市场价值，而是它对形成有关作曲家、音乐史时代、音乐阐释者和阐释策略的知识所做出的贡献。因此，唱片 (Schallplatte) 在这里被认真地视为一种审美现象，而不是一种经济现象。这是第一次在德语世界进行全面的尝试，以赋予唱片在音乐生活中的重要性，并使用"唱片"这一媒介来展示音乐任务和意识的历史变化。我们向本指南的读者推荐的唱片并不是一份古典音乐的永恒清单，也不仅仅是可供消费的商品。在错误的极端之间进行有意义的调解，此为本书的基本任务。

我只能对海森巴特尔以及他对施莱伯毫不掩饰的工业化企业不加批判的支持拍案惊奇了，这是阿多诺所谓的操纵听赏的缩影——被控制的音乐 (gegängelte Musik)。在这种天真之上的还有一种侮辱：海森巴特尔说阿多诺不过是个冒牌专家，如今已被唱片指南 (Schallplattenführer) 这一真正的"领袖"——简言之，是被施莱伯主席——所取代。我们中的一些人一直在批评"指南"是对艺术作品的简化体验，这些举措当然只是为了将艺术作品的对抗特性转化为一种无害的所谓审美体验。

让我把施莱伯有关"唱片指南"优点的说辞与"时代－生活公司"(Time-Life Corporation) 的广告并列到一起，后者担保道：

> 虽然你的时间可能有限，但你将广泛而有益地阅读……那些在风格和意义上真正永恒的书。这个计划的优势来自于这样一个事实：编辑花费了数千个小时来寻找问题的答案，而同样的问题你也一定问

过自己很多次……他们的工作之一就是挑选出少量优于其他所有书籍的书。在每一个实例中，编辑都会撰写特别介绍，以强调本书的独特之处，它已经具有或将会具有怎样的影响，它在文学和当代思想中赢得了什么位置……这些书籍将装订在耐用、灵活的封面中，类似于用于装订精美《圣经》和弥撒书的封面。

我邀请受众对"时代－生活公司"和"海森巴特尔－施莱伯联盟"精明的公关代理进行了一个比较式的内容分析。

我将以此结束我对俄狄浦斯式反抗阿多诺的表现形式的采样工作。我想对各方都不断提及的阅读阿多诺很困难的相关评论再啰嗦几句。[1] 的确，阿多诺的文本是非常难读难懂的。他从未打算让他专业领域和思想阵营的同事或他的所有读者和听众感到轻而易举。他从不能容忍——这也是阿多诺作为"拦路虎"的另一变体——他必须说的话应该去适应一种容易消费的模式。相反，他对自己与其受众提出的要求只是他在生产和公认的、富有成效的想象中追求本真经验这一主题的另一种变体。他对语言的责任感，他对单向度、无内涵、不含糊的高效语言与简化的衍生思想全方位出现所表现出的强烈敌意，对它们没有给独特、异质、富有成效的想象和反对的声音留下空间表示出的愤怒反抗，让我想起大约一百七十年前柯勒律治写给骚塞（Robert Southey）的一封信，在信中，他为他的"晦涩"（obscurity）风格辩护，并将其与"柔弱无骨的现代盎格鲁－高卢主义风格（Anglo- Gallican style）进行对比，后者不仅能被**事先**（beforehand）理解，而且摆脱了……所有书本和知识记忆的眼睛，从来不会因为事后的回忆而使心灵受到压抑，而是像普通访客那样，停留片刻，便让房间完全开放，为下一个来访者敞开了大门"[2]。我不知道阿多诺是否知道这封信，但我敢肯定，如果我告诉他柯勒律治对"晦涩"的赞扬是对语言消费主义的机智拒绝，他准会微微一笑，点头称是。这样

---

[1] 我很清楚，这种批评通常是针对整个西方马克思主义而提出的。——原注

[2] Coleridge to Southey, October 20, 1809; in *Collected Letters of Samuel Taylor Coleridge*, ed. Earl Leslie Griggs (Oxford, 1959), vol. 3, p.790. ——原注

的话，我们就可以来看看另一位思想家——像阿多诺一样也是"拦路虎"化身的弗里德里希·尼采——的说法了。他在《黎明》的序言中写道：

> 我并非白白成为语文学家；也许我现在还是一个慢阅读的教师。我甚至开始慢慢地写。眼下，这不仅是我的习惯，甚至也是我的品味，也许是一种变态的品味，只写那种让每个匆忙的人感到绝望的东西……语文学（philology）现在比以往任何时候都更令人向往……在一个"工作"的时代，也就是说，在一个匆匆忙忙、很难体面、让人过度手忙脚乱的时代，在这个立刻"把事情搞定"、哪怕是搞定无论新旧的每一本书的时代，语文学反而成了最吸引人和刺激人的事情。也许，语文学本身不会如此匆忙地"把事情搞定"；它教我们怎样读得好，亦即慢慢地、深刻地、专心地、谨慎地、带着内心思想、半开着心灵之门，用灵巧之手和灵敏之眼。[1]

我们这些了解阿多诺的人永远能铭记于心的，该是他的这一形象："半开着心灵之门"，并用"灵巧之手和灵敏之眼"触摸着他所做的一切。

---

[1] Friedrich Nietzsche, *The Dawn of Day*, trans. Johanna Volz (London, 1910), pp. xxviii-xxix. (Translation emended.) ——原注

# 亲历法兰克福学派：从"非同一"到"独异"
## ——塞缪尔·韦伯先生访谈录 [1]

**赵勇：**韦伯先生，您是英语世界最先译介阿多诺思想的学者。许多年前，当我撰写博士论文时，曾受益于您的翻译和研究论文。比如，您曾创造性地构造了一个新词：Mass mediauras，从而形成了一种深刻而有趣的观念，我在撰写法兰克福学派的文章时曾试译为"大众媒光"，回想起来颇受启发。我们的访谈或许可以围绕法兰克福学派进行，从有关阿多诺、本雅明的问题开始。记得您曾追随阿多诺学习过，我对您的这一经历很是好奇。首先，我想了解您是如何对阿多诺的思想感兴趣的？

**韦伯：**1960 年，我从康奈尔大学毕业。尔后，我作为交换生去慕尼黑大学待了两年，主要学习德语。1962 年我回到美国，从秋季学期开始进入耶鲁大学的比较文学系，跟随韦勒克（René Wellek）。当时他是位有名望的大师，耶鲁也声名卓著。从那时起，我的一切生活开始发生变化。

首先，我对耶鲁非常失望。韦勒克人特别好，颇有雅量。不过从智识上说，他的课程不是那么有趣。他刚刚完成了四卷本的《现代文学批评史》，我想现在没有人会去读了。那是特别无趣的现代观念汇编。乏味的

[1]　塞缪尔·韦伯（Samuel Weber, 1940 – ）是美国西北大学（Northwestern University）德语系、比较文学系教授，该校驻法国巴黎批判理论项目主任，也是把阿多诺的著作（《棱镜》）首次翻译到英语世界的学者。2016 年秋，应笔者之邀，韦伯教授来访北京师范大学文艺学研究中心，并以"独异"（singularity）为主题，做了题为《独异问题导论——兼致中国听众》《文学认知的独异》《感觉军事化：进行一场"反恐战争"意味着什么?》的三场系列讲座。10 月 17 日，笔者在瑞草轩茶馆对韦伯教授进行了专题访谈。访谈由李莎博士现场口译，并由她后期整理、翻译成稿，特此致谢。

原因在于这些观念和各自的语境分离开了，比如黑格尔曰，谢林曰，诸如此类。大体上看，我觉得耶鲁的思想不是那么令人兴奋。不过，那里有一群学生很活跃。其中有一位来自圣保罗的巴西人尤其活跃。他名叫罗巴托·施瓦茨（Robato Schwartz），仍然健在。他可能在维也纳获得过救助。纳粹在奥地利掌权，他的父母移民到别的可以生存的地方，就去了圣保罗。他很了解德语传统下的思想文化，尤其是卢卡奇、新马克思主义传统。他向我们介绍了20世纪的新马克思主义思想，卢卡奇，还有阿多诺、本雅明等。这些信息不是来自老师那里，而是从相当优秀的研究生同学那儿得到的。

其次，1962年秋的世界大事是古巴导弹危机，美国和古巴的关系恶化。我生于"二战"后的美国，一直认为美国处事公正，反对纳粹、法西斯主义等等。从古巴革命开始，美国对古巴的态度发展到古巴导弹危机。突然间，（美国）变得问题重重。原先确立的政治价值遭受一种危险方式的挑战。古巴导弹危机很可怕，我们看到苏联的舰艇靠近古巴，美国不得不去阻止他们。这时美苏很可能发起一场战争。所以在这个紧张的局势下，我突然发现了阿多诺的思想。我想指出这个背景很重要，我并不是单纯去图书馆读读书而萌生兴趣的。一方面，那时已有的文学理论太学院化了，切断了和政治、社会问题的联系；另一方面，社会问题很严峻。因此对我来说，阿多诺的思想是一个重大发现，远远超过卢卡奇对我的吸引力。这源于阿多诺同时致力于文本内在批判和社会批判。那个时期，我边读边译他的《棱镜》文本，我称之为"文化批评和社会"。他在其中论述着什么是"内在批评"（immanent criticism），换句话说，他以此对抗简化的教条式的马克思主义，比方说后期卢卡奇思想中的一些东西、斯大林主义的卢卡奇，在那儿一切都是社会经济基础的因素。阿多诺运用的是内在批判，做的是文学研究。我当时从事比较文学的研究，也对其他东西感兴趣，比方说弗洛伊德、各种语言等等。这就是我发现阿多诺思想的契机。

**赵勇**：您刚才提到了韦勒克，韦勒克在中国文艺理论界知名度很高，我们这里也译介了不少新批评学派的思想。顺着您的思路，您能否谈谈 1960 年代美国人文学界的情况，这种状况与您亲近阿多诺的思想有关联吗？

**韦伯：**的确如此。我当研究生的时候，有两个思想派别进行着激烈的大讨论，分别是芝加哥大学的亚里士多德道德哲学学派和耶鲁的新批评学派。每派的思想都不算充分，但多少有些道理。那时我也找到了保罗·德曼（Paul de Man）。德曼和阿多诺无法统而言之。不过，他们都是细读文本的思想家，并且有广阔的视野，远超于学院里那些彻头彻尾的形式主义批评，后者在当时是主流。这二人不是完全的形式主义派，也非道德说教派。阿多诺当然不是新批评派，也非亚里士多德派。不过他运用辩证的方法，尝试从里到外地研究美学、诗歌、文学，把它们视为对社会、权力、关系的批判，诸如 19 世纪的资产阶级社会等等。似乎突然间能够以精深复杂的方式来思考文学和哲学，并且没有忽略社会问题。对我来说，这很关键。这不是美国当时所用的道德说教方式。那些进行社会批判的学者，像哥伦比亚大学的莱昂内尔·特里林（Lionel Trilling），他的学生斯蒂文·马尔克斯（Steven Marcus），他们当时是一个学派，却又总是在基本的道德价值上下功夫，没有联系社会，被当作"元社会的"（meta-social）批评。我不太认同这种方式。比如，当时我看约翰·肯尼迪为美国政府一个政策作辩护，明显是个殖民政策。那是有关麻油矿物油混合物的政策，为美国的油、糖公司牟利，却用夸张的道德词汇宣扬。约翰·肯尼迪是个了不起的演说家，但我对这种言论已颇为怀疑。那时爆发了猪湾事件（Bay of Pigs Invasion），美国试图入侵古巴未遂，接着是刺杀肯尼迪事件、越南战争等等。从某种意义上说，从 1960 年代中期开始，这些事情推翻了美国作为公正、规范、美好社会的神话。所以我正好读阿多诺。他到过美国，并对美国社会的种种现象进行过批判。这就是我对他感兴趣的缘起。

**赵勇：**众所周知，阿多诺是很难读懂的，您当时是怎么开始研究阿多诺的呢？

**韦伯：**我立即就展开了翻译，因为在读德文的时候，反正就在翻译了。为了去理解，不得不翻译。所以我想何不把它译过来？我是从阿多诺的《文学笔记》中关于巴尔扎克的论笔（essay）[1]开译的。然而第一句话我就没法下手。德语似乎是"Der Bauer kommt in die Stadt"[2]，我用英语译不出 Bauer 这个词。没有哪个词能对应它。Peasant 和它不对等，farmer 也不一样。Farmer 是拥有土地的农人。Peasant 或许还接近一点，Peasant 暗示不具土地所有权的人。Bauer 既不是 Peasant，也不是 Farmer。所以，第一个简单的词我就无法下笔。这种体会贯穿了日后我的所有翻译经历。最难的词不是那些理论概念之词，而是那些具体指涉的词，带着不同的社会历史意味，有些美国英语没有对应的东西。这就是我研究阿多诺的初始。对我来说，阅读就是翻译。后来，我把译稿发给马尔库塞。他当时在马萨诸塞州沃尔塞姆（Waltham）的布兰戴斯大学（Brandeis University）教书。那时大约是 1964 年，他邀请我和他会面。他建议我把译稿寄给阿多诺，听听其意见。阿多诺收到后对此赞许有加，他鼓励我继续翻译。我和我的女友（后来成为我的第一任妻子）决定翻译阿多诺的《棱镜》。我得说，这本书相比于其他著述容易一些，不过也很难，有许多不是概念而是实指的词汇。

**赵勇：**那是什么机缘促使您去德国跟随阿多诺学习的？您对当时的社会研究所是什么样的印象？

**韦伯：**在康奈尔大学，我遇到了保罗·德曼。他当时在开设一门研究生的课程，读海德格尔的《存在与时间》。这无疑非常精彩，促使我去了解海德格尔。那时《存在与时间》刚刚被译成英文。接着我告诉德曼，我对阿多诺的思想很感兴趣。虽然德曼和阿多诺的研究并不相同，但是他给了我三年的奖学金，前两年在康奈尔，最后一年去法兰克福和阿多诺学习。后来就自然而然发生了那些事。我在耶鲁只待了一年。这令人有些尴尬，因为韦勒克问我为什么这样做，要不要再给我一些奖学金？

---

[1]  后面将会请教韦伯教授有关 essay 一词的翻译问题，essay 这里试译为"论笔"。关于为什么如此翻译的原因，笔者后来曾撰文说明。参阅《作为"论笔"的文学批评——从阿多诺的"论笔体"说起》，《文艺争鸣》2018 年第 1 期。

[2]  原文的语序是"Kommt der Bauer in die Stadt…"。参见 Theodor W. Adorno, Balzac-Lektüre, *Noten zur Literatur*, Suhrkamp Verlag Frankfurt am Main 1974, S. 139。

我说，不，这不是钱的问题。但是我无话可说，他那么好，我总不能说在那儿很无趣。我忘记了怎么说的，不过总有些理由吧。所以，自1964年起我在康奈尔两年，1965年到1966年在法兰克福。

在法兰克福跟阿多诺学习的时候，我享受优待。你想我远道而来，是第一个译者，阿多诺给我的译书写了序言，评价很高云云。他那时还不是那么有名，人们对他的译介也不太多。我在那儿比较特殊，因为我不是依赖于他的门生，他不是我的博士导师，我也没有过博士导师，那是个名称而已。德曼只是指导我的博士论文，他像是那种讽刺话中所谓的放任的父亲，说你尽管去，写了寄给我看就行。他人特别好。他知道我对阿多诺的思想很感兴趣，不过他感觉热情总会消退的，哈哈。年轻人痴迷一些事物，但总会消退。我当时不明白，但德曼清楚，没人会痴迷什么人物超过一年。不过这是另一个故事了。

总之，我在德国的情况比较特殊。我是学文学的博士，不是哲学，也不是社会学，但阿多诺是哲学和社会学的教授；另外，我的家人当时加入美国犹太团体，不是宗教意义上的，因此我和霍克海默有了来往。1965年，霍克海默已经退休，他每年会在法兰克福待一个月，参与阿多诺的研讨班百分之七十左右，以此跟他保持联系，不是完全离开。霍克海默住在瑞士。他是哲学家，也是商人，所以和美国犹太团体有往来。我和他见面时谈论纽约、美国人，很少谈论哲学问题。霍克海默给我讲过一个故事，我特别喜欢，那是相比于德国人而言，美国人比较越礼的故事。他说他夫人有糖尿病，从前他们住在纽约，夫人时常得注射胰岛素。一个礼拜天晚上，他们没有胰岛素了，就去药店买。不过，买胰岛素需要有医生的处方，他们没有。药店的人就问，你们有doctor（医生）的处方吗？霍克海默壮起声势说，没有，不过我自己就是一个doctor（博士）。那人接着回答，噢，不过，那你是什么的doctor（博士）？霍克海默爱极了这个故事，也不知道他后来有没有弄到胰岛素。这就是美国人的越礼之处，对德国人来说，doctor（博士）很有权威。我和霍克海默就是这样交往的，亲切但无关学术，会会面喝杯咖啡而已。

**赵勇：**您提到的生活中的霍克海默很有意思，印证了我在阅读、研究时的感觉。那么生活中的阿多诺是什么样的？读阿多诺的著作，觉得他的论证绵密紧实也诘屈聱牙，他讲课时也这样吗？那个时候学生运动应该开始了，我一直很感兴趣的是，阿多诺与霍克海默是从事社会批判的学者，却逐渐走到了学生的对立面，因此也与学生产生了种种冲突。在您看来，为什么他们会做出如此选择，进而不支持学生的革命事业？

**韦伯：**那时研讨班的氛围非常沉闷，所有年轻学生对教授都言听计从毕恭毕敬，他们很高兴我能参与进来。我听的两门课程度都很高，阿多诺讲授的内容是《美学理论》和《否定的辩证法》里的，他讲课的方式被德国人称作印刷厂（druckerei）。我们没有笔记参照，他说什么就是什么。他有一个秘书帮着录音，然后记下作些改动就出书了。他说的句子都很长很长，并且不带稿子，就像他写的那样毫无纰漏，令人惊叹。两门课后来结集出版成《美学理论》和《否定的辩证法》，这两本重要著作在那个时候就完成了。

的确如此，那时学生运动开始了。阿多诺、法兰克福学派和学生们之间有许多冲突。学生运动不是文化大革命，然而有点朝那个方向发展的意思。问题在于批判理论的理念很好，但是怎么去改变社会。你得注意德国那时处在过渡转型的重要时期。中年一代都是纳粹时期长大的，1960年代中期他们在社会上有了权势名望，像政客、教授这些人就是如此。他们并不愿意破坏现状，而是想维持平衡。总是觉得这儿有点过分，那儿有点过激。与此同时，他们这代人对美国很恭顺，美国不仅是"二战"的受害者，还是民主自由的代表；青年一代可不这样想，越战让他们觉得美国是殖民主义，被宠坏的国家。所以年轻人和高级教授之间有很强烈的冲突。阿多诺处于这两者之间。一方面他在启发学生，另一方面他并不想卷入这些实际冲突。我在那儿的第一年，发生了一件非常好笑的事。德国人用一些筒柱贴海报、宣传页、广告。一天早上，那上面贴了一张巨幅的阿多诺照片，红色的边框，上面用德语写着："是时候了，同志！现在是时候夺取权力了！——特奥多尔·阿多诺教授"。阿多诺知道后又愤怒又害怕，他马上拟了一个法律投诉声明，与此撇清关系。这个事件本身分属于慕尼黑情境主义运动，是那种无政府式的后马克思主义。这个运动来自法国的斯特拉斯堡，其中一个领袖叫居伊·德波（Guy Debord），他写过《景观社会》（*La Société du Spectacle*）。他们批判社会，这点和法兰克福学派有相合之处，不过他们的言论激烈欠缺思辨。他们影响了很多人，比如利奥塔。到了 1968 年初，这些人发起了无政府主义革命，从法国扩展到其他国家。不过这回是德国境内慕尼黑的组织，他们的人做了海报来羞辱阿多诺，他确实非常尴尬特别生气。不过，阿多诺和社会主义德意志学生联盟（SDS, Der Sozialistische Deutsche Studentenbund）的冲突也开始了。这是德国社会主义民主党的青年团体，他们有很多改革意见，非常激进，他们对一切资本主义进行批判。这样阿多诺就被夹在中间。因为大家都以他为示范。不过，批判理论是某种激进批判运动的基础，并不能真的指导行动。当时学生开始占领大学，他们也占领了社会研究所。众所周知，阿多诺叫了警察。这是个重大失误，当然后来他非常后悔。他说本应该跟学生们协商和解的。不过这个反应代表了恐慌心理。阿多诺担心被政府和研究机构推翻。从 1965 年起，这些冲突开始激化起来。

**赵勇：**您这番讲述非常生动。我了解到因为阿多诺对学生运动的态度，他被讥之为"口头革命派"，能否这样评价他的批判理论？

**韦伯：**可以说阿多诺自己沉迷于一种享乐主义的生活，而他的学生在社会上处于岌岌可危的处境，想从他那儿得到改变社会的具体方法。这样就有冲突。有个著名的事件就是一些女士走上台脱掉衣服羞辱他。[1]那个时候，阿多诺已开始构建起一套强大的批判，反对从荷马到现代的西方自恋思想，就是批判西方思想没想为他者腾出地方来。不过阿多诺本人很自恋。他常常交往有权势的女友。那人很漂亮，是个有权势的律师，坐在那儿听他的讲座，诸如此类。有时我也能感同身受这些矛盾之

---

[1]　这次事件发生在 1969 年 4 月 22 日的一次讲座上。当时有人在黑板上写标语（"If Adorno is left in peace, capitalism will never cease"），有人在教室里散传单（"Adorno as an institution is dead"），而三名女学生则走上讲台，围着阿多诺投掷玫瑰花瓣，表演情色哑剧，并最终袒胸露乳，以示羞辱。阿多诺挥着公文包抵挡一阵，抓起帽子和外衣落荒而逃。具体情况可参见"译者导言"中的相关内容。

处。教授们生活优越，然后告诉学生们这个社会不公平，他们自己却受益于这个不公平的社会，这就很分裂。以我的处境为例，美国西北大学的本科生是要花一大笔钱交学费的。不过，阿多诺在这方面最为突出，因为学生们都关注着他，以求解决之道。我自己的感受是，阿多诺不仅没法给出一种政治行动规划，这在当时自然是很难的；而且他的思想在某种程度上一直很抽象。他发展出来的思想范畴像非概念化、非同一，这些都是相当泛化的。你必然要对具体事物进行批判，但他的思想太宽泛就无法抵达这些具体层面，有必然性却并不充分。对我而言，他在具体问题上过于蜻蜓点水。

这是我后来对本雅明和德里达感兴趣的原因，我找到了一种聚焦于具体事物的方式，主要是以意指（signifying）的方式对语言提出质疑，这其实就在阿多诺宽泛的非概念、非同一的思想范畴里。所以我对本雅明、德里达，还有一些法国后结构主义者的研究，一以贯之地延续了阿多诺的思想，并非分道扬镳，这里面并不矛盾。我所谓的独异（singularity）正是非概念、非同一范畴和具体情境的结合。但是事物总是变化的，独异也不是确定的东西。也就是说，当你涉及独异问题的时候，你面对的并不是一个概念，它改变了书写的方式，也改变了语言的功能，等等。我在法兰克福参与阿多诺研讨班的时候，曾递交过关于隐喻的论文。在其中，我论述隐喻问题不可消除其语境因素。他的学生们听后火冒三丈，但阿多诺为我辩护，非常和善。因为他对音乐感兴趣，这也在同一个方向上。不过，我发现阿多诺思想暧昧不明的地方，在于他那种黑格尔式的历史发展概念有目的论倾向。阿多诺运用的一个德语词凸显了这个问题。当他探讨音乐的内在发展的时候，他用形式的规律来批判庸俗的还原主义。但这是一种理想化，我并不认为有那种规律或形式。比如，在他的音乐理论中，他很早就说斯特拉文斯基很糟糕，勋伯格很棒，但他还不知道怎么面对东欧文化那些最没有西方特点的音乐，因为他还是带着黑格尔式的历史内在发展规律，走向一种总体（totality）。当然他批判这一总体的概念，在他对黑格尔的解释中，说总体并不是板上钉钉的那种东西。

**赵勇：**是否可以说阿多诺思想的摇摆可疑之处在于，一方面他有黑格尔式的目的论倾向，另一方面又是非概念化、非同一的？

**韦伯：**这样说有点大而抽象，他可能会同意。但他还是会避免这样去说。比方说，德里达的术语 iterability（可重复、可复述）也比较宽泛，但他说这不是一个概念，其中有些事物不得不完结掉，我想他是说 iterability 联结着这个概念和非概念化的具体之物。我研究并写过"重复"（repetition）这一思想。阿多诺和本雅明的很大一个分歧在于，阿多诺由于某些原因只取重复里同一这个意义，并认为它不是辩证的，这不是克尔凯郭尔式的重复。我记得他写道，"克尔凯郭尔一书论述重复的地方很有趣，但是我要是朝他那个方向走，就偏离了自己的规划"。他是在批判克尔凯郭尔是一种内在主义。

对我来说，重复是一个重要的非同一的范畴，它带来了一些游戏、变易、运动，从普遍走向独异。霍克海默有一位杰出的学生，叫 Karl-Heinz Haag，他曾是耶稣会信徒，看上去也像那么回事。他为阿多诺的纪念文集写过一篇文章，名为"Das Unwiederholbare"，意思就是"不可重复的"。我曾写过这一学派不理解"不可重复的就是可重复的"。换句话说，独异是不可重复的，同时只有重复的方式才产生独异。重复不仅仅是阿多诺所批判的大量生产，对此本雅明也有提及。不过，我曾引用本雅明在《德意志悲悼剧的起源》中的话，重复和独一无二应该同时考虑到。对此我没见过阿多诺有什么理解。

不过，说到阿多诺和黑格尔，可以从他们对康德的理解来看出些分歧。阿多诺曾经让他的学生不要像黑格尔那样简单地看待康德，黑格尔在《精神现象学》导论里嘲讽地批判康德不懂得辩证云云。因为那时候阿多诺的学生们都推重黑格尔，但是阿多诺说康德是思考非同一的重要哲学家，他曾为此写过一章。所以他并不只是黑格尔式的，也有康德这一面。

**赵勇：**说到康德，本雅明的思想是不是与他更紧密一些？

**韦伯：**我想是这样。说到本雅明和康德的联系，我写过一本书。在本雅明早年的《未来临的形而上学》中，他从经验这个观念重新思考过康德。康德认为本体和现象之间、普遍和理性、物自体和我们之间有不可逾越的区别。经验在他看来比认知更广，并不仅仅是认识论意义上的观念。但是本雅明认为不是这样的，得从有限和独异来考虑经验。彼得·芬沃思（Peter Fenves）教授做了许多研究来具体地阐述本雅明和他的老师亨利希·李凯尔特（Heinrich Rickert）之间的联系。李凯尔特很有趣，阿甘本采用的bloßes Leben（赤裸生命）就来自他，本雅明的《暴力批判》也写过这个观念。他对柏格森的生命哲学有过批判。阿多诺和本雅明都曾师从于他。他是新康德主义者，还是马堡大学的教授，教过海德格尔。bloßes Leben就从他对柏格森富于同情的批判而来，叫《生命哲学——吾时代哲学潮流的表现和批判》（*Die Philosophie des Lebens. Darstellung und Kritik der philosophischen Modeströmungen unserer Zeit*）。本雅明很清楚把认识论批判延伸到基于有限之物的批判认识论是复杂的问题，这和海德格尔有些类似。年轻的本雅明和年轻的海德格尔有很多相似之处，像从独异、有限、存在来重新思考生命，尽管两人的观念并不相同。这个问题也打开了本雅明关于语言意指的思考，这里我再说北师大课上的一些论点。那时本雅明和海德格尔都准备写关于意指形态的教授资格论文，本雅明对知识的观念批判得更多，这一面和康德有关，更加强了他的批判。这也涉及本雅明的一切价值取向，比如为什么要成为一名诗人，而不仅仅是有欠缺的哲学家，什么是诗人可以做到而哲学家却是难以企及的。

**赵勇：**您曾写过研究本雅明的专著《本雅明的"诸种能力"》（*Benjamin's –abilities*），从您这次来北师大的演讲中，也能感觉到您对本雅明的说法多有借用。在法兰克福学派中，您怎样评价阿多诺与本雅明的思想异同？从您自身的研究特别是"独异"观念来看，您是否更倾向于本雅明的思想？

**韦伯：**我认为阿多诺是很重要的，他设立了一个大体的框架。换句话说，当我提出从《圣经》到新旧约、笛卡尔等有一种延续，我称之为一神认同范式，这更接近阿多诺在《启蒙辩证法》中的态度。但是说到实际研究文本，本雅明可能更重要些。我有一段时期很难认同本雅明的弥赛亚批判观念，我不相信事物可以被拯救，或者说应该被拯救。另一方面，本雅明论悲悼剧的书对我而言是最重要的一本书。因为我从中读到了宗教改革、反宗教改革，还有戏剧、语言，一切都令人印象深刻。只是书的最后一部分我不接受，把寓言当成一种拯救的象征。我认为最后一页他撤退到一种辩证的思想。这对我来说没什么用。

**赵勇**：我在撰写博士论文时，曾经思考过阿多诺和本雅明之争，当时我主要是在他们哲学观和美学观的分歧方面思考问题做文章。除此之外，您觉得还有哪些方面的原因造成了他们之间的矛盾？

**韦伯**：阿多诺和本雅明之争并不是通常意义上的争论，很难纯粹在知识层面谈论，因为阿多诺在纽约生活无忧，而本雅明却为基本的生存挣扎，他更接近政治危难。他们频繁通信。阿多诺担心本雅明关于19世纪的观念摇身变为还原论者（reductionist）。但我觉得问题并不在那儿，而在于本雅明的弥赛亚观念。本雅明试图建立一种弥赛亚式的马克思主义观念，这是问题所在。因为如果你试图去拯救的话，就背离了非同一的冲动。本雅明的理论总有一种拯救事物的倾向。比如说到"起源"，会有还原某些事物的努力。他说那些事物辩证地运行，直到展现出历史总体。所以本雅明仍然有总体的观念，他不够彻底地康德化。因为康德说你只是运用理性去认识，你并不能知道总体是什么。从这个问题来说，阿多诺吸取了黑格尔Versöhnung（融合）这一观念，这也是基督教的观念。这是阿多诺特别关键的词，就是两个相反的事物融合，但不是有意地去统一它们。最近上课时我谈到德勒兹（Gilles Louis René Deleuze）的间距，它决定了两个相异事物的联系，他谈到天主教电影，特别是布列松（Robert Bresson）。德勒兹从天主教意义去讨论电影，打开了融合问题的宗教维度。但是阿多诺不认为融合是宗教上的。所以回到你的上一个问题，我想我的研究是结合了本雅明和阿多诺两个人的思想。

**赵勇**：说到关于艺术上融合的问题，我倒想到阿多诺一个颇为矛盾的观点。那是《棱镜》中的第一篇文章"Cultural Criticism and Society"，这篇文章的最后有阿多诺的一句名言：To write poetry after Auschwitz is barbaric. 这句话曾引起许多争论或者说误解。我前两年写过一篇文章，名为《艺术的二律背反，或阿多诺的"摇摆"》[1]，是想贴近阿多诺的相关解释与回应，把这一命题看作阿多诺提出的一个有关"二律背反"的理论难题。您是如何看待他的这句名言的？

**韦伯：**阿多诺这句话让我觉得很不舒服，有两个原因。首先，barbaric（野蛮的）是针对不会讲本国语言的外国人，希腊人叫那些异国人是野蛮人，因为他们只能听到别人巴巴的说话声。因而没有哪个词比它更野蛮了。阿多诺应该意识到这个问题。如今依然，比如法国人把宗教激进主义者、恐怖分子叫作野蛮人，俄国人和美国人互相称作野蛮人，人们把他者当作野蛮人，等等。重要的是严肃对待词的意思，野蛮这个词是取消他者的话语意义，当成不可理喻的东西。一切因之遭受损害。当然我了解阿多诺的用心，诗歌所建构的民族性、暴力的缺席在奥斯维辛之后变得苍白。不过，奥斯维辛之后是时间上的还是别的什么意思，这句话的含混使其广为人知，也或许不受待见。它把议题极大地简单化了，并不能鼓励人去思考，这就不对了。阿多诺在《异域词语》（"Wörter aus der Fremde"）这篇小文里谈过他在学校说外国词汇而被嘲笑的经历，因而尝试论述异国词语的重要意义。他应该意识到 barbaric 本身有取消他者的这层意思，而不是以否定的姿态拿了就用。这句话有很多可说。这里的诗歌本身指的是抒情诗（die Lyrik）。抒情诗传统更多自我中心的意味。所以这句话就是不应该在奥斯维辛之后写那些抒发自我的诗，但这样说是很愚蠢的，自我持续存在着，重要的是取决于怎么去写诗，所以就会谈到策兰。但策兰的诗是很成问题的，我并不是他的毫无异议的倾慕者。他的诗也有些自我沉溺，我不是特别喜欢。不得不说，这句话即使是否定的意味，但引起广泛的议论就很有意义。阿多诺此言确实带着一定的阶层偏见，基于某种艺术的观念，虽然他从不认为如此。比如阿多诺写过贝克特，那时贝克特写诗。照这句话的意思，你可以在奥斯维辛之后讨论贝克特的诗吗？贝克特就是对奥斯维辛经历的反

---

[1] 此文已收入拙著《法兰克福学派内外：知识分子与大众文化》，北京：北京大学出版社 2016 年版，第 99—151 页。

思，跟策兰一样。阿多诺青睐贝克特，所以问题可能在于德语词 Lyrik。在阿多诺写作时，一位法国学者 Hugo Friedrich 写了现代抒情诗的教材，这是当时的一个背景。

当我在法兰克福的时候，阿多诺的出身问题也显露出来了。纳粹占领德国的时候，阿多诺已经离开了，他只待到 1934 年。他写过一篇文章，被一位名叫 Balthur von Schirach 的人收入纳粹杂志，我想此人被希特勒重用过。阿多诺可能用的是别名写了关于民歌的东西，并不是纳粹的宣传，但仍然是件可怕的丑闻。[1] 阿多诺认为自己是牺牲品，比如当时海德格尔是特别罪恶的人，诸如此类。也许阿多诺对自己的态度感到特别内疚。他有一半犹太血统，其父是犹太商人，他取了他母亲的姓。很长时间他的名字是 Theodor Wiesengrund，姓的意思是草地。阿多诺是托马斯·曼的《浮士德博士》一书中一个角色的原型，有个人用钢琴弹奏"Wiesengrund"，这个描写耍弄了一下阿多诺。可以说，阿多诺以这个方式拒绝了父亲的犹太背景。天知道为什么，我不想对此进行精神分析。我想他意识到了有些恶劣，说过任何幸存下来的人都该感到内疚，为什么我活下来了而别人被杀害了。他的情况比较复杂，有一半犹太血统，想要适应新的统治秩序，跟德曼有一点点类似，但那是另一桩事了。我在那儿的时候，有人发现了 Balthur von Schirach 的杂志，这件事就公之于众了。阿多诺感到非常尴尬。

**赵勇：**您从 barbaric 引入"异域词语"问题，这令人耳目一新。我接着就要请教一个异国词语的问题。阿多诺曾写过一篇著名的文章"Der Essay als Form"，但 Essay 很不容易译成汉语。目前汉语中对译 Essay 的有"随笔""散文"和"论说文"等，但我觉得都不理想。在阿多诺谈论的语境中，或者参照阿多诺的写作风格，您是怎样理解 Essay 这种文体的？

---

[1]　孙传钊在《阿多诺的"硬伤"》（《博览群书》2005 年第 5 期）一文中介绍说：阿多诺曾在纳粹"全国青年指导委员会"的机关杂志《音乐》（1934 年 6 月号）上刊登过音乐评论。此文盛赞门采尔（Herbert Müntzel）为希拉克（Baldur von Schirach）创作的题为《被压迫者的旗帜》（Die Fahne der Verfolgten）所谱的曲，而《被压迫者的旗帜》诗集则是"献给元首阿道夫·希特勒"的。这应该就是韦伯教授所谓的"丑闻"。

您的理解或许有助于我们寻找一个更恰当的汉译。

**韦伯：**我很久没读这篇文章了，需要回头再琢磨一下。不过，我想这些翻译都不准确。阿多诺会说 Essay 有自身连贯性，但不是成系统的整体。英语和德语中，essay 源初的意思是尝试（der Versuch），古英语写作 assay，意思也是试验。不是已完成的，只是试验的。比方说，我记得克尔凯郭尔的《重复》在丹麦语里用了尝试一词。这个词可以译作试验，听起来是科学实验，但与此无关。所以 essay 是尝试的、未终结的，但绝非散漫的。阿多诺不会接受"散文"，他希望一切都被紧密地论述。而"论说"也不对，问题在于你先存了观念来论证它，暗示着有既成的观点。Essay 更像一种探索，就是试验，并没有确定的答案。因而关键问题在于认识是牢固的、确定的，还是相对的、试验的。

**赵勇：**最后请您谈谈当下的一个现象。前几天，刚刚公布鲍伯·迪伦（Bob Dylan）获得了新一届的诺贝尔文学奖。阿多诺是流行音乐、爵士乐的批判者，他对摇滚乐应该也没什么好感。如果阿多诺在世，您觉得他会如何评论鲍伯·迪伦的这次获奖？

**韦伯：**我想这是两件事。我认为阿多诺对爵士乐的批判有意思，但的确过于简化。实际上，我做研究生时和一个非常有趣的人讨论过此事。这人是英国的历史学家、马克思主义者，原先在奥地利。他叫艾瑞克·霍布斯鲍姆（Eric Hobsbawm），英国著名的马克思主义的历史学家，任教于伦敦大学声誉卓著的伯克贝克学院（Birkbeck），近年刚去世。他从马克思主义的宏观视野撰写了现代欧洲的发展进程，非常令人敬仰，学识极其渊博。那人抽一支烟斗，穿一身英式长袍，是奥地利长大的犹太人。他曾化名 Francis Newton 在 *New Statesman* 杂志上发表评论爵士乐的文章。他在奥地利长大所以懂德语，认识阿多诺，能读他论爵士乐的原文，当时英国人都还做不到。我曾在一次午饭时碰到他。他说，你翻译阿多诺这非常好，但是他对爵士乐一无所知。我得说当我重读《棱镜》的时候，我认为其中有些论断是正确的，当然也实在是太过简单化了。有些地方也有道理，比如他对爵士高音的低俗作心理分析。阿多诺应该认同爵士乐，因为爵士乐中的即兴演奏是他寻求的东西。这还是因为他不懂得"重复"（对非同一的）生产力这一方面。

　　谈到鲍伯·迪伦，我认为这太荒谬了。诺贝尔文学奖总是很荒唐。你浏览一下当年授予和没被授予的作家，有些本身很了不起却没有得奖。我非常欣赏迪伦，特别是他早年的音乐，但我不认为那是很好的文学作品。他是个很有创造力的歌曲作者。我觉得这不公正，不过这就是他们的传统，授予差劲奖。我是这么想的。然而这与爵士乐无关，我爱爵士乐。

（原载《文艺理论研究》2017 年第 4 期）

# 法兰克福学派的批判理论与实践：以阿多诺为中心

## ——马丁·杰伊教授访谈录 [1]

**赵勇：**马丁·杰伊教授好！非常感谢您能接受我的访谈。我在世纪之交做博士学位论文时曾拜读过您的《辩证的想象》( *The Dialectical Imagination* ，中译名为《法兰克福学派史》)、《阿多诺》( *Adorno* )、《永恒的流亡》( *Permanent Exiles* ) 等书，当时获益匪浅。在英语界乃至整个西方学界，您是最早梳理和研究法兰克福学派史、阿多诺的学者，您的工作为后来者打开了一条通向"批判理论"的绿色通道。借这个机会，我要首先向您表示谢意！

我想首先从《法兰克福学派史》谈起。这本书您是在 1960 年代后期开始搜集资料，做访谈，1973 年面世。准备写作这本书时，法兰克福学派的第一代理论家都还健在，这给您的资料准备带来了极大的便利。但我觉得可能也存在着许多困难或麻烦，您觉得写作此书最大的麻烦，或者最难处理的问题在哪里？为什么关于法兰克福学派的历史您只写到1950 年？这与研究所返德之后的这段历史处理起来比较麻烦有关系吗？

**杰伊：**这是一个非常重要的问题。我写这本书的时候，他们都还健

---

[1]　马丁·杰伊 (Martin Jay, 1944 − ) 是美国加州大学伯克利分校 (University of California, Berkeley) 历史系教授，也是西方世界首次写出《法兰克福学派史》的学者。2019 年秋，应笔者之邀，杰伊教授莅临北京师范大学文艺学研究中心，参加了"审美、社会与批判理论的旅行"国际学术研讨会 (9 月 21—22 日)。会议举办前夕，他做了三场系列讲座：《阿多诺和音乐唯名论》《"除了夸大其词，精神分析中毫无真实性可言"：弗洛伊德和法兰克福学派》《宏阔场域中的 1968：法兰克福学派与历史的崎岖道路》，并于 9 月 15 日在文艺学研究中心会议室接受了笔者的专题访谈。访谈由李莎博士现场口译，由博士生王悠同学后期翻译并整理成稿，特此致谢！

在，却也四面楚歌，在美国和德国都颇具争议。我是一名历史学家，不是政治理论家或辩论家，因此我希望保持一些历史的距离。如果写他们回到德国后的历史，相当于是试图搞清楚正在发生的事情，那是记者的方式，而历史学家需要某种客观的距离。因此，1950 年，也就是他们返回德国的那一年，算是结束一段历史分析的合理时机。除此之外，当我开始研究时，我发现有大量的材料要阅读，而此前我对法兰克福学派的历史一无所知，没有人写过传记，他们的作品很少被翻译，所以这真的是一片未知的大陆。我发现它是那么深广，而要求一个年轻的学者——我是在二十五六岁的时候开始这个项目的——讲好整个故事几乎是不可能的。大约二十年后，罗尔夫·魏格豪斯（Rolf Wiggershaus）写了第二部法兰克福学派史，一直写到当代，大约有 800 页。所以当年我决定写到 1950 年为止是明智的选择。

**赵勇：**伊格尔顿对《法兰克福学派史》的评论是"描述精湛，可是却没有讨论任何一个事件"[1]，您同意他的看法吗？

**杰伊：**我不确定他说的是哪一个具体的历史事件。伊格尔顿当时是一位激进的马克思主义者，他写了一本关于本雅明的书，书中认为本雅明应该和他的非马克思主义阐释者分开来看。那以后伊格尔顿已经发生了很大的变化。在某种程度上，英国马克思主义者对法兰克福学派的回应有时是从托洛茨基主义的角度出发的，试图强调他们在政治上的不足，或者反过来说，认为他们在政治上比我所写的更投入。在批评之外，伊格尔顿和我多年来一直保持着良好的关系，我对他的很多作品都表示尊敬，但他是与众不同的那种知识分子，与我渴望成为的那类截然不同。

**赵勇：**您在《法兰克福学派史》1996 版的序言中提到了魏格豪斯的《法兰克福学派：历史、理论及政治影响》，并且有一句评论："甚至这部将近 800 页的巨著也没能公正对待已经出版的所有著述，以及它所继续谈论的

---

[1]　［英］特里·伊格尔顿：《异端人物》，刘超、陈叶译，南京：江苏人民出版社 2014 年版，第 85 页。

诸多人物和诸种观念。"[1] 您所谓的"不公正"指的是什么，能否举个例子？您对魏格豪斯的这部著作如何评论？

**杰伊**：让我先回答第一个问题，关于学派内部的历史与他们思想发展之间的关系，从更大的历史背景来看，可以通过他们在象牙塔中的与世隔绝来理解他们的工作，这使他们能够在不受政治压力或制度约束的情况下发展自己的思想。他们毕竟是私人资助的，所以这项工作可以发展成一个"茧"，他们不是某个政党的成员，他们与大学的联系程度也不高，他们不会被迫做某些事情，比如教学和大学学术要求的委员会事务。他们有很大的特权来发展他们的思想而不受制于这样的机构。

同时，作为流亡者——这对于他们的美国时期非常重要，他们在很大程度上也与美国社会隔离。所以他们没有公开写过关于美国政治的东西，例如关于罗斯福总统及其"新政"。因此，避免写太深入的背景化历史是有合理性的。然而，回到德国后，他们重新进入了世界，并扮演了更重要的公共角色。在美国他们基本上不为人知，也不受当时美国知识分子生活的许多限制和压力的影响。后来的学者，尤其是托马斯·惠特兰（Thomas Wheatland）和戴维·杰尼曼（David Jenemann），写了一些关于他们美国经历的书，这些书表明，他们确实在很大程度上与纽约和其他地方的美国知识分子进行了交流。[2] 他们接触到一些我以前从未见过的材料，展示了他们与某些美国知识分子对话的程度。

至于魏格豪斯的书，那是一个复杂的故事。我很了解魏格豪斯，我们一直关系很好。我曾多次被邀请评论这本书，但从未接受，部分原因是列奥·洛文塔尔对这本书感到非常委屈和苦恼。他认为魏格豪斯低估了他在学派历史中的作用。我和洛文塔尔关系密切，我不可能不考虑他的失望而问心无愧地去写这篇书评，所以我只好对这本书敬而远之。

---

[1] Martin Jay, *The Dialectical Imagination: A History of the Frankfurt School and the Institute of Social Research 1923-1950,* London: University of California Press, 1996, p. xxi.

[2] See Thomas Wheatland, *The Frankfurt School in Exile,* Minneapolis and London: University of Minnesota Press, 2009; David Jenemann, *Adorno in America,* Minneapolis and London: University of Minnesota Press, 2007.

我认为这是一本重要的书，我也从中学到了很多东西。这本书在对一些问题的理解上可能比我的书更机械一些，它的影响没那么大可能是因为它写得太长了，但它确实是一个很好的参考资料。至于他没有包括的内容，那就是关于第二代和第三代的记述（有些人现在甚至谈到了第四代）。学派的不同分支出现得如此之多，不排除某些主题就不可能写出简洁、直接的历史。大约两年前，斯图亚特·杰弗里斯（Stuart Jeffries）在英国出版了关于学派历史的书，比较通俗，也比较受欢迎。[1]当然，法兰克福学派的历史一直存在政治争议。我最初被一些人批评为太悲观了，只是强调了学派昔日的辉煌，却对它在1960年代的政治斗争中对当代的作用不感兴趣。但总的来说，这已不再是一个问题，因为新左派在随后的岁月里已逐渐衰落。

**赵勇：**《法兰克福学派史》第二章的主题是"批判理论的起源"，在这一章中，您对批判理论的性质、特征、内在构成等等都有很精微的分析。其中您特别提及："实践与理性实际上是批判理论的两极，就像一个世纪前的黑格尔左派所面临的那样。"[2]您是如何理解批判理论的"实践"功能的？这种实践仅仅是在理论层面运作，还是包含着某种介入现实的可能性？

**杰伊：**这是法兰克福学派历史上最棘手的问题之一。他们把批判理论界定为传统理论的对立面，并认为批判理论的最终目的是改变世界，而不仅仅是解释世界。这样他们就把批判理论看作是马克思主义计划的一种延续，这在著名的关于费尔巴哈的"第十一条提纲"中得到了最好的表达。

但难点在于如何将理论与实践联系起来，如何找到这两者之间的中介。卢卡奇在某种程度上是他们心照不宣反对的对象，他在共产党先锋队中找到了结合的办法，共产党自称代表工人阶级，根据马克思主义理论，工人阶级是解放的、普遍的阶级，他们的革命活动将对资本主义

---

[1]　See Stuart Jeffries, *Grand Hotel Abyss: The lives of the Frankfurt School*, London: Verso, 2016.

[2]　Martin Jay, *The Dialectical Imagination: A History of the Frankfurt School and the Institute of Social Research 1923-1950*, p. 64.

构成破坏。然而，法兰克福学派对德国共产党没什么信心，可以肯定的是，研究所的一些人物在 1920 年代开始时带有一些矛盾心理，但到 20 年代末，他们失去了所有的同情，然后慢慢放弃了他们的信念，不再相信工人阶级会扮演马克思赋予他们的角色。所以他们不能像卢卡奇那样相信共产党先锋队能够代表工人阶级，工人阶级能够获得普遍的解放。接下来的问题是：还剩下谁？有没有另一种历史动因，以另一种方式彻底改变历史？他们承认没有直接的选择。

保持理论的活力意味着避免对理论和实践之间的关系给出一个快速而方便的答案。哈贝马斯后来所称他们的"冬眠战略"（strategy of hibernation），意味着激进主义就像冬眠的熊一样，应该怀着希望去睡一会儿，当它随后醒来，理论就和确实是解放的实践相关了。阿多诺有一个著名的比喻，多年以后"瓶中信"（messages thrown into bottles）会被冲上大海，这是对没有被放弃但被推迟的实践的比喻。

1960 年代后期，当学生开始阅读他们的早期作品时，他们被指责为虚伪，因为一些人认为他们没有从学生运动中看到新的革命主体，新的变革推动者。因支持学生运动，马尔库塞与阿多诺和霍克海默分道扬镳了。阿多诺则矛盾重重，学生们认为他在某些方面背叛了他们。从长远来看，我认为阿多诺与霍克海默的谨慎是明智的，因为学生运动虽然成就不俗，但它确实没有结束资本主义，创造一个自由的社会。也可以说，苏联等地的共产党也失败了，在欧洲的语境中它当然不是一个巨大的成功。因此，在这种程度上，他们不愿强求理论和实践的统一似乎是一个审慎和明智的决定，当然这仍然是非常有争议的。

阿多诺和霍克海默回到德国后，上电台做演讲，在报纸上发文章，政治上很活跃，他们也参与到创建一个后纳粹德国的进程中——不一定是工人天堂或马克思主义版本的社会主义，而是社会民主的，甚至在一定程度上是自由的，一个拒绝法西斯思维方式的国家。他们在政治上非常积极地建设战后西德。学生们是否对他们的努力感到满意是另一个问题，但至少他们在一定程度上是积极的，即便他们也为这种更温和的活动可能与他们的马克思主义承诺相违背而感到困扰。但他们仍然认为，至少在这个层面上，参与政治是值得的。

**赵勇：**您刚才提到了马克思关于费尔巴哈的"第十一条提纲"："哲学家们只是用不同的方式解释世界，而问题在于改变世界。"您觉得批判理论与这条提纲是否还存在着某种关联？

**杰伊：**改变本身是开放的，尽管人们希望这种改变将会朝着解放的方向推动世界，将会创造更大的自由、富足、平等和正义，而无论我们认为规范意义上"改变"的概念是什么，但也有一些方式可以将世界变得更坏。哲学家们有时认为他们所从事的活动是有益的，但实际上却会形成更糟糕的问题，因此改变本身是重要的，但人们总是要问：改变的方向、目的和副作用是什么？经历过纳粹时期、民主的崩溃和大屠杀，他们知道改变本身有时是可怕的，所以在他们想要守护的启蒙运动、西方传统甚至自由主义的某些方面和他们渴望实现的社会主义之间，存在着一种平衡。因此，他们对 1960 年代的一些学生过快地拒绝接受德国 1945 年之后取得的成果感到不安，后者过于轻视联邦共和国的自由民主成就，追求一个无法实现的乌托邦。法兰克福学派担心的是，这将走向错误的方向，甚至有可能成为反乌托邦。当然，他们原则上同意第十一条提纲：仅仅解释这个世界是不够的，你必须为有助于解放的改变而努力。作为其视野，哲学绝不应该丧失这种抱负。

**赵勇：**我也想起您在 1991 年为《辩证的想象》中译本写的序言中说过："借用一个比喻，批判理论应该被看作是一个工具箱，而不是一个行动计划。"[1] 时至今日，您对"工具箱"的看法有什么变化吗？

**杰伊："**工具箱"是一个很好的比喻，这不是我发明的。它通常用于描述各种可能的工具、方法、见解或路径，可以根据想要解决的问题的类型而使用。批判理论从来不是一个从基本前提开始，逻辑地得出最终结论的绝对的系统。它折中地混合了不同元素、不同起源、不同来源，其中特定类型的工具如精神分析、对大众文化的批判，连同其他来自西美尔、韦伯、马克思和其他人的社会学见解，能够灵活应对不同的

---

[1]　[美]M. 杰伊：《〈辩证的想象〉中文版序言》，张晓明译，《哲学译丛》1991 年第 5 期。

问题。至于哪种工具更有用则取决于环境。例如，今天在美国和其他地方，研究偏见的兴趣重燃，尤其是对《威权主义人格》的研究，是为了理解新右翼民粹主义。以特朗普、欧尔班、约翰逊和其他民粹主义领导人为例，他们使用着上世纪四五十年代的煽动者们使用的相同技术，利用了相同的心理状态。同时，洛文塔尔的《骗人的先知》(*Prophets of Deceit: A Study of the Techniques of the American Agitator*) 为理解他们的操纵技术提供了有用的工具。这个例子表明，一段时间内不相关的工具如何能突然变得有用。

**赵勇：**您做讲座的一篇文章是《"除了夸大其词，精神分析中毫无真实性可言"：弗洛伊德与法兰克福学派》（"'In Psychoanalysis Nothing is True but the Exaggerations': Freud and the Frankfurt School"），这篇文章中说："阿多诺离开欧洲加入纽约研究所的队伍，这在批判理论的发展中常常被看作一个开始范式转换的事件。"这似乎是说明阿多诺加盟研究所的重要性。那么如何理解批判理论的范式转换？阿多诺到来之后，批判理论的范式转换到了哪里？

**杰伊：**最明显的转变发生在弗洛姆（Erich Fromm）离开的时候。阿多诺一点也不尊重弗洛姆。他不同意弗洛姆强调家庭的作用，阿多诺认为家庭已经失去了保护个人免受大众文化和商品化直接影响的能力，他也不同意弗洛姆对弗洛伊德理论中生物学契机的放弃。

此外，法兰克福学派逐渐失去了最初跨学科的希望，即一组学者可以一起研究一个问题，并在霍克海默的理论指导下得出一个总体性的答案。相反，个别成员开始向不同的方向发展。例如，弗朗茨·诺伊曼（Franz Neumann）与弗里德里希·波洛克（Friedrich Pollock）的观点不一致，波洛克将其国家资本主义理论应用于"新政"（New Deal）和法西斯主义，也应用于苏联，与诺依曼更为传统的马克思主义的垄断资本主义观念相冲突。

而且，阿多诺的训练和其他人非常不同。他从来不像马尔库塞那么黑格尔主义，他从本雅明那里学到了一些独特的甚至是神学上的思想，这些思想在学派早期的历史上从未产生过影响。事实上，在 1927 年拒绝本雅明那篇非常艰深的教授资格论文上，霍克海默是参与者。那是本雅明关于《德意志悲悼剧的起源》的第二篇论文，显然，霍克海默并没有真正理解它。他是汉斯·科内利乌斯（Hans Cornelius）的学生，后者是拒绝这篇论文的委员会成员。因此，阿多诺引入了霍克海默自己从来没有完全吸收的思想，他们在 1940 年代合作的工作后来成为《启蒙辩证法》的内容，其中某些本雅明的主题变得更加突出。

简而言之，阿多诺开始与霍克海默合作，马尔库塞被边缘化，弗洛姆被允许离开，这些变化意味着，批判理论逐渐发展得更接近阿多诺后来所称的"否定的辩证法"，这种辩证法与马尔库塞的《理性和革命》不同，后者在很大程度上仍然是黑格尔的马克思主义文本。我认为这是我们可以谈论 30 年代末 40 年代初范式转变的主要原因。

**赵勇：**法兰克福学派与弗洛伊德、精神分析学的关系是法兰克福学派研究中的一个重要话题，您对这一问题也多有探讨。我记得您在《阿多诺》一书中就引用过阿多诺的"除了夸大其词，精神分析中毫无真实性可言"，并作过分析。[1] 如今您又以这个句子为主标题进入这个问题，提供了许多细节，也特别提到了"法兰克福学派的第一代是马克思和弗洛伊德的媒人"。今天看来，这桩婚姻究竟是幸还是不幸？

还有，与马尔库塞、弗洛姆相比，阿多诺对弗洛伊德的态度似乎更暧昧一些。他既在分析爵士乐、法西斯主义宣传模式中使用了精神分析方法，又对弗洛伊德的理论有所保留。您觉得阿多诺在其思考中引入精神分析方法是一种成功的尝试吗？

**杰伊：**我认为它很有创造性，但并没有提供他们最初希望的所有答案。基本上，它有四个目标。第一是解释工人阶级失败的原因。工人阶级的精神在哪些方面，工人阶级的无意识在哪些方面有可能使他们难以履行其所谓的作为革命主体的职能？为什么他们在很多方面甚至是专制的？第二是解释法西斯主义，这是马克思主义努力理解的新现象。马克思本人没有预见到法西斯主义，他的追随者低估了法西斯主义的威胁。

---

[1] Martin Jay, *Adorno*, London: Fontana Paperbacks, 1984, p. 90.

法兰克福学派引入精神分析，是为了弄清楚法西斯主义为何能够吸引那些本不应该被轻易诱惑的人。第三个目的——这主要是就马尔库塞而言——是在个人的身体中找到一种乌托邦式的解放冲动。这种乌托邦不仅存在于社会关系或文化中，还与解放本能或驱动力有关，尤其是我们的力比多需要。在复杂的情况下，它甚至意味着找到一种方式让死亡冲动服务于解放。第四种用法，也是阿多诺与马尔库塞的不同之处，那就是强调社会与心理之间的张力，集体与个人之间的张力，文化与身体之间的张力。精神分析无法被马克思主义完全整合，无法与和谐的社会心理学完全有机地融合，反而成了一种美德，阿多诺认为，相对于弗洛姆和马尔库塞所拥护的有机整体的终极目标，这是一种健康的非同一性的表达。

在所有这些方面，精神分析都是混合体的一部分。有趣的是，精神分析作为一种治疗，一种治愈，一种让人们摆脱精神异常的方法，并不是大多数批判理论家认为的弗洛伊德的宝贵遗产。理论和实践之间的差异，而不是无缝的融合，再一次使法兰克福学派将马克思和弗洛伊德认为应该统一的东西分开了。批判理论更能意识到无法让它们整合到一起的差异，并试图拯救理论，即使它不能通过治疗或政治激进主义立即实现于实践之中。

在《最低限度的道德》一书中，阿多诺看到了弗洛伊德思想的墨守成规、悲观主义和对社会主义的草率摒弃，对此他抱有很大敌意。弗洛伊德本人是一个传统的自由主义者，而阿多诺认为他的政治观点是成问题的。所以在阿多诺看来，弗洛伊德也抛弃了早期那些能激发更激进结论的勇气。他退回到自我心理学之中，这基于资产阶级关于健康的个体自我的概念，阿多诺并不认为这是真正解放的准则。但是阿多诺和他的同事们认为，你可以反对弗洛伊德的意图而从精神分析中获得真正解放的潜力。

**赵勇：**我们已经谈及阿多诺。在您对法兰克福学派的研究中，我发现您似乎更关注阿多诺与洛文塔尔。您如何评价阿多诺在法兰克福学派中的贡献？还有，您在文章中曾提到"阿多诺与洛文塔尔在霍克海默那里争宠"这件事，您能否简单讲讲？

**杰伊：**后一个问题是很难谈论的，因为它从未公开过。阿多诺和洛文塔尔从未在公开场合争吵，但他们从年轻时起就是友好的对手。他们关系密切，但也会争夺年长导师的青睐，首先是西格弗里德·克拉考尔（Siegfried Kracauer）。

克拉考尔比他们年长很多，他生于 1889 年，是一个非常热情、聪明、复杂的人。从感情上说，他与阿多诺和洛文塔尔都有着非常密切的关系。我们现在知道，他与阿多诺的关系可能有同性恋的一面，至少最初是这样。早期的插曲结束后，他们仍然是朋友，尽管后来几年关系紧张。阿多诺和洛文塔尔是同代人，所以他们与克拉考尔的三角关系涉及两个年轻人向前辈争宠的兴趣。

后来，霍克海默在研究所扮演了一个类似的角色，不涉及性的方面，而是作为一个年长的权威人物。很明显，阿多诺终究是一个比洛文塔尔更有分量的知识分子，他在音乐、文学批评等很多方面都是天才，在各个领域一共写了二十多卷书。洛文塔尔是一个非常伟大的学者，但不是一个天才，他知道自己在学派历史上只是一个次要的人物，而阿多诺是最重要的，甚至超过霍克海默。同样明显的是，阿多诺可能非常小家子气，在人际关系中可能是一个很难相处的人。比如，他还觉得自己在和马尔库塞竞争，甚至在本雅明生命的最后阶段，与他的关系也很糟，一些人认为他以某种方式强迫本雅明改变了他的一些观点。虽然几乎没有证据表明阿多诺这么做是出于恶意，但他肯定对本雅明的一些理论提出了或许不无道理的质疑。无论如何，本雅明似乎对这种结果都感到懊恼。

所以，阿多诺这个人显然很难相处，他和洛文塔尔的竞争最终导致了他们私人关系的破裂。阿多诺回到德国，帮助重建了位于法兰克福的研究所，而洛文塔尔则留在了美国。洛文塔尔认为他应该从研究所得到一笔补偿金，阿多诺和霍克海默却拒绝提供。洛文塔尔极度痛苦地给克拉考尔写信，抱怨阿多诺背叛了他。阿多诺在生命的最后阶段试图把洛文塔尔从法兰克福学派的历史中抹去。洛文塔尔讨厌魏格豪斯的书，就是因为它站在阿多诺的此种立场上，把他在学派的历史中写得几乎无足轻重。洛文塔尔从未公开过他们的争吵，总是正面谈论阿多诺，但这确实是一段非常紧张的关系。阿多诺并不是容易相处的人；很多人不喜欢他的为人，他傲慢，爱评判，但他也是个天才。

当然，阿多诺在过去二十五年里已经成为法兰克福学派历史上的关键人物。马尔库塞在很大程度上已经退出人们视野了，弗洛姆也一样，尽管有人试图重提他们。虽然洛文塔尔关于政治煽动者的著作在当前环境下获得了新的关注，但他从未有过阿多诺那种声望。霍克海默在组织研究所方面非常重要，他有许多开创性的想法，但他在写作上遇到了麻烦，因此他的遗产比较有限。

阿多诺借助音乐方面的研究作品和他与"第二维也纳学派"的联系，对 20 世纪音乐史产生了巨大影响，或者至少对其诠释产生了巨大影响。他在音乐学上现已成为一个重要的、或许有争议的人物，同时他在当代文学批评、社会学、文化理论以及哲学上也有影响。他十分多才多艺，有这么多不同的支持者，这么多不同的领域认真对待他，这意味着他真的继续扮演着非常重要的角色。

**赵勇：**如果没有霍克海默和社会研究所，阿多诺会不会是他后来的这种样子？

**杰伊：**我认为这是一个后来者如何看待一个人作为一个集体的代表的问题。霍克海默非常重要，他是把一切联系在一起的黏合剂，是主要的组织人物，也有很多原创的想法。霍克海默是一个非常有天赋的人，但阿多诺在今天已经超越了他，成了一个更重要的人物。在法兰克福大学被称为阿多诺广场（Adornoplatz）的中央庭院中央，有一个玻璃盒子，里面放着阿多诺的书桌，周围是他作品中的文字。2003 年，当他百岁冥诞时，法兰克福市把他打造成了一个伟大的市民偶像，成为城市挚爱之子，几乎可以和歌德相提并论。虽然霍克海默也被称为荣誉市民，但他的角色不那么突出。

阿多诺当然受益于与霍克海默的关系，由于他流亡时得到了研究所的支持，他可以几乎不受制度上的限制，长期自由地工作。当他回到德国，霍克海默和他先后担任研究所的所长，在德国教育改革和政治公共领域发挥了重要的公共作用。他们孜孜不倦地倡导将德国重建为一个自由民主国家，坚持去研究而不是忽视其可怕的过去。

**赵勇：** 阿多诺曾经写过一篇《在美国的学术经历》，英译者在这个题目之前加上了"一个欧洲学者"，变成了"Scientific Experiences of a European Scholar in America"，您在《永恒的流亡》一书中也曾写过一篇《阿多诺在美国》（"Adorno in America"）的长文，您觉得阿多诺对美国是否存有某种欧洲人的偏见？美国经验，或者更准确地说，美国的经验主义对阿多诺构成了怎样的影响？

**杰伊：** 当阿多诺来到美国时，他和许多欧洲难民一样，是怀着优越感、傲慢和感激这种复杂之情的。感激之情来自他们知道自己得到了庇护，在其他任何地方，包括苏联，他们都不可能轻易得到这种庇护。尽管像卢卡奇这样的正统共产主义者确实去了苏联（那里的一些人最终在大清洗中死去），但法兰克福学派这些非正统成员意识到他们不能去。所以从某种意义上说，尽管美国是商业化的、粗俗的，还有他们不喜欢的其他东西，但相对于其他大多数国家，它对难民更开放。阿多诺刚到美国时适应得并不快，花了一段时间他才能欣赏美国文化的某些方面，爵士乐就是最好的例子。但当他回到德国时，他在美国已学得足够多，并且想把美国的某些价值观带回德国，帮助后纳粹时代的德国实现真正的民主。他明白美国的榜样力量，尽管它有种种缺陷；他甚至在冷战期间为美国的外交政策辩护，尽管有所保留。在承认文化工业的商品化可被视为软性法西斯主义的同时，他也理解某些美国传统和惯例的价值。德特勒夫·克劳森（Detlev Claussen）是"二战"后阿多诺的德国学生，曾写过阿多诺最好的传记之一，他说过："没有美国，就没有批判理论。"他的意思是，美国经历对后来的批判理论的形成至关重要，阿多诺在流亡期间吸收了大量的东西。此外，尽管哈贝马斯从未移居美国，但他从美国的思想中也学到了很多东西，比如实用主义，并与约翰·罗尔斯（John Rawls）、理查德·伯恩斯坦（Richard Bernstein）和理查德·罗蒂（Richard Rorty）等美国理论家进行了有价值的讨论。第二代批判理论中的美欧对话可以看作是移民时代相互作用的产物，也是霍克海默和阿多诺战后带回德国的经验。

**赵勇：** 众所周知，阿多诺对于六十年代的学生运动是持比较消极的态度的，因此他也受到了学生的嘲讽并与学生发生了冲突。事后，阿多诺曾经说过："当我建立自己的理论模型时，万没想到人们会用燃烧瓶去实现它。"[1] 这种态度和悲叹与罗兰·巴特的"结构不上街"有没有相似之处？这是不是意味着批判理论也不能上街？

**杰伊：** 同样，这取决于谁走上街头，他们想要什么，他们如何行动。批判理论与学生运动有着非常复杂的关系。它帮助创造的并不是一个失控的"弗兰肯斯坦的怪物"[2]，但却无意中鼓励了一种乌托邦式的行动主义，这种行动主义的目标是无法实现的。他们担心这样会引起更多的反革命，而不是革命。我们知道，1970 年代所谓的"德国之秋"（German Autumn）实际上是一个镇压和恐怖主义的时期，在这个时期，"红军派"（Red Army Faction）和其他这类团体从事暴力活动，即使他们不用燃烧瓶，也往往是致命的。

批判理论从不认为这是解放行动主义的有效版本，而认为是一种伪实践，它源自这样一种信念，即你必须积极主动地参与其中，并将其作为最终目标，而不考虑后果。但是，该做什么，不管它是否明智，有效还是无效，富有成效还是适得其反，都没有得到充分的考虑。就像我之前说的，马尔库塞不同意阿多诺和霍克海默关于学生行为的观点，当时很难知道谁是对的。但结果之一是，许多学生一开始就觉得，是那些理论英雄们的犹豫背叛了他们（尽管在后来的几年里，一些人开始承认阿多诺他们的立场是明智的）。

**赵勇：** 您在《法兰克福学派史》的 1996 版序言中说过，1969 年 4 月

---

[1] Martin Jay, *Adorno*, p. 55.

[2] "弗兰肯斯坦的怪物"（Frankenstein's monster）亦称"弗兰肯斯坦的生物"（Frankenstein's creature），是玛丽·雪莱（Mary Shelley）的小说《弗兰肯斯坦》（*Frankenstein*, 1818）中虚构的一个人物，也是书中科学家维多·弗兰肯斯坦利用从坟墓中挖掘出来的尸体制造出来的怪物。据雪莱描述，此怪物身高 8 英尺（240 厘米），易情绪激动。它试图融入人类社会却遇阻受挫，便迁怒于科学家，并开始了对他的报复。

22 日，几个属于德国 SDS 组织的女子冲上讲台，裸露"胸器"，打断了阿多诺的演讲。"这一象征性的弑父之举似乎是 1969 年 8 月阿多诺因心脏病实际而亡的一个预兆。"[1] 您觉得这两者之间真有某种关联吗？ 4 月的事件是不是让阿多诺感到非常郁闷以至于影响到了他的身心健康？

**杰伊：**我们没有两者之间直接联系的证据，这只是又一件从叙述的视点仿佛顺理成章的事情。他先是遭遇了象征性死亡，父亲形象的阿多诺受到了羞辱，这位德国文化中强大的偶像教授被赶下了神坛。几个月后，他在山上爬得有点高了，导致了心脏衰竭。我不确定我们能不能把它轻易简单叙述为因果关系。他在有心脏问题的情况下爬到那么高的山上，目前并不清楚他的医生针对这种风险的建议是什么。他的肉体之死也可能与他此前的象征性死亡没有什么关系。

**赵勇：**我觉得您对洛文塔尔很有好感，这可能是基于你们之间的友情。也因此，您还亲自为他编过一本书：《无法掌控的过去》（*An Unmastered Past*）。在法兰克福学派的成员中，我觉得洛文塔尔比较低调，对文学社会学、大众文化的研究也非常扎实。如果让您来评价，您如何为洛文塔尔定位？如何评论他在法兰克福学派中的作用？

**杰伊：**洛文塔尔是一个非常好的合作者：他阅读每个人的文章，并做出批判性的回应。多年来，他一直是《社会研究杂志》（*Zeitschrift für Sozialforschung*）的优秀编辑，是真正使学派成为一个学派的人之一，也是真正以建设性的方式与他人合作的人之一。我写第一本书时曾受益于他和霍克海默的通信，他们讨论制度和理论问题的程度给我留下了深刻的印象。霍克海默从洛文塔尔身上学到了很多，反之亦然。我之前说过，霍克海默是资深人物，相对而言阿多诺和洛文塔尔、马尔库塞是青年人物等等，但洛文塔尔无疑是团队的一员。他自己的工作基本上有两个方面。第一种可能是被称为高级文学（high literature）的意识形态批判，例如后来成为《文学与人的形象》（*Literature and the Image of Man*）中的

---

[1] Martin Jay, *The Dialectical Imagination: A History of the Frankfurt School and the Institute of Social Research 1923-1950*, p. xiii.

那些论文，其中涉及塞万提斯、莫里哀、歌德和莎士比亚，以及像挪威小说家克努特·汉姆生（Knut Hamsun）这样的次要人物。他对自己在克努特·汉姆生作品中发现了法西斯主义的原始倾向这一事实感到非常自豪，那远在汉姆生成为纳粹占领期间挪威的拥护者之前。本雅明也曾赞赏汉姆生，但洛文塔尔认识到他作品中有法西斯主义的意识形态倾向。

他感兴趣的第二个领域是大众文化的定性分析，例如，通俗传记、肥皂剧等等。通过洛文塔尔的定性分析，法兰克福学派对他们后来称之为"文化工业"的批判获得了实证的分量。他还对反犹主义的研究做出了贡献，甚至与阿多诺和霍克海默共同撰写了《启蒙辩证法》的"反犹主义要素"章节。

1950 年代中期来到伯克利后，他在社会学和文学研究之间铺路搭桥，为此发挥了关键作用，并将法兰克福学派的跨学科动力带入了美国的学术生活。1971 年我来到该校后，有幸成为他多年的朋友和同事。1960 年代，当马尔库塞受到右翼激进分子的威胁时，洛文塔尔经常把他带到伯克利，甚至把他藏在旧金山南部卡梅尔山谷的避暑别墅里。洛文塔尔比法兰克福学派的其他成员都活得长，作为最后一位在世的人物，他经常去欧洲，特别是德国，担任他们的发言人，并获得了许多荣誉。就像我之前说的，他总是说阿多诺好，尽管他们有争执。他还与哈贝马斯等第二代人物有联系。

**赵勇：**在庆贺洛文塔尔八十诞辰纪念文集的序言中，您曾经用"谨慎"评论洛文塔尔的政治态度。[1] 这种谨慎是个性使然，还是因为洛文塔尔后来长期生活在美国不得不处事谨慎？因为假如像马尔库塞那样激进的话，他就会受到死亡威胁。

**杰伊：**与马尔库塞相比，洛文塔尔不那么热衷于政治，对成为有争议的名人也不那么感兴趣。作为新左派的所谓"导师"，马尔库塞成为右派的众矢之的，同时也受到了左派一定程度上的名人追捧，而洛文塔尔

---

[1]　Martin Jay, *Permanent Exiles: Essays on the Intellectual Migration from Germany to America*, New York: Columbia University Press, 1985, p. 105.

始终处于幕后。在伯克利，他非常支持激进的学生，并协助撰写了一份报告，对 1960 年代中期的言论自由运动做出了回应，因此他从未像阿多诺在德国那样被视为背叛学生的人。但他不是一个公开发言的政治人物或公共知识分子。据我所知，他从未介入过媒体上的政治辩论，究竟这是因为他的个性，还是仅仅出于谨慎，这很难说。但他肯定被理解为同情学生事业和左派政治。

**赵勇：**既然您说到这里，我就想问您，法兰克福学派是否影响了美国的新左派？

**杰伊：**法兰克福学派本身在 1960 年代并不太出名，尽管马尔库塞的《单向度的人》给了学生们一种他们也受压迫的感觉。不仅只有少数群体、工人或其他传统的阶级受到了剥削，生活在富足社会的学生也受到了剥削，尽管他们享有特权，但他们可以理解自己也是单向度文化工业的受害者。马尔库塞使他们感受到他们与其他受压迫群体的团结，而不仅仅是同情他们的困境。但总的来说，法兰克福学派还不为人所知。事实上，美国新左派对马尔库塞的解读非常肤浅，他们几乎不了解马尔库塞思想更深层次的理论基础。所以很难说他们在美国所扮演的关键角色和他们在德国所扮演的角色是一样的。

**赵勇：**洛文塔尔有句名言——"大众文化是反向的精神分析"（Mass culture is psychoanalysis in reverse），阿多诺对他的这句话非常欣赏，您在文章中也有引用和简单分析。您能否再解释一下并谈谈它的深层含义？

**杰伊：**我认为它的主旨很简单：精神分析试图让你反思存在的冲突，通过诚实和直面深层正在发生的事情来解决它，并通过与一个治疗师的主体间性关系来加以实现。治疗师不会告诉你该做什么——他或她不是权威人士或导师——但允许你通过移情来获得更多的自主权，从而理解是什么激发了你的自毁行为和情绪。精神分析师不是指导学生的大师，也不是激励你追随他的领袖，而是去帮助你克服对大师的需要，获得更大的自我掌控、自主和自我控制。

大众文化恰恰相反。它创建依赖关系，使你看不到真正的问题。它给你虚假的或表面的满足，阻止你反思和发现自己的真实情况。所以在某种程度上，大众文化与精神分析的作用方向是相反的。所以阿多诺认为洛文塔尔精辟的格言非常令人信服。

**赵勇：** 法兰克福学派第一代之后，又有第二代哈贝马斯的"交往行为"理论，第三代霍耐特的"承认"理论，还有第四代的罗萨的"社会加速"理论。您觉得这是对批判理论的继承和发展吗？批判理论应该怎样发展才是它可能的正确方向？

**杰伊：** 法兰克福学派之所以能够取得巨大成功，部分原因在于它的发展和改变。像许多其他的学派一样，从来就没有绝对忠实或服从原初文本的必要。最初的人物也没有扮演受人尊敬的创始人的角色，把其他人都变成虔诚的信徒。他们非常幸运，因为第二代有很多人，比如阿尔布雷希特·威尔默（Albrecht Wellmer）、克劳斯·奥费（Claus Offe）、德特勒夫·克劳森（Detlev Claussen），当然还有尤尔根·哈贝马斯（Jürgen Habermas），他们或多或少是独立于第一代发展起来的。我最近的一本书《理性衰落之后——论晚期批判理论》（*Reason after Its Eclipse: On Late Critical Theory*），用很长篇幅讨论了早期法兰克福学派的马尔库塞、霍克海默、阿多诺等人对理性的理解，当哈贝马斯意识到原来对客观理性的强调使用作为一个规范批判的基础不充分时，他就将其往交往理性的方向发展了。我自己也被交往理论所吸引，我觉得将理性理解为在话语互动中论证的必要性，仍然是一种有价值的规范性选择，可以替代某些科学的或黑格尔式的唯心主义理性的概念。

可以肯定的是，人们对哈贝马斯的立场提出了许多异议，这些异议在我这本书的最后一章中得到了论述。也许第三代学派中最重要的人物是阿克塞尔·霍耐特（Axel Honneth），他专注于认知问题，这不仅来自黑格尔，也来自社会理论家如乔治·赫伯特·米德（George Herbert Mead）和精神分析对象关系理论。相比理性交流，他的兴趣更多在于一种承认或认可的辩证法，这种辩证法涉及从婴儿期开始的人与人之间的关系，并决定了人一生的社会关系。总体而言，我们可以说，批判理论仍然是一个正在进行的研究项目，具有潜在的政治影响，已经超出了它最初的出发点。

在伯克利，我们有一个"批判理论"的项目，它隶属于一个世界范围内类似项目的联盟。朱迪思·巴特勒（Judith Butler）是其主要创始人，这使得人们更加关注性别问题，而这些问题在早期的法兰克福学派中并不那么重要。我们也对身份政治和后结构主义的遗产问题感兴趣，因此这就超越了批判理论早期的定义，进一步扩展了它。

**赵勇：** 20 世纪 80 年代以来，法兰克福学派理论也开始进入中国，中国一些学者对批判理论也产生了浓厚兴趣，并在哲学、美学、文学理论、大众文化理论等方面展开了对法兰克福学派的研究。对于中国学者在这方面的研究您有什么忠告或建议？

**杰伊：** 我一直对理论的旅行很感兴趣。与中国一样，美国也是这一德国理论旅行的受益者。批判理论在流亡美国阶段得到进一步发展，德国也从中受益。现在是到了让中国吸收这些早期旅行的成果，并通过中国传统和中国需求来过滤它们的时候了。最重要的是，现在是中国知识分子需要把批判理论运用到当代问题上的时候了，看看它会给你们自己的处境带来什么启示。

例如，1920 年代，一个重要的问题是批判理论必须解决的，即从资本主义到社会主义的过渡。由于苏联的成立和其他地方发生革命的可能性，这是一个紧迫的问题，随着资本主义国家变为社会主义国家，似乎要有一个转型。

第二个问题是对自然的支配。法兰克福学派一直关注着资本主义和西方社会作为一个整体导致的主体支配客体、人类支配自然的方式，这是一种对自然的侵略。

中国已经经历了非常快速的工业化，这是不寻常的，我认为没有人会否认在过去的四十年里中国经历的显著变化，但在生态方面的代价也很严重。中国能否成为应对人类开发导致的气候变化的领导者？美国在本届政府（按：指特朗普政府）的领导下已经对应对气候紧急情况失去了任何兴趣，因此中国将不得不比过去做更多的事情来填补这个缺口。

在这场斗争中，批判理论长期以来对工具理性和自然支配的分析有很多有用之处，我希望它能对中国的行动有所启发，中国需要在经济增长和对其巨大代价的敏感性之间取得平衡。

**赵勇：**您在《阿多诺》一书的导言部分提到了阿多诺的文风（style）问题，说 1960 年代中期，阿多诺的一本书首次译成英语，勇敢的译者写了一篇谨慎的序文，标题是《天书的移译》。此后便有了对阿多诺的翻译。但很有意思的是，除极个别的例外，他著作的译者很少愿意再译他的另一部著作。[1] 我也曾试着从英语译过阿多诺的几篇文章，深感困难重重。阿多诺的这种文风甚至也难住了马尔库塞，因为他就说过："阿道尔诺的许多段落连我都读不懂。"[2] 您如何评价阿多诺所追求的这种"无调性"或"非同一性"文风？您在《法兰克福学派史》的 1996 版序言中说："阿多诺的'漂流瓶'——他扔向'野蛮洪流涨满欧洲'的信息瓶，在我们这个幸好野蛮较少的时代已抵达多个海岸。"[3] 如果无法破解这个"瓶中信"，那么抵达海岸的意义又有多大？对于阿多诺著作文章不好读或读不懂这个世界性的难题，不知您是否有什么好的建议？

**杰伊：**如何翻译阿多诺的作品今天仍是一个问题，不过当我说没有人尝试过第二次翻译时，那是三十年前的一个观察。从那以后，罗伯特·哈洛特－肯特尔（Robert Hullot-Kentor）翻译了几部优秀的作品，从阿多诺的关于克尔凯郭尔的书开始，然后是《现代音乐哲学》，最重要的是《美学理论》，这是该书的第二个译本，十五年前由克里斯蒂安·伦哈特（Christian Lenhardt）翻译的第一版使得阿多诺过于好懂了，阿多诺所写的长句子段落中没有任何断点或副标题，但伦哈特将其分解，试图使其成为易于理解的段落。

哈洛特－肯特尔认为这是对阿多诺艰深风格的背叛，这种风格内在地表达了他思想的复杂性。《美学理论》修正了的翻译更接近于苛刻的原文，但矛盾的是，它反而对当代英美思想界产生了更有力的影响。哈罗特－肯特尔现在正在重译《否定的辩证法》，这本书的第一次翻译也做得

---

[1]　Martin Jay, *Adorno*, p. 12.

[2]　[英] 布莱恩·麦基编：《思想家——当代哲学的创造者们》，第 77 页。

[3]　Martin Jay, *The Dialectical Imagination: A History of the Frankfurt School and the Institute of Social Research 1923-1950*, p. xx.

很差。《启蒙辩证法》也需要第二次翻译，尽管他没有参与。

从个人经历而言，我想代表英语国家的读者向塞缪尔·韦伯和他当时的妻子谢瑞·韦伯的作品表达感激，因为他们勇敢地翻译了《棱镜》，这是阿多诺的第一部被翻译成英语的作品，我想应该是在 1967 年。韦伯在他为这本书写的序言中说它涉及"翻译那些不可译的东西"时，他提醒我们即使尽了最大的努力也不可避免地会失去什么。但正如本雅明所说，翻译不应该仅仅因为表面上提供了从一种语言到另一种语言的平稳过渡而受到赞扬。相反，他们可以在新旧两种语言之间创造一些新的东西，在文本中揭示一些原本不存在却潜藏在文本中的东西，从而创造出更丰富的语际意义的可能性。

所以我认为翻译得越多越好。我那本关于阿多诺的小书被翻译了两次，一次是在中国大陆，一次是在台湾地区。虽然我无法比较它们，但我希望第二次尝试是值得的。我只能想象将法兰克福学派的文本翻译成中文是多么困难，希望阿多诺的一些独特的风格能够被保留下来。

值得指出的另一点是，阿多诺意识到了口语和书面语的区别。尽管他的讲稿最终被发表了，但他非常不愿意让公众阅读他的讲稿，同时他故意用一种不容易说出口的方式来写作。《美学理论》不可能以讲座的形式呈现，尽管他确实发表了一些关于美学理论的初步演讲，这些演讲现在已经可以得到（而且也更容易）理解。像德里达一样，他欣赏书面语和口语之间的关键区别，前者通过表达方式使思想变得更浓稠，后者追求的是清晰和透明。与阿多诺的作品作斗争是值得的，因为他的思想已经够复杂的了，他的作品需要有一定的难度，要慢下来才能读懂。我认为在这个被快餐和即时满足统治的世界中，这是一件好事。

**赵勇：** 也就是说，在某种程度上翻译是理解的进步。

**杰伊：** 是的，你必须把要读的内容读完，可能要读好几遍。读了很多遍这些文章以后，我知道自己每一次都学到了新的东西。我从不觉得自己彻底把握了文本，我总是得以看到第一次没有理解的东西。在那些对话口吻的写作中情况并非如此，它将简单和清晰置于复杂之上。

**赵勇：** 最后请教您一个翻译问题。阿多诺的 *Minima Moralia: Reflections*

*from Damaged Life* 一书非常重要，但一直没被译到中国（不过估计很快会有两个译本面世），但书名却早有翻译了。通常的译法是《最低限度的道德》，但考虑到阿多诺喜欢反用（其实也是戏仿一种）他人表达而在对比中推出自己的思考，如 *Minima Moralia* "题献"的第一句话中有"忧郁的科学"（melancholy science）之说，便是反用了尼采所谓的"快乐的科学"（joyful science）。我也看到过一个资料，说 *Minima Moralia* 是对亚里士多德 *Magna Moralia*（《大伦理学》）的反用和戏仿，那么，是否可以把 *Minima Moralia* 译作《小伦理学》呢？

**杰伊：**我认为这两种引用，"忧郁的科学"与"快乐的科学"的对立，"Minima Moralia"与"Magna Moralia"的对立，都表明阿多诺意识到了哲学传统。在第一种情况下，他指的是尼采；在第二种情况下，他指的是亚里士多德，但他也意识到其间的历史距离。在大屠杀的余波中，在幸存者被毁的生活中，你无法写出一门快乐的科学，你只能是忧郁的，意识到历史已经走向可怕的方向。

"Minima"而不是"Magna"意味着你不能建立一个基于第一原则的义务道德体系。你所能做的就是以一种微观的道德与格言的例子来提供默示的道德教训，但这不能归结为抽象的道德戒律。这是一种特殊的、非同一的、矛盾的道德，一种知道自己不可能完全一致的道德。它与传统的约束道德或伦理规则的概念非常不同。这是一种在事物不再凝聚成系统整体的时代的道德。尽管如此，它还是通过引导你对那些之前可能认为理所当然的假设提出一些尖锐的问题，从而给你一些指导。这就是为什么阿多诺愿意说只有夸张是真实的。因为它们把你推到了一个妥协的温和位置。在这个位置上，矛盾可以毫不费力地克服或否定。承认和面对道德直觉的不调和并置，而非它们的完全调解，可能会带来一些好处。

（原载《马克思主义与现实》2020 年第 3 期）

# 译后记

　　二十多年前的那个世纪之交，在导师童庆炳先生的鼓励下，我闯入法兰克福学派的领地，想琢磨一番该学派的大众文化理论，看能否写出一篇博士论文。于是我选定四个理论家——阿多诺、本雅明、洛文塔尔和马尔库塞——开始与他们较劲。坦率地说，这四人的东西都不好读，也不容易懂，而最能把我读得一头雾水者，则非阿多诺莫属。为了把他老人家的著作文章理解得准确到位一些，我不得不首先做起了翻译。那个时候，对我做论文来说特别重要的文献如《论音乐中的拜物特性与听之退化》《永恒的时尚：走向爵士乐》等，都还没有译文；《论流行音乐》虽已有人节译过，却是藏在 1993 年的某家电影刊物里。因那时还没有"中国知网"，我也就无法开启"天网恢恢"模式，将它"捉拿归案"。于是我只好硬着头皮，亲自操刀了。有些文章，我只需翻译其中有可能引用的三言两语或十句八句即可告退，但这三篇论笔，我则译了个八九不离十。许多年之后，当《论音乐中的拜物特性与听之退化》成为我与学生读书会上的细读篇目时，我记得我是带着一个老旧的纸质笔记本参加讨论的，因为那上面有我 2001 年做的翻译。

　　这就是我译阿多诺的开端。萨义德说："'开端'常常是被留在身后的东西；思考开端的时候，我们有时就像莫里哀笔下的茹尔丹先生，通过回顾我们平日里一直循规蹈矩做的事而获得尊敬。"我来说出这个开端不是为了获得尊敬，而是要说明我当时的窘境。因为那时我做翻译，不过是菜鸟一只，小白一个，没有任何经验可言，于是摸着石头过河，在战争中学习战争，就成为我最初的翻译姿态。而我一上手就要对付"不可译"的阿多诺，其狼狈相自然可想而知。所以，在他的"天书"面前，我常常是跌跌撞撞，摇摇晃晃，鼻青脸肿，头破血流，很受伤也很无奈。而那个时候，我的目的也非常明确：做翻译就是为了写论文。写完论文，我就觉得可以跟折磨我的阿多诺挥挥手、作作揖、告告别了。也就是说，那时候我根本没有动过要把阿多诺翻译成一本书的念头。要想图快活，别碰阿多诺——大概，这就是我彼时的心理状态。

但我定力毕竟不够，终于还是又找阿多诺"碰瓷"了。毕业留校任教后，我长期担任"文学理论专题"课的主讲教师。2005年，童老师做主编、我任副主编的《文学理论新编》面世，此书又成为我这门课的主打教材。因童老师启用教材编写新思路，已把"经典文本阅读"的框架纳入其中，我就拿来别人翻译的阿多诺文章——《文化工业再思考》——让它进入了教材，并成为学生的必读篇目之一。但几轮之后，便有二三同学拎着这篇译文找我，问这句话是什么意思，那句话该作何理解。我核对英译，原因自然也就浮出水面：理解困难与阿多诺的话语表述无关，而是或因翻译有误，或因译得生涩。那个时候，我们这本教材按出版社要求，已启动了修订计划。我便想着何不趁机重译此文，给同学们提供一个更为可信的文本呢？

《文化工业述要》就是在此背景下翻译出来的，但此文的校译之功却要记到Y兄头上。记得2009年4月，当我很是忙活一阵才把阿多诺的这篇译文鼓捣出来后，心里依然不踏实，于是便把它交给一位英语科班出身、研究"西马"、在文艺学专业拿了博士学位的朋友，请他帮忙校对。他校之后，因依然有拿不准之处，我便想起了远在美国的Y兄。

Y兄本名曹雅学，山西晋城人也。因其网名的首写字母是Y，我便称其Y兄，其实她是女士。我知道的情况是，1979年她从我的家乡出发，先到北大求学，后去深圳打拼。经历了完整的80年代之后，她又赴美留学，然后就在美国安家落户，并于世纪之交开始了文学写作。应该是她见我写过赵树理的文章，遂引为同道，又动用老乡关系，于2006年辗转找来，与我通信，寄我作品——我现在还记得她创作的两篇英文小说一为《转学》（"Transfer"），二叫《主题》（"The Subject"）——于是我们成了网友。那时博客初兴，我应邀进驻"天涯社区"，在"赵勇专栏"里或自言自语，或胡言乱语；她则成为那里的常客，跟帖留言，嬉笑怒骂，出言不逊，名气很大。为了激发她的创作欲，我甚至在我的一亩三分地里特辟一个栏目，名为"Y兄说话"，意在"引蛇出洞"。不出所料，随后她的散文、译作果然源源不断，纷至沓来。记得在我的影响下，她读起了阿多诺的 Minima Moralia，并翻译了其中的《在镜子的背后》《所有的小花》《雅努斯的宫殿》等篇，很受网友喜欢。她认为，Minima Moralia 被译作《伦理随想录》更能传达其神韵，而弄成《最低限度的道德》则显得不伦不类。为了平息网友质疑，她甚至专门写了一篇《Minima Moralia 怎么译》的博文，细说翻译原委，坚持自家看法。此文影响不小，其论据之一是，当时孟登迎、赵文诸君翻译的魏格豪斯的巨著——《法兰克福学派：历史、理论及政治影响》——已经杀青，译稿正被进一步打磨。小孟兄见《伦理随想录》之译很合自己胃口，便与我联系，想借用到书里，并让我转达他对Y兄的谢意。后来此书出版，我见凡有 Minima Moralia 出没处，果然都译成了《伦理随想录》。

回到《文化工业述要》，我本来是要向Y兄请教其中一句的译法，但她看过我译他校的整个译文后却大发雷霆，认为我们的语感差，问题多，是不合格产品。我无法接受其指责，便与她理论，没想到Y兄很生气，后果很严重。她一方面给我举证，一方面跟我吵架，及至撂出如下狠话："更令我呕心的是，你似乎从心底里并不尊重我这样一个在美国生活了将近20年、以翻译为生、用英文写作、出于职业和写作需要而对英语十分用心的人的意见。更何况我还是每有问题或不踏实之处，必跟我丈夫——一个有比较文学硕士学位的美国人——求证和商榷。"邮件往来几个回合之后，我就闭嘴了，因为Y兄给我们挑错时指出：" 'such as that of the Western, familiar to every movie-goer' 中的 'Western' 指的是好莱坞的'西部片'，而并非'西方的'什么。"这个误译如冷水浇背，顿时让我觉得丢尽了脸，汗满了颜。那时候我才意识到，错了就是错了，翻译是不讲任何情面的。也许只是一个小小的失误，便会毁掉你的一世英名。

后来，我见又有人翻译此文，"西部片"就成为我衡量其译文高低的一杆标尺。看到张三没译对，李四也"西方"，我先是心中窃喜，紧接着便是双倍的汗颜和空旷的悲哀。

因为这次事故，我意识到自己的翻译还差着行情，亟须提高。而 Y 兄也有意为我的提高花时间，费力气，于是与她商量后，我决定选择阿多诺的长文——《一个欧洲学者在美国的学术经历》，拿它练手。我在《法兰克福学派内外：知识分子与大众文化》的后记中写道："那一阵子，我们在邮件中你来我往：我译出一段，交上作业，她则详细批改，举一反三，给我讲解如何拆解长句，如何辨析一个词的用法，如何把一个句子拿捏得到位。正是那次长达半年的训练，才让我对翻译真正有了些感觉。后来，我敢接手布莱斯勒的《文学批评：理论与实践导论》（中国人民大学出版社 2015 年版），与我的几位学生一起翻译此书，大概就是 Y 兄让我有了些底气。"情况就是这样，没有任何夸张。如今我意识到的是，Y 兄既执拗，也有着晋城人的"实受"。她给我当了半年私人教师，可谓扎扎实实，任劳任怨，倾其所有，不要工钱。

但我毕竟不是专门做翻译的，所以翻译并未成为常态。后来我每译阿多诺，肯定是又要写论文了，便依从惯例，把翻译做到前面。记得2014 年，为写那篇《艺术的二律背反，或阿多诺的"摇摆"——"奥斯威辛之后"命题的由来、意涵与支点》的长文，我是先翻译了《文化批评与社会》《艺术是欢悦的吗?》等文章，才开始动笔的。后来因写《作为"论笔"的文学批评——从阿多诺的"论笔体"说起》，译出了《论笔即形式》等；因写《走向一种批判诗学——从法兰克福学派的视角看中国当代文化诗学》，译出了《介入》等。而写作《作为方法的文学批评——阿多诺"内在批评"试解读》期间，我们的读书会也正与《关于诗与社会的讲演》过招。可以说，这本书里的一些译文，实际上是我做论文的副产品。

译过几篇阿多诺后，我也依然没有让其成书的想法，但想让其成书的人找上门来了。这件事情发生在 2017 年。那年年初，诗人朵渔知道作家弱水与我相熟，便托她给我捎话，意思是我来翻译阿多诺，他负责出书。我的心思本来就不在翻译方面，加上翻译阿多诺是件要命的事情，就没敢接话。但弱水同志不依不饶，隔三差五催问于我，一副拉我下水的架势。起初我只是犹豫，待几个回合之后，我终于蠢蠢欲动了，便决定拽上一位博士生，一起对付阿多诺。那年7月的一天，朵渔、弱水、博士生、女编辑和我在北师大相聚，吃饭喝酒，兼谈合作事宜。那时我才知道，朵渔时任深圳报业集团出版社副社长，负责北京的工作室。他对阿多诺很感兴趣，便想选其单篇文章，形成一个阿多诺系列，做它个五六本。我一听这阵势，顿时吓得屁滚尿流，连说难度实在太大，我命只有一条。朵渔说，那就先译一本，首选阿多诺论文学、文化、艺术的文章，篇目由你来定。

十天半月后，我选出篇目，把它发给朵渔，并写长邮件解释。朵渔回复时先是夸我做这件事情"有大公德心""选目非常棒"，然后说"随后会寄上翻译合同"。但不知何故，他既没寄来合同，也没解释因何终止合作，就让这件事情黄了。而此事能以如此方式不了了之，于我而言也谈不上遗憾，因为这样一来，我就可以借坡下驴，如释重负，而不再懒驴上坡屎尿多了。

让我重新提起翻译心劲的是北京大学出版社的张文礼编辑。2020年8月11日，我在自家公众号上推出一篇文章：《〈介入〉等五篇文章将要发表，感谢〈广州大学学报〉!》（后改名为《东风劲吹红旗展——感谢〈广州大学学报〉》，收入拙书《刘项原来不读书》中），其中既谈翻译阿多诺的艰辛，也说欲把阿多诺视为"眼中钉，肉中刺，总想除之而后快"的决心，顺便还交代了几句我译阿多诺的存货。文礼编辑见状，便私信于我，表达了想约我结集出书的意愿。当其时也，我正与他商量《批判理论的旅行：在审美与社会之间》一书的出版事宜，又想到我的博士论文《整合与颠覆：大众文化的辩证法——法兰克福学派的大众文化理论》便是出版于此，文礼编辑已有意再出增订版；而《法兰克福学派内外：知识分子与大众文化》经文礼责编把关之后，反响不俗，口碑不错。如果能在他手中再推出一本阿多诺的译著，岂不就形成了一个小小的系列？想到这里，我不禁怦然心动，忽然对这本译书充满了渴望。

两年之后，当我校完《关于诗与社会的讲演》的那一刻，忽然觉得可以启动这一翻译计划了，于是我把自己的旧译翻出来，先是修修补补，然后又选出一些篇目，准备新译。而那时候，我已动员吾儿赵天舒加盟，与我共蹚这道浑水了。为什么要逼他就范？一是我得找一个外语好的保驾护航，以免我一个人触礁翻船；二是打虎亲兄弟，上阵父子兵，如此对付阿多诺，我才心里有底。而赵天舒也符合这两项条件——他刚上大学时，我就给他派活儿，让他翻译《文学批评：理论与实践导论》中的一章内容，后来我校其译文，发现他甚至比我的一些博士生还译得好。所以，他的英语是毫无问题的。他的法语学在北大，是科班出身；他本人又在巴黎留学多年，最终是要靠它混饭吃的。因此，法语自然也不在话下。此外，他还初通德语，虽段位不高，但也还能读些东西。记得翻译《介入》时，遇到我想破脑袋也拿不准的句子，便只好让他动用阿多诺的 *Notes sur la littérature*，请求法译本的火力支援。而全文译完，我也干脆让他校译一遍。后来我准备拿出《论笔即形式》时，也如法炮制，让其过手。那时候我就觉得，有一个学外语的儿子能够被我呼来唤去，真是得劲。

所以，这本译著主要是我与赵天舒合作的成果。而合作的方式是我主译，他主校，疑难之处商量、讨论，然后我最终敲定、确认。我把译、校或初译、初校、选译、补译、校译、再校等日期跟在译文之后，就是想老老实实呈现那些译文的诞生过程，因为有些译文从我最初译出到最后改定，绵延达二十多年之久。而通常，文末的最后一个日期，也是赵天舒校译留下的痕迹。需要说明的是，除《文化工业述要》和《关于诗与社会的讲演》没让他过手外，其余篇目他都认真校过。

为什么要选择这样一些篇目呢？我在"译者导言"中虽有交代，但在这里还可以稍作补充。如前所述，我最初与阿多诺打交道，主要关注的是他的大众文化理论，也翻译了几篇我认为是他在这方面最重要的文章。所以，我必须把他论大众文化的内容编成一辑。而大众文化的另一极则是艺术，在阿多诺与其他法兰克福学派成员眼中，"艺术与大众文化"

基本上就是二元对立关系。于是，挑拣出阿多诺论文学与艺术的重要论笔，再弄成一辑也就顺理成章。奥斯维辛是阿多诺的一个创伤点，也是他许多思考的生发点和生长点，这样，围绕着"奥斯维辛之后"这一命题选文，以便形成"意犹帅也，无帅之兵谓之乌合"的效果，便成为我的编选意图之一。于是，这一辑内容也水到渠成。

因此，这些篇目挑选的基本原则是看其是否重要——既在阿多诺的论域中重于泰山，也在本书的编选框架举足轻重。这就意味着，尽管有些篇目此前已被译过，或者是有些篇目我译在前，拿出在后，我拿出时已有他人译文面世，但因为其重要，我依然提供了我们的译文。我总觉得，像阿多诺这种高难度的理论大家，其同一篇文章有个三五篇译文是完全必要的，这样才便于专业读者对读，择其善者而从之。在这方面我有切身体会，可交代于此。记得此前写一篇文章，我需要引用本雅明《单行道》中的一段文字。当时我手头已有此书的五六个中译本，但对读过来，却对其中几个句子的译法都不满意。那时候我就想，为什么不再多几个译本呢？

感谢责编张文礼先生，没有他的信任和热情相邀，我是否还能拿出这本书都要打一个大大的问号。感谢 Y 兄曹雅学女史，尽管我们好像已相忘于江湖，但她当年对我的帮助却铭记在心，不敢淡忘。感谢诗人朵渔先生，虽然我们的合作无疾而终，但也正是因为他的邀约，我才有了《阿多诺论笔选》的篇目雏形。感谢读书会上的众弟子，他们为个别篇目的翻译贡献了自己的聪明才智。我在相关译文的注释中已具名致谢，这里就不再重复。感谢博士生丰硕同学，她硕士就读于德国慕尼黑大学，专业过硬，德语不歪，我便把规范每篇文章中德语语词引用的任务交给了她。她认真负责，完成得很好。最后，我也要感谢赵天舒博士，他放下自己的事情，毅然走进被阿多诺折磨的苦痛之中，这种大无畏的精神还是值得表扬的。

当然，我也应该感谢阿多诺。他的晦涩难懂虽然让我受罪受累，但因为是"为爱发电"，我自然是无怨无悔，心甘情愿。而通过他的文章，我也约略表达了一些"压在纸背的心情"，这是我在其他理论家那里无法获得的福利，也是我选择与他交手的重要原因。作为译者，我已经从这本书中获益良多，我也希望读者朋友能从中得到某种启迪。如此一来，我们在打开阿多诺的"漂流瓶"时才不至于无功而返，我们在思考"曾经被深刻思考过的东西"时才不至于郁郁寡欢。

赵勇

2023 年 8 月 22 日